RVG

Rechtsanwaltsvergütungsgesetz
Gerichtskostengesetz
Familiengerichtskostengesetz
Gerichts- und Notarkostengesetz
Justizvergütungs- und -entschädigungsgesetz
mit Gebührentabellen

Textausgabe
mit Einführung und Sachverzeichnis

Einführung von
Rechtsanwalt Norbert Schneider
Neunkirchen

13. Auflage
Stand: 15.11.2021

C.H.BECK

Redaktioneller Hinweis:

Paragraphenüberschriften in eckigen Klammern sind nichtamtlich.
Sie sind ebenso wie alle übrigen nichtamtlichen Bestandteile urheber- und
wettbewerbsrechtlich geschützt.
Die Angaben zum Stand der Sammlung auf dem Titelblatt beziehen sich auf
das Ausgabedatum der maßgeblichen Gesetz-, Verordnungs- und Amtsblätter.
Für Hinweise, Anregungen und Kritik ist der Verlag stets dankbar.
Richten Sie diese bitte an den
Verlag C. H. Beck, Postfach 40 03 40, 80703 München

www.beck.de

ISBN 978 3 406 78283 1

© 2021 Verlag C. H. Beck oHG
Wilhelmstraße 9, 80801 München
Satz, Druck und Bindung: Druckerei C. H. Beck Nördlingen
(Adresse wie Verlag)

chbeck.de/nachhaltig

Gedruckt auf säurefreiem, alterungsbeständigem Papier
(hergestellt aus chlorfrei gebleichtem Zellstoff)

Inhaltsverzeichnis

Einführung

Vorbemerkung

Bereits in der 8. Auflage waren die umfangreichen Änderungen durch das Zweite Kostenrechtsmodernisierungsgesetz – 2. KostRMoG v. 23.7.2013 (BGBl. I S. 2586) berücksichtigt und die Gebührentabellen auf die neuen Gebührenbeträge angehoben worden. Mit den darauffolgenden Auflagen waren dann weitere wichtige Änderungen der hier abgedruckten Kostengesetze zu berücksichtigen, so etwa die Anpassung der anwaltlichen Gebührenbeträge in Bußgeldsachen an die neuen Punktegrenzen in Verkehrsordnungswidrigkeiten (Gesetz zur Stärkung des Rechts des Angeklagten auf Vertretung in der Berufungsverhandlung und über die Anerkennung von Abwesenheitsentscheidungen in der Rechtshilfe, BGBl. 2015 I S. 1332) oder die kostenrechtlichen Änderungen im Zusammenhang mit der Einführung des Schutzschriftenregisters (Gesetz zur Änderung des Unterhaltsrechts und des Unterhaltsverfahrensrechts sowie zur Änderung der Zivilprozessordnung und kostenrechtlicher Vorschriften, BGBl. 2015 I S. 2018). Bis zur 11. Auflage hat es nur geringe Änderungen gegeben. Mit der 12. Auflage waren neben kleineren Gesetzesänderungen, das zum 1.1.2021 in Kraft getretene Kostenrechtsänderungsgesetz 2021 – KostRÄG 2021, BGBl. 2020 I S. 3229, das mit ganz wenigen Ausnahmen eine Anhebung sämtlicher Gebührenbeträge und zahlreicher Auslagentatbestände mit sich gebracht hat, zu berücksichtigen. Die nunmehr vorliegende 13. Auflage ist aufgrund einschneidender Änderungen zum 1.10.2021 durch das Gesetz zur Verbesserung des Verbraucherschutzes im Inkassorecht und zur Änderung weiterer Vorschriften (BGBl. 2020 I S. 3320) sowie durch das Gesetz zur Förderung verbrauchergerechter Angebote im Rechtsdienstleistungsmarkt (BGBl. 2021 I S. 3415) erforderlich geworden. Darüber hinaus konnten auch weitere seit der Vorauflage vorgenommene Änderungen berücksichtigt werden.

A. Das Rechtsanwaltsvergütungsgesetz (RVG)

I. Überblick

1. Änderungen des RVG

Zum 1.7.2004 ist das Rechtsanwaltsvergütungsgesetz (RVG, Nr. **1**), eingeführt durch das Kostenrechtsmodernisierungsgesetz v. 5.5.2004 (BGBl. I S. 718), in Kraft getreten.

In seinen über siebzehn Jahren, in denen das RVG nunmehr besteht, hat es bereits umfangreiche Änderungen über sich ergehen lassen müssen, so z. B. den Wegfall der ursprünglich in den Nr. 2100 ff. VV RVG a. F. vorgesehenen Gebühren für Beratung und Gutachten, die umfangreichen Korrekturen durch das 2. Justizmodernisierungsgesetz v. 22.12.2006 (BGBl. I S. 3416, am 31.12.2006 in Kraft getreten) oder auch die Änderungen zur Vergütungsvereinbarung (§§ 3a ff. RVG) zum 1.7.2008 infolge des Gesetzes zur Neuregelung des Verbots

Einführung

der Vereinbarung von Erfolgshonoraren v. 12.6.2008 (BGBl. I S. 1000). Von besonderer Bedeutung war auch die Einführung des § 15a RVG zur Anrechnung von Gebühren, insbesondere bei der Kostenerstattung (in Kraft getreten zum 5.8.2009). Weitere umfangreiche Änderungen haben sich durch das FGGReformG v. 17.12.2008 (BGBl. I S. 2586) ergeben. Der Gesetzgeber hat in diesem Gesetzespaket die Vorschriften in familiengerichtlichen Verfahren und in Verfahren der freiwilligen Gerichtsbarkeit neu geregelt. Weitere Änderungen hatten sich durch die Einführung des sog. Geldsanktionsgesetzes ergeben. Für die danach neu eingeführten Verfahren zur Vollstreckung ausländischer Geldsanktionen sind in Teil 6 Abschnitt 1 VV RVG, in dem auch schon die bisherigen Verfahren nach dem IRG geregelt waren, neue Vorschriften eingefügt worden.

Seine umfangreichste Novellierung hatte das RVG zum 1.8.2013 durch das 2. KostRMoG erfahren. Neben der Anhebung der wertabhängigen Gebührenbeträge, der Fest- und Rahmengebühren waren auch zahlreiche strukturelle Änderungen eingeführt worden, insbesondere bei der außergerichtlichen Vergütung in verwaltungs- und sozialrechtlichen Angelegenheiten (siehe im Einzelnen die Einführung zur 8. und 9. Auflage).

Bereits in der 9. Auflage berücksichtigt werden konnten die Änderungen des Gesetzes zur Änderung des Prozesskostenhilfe- und Beratungshilferechts v. 31.8.2013 (BGBl. I S. 3533) sowie des Gesetzes zur Einführung einer Rechtsbehelfsbelehrung im Zivilprozess und zur Änderung anderer Vorschriften v. 5.12.2012 (BGBl. I S. 2418).

Auch in der 11. Auflage waren wiederum einige Änderungen zu berücksichtigen, so das Gesetz zur Durchführung der Verordnung (EU) Nr. 655/2014 sowie zur Änderung sonstiger zivilprozessualer, grundbuchrechtlicher und vermögensrechtlicher Vorschriften und zur Änderung der Justizbeitreibungsordnung (EuKoPfVODG) v. 21.11.2016 (BGBl. I S. 2591), das Gesetz zur Reform der strafrechtlichen Vermögensabschöpfung v. 13.4.2017 (BGBl. I S. 872), das Gesetz zur Durchführung der Verordnung (EU) 2015/848 über Insolvenzverfahren v. 5.6.2017 (BGBl. I S. 1476), das Gesetz zur Einführung eines familiengerichtlichen Genehmigungsvorbehaltes für freiheitsentziehende Maßnahmen bei Kindern v. 17.7.2017 (BGBl. I S. 2424) und das Gesetz zur Einführung eines Wettbewerbsregisters und zur Änderung des Gesetzes gegen Wettbewerbsbeschränkungen v. 18.7.2017 (BGBl. I S. 2739).

In der 12. Auflage wiederum waren im wesentlichen die Änderungen durch das Kostenrechtsänderungsgesetz 2021 – KostRÄG 2021 v. 21.12.2020 (BGBl. I S. 3229) einzuarbeiten, mit dem auch die Gebührenbeträge angehoben worden sind.. Auch weitere Gesetze waren zu berücksichtigen, so das Gesetz zur Einführung einer zivilprozessualen Musterfeststellungsklage v. 12.7.2018 (BGBl. I S. 1151) sowie das Sanierungs- und Insolvenzrechtsfortentwicklungsgesetz – SanInsFoG v. 22.12.2020 (BGBl. I S. 3256)

Mit der 13. Auflage sind jetzt die Änderungen zur Geschäftsgebühr bei Inkassodienstleistungen durch das Gesetz zur Verbesserung der Verbraucherschutzes im Inkassorecht und zur Änderung weiterer Vorschriften (BGBl. 2020 I S. 3320) sowie die Änderungen zur Vergütungsvereinbarung (insbesondere zum Erfolgshonorar) durch das Gesetz zur Förderung verbrauchergerechter Angebote im Rechtsdienstleistungsmarkt (BGBl. 2021 I S. 3415) eingearbeitet worden. Aber auch weniger bedeutsame Änderungen waren zu berücksichtigen, so durch das GWB-Digitalisierungsgesetz (BGBl. 2021 I S. 2), das Gesetz zur Reform des Vormundschafts- und Betreuungsrechts (BGBl. 2021 I S. 882), das

Einführung

Zweite Gesetz zur Änderung des Agrarmarktstrukturgesetzes (BGBl. 2021 I S. 1278), das Gesetz zur Fortentwicklung der Strafprozessordnung und zur Änderung weiterer Vorschriften (BGBl. 2021 I S. 2099) sowie das Gesetz zur Modernisierung des notariellen Berufsrechts und zur Änderung weiterer Vorschriften (BGBl. 2021 I S. 2154).

Weitere Anpassungen werden zum 1.8.2022 durch das Gesetz zur Durchführung der Verordnung EU 2019/1111 (BGBl. 2021 I S. 3424) sowie das Gesetz zur Neuregelung des Berufsrechts der anwaltlichen und steuerberatenden Berufsausübungsgesellschaften sowie zur Änderung weiterer Vorschriften im Bereich der rechtsberatenden Berufe (BGBl. 2021 I S. 2363) eintreten.

2. Aufbau des RVG

Im Gegensatz zu der bis zum 30.6.2004 geltenden BRAGO mit ihren zuletzt insgesamt 146 Paragraphen gliedert sich das RVG – wie jetzt alle „modernen Kostengesetze" – in einen Paragraphenteil mit zwischenzeitlich 79 Paragraphen und in ein Vergütungsverzeichnis (Anlage 1 zum RVG) mit weit über 250 einzelnen Gebühren- und Auslagentatbeständen.

Im Paragraphenteil sind allgemeine und generelle Regelungen enthalten. Die Höhe der Vergütung selbst ist im Paragraphenteil nicht geregelt. Hier findet sich lediglich die Verweisung in § 2 Abs. 2 RVG, wonach sich die Höhe der Vergütung nach dem Vergütungsverzeichnis (VV RVG) bestimmt. Dort wiederum sind die einzelnen Gebühren- und Auslagentatbestände in insgesamt sieben Teilen systematisch dargestellt.

II. Der Aufbau des Paragraphenteils

Der Paragraphenteil ist in insgesamt neun Abschnitte aufgeteilt:

In **Abschnitt 1** finden sich allgemeine Vorschriften, u. a. zum Anwendungsbereich (§ 1 RVG), zur Vergütungsvereinbarung – einschließlich des Erfolgshonorars – (§§ 3a ff. RVG), zur Einschaltung von Hilfspersonen (§ 5 RVG), zu Fälligkeit und Vorschuss (§§ 8, 9 RVG), zur Form der Abrechnung (§ 10 RVG) und zur Vergütungsfestsetzung (§ 11 RVG).

Der **Abschnitt 2** enthält allgemeine Gebührenvorschriften zur Berechnung der Wertgebühren (§ 13 RVG), der Rahmengebühren (§ 14 RVG) und zum Abgeltungsbereich der Gebühren (§ 15 RVG). Hier findet sich auch die Vorschrift des § 15a RVG zur Anrechnung von Gebühren und deren Einfluss auf die Kostenerstattung.

In **Abschnitt 3** wiederum befasst sich das RVG in insgesamt sechs, teils sehr umfangreichen Paragraphen mit dem Umfang der Angelegenheit. Hier sind die früher an verschiedensten Stellen der BRAGO verstreuten Vorschriften systematisch zusammengefasst worden. Das RVG stellt damit zu Recht die Bedeutung der Angelegenheit für die Gebührenberechnung in den Mittelpunkt.

In **Abschnitt 4** wiederum sind die Vorschriften zum Gegenstandswert enthalten. Hier finden sich nicht nur die Grundsätze zur Wertermittlung und Wertfestsetzung, sondern hier sind auch sämtliche Wertvorschriften zusammengefasst, die das RVG selbst enthält, etwa zur Zwangsvollstreckung und zu besonderen gerichtlichen Verfahren, in denen der Gegenstandswert der anwaltlichen Tätigkeit von dem des Gerichts abweicht, oder auch zu besonderen anwaltlichen Gebühren (z.B. Wert für eine Zahlungsvereinbarung).

Einführung

Abschnitt 5 regelt zunächst die Vergütung für Beratung, Gutachten und Mediation, für die auf die Vorschriften des BGB verwiesen wird. Für Hilfeleistung in Steuersachen wird weitgehend auf die Steuerberatervergütungsverordnung verwiesen. In schiedsrichterlichen Verfahren und Verfahren vor dem Schiedsgericht sind die Gebühren der gerichtlichen Verfahren entsprechend anzuwenden.

In **Abschnitt 6** sind einige Regelungen für besondere gerichtliche Verfahren enthalten, nämlich Regelungen zur Vergütung in Verfahren vor dem BVerfG, den Länderverfassungsgerichten sowie in Verfahren vor dem EuGH und dem Europäischen Gerichtshof für Menschenrechte. Daneben wird die Vergütung des in Scheidungs- und Lebenspartnerschaftssachen beigeordneten Rechtsanwalts geregelt, des als gemeinsamen Vertreter bestellten Rechtsanwalts und des Prozesspflegers.

In **Abschnitt 7** sind zwei allgemeine Regelungen für Straf- und Bußgeldsachen enthalten, nämlich die Feststellung einer Pauschgebühr für den Wahlanwalt (§ 42 RVG) sowie die Regelung zur Abtretung des Kostenerstattungsanspruchs (§ 43 RVG).

Abschnitt 8 enthält den umfangreichsten Abschnitt mit insgesamt 18 Paragraphen. Er befasst sich mit dem beigeordneten oder bestellten Rechtsanwalt und enthält darüber hinaus Regelungen zur Beratungshilfe.

In **Abschnitt 9** schließlich sind Übergangs- und Schlussvorschriften enthalten.

III. Der Aufbau des Vergütungsverzeichnisses (VV RVG)

Das VV RVG ist in insgesamt sieben Teile aufgegliedert. Je nach Umfang sind diese Teile wiederum in einzelne Abschnitte und Unterabschnitte aufgeteilt. Hier finden sich dann die jeweiligen Gebührentatbestände, zu denen bei Wertgebühren ein fester Gebührensatz oder Satzrahmen mit Mindest- und Höchstsätzen ausgewiesen ist. Soweit sich die Gebühren nicht nach dem Wert richten, finden sich Festgebühren oder Betragsrahmengebühren.

Auch die Auslagen sind im VV RVG geregelt (Teil 7 VV RVG).

Ergänzend zu den Gebührentatbeständen in den einzelnen Nummern des VV RVG finden sich **Anmerkungen** (Anm.), die weitere Regelungen, insbesondere zum Anwendungs- und Abgeltungsbereich des jeweiligen Gebührentatbestands, oder auch Anrechnungsvorschriften enthalten.

Daneben enthalten die einzelnen Teile, Abschnitte und Unterabschnitte **Vorbemerkungen** (Vorbem.), die wiederum Regelungen vorsehen, welche für den gesamten Teil, Abschnitt oder Unterabschnitt gelten und daher vorangestellt werden, so z. B. wiederum Anrechnungsvorschriften oder auch nähere Erläuterungen zum Anwendungs- und Abgeltungsbereich der einzelnen Gebührentatbestände.

Die einzelnen Gebührentatbestände sind jeweils mit **vierstelligen Nummern** durchnummeriert:

– Die **erste Ziffer** der Nummer deckt sich jeweils mit dem Teil des Vergütungsverzeichnisses, aus dem die Gebühr stammt;
– die **zweite Ziffer** gibt den jeweiligen Abschnitt an.

Auf diese Weise lässt sich über die ersten beiden Ziffern einer VV-Nummer sogleich erkennen, aus welchem Bereich der Vergütungstatbestand stammt.

Einführung

Teil 1 des VV RVG befasst sich mit **allgemeinen Gebühren** (Einigungsgebühr, Aussöhnungsgebühr, Erledigungsgebühr sowie der Hebegebühr) und regelt in Ergänzung des § 7 RVG die Berechnung der Gebührenerhöhung bei mehreren Auftraggebern (Nr. 1008 VV RVG). Etwas systemwidrig ist hier auch die nur in Teil 3 VV RVG anzuwendende Gebühr für besonders umfangreiche Beweisaufnahmen untergebracht.

In **Teil 2** werden sämtliche Bereiche der **außergerichtlichen Tätigkeiten** geregelt: Prüfung der Erfolgsaussicht eines Rechtsmittels (Abschnitt 1); Verfahren nach dem EuRAG (Abschnitt 2); außergerichtliche Vertretung (Abschnitt 3) und Beratungshilfe (Abschnitt 5).

Der umfangreichste Teil des VV RVG, **Teil 3**, befasst sich mit den Gebühren in **bürgerlichen Rechtsstreitigkeiten** (einschließlich den Verfahren vor den Arbeitsgerichten und den Familiengerichten) sowie **Verfahren der freiwilligen Gerichtsbarkeit** und der **öffentlich-rechtlichen Gerichtsbarkeiten**, Verfahren nach dem **Strafvollzugsgesetz** und **ähnlichen Verfahren**. Die Tätigkeiten in der **Zwangsvollstreckung** sowie in der **Zwangsverwaltung** und **Zwangsversteigerung** sind hier ebenso geregelt wie die in **Insolvenzverfahren**.

In **Teil 4** sind die Gebühren in **Strafsachen** geregelt. Für **Bußgeldsachen** gilt **Teil 5**. In **Teil 6** sind sonstige Verfahren geregelt. Es handelt sich hierbei um Verfahren nach dem **IRG** und **vor dem IStGH** sowie um **Disziplinarverfahren, berufsgerichtliche Verfahren wegen der Verletzung einer Berufspflicht**, gerichtliche **Verfahren bei Freiheitsentziehung**, Verfahren in **Unterbringungssachen** sowie Verfahren nach der **WBO**.

Abgeschlossen wird das VV RVG durch **Teil 7**, in dem die **Auslagentatbestände** geregelt sind.

IV. Die Grundzüge der Vergütungsberechnung

1. Einteilung in Angelegenheiten

Grundlage des Vergütungssystems nach dem RVG ist die Aufteilung in verschiedene Angelegenheiten. In jeder Angelegenheit erhält der Anwalt die Gebühren **gesondert**. Umgekehrt kann er in derselben Angelegenheit die jeweiligen Gebühren grundsätzlich **nur einmal** fordern (§ 15 Abs. 2 RVG). Grundlage einer jeden Gebührenabrechnung muss daher die Prüfung sein, in welcher Angelegenheit der Anwalt tätig geworden ist und ob nicht gegebenenfalls mehrere Angelegenheiten vorgelegen haben.

So erhält der Anwalt – wie bereits ausgeführt – in jeder eigenen Angelegenheit **gesonderte Gebühren**; in jeder Angelegenheit entstehen die **Auslagen**, insbesondere auch die Postentgeltpauschale der Nr. 7002 VV RVG, erneut. Der **Gegenstandswert** ist für jede Angelegenheit gesondert zu prüfen und festzusetzen; auch die Frage, welches **Gebührenrecht** gilt, also welche Fassung des RVG anzuwenden ist (§ 60 RVG), richtet sich nach der jeweiligen Angelegenheit. Darüber hinaus knüpft die **Fälligkeit** – und damit auch die **Verjährung** – an die Angelegenheit an. Auch die Höhe der Umsatzsteuer hängt letztlich vom Umfang der Angelegenheit ab.

Das RVG stellt diesen zentralen Begriff der Angelegenheit daher zu Recht in den Vordergrund und widmet ihm vier umfangreiche Paragraphen mit ausführlichen Katalogen, aus denen sich ergibt, wann die Tätigkeit des Anwalts zu der-

Einführung

selben Angelegenheit gehört (§§ 16, 19 RVG) und wann die Tätigkeit des Anwalts mehrere gesondert zu vergütende Angelegenheiten auslöst (§§ 17, 18 RVG). Ergänzende Vorschriften finden sich noch in den §§ 20, 21 RVG für die Fälle der Abgabe, Verweisung und Zurückverweisung.

2. Das Gebührensystem

a) Wertgebühren

Das RVG geht grundsätzlich von Gebühren aus, die sich nach dem **Gegenstandswert** richten, also dem Wert der anwaltlichen Tätigkeit (§ 2 Abs. 1 RVG). Darauf muss der Anwalt bei Annahme des Mandats hinweisen (§ 49b Abs. 5 BRAO).

Zum Teil sind feste Gebührensätze vorgesehen (Nr. 3100 ff. VV RVG), zum Teil aber auch Satzrahmen, wie z. B. bei Nr. 2300 VV RVG (0,5 bis 2,5). In diesen Fällen bestimmt der Anwalt dann gem. § 14 Abs. 1 RVG die im konkreten Fall angemessene Gebühr nach den dort genannten Kriterien (s. u.).

b) Betragsrahmen

Darüber hinaus sind Betragsrahmengebühren vorgesehen, also Gebühren, die nach ihrem Mindest- und Höchstbetrag begrenzt sind. Auch hier bestimmt der Anwalt, die in seinem konkreten Fall angemessene Gebühr unter Berücksichtigung der Kriterien des § 14 Abs. 1 RVG. Betragsrahmen finden sich insbesondere in sozialrechtlichen Angelegenheiten nach § 3 Abs. 1 Satz 1, Abs. 2 RVG sowie in Straf- und Bußgeldsachen.

c) Festgebühren

Neben den Betragsrahmengebühren sind zum Teil auch feste Betragsgebühren vorgesehen, so z. B. in der Beratungshilfe (Nr. 2500 ff. VV RVG) oder für den bestellten oder beigeordneten Anwalt in Verfahren nach Teil 4 bis Teil 6 VV RVG.

d) Vereinbarte Vergütung

Möglich ist auch eine Vergütungsvereinbarung (§§ 3a ff. RVG), die mit dem Auftraggeber getroffen werden kann. Das RVG empfiehlt sogar in bestimmten Fällen selbst den Abschluss einer Gebührenvereinbarung (§ 34 Abs. 1 Satz 1 RVG). Bereits seit dem 1.1.2014 waren auch erfolgsabhängige Vereinbarungen möglich, allerdings nur im Einzelfall, wenn der Auftraggeber bei verständiger Betrachtung ohne die Vereinbarung eines Erfolgshonorars von der Rechtsverfolgung abgehalten würde. Zum 1.10.2021 sind drei weitere Fälle eines zulässigen Erfolgshonorars eingeführt worden, nämlich dann, wenn sich der Auftrag auf eine Geldforderung von höchstens 2.000,00 Euro bezieht, eine außergerichtliche Inkassodienstleistung vorliegt oder ein gerichtliches Verfahren nach § 79 Abs. 2 Satz 2 Nr. 4 ZPO geführt wird. Zur Zulässigkeit eines Erfolgshonorars bei Beratungshilfe siehe 11.

e) Pauschgebühr

Anstelle der gesetzlichen Gebühren können in Straf- und Bußgeldsachen sowie in Verfahren nach Teil 6 VV RVG Pauschgebühren bewilligt werden, und zwar nicht nur für den gerichtlich bestellten oder beigeordneten Anwalt (§ 51 RVG), sondern auch für den Wahlanwalt (§ 42 RVG).

f) Vergütung nach BGB

Des Weiteren sieht das RVG eine Gebühr nach den Vorschriften des bürgerlichen Rechts vor (Beratung, Gutachten und Mediation), allerdings nur dann, wenn keine Vereinbarung getroffen worden ist (§ 34 Abs. 1 Satz 1 RVG). Auch hier bestimmt der Anwalt die Höhe seiner Vergütung nach § 14 Abs. 1 RVG (§ 34 Abs. 1 Satz 3 RVG).

g) Vergütung nach der StBVV

Darüber hinaus verweist das RVG (§ 35 RVG) für die Hilfeleistung bei der Erfüllung allgemeiner Steuerpflichten und bei der Erfüllung steuerlicher Buchführungs- und Aufzeichnungspflichten auf bestimmte Vorschriften der Steuerberatervergütungsverordnung (StBVV) v. 17.12.1981 (BGBl. I S. 1442), zuletzt geändert durch G v. 7.7.2021 (BGBl. I S. 2363).

3. Gegenstandswert

Soweit sich die Gebühren nach der Höhe des Wertes der anwaltlichen Tätigkeit (Gegenstandswert) richten (§ 2 Abs. 1 RVG), muss der Anwalt diesen Gegenstandswert ermitteln und seiner Berechnung zugrunde legen.

Hierbei wiederum ist wie folgt vorzugehen:

Zunächst einmal ist zu prüfen, ob das RVG selbst Regelungen zur Höhe des Gegenstandswerts enthält, die vorrangig sind. Solche Regelungen zum Gegenstandswert finden sich in den §§ 23 Abs. 2 und 3, 23a bis 31b RVG. Grund für diese gesonderten Regelungen des Gegenstandswertes im RVG ist, dass es an entsprechenden gerichtlichen Wertvorschriften fehlt, weil in den betreffenden Verfahren entweder keine Gerichtsgebühren anfallen, wertunabhängige Gebühren entstehen oder weil der Gegenstand der anwaltlichen Tätigkeit von dem des gerichtlichen Verfahrens abweicht.

Kommt eine spezielle Wertregelung des RVG nicht in Betracht, so gilt für gerichtliche Verfahren die Verweisung des § 23 Abs. 1 Sätze 1 und 2 RVG. Danach bestimmt sich der Wert der anwaltlichen Tätigkeit nach dem Wert, der für das gerichtliche Verfahren gilt (**Streitwert – § 3 Abs. 1 GKG, Verfahrenswert – § 3 Abs. 1 FamGKG** oder **Geschäftswert – § 3 Abs. 1 GNotKG**); es sei denn, dieser Wert ist ausnahmsweise einmal nicht bindend, also wenn z.B. die anwaltliche Tätigkeit von der gerichtlichen abweicht. Der Anwalt ist nach § 32 Abs. 1 RVG an die gerichtliche Wertfestsetzung gebunden, unabhängig davon, ob sie zutreffend ist oder nicht. Aufgrund dieser Bindung steht dem Anwalt daher nach § 32 Abs. 2 RVG ein eigenes Antrags- und Beschwerderecht zu. Der Anwalt kann sich also gegen einen aus seiner Sicht zu niedrig festgesetzten Streit-, Verfahrens- oder Geschäftswert wehren.

Fehlt es an einer Wertfestsetzung im gerichtlichen Verfahren, etwa weil dort feste Gebühren oder gar keine Gebühren erhoben werden oder weil der Wert des gerichtlichen Verfahrens für den Anwalt nicht bindend ist, können der Anwalt, der Auftraggeber oder ein erstattungspflichtiger Dritter nach § 33 Abs. 1 RVG aus eigenem Recht die Wertfestsetzung für die Anwaltsgebühren beantragen. Auch hier steht dem Anwalt – ebenso wie der Partei und einem eventuellen erstattungspflichtigen Dritten – das Recht zur Beschwerde zu (§ 33 Abs. 3 RVG).

Einführung

In außergerichtlichen Angelegenheiten ist zunächst danach zu fragen, ob die Tätigkeit des Anwalts auch Gegenstand eines gerichtlichen Verfahrens hätte sein können. Ist dies der Fall, dann gilt der Wert, der im Falle eines gerichtlichen Verfahrens festzusetzen gewesen wäre (§ 23 Abs. 1 Satz 3 RVG).

Kann die Tätigkeit des Anwalts nicht Gegenstand eines gerichtlichen Verfahrens sein, etwa bei einem Vertragsentwurf, dem Entwurf allgemeiner Geschäftsbedingungen o. ä., dann ist nach § 23 Abs. 3 RVG auf die dort genannten Vorschriften des GNotKG abzustellen. Sind die dort genannten Vorschriften des GNotKG nicht einschlägig, dann bestimmt sich der Gegenstandswert nach billigem Ermessen. Sofern hierfür keine Anhaltspunkte gegeben sind sowie bei nicht vermögensrechtlichen Streitigkeiten, ist von einem Auffangwert in Höhe von 5.000,00 Euro auszugehen.

Die Höhe des Gegenstandswertes wird zudem nach § 22 Abs. 2, § 23 Abs. 1 Sätze 1, 2 und 4 RVG i. V. m. § 39 Abs. 2 GKG, § 33 Abs. 2 FamGKG, § 35 Abs. 2 GNotKG auf 30 Mio. Euro beschränkt; bei mehreren Auftraggebern, die der Anwalt wegen verschiedener Gegenstände vertritt, kann der Wert um jeweils 30 Mio. Euro erhöht werden, höchstens jedoch auf 100 Mio. Euro. Diese Regelung ist verfassungsmäßig, wie das BVerfG zwischenzeitlich festgestellt hat (BVerfGE 118, 1 = NJW 2007, 2098).

Soweit sich in einer Angelegenheit die Gebühren nach dem Gegenstandswert berechnen, muss der Anwalt seinen Auftraggeber nach § 49b Abs. 5 BRAO vor Mandatsannahme darauf hinweisen. Es handelt sich insoweit nicht nur um eine berufsrechtliche Ordnungsvorschrift, sondern um eine zivilrechtliche Nebenpflicht aus dem Anwaltsvertrag. Der Verstoß gegen diese Hinweispflicht kann jedoch zu Schadensersatzansprüchen des Mandanten führen, wie der BGH zwischenzeitlich klargestellt hat (BGH NJW 2007, 2332). Die Darlegungs- und Beweislast für den unterbliebenen Hinweis und den entstandenen Schaden liegt allerdings beim Auftraggeber (BGH NJW 2008, 371).

4. Rahmengebühren

In zahlreichen Fällen sieht das RVG vor, dass dem Anwalt Satz- oder Betragsrahmen zur Verfügung stehen.

So ist z. B. in Nr. 2300 VV RVG ein **Satzrahmen** vorgesehen. Zwar richten sich hier die Gebühren nach dem Gegenstandswert; dem Anwalt steht jedoch beim Gebührensatz ein Spielraum von 0,5 bis 2,5 zu, aus dem er die im Einzelfall angemessene Gebühr bestimmt.

In sozialrechtlichen Angelegenheiten, in denen das GKG nicht gilt (§ 3 Abs. 1 und 2 RVG) sowie in Straf- und Bußgeldsachen (Teil 4 und 5 VV RVG) und in Verfahren nach Teil 6 VV RVG sind **Betragsrahmen** vorgesehen. Vorgegeben sind eine Mindest- und eine Höchstgebühr. Auch hier bestimmt der Anwalt die im Einzelfall angemessene Gebühr.

Für diese Gebührenbestimmungen ist jeweils § 14 Abs. 1 Satz 1 RVG einschlägig. Der Anwalt hat sich daher bei seiner Bestimmung an folgenden fünf Kriterien zu orientieren:

- **Umfang der anwaltlichen Tätigkeit,**
- **Schwierigkeit der anwaltlichen Tätigkeit,**
- **Bedeutung der Angelegenheit,**
- **Einkommensverhältnisse des Auftraggebers** und
- **Vermögensverhältnisse des Auftraggebers.**

Daneben ist bei Wertgebühren das **besondere Haftungsrisiko** zu berücksichtigen und bei Rahmengebühren das **einfache Haftungsrisiko** (§ 14 Abs. 1 Satz 1 RVG). Die Beschränkung auf das besondere Haftungsrisiko bei Wertgebühren beruht darauf, dass grundsätzlich das Haftungsrisiko bereits durch die Höhe des Gegenstandswertes berücksichtigt wird. Der Gesetzgeber geht davon aus, dass bei einem besonderen Haftungsrisiko auch ein entsprechend hoher Streitwert anzunehmen ist. Dies muss jedoch nicht zwingend so sein. Zu denken ist insoweit an Unterhaltssachen, in denen der Gegenstandswert für den laufenden Unterhalt auf die Beträge der ersten zwölf Monate nach Antragseinreichung begrenzt ist (§ 51 Abs. 1 FamGKG) oder auch an Räumungsklagen, bei denen lediglich der zwölffache Monatsmietwert (§ 41 Abs. 1 und 2 GKG) zugrunde zu legen ist. Gleichwohl ist das Haftungsrisiko des Anwalts unbegrenzt.

Durch den neuen § 14 Abs. 2 RVG ist jetzt allgemein klargestellt worden, dass in Anrechnungsfällen eine Vorbefassung nicht mindernd berücksichtigt werden darf. Dies war bisher nur an einzelnen Stellen geregelt.

Die Gebührenbestimmung des Anwalts nach § 14 Abs. 1 RVG ist **verbindlich**, wenn sie billig ist. Insoweit gesteht die Rechtsprechung dem Anwalt einen Toleranzbereich von 20 % zu. Ist die Bestimmung unbillig, wird sie durch Urteil ersetzt (§ 315 Abs. 3 Satz 2 BGB). Gegenüber dem eigenen Auftraggeber obliegt die **Darlegungs- und Beweislast** für die Billigkeit dem Anwalt. Ist ein Dritter zur Erstattung verpflichtet, so muss dieser die Unbilligkeit darlegen und beweisen (§ 14 Abs. 1 Satz 4 RVG).

Kommt es zwischen Anwalt und Auftraggeber zu einem Rechtsstreit, und ist die Höhe der vom Anwalt bestimmten Gebühr streitig, so ist nach § 14 Abs. 3 RVG zwingend ein **Gutachten des Vorstands der Rechtsanwaltskammer** einzuholen. Das Unterlassen stellt gegebenenfalls einen schweren Verfahrensmangel dar.

5. Vergütungsvereinbarungen

Anstelle der gesetzlichen Gebühren kann der Anwalt mit dem Auftraggeber auch Abweichendes vereinbaren.

Zu beachten ist, dass die Vereinbarung einer höheren als der gesetzlichen Vergütung nach § 3a Abs. 1 Satz 1 und 2 RVG **formbedürftig** ist. Gem. § 3a Abs. 1 Satz 1 RVG ist Textform (§ 127b BGB) erforderlich. Des Weiteren muss die Vergütungsvereinbarung als solche bezeichnet und von anderen Vereinbarungen deutlich abgesetzt sein. Sie darf auch nicht in einer Vollmacht enthalten sein. Wird die Form nicht beachtet, bleibt die Vereinbarung zwar wirksam, allerdings kann der Anwalt aus ihr dann nach § 4b RVG keine höhere Vergütung herleiten als die gesetzliche. Soweit die vereinbarte Vergütung darüber hinausgeht, ist sie unverbindlich (BGH, NJW 2014, 2653). Hat der Auftraggeber gleichwohl gezahlt, kann er den über die gesetzliche Vergütung hinausgehenden Betrag nach Bereicherungsrecht (§ 812 BGB) zurückverlangen (§ 4b Satz 2 RVG). Das gilt entgegen der bisherigen gesetzlichen Regelung auch dann, wenn er freiwillig und vorbehaltlos gezahlt hat (BGH, AnwBl 2016, 79).

Ist der Anwalt im Rahmen der **Prozess- oder Verfahrenskostenhilfe** beigeordnet, darf er zwar eine Vergütungsvereinbarung mit der bedürftigen Partei treffen, die Vereinbarung ist jedoch unwirksam, soweit eine höhere als die gesetzliche Wahlanwaltsvergütung vereinbart wird (§ 3a Abs. 3 Satz 1 RVG). Bei

Einführung

einem Verstoß kann der Auftraggeber alle Zahlungen zurückverlangen (§ 3a Abs. 3 Satz 2 RVG), selbst wenn freiwillig und vorbehaltlos gezahlt worden ist, und zwar auch soweit die Zahlung die Differenz zwischen Prozesskostenhilfegebühren und Wahlanwaltsgebühren betrifft. Vereinbarungen bis zur Höhe der gesetzlichen (Wahlanwalts-)Vergütung sind dagegen zulässig (OLG Hamm, Beschl. v. 12.1.2018 – I-7 W 21/17, AGS 2019, 349). Strittig ist allerdings, ob der Anwalt die Vergütung auch einfordern kann oder ob dies an § 122 Abs. 1 Nr. 3 ZPO scheitert (so LG Cottbus AnwBl 2021 S. 489).

Das frühere generelle Verbot, eine Vergütungsvereinbarung zu treffen, wenn der Anwalt vom Auftraggeber im Rahmen der **Beratungshilfe** beauftragt worden ist (§ 3a Abs. 6 RVG a. F. i. V. m. § 8 BerHG a. F.), ist bereits mit Wirkung zum 1.1.2014 aufgehoben worden. Da der Anwalt jedoch nach wie vor zur Übernahme von Beratungshilfemandaten verpflichtet ist (§ 49a Abs. 1 BRAO) und den Mandanten bei bewilligter Beratungshilfe nicht in Anspruch nehmen darf, kann eine Vergütungsvereinbarung nur bei Ablehnung oder Aufhebung der Beratungshilfe zum Tragen kommen.

Bis zum 30.6.2008 war nach § 49 Abs. 2 BRAO eine Vereinbarung von **Erfolgshonoraren** oder eine **Beteiligung am erstrittenen Betrag** (quota litis) unzulässig. Grundsätzlich ebenso unzulässig war es, eine **niedrigere Vergütung** zu vereinbaren als die gesetzliche. Ausnahmen waren jedoch in § 4 Abs. 2 RVG a. F. geregelt (§ 49 Abs. 1 Satz 1 BRAO). Aufgrund der Entscheidung des Bundesverfassungsgerichts vom 12.12.2006 – 1 BvR 2576/04 (BVerfGE 117, 163 = NJW 2007, 979) war der Gesetzgeber aufgerufen worden, das strikte Verbot des Erfolgshonorars bzw. der Beteiligung am erstrittenen Betrag zu ändern, weil es in seiner uneingeschränkten Fassung, die keine Ausnahme zuließ, nicht mit der Verfassung in Einklang stand. Der Gesetzgeber hatte sich zunächst für die sog. „kleine Lösung" entschieden und das Erfolgshonorar bzw. die Beteiligung am erstrittenen Betrag nur in Ausnahmefällen zugelassen, nämlich dann, wenn der Auftraggeber bei verständiger Betrachtung, ohne die Vereinbarung eines Erfolgshonorars anderenfalls von der Rechtsverfolgung abgehalten würde. Zum 1.10.2021 sind drei weitere Fälle eines zulässigen Erfolgshonorars eingeführt worden (s. S. XII). Die Einzelheiten, insbesondere die Ausnahmevoraussetzungen sowie die Anforderungen an Belehrung und Dokumentation, sind in § 4a RVG geregelt. Sind diese Voraussetzungen nicht eingehalten, so richtet sich die Rückforderung nach Bereicherungsrecht, also nach den §§ 812 ff. BGB (§ 4a Satz 2 RVG).

6. Fälligkeit

Die Fälligkeit der anwaltlichen Vergütung richtet sich nach § 8 Abs. 1 RVG. Die Vergütung wird danach erst fällig, wenn der Auftrag erledigt oder die Angelegenheit beendet ist (§ 8 Abs. 1 Satz 1 RVG). In gerichtlichen Verfahren wird die Vergütung nach § 8 Abs. 1 Satz 2 RVG darüber hinaus auch dann fällig, wenn eine Kostenentscheidung ergeht, der Rechtszug beendet ist oder wenn das Verfahren länger als drei Monate ruht. Hier sind also auch Teilfälligkeiten möglich.

Mit Eintritt der Fälligkeit kann der Anwalt seine Vergütung abrechnen. Gleichzeitig beginnt der Ablauf der **Verjährungsfrist**, die sich nach den §§ 194 ff. BGB richtet und drei Jahre ab Ende des Kalenderjahres beträgt, in dem die Vergütung fällig geworden ist.

Einführung

Vor Eintritt der Fälligkeit hat der Anwalt lediglich die Möglichkeit, nach § 9 RVG angemessene **Vorschüsse** zu verlangen. Angemessen ist ein Vorschuss grundsätzlich in Höhe der bereits angefallenen Gebühren und Auslagen sowie der voraussichtlich noch weiterhin anfallenden Gebühren und Auslagen.

7. Berechnung

Der Anwalt kann seine Vergütung nur dann einfordern, wenn er dem Auftraggeber zuvor eine ordnungsgemäße Berechnung erteilt hat (§ 10 RVG). In dieser Berechnung müssen u. a. die einzelnen Gebühren nach Betrag und unter Angabe einer Kurzbezeichnung sowie der Nummer des VV RVG genau angegeben sein. Bei wertabhängigen Gebühren muss auch der Gegenstandswert angegeben werden. Darüber hinaus muss die Berechnung vom Anwalt eigenhändig unterzeichnet sein. Fehlt es an den Anforderungen des § 10 RVG, ist die Vergütung nicht einforderbar und auch nicht einklagbar. Der Ablauf der Verjährungsfrist bleibt davon allerdings unberührt (§ 10 Abs. 1 Satz 2 RVG).

Des Weiteren – auch wenn das nicht Wirksamkeitsvoraussetzung ist – muss die Rechnung den Leistungszeitraum ausweisen, eine laufende Rechnungsnummer und die Steuernummer des Anwalts enthalten. Anderenfalls steht dem Auftraggeber ein Zurückbehaltungsrecht zu.

8. Übergangsrecht

In vielen Fällen stellt sich die Frage des Übergangsrechts. In Anbetracht der erst vor kurzem eingefügten Änderungen durch das KostRÄG 2021 hat die Frage derzeit wieder besondere Bedeutung, welche Fassung des RVG anzuwenden ist. Hier kommt es nach § 60 RVG zunächst einmal darauf an, wann dem Anwalt der unbedingte Auftrag zu der betreffenden Angelegenheit erteilt worden ist. Ist der Auftrag zu der betreffenden Angelegenheit vor dem Stichtag, also vor dem Inkrafttreten der Gesetzesänderung eingetreten, gilt altes Gebührenrecht. Ist der Auftrag erst danach erteilt worden, gilt bereits neues Gebührenrecht. Gleiches gilt für Verfahren, die mehrere Instanzen durchlaufen: Ist der Auftrag für das erstinstanzliche Verfahren vor dem Inkrafttreten einer Gebührenänderung erteilt worden, ist dafür nach altem Recht abzurechnen; das anschließende höherinstanzliche Verfahren, also etwa Berufung oder Revision, ist dagegen, wenn das Rechtmittel erst nach dem Stichtag eingelegt wurde, nach neuem Recht abzurechnen. Ist der Anwalt beigeordnet oder bestellt worden, ohne dass ihm zuvor ein Auftrag erteilt worden war, kommt es auf den Zeitpunkt der Bestellung oder Beiordnung an. Dieser Zeitpunkt bleibt auch dann maßgebend, wenn doch noch ein Auftrag erteilt wird.

9. Durchsetzung der Vergütung

Ist die Vergütung fällig und hat der Anwalt ordnungsgemäß abgerechnet, kann er seine Vergütung einfordern. Zahlt der Auftraggeber nicht, stehen dem Anwalt die allgemeinen gerichtlichen Möglichkeiten (Mahnverfahren, Klage) zur Verfügung. Daneben gewährt ihm § 11 RVG für die Vergütung aus gerichtlichen Verfahren auch die Möglichkeit der **vereinfachten Vergütungsfestsetzung**. Hier kann der Anwalt bei dem Gericht des ersten Rechtszugs seine Vergütung anmelden. Diese wird dann vom Gericht festgesetzt, sofern der Auftraggeber keine Einwendungen erhebt, die außerhalb des Gebührenrechts

Einführung

liegen. Bei Rahmengebühren kommt eine Festsetzung allerdings nur in Betracht, wenn die Mindestgebühr zur Festsetzung angemeldet wird oder eine schriftliche Zustimmungserklärung des Auftraggebers zur getroffenen Gebührenbestimmung vorliegt (§ 11 Abs. 8 RVG).

Wird die Vergütung nach § 11 RVG festgesetzt, so erhält der Anwalt einen vollstreckbaren Beschluss, aus dem er die Zwangsvollstreckung gegen den Auftraggeber betreiben kann. Spätere Einwendungen des Auftraggebers sind nicht mehr möglich, es sei denn, sie sind erst nachträglich entstanden (§ 767 Abs. 2 ZPO).

Kommt eine Vergütungsfestsetzung nicht in Betracht, etwa bei außergerichtlicher Tätigkeit oder weil der Auftraggeber nichtgebührenrechtliche Einwände erhoben hat, bleibt dem Anwalt nur das Mahnverfahren oder die Klageerhebung. Zu beachten ist, dass auch der Anwalt bei geringfügigen Beträgen gegebenenfalls zuvor das Schlichtungsverfahren nach § 15a EGZPO beschreiten muss, wenn dies nach Landesrecht vorgesehen ist.

Des Weiteren ist bei einem Vergütungsprozess darauf zu achten, dass nach der Rechtsprechung des BGH die Klage nicht mehr am Sitz der Kanzlei als dem Gerichtsstand des Erfüllungsortes (§ 29 ZPO) erhoben werden kann. In Betracht kommt allerdings der besondere Gerichtsstand des Hauptprozesses nach § 34 ZPO.

10. Prozess- und Verfahrenskostenhilfe

Ist der Anwalt seinem Auftraggeber im Rahmen der Prozess- oder Verfahrenskostenhilfe beigeordnet worden, so darf er diesen nicht in Anspruch nehmen (§ 122 Abs. 1 Nr. 3 ZPO). Stattdessen erhält der Anwalt einen „Vergütungsanspruch" gegen die Staatskasse. Streng genommen handelt es sich nicht um einen Vergütungsanspruch, sondern um einen Entschädigungsanspruch. Dieser Anspruch richtet sich allerdings ebenfalls nach dem RVG (§ 45 RVG). Der Anwalt erhält die gleichen Gebühren und Auslagen, die er bei einer unmittelbaren Beauftragung durch den Auftraggeber erhalten hätte; allerdings sind nach § 49 RVG ab einem Gegenstandswert von mehr als 4.000,00 Euro geringere Gebührenbeträge vorgesehen, die ab einem Wert von über 50.000,00 Euro auch nicht mehr weiter steigen.

Die Prozess- oder Verfahrenskostenhilfevergütung wird vom Gericht nach Beendigung der Angelegenheit festgesetzt (§ 55 RVG). Soweit die Festsetzung aus Sicht des Anwalts nicht zutreffend ist, stehen ihm nach § 56 RVG entsprechende Rechtsbehelfe und Rechtsmittel (Erinnerung und Beschwerde) zur Verfügung.

11. Beratungshilfe

Ist der Anwalt im Rahmen der Beratungshilfe tätig, kann er nur die Beratungshilfegebühr (Nr. 2500 VV RVG) vom Auftraggeber verlangen. Im Übrigen hat er – ebenso wie bei der Prozess- und Verfahrenskostenhilfe – mit der Staatskasse abzurechnen (§ 44 RVG). Die Vergütung, die der Anwalt aus der Landeskasse erhält, ist in den Nr. 2501 ff. VV RVG geregelt und weicht deutlich von den Gebühren eines Wahlanwalts ab.

Mit dem Gesetz zur Änderung des Prozesskostenhilfe- und Beratungshilferechts v. 31.8.2013 (BGBl. I S. 3533) ist zum 1.1.2014 die Möglichkeit eröffnet worden, auch im Rahmen der Beratungshilfe eine erfolgsabhängige Vergütungsvereinbarung abzuschließen, allerdings nur für den Fall, dass die Beratungshilfe später aufgehoben wird.

12. Pflichtverteidiger

Auch der Pflichtverteidiger wird aus der Staatskasse vergütet. Er erhält zwar die gleichen Gebühren wie ein Wahlanwalt, allerdings erhält er im Gegensatz zu diesem keine Rahmengebühren, sondern stets **feste Gebührenbeträge**, die im VV RVG gesondert ausgewiesen sind. Bei Hauptverhandlungen mit einer Dauer von mehr als fünf und mehr als acht Stunden erhält der Pflichtverteidiger einen sog. Längenzuschlag. Wie dieser zu berechnen ist, hat der Gesetzgeber jetzt in der neuen Vorbem. 4.1 Abs. 3 VV RVG geregelt. Soweit der Pflichtverteidiger Wertgebühren erhält (z. B. bei einer Einziehung, Nr. 4142 VV RVG), gelten auch für ihn die geringeren Beträge des § 49 RVG. Auch der Pflichtverteidiger meldet nach Abschluss der Angelegenheit seine Gebühren bei der Staatskasse an und lässt diese dort festsetzen (§ 55 RVG).

War die Sache besonders schwierig und umfangreich, kann er nach § 51 RVG die Bewilligung einer **Pauschgebühr** beantragen.

Daneben gibt es die Möglichkeit, dass der Pflichtverteidiger – unabhängig davon, ob er auch einen Wahlanwaltsvertrag mit dem **Vertretenen** geschlossen hat – diesen **unmittelbar in Anspruch** nimmt (§ 52 RVG).

V. Kostenerstattung

Das **Vergütungsverhältnis**, also das Verhältnis zwischen Anwalt und Auftraggeber, richtet sich ausschließlich nach dem RVG. Der Auftraggeber hat die dort geregelten Gebühren und Auslagen zu zahlen, und zwar unabhängig davon, ob er sie im Falle des Obsiegens vom Gegner auch erstattet erhält oder nicht.

Das **Erstattungsverhältnis** betrifft dagegen das Verhältnis zwischen Auftraggeber und Dritten bzw. der Staatskasse. Hier kommen je nach Ausgang des Verfahrens und der Kostenentscheidung Erstattungsansprüche in Betracht, die dann in den entsprechenden Kostenfestsetzungsverfahren angemeldet und tituliert werden. Grundsätzlich ist die Vergütung eines hinzugezogenen Anwalts nach § 91 Abs. 2 Satz 1 ZPO erstattungsfähig. Hier können sich jedoch Abweichungen ergeben.

Beide Rechtsverhältnisse sind allerdings strikt zu trennen. Dass eine Gebühr nicht erstattungsfähig ist, bedeutet nicht, dass der Anwalt sie nicht von seiner Partei verlangen kann; umgekehrt kann der Auftraggeber nicht jede berechtigte Gebühr auch erstattet verlangen.

In Ausnahmefällen kann die fehlende Erstattungsfähigkeit auf den Anwaltsvertrag durchschlagen. Wenn der Anwalt Kosten verursacht, die nicht erstattungsfähig sind, kann darin ein Anwaltsverschulden liegen, das zu einem entsprechenden Schadensersatzanspruch des Mandanten führt. Diese Schadensersatzpflicht wiederum hindert dann den Anwalt, seine Vergütung insoweit geltend zu machen.

Gesetzlich geregelte Fälle der Hinweispflicht enthalten § 3a Abs. 1 Satz 3 RVG und § 12a Abs. 1 Satz 2 ArbGG. Diese Vorschriften verpflichten den Anwalt, den Auftraggeber darauf hinzuweisen, dass eine vereinbarte Vergütung nur

Einführung

bis zur Höhe der gesetzlichen Vergütung erstattungsfähig ist, bzw. dass in erstinstanzlichen arbeitsgerichtlichen Verfahren die Vergütung des Anwalts nicht erstattet wird. Verstößt der Anwalt hiergegen, kann er seine Vergütung u. U. nicht geltend machen.

Vertritt sich der Anwalt in einem gerichtlichen Verfahren in eigener Sache selbst, kann er keine Vergütung verlangen, da es an einem Auftraggeber fehlt. Insoweit ordnet § 91 Abs. 2 Satz 3 ZPO jedoch an, dass er diejenige Vergütung vom Gegner erstattet verlangen kann, die entstanden wäre, wenn er einen anderen Anwalt beauftragt hätte. Faktisch rechnet der Anwalt also im Falle der Kostenerstattung nach den vollen Gebühren und Auslagen des RVG ab. Lediglich Umsatzsteuer kann er in eigenen betrieblichen Dingen nicht erstattet verlangen. Für außergerichtliche Tätigkeiten gilt § 91 Abs. 1 Satz 3 ZPO nicht. Hier kommt bei Eigenvertretung eine fiktive Kostenerstattung nicht in Betracht.

Im Rahmen der Kostenerstattung ist auch § 15a Abs. 3 RVG zu beachten, wonach sich ein Dritter auf die Anrechnung einer Gebühr nur berufen kann, soweit er den Anspruch auf eine der beiden Gebühren erfüllt hat, wenn wegen eines dieser Ansprüche gegen ihn ein Vollstreckungstitel besteht oder wenn beide Gebühren in demselben Verfahren gegen ihn geltend gemacht werden. Diese Vorschrift (bis zum 31.12.2020 noch § 15a Abs. 2 RVG) hatte mit dem 2. KostRMoG nochmals neue Bedeutung gewonnen, da seitdem auch in verwaltungs- und sozialrechtlichen Angelegenheiten die Anrechnung der Geschäftsgebühr umfassend eingeführt worden ist (Vorbem. 2.3 Abs. 4, Vorbem. 3 Abs. 4 VV RVG).

VI. Die einzelnen Vergütungen im Überblick

1. Allgemeine Gebühren

In Teil 1 des VV RVG sind die allgemeinen Gebühren vorgezogen. Es sind Gebühren bzw. Gebührenvorschriften, die in sämtlichen Angelegenheiten anfallen können, also sowohl außergerichtlich als auch gerichtlich und unabhängig von der Rechtsmaterie, also in Zivil-, Sozial-, Strafsachen etc.

Hier ist vor allem die (allgemeine) **Einigungsgebühr** in Anm. Abs. 1 Satz 1 Nr. 1 zu Nr. 1000 VV RVG geregelt (der Nachfolger der früheren Vergleichsgebühr). Vorgesehen sind drei Gebührensätze: Grundsätzlich beträgt der Gebührensatz 1,5 (Nr. 1000 VV RVG); ist der Gegenstand der Einigung gerichtlich anhängig (ausgenommen selbständiges Beweisverfahren), beträgt der Satz 1,0 (Nr. 1003 VV RVG) und bei Anhängigkeit in einem Rechtsmittelverfahren 1,3 (Nr. 1004 VV RVG). Gleiches gilt, wenn der Anwalt eine **Aussöhnung der Eheleute oder Lebenspartner** erreicht (Nr. 1001 VV RVG) oder in Verwaltungssachen an einer **Erledigung** mitwirkt (Nr. 1002 VV RVG). Soweit nicht nach dem Gegenstandswert abgerechnet wird, sind entsprechende Rahmengebühren vorgesehen (Nr. 1005, 1006 VV RVG). Mit dem 2. KostRMoG neu hinzugekommen, ist die Einigungsgebühr für Zahlungsvereinbarungen (Anm. Abs. 1 Satz 1 Nr. 2 zu Nr. 1000 VV RVG). Hier gilt seit dem 1.10.2021 allerdings stets ein fester Gebührensatz von 0,7.

Daneben ist hier noch die **Hebegebühr** geregelt (Nr. 1009 VV RVG).

Ebenfalls in Teil 1 des VV RVG findet sich die **Gebührenerhöhung bei mehreren Auftraggebern**, obwohl es sich nicht um eine eigenständige Gebühr handelt, sondern nur um eine Regelung, die andere Gebühren erhöht.

Einführung

Hier sieht das RVG vor, dass bei Wertgebühren unabhängig von der Höhe der Ausgangsgebühr eine Erhöhung um jeweils 0,3 (höchstens aber um 2,0) eintritt, wenn der Anwalt mehrere Auftraggeber wegen desselben Gegenstands vertritt. So erhöht sich in der Zwangsvollstreckung z. B. eine 0,3-Verfahrensgebühr (Nr. 3309 VV RVG) bei zwei Auftraggebern auf 0,6. Dagegen erhöht sich die 2,3-Verfahrensgebühr des BGH-Anwalts nach Nr. 3208 VV RVG ebenfalls nur um 0,3 auf 2,6. Bei Rahmen- und Festgebühren beträgt die Erhöhung jeweils 30% für jeden weiteren Auftraggeber (höchstens aber um 200%), und zwar hier unabhängig von einer gemeinschaftlichen Beteiligung.

Mit dem 2. KostRMoG neu eingeführt worden ist in Nr. 1010 VV RVG eine **Zusatzgebühr für Verfahren mit einer besonders umfangreichen Beweisaufnahme** und mindestens drei gerichtlichen Terminen, in denen Sachverständige oder Zeugen vernommen worden sind. Die Höhe der Gebühr beträgt bei Wertgebühren 0,3.

2. Beratung und Gutachten

Bereits mit dem 1.7.2006 waren die früheren Gebühren für Beratung und Gutachten (Nr. 2100 ff. VV RVG a. F.) ersatzlos weggefallen, ausgenommen in der Beratungshilfe (Nr. 2501 VV RVG). Stattdessen ordnet § 34 Abs. 1 Satz 1 RVG an, dass der Anwalt in diesen Fällen eine **Gebührenvereinbarung** mit dem Auftraggeber treffen soll. Diese bedarf allerdings nicht der Form des § 3a Abs. 1 Satz 1 und 2 RVG, sondern kann formlos geschlossen werden (§ 3a Abs. 1 Satz 3 RVG).

Nicht entfallen sind sonstige Gebühren wie z. B. Einigungs-, Erledigungs- oder Aussöhnungsgebühr (Nr. 1000 ff. VV RVG). Führt der Rat des Anwalts oder seine Auskunft dazu, dass der Auftraggeber die Sache mit einer Einigung, Erledigung oder Aussöhnung abschließt, erhält er hierfür also nach wie vor die gesetzlichen Gebühren. Dies hat der Gesetzgeber mit dem KostRÄG 2021 in Vorbem. 1 VV RVG jetzt noch einmal ausdrücklich klargestellt.

Trifft der Anwalt mit seinem Auftraggeber keine Gebührenvereinbarung, gilt § 34 Abs. 1 Satz 2 RVG: Der Anwalt erhält **„Gebühren nach den Vorschriften des bürgerlichen Rechts"**, also nach §§ 675, 612, 632 BGB die „übliche Vergütung". Hinsichtlich der Frage, welche Gebühr angemessen ist, sind die Kriterien des § 14 Abs. 1 RVG entsprechend heranzuziehen (§ 34 Abs. 1 Satz 3 zweiter Halbsatz RVG).

Zu beachten ist weiterhin, dass im Falle der Abrechnung nach bürgerlichem Recht **Begrenzungen** vorgesehen sind. Berät der Anwalt einen **Verbraucher** oder erstattet er für ihn ein Gutachten, so ist eine absolute Höchstgrenze von 250,00 Euro vorgesehen und im Falle eines ersten Beratungsgesprächs (sog. Erstberatung) eine Begrenzung von 190,00 Euro (§ 34 Abs. 1 Satz 3 letzter Halbsatz RVG). Diese Grenzen sind auch durch das KostRÄG 2021 unberührt geblieben.

Sowohl eine vereinbarte Gebühr als auch eine BGB-Gebühr für eine Beratung ist auf Gebühren **anzurechnen**, die in einer nachfolgenden Tätigkeit entstehen, wenn nichts Abweichendes vereinbart worden ist (§ 34 Abs. 2 RVG). Im Falle eines Gutachtens ist keine Anrechnung vorgesehen.

Die Beratung umfasst nicht nur die Erteilung eines Rats oder einer Auskunft, sondern auch das Entwerfen von einseitigen Erklärungen, wie z. B. eines Testaments (BGH, NJW 2018, 1479; NJW 2021, 1680), einer Kündigung oder eines Mahnschreibens (OLG Nürnberg, NJW 2011, 621).

Einführung

3. Mediation

Die Tätigkeit eines Anwalts als Mediator ist ebenfalls in § 34 Abs. 1 RVG geregelt. Auch hier soll der Anwalt eine **Gebührenvereinbarung** mit den Auftraggebern treffen. Anderenfalls gilt auch hier eine Vergütung nach dem BGB, allerdings ohne Begrenzung auf einen Höchstbetrag.

4. Die Prüfung der Erfolgsaussicht eines Rechtsmittels

In den Nr. 2100 ff. VV RVG ist die Vergütung für die Fälle geregelt, in denen der Anwalt lediglich damit beauftragt ist, die Erfolgsaussicht eines Rechtsmittels zu prüfen, also wenn er noch nicht mit der Durchführung des Rechtmittels beauftragt ist. Auch hier sind wiederum Satzrahmengebühren vorgesehen, wenn nach dem Gegenstandswert abzurechnen ist, und Betragsrahmengebühren, wenn nicht nach dem Gegenstandswert abzurechnen ist (also z. B. in Sozial- und Strafsachen).

5. Verfahren nach dem Europäischen Rechtsanwaltsdienstleistungsgesetz (EuRAG)

Die Vergütung in Verfahren nach dem EuRAG ist in den Nr. 2200 ff. VV RVG geregelt. Diese Gebühren haben in der Praxis kaum Bedeutung.

6. Außergerichtliche Vertretung bei Abrechnung nach dem Gegenstandswert

Die außergerichtliche Vertretung ist – soweit nach dem Gegenstandswert abgerechnet wird – in den Nr. 2300 ff. VV RVG geregelt. Dem Anwalt steht hier ein **Gebührenrahmen in Höhe von 0,5 bis 2,5** zu, aus dem er die jeweils angemessene Gebühr im Einzelfall bestimmt. Zu beachten ist die sog. Schwellengebühr der Anm. Abs. 1 zu Nr. 2300 VV RVG. Ist die Tätigkeit des Anwalts weder umfangreich noch schwierig gewesen, kann er nicht mehr als eine 1,3-Geschäftsgebühr abrechnen (Anm. zu Nr. 2300 VV RVG). Darüber hinaus sieht Nr. 2301 VV RVG einen geringeren Gebührensatz vor, wenn der Anwalt nur mit der Abfassung eines **einfachen Schreibens** beauftragt worden ist.

Mit dem Gesetz zur Verbesserung des Verbraucherschutzes im Inkassorecht und zur Änderung weiterer Vorschriften ist zum 1.10.2021 eine weitere Anmerkung Abs. eingefügt worden. Ist Gegenstand der Tätigkeit eine Inkassodienstleistung, die eine unbestrittene Forderung betrifft, beträgt der Gebührensatz höchstens 1,3. Darüber hinaus kann eine Gebühr von mehr als 0,9 nur dann gefordert werden, wenn die Inkassodienstleistung besonders umfangreich oder besonders schwierig war. In einfachen Fällen kann nur eine Gebühr von 0,5 gefordert werden. Ein einfacher Fall soll in der Regel vorliegen, wenn die Forderung auf die erste Zahlungsaufforderung hin beglichen wird.

Die Vertretung in bestimmten **Güte- und Schlichtungsverfahren** (§ 15a EGZPO; § 111a ArbGG etc.) ist in Nr. 2303 VV RVG geregelt.

7. Außergerichtliche Vertretung in sozialrechtlichen Verfahren

Richtet sich die Vergütung in sozialrechtlichen Angelegenheiten nicht nach dem Gegenstandswert (§ 3 Abs. 1 Satz 1, Abs. 2 RVG), so gilt für die außergerichtliche Vertretung die Nr. 2302 Nr. 1 VV RVG, wonach der Anwalt Rahmengebühren erhält. Auch hier ist nach Anm. Abs. 1 zu Nr. 2302 VV RVG eine sog. Schwellengebühr zu berücksichtigen. Der Anwalt darf danach (bei einem Auftraggeber – siehe Anm. Abs. 4 zu Nr. 1008 VV RVG) nicht mehr als 360,00 Euro (angehoben durch das KostRÄG 2021) verlangen, wenn die Angelegenheit weder umfangreich noch schwierig war. Zu beachten ist, dass das Verwaltungsverfahren und das Widerspruchsverfahren zwei verschiedene Angelegenheiten sind, in denen die Gebühren gesondert entstehen (§ 17 Nr. 1a RVG). Sofern der Anwalt in beiden Angelegenheiten tätig wird, ist die Geschäftsgebühr des Verwaltungsverfahrens hälftig auf die Verfahrensgebühr des Widerspruchsverfahrens anzurechnen, höchstens mit einem Betrag von 207,00 Euro (Vorbem. 2.3 Abs. 4 VV RVG).

8. Beratungshilfe

Ist der Anwalt im Rahmen der Beratungshilfe beauftragt, kann er vom Auftraggeber nach Nr. 2500 VV RVG eine Beratungshilfegebühr in Höhe von 15,00 Euro inklusive Auslagen und Umsatzsteuer verlangen. Daneben stehen ihm aus der Staatskasse Beratungs–, Geschäfts- und ebenfalls Einigungsgebühren zu (Nr. 2501 ff. VV RVG).

9. Gerichtliche Verfahren

In Teil 3 VV RVG sind sämtliche Gebühren geregelt, die in gerichtlichen Verfahren anfallen können. Teil 3 VV RVG gilt für sämtliche gerichtliche Verfahren, außer Straf- und Bußgeldsachen (Teil 4 und 5 VV RVG) und Verfahren nach Teil 6 VV RVG. Er gilt also insbesondere für Zivilsachen, Verfahren der freiwilligen Gerichtsbarkeit, arbeitsgerichtliche Verfahren, Verwaltungs- und Sozialrechtsstreite und Verfahren nach dem Strafvollstreckungsgesetz. Hier sind vor allem geregelt, das Erkenntnisverfahren (Nr. 3100 ff. VV RVG), die Rechtsmittelverfahren, also Berufung bzw. die Beschwerde in Familiensachen (Nr. 3200 ff. VV RVG), Revision bzw. die Rechtsbeschwerde in Familiensachen (Nr. 3206 ff. VV RVG), Nichtzulassungsbeschwerde (Nr. 3504 ff. VV RVG), allgemeine Rechtsbeschwerde (Nr. 3502 VV RVG), allgemeine Beschwerden und Erinnerungen (Nr. 3500 ff. VV RVG) sowie auch sonstige Verfahren, wie z. B. das Mahnverfahren (Nr. 3305 ff. VV RVG) und das Verfahren auf vereinfachte Festsetzung des Unterhalts Minderjähriger. Des Weiteren sind hier auch Nebenverfahren geregelt, wie z. B. das Verfahren über die Prozess- und Verfahrenskostenhilfe, Räumungsfristverfahren o. ä. Auch Tätigkeiten in der Zwangsvollstreckung, Zwangsversteigerung, Insolvenzverfahren etc. (Nr. 3309 ff. VV RVG) sind hier geregelt. Schließlich finden sich hier auch die Tätigkeiten des Anwalts als Verkehrsanwalt, Terminsvertreter oder als Vertreter in gerichtlichen Einzeltätigkeiten (Nr. 3400 ff. VV RVG).

Das Gebührensystem ist durchweg gleich. Vorgesehen ist stets eine **Verfahrensgebühr** für das Betreiben des Geschäfts (Vorbem. 3 Abs. 2 VV RVG), die je nach Verfahren unterschiedlich hoch ausfällt.

Daneben sind **Terminsgebühren** vorgesehen, die grundsätzlich unter den Voraussetzungen der Vorbem. 3 Abs. 3 VV RVG anfallen, also dann, wenn der Anwalt

– einen gerichtlichen Termin wahrnimmt,
– an einem von einem Sachverständigen anberaumten Termin teilnimmt oder
– mit dem Gegner oder einem Dritten außerhalb des Gerichts Besprechungen zur Erledigung oder Vermeidung eines Rechtsstreits führt.

Einführung

In Verfahren, die nach dem Gegenstandswert abgerechnet werden (§ 2 Abs. 1 RVG) erhält der Anwalt erstinstanzlich eine 1,3-Verfahrensgebühr (Nr. 3100 VV RVG), die sich unter den Voraussetzungen der Nr. 3100 VV RVG auf 0,8 ermäßigt. Eine vorangegangene Geschäftsgebühr ist darauf hälftig – höchstens mit 0,75 – anzurechnen (Vorbem. 3 Abs. 4 VV RVG).

Hinzu kommt eine 1,2-Terminsgebühr, die sich unter den Voraussetzungen der Nr. 3105 VV RVG auf 0,5 ermäßigt. Die Terminsgebühr entsteht neben den Fällen der Vorbem. 3 Abs. 3 VV RVG auch dann, wenn in einem Verfahren, für das mündliche Verhandlung vorgeschrieben ist, schriftlich entschieden, eine Einigung geschlossen oder eine Erledigung herbeigeführt wird (Anm. Abs. 1 Nr. 3104).

In sozialgerichtlichen Verfahren, in denen nach Rahmengebühren abgerechnet wird (§ 3 Abs. 1 Satz 1 RVG), erhält der Anwalt die Verfahrensgebühr nach Nr. 3102 VV RVG. Darauf ist eine vorgerichtlich entstandene Geschäftsgebühr hälftig – höchstens mit 207,00 Euro – anzurechnen (Vorbem. 3 Abs. 4 VV RVG).

Hinzu kommt eine Terminsgebühr nach Nr. 3106 VV RVG. Die Terminsgebühr entsteht neben den Fällen der Vorbem. 3 Abs. 3 VV RVG auch dann, wenn in einem Verfahren, für das mündliche Verhandlung vorgeschrieben ist, schriftlich oder durch nicht rechtsmittelfähigen Gerichtsbescheid entschieden wird, eine Einigung geschlossen oder eine Erledigung herbeigeführt wird oder das Verfahren durch ein angenommenes Anerkenntnis endet (Anm. Abs. 1 zu Nr. 3106 VV RVG).

Daneben kann der Anwalt selbstverständlich im gerichtlichen Verfahren – sowohl bei Abrechnung nach Wertgebühren als auch nach Rahmengebühren – zusätzlich eine **Einigungsgebühr**, eine **Erledigungs-** oder eine **Aussöhnungsgebühr** sowie eine Zusatzgebühr für besonders umfangreiche Beweisaufnahmen (Nr. 1010 VV RVG) verdienen.

10. Strafsachen

In Teil 4 VV RVG wiederum sind die strafrechtlichen Gebühren geregelt. Vorgesehen ist hier zunächst einmal eine **Grundgebühr** für die erstmalige Einarbeitung in die Sache (Nr. 4100 VV RVG).

Darüber hinaus erhält der Anwalt in **jedem Verfahrensabschnitt** gesonderte Gebühren. Die Verfahrensabschnitte wiederum teilen sich auf in das vorbereitende Verfahren und das erstinstanzliche gerichtliche Verfahren (§ 17 Nr. 10 RVG), Berufungsverfahren, Revisionsverfahren (§ 17 Nr. 1 RVG), Verfahren nach Zurückverweisung (§ 21 Abs. 1 RVG), Wiederaufnahmeverfahren und Verfahren nach Wiederaufnahme (§ 17 Nr. 13 RVG).

In diesen Verfahrensabschnitten erhält der Anwalt jeweils eine **Verfahrensgebühr** für das Betreiben des Geschäfts (Vorbem. 4 Abs. 2 VV RVG) und darüber hinaus für jeden Tag, an dem er an einem **Hauptverhandlungstermin** teilnimmt, eine **Terminsgebühr**. Eine **allgemeine Terminsgebühr** ist nach Nr. 4102 VV RVG vorgesehen, wenn der Anwalt an Terminen außerhalb der Hauptverhandlung teilnimmt (z. B. an einer richterlichen Vernehmung, an einer Haftprüfung o. ä.); hier erhält der Anwalt je Angelegenheit eine Gebühr für bis zu drei Termine. Die Terminsgebühr in Strafsachen entsteht auch dann, wenn der Anwalt zum Termin erscheint, dieser jedoch aus Gründen nicht stattfindet, die der Anwalt nicht zu vertreten hat (Vorbem. 4 Abs. 3 VV RVG).

Einführung

Die Höhe der Gebühren ist im vorbereitenden Verfahren und im erstinstanzlichen gerichtlichen Verfahren **nach der Zuständigkeit des Gerichts gestaffelt**. Vorgesehen sind jeweils drei verschiedene Gebührenrahmen.

Daneben sind **zusätzliche Gebühren** vorgesehen bei vorzeitiger Erledigung, etwa infolge Einstellung oder Einspruchsrücknahme (Nr. 4141 VV RVG), sodann, wenn der Anwalt auch hinsichtlich Einziehung oder verwandter Maßnahmen beauftragt ist (Nr. 4142 VV RVG), und schließlich im Adhäsionsverfahren (Nr. 4143 ff. VV RVG).

Darüber hinaus kommen hier auch **Einigungsgebühren** in Betracht, und zwar nach Nr. 4147 VV RVG im Privatklageverfahren und nach Nr. 1000 ff. VV RVG, wenn sich die Parteien auch über zivilrechtliche Gegenstände einigen.

Die **Strafvollstreckungsverfahren** sind gesondert geregelt. Hier entstehen die Gebühren nach Nr. 4200 ff. VV RVG. Darüber hinaus regeln die Nr. 4300 ff. VV RVG die **Einzeltätigkeiten** in Strafsachen.

Befindet sich der Auftraggeber **nicht auf freiem Fuß**, ist in Verbindung mit der Vorbem. 4 Abs. 4 VV RVG im Regelfall ein höherer Gebührenrahmen („mit Zuschlag") vorgesehen.

11. Bußgeldsachen

Teil 5 VV RVG wiederum regelt die Vergütung in Bußgeldverfahren. Auch hier entsteht zunächst eine Grundgebühr für die erstmalige Einarbeitung in die Angelegenheit (Nr. 5100 VV RVG).

Darüber hinaus wird auch hier nach **verschiedenen Verfahrensabschnitten** aufgeteilt: Verfahren vor der Verwaltungsbehörde und erstinstanzliches gerichtliches Verfahren (§ 17 Nr. 11 RVG), Rechtsbeschwerde einschließlich des Verfahrens auf Zulassung der Rechtsbeschwerde (§ 17 Nr. 1, § 16 Nr. 11 RVG), Verfahren nach Zurückverweisung, Wiederaufnahmeverfahren (§ 17 Nr. 13 RVG) und wiederaufgenommenes Verfahren.

Auch hier erhält der Anwalt jeweils eine **Verfahrensgebühr** je Verfahrensabschnitt für das Betreiben des Geschäfts (Vorbem. 5 Abs. 2 VV RVG), sowie eine **Terminsgebühr** für jeden Tag, an dem er an einer Hauptverhandlung teilnimmt. Darüber hinaus erhält er die Terminsgebühr auch dann, wenn er an Terminen außerhalb der Hauptverhandlung teilnimmt (Vernehmungstermine, auswärtige Zeugenvernehmung o. ä.).

Die Höhe der Gebührenrahmen ist in Bußgeldsachen in Verfahren vor der Verwaltungsbehörde und im erstinstanzlichen Verfahren nach der Höhe **des drohenden oder des bereits verhängten Bußgeldes** gestaffelt (Vorbem. 5.1 Abs. 2 VV RVG). Die Staffelung orientiert sich in den unteren beiden Stufen an der „Punktegrenze" des Fahreignungsregisters und ist zum 25.7.2015 dahingehend angepasst worden, dass die unterste Gebührenstufe jetzt für Bußgelder unter 60,00 Euro gilt und die zweite Gebührenstufe für Bußgelder von 60,00 Euro bis unter 5.000,00 Euro. An der dritten Stufe (Bußgelder über 5.000,00 Euro) hat sich nichts geändert.

Auch in Bußgeldverfahren sind **zusätzliche Gebühren** vorgesehen, nämlich bei vorzeitiger Erledigung, etwa infolge Einstellung, Einspruchsrücknahme o. ä. (Nr. 5115 VV RVG), sowie dann, wenn der Anwalt auch mit Einziehung und verwandten Maßnahmen beauftragt ist (Nr. 5116 VV RVG).

Darüber hinaus sind in den Nr. 5200 ff. VV RVG **Einzeltätigkeiten** geregelt, wozu auch die Vollstreckung gehört, die in Bußgeldsachen nicht gesondert geregelt ist.

Einführung

12. Verfahren nach Teil 6 VV RVG

In Teil 6 VV RVG wiederum sind **besondere Verfahren** geregelt, nämlich Verfahren nach dem IRG und vor dem IStGH, sowie Disziplinarverfahren, berufsgerichtliche Verfahren wegen der Verletzung einer Berufspflicht, gerichtliche Verfahren bei Freiheitsentziehung, Verfahren in Unterbringungssachen sowie Verfahren nach der WBO. Seit dem 28.10.2010 sind hier auch die Verfahren zur europaweiten Vollstreckung von Geldstrafen und Geldbußen geregelt. Diese Verfahren haben in der Praxis allerdings nur geringe Bedeutung.

13. Auslagen

Abschließend regelt Teil 7 VV RVG die **Auslagen**, die der Anwalt **zusätzlich** zu seinen Gebühren verlangen kann. Grundsätzlich sind die allgemeinen Geschäftskosten des Anwalts durch die Gebühren abgegolten (Vorbem. 7 Abs. 1 Satz 1 VV RVG). Daneben kann er verauslagte Beträge verlangen, wobei sich dies ohnehin schon bereits aus §§ 675, 670 BGB ergibt (Vorbem. 7 Abs. 1 Satz 2 VV RVG).

Als **besondere Auslagen** kann der Anwalt verlangen:
– Kosten für **Ablichtungen**, wobei in Einzelfällen die ersten 100 Seiten vergütungsfrei sind (Nr. 7000 VV RVG),
– Ersatz von **Telekommunikationskosten**, die er wahlweise konkret (Nr. 7001 VV RVG) oder pauschal (Nr. 7002 VV RVG) abrechnen kann,
– **Reisekosten**, also Fahrtkosten, Abwesenheitsgelder und sonstige Auslagen anlässlich einer Geschäftsreise, wie z.B. Parkgebühren (Nr. 7003 ff. VV RVG),
– **anteilige Haftpflichtversicherungsprämie** bei Gegenstandswerten von über 30 Mio. Euro (Nr. 7007 VV RVG).

Hinzu kommt die **Umsatzsteuer**, die nach Nr. 7008 VV RVG als Auslagentatbestand geregelt ist, obwohl es sich streng genommen nicht um Auslagen handelt.

B. Das Gerichtskostengesetz (GKG)

Das Gerichtskostengesetz (Nr. **2**) regelt, welche Kosten, also Gebühren und Auslagen (§ 1 GKG), für die jeweiligen Verfahren zu zahlen sind. Auch diese Gebührenbeträge sind zum 1.1.2021 durch das KostRÄG 2021 deutlich angehoben worden.

Der **Geltungsbereich** des GKG ergibt sich aus der **Aufzählung** in § 1 GKG. Das GKG gilt nach § 1 Abs. 1 Satz 1 Nr. 1 GKG insbesondere für Verfahren nach der ZPO, einschließlich des Mahnverfahrens nach § 13 Abs. 2 FamFG und der Verfahren nach dem FamFG, soweit das Vollstreckungs- oder Arrestgericht zuständig ist, Verfahren nach der Insolvenzordnung (Abs. 1 Satz 1 Nr. 2), Straf- und Bußgeldverfahren (Abs. 1 Satz 1 Nr. 5–7), Verfahren nach dem GWB (Abs. 1 Satz 1 Nr. 9), aber auch für verwaltungsgerichtliche (Abs. 2 Nr. 1), finanzgerichtliche (Abs. 2 Nr. 2) und sozialgerichtliche Verfahren (Abs. 2 Nr. 3). Auch die Gerichtskosten in arbeitsgerichtlichen Verfahren (Abs. 2 Nr. 4) sind jetzt im GKG geregelt. Die Kosten vor den Staatsanwaltschaften finden sich in Abs. 2 Nr. 5.

Einführung

Keine Anwendung findet das GKG für Verfahren in **Familiensachen und Verfahren mit Auslandsbezug** nach §§ 107 ff. FamFG. Insoweit gilt das FamGKG (Nr. **3**). Ebenso wenig ist das GKG in sonstigen **Verfahren der freiwilligen Gerichtsbarkeit** anwendbar. Hier bestimmen sich die Gerichtskosten nach dem GNotKG (Nr. **4**).

Gerichtskosten muss grundsätzlich jede Partei tragen. Daneben gibt es aber auch Parteien, die nach § 2 GKG **Kostenfreiheit** genießen (Bund und Länder sowie bestimmte öffentlich-rechtliche Anstalten und Körperschaften).

Das GKG ist ebenso wie das RVG zweigeteilt. Der Paragraphenteil enthält allgemeine und generelle Regelungen, während die zu erhebenden Gerichtsgebühren und Auslagen wiederum in einem gesonderten Verzeichnis geregelt sind, dem sogenannten **Kostenverzeichnis** zum GKG (GKG KV), das als Anlage 1 dem Gesetz beigefügt ist und auf das § 3 Abs. 2 GKG Bezug nimmt.

Die **Fälligkeit** der Gebühren und Auslagen ist in den §§ 6 ff. GKG geregelt. Darüber hinaus regeln die §§ 10 ff. GKG, in welchen Fällen **Vorschüsse und Vorauszahlungen** erhoben werden können. Dies gilt insbesondere für zivilprozessuale Klagen, in denen die Zustellung der Klageschrift bereits von der Einzahlung der Gerichtsgebühren abhängig gemacht wird. Daneben ist aber auch für andere Fälle, insbesondere bei Auslagen, geregelt, dass diese vorschussweise erhoben werden können und dann erst nach Abschluss des Verfahrens abgerechnet werden.

Das Verfahren des **Kostenansatzes** ist in den §§ 19 ff. GKG geregelt. Hier sieht das Gericht auch die Möglichkeit vor (§ 21 GKG), Kosten wegen **unrichtiger Sachbehandlung** nicht zu erheben.

Von besonderer Bedeutung ist Abschnitt 5 des GKG (§§ 22 ff. GKG), der die Kostenhaftung regelt. Kostenschuldner ist zunächst grundsätzlich der jeweilige Antragsteller (§ 22 GKG) – sog. **Antragsschuldner**. Daneben kennt das GKG den **Entscheidungsschuldner** (§ 29 Nr. 1 GKG), also denjenigen, dem durch eine gerichtliche Entscheidung die Kosten des Verfahrens auferlegt worden sind; schließlich den **Übernahmeschuldner** (§ 29 Nr. 2 GKG), der freiwillig – etwa in einem Vergleich – Kosten übernommen hat. Daneben kommt noch der sog. **Haftungsschuldner** (§ 29 Nr. 3 GKG) in Betracht, also der, der kraft Gesetzes für die Kostenschuld eines anderen haftet. Dies kann zum Beispiel der persönlich haftende Gesellschafter einer OHG oder KG sein oder auch ein Erbe. Darüber hinaus gibt es noch den **Vollstreckungsschuldner** nach § 29 Abs. 4 GKG, der für die notwendigen Kosten der Zwangsvollstreckung haftet.

Mehrere Kostenschuldner haften nach § 31 Abs. 1 GKG als **Gesamtschuldner**, wobei die Staatskasse allerdings bei der Inanspruchnahme eine bestimmte Reihenfolge einzuhalten hat. Zunächst sind die sog. **Erstschuldner** in Anspruch zu nehmen und nur, wenn dort die Kosten nicht eingebracht werden können, die sog. **Zweitschuldner**.

Mit dem 2. KostRMoG war die Möglichkeit eingeführt worden, auch für die bedürftige Partei einen Kostenvergleich zu schließen, ohne Nachteile bei der Kostenerstattung befürchten zu müssen (§ 31 Abs. 4 GKG).

In zahlreichen Fällen sieht das GKG – ebenso wie das RVG – vor, dass sich die Gebühren nach dem **Wert** richten. Das GKG sieht eine vom RVG abweichende Gebührentabelle vor (§ 34 GKG), in der die vollen Gerichtsgebühren ausgewiesen sind. Im Kostenverzeichnis wiederum sind die jeweiligen Gebührensätze angegeben, aus denen sich dann die genaue Höhe der jeweiligen Gebühr ergibt. Wertgebühren werden **einmalig** erhoben und entgelten das gesamte Verfahren (§ 35 GKG).

Einführung

Das Verfahren der Wertfestsetzung ist in den §§ 61 ff. GKG geregelt. Grundsätzlich wird zu Beginn des Verfahrens der Wert **vorläufig festgesetzt**. Mit Abschluss des Verfahrens folgt dann eine **endgültige Wertfestsetzung**. Hiergegen können die Parteien und auch die beteiligen Rechtsanwälte Beschwerde einlegen (§ 68 GKG), wenn sie mit der Wertfestsetzung nicht einverstanden sind. Voraussetzung ist, dass der Wert des Beschwerdegegenstandes 200,00 Euro übersteigt oder die Beschwerde zugelassen worden ist. Dann entscheidet das Beschwerdegericht über den Streitwert. Soweit das Landgericht als Beschwerdegericht entscheidet, kann sogar noch eine weitere Beschwerde zugelassen werden. Eine Rechtsbeschwerde oder eine weitere Beschwerde zu einem obersten Gericht des Bundes ist hier allerdings nicht zulässig, so dass der BGH grundsätzlich nicht mit Streitwertfragen im Rahmen einer Streitwertbeschwerde befasst werden kann.

In den §§ 39 ff. GKG sind die **allgemeinen Wertvorschriften** geregelt, also die Vorschriften, in denen sich die Grundsätze der Wertberechnung ergeben, so in § 39 Abs. 1 GKG, dass die Werte **mehrerer Gegenstände** addiert werden; der **Höchstwert** beläuft sich auf 30 Mio. Euro (§ 39 Abs. 2 GKG). § 40 GKG legt als **Zeitpunkt der Bewertung** den Beginn der Instanz fest. § 41 GKG enthält spezielle Bewertungsregelungen für **Miet-, Pacht- und ähnliche Nutzungsverhältnisse**. Die Bewertung von **Nebenforderungen** ergibt sich aus § 43 GKG. Die Besonderheiten der **Stufenklage** sind in § 44 GKG geregelt. Mit den besonderen Bewertungsproblemen bei **Klage und Widerklage, Hilfsansprüchen, wechselseitigen Rechtsmitteln, Aufrechnung und Hilfsaufrechnung** befasst sich § 45 GKG. § 47 GKG schließlich betrifft die **Rechtsmittelverfahren**.

Besondere Wertvorschriften sind in den §§ 48 ff. GKG geregelt. Von Bedeutung ist hier insbesondere § 48 Abs. 1 Satz 1 GKG, der grundsätzlich auf die Streitwertvorschriften der ZPO für die Zuständigkeitsstreitwerte Bezug nimmt, also auf die §§ 3 ff. ZPO.

Sonstige Wertvorschriften für Verfahren nach dem **GWB** und dem **AktG** finden sich in § 50 und § 53 GKG. Für **Zwangsversteigerung, Zwangsverwaltung etc. und Insolvenzverfahren** finden sich in den §§ 54 ff. GKG besondere Regelungen.

Einstweilige Rechtsschutzverfahren wiederum sind in § 53 GKG geregelt.

Für **verwaltungs-, finanz- und sozialgerichtliche** Verfahren regelt § 52 GKG den Gegenstandswert. Für die verwaltungsgerichtlichen Verfahren haben das BVerwG und die OVG/VGH einen eigenen Streitwertkatalog herausgegeben, der zuletzt im Juli 2013 geändert worden ist (abrufbar unter www.bverwg.de/medien/pdf/streitwertkatalog.pdf); für die Sozialgerichtsbarkeit haben die Präsidentinnen und Präsidenten der LSG ebenfalls einen Streitwertkatalog erarbeitet (Stand März 2017; abrufbar unter www.brak.de/w/files/newsletter_archiv/berlin/2017/2017_03_streitwertkatalog_5.auflage.pdf). Auch für die Finanzgerichtsbarkeit gibt es einen Streitwertkatalog (i. d. F. v. 31.12.2014; abrufbar unter www.finanzgericht.org/Streitwertkatalog-2014.pdf). Diese Kataloge sind nur unverbindliche Empfehlungen, werden von der Praxis aber fast ausnahmslos angewandt.

Für **arbeitsgerichtliche Verfahren** von Bedeutung, ist die Wertvorschrift des § 42 Abs. 2 GKG (bis zum 31.8.2009: Abs. 4; bis zum 31.7.2013: Abs. 3), die den Streitwert einer arbeitsrechtlichen Kündigungsschutzklage regelt. Im Übrigen gelten in arbeitsrechtlichen Streitigkeiten die allgemeinen Vorschriften, zu deren Ausfüllung die Konferenz der Präsidentinnen und Präsidenten der Landesarbeitsgerichte im Mai 2013 einen Streitwertkatalog beschlossen hat (Stand 9.2.2018; abrufbar unter www.brak.de/w/files/newsletter_archiv/berlin/2018/streitwertkatalog.pdf). Dem Streitwertkatalog kommt allerdings lediglich ein Empfehlungscharakter zu; mit Rücksicht auf die richterliche Unabhängigkeit sind die dortigen Werte nicht bindend vorgegeben.

Die §§ 66 ff. GKG regeln die **Rechtsmittel und Rechtsbehelfe** gegen den Kostenansatz, die Anordnung einer Vorauszahlung und die Festsetzung des Streitwerts.

In den §§ 70 ff. GKG wiederum finden sich **Übergangs und Schlussvorschriften**.

Das Kostenverzeichnis zum GKG, das die einzelnen Gebühren und Auslagentatbestände regelt, ist in neun Teile aufgegliedert. Teil 1 betrifft die **zivilrechtlichen Verfahren vor den ordentlichen Gerichten**. Teil 2 befasst sich mit der **Zwangsvollstreckung nach der ZPO, Insolvenzverfahren und ähnliche Verfahren**. **Strafsachen** und gerichtliche **Verfahren nach dem Strafvollzugsgesetz** sind in Teil 3 geregelt. Teil 4 befasst sich mit dem **Ordnungswidrigkeitenverfahren**. Die Gebühren in Verfahren vor den **Verwaltungsgerichten** sind in Teil 5 geregelt, für die **Finanzgerichtsbarkeit** in Teil 6 und für die **Sozialgerichtsbarkeit** in Teil 7.

Seit dem 1.7.2004 in das GKG aufgenommen sind auch die Gerichtsgebühren in **arbeitsgerichtlichen Verfahren**, die früher als Anlage zum ArbGG geregelt waren. Hier ist die frühere Regelung übernommen worden, wonach bei Abschluss eines Vergleichs im arbeitsgerichtlichen Verfahren keine Gebühren erhoben werden (Vorbem. 8 GKG KV). Auch ist in arbeitsgerichtlichen Verfahren eine Vorauszahlungspflicht nicht vorgesehen.

In Teil 9 sind schließlich die **Auslagen** geregelt, die das Gericht erheben kann. Hierzu zählen insbesondere Kosten für Ablichtungen, Aktenversendungskosten, Sachverständigenkosten und Zustellungskosten.

Die für die Praxis wichtigsten Regelungen des Kostenverzeichnisses zum GKG betreffen die Gebühren nach Teil 1, also zivilprozessuale Verfahren.

Hier wird im **Mahnverfahren** eine 0,5-Gebühr, mindestens aber 36,00 Euro, erhoben (Nr. 1110 GKG KV). Für das **erstinstanzliche gerichtliche Verfahren** wird im Voraus eine Gebühr in Höhe von 3,0 (Nr. 1210 GKG KV) erhoben. Soweit ein Mahnverfahren vorangegangen war, wird die dortige 0,5-Gebühr angerechnet.

Unter bestimmten Voraussetzungen **ermäßigt** sich im Nachhinein die 3,0-Verfahrensgebühr nach Nr. 1211 GKG KV auf eine 1,0-Gebühr, nämlich dann, wenn das Verfahren sich insgesamt erledigt hat, sei es durch Anerkenntnis- oder Verzichtsurteil, Klagerücknahme, Vergleich, durch Verzicht auf Urteilsgründe in bestimmten Fällen oder auch durch übereinstimmende Erledigungserklärung der Hauptsache, ferner, wenn eine Partei die Kostentragungspflicht anerkennt, eine Entscheidung über die Kosten nicht erforderlich ist oder die Parteien auf eine Begründung verzichten.

Im **Berufungsverfahren** entsteht eine 4,0-Gebühr, die sich bei vorzeitiger Rücknahme der Berufung auf 1,0 ermäßigt. Endet das Berufungsverfahren durch Anerkenntnis oder Verzichtsurteil, Vergleich, Rücknahme der Berufung oder übereinstimmende Erledigungserklärung der Parteien mit Kostenübernahme, Kostenvergleich oder Verzicht auf eine Kostenentscheidung oder ihre Begründung, reduziert sich die Gerichtsgebühr auf 2,0 (Nr. 1220 ff. GKG KV).

Einführung

Im **Revisionsverfahren** ist eine 5,0-Gebühr vorgesehen, die sich auf 1,0 oder 3,0 ermäßigen kann (Nr. 1230 ff. GKG KV).

Schließen die Parteien einen **Vergleich mit einem Mehrwert**, so entsteht hieraus eine zusätzliche 0,25-Gebühr nach Nr. 1900 GKG KV.

C. Gesetz über Gerichtskosten in Familiensachen (FamGKG)

Seit dem 1.9.2009 sind die Gerichtskosten in Familiensachen sowie in Verfahren mit Auslandsbezug (Anerkennung ausländischer Scheidungsurteile; Vollstreckbarerklärung ausländischer Entscheidungen, §§ 107 ff. FamFG) in einem gesonderten Gesetz geregelt, dem FamGKG (Nr. **3**). Die frühere Zweispurigkeit (GKG für ZPO-Verfahren und KostO für FGG-Verfahren) ist damit beseitigt worden. Seitdem finden sich sämtliche Regelungen zu den Gerichtskosten in Familiensachen und Verfahren mit Auslandsbezug im FamGKG. Das gilt auch für die sonstigen Familienstreitsachen, also Verfahren anlässlich der Trennung oder Scheidung, die früher allgemeine Zivilsachen waren (§ 266 FamFG). Lediglich im Mahnverfahren, das auch in Familiensachen vor dem Mahngericht stattfindet und in der Zwangsvollstreckung, soweit sie vor dem Vollstreckungsgericht stattfindet, ist nach wie vor das GKG anwendbar. Für Vollstreckungen, soweit sie durch das Familiengericht erfolgen, gilt dagegen ebenfalls das FamGKG.

Das FamGKG ist, abgesehen von zwei Verweisungen auf bestimmte Vorschriften des GNotKG, ein eigenes selbstständiges in sich geschlossenes Gesetz. Im FamGKG sind nicht nur die Gerichtskosten enthalten. Geregelt wird auch hier gesondert die Fälligkeit, die Kostenhaftung, die Vorauszahlungspflicht, der Kostenansatz etc. Die Regelungen des FamGKG lehnen sich dabei im Wesentlichen an das GKG an.

Darüber hinaus finden sich im FamGKG sämtliche Wertvorschriften für die Verfahren vor den Familiengerichten. Neben den allgemeinen Regelungen, die weitgehend denen des GKG entsprechen, etwa für die Zusammenrechnung mehrerer Gegenstände, Berechnung bei Stufenanträgen, bei Antrag- und Widerantrag, finden sich hier auch die besonderen Wertvorschriften, die zum Teil mit den früheren GKG-Wertvorschriften übereinstimmen, zum Teil aber auch inhaltlich neu gefasst worden sind. Zu den besonderen Wertvorschriften gehören:

§ 43 FamGKG Wert der Ehesache
§ 44 FamGKG Wertberechnung im Verbundverfahren mit besonderer Wertvorschrift für Kindschaftssachen
§ 45 FamGKG Umgangsrecht, Sorgerecht und Kindesherausgabe als isolierte Verfahren
§ 46 FamGKG Besondere vermögensrechtliche Kindschaftssachen
§ 47 FamGKG Abstammungssachen
§ 48 FamGKG Ehewohnungs- und Haushaltssachen
§ 49 FamGKG Gewaltschutzsachen
§ 50 FamGKG Versorgungsausgleichssachen
§ 51 FamGKG Unterhalt als wiederkehrende Leistung; Kindgeldverfahren
§ 52 FamGKG Zugewinnverfahren mit Stundungs- oder Zuweisungsantrag

Auch das Verfahren der Wertfestsetzung und der Beschwerde gegen die Festsetzung des Verfahrenswerts ist im FamGKG (§§ 53, 59 FamGKG) gesondert geregelt, wobei hier grundsätzlich das Gleiche gilt wie in Verfahren nach GKG;

allerdings sind die Besonderheiten des abweichenden Instanzenzuges in Familiensachen hier berücksichtigt.

Die Gebühren in Familiensachen richten sich nach dem Kostenverzeichnis zum FamGKG. Das Kostenverzeichnis ist in zwei Teile aufgegliedert: Teil 1 Gebühren und Teil 2 Auslagen.

Die Gebühren sind in sieben Hauptabschnitte aufgeteilt, diese wiederum in Unterabschnitte:

– **Hauptabschnitt 1. Hauptsacheverfahren in Ehesachen einschließlich aller Folgesachen**
– **Hauptabschnitt 2. Hauptsacheverfahren in selbständigen Familienstreitsachen**
   – Abschnitt 1. Vereinfachtes Verfahren über den Unterhalt Minderjähriger
   – Abschnitt 2. Verfahren im Übrigen
– **Hauptabschnitt 3. Hauptsacheverfahren in selbständigen Familiensachen der freiwilligen Gerichtsbarkeit**
   – Abschnitt 1. Kindschaftssachen
   – Abschnitt 2. Übrige Familiensachen der freiwilligen Gerichtsbarkeit
– **Hauptabschnitt 4. Einstweiliger Rechtsschutz**
   – Abschnitt 1. Einstweilige Anordnung in Kindschaftssachen
   – Abschnitt 2. Einstweilige Anordnung in den übrigen Familiensachen und Arrest
– **Hauptabschnitt 5. Besondere Gebühren**
– **Hauptabschnitt 6. Vollstreckung**
– **Hauptabschnitt 7. Verfahren mit Auslandsbezug**
– **Hauptabschnitt 8. Rüge wegen Verletzung des Anspruchs auf rechtliches Gehör**
– **Hauptabschnitt 9. Rechtsmittel im Übrigen**

Die Gebühren berechnen sich bis auf wenige Ausnahmen nach dem Wert. Vorgesehen sind grundsätzlich nur Verfahrensgebühren, keine Entscheidungsgebühren.

In jedem Hauptabschnitt, bzw. soweit nach Abschnitten weiter untergliedert, sind wiederum Abschnitte oder Unterabschnitte, in denen die Gebühren nach Erster Rechtszug, Beschwerde, Rechtsbeschwerde, Zulassung der Sprungrechtsbeschwerde gegliedert sind.

Bei den Verfahrensgebühren wiederum ist zunächst die allgemeine Verfahrensgebühr geregelt. Darüber hinaus sind Ermäßigungen bei vorzeitiger Beendigung geregelt.

Mit dem KostRÄG 2021 sind auch im FamGKG die Gebührenbeträge der Wert- und Festgebühren angehoben worden. Des Weiteren wurde der Regelwert in Kindschaftssachen von 3.000,00 Euro auf 4.000,00 EUR angehoben (§ 45 Abs. 1 FamGKG). Bereits mit dem 2. KostRMoG eingeführt worden ist die Möglichkeit des Abschlusses eines Kostenvergleichs für einen bedürftigen Beteiligten, ohne Erstattungsrisiko (§ 26 Abs. 4 FamGKG).

Einführung

D. Gesetz über Kosten der freiwilligen Gerichtsbarkeit für Gerichte und Notare (Gerichts- und Notarkostengesetz – GNotKG)

Das GNotKG (Nr. 4) ist das jüngste der hier abgedruckten Kostengesetze. Es ist erst zum 1.8.2013 durch das Zweite Kostenrechtsmodernisierungsgesetz – 2. KostRMoG v. 23.7.2013 (BGBl. I S. 2586) eingeführt worden. Dieses Gesetz hat die bis dahin geltende Kostenordnung (KostO) abgelöst. Das GNotKG hat dabei zum Teil die Regelungen der KostO übernommen; enthält zum Teil aber auch wichtige Änderungen. Auch dieses Gesetz hat zwischenzeitlich zahlreiche Änderungen erfahren, zuletzt wiederum durch das KostRÄG 2021, mit dem zahlreiche Gebührenbeträge einschließlich der Tabelle A zu § 34 GNotKG angehoben worden sind. Die Tabelle B zu § 34 GNotKG ist dagegen unverändert geblieben.

Bedeutung hat das GNotKG nicht nur für Gerichte und Notare, sondern auch für den Anwalt. Wird der Anwalt außergerichtlich tätig in Angelegenheiten, die nicht Gegenstand eines gerichtlichen Verfahrens sein können (z. B. Vertragsentwürfe, Entwurf von Allgemeinen Geschäftsbedingungen etc.) richten sich auch für ihn die Werte nach dem GNotKG (§ 23 Abs. 3 Satz 1 RVG).

Anlass zur Einführung des GNotKG war es insbesondere, das bis dahin geltende reine Paragraphenwerk der KostO durch ein verständliches modernes Kostengesetz abzulösen. Daher enthält das GNotKG wie auch die anderen „modernen" Kostengesetze einen Paragraphenteil und ein gesondertes Kostenverzeichnis, das dem Gesetz als Anlage beigefügt ist, gleichwohl aber Teil des Gesetzes ist (§ 3 Abs. 2 GNotKG). Gerade bei den durch das GNotKG geregelten zahlreichen Tatbeständen und Verfahren sowie ihren differenzierten Gebühren erwies sich das reine Paragraphenwerk der KostO schon lange als unpraktikabel und unübersichtlich.

Geregelt im GNotKG sind die Gebühren und Auslagen sowohl für die Gerichte als auch für die Notare, wobei das GNotKG die Regelungen nunmehr deutlich voneinander trennt. Auch das Vergütungsverzeichnis differenziert für die Gerichtskosten und die Notarkosten.

Für die Gerichte ist das GNotKG anzuwenden in den Verfahren der freiwilligen Gerichtsbarkeit, soweit diese nicht im FamGKG geregelt sind (§ 1 Abs. 3 GNotKG). In § 1 GNotKG (Geltungsbereich) werden hierzu 21 verschiedene Verfahren aufgelistet, in denen sich die Gerichtsgebühren nach diesem Gesetz bestimmen. Darüber hinaus ist das Gesetz auch in bestimmten landesrechtlichen Verfahren anzuwenden (§ 1 Abs. 5 GNotKG).

Im ersten Kapitel finden sich allgemeine Vorschriften, die gleichermaßen für Gerichte und Notare gelten. Es handelt sich um Regelungen zur Erhebung der Kosten, zur Fälligkeit, zur Sicherstellung, Kostenerhebung, Kostenhaftung etc.

Es finden sich hier auch der für Gerichte und Notare gleichermaßen geltende Grundsatz, dass sich die Gebühren nach dem jeweiligen Geschäftswert richten (§ 34 GNotKG). Es folgen dann die allgemeinen Wertvorschriften, die ebenfalls für Gerichte und Notare gemeinsam gelten.

In Kapitel 2 sind die Gerichtskosten einschließlich der für sie geltenden besonderen Wertbestimmungen, die Verfahren auf Ansatz der Gerichtskosten sowie die hierzu gehörigen Rechtsbehelfe und Rechtsmittelverfahren enthalten.

Die Notarkosten sind gesondert in Kapitel 3 geregelt. Auch hier finden sich besondere Wertvorschriften, die wiederum nur für die Notare gelten.

Einführung

Die gemeinsam geltenden Übergangs- und Schlussvorschriften sind in Kapitel 4 enthalten.

Die Höhe der zu erhebenden Gerichts- und Notarkosten sind in der Anlage 1 zu diesem Gesetz abgedruckt, dem Kostenverzeichnis (§ 3 Abs. 2 GNotKG). Wegen der Vielzahl der Gebühren und Auslagentatbestände sind diese mit fünfstelligen Zahlen nummeriert.

Dieses Kostenverzeichnis zum GNotKG enthält drei Teile. Teil 1 betrifft die Gerichtsgebühren. Diese Gebührentatbestände beginnen konsequenterweise mit der Ziffer 1. Diese zweite Ziffer entspricht dann dem jeweiligen Hauptabschnitt. Insoweit enthält das Gesetz neun Hauptabschnitte.

In Teil 2 sind die Notargebühren geregelt. Diese Gebührentatbestände beginnen konsequenterweise mit der Ziffer 2. Dieses zweite Kapitel enthält insgesamt sechs Hauptabschnitte, wobei auch hier der Hauptabschnitt der zweiten Ziffer der Gebührennummer entspricht.

Teil 3 regelt die Auslagen, wobei Hauptabschnitt eins die Auslagen der Gerichte betrifft. Diese Auslagentatbestände beginnen konsequenterweise mit den Ziffern 31. Die Auslagen der Notare wiederum sind in Hauptabschnitt 2 geregelt und beginnen konsequenterweise mit den Ziffern 32.

Durch diese nummerische Aufzählung der einzelnen Kosten- und Auslagentatbestände im GNotKG ist damit ein entscheidender Schritt zum besseren Verständnis der hier recht komplizierten Gebührenmaterie geschaffen worden.

E. Justizvergütungs- und Entschädigungsgesetz (JVEG)

Das JVEG (Nr. **5**) ist zum Teil der Nachfolger des früheren ZSEG. Es regelt aber neben der Entschädigung für Zeugen und Sachverständige auch die Entschädigung von ehrenamtlichen Richtern. Auch die Vergütung von Übersetzern ist hier geregelt. Ziel des JVEG war es, die bisher getrennten gesetzlichen Regelungen in einem Gesetz zusammenzufassen und zu vereinheitlichen.

Geregelt ist hier, welche **Vergütung** und welche **Auslagen** gewährt werden. Darüber hinaus ist auch das Festsetzungsverfahren einschließlich der möglichen Rechtsmittel und Rechtsbehelfe geregelt.

Das JVEG hat darüber hinaus auch Bedeutung für die **Kostenerstattung**, da sich die Festsetzungsinstanzen in vielen Fällen bei der Frage, welche Parteiauslagen erstattungsfähig sind, an den Sätzen des JVEG orientieren (siehe § 91 Abs. 1 Satz 2, 2. Halbsatz ZPO).

Auch hier sind die Beträge durch das KostRÄG 2021 zum Teil deutlich angehoben worden.

Neunkirchen, Oktober 2021   Norbert Schneider

1. Gesetz über die Vergütung der Rechtsanwältinnen und Rechtsanwälte (Rechtsanwaltsvergütungsgesetz – RVG)[1)]

Vom 5. Mai 2004

(BGBl. I S. 718, 788)

FNA 368-3

geänd. durch Art. 5 Abs. 1 KostenrechtsmodernisierungsG v. 5.5.2004 (BGBl. I S. 718), Art. 4 OpferrechtsreformG v. 24.6.2004 (BGBl. I S. 1354), Art. 7 G zur Einführung der nachträglichen Sicherungsverwahrung v. 23.7.2004 (BGBl. I S. 1838), Art. 17 AnhörungsrügenG v. 9.12.2004 (BGBl. I S. 3220), Art. 7 EG-ProzesskostenhilfeG v. 15.12.2004 (BGBl. I S. 3392), Art. 5 Abs. 26 G zur Überarbeitung des Lebenspartnerschaftsrechts v. 15.12.2004 (BGBl. I S. 3396), Art. 5c BilanzkontrollG v. 15.12.2004 (BGBl. I S. 3408), Art. 2 Abs. 10 G zum internationalen Familienrecht v. 26.1.2005 (BGBl. I S. 162), Art. 14 Abs. 6 JustizkommunikationsG v. 22.3.2005 (BGBl. I S. 837), Art. 3 Abs. 44 Zweites G zur Neuregelung des Energiewirtschaftsrechts v. 7.7.2005 (BGBl. I S. 1970, ber. S. 3621), Art. 6 G zur Einführung von Kapitalanleger-Musterverfahren v. 16.8.2005 (BGBl. I S. 2437, geänd. durch G v. 22.12.2006, BGBl. I S. 3416), Art. 2 Abs. 5 EG-Vollstreckungstitel-DurchführungsG v. 18.8.2005 (BGBl. I S. 2477), Art. 2 Abs. 6 G zur Unternehmensintegrität und Modernisierung des Anfechtungsrechts v. 22.9.2005 (BGBl. I S. 2802), Art. 3 Übernahmerichtlinie-UmsetzungsG v. 8.7.2006 (BGBl. I S. 1426), Art. 8 G über die Durchsetzung der Verbraucherschutzgesetze bei innergemeinschaftlichen Verstößen v. 21.12.2006 (BGBl. I S. 3367), Art. 20 2. JustizmodernisierungsG v. 22.12.2006 (BGBl. I S. 3416), Art. 3 Abs. 3 G zur Änd. des WohnungseigentumsG und anderer Gesetze v. 26.3.2007 (BGBl. I S. 370), Art. 18 Abs. 5 G zur Neuregelung des Rechtsberatungsrechts v. 12.12.2007 (BGBl. I S. 2840), Art. 5 Zweites G zur Änd. des JugendgerichtsG und anderer Gesetze v. 13.12.2007 (BGBl. I S. 2894), Art. 2 G zur Neuregelung des Verbots der Vereinbarung von Erfolgshonoraren v. 12.6.2008 (BGBl. I S. 1000), Art. 6 WehrrechtsänderungsG 2008 v. 31.7.2008 (BGBl. I S. 1629), Art. 6 G zur Verbesserung der grenzüberschreitenden Forderungsdurchsetzung und Zustellung v. 30.10.2008 (BGBl. I S. 2122), Art. 47 Abs. 6 FGG-ReformG v. 17.12.2008 (BGBl. I S. 2586, geänd. durch G v. 30.7.2009, BGBl. I S. 2449), Art. 15 Versorgungsausgleich-StrukturreformG v. 3.4.2009 (BGBl. I S. 700), Art. 5 ÄndG v. 6.7.2009 (BGBl. I S. 1696), Art. 3 Abs. 4 G zur Reform der Sachaufklärung in der Zwangsvollstreckung v. 29.7.2009 (BGBl. I S. 2258), Art. 4 2. OpferrechtsreformG v. 29.7.2009 (BGBl. I S. 2280), Art. 7 Abs. 4 G zur Modernisierung von Verfahren im anwaltlichen und notariellen Berufsrecht, zur Errichtung einer Schlichtungsstelle der Rechtsanwaltschaft sowie zur Änd. sonstiger Vorschriften v. 30.7.2009 (BGBl. I S. 2449), Art. 4 G zur Umsetzung des Rahmenbeschl. 2005/214/JI v. 18.10.2010 (BGBl. I S. 1408), Art. 10 RestrukturierungsG v. 9.12.2010 (BGBl. I S. 1900), Art. 16 G zur Umsetzung der DienstleistungsRL in der Justiz und zur Änd. weiterer Vorschriften v. 22.12.2010 (BGBl. I S. 2248), Art. 6 G zur Neuordnung des Rechts der Sicherungsverwahrung und zu begleitenden Regelungen v. 22.12.2010 (BGBl. I S. 2300), Art. 11 G zur Durchführung der VO (EG) Nr. 4/2009 und zur Neuordnung bestehender Aus- und Durchführungsbestimmungen auf dem Gebiet des internationalen Unterhaltsverfahrensrechts v. 23.5.2011 (BGBl. I S. 898), Art. 1 G über das Rechtsschutz bei überlangen Gerichtsverfahren und strafrechtlichen Ermittlungsverfahren v. 24.11.2011 (BGBl. I S. 2302), Art. 6 G zur Demonstration und Anwendung von Technologien zur Abscheidung, zum Transport und zur dauerhaften Speicherung von Kohlendioxid v. 17.8.2012 (BGBl. I S. 1726), Art. 6 G zur Reform des Kapitalanleger-MusterverfahrensG und zur Änd. anderer Vorschriften v. 19.10.2012 (BGBl. I S. 2182), Art. 14 G zur Einführung einer Rechtsbehelfsbelehrung im Zivilprozess und zur Änd. anderer Vorschriften v. 5.12.2012 (BGBl. I S. 2418), Art. 6 G zur bundesrechtlichen Umsetzung des Abstandsgebotes im Recht der Sicherungsverwahrung v. 5.12.2012 (BGBl. I S. 2425), Art. 8 MietrechtsänderungsG v. 11.3.2013 (BGBl. I S. 434), Art. 8 2. KostenrechtsmodernisierungsG v. 23.7.2013 (BGBl. I S. 2586), Art. 14 G zur Änd. des Prozesskostenhilfe- und Beratungshilferechts v. 31.8.2013 (BGBl. I S. 3533), Art. 5 Abs. 7 G zur Modernisierung des GeschmacksmusterG sowie zur Änd. der Regelungen über die Bekanntmachungen zum Ausstellungsschutz v. 10.10.2013 (BGBl. I S. 3799), Art. 10 G zur Durchführung der VO (EU) Nr. 1215/2012 sowie zur Änd. sonstiger Vorschriften

---

[1)] Verkündet als Art. 3 KostenrechtsmodernisierungsG v. 5.5.2004 (BGBl. I S. 718); Inkrafttreten gem. Art. 8 Satz 1 dieses G am 1.7.2004.

v. 8.7.2014 (BGBl. I S. 890), Art. 4 G zur Umsetzung der RL 2011/99/EU über die Europäische Schutzanordnung und zur Durchführung der VO (EU) Nr. 606/2013 über die gegenseitige Anerkennung von Schutzmaßnahmen in Zivilsachen v. 5.12.2014 (BGBl. I S. 1964), Art. 4 G zur Durchführung des Haager Übereinkommens v. 30.6.2005 über Gerichtsstandsvereinbarungen sowie zur Änd. des RechtspflegerG, des Gerichts- und NotarkostenG, des AltersteilzeitG und des SGB III v. 10.12.2014 (BGBl. I S. 2082 iVm Bek. v. 23.6.2015, BGBl. I S. 1034), Art. 14 G zum Internationalen Erbrecht und zur Änd. von Vorschriften zum Erbschein sowie zur Änd. sonstiger Vorschriften v. 29.6.2015 (BGBl. I S. 1042), Art. 5 G zur Stärkung des Rechts des Angeklagten auf Vertretung in der Berufungsverhandlung und über die Anerkennung von Abwesenheitsentscheidungen in der Rechtshilfe v. 17.7.2015 (BGBl. I S. 1332), Art. 178 Zehnte ZuständigkeitsanpassungsVO v. 31.8. 2015 (BGBl. I S. 1474), Art. 14 Nr. 8 AsylverfahrensbeschleunigungsG v. 20.10.2015 (BGBl. I S. 1722), Art. 8 G zur Änd. des Unterhaltsrechts und des Unterhaltsverfahrensrechts sowie zur Änd. der ZPO und kostenrechtlicher Vorschriften v. 20.11.2015 (BGBl. I S. 2018), Art. 5 G zur Neuordnung des Rechts der Syndikusanwälte und zur Änd. der FGO v. 21.12.2015 (BGBl. I S. 2517), Art. 2 Abs. 4 VergaberechtsmodernisierungsG v. 17.2.2016 (BGBl. I S. 203), Art. 5 VG-Richtlinie-UmsetzungsG v. 24.5.2016 (BGBl. I S. 1190), Art. 5 Abs. 3 G zur Änd. des Sachverständigenrechts und zur weiteren Änd. des FamFG sowie zur Änd. des SGG, der VwGO, der FGO und des GKG v. 11.10.2016 (BGBl. I S. 2222), Art. 13 EU-KontenpfändungsVO-DurchführungsG v. 21.11.2016 (BGBl. I S. 2591), Art. 6 Abs. 24 G zur Reform der strafrechtlichen Vermögensabschöpfung v. 13.4. 2017 (BGBl. I S. 872), Art. 5 G zur Durchführung der VO (EU) 2015/848 über Insolvenzverfahren v. 5.6.2017 (BGBl. I S. 1476), Art. 4 G zur Einführung eines familiengerichtlichen Genehmigungsvorbehaltes für freiheitsentziehende Maßnahmen bei Kindern v. 17.7.2017 (BGBl. I S. 2424), Art. 2 Abs. 8 G zur Einführung eines Wettbewerbsregisters und zur Änd. des G gegen Wettbewerbsbeschränkungen v. 18.7.2017 (BGBl. I S. 2739, geänd. durch G v. 18.1.2021, BGBl. I S. 2), Art. 5 G zur Einführung einer zivilprozessualen Musterfeststellungsklage v. 12.7.2018 (BGBl. I S. 1151), Art. 8 G zum Internationalen Güterrecht und zur Änd. von Vorschriften des Internationalen Privatrechts v. 17.12.2018 (BGBl. I S. 2573), Art. 6 G zur Stärkung der Rechte von Betroffenen bei Fixierungen im Rahmen von Freiheitsentziehungen v. 19.6.2019 (BGBl. I S. 840), Art. 10b G für mehr Sicherheit in der Arzneimittelversorgung v. 9.8.2019 (BGBl. I S. 1202), Art. 8 G zur Modernisierung des Strafverfahrens v. 10.12.2019 (BGBl. I S. 2121), Art. 7 G zur Neuregelung des Rechts der notwendigen Verteidigung v. 10.12.2019 (BGBl. I S. 2128), Art. 2 Abs. 5 G zur Änd. des EG-VerbraucherschutzdurchsetzungsG sowie des G über die Errichtung des Bundesamts für Justiz v. 25.6.2020 (BGBl. I S. 1474), Art. 7 KostenrechtsänderungsG 2021 v. 21.12.2020 (BGBl. I S. 3229), Art. 12 Sanierungs- und InsolvenzrechtsfortentwicklungsG v. 22.12.2020 (BGBl. I S. 3256), Art. 2 G zur Verbesserung des Verbraucherschutzes im Inkassorecht und zur Änd. weiterer Vorschriften v. 22.12.2020 (BGBl. I S. 3320), Art. 15 Abs. 16 G zur Reform des Vormundschafts- und Betreuungsrechts v. 4.5.2021 (BGBl. I S. 882), Art. 3 Zweites G zur Änd. des AgrarmarktstrukturG v. 2.6.2021 (BGBl. I S. 1278), Art. 17 G zur Fortentwicklung der StrafprozessO und zur Änd. weiterer Vorschriften v. 25.6.2021 (BGBl. I S. 2099), Art. 24 Abs. 8 G zur Modernisierung des notariellen Berufsrechts und zur Änd. weiterer Vorschriften v. 25.6.2021 (BGBl. I S. 2154), Art. 22 G zur Neuregelung des Berufsrechts der anwaltlichen und steuerberatenden Berufsausübungsgesellschaften sowie zur Änd. weiterer Vorschriften im Bereich der rechtsberatenden Berufe v. 7.7.2021 (BGBl. I S. 2363), Art. 2 G zur Förderung verbrauchergerechter Angebote im Rechtsdienstleistungsmarkt v. 10.8.2021 (BGBl. I S. 3415) und Art. 7 G zur Durchführung der VO (EU) 2019/1111 sowie zur Änd. sonstiger Vorschriften v. 10.8. 2021 (BGBl. I S. 3424)

Inhaltsübersicht[1]

Abschnitt 1. Allgemeine Vorschriften

Abschnitt 2. Gebührenvorschriften

Abschnitt 3. Angelegenheit

Abschnitt 4. Gegenstandswert

---

[1] Inhaltsübersicht geänd. mWv 1.7.2006 durch G v. 5.5.2004 (BGBl. I S. 718); mWv 1.1.2005 durch G v. 9.12.2004 (BGBl. I S. 3220); mWv 21.12.2004 durch G v. 15.12.2004 (BGBl. I S. 3392); mWv 1.4.2005 durch G v. 22.3.2005 (BGBl. I S. 837); mWv 1.11.2005 durch G v. 16.8.2005 (BGBl. I S. 2437, geänd. durch G v. 22.12.2006, BGBl. I S. 3416); mWv 14.7.2006 durch G v. 8.7.2006 (BGBl. I S. 1426); mWv 1.7.2008 durch G v. 12.6.2008 (BGBl. I S. 1000); mWv 1.9.2009 durch G v. 17.12.2008 (BGBl. I S. 2586); mWv 5.8.2009 durch G v. 30.7.2009 (BGBl. I S. 2449); mWv 28.12.2010 durch G v. 22.12.2010 (BGBl. I S. 2248); mWv 1.11.2012 durch G v. 19.10.2012 (BGBl. I S. 2182); mWv 1.1.2014 durch G v. 5.12.2012 (BGBl. I S. 2418); mWv 1.6.2013 durch G v. 5.12.2012 (BGBl. I S. 2425); mWv 1.8.2013 durch G v. 23.7.2013 (BGBl. I S. 2586); mWv 16.7.2014 durch G v. 8.7.2014 (BGBl. I S. 890); mWv 24.10.2015 durch G v. 20.10.2015 (BGBl. I S. 1722); mWv 13.12.2019 durch G v. 10.12.2019 (BGBl. I S. 2121); mWv 1.1.2021 durch G v. 21.12.2020 (BGBl. I S. 3229); mWv 1.1.2021 durch G v. 22.12.2020 (BGBl. I S. 3256); mWv **1.8.2022** durch G v. 7.7.2021 (BGBl. I S. 2363); mWv 1.10.2021 durch G v. 10.8.2021 (BGBl. I S. 3415).

Abschnitt 1. Allgemeine Vorschriften

§ 1[1)] **Geltungsbereich.** (1) [1]Die Vergütung (Gebühren und Auslagen) für anwaltliche Tätigkeiten der Rechtsanwältinnen und Rechtsanwälte bemisst sich nach diesem Gesetz. [2]Dies gilt auch für eine Tätigkeit als *[bis 31.7.2022: Prozesspfleger] [ab 1.8.2022: besonderer Vertreter]* nach den §§ 57 und 58 der Zivilprozessordnung *[ab 1.8.2022: , nach § 118e der Bundesrechtsanwaltsordnung, nach § 103b der Patentanwaltsordnung oder nach § 111c des Steuerberatungsgesetzes]*. [3]Andere Mitglieder einer Rechtsanwaltskammer, Partnerschaftsgesellschaften und sonstige Gesellschaften stehen einem Rechtsanwalt im Sinne dieses Gesetzes gleich.

(2) [1]Dieses Gesetz gilt nicht für eine Tätigkeit als Syndikusrechtsanwalt (§ 46 Absatz 2 der Bundesrechtsanwaltsordnung). [2]Es gilt ferner nicht für eine Tätigkeit als Vormund, Betreuer, Pfleger, Verfahrenspfleger, Verfahrensbeistand, Testamentsvollstrecker, Insolvenzverwalter, Sachwalter, Mitglied des Gläubigerausschusses, Restrukturierungsbeauftragter, Sanierungsmoderator, Mitglied des Gläubigerbeirats[2)] Nachlassverwalter, Zwangsverwalter, Treuhänder oder Schiedsrichter oder für eine ähnliche Tätigkeit. [3] *[bis 31.12.2022: § 1835 Abs. 3 des Bürgerlichen Gesetzbuchs bleibt] [ab 1.1.2023: § 1877 Absatz 3 des Bürgerlichen Gesetzbuchs und § 4 Absatz 2 des Vormünder- und Betreuervergütungsgesetzes bleiben]* unberührt.

(3) Die Vorschriften dieses Gesetzes über die Erinnerung und die Beschwerde gehen den Regelungen der für das zugrunde liegende Verfahren geltenden Verfahrensvorschriften vor.

§ 2 Höhe der Vergütung. (1) Die Gebühren werden, soweit dieses Gesetz nichts anderes bestimmt, nach dem Wert berechnet, den der Gegenstand der anwaltlichen Tätigkeit hat (Gegenstandswert).

(2) [1]Die Höhe der Vergütung bestimmt sich nach dem Vergütungsverzeichnis der Anlage 1 zu diesem Gesetz. [2]Gebühren werden auf den nächstliegenden Cent auf- oder abgerundet; 0,5 Cent werden aufgerundet.

§ 3[3)] **Gebühren in sozialrechtlichen Angelegenheiten.** (1) [1]In Verfahren vor den Gerichten der Sozialgerichtsbarkeit, in denen das Gerichtskostengesetz[4)] nicht anzuwenden ist, entstehen Betragsrahmengebühren. [2]In sonstigen Verfahren werden die Gebühren nach dem Gegenstandswert berechnet, wenn der Auftraggeber nicht zu den in § 183 des Sozialgerichtsgesetzes genannten Personen gehört; im Verfahren nach § 201 Absatz 1 des Sozialgerichtsgesetzes werden die Gebühren immer nach dem Gegenstandswert berechnet. [3]In Ver-

---

[1)] § 1 Abs. 2 Satz 1 geänd. mWv 1.9.2009 durch G v. 17.12.2008 (BGBl. I S. 2586); Abs. 3 angef. mWv 1.8.2013 durch G v. 23.7.2013 (BGBl. I S. 2586); Abs. 2 Satz 1 eingef., bish. Sätze 1 und 2 werden Sätze 2 und 3, neuer Satz 2 geänd. mWv 1.1.2016 durch G v. 21.12.2015 (BGBl. I S. 2517); Abs. 2 Satz 2 geänd. mWv 1.1.2021 durch G v. 22.12.2020 (BGBl. I S. 3256); Abs. 2 Satz 3 geänd. **mWv 1.1.2023** durch G v. 4.5.2021 (BGBl. I S. 882); Abs. 1 Satz 2 geänd. **mWv 1.8.2022** durch G v. 7.7.2021 (BGBl. I S. 2363).

[2)] Amtlich ohne Komma.

[3)] § 3 Abs. 1 Satz 3 angef. mWv 3.12.2011 durch G v. 24.11.2011 (BGBl. I S. 2302); Abs. 1 Satz 2 geänd. mWv 1.8.2013 durch G v. 23.7.2013 (BGBl. I S. 2586).

[4)] Nr. 2.

fahren wegen überlanger Gerichtsverfahren (§ 202 Satz 2 des Sozialgerichtsgesetzes) werden die Gebühren nach dem Gegenstandswert berechnet.

(2) Absatz 1 gilt entsprechend für eine Tätigkeit außerhalb eines gerichtlichen Verfahrens.

§ 3a[1] Vergütungsvereinbarung. (1) [1]Eine Vereinbarung über die Vergütung bedarf der Textform. [2]Sie muss als Vergütungsvereinbarung oder in vergleichbarer Weise bezeichnet werden, von anderen Vereinbarungen mit Ausnahme der Auftragserteilung deutlich abgesetzt sein und darf nicht in der Vollmacht enthalten sein. [3]Sie hat einen Hinweis darauf zu enthalten, dass die gegnerische Partei, ein Verfahrensbeteiligter oder die Staatskasse im Falle der Kostenerstattung regelmäßig nicht mehr als die gesetzliche Vergütung erstatten muss. [4]Die Sätze 1 und 2 gelten nicht für eine Gebührenvereinbarung nach § 34.

(2) [1]In der Vereinbarung kann es dem Vorstand der Rechtsanwaltskammer überlassen werden, die Vergütung nach billigem Ermessen festzusetzen. [2]Ist die Festsetzung der Vergütung dem Ermessen eines Vertragsteils überlassen, so gilt die gesetzliche Vergütung als vereinbart.

(3) [1]Ist eine vereinbarte, eine nach Absatz 2 Satz 1 von dem Vorstand der Rechtsanwaltskammer festgesetzte oder eine nach § 4a für den Erfolgsfall vereinbarte Vergütung unter Berücksichtigung aller Umstände unangemessen hoch, kann sie im Rechtsstreit auf den angemessenen Betrag bis zur Höhe der gesetzlichen Vergütung herabgesetzt werden. [2]Vor der Herabsetzung hat das Gericht ein Gutachten des Vorstands der Rechtsanwaltskammer einzuholen; dies gilt nicht, wenn der Vorstand der Rechtsanwaltskammer die Vergütung nach Absatz 2 Satz 1 festgesetzt hat. [3]Das Gutachten ist kostenlos zu erstatten.

(4) [1]Eine Vereinbarung, nach der ein im Wege der Prozesskostenhilfe beigeordneter Rechtsanwalt für die von der Beiordnung erfasste Tätigkeit eine höhere als die gesetzliche Vergütung erhalten soll, ist nichtig. [2]Die Vorschriften des bürgerlichen Rechts über die ungerechtfertigte Bereicherung bleiben unberührt.

§ 4[2] Unterschreitung der gesetzlichen Vergütung. (1) [1]In außergerichtlichen Angelegenheiten kann eine niedrigere als die gesetzliche Vergütung vereinbart werden. [2]Sie muss in einem angemessenen Verhältnis zu Leistung, Verantwortung und Haftungsrisiko des Rechtsanwalts stehen. [3]Ist Gegenstand der außergerichtlichen Angelegenheit eine Inkassodienstleistung (§ 2 Absatz 2 Satz 1 des Rechtsdienstleistungsgesetzes) oder liegen die Voraussetzungen für die Bewilligung von Beratungshilfe vor, gilt Satz 2 nicht und kann der Rechtsanwalt ganz auf eine Vergütung verzichten. [4]§ 9 des Beratungshilfegesetzes bleibt unberührt.

(2) Ist Gegenstand der Angelegenheit eine Inkassodienstleistung in einem der in § 79 Absatz 2 Satz 2 Nummer 4 der Zivilprozessordnung genannten

---

[1] § 3a eingef. mWv 1.7.2008 durch G v. 12.6.2008 (BGBl. I S. 1000); Abs. 4 aufgeh. mWv 1.1. 2014 durch G v. 31.8.2013 (BGBl. I S. 3533); Abs. 2 eingef., bish. Abs. 2 wird Abs. 3 und Sätze 1, 2 geänd., bish. Abs. 3 wird Abs. 4 mWv 1.10.2021 durch G v. 10.8.2021 (BGBl. I S. 3415).
[2] § 4 Abs. 1 neu gef., Abs. 4–6 aufgeh. mWv 1.7.2008 durch G v. 12.6.2008 (BGBl. I S. 1000); Abs. 1 Sätze 3 und 4 angef. mWv 1.1.2014 durch G v. 31.8.2013 (BGBl. I S. 3533); Überschrift, Abs. 1 Satz 3, Abs. 2 neu gef., Abs. 3 aufgeh. mWv 1.10.2021 durch G v. 10.8.2021 (BGBl. I S. 3415).

Verfahren, kann eine niedrigere als die gesetzliche Vergütung vereinbart werden oder kann der Rechtsanwalt ganz auf eine Vergütung verzichten.

§ 4a[1)] **Erfolgshonorar.** (1) [1]Ein Erfolgshonorar (§ 49b Absatz 2 Satz 1 der Bundesrechtsanwaltsordnung) darf nur vereinbart werden, wenn

1. sich der Auftrag auf eine Geldforderung von höchstens 2 000 Euro bezieht,

2. eine Inkassodienstleistung außergerichtlich oder in einem der in § 79 Absatz 2 Satz 2 Nummer 4 der Zivilprozessordnung genannten Verfahren erbracht wird oder

3. der Auftraggeber im Einzelfall bei verständiger Betrachtung ohne die Vereinbarung eines Erfolgshonorars von der Rechtsverfolgung abgehalten würde.

[2]Eine Vereinbarung nach Satz 1 Nummer 1 oder 2 ist unzulässig, soweit sich der Auftrag auf eine Forderung bezieht, die der Pfändung nicht unterworfen ist. [3]Für die Beurteilung nach Satz 1 Nummer 3 bleibt die Möglichkeit, Beratungs- oder Prozesskostenhilfe in Anspruch zu nehmen, außer Betracht.

(2) In anderen als den in Absatz 1 Satz 1 Nummer 2 genannten Angelegenheiten darf nur dann vereinbart werden, dass für den Fall des Misserfolgs keine oder eine geringere als die gesetzliche Vergütung zu zahlen ist, wenn für den Erfolgsfall ein angemessener Zuschlag auf die gesetzliche Vergütung vereinbart wird.

(3) In eine Vereinbarung über ein Erfolgshonorar sind aufzunehmen:

1. die Angabe, welche Vergütung bei Eintritt welcher Bedingungen verdient sein soll,

2. die Angabe, ob und gegebenenfalls welchen Einfluss die Vereinbarung auf die gegebenenfalls vom Auftraggeber zu zahlenden Gerichtskosten, Verwaltungskosten und die von diesem zu erstattenden Kosten anderer Beteiligter haben soll,

3. die wesentlichen Gründe, die für die Bemessung des Erfolgshonorars bestimmend sind, und

4. im Fall des Absatzes 1 Satz 1 Nummer 3 die voraussichtliche gesetzliche Vergütung und gegebenenfalls die erfolgsunabhängige vertragliche Vergütung, zu der der Rechtsanwalt bereit wäre, den Auftrag zu übernehmen.

§ 4b[2)] **Fehlerhafte Vergütungsvereinbarung.** [1]Aus einer Vergütungsvereinbarung, die nicht den Anforderungen des § 3a Abs. 1 Satz 1 und 2 oder des § 4a Absatz 1 und 3 Nummer 1 und 4 entspricht, kann der Rechtsanwalt keine höhere als die gesetzliche Vergütung fordern. [2]Die Vorschriften des bürgerlichen Rechts über die ungerechtfertigte Bereicherung bleiben unberührt.

§ 5 Vergütung für Tätigkeiten von Vertretern des Rechtsanwalts.

Die Vergütung für eine Tätigkeit, die der Rechtsanwalt nicht persönlich vornimmt, wird nach diesem Gesetz bemessen, wenn der Rechtsanwalt durch einen Rechtsanwalt, den allgemeinen Vertreter, einen Assessor bei einem

---

[1)] § 4a neu gef. mWv 1.10.2021 durch G v. 10.8.2021 (BGBl. I S. 3415).
[2)] § 4b eingef. mWv 1.7.2008 durch G v. 12.6.2008 (BGBl. I S. 1000); Satz 1 geänd. mWv 1.10. 2021 durch G v. 10.8.2021 (BGBl. I S. 3415).

Rechtsanwalt oder einen zur Ausbildung zugewiesenen Referendar vertreten wird.

§ 6 Mehrere Rechtsanwälte. Ist der Auftrag mehreren Rechtsanwälten zur gemeinschaftlichen Erledigung übertragen, erhält jeder Rechtsanwalt für seine Tätigkeit die volle Vergütung.

§ 7 Mehrere Auftraggeber. (1) Wird der Rechtsanwalt in derselben Angelegenheit für mehrere Auftraggeber tätig, erhält er die Gebühren nur einmal.

(2) ¹Jeder der Auftraggeber schuldet die Gebühren und Auslagen, die er schulden würde, wenn der Rechtsanwalt nur in seinem Auftrag tätig geworden wäre; die Dokumentenpauschale nach Nummer 7000 des Vergütungsverzeichnisses schuldet er auch insoweit, wie diese nur durch die Unterrichtung mehrerer Auftraggeber entstanden ist. ²Der Rechtsanwalt kann aber insgesamt nicht mehr als die nach Absatz 1 berechneten Gebühren und die insgesamt entstandenen Auslagen fordern.

§ 8¹⁾ Fälligkeit, Hemmung der Verjährung. (1) ¹Die Vergütung wird fällig, wenn der Auftrag erledigt oder die Angelegenheit beendet ist. ²Ist der Rechtsanwalt in einem gerichtlichen Verfahren tätig, wird die Vergütung auch fällig, wenn eine Kostenentscheidung ergangen oder der Rechtszug beendet ist oder wenn das Verfahren länger als drei Monate ruht.

(2) ¹Die Verjährung der Vergütung für eine Tätigkeit in einem gerichtlichen Verfahren wird gehemmt, solange das Verfahren anhängig ist. ²Die Hemmung endet mit der rechtskräftigen Entscheidung oder anderweitigen Beendigung des Verfahrens. ³Ruht das Verfahren, endet die Hemmung drei Monate nach Eintritt der Fälligkeit. ⁴Die Hemmung beginnt erneut, wenn das Verfahren weiter betrieben wird.

§ 9 Vorschuss. Der Rechtsanwalt kann von seinem Auftraggeber für die entstandenen und die voraussichtlich entstehenden Gebühren und Auslagen einen angemessenen Vorschuss fordern.

§ 10 Berechnung. (1) ¹Der Rechtsanwalt kann die Vergütung nur aufgrund einer von ihm unterzeichneten und dem Auftraggeber mitgeteilten Berechnung einfordern. ²Der Lauf der Verjährungsfrist ist von der Mitteilung der Berechnung nicht abhängig.

(2) ¹In der Berechnung sind die Beträge der einzelnen Gebühren und Auslagen, Vorschüsse, eine kurze Bezeichnung des jeweiligen Gebührentatbestands, die Bezeichnung der Auslagen sowie die angewandten Nummern des Vergütungsverzeichnisses und bei Gebühren, die nach dem Gegenstandswert berechnet sind, auch dieser anzugeben. ²Bei Entgelten für Post- und Telekommunikationsdienstleistungen genügt die Angabe des Gesamtbetrags.

(3) Hat der Auftraggeber die Vergütung gezahlt, ohne die Berechnung erhalten zu haben, kann er die Mitteilung der Berechnung noch fordern, solange der Rechtsanwalt zur Aufbewahrung der Handakten verpflichtet ist.

---

¹⁾ § 8 Abs. 2 Satz 4 neu gef. mWv 1.9.2009 durch G v. 17.12.2008 (BGBl. I S. 2586).

§ 11[1] **Festsetzung der Vergütung.** (1) [1]Soweit die gesetzliche Vergütung, eine nach § 42 festgestellte Pauschgebühr und die zu ersetzenden Aufwendungen (§ 670 des Bürgerlichen Gesetzbuchs) zu den Kosten des gerichtlichen Verfahrens gehören, werden sie auf Antrag des Rechtsanwalts oder des Auftraggebers durch das Gericht des ersten Rechtszugs festgesetzt. [2]Getilgte Beträge sind abzusetzen.

(2) [1]Der Antrag ist erst zulässig, wenn die Vergütung fällig ist. [2]Vor der Festsetzung sind die Beteiligten zu hören. [3]Die Vorschriften der jeweiligen Verfahrensordnung über das Kostenfestsetzungsverfahren mit Ausnahme des § 104 Abs. 2 Satz 3 der Zivilprozessordnung und die Vorschriften der Zivilprozessordnung über die Zwangsvollstreckung aus Kostenfestsetzungsbeschlüssen gelten entsprechend. [4]Das Verfahren vor dem Gericht des ersten Rechtszugs ist gebührenfrei. [5]In den Vergütungsfestsetzungsbeschluss sind die von dem Rechtsanwalt gezahlten Auslagen für die Zustellung des Beschlusses aufzunehmen. [6]Im Übrigen findet eine Kostenerstattung nicht statt; dies gilt auch im Verfahren über Beschwerden.

(3) [1]Im Verfahren vor den Gerichten der Verwaltungsgerichtsbarkeit, der Finanzgerichtsbarkeit und der Sozialgerichtsbarkeit wird die Vergütung vom Urkundsbeamten der Geschäftsstelle festgesetzt. [2]Die für die jeweilige Gerichtsbarkeit geltenden Vorschriften über die Erinnerung im Kostenfestsetzungsverfahren gelten entsprechend.

(4) Wird der vom Rechtsanwalt angegebene Gegenstandswert von einem Beteiligten bestritten, ist das Verfahren auszusetzen, bis das Gericht hierüber entschieden hat (§§ 32, 33 und 38 Abs. 1).

(5) [1]Die Festsetzung ist abzulehnen, soweit der Antragsgegner Einwendungen oder Einreden erhebt, die nicht im Gebührenrecht ihren Grund haben. [2]Hat der Auftraggeber bereits dem Rechtsanwalt gegenüber derartige Einwendungen oder Einreden erhoben, ist die Erhebung der Klage nicht von der vorherigen Einleitung des Festsetzungsverfahrens abhängig.

(6) [1]Anträge und Erklärungen können ohne Mitwirkung eines Bevollmächtigten schriftlich eingereicht oder zu Protokoll der Geschäftsstelle abgegeben werden. [2]§ 129a der Zivilprozessordnung gilt entsprechend. [3]Für die Bevollmächtigung gelten die Regelungen der für das zugrunde liegende Verfahren geltenden Verfahrensordnung entsprechend.

(7) Durch den Antrag auf Festsetzung der Vergütung wird die Verjährung wie durch Klageerhebung gehemmt.

(8) [1]Die Absätze 1 bis 7 gelten bei Rahmengebühren nur, wenn die Mindestgebühren geltend gemacht werden oder der Auftraggeber der Höhe der Gebühren ausdrücklich zugestimmt hat. [2]Die Festsetzung auf Antrag des Rechtsanwalts ist abzulehnen, wenn er die Zustimmungserklärung des Auftraggebers nicht mit dem Antrag vorlegt.

---

[1] § 11 Abs. 6 Satz 2 neu gef. mWv 1.4.2005 durch G v. 22.3.2005 (BGBl. I S. 837); Abs. 6 Satz 3 angef. mWv 1.7.2008 durch G v. 12.12.2007 (BGBl. I S. 2840); Abs. 6 Satz 1 neu gef. mWv 5.8.2009 durch G v. 30.7.2009 (BGBl. I S. 2449).

§ 12[1] Anwendung von Vorschriften über die Prozesskostenhilfe.

[1] Die Vorschriften dieses Gesetzes für im Wege der Prozesskostenhilfe beigeordnete Rechtsanwälte und für Verfahren über die Prozesskostenhilfe sind bei Verfahrenskostenhilfe und im Fall des § 4a der Insolvenzordnung entsprechend anzuwenden. [2] Der Bewilligung von Prozesskostenhilfe steht die Stundung nach § 4a der Insolvenzordnung gleich.

§ 12a[2] Abhilfe bei Verletzung des Anspruchs auf rechtliches Gehör.

(1) Auf die Rüge eines durch die Entscheidung nach diesem Gesetz beschwerten Beteiligten ist das Verfahren fortzuführen, wenn

1. ein Rechtsmittel oder ein anderer Rechtsbehelf gegen die Entscheidung nicht gegeben ist und

2. das Gericht den Anspruch dieses Beteiligten auf rechtliches Gehör in entscheidungserheblicher Weise verletzt hat.

(2) [1] Die Rüge ist innerhalb von zwei Wochen nach Kenntnis von der Verletzung des rechtlichen Gehörs zu erheben; der Zeitpunkt der Kenntniserlangung ist glaubhaft zu machen. [2] Nach Ablauf eines Jahres seit Bekanntmachung der angegriffenen Entscheidung kann die Rüge nicht mehr erhoben werden. [3] Formlos mitgeteilte Entscheidungen gelten mit dem dritten Tage nach Aufgabe zur Post als bekannt gemacht. [4] Die Rüge ist bei dem Gericht zu erheben, dessen Entscheidung angegriffen wird; § 33 Abs. 7 Satz 1 und 2 gilt entsprechend. [5] Die Rüge muss die angegriffene Entscheidung bezeichnen und das Vorliegen der in Absatz 1 Nr. 2 genannten Voraussetzungen darlegen.

(3) Den übrigen Beteiligten ist, soweit erforderlich, Gelegenheit zur Stellungnahme zu geben.

(4) [1] Das Gericht hat von Amts wegen zu prüfen, ob die Rüge an sich statthaft und ob sie in der gesetzlichen Form und Frist erhoben ist. [2] Mangelt es an einem dieser Erfordernisse, so ist die Rüge als unzulässig zu verwerfen. [3] Ist die Rüge unbegründet, weist das Gericht sie zurück. [4] Die Entscheidung ergeht durch unanfechtbaren Beschluss. [5] Der Beschluss soll kurz begründet werden.

(5) Ist die Rüge begründet, so hilft ihr das Gericht ab, indem es das Verfahren fortführt, soweit dies aufgrund der Rüge geboten ist.

(6) Kosten werden nicht erstattet.

§ 12b[3] Elektronische Akte, elektronisches Dokument. [1] In Verfahren nach diesem Gesetz sind die verfahrensrechtlichen Vorschriften über die elektronische Akte und über das elektronische Dokument für das Verfahren anzuwenden, in dem der Rechtsanwalt die Vergütung erhält. [2] Im Fall der Beratungshilfe sind die entsprechenden Vorschriften des Gesetzes über das Verfahren in Familiensachen und in den Angelegenheiten der freiwilligen Gerichtsbarkeit anzuwenden.

---

[1] § 12 Satz 1 geänd. mWv 1.9.2009 durch G v. 17.12.2008 (BGBl. I S. 2586); Satz 1 geänd. mWv 1.1.2014 durch G v. 31.8.2013 (BGBl. I S. 3533); Überschrift geänd. mWv 1.1.2021 durch G v. 21.12.2020 (BGBl. I S. 3229).

[2] § 12a eingef. mWv 1.1.2005 durch G v. 9.12.2004 (BGBl. I S. 3220); Abs. 2 Satz 4 geänd. mWv 1.7.2008 durch G v. 12.12.2007 (BGBl. I S. 2840).

[3] § 12b eingef. mWv 1.4.2005 durch G v. 22.3.2005 (BGBl. I S. 837); neu gef. mWv 1.8.2013 durch G v. 23.7.2013 (BGBl. I S. 2586).

§ 12c[1] **Rechtsbehelfsbelehrung.** Jede anfechtbare Entscheidung hat eine Belehrung über den statthaften Rechtsbehelf sowie über das Gericht, bei dem dieser Rechtsbehelf einzulegen ist, über dessen Sitz und über die einzuhaltende Form und Frist zu enthalten.

Abschnitt 2. Gebührenvorschriften

§ 13[2] **Wertgebühren.** (1) [1]Wenn sich die Gebühren nach dem Gegenstandswert richten, beträgt bei einem Gegenstandswert bis 500 Euro die Gebühr 49 Euro. [2]Die Gebühr erhöht sich bei einem

Gegenstandswert bis … Euro	für jeden angefangenen Betrag von weiteren … Euro	um … Euro
2 000	500	39
10 000	1 000	56
25 000	3 000	52
50 000	5 000	81
200 000	15 000	94
500 000	30 000	132
über 500 000	50 000	165

[3]Eine Gebührentabelle für Gegenstandswerte bis 500 000 Euro ist diesem Gesetz als Anlage 2 beigefügt.

(2) Bei der Geschäftsgebühr für eine außergerichtliche Inkassodienstleistung, die eine unbestrittene Forderung betrifft (Absatz 2 der Anmerkung zu Nummer 2300 des Vergütungsverzeichnisses), beträgt bei einem Gegenstandswert bis 50 Euro die Gebühr abweichend von Absatz 1 Satz 1 30 Euro.

(3) Der Mindestbetrag einer Gebühr ist 15 Euro.

§ 14[3] **Rahmengebühren.** (1) [1]Bei Rahmengebühren bestimmt der Rechtsanwalt die Gebühr im Einzelfall unter Berücksichtigung aller Umstände, vor allem des Umfangs und der Schwierigkeit der anwaltlichen Tätigkeit, der Bedeutung der Angelegenheit sowie der Einkommens- und Vermögensverhältnisse des Auftraggebers, nach billigem Ermessen. [2]Ein besonderes Haftungsrisiko des Rechtsanwalts kann bei der Bemessung herangezogen werden. [3]Bei Rahmengebühren, die sich nicht nach dem Gegenstandswert richten, ist das Haftungsrisiko zu berücksichtigen. [4]Ist die Gebühr von einem Dritten zu ersetzen, ist die von dem Rechtsanwalt getroffene Bestimmung nicht verbindlich, wenn sie unbillig ist.

(2) Ist eine Rahmengebühr auf eine andere Rahmengebühr anzurechnen, ist die Gebühr, auf die angerechnet wird, so zu bestimmen, als sei der Rechtsanwalt zuvor nicht tätig gewesen.

---

[1] § 12c eingef. mWv 1.1.2014 durch G v. 5.12.2012 (BGBl. I S. 2418).
[2] § 13 Abs. 2 geänd. mWv 1.8.2013 durch G v. 23.7.2013 (BGBl. I S. 2586); Abs. 1 Sätze 1 und 2 neu gef. mWv 1.1.2021 durch G v. 21.12.2020 (BGBl. I S. 3229); Abs. 2 eingef., bish. Abs. 2 wird Abs. 3 mWv 1.10.2021 durch G v. 22.12.2020 (BGBl. I S. 3320).
[3] § 14 Abs. 2 eingef., bish. Abs. 2 wird Abs. 3 mWv 1.1.2021 durch G v. 21.12.2020 (BGBl. I S. 3229).

(3) ¹Im Rechtsstreit hat das Gericht ein Gutachten des Vorstands der Rechtsanwaltskammer einzuholen, soweit die Höhe der Gebühr streitig ist; dies gilt auch im Verfahren nach § 495a der Zivilprozessordnung. ²Das Gutachten ist kostenlos zu erstatten.

§ 15¹⁾ Abgeltungsbereich der Gebühren. (1) Die Gebühren entgelten, soweit dieses Gesetz nichts anderes bestimmt, die gesamte Tätigkeit des Rechtsanwalts vom Auftrag bis zur Erledigung der Angelegenheit.

(2) Der Rechtsanwalt kann die Gebühren in derselben Angelegenheit nur einmal fordern.

(3) Sind für Teile des Gegenstands verschiedene Gebührensätze anzuwenden, entstehen für die Teile gesondert berechnete Gebühren, jedoch nicht mehr als die aus dem Gesamtbetrag der Wertteile nach dem höchsten Gebührensatz berechnete Gebühr.

(4) Auf bereits entstandene Gebühren ist es, soweit dieses Gesetz nichts anderes bestimmt, ohne Einfluss, wenn sich die Angelegenheit vorzeitig erledigt oder der Auftrag endigt, bevor die Angelegenheit erledigt ist.

(5) ¹Wird der Rechtsanwalt, nachdem er in einer Angelegenheit tätig geworden ist, beauftragt, in derselben Angelegenheit weiter tätig zu werden, erhält er nicht mehr an Gebühren, als er erhalten würde, wenn er von vornherein hiermit beauftragt worden wäre. ²Ist der frühere Auftrag seit mehr als zwei Kalenderjahren erledigt, gilt die weitere Tätigkeit als neue Angelegenheit und in diesem Gesetz bestimmte Anrechnungen von Gebühren entfallen. ³Satz 2 gilt entsprechend, wenn ein Vergleich mehr als zwei Kalenderjahre nach seinem Abschluss angefochten wird oder wenn mehr als zwei Kalenderjahre nach Zustellung eines Beschlusses nach § 23 Absatz 3 Satz 1 des Kapitalanleger-Musterverfahrensgesetzes der Kläger einen Antrag nach § 23 Absatz 4 des Kapitalanleger-Musterverfahrensgesetzes auf Wiedereröffnung des Verfahrens stellt.

(6) Ist der Rechtsanwalt nur mit einzelnen Handlungen oder mit Tätigkeiten, die nach § 19 zum Rechtszug oder zum Verfahren gehören, beauftragt, erhält er nicht mehr an Gebühren als der mit der gesamten Angelegenheit beauftragte Rechtsanwalt für die gleiche Tätigkeit erhalten würde.

§ 15a²⁾ Anrechnung einer Gebühr. (1) Sieht dieses Gesetz die Anrechnung einer Gebühr auf eine andere Gebühr vor, kann der Rechtsanwalt beide Gebühren fordern, jedoch nicht mehr als den um den Anrechnungsbetrag verminderten Gesamtbetrag der beiden Gebühren.

(2) ¹Sind mehrere Gebühren teilweise auf dieselbe Gebühr anzurechnen, so ist der anzurechnende Betrag für jede anzurechnende Gebühr gesondert zu ermitteln. ²Bei Wertgebühren darf der Gesamtbetrag der Anrechnung jedoch denjenigen Anrechnungsbetrag nicht übersteigen, der sich ergeben würde, wenn eine Gebühr anzurechnen wäre, die sich aus dem Gesamtbetrag der betroffenen Wertteile nach dem höchsten für die Anrechnungen einschlägigen

¹⁾ § 15 Abs. 6 geänd. mWv 31.12.2006 durch G v. 22.12.2006 (BGBl. I S. 3416); Abs. 5 Satz 3 angef. mWv 1.11.2012 durch G v. 19.10.2012 (BGBl. I S. 2182); Abs. 2 Satz 2 aufgeh. mWv 1.8.2013 durch G v. 23.7.2013 (BGBl. I S. 2586).
²⁾ § 15a eingef. mWv 5.8.2009 durch G v. 30.7.2009 (BGBl. I S. 2449); Abs. 2 eingef., bish. Abs. 2 wird Abs. 3 mWv 1.1.2021 durch G v. 21.12.2020 (BGBl. I S. 3229).

Gebührensatz berechnet. ³Bei Betragsrahmengebühren darf der Gesamtbetrag der Anrechnung den für die Anrechnung bestimmten Höchstbetrag nicht übersteigen.

(3) Ein Dritter kann sich auf die Anrechnung nur berufen, soweit er den Anspruch auf eine der beiden Gebühren erfüllt hat, wegen eines dieser Ansprüche gegen ihn ein Vollstreckungstitel besteht oder beide Gebühren in demselben Verfahren gegen ihn geltend gemacht werden.

Abschnitt 3. Angelegenheit

§ 16¹⁾ **Dieselbe Angelegenheit.** Dieselbe Angelegenheit sind

1. das Verwaltungsverfahren auf Aussetzung oder Anordnung der sofortigen Vollziehung sowie über einstweilige Maßnahmen zur Sicherung der Rechte Dritter und jedes Verwaltungsverfahren auf Abänderung oder Aufhebung in den genannten Fällen;

2. das Verfahren über die Prozesskostenhilfe und das Verfahren, für das die Prozesskostenhilfe beantragt worden ist;

3. mehrere Verfahren über die Prozesskostenhilfe in demselben Rechtszug;

3a. das Verfahren zur Bestimmung des zuständigen Gerichts und das Verfahren, für das der Gerichtsstand bestimmt werden soll; dies gilt auch dann, wenn das Verfahren zur Bestimmung des zuständigen Gerichts vor Klageerhebung oder Antragstellung endet, ohne dass das zuständige Gericht bestimmt worden ist;

4. eine Scheidungssache oder ein Verfahren über die Aufhebung einer Lebenspartnerschaft und die Folgesachen;

5. das Verfahren über die Anordnung eines Arrests, zur Erwirkung eines Europäischen Beschlusses zur vorläufigen Kontenpfändung, über den Erlass einer einstweiligen Verfügung oder einstweiligen Anordnung, über die Anordnung oder Wiederherstellung der aufschiebenden Wirkung, über die Aufhebung der Vollziehung oder die Anordnung der sofortigen Vollziehung eines Verwaltungsakts und jedes Verfahren über deren Abänderung, Aufhebung oder Widerruf;

6. das Verfahren nach § 3 Abs. 1 des Gesetzes zur Ausführung des Vertrages zwischen der Bundesrepublik Deutschland und der Republik Österreich vom 6. Juni 1959 über die gegenseitige Anerkennung und Vollstreckung von gerichtlichen Entscheidungen, Vergleichen und öffentlichen Urkunden in Zivil- und Handelssachen in der im Bundesgesetzblatt Teil III, Gliederungsnummer 319-12, veröffentlichten bereinigten Fassung, das zuletzt durch Artikel 23 des Gesetzes vom 27. Juli 2001 (BGBl. I S. 1887) geändert worden ist, und das Verfahren nach § 3 Abs. 2 des genannten Gesetzes;

7. das Verfahren über die Zulassung der Vollziehung einer vorläufigen oder sichernden Maßnahme und das Verfahren über einen Antrag auf Aufhebung

---

¹⁾ § 16 Nr. 13 und 14 geänd., Nr. 15 angef. mWv 1.11.2005 durch G v. 16.8.2005 (BGBl. I S. 2437, geänd. durch G v. 22.12.2006, BGBl. I S. 3416); Nr. 4 neu gef., Nr. 5 aufgeh., bish. Nr. 6 und 7 werden Nr. 5 und 6, Nr. 8 aufgeh., bish. Nr. 9–15 werden Nr. 7–13 mWv 1.9.2009 durch G v. 17.12. 2008 (BGBl. I S. 2586); Nr. 1–3 geänd., Nr. 3a eingef., Nr. 4 geänd., Nr. 5 neu gef., Nr. 6–9 geänd., Nr. 10 neu gef. mWv 1.8.2013 durch G v. 23.7.2013 (BGBl. I S. 2586); Nr. 5 geänd. mWv 18.1.2017 durch G v. 21.11.2016 (BGBl. I S. 2591).

oder Änderung einer Entscheidung über die Zulassung der Vollziehung (§ 1041 der Zivilprozessordnung);

8. das schiedsrichterliche Verfahren und das gerichtliche Verfahren bei der Bestellung eines Schiedsrichters oder Ersatzschiedsrichters, über die Ablehnung eines Schiedsrichters oder über die Beendigung des Schiedsrichteramts, zur Unterstützung bei der Beweisaufnahme oder bei der Vornahme sonstiger richterlicher Handlungen;

9. das Verfahren vor dem Schiedsgericht und die gerichtlichen Verfahren über die Bestimmung einer Frist (§ 102 Abs. 3 des Arbeitsgerichtsgesetzes), die Ablehnung eines Schiedsrichters (§ 103 Abs. 3 des Arbeitsgerichtsgesetzes) oder die Vornahme einer Beweisaufnahme oder einer Vereidigung (§ 106 Abs. 2 des Arbeitsgerichtsgesetzes);

10. im Kostenfestsetzungsverfahren und im Verfahren über den Antrag auf gerichtliche Entscheidung gegen einen Kostenfestsetzungsbescheid (§ 108 des Gesetzes über Ordnungswidrigkeiten) einerseits und im Kostenansatzverfahren sowie im Verfahren über den Antrag auf gerichtliche Entscheidung gegen den Ansatz der Gebühren und Auslagen (§ 108 des Gesetzes über Ordnungswidrigkeiten) andererseits jeweils mehrere Verfahren über

    a) die Erinnerung,

    b) den Antrag auf gerichtliche Entscheidung,

    c) die Beschwerde in demselben Beschwerderechtszug;

11. das Rechtsmittelverfahren und das Verfahren über die Zulassung des Rechtsmittels; dies gilt nicht für das Verfahren über die Beschwerde gegen die Nichtzulassung eines Rechtsmittels;

12. das Verfahren über die Privatklage und die Widerklage und zwar auch im Fall des § 388 Abs. 2 der Strafprozessordnung und

13. das erstinstanzliche Prozessverfahren und der erste Rechtszug des Musterverfahrens nach dem Kapitalanleger-Musterverfahrensgesetz.

§ 17[1] Verschiedene Angelegenheiten. Verschiedene Angelegenheiten sind

1. das Verfahren über ein Rechtsmittel und der vorausgegangene Rechtszug, soweit sich aus § 19 Absatz 1 Satz 2 Nummer 10a nichts anderes ergibt,

1a. jeweils das Verwaltungsverfahren, das einem gerichtlichen Verfahren vorausgehende und der Nachprüfung des Verwaltungsakts dienende weitere Verwaltungsverfahren (Vorverfahren, Einspruchsverfahren, Beschwerdeverfahren, Abhilfeverfahren), das Verfahren über die Beschwerde und die weitere Beschwerde nach der Wehrbeschwerdeordnung, das Verwaltungsverfahren auf Aussetzung oder Anordnung der sofortigen Vollziehung sowie über einstweilige Maßnahmen zur Sicherung der Rechte Dritter und ein gerichtliches Verfahren,

2. das Mahnverfahren und das streitige Verfahren,

3. das vereinfachte Verfahren über den Unterhalt Minderjähriger und das streitige Verfahren,

---

[1] § 17 Nr. 1 geänd. mWv 1.2.2009 durch G v. 31.7.2008 (BGBl. I S. 1629); Nr. 8 geänd. mWv 1.9.2009 durch G v. 17.12.2008 (BGBl. I S. 2586); Nr. 1 eingef., bish. Nr. 1 wird Nr. 1a, Nr. 10 neu gef., Nr. 11 eingef., bish. Nr. 11 und 12 werden Nr. 12 und 13 mWv 1.8.2013 durch G v. 23.7.2013 (BGBl. I S. 2586); Nr. 4 neu gef. mWv 18.1.2017 durch G v. 21.11.2016 (BGBl. I S. 2591); Nr. 1 geänd. mWv 1.1.2021 durch G v. 21.12.2020 (BGBl. I S. 3229).

4. das Verfahren in der Hauptsache und ein Verfahren

   a) auf Anordnung eines Arrests oder zur Erwirkung eines Europäischen Beschlusses zur vorläufigen Kontenpfändung,

   b) auf Erlass einer einstweiligen Verfügung oder einer einstweiligen Anordnung,

   c) über die Anordnung oder Wiederherstellung der aufschiebenden Wirkung, über die Aufhebung der Vollziehung oder über die Anordnung der sofortigen Vollziehung eines Verwaltungsakts sowie

   d) über die Abänderung, die Aufhebung oder den Widerruf einer in einem Verfahren nach den Buchstaben a bis c ergangenen Entscheidung,

5. der Urkunden- oder Wechselprozess und das ordentliche Verfahren, das nach Abstandnahme vom Urkunden- oder Wechselprozess oder nach einem Vorbehaltsurteil anhängig bleibt (§§ 596, 600 der Zivilprozessordnung),

6. das Schiedsverfahren und das Verfahren über die Zulassung der Vollziehung einer vorläufigen oder sichernden Maßnahme sowie das Verfahren über einen Antrag auf Aufhebung oder Änderung einer Entscheidung über die Zulassung der Vollziehung (§ 1041 der Zivilprozessordnung),

7. das gerichtliche Verfahren und ein vorausgegangenes

   a) Güteverfahren vor einer durch die Landesjustizverwaltung eingerichteten oder anerkannten Gütestelle (§ 794 Abs. 1 Nr. 1 der Zivilprozessordnung) oder, wenn die Parteien den Einigungsversuch einvernehmlich unternehmen, vor einer Gütestelle, die Streitbeilegung betreibt (§ 15a Abs. 3 des Einführungsgesetzes zur Zivilprozessordnung),

   b) Verfahren vor einem Ausschuss der in § 111 Abs. 2 des Arbeitsgerichtsgesetzes bezeichneten Art,

   c) Verfahren vor dem Seemannsamt zur vorläufigen Entscheidung von Arbeitssachen und

   d) Verfahren vor sonstigen gesetzlich eingerichteten Einigungsstellen, Gütestellen oder Schiedsstellen,

8. das Vermittlungsverfahren nach § 165 des Gesetzes über das Verfahren in Familiensachen und in den Angelegenheiten der freiwilligen Gerichtsbarkeit und ein sich anschließendes gerichtliches Verfahren,

9. das Verfahren über ein Rechtsmittel und das Verfahren über die Beschwerde gegen die Nichtzulassung des Rechtsmittels,

10. das strafrechtliche Ermittlungsverfahren und

    a) ein nachfolgendes gerichtliches Verfahren und

    b) ein sich nach Einstellung des Ermittlungsverfahrens anschließendes Bußgeldverfahren,

11. das Bußgeldverfahren vor der Verwaltungsbehörde und das nachfolgende gerichtliche Verfahren,

12. das Strafverfahren und das Verfahren über die im Urteil vorbehaltene Sicherungsverwahrung und

13. das Wiederaufnahmeverfahren und das wiederaufgenommene Verfahren, wenn sich die Gebühren nach Teil 4 oder 5 des Vergütungsverzeichnisses richten.

§ **18**[1]) **Besondere Angelegenheiten.** (1) Besondere Angelegenheiten sind

1. jede Vollstreckungsmaßnahme zusammen mit den durch diese vorbereiteten weiteren Vollstreckungshandlungen bis zur Befriedigung des Gläubigers; dies gilt entsprechend im Verwaltungszwangsverfahren (Verwaltungsvollstreckungsverfahren);

2. jede Vollziehungsmaßnahme bei der Vollziehung eines Arrests oder einer einstweiligen Verfügung (§§ 928 bis 934 und 936 der Zivilprozessordnung), die sich nicht auf die Zustellung beschränkt;

3. solche Angelegenheiten, in denen sich die Gebühren nach Teil 3 des Vergütungsverzeichnisses richten, jedes Beschwerdeverfahren, jedes Verfahren über eine Erinnerung gegen einen Kostenfestsetzungsbeschluss und jedes sonstige Verfahren über eine Erinnerung gegen eine Entscheidung des Rechtspflegers, soweit sich aus § 16 Nummer 10 nichts anderes ergibt;

4. das Verfahren über Einwendungen gegen die Erteilung der Vollstreckungsklausel, auf das § 732 der Zivilprozessordnung anzuwenden ist;

5. das Verfahren auf Erteilung einer weiteren vollstreckbaren Ausfertigung;

6. jedes Verfahren über Anträge nach den §§ 765a, 851a oder 851b der Zivilprozessordnung und jedes Verfahren über Anträge auf Änderung oder Aufhebung der getroffenen Anordnungen, jedes Verfahren über Anträge nach § 1084 Absatz 1, § 1096 oder § 1109 der Zivilprozessordnung *[ab 1.8.2022: , jedes Verfahren über Anträge auf Aussetzung der Vollstreckung nach § 44f des Internationalen Familienrechtsverfahrensgesetzes]* und über Anträge nach § 31 des Auslandsunterhaltsgesetzes;

7. das Verfahren auf Zulassung der Austauschpfändung (§ 811a der Zivilprozessordnung);

8. das Verfahren über einen Antrag nach § 825 der Zivilprozessordnung;

9. die Ausführung der Zwangsvollstreckung in ein gepfändetes Vermögensrecht durch Verwaltung (§ 857 Abs. 4 der Zivilprozessordnung);

10. das Verteilungsverfahren (§ 858 Abs. 5, §§ 872 bis 877, 882 der Zivilprozessordnung);

11. das Verfahren auf Eintragung einer Zwangshypothek (§§ 867, 870a der Zivilprozessordnung);

12. die Vollstreckung der Entscheidung, durch die der Schuldner zur Vorauszahlung der Kosten, die durch die Vornahme einer Handlung entstehen, verurteilt wird (§ 887 Abs. 2 der Zivilprozessordnung);

13. das Verfahren zur Ausführung der Zwangsvollstreckung auf Vornahme einer Handlung durch Zwangsmittel (§ 888 der Zivilprozessordnung);

14. jede Verurteilung zu einem Ordnungsgeld gemäß § 890 Abs. 1 der Zivilprozessordnung;

---

[1]) § 18 Nr. 8 neu gef. mWv 21.10.2005 durch G v. 18.8.2005 (BGBl. I S. 2477); Nr. 8 geänd. mWv 12.12.2008 durch G v. 30.10.2008 (BGBl. I S. 2122); Abs. 2 angef., Abs. 1 Nr. 1 neu gef., Nr. 2 und 3 aufgeh., bish. Nr. 4–22 werden Nr. 2–20, neue Nr. 16, 19 und 20 geänd., neue Nr. 13 neu gef., Nr. 21 angef. mWv 1.9.2009 durch G v. 17.12.2008 (BGBl. I S. 2586); Abs. 1 Nr. 6, 16 und 17 geänd. mWv 1.1.2013 durch G v. 29.7.2009 (BGBl. I S. 2258); Abs. 1 Nr. 8 neu gef. mWv 5.8.2009 durch G v. 30.7.2009 (BGBl. I S. 2449); Abs. 1 Nr. 6 geänd. mWv 18.6.2011 durch G v. 23.5.2011 (BGBl. I S. 898); Abs. 1 Nr. 3 neu gef. mWv 1.8.2013 durch G v. 23.7.2013 (BGBl. I S. 2586); Abs. 1 Nr. 19 geänd. mWv 1.1.2021 durch G v. 21.12.2020 (BGBl. I S. 3229); Abs. 1 Nr. 6 geänd. **mWv 1.8.2022** durch G v. 10.8.2021 (BGBl. I S. 3424).

15. die Verurteilung zur Bestellung einer Sicherheit im Fall des § 890 Abs. 3 der Zivilprozessordnung;
16. das Verfahren zur Abnahme der Vermögensauskunft (§§ 802f und 802g der Zivilprozessordnung);
17. das Verfahren auf Löschung der Eintragung im Schuldnerverzeichnis (§ 882e der Zivilprozessordnung);
18. das Ausüben der Veröffentlichungsbefugnis;
19. das Verfahren über Anträge auf Zulassung der Zwangsvollstreckung nach § 17 Abs. 4 der Schifffahrtsrechtlichen Verteilungsordnung;
20. das Verfahren über Anträge auf Aufhebung von Vollstreckungsmaßregeln (§ 8 Abs. 5 und § 41 der Schifffahrtsrechtlichen Verteilungsordnung) und
21. das Verfahren zur Anordnung von Zwangsmaßnahmen durch Beschluss nach § 35 des Gesetzes über das Verfahren in Familiensachen und in den Angelegenheiten der freiwilligen Gerichtsbarkeit.

(2) Absatz 1 gilt entsprechend für
1. die Vollziehung eines Arrestes und
2. die Vollstreckung

nach den Vorschriften des Gesetzes über das Verfahren in Familiensachen und in den Angelegenheiten der freiwilligen Gerichtsbarkeit.

§ 19[1] Rechtszug; Tätigkeiten, die mit dem Verfahren zusammenhängen. (1) [1] Zu dem Rechtszug oder dem Verfahren gehören auch alle Vorbereitungs-, Neben- und Abwicklungstätigkeiten und solche Verfahren, die mit dem Rechtszug oder Verfahren zusammenhängen, wenn die Tätigkeit nicht nach § 18 eine besondere Angelegenheit ist. [2] Hierzu gehören insbesondere

1. die Vorbereitung der Klage, des Antrags oder der Rechtsverteidigung, soweit kein besonderes gerichtliches oder behördliches Verfahren stattfindet;
1a. die Einreichung von Schutzschriften und die Anmeldung von Ansprüchen oder Rechtsverhältnissen zum Klageregister für Musterfeststellungsklagen sowie die Rücknahme der Anmeldung;

---

[1] § 19 Abs. 1 Satz 2 Nr. 9 geänd. mWv 1.3.2005 durch G v. 26.1.2005 (BGBl. I S. 162); Abs. 1 Satz 2 Nr. 8 und 9 geänd. mWv 21.10.2005 durch G v. 18.8.2005 (BGBl. I S. 2477); Abs. 2 Nr. 2 eingef., bish. Nr. 2–5 werden Nr. 3–6 mWv 31.12.2006 durch G v. 22.12.2006 (BGBl. I S. 3416); Abs. 1 Satz 2 Nr. 9 geänd., Nr. 12 eingef., Nr. 16 aufgeh., bish. Nr. 12–15 werden Nr. 13–16, neue Nr. 16 geänd., Abs. 2 einl. Satzteil und Nr. 1 geänd. mWv 1.9.2009 durch G v. 17.12.2008 (BGBl. I S. 2586); Abs. 1 Satz 2 Nr. 15 aufgeh. mWv 1.9.2009 durch G v. 3.4.2009 (BGBl. I S. 700); Abs. 1 Satz 2 Nr. 5 neu gef., Nr. 9 geänd. mWv 18.6.2011 durch G v. 23.5.2011 (BGBl. I S. 898); Abs. 1 Satz 2 Nr. 3 geänd. mWv 1.5.2013 durch G v. 11.3.2013 (BGBl. I S. 434); Abs. 1 Satz 2 Nr. 3 geänd., Nr. 7 neu gef., Nr. 10a eingef. mWv 1.8.2013 durch G v. 23.7.2013 (BGBl. I S. 2586); Abs. 1 Satz 2 Nr. 3 und 9 geänd. mWv 16.7.2014 sowie Nr. 9 geänd. mWv 10.1.2015 durch G v. 8.7.2014 (BGBl. I S. 890); Abs. 1 Satz 2 Nr. 10a geänd. mWv 13.12.2014, Nr. 9 geänd., Nr. 9a eingef. mWv 11.1.2015 durch G v. 5.12.2014 (BGBl. I S. 1964); Abs. 1 Satz 2 Nr. 9a Buchstabe c geänd. mWv 1.10.2015 durch G v. 10.12.2014 (BGBl. I S. 2082) iVm Bek. v. 23.6.2015 (BGBl. I S. 1034); Abs. 1 Satz 2 Nr. 9a Buchst. d und e geänd., Buchst. f angef. mWv 17.8.2015 durch G v. 29.6.2015 (BGBl. I S. 1042); Abs. 1 Satz 2 Nr. 1a eingef. mWv 1.1.2016 durch G v. 20.11.2015 (BGBl. I S. 2018); Abs. 1 Satz 2 Nr. 3 geänd. mWv 15.10.2016 durch G v. 11.10.2016 (BGBl. I S. 2222); Abs. 1 Satz 2 Nr. 1a geänd. mWv 1.11.2018 durch G v. 12.7.2018 (BGBl. I S. 1151); Abs. 1 Satz 2 Nr. 9a Buchst. e und f geänd., Buchst. g angef. mWv 29.1.2019 durch G v. 17.12.2018 (BGBl. I S. 2573); Abs. 1 Satz 2 Nr. 1b eingef. mWv 1.1.2021 durch G v. 21.12.2020 (BGBl. I S. 3229); Abs. 1 Satz 2 Nr. 9a Buchst. b geänd. **mWv 1.8.2022** durch G v. 10.8.2021 (BGBl. I S. 3424).

1b. die Verkündung des Streits (§ 72 der Zivilprozessordnung);

2. außergerichtliche Verhandlungen;

3. Zwischenstreite, die Bestellung von Vertretern durch das in der Hauptsache zuständige Gericht, die Ablehnung von Richtern, Rechtspflegern, Urkundsbeamten der Geschäftsstelle oder Sachverständigen, die Entscheidung über einen Antrag betreffend eine Sicherungsanordnung, die Wertfestsetzung, die Beschleunigungsrüge nach § 155b des Gesetzes über das Verfahren in Familiensachen und in den Angelegenheiten der freiwilligen Gerichtsbarkeit;

4. das Verfahren vor dem beauftragten oder ersuchten Richter;

5. das Verfahren

   a) über die Erinnerung (§ 573 der Zivilprozessordnung),

   b) über die Rüge wegen Verletzung des Anspruchs auf rechtliches Gehör,

   c) nach Artikel 18 der Verordnung (EG) Nr. 861/2007 des Europäischen Parlaments und des Rates vom 13. Juni 2007 zur Einführung eines europäischen Verfahrens für geringfügige Forderungen,

   d) nach Artikel 20 der Verordnung (EG) Nr. 1896/2006 des Europäischen Parlaments und des Rates vom 12. Dezember 2006 zur Einführung eines Europäischen Mahnverfahrens und

   e) nach Artikel 19 der Verordnung (EG) Nr. 4/2009 über die Zuständigkeit, das anwendbare Recht, die Anerkennung und Vollstreckung von Entscheidungen und die Zusammenarbeit in Unterhaltssachen;

6. die Berichtigung und Ergänzung der Entscheidung oder ihres Tatbestands;

7. die Mitwirkung bei der Erbringung der Sicherheitsleistung und das Verfahren wegen deren Rückgabe;

8. die für die Geltendmachung im Ausland vorgesehene Vervollständigung der Entscheidung und die Bezifferung eines dynamisierten Unterhaltstitels;

9. die Zustellung oder Empfangnahme von Entscheidungen oder Rechtsmittelschriften und ihre Mitteilung an den Auftraggeber, die Einwilligung zur Einlegung der Sprungrevision oder Sprungrechtsbeschwerde, der Antrag auf Entscheidung über die Verpflichtung, die Kosten zu tragen, die nachträgliche Vollstreckbarerklärung eines Urteils auf besonderen Antrag, die Erteilung des Notfrist- und des Rechtskraftzeugnisses;

9a. die Ausstellung von Bescheinigungen, Bestätigungen oder Formblättern einschließlich deren Berichtigung, Aufhebung oder Widerruf nach

   a) § 1079 oder § 1110 der Zivilprozessordnung,

   b) *[ab 1.8.2022: § 39 Absatz 1 und]* § 48 des Internationalen Familienrechtsverfahrensgesetzes,

   c) § 57 oder § 58 des Anerkennungs- und Vollstreckungsausführungsgesetzes,

   d) § 14 des EU-Gewaltschutzverfahrensgesetzes,

   e) § 71 Absatz 1 des Auslandsunterhaltsgesetzes,

   f) § 27 des Internationalen Erbrechtsverfahrensgesetzes und

   g) § 27 des Internationalen Güterrechtsverfahrensgesetzes;

10. die Einlegung von Rechtsmitteln bei dem Gericht desselben Rechtszugs in Verfahren, in denen sich die Gebühren nach Teil 4, 5 oder 6 des Ver-

gütungsverzeichnisses richten; die Einlegung des Rechtsmittels durch einen neuen Verteidiger gehört zum Rechtszug des Rechtsmittels;

10a. Beschwerdeverfahren, wenn sich die Gebühren nach Teil 4, 5 oder 6 des Vergütungsverzeichnisses richten und dort nichts anderes bestimmt ist oder keine besonderen Gebührentatbestände vorgesehen sind;

11. die vorläufige Einstellung, Beschränkung oder Aufhebung der Zwangsvollstreckung, wenn nicht eine abgesonderte mündliche Verhandlung hierüber stattfindet;

12. die einstweilige Einstellung oder Beschränkung der Vollstreckung und die Anordnung, dass Vollstreckungsmaßnahmen aufzuheben sind (§ 93 Abs. 1 des Gesetzes über das Verfahren in Familiensachen und in den Angelegenheiten der freiwilligen Gerichtsbarkeit), wenn nicht ein besonderer gerichtlicher Termin hierüber stattfindet;

13. die erstmalige Erteilung der Vollstreckungsklausel, wenn deswegen keine Klage erhoben wird;

14. die Kostenfestsetzung und die Einforderung der Vergütung;

15. *(aufgehoben)*

16. die Zustellung eines Vollstreckungstitels, der Vollstreckungsklausel und der sonstigen in § 750 der Zivilprozessordnung genannten Urkunden und

17. die Herausgabe der Handakten oder ihre Übersendung an einen anderen Rechtsanwalt.

(2) Zu den in § 18 Abs. 1 Nr. 1 und 2 genannten Verfahren gehören ferner insbesondere

1. gerichtliche Anordnungen nach § 758a der Zivilprozessordnung sowie Beschlüsse nach den §§ 90 und 91 Abs. 1 des Gesetzes über das Verfahren in Familiensachen und in den Angelegenheiten der freiwilligen Gerichtsbarkeit,

2. die Erinnerung nach § 766 der Zivilprozessordnung,

3. die Bestimmung eines Gerichtsvollziehers (§ 827 Abs. 1 und § 854 Abs. 1 der Zivilprozessordnung) oder eines Sequesters (§§ 848 und 855 der Zivilprozessordnung),

4. die Anzeige der Absicht, die Zwangsvollstreckung gegen eine juristische Person des öffentlichen Rechts zu betreiben,

5. die einer Verurteilung vorausgehende Androhung von Ordnungsgeld und

6. die Aufhebung einer Vollstreckungsmaßnahme.

§ 20 Verweisung, Abgabe. [1] Soweit eine Sache an ein anderes Gericht verwiesen oder abgegeben wird, sind die Verfahren vor dem verweisenden oder abgebenden und vor dem übernehmenden Gericht ein Rechtszug. [2] Wird eine Sache an ein Gericht eines niedrigeren Rechtszugs verwiesen oder abgegeben, ist das weitere Verfahren vor diesem Gericht ein neuer Rechtszug.

§ 21[1] **Zurückverweisung, Fortführung einer Folgesache als selbständige Familiensache.** (1) Soweit eine Sache an ein untergeordnetes Gericht zurückverwiesen wird, ist das weitere Verfahren vor diesem Gericht ein neuer Rechtszug.

---

[1] § 21 Überschrift neu gef., Abs. 2 geänd., Abs. 3 angef. mWv 1.9.2009 durch G v. 17.12.2008 (BGBl. I S. 2586).

(2) In den Fällen des § 146 des Gesetzes über das Verfahren in Familiensachen und in den Angelegenheiten der freiwilligen Gerichtsbarkeit, auch in Verbindung mit § 270 des Gesetzes über das Verfahren in Familiensachen und in den Angelegenheiten der freiwilligen Gerichtsbarkeit, bildet das weitere Verfahren vor dem Familiengericht mit dem früheren einen Rechtszug.

(3) Wird eine Folgesache als selbständige Familiensache fortgeführt, sind das fortgeführte Verfahren und das frühere Verfahren dieselbe Angelegenheit.

Abschnitt 4. Gegenstandswert

§ 22[1]**) Grundsatz.** (1) In derselben Angelegenheit werden die Werte mehrerer Gegenstände zusammengerechnet.

(2) [1] Der Wert beträgt in derselben Angelegenheit höchstens 30 Millionen Euro, soweit durch Gesetz kein niedrigerer Höchstwert bestimmt ist. [2] Sind in derselben Angelegenheit mehrere Personen wegen verschiedener Gegenstände Auftraggeber, beträgt der Wert für jede Person höchstens 30 Millionen Euro, insgesamt jedoch nicht mehr als 100 Millionen Euro.

§ 23[2]**) Allgemeine Wertvorschrift.** (1) [1] Soweit sich die Gerichtsgebühren nach dem Wert richten, bestimmt sich der Gegenstandswert im gerichtlichen Verfahren nach der für die Gerichtsgebühren geltenden Wertvorschriften. [2] In Verfahren, in denen Kosten nach dem Gerichtskostengesetz[3]) oder dem Gesetz über Gerichtskosten in Familiensachen[4]) erhoben werden, sind die Wertvorschriften des jeweiligen Kostengesetzes entsprechend anzuwenden, wenn für das Verfahren keine Gerichtsgebühr oder eine Festgebühr bestimmt ist. [3] Diese Wertvorschriften gelten auch entsprechend für die Tätigkeit außerhalb eines gerichtlichen Verfahrens, wenn der Gegenstand der Tätigkeit auch Gegenstand eines gerichtlichen Verfahrens sein könnte. [4] § 22 Abs. 2 Satz 2 bleibt unberührt.

(2) [1] In Beschwerdeverfahren, in denen Gerichtsgebühren unabhängig vom Ausgang des Verfahrens nicht erhoben werden oder sich nicht nach dem Wert richten, ist der Wert unter Berücksichtigung des Interesses des Beschwerdeführers nach Absatz 3 Satz 2 zu bestimmen, soweit sich aus diesem Gesetz nichts anderes ergibt. [2] Der Gegenstandswert ist durch den Wert des zugrunde liegenden Verfahrens begrenzt. [3] In Verfahren über eine Erinnerung oder eine Rüge wegen Verletzung des rechtlichen Gehörs richtet sich der Wert nach den Beschwerdeverfahren geltenden Vorschriften.

(3) [1] Soweit sich aus diesem Gesetz nichts anderes ergibt, gelten in anderen Angelegenheiten für den Gegenstandswert die Bewertungsvorschriften des Gerichts- und Notarkostengesetzes[5]) und die §§ 37, 38, 42 bis 45 sowie 99 bis 102 des Gerichts- und Notarkostengesetzes entsprechend. [2] Soweit sich der Gegenstandswert aus diesen Vorschriften nicht ergibt und auch sonst nicht feststeht, ist er nach billigem Ermessen zu bestimmen; in Ermangelung genü-

---

[1]) § 22 Abs. 2 Satz 1 geänd. mWv 31.12.2006 durch G v. 22.12.2006 (BGBl. I S. 3416); Abs. 2 Satz 2 geänd. mWv 1.8.2013 durch G v. 23.7.2013 (BGBl. I S. 2586).
[2]) § 23 Abs. 1 Satz 2 neu gef., Abs. 3 Satz 1 geänd. mWv 1.9.2009 durch G v. 17.12.2008 (BGBl. I S. 2586); Abs. 3 Sätze 1 und 2 geänd. mWv 1.8.2013 durch G v. 23.7.2013 (BGBl. I S. 2586).
[3]) Nr. 2.
[4]) Nr. 3.
[5]) Nr. 4.

gender tatsächlicher Anhaltspunkte für eine Schätzung und bei nichtvermögensrechtlichen Gegenständen ist der Gegenstandswert mit 5 000 Euro, nach Lage des Falles niedriger oder höher, jedoch nicht über 500 000 Euro anzunehmen.

§ 23a[1] **Gegenstandswert im Verfahren über die Prozesskostenhilfe.**
(1) Im Verfahren über die Bewilligung der Prozesskostenhilfe oder die Aufhebung der Bewilligung nach § 124 Absatz 1 Nummer 1 der Zivilprozessordnung bestimmt sich der Gegenstandswert nach dem für die Hauptsache maßgebenden Wert; im Übrigen ist er nach dem Kosteninteresse nach billigem Ermessen zu bestimmen.

(2) Der Wert nach Absatz 1 und der Wert für das Verfahren, für das die Prozesskostenhilfe beantragt worden ist, werden nicht zusammengerechnet.

§ 23b[2] **Gegenstandswert im Musterverfahren nach dem Kapitalanleger-Musterverfahrensgesetz.** Im Musterverfahren nach dem Kapitalanleger-Musterverfahrensgesetz bestimmt sich der Gegenstandswert nach der Höhe des von dem Auftraggeber oder gegen diesen im Ausgangsverfahren geltend gemachten Anspruchs, soweit dieser Gegenstand des Musterverfahrens ist.

§ 24[3] **Gegenstandswert im Sanierungs- und Reorganisationsverfahren nach dem Kreditinstitute-Reorganisationsgesetz.** Ist der Auftrag im Sanierungs- und Reorganisationsverfahren von einem Gläubiger erteilt, bestimmt sich der Wert nach dem Nennwert der Forderung.

§ 25[4] **Gegenstandswert in der Vollstreckung und bei der Vollziehung.**
(1) In der Zwangsvollstreckung, in der Vollstreckung, in Verfahren des Verwaltungszwangs und bei der Vollziehung eines Arrests oder einer einstweiligen Verfügung bestimmt sich der Gegenstandswert

1. nach dem Betrag der zu vollstreckenden Geldforderung einschließlich der Nebenforderungen; soll ein bestimmter Gegenstand gepfändet werden und hat dieser einen geringeren Wert, ist der geringere Wert maßgebend; wird künftig fällig werdendes Arbeitseinkommen nach § 850d Abs. 3 der Zivilprozessordnung gepfändet, sind die noch nicht fälligen Ansprüche nach § 51 Abs. 1 Satz 1 des Gesetzes über Gerichtskosten in Familiensachen[5] und § 9 der Zivilprozessordnung zu bewerten; im Verteilungsverfahren (§ 858 Abs. 5, §§ 872 bis 877 und 882 der Zivilprozessordnung) ist höchstens der zu verteilende Geldbetrag maßgebend;

2. nach dem Wert der herauszugebenden oder zu leistenden Sachen; der Gegenstandswert darf jedoch den Wert nicht übersteigen, mit dem der Heraus-

---

[1] § 23a eingef. mWv 1.8.2013 durch G v. 23.7.2013 (BGBl. I S. 2586); Abs. 1 geänd. mWv 1.1. 2014 durch G v. 31.8.2013 (BGBl. I S. 3533).
[2] Früherer § 23a eingef. mWv 1.11.2005 durch G v. 16.8.2005 (BGBl. I S. 2437, geänd. durch G v. 22.12.2006, BGBl. I S. 3416); geänd. mWv 1.11.2012 durch G v. 19.10.2012 (BGBl. I S. 2182); bish. § 23a wird § 23b mWv 1.8.2013 durch G v. 23.7.2013 (BGBl. I S. 2586).
[3] § 24 eingef. mWv 1.1.2011 durch G v. 9.12.2010 (BGBl. I S. 1900).
[4] § 25 Abs. 1 Nr. 1 geänd. mWv 1.9.2009 durch G v. 17.12.2008 (BGBl. I S. 2586); Abs. 1 Nr. 4 geänd. mWv 1.1.2013 durch G v. 29.7.2009 (BGBl. I S. 2258); Überschrift neu gef., Abs. 1 einl. Satzteil, Nr. 1 und 4 geänd. mWv 1.8.2013 durch G v. 23.7.2013 (BGBl. I S. 2586); Abs. 1 Nr. 4 geänd. mWv 1.1.2021 durch G v. 22.12.2020 (BGBl. I S. 3320).
[5] Nr. 3.

gabe- oder Räumungsanspruch nach den für die Berechnung von Gerichtskosten maßgeblichen Vorschriften zu bewerten ist;

3. nach dem Wert, den die zu erwirkende Handlung, Duldung oder Unterlassung für den Gläubiger hat, und

4. in Verfahren über die Erteilung der Vermögensauskunft (§ 802c der Zivilprozessordnung) sowie in Verfahren über die Einholung von Auskünften Dritter über das Vermögen des Schuldners (§ 802l der Zivilprozessordnung) nach dem Betrag, der einschließlich der Nebenforderungen aus dem Vollstreckungstitel noch geschuldet wird; der Wert beträgt jedoch höchstens 2 000 Euro.

(2) In Verfahren über Anträge des Schuldners ist der Wert nach dem Interesse des Antragstellers nach billigem Ermessen zu bestimmen.

§ 26 Gegenstandswert in der Zwangsversteigerung. In der Zwangsversteigerung bestimmt sich der Gegenstandswert

1. bei der Vertretung des Gläubigers oder eines anderen nach § 9 Nr. 1 und 2 des Gesetzes über die Zwangsversteigerung und die Zwangsverwaltung Beteiligten nach dem Wert des dem Gläubiger oder dem Beteiligten zustehenden Rechts; wird das Verfahren wegen einer Teilforderung betrieben, ist der Teilbetrag nur maßgebend, wenn es sich um einen nach § 10 Abs. 1 Nr. 5 des Gesetzes über die Zwangsversteigerung und die Zwangsverwaltung zu befriedigenden Anspruch handelt; Nebenforderungen sind mitzurechnen; der Wert des Gegenstands der Zwangsversteigerung (§ 66 Abs. 1, § 74a Abs. 5 des Gesetzes über die Zwangsversteigerung und die Zwangsverwaltung), im Verteilungsverfahren der zur Verteilung kommende Erlös, sind maßgebend, wenn sie geringer sind;

2. bei der Vertretung eines anderen Beteiligten, insbesondere des Schuldners, nach dem Wert des Gegenstands der Zwangsversteigerung, im Verteilungsverfahren nach dem zur Verteilung kommenden Erlös; bei Miteigentümern oder sonstigen Mitberechtigten ist der Anteil maßgebend;

3. bei der Vertretung eines Bieters, der nicht Beteiligter ist, nach dem Betrag des höchsten für den Auftraggeber abgegebenen Gebots, wenn ein solches Gebot nicht abgegeben ist, nach dem Wert des Gegenstands der Zwangsversteigerung.

§ 27 Gegenstandswert in der Zwangsverwaltung. [1] In der Zwangsverwaltung bestimmt sich der Gegenstandswert bei der Vertretung des Antragstellers nach dem Anspruch, wegen dessen das Verfahren beantragt ist; Nebenforderungen sind mitzurechnen; bei Ansprüchen auf wiederkehrende Leistungen ist der Wert der Leistungen eines Jahres maßgebend. [2] Bei der Vertretung des Schuldners bestimmt sich der Gegenstandswert nach dem zusammengerechneten Wert aller Ansprüche, wegen derer das Verfahren beantragt ist, bei der Vertretung eines sonstigen Beteiligten nach § 23 Abs. 3 Satz 2.

§ 28 Gegenstandswert im Insolvenzverfahren. (1) [1] Die Gebühren der Nummern 3313, 3317 sowie im Fall der Beschwerde gegen den Beschluss über die Eröffnung des Insolvenzverfahrens der Nummern 3500 und 3513 des Vergütungsverzeichnisses werden, wenn der Auftrag vom Schuldner erteilt ist, nach dem Wert der Insolvenzmasse (§ 58 des Gerichtskostengesetzes[1])) berechnet. [2] Im Fall der Nummer 3313 des Vergütungsverzeichnisses beträgt der Gegenstandswert jedoch mindestens 4 000 Euro.

(2) [1] Ist der Auftrag von einem Insolvenzgläubiger erteilt, werden die in Absatz 1 genannten Gebühren und die Gebühr nach Nummer 3314 nach dem Nennwert der Forderung berechnet. [2] Nebenforderungen sind mitzurechnen.

(3) Im Übrigen ist der Gegenstandswert im Insolvenzverfahren unter Berücksichtigung des wirtschaftlichen Interesses, das der Auftraggeber im Verfahren verfolgt, nach § 23 Abs. 3 Satz 2 zu bestimmen.

§ 29 Gegenstandswert im Verteilungsverfahren nach der Schifffahrtsrechtlichen Verteilungsordnung. Im Verfahren nach der Schifffahrtsrechtlichen Verteilungsordnung gilt § 28 entsprechend mit der Maßgabe, dass an die Stelle des Werts der Insolvenzmasse die festgesetzte Haftungssumme tritt.

§ 29a[2]) Gegenstandswert in Verfahren nach dem Unternehmensstabilisierungs- und -restrukturierungsgesetz. Der Gegenstandswert in Verfahren nach dem Unternehmensstabilisierungs- und -restrukturierungsgesetz ist unter Berücksichtigung des wirtschaftlichen Interesses, das der Auftraggeber im Verfahren verfolgt, nach § 23 Absatz 3 Satz 2 zu bestimmen.

§ 30[3]) Gegenstandswert in gerichtlichen Verfahren nach dem Asylgesetz. (1) [1] In Klageverfahren nach dem Asylgesetz beträgt der Gegenstandswert 5 000 Euro, in Verfahren des vorläufigen Rechtsschutzes 2 500 Euro. [2] Sind mehrere natürliche Personen an demselben Verfahren beteiligt, erhöht sich der Wert für jede weitere Person in Klageverfahren um 1 000 Euro und in Verfahren des vorläufigen Rechtsschutzes um 500 Euro.

(2) Ist der nach Absatz 1 bestimmte Wert nach den besonderen Umständen des Einzelfalls unbillig, kann das Gericht einen höheren oder einen niedrigeren Wert festsetzen.

§ 31 Gegenstandswert in gerichtlichen Verfahren nach dem Spruchverfahrensgesetz. (1) [1] Vertritt der Rechtsanwalt im Verfahren nach dem Spruchverfahrensgesetz einen von mehreren Antragstellern, bestimmt sich der Gegenstandswert nach dem Bruchteil des für die Gerichtsgebühren geltenden Geschäftswerts, der sich aus dem Verhältnis der Anzahl der Anteile des Auftraggebers zu der Gesamtzahl der Anteile aller Antragsteller ergibt. [2] Maßgeblicher Zeitpunkt für die Bestimmung der auf die einzelnen Antragsteller entfallenden Anzahl der Anteile ist der jeweilige Zeitpunkt der Antragstellung. [3] Ist die Anzahl der auf einen Antragsteller entfallenden Anteile nicht gerichtsbekannt, wird vermutet, dass er lediglich einen Anteil hält. [4] Der Wert beträgt mindestens 5 000 Euro.

(2) Wird der Rechtsanwalt von mehreren Antragstellern beauftragt, sind die auf die einzelnen Antragsteller entfallenden Werte zusammenzurechnen; Nummer 1008 des Vergütungsverzeichnisses ist insoweit nicht anzuwenden.

---

[1]) Nr. **2.**
[2]) § 29a eingef. mWv 1.1.2021 durch G v. 22.12.2020 (BGBl. I S. 3256).
[3]) § 30 neu gef. mWv 1.8.2013 durch G v. 23.7.2013 (BGBl. I S. 2586); Überschrift und Abs. 1 Satz 1 geänd. mWv 24.10.2015 durch G v. 20.10.2015 (BGBl. I S. 1722).

§ 31 a[1]) **Ausschlussverfahren nach dem Wertpapiererwerbs- und Über-nahmegesetz.** [1]Vertritt der Rechtsanwalt im Ausschlussverfahren nach § 39b des Wertpapiererwerbs- und Übernahmegesetzes einen Antragsgegner, bestimmt sich der Gegenstandswert nach dem Wert der Aktien, die dem Auftraggeber im Zeitpunkt der Antragstellung gehören. [2]§ 31 Abs. 1 Satz 2 bis 4 und Abs. 2 gilt entsprechend.

§ 31 b[2]) **Gegenstandswert bei Zahlungsvereinbarungen.** Ist Gegenstand der Einigung eine Zahlungsvereinbarung (Gebühr 1000 Nummer 2 des Vergütungsverzeichnisses), beträgt der Gegenstandswert 50 Prozent des Anspruchs.

§ 32 Wertfestsetzung für die Gerichtsgebühren. (1) Wird der für die Gerichtsgebühren maßgebende Wert gerichtlich festgesetzt, ist die Festsetzung auch für die Gebühren des Rechtsanwalts maßgebend.

(2) [1]Der Rechtsanwalt kann aus eigenem Recht die Festsetzung des Werts beantragen und Rechtsmittel gegen die Festsetzung einlegen. [2]Rechtsbehelfe, die gegeben sind, wenn die Wertfestsetzung unterblieben ist, kann er aus eigenem Recht einlegen.

§ 33[3]) **Wertfestsetzung für die Rechtsanwaltsgebühren.** (1) Berechnen sich die Gebühren in einem gerichtlichen Verfahren nicht nach dem für die Gerichtsgebühren maßgebenden Wert oder fehlt es an einem solchen Wert, setzt das Gericht des Rechtszugs den Wert des Gegenstands der anwaltlichen Tätigkeit auf Antrag durch Beschluss selbstständig fest.

(2) [1]Der Antrag ist erst zulässig, wenn die Vergütung fällig ist. [2]Antragsberechtigt sind der Rechtsanwalt, der Auftraggeber, ein erstattungspflichtiger Gegner und in den Fällen des § 45 die Staatskasse.

(3) [1]Gegen den Beschluss nach Absatz 1 können die Antragsberechtigten Beschwerde einlegen, wenn der Wert des Beschwerdegegenstands 200 Euro übersteigt. [2]Die Beschwerde ist auch zulässig, wenn sie das Gericht, das die angefochtene Entscheidung erlassen hat, wegen der grundsätzlichen Bedeutung der zur Entscheidung stehenden Frage in dem Beschluss zulässt. [3]Die Beschwerde ist nur zulässig, wenn sie innerhalb von zwei Wochen nach Zustellung der Entscheidung eingelegt wird.

(4) [1]Soweit das Gericht die Beschwerde für zulässig und begründet hält, hat es ihr abzuhelfen; im Übrigen ist die Beschwerde unverzüglich dem Beschwerdegericht vorzulegen. [2]Beschwerdegericht ist das nächsthöhere Gericht, in Zivilsachen der in § 119 Abs. 1 Nr. 1 des Gerichtsverfassungsgesetzes bezeichneten Art jedoch das Oberlandesgericht. [3]Eine Beschwerde an einen obersten Gerichtshof des Bundes findet nicht statt. [4]Das Beschwerdegericht ist an die Zulassung der Beschwerde gebunden; die Nichtzulassung ist unanfechtbar.

(5) [1]War der Beschwerdeführer ohne sein Verschulden verhindert, die Frist einzuhalten, ist ihm auf Antrag von dem Gericht, das über die Beschwerde zu

---

[1]) § 31a eingef. mWv 14.7.2006 durch G v. 8.7.2006 (BGBl. I S. 1426).
[2]) § 31b neu gef. mWv 1.10.2021 durch G v. 22.12.2020 (BGBl. I S. 3320).
[3]) § 33 Abs. 7 Satz 2 eingef., bish. Satz 2 wird Satz 3 mWv 1.7.2008 durch G v. 12.12.2007 (BGBl. I S. 2840); Abs. 4 Satz 2 geänd. mWv 1.9.2009 durch G v. 17.12.2008 (BGBl. I S. 2586, geänd. durch G v. 30.7.2009, BGBl. I S. 2449); Abs. 7 Satz 1 neu gef. mWv 5.8.2009 durch G v. 30.7.2009 (BGBl. I S. 2449); Abs. 5 Satz 2 eingef., bish. Sätze 2–6 werden Sätze 3–7 mWv 1.1.2014 durch G v. 5.12.2012 (BGBl. I S. 2418).

entscheiden hat, Wiedereinsetzung in den vorigen Stand zu gewähren, wenn er die Beschwerde binnen zwei Wochen nach der Beseitigung des Hindernisses einlegt und die Tatsachen, welche die Wiedereinsetzung begründen, glaubhaft macht. [2] Ein Fehlen des Verschuldens wird vermutet, wenn eine Rechtsbehelfsbelehrung unterblieben oder fehlerhaft ist. [3] Nach Ablauf eines Jahres, von dem Ende der versäumten Frist an gerechnet, kann die Wiedereinsetzung nicht mehr beantragt werden. [4] Gegen die Ablehnung der Wiedereinsetzung findet die Beschwerde statt. [5] Sie ist nur zulässig, wenn sie innerhalb von zwei Wochen eingelegt wird. [6] Die Frist beginnt mit der Zustellung der Entscheidung. [7] Absatz 4 Satz 1 bis 3 gilt entsprechend.

(6) [1] Die weitere Beschwerde ist nur zulässig, wenn das Landgericht als Beschwerdegericht entschieden und sie wegen der grundsätzlichen Bedeutung der zur Entscheidung stehenden Frage in dem Beschluss zugelassen hat. [2] Sie kann nur darauf gestützt werden, dass die Entscheidung auf einer Verletzung des Rechts beruht; die §§ 546 und 547 der Zivilprozessordnung gelten entsprechend. [3] Über die weitere Beschwerde entscheidet das Oberlandesgericht. [4] Absatz 3 Satz 3, Absatz 4 Satz 1 und 4 und Absatz 5 gelten entsprechend.

(7) [1] Anträge und Erklärungen können ohne Mitwirkung eines Bevollmächtigten schriftlich eingereicht oder zu Protokoll der Geschäftsstelle abgegeben werden; § 129a der Zivilprozessordnung gilt entsprechend. [2] Für die Bevollmächtigung gelten die Regelungen der für das zugrunde liegende Verfahren geltenden Verfahrensordnung entsprechend. [3] Die Beschwerde ist bei dem Gericht einzulegen, dessen Entscheidung angefochten wird.

(8) [1] Das Gericht entscheidet über den Antrag durch eines seiner Mitglieder als Einzelrichter; dies gilt auch für die Beschwerde, wenn die angefochtene Entscheidung von einem Einzelrichter oder einem Rechtspfleger erlassen wurde. [2] Der Einzelrichter überträgt das Verfahren der Kammer oder dem Senat, wenn die Sache besondere Schwierigkeiten tatsächlicher oder rechtlicher Art aufweist oder die Rechtssache grundsätzliche Bedeutung hat. [3] Das Gericht entscheidet jedoch immer ohne Mitwirkung ehrenamtlicher Richter. [4] Auf eine erfolgte oder unterlassene Übertragung kann ein Rechtsmittel nicht gestützt werden.

(9) [1] Das Verfahren über den Antrag ist gebührenfrei. [2] Kosten werden nicht erstattet; dies gilt auch im Verfahren über die Beschwerde.

Abschnitt 5.[1]) Außergerichtliche Beratung und Vertretung

§ 34[2]) **Beratung, Gutachten und Mediation.** (1) [1] Für einen mündlichen oder schriftlichen Rat oder eine Auskunft (Beratung), die nicht mit einer anderen gebührenpflichtigen Tätigkeit zusammenhängen, für die Ausarbeitung eines schriftlichen Gutachtens und für die Tätigkeit als Mediator soll der Rechtsanwalt auf eine Gebührenvereinbarung hinwirken, soweit in Teil 2 Abschnitt 1 des Vergütungsverzeichnisses keine Gebühren bestimmt sind. [2] Wenn keine Vereinbarung getroffen worden ist, erhält der Rechtsanwalt Gebühren nach den Vorschriften des bürgerlichen Rechts. [3] Ist im Fall des Satzes 2 der Auftraggeber Verbraucher, beträgt die Gebühr für die Beratung oder für die Ausarbeitung eines schriftlichen Gutachtens jeweils höchstens 250 Euro; § 14

---

[1]) Abschnitt 5 Überschrift geänd. mWv 1.7.2006 durch G v. 5.5.2004 (BGBl. I S. 718).
[2]) § 34 neu gef. mWv 1.7.2006 durch G v. 5.5.2004 (BGBl. I S. 718).

Abs. 1 gilt entsprechend; für ein erstes Beratungsgespräch beträgt die Gebühr jedoch höchstens 190 Euro.

(2) Wenn nichts anderes vereinbart ist, ist die Gebühr für die Beratung auf eine Gebühr für eine sonstige Tätigkeit, die mit der Beratung zusammenhängt, anzurechnen.

§ 35[1] **Hilfeleistung in Steuersachen.** (1) Für die Hilfeleistung bei der Erfüllung allgemeiner Steuerpflichten und bei der Erfüllung steuerlicher Buchführungs- und Aufzeichnungspflichten gelten die §§ 23 bis 39 der Steuerberatervergütungsverordnung in Verbindung mit den §§ 10 und 13 der Steuerberatervergütungsverordnung entsprechend.

(2) ¹Sieht dieses Gesetz die Anrechnung einer Geschäftsgebühr auf eine andere Gebühr vor, stehen die Gebühren nach den §§ 23, 24 und 31 der Steuerberatervergütungsverordnung, bei mehreren Gebühren deren Summe, einer Geschäftsgebühr nach Teil 2 des Vergütungsverzeichnisses gleich. ²Bei der Ermittlung des Höchstbetrags des anzurechnenden Teils der Geschäftsgebühr ist der Gegenstandswert derjenigen Gebühr zugrunde zu legen, auf die angerechnet wird.

§ 36[2] **Schiedsrichterliche Verfahren und Verfahren vor dem Schiedsgericht.** (1) Teil 3 Abschnitt 1, 2 und 4 des Vergütungsverzeichnisses ist auf die folgenden außergerichtlichen Verfahren entsprechend anzuwenden:

1. schiedsrichterliche Verfahren nach Buch 10 der Zivilprozessordnung und
2. Verfahren vor dem Schiedsgericht (§ 104 des Arbeitsgerichtsgesetzes).

(2) Im Verfahren nach Absatz 1 Nr. 1 erhält der Rechtsanwalt die Terminsgebühr auch, wenn der Schiedsspruch ohne mündliche Verhandlung erlassen wird.

Abschnitt 6. Gerichtliche Verfahren

§ 37[3] **Verfahren vor den Verfassungsgerichten.** (1) Die Vorschriften für die Revision in Teil 4 Abschnitt 1 Unterabschnitt 3 des Vergütungsverzeichnisses gelten entsprechend in folgenden Verfahren vor dem Bundesverfassungsgericht oder dem Verfassungsgericht (Verfassungsgerichtshof, Staatsgerichtshof) eines Landes:

1. Verfahren über die Verwirkung von Grundrechten, den Verlust des Stimmrechts, den Ausschluss von Wahlen und Abstimmungen,
2. Verfahren über die Verfassungswidrigkeit von Parteien,
3. Verfahren über Anklagen gegen den Bundespräsidenten, gegen ein Regierungsmitglied eines Landes oder gegen einen Abgeordneten oder Richter und
4. Verfahren über sonstige Gegenstände, die in einem dem Strafprozess ähnlichen Verfahren behandelt werden.

---

[1] § 35 Abs. 2 angef. mWv 1.8.2013 durch G v. 23.7.2013 (BGBl. I S. 2586); Abs. 1 geänd. mWv 16.7.2014 durch G v. 8.7.2014 (BGBl. I S. 890).
[2] § 36 Abs. 1 Nr. 1 geänd. mWv 31.12.2006 durch G v. 22.12.2006 (BGBl. I S. 3416); Abs. 1 einl. Satzteil geänd. mWv 1.8.2013 durch G v. 23.7.2013 (BGBl. I S. 2586).
[3] § 37 Abs. 2 Satz 2 geänd. mWv 1.8.2013 durch G v. 23.7.2013 (BGBl. I S. 2586).

(2) [1] In sonstigen Verfahren vor dem Bundesverfassungsgericht oder dem Verfassungsgericht eines Landes gelten die Vorschriften in Teil 3 Abschnitt 2 Unterabschnitt 2 des Vergütungsverzeichnisses entsprechend. [2] Der Gegenstandswert ist unter Berücksichtigung der in § 14 Abs. 1 genannten Umstände nach billigem Ermessen zu bestimmen; er beträgt mindestens 5 000 Euro.

§ 38[1]**) Verfahren vor dem Gerichtshof der Europäischen Gemeinschaften.** (1) [1] In Vorabentscheidungsverfahren vor dem Gerichtshof der Europäischen Gemeinschaften gelten die Vorschriften in Teil 3 Abschnitt 2 Unterabschnitt 2 des Vergütungsverzeichnisses entsprechend. [2] Der Gegenstandswert bestimmt sich nach den Wertvorschriften, die für die Gerichtsgebühren des Verfahrens gelten, in dem vorgelegt wird. [3] Das vorlegende Gericht setzt den Gegenstandswert auf Antrag durch Beschluss fest. [4] § 33 Abs. 2 bis 9 gilt entsprechend.

(2) Ist in einem Verfahren, in dem sich die Gebühren nach Teil 4, 5 oder 6 des Vergütungsverzeichnisses richten, vorgelegt worden, sind in dem Vorabentscheidungsverfahren die Nummern 4130 und 4132 des Vergütungsverzeichnisses entsprechend anzuwenden.

(3) Die Verfahrensgebühr des Verfahrens, in dem vorgelegt worden ist, wird auf die Verfahrensgebühr des Verfahrens vor dem Gerichtshof der Europäischen Gemeinschaften angerechnet, wenn nicht eine im Verfahrensrecht vorgesehene schriftliche Stellungnahme gegenüber dem Gerichtshof der Europäischen Gemeinschaften abgegeben wird.

§ 38a[2]**) Verfahren vor dem Europäischen Gerichtshof für Menschenrechte.** [1] In Verfahren vor dem Europäischen Gerichtshof für Menschenrechte gelten die Vorschriften in Teil 3 Abschnitt 2 Unterabschnitt 2 des Vergütungsverzeichnisses entsprechend. [2] Der Gegenstandswert ist unter Berücksichtigung der in § 14 Absatz 1 genannten Umstände nach billigem Ermessen zu bestimmen; er beträgt mindestens 5 000 Euro.

§ 39[3]**) Von Amts wegen beigeordneter Rechtsanwalt.** (1) Der Rechtsanwalt, der nach § 138 des Gesetzes über das Verfahren in Familiensachen und in den Angelegenheiten der freiwilligen Gerichtsbarkeit, auch in Verbindung mit § 270 des Gesetzes über das Verfahren in Familiensachen und in den Angelegenheiten der freiwilligen Gerichtsbarkeit, dem Antragsgegner beigeordnet ist, kann von diesem die Vergütung eines zum Prozessbevollmächtigten bestellten Rechtsanwalts und einen Vorschuss verlangen.

(2) Der Rechtsanwalt, der nach § 109 Absatz 3 oder § 119a Absatz 6 des Strafvollzugsgesetzes einer Person beigeordnet ist, kann von dieser die Vergütung eines zum Verfahrensbevollmächtigten bestellten Rechtsanwalts und einen Vorschuss verlangen.

§ 40 Als gemeinsamer Vertreter bestellter Rechtsanwalt. Der Rechtsanwalt kann von den Personen, für die er nach § 67a Abs. 1 Satz 2 der Verwaltungsgerichtsordnung bestellt ist, die Vergütung eines von mehreren

---

[1]) § 38 Abs. 1 Satz 1 geänd. mWv 1.8.2013 durch G v. 23.7.2013 (BGBl. I S. 2586).
[2]) § 38a eingef. mWv 1.8.2013 durch G v. 23.7.2013 (BGBl. I S. 2586).
[3]) § 39 Satz 2 aufgeh., bish. Satz 1 geänd. mWv 1.9.2009 durch G v. 17.12.2008 (BGBl. I S. 2586); Überschrift neu gef., Abs. 2 angef. mWv 1.6.2013 durch G v. 5.12.2012 (BGBl. I S. 2425).

Auftraggebern zum Prozessbevollmächtigten bestellten Rechtsanwalts und einen Vorschuss verlangen.

§ 41[1] *[bis 31.7.2022: Prozesspfleger][ab 1.8.2022: Besonderer Vertreter]*

[Satz 1 bis 31.7.2022:] [1] Der Rechtsanwalt, der nach § 57 oder § 58 der Zivilprozessordnung dem Beklagten als Vertreter bestellt ist, kann von diesem die Vergütung eines zum Prozessbevollmächtigten bestellten Rechtsanwalts verlangen. *[Satz 1 ab 1.8.2022:]* [1] *Der Rechtsanwalt, der nach § 57 oder § 58 der Zivilprozessordnung, § 118e der Bundesrechtsanwaltsordnung, § 103b der Patentanwaltsordnung oder § 111c des Steuerberatungsgesetzes als besonderer Vertreter bestellt ist, kann von dem Vertretenen die Vergütung eines zum Prozessbevollmächtigten oder zum Verteidiger gewählten Rechtsanwalts verlangen.* [2] Er kann von diesem keinen Vorschuss fordern. [3] § 126 der Zivilprozessordnung ist entsprechend anzuwenden.

§ 41a[2] **Vertreter des Musterklägers.** (1) [1] Für das erstinstanzliche Musterverfahren nach dem Kapitalanleger-Musterverfahrensgesetz kann das Oberlandesgericht dem Rechtsanwalt, der den Musterkläger vertritt, auf Antrag eine besondere Gebühr bewilligen, wenn sein Aufwand im Vergleich zu dem Aufwand der Vertreter der beigeladenen Kläger höher ist. [2] Bei der Bemessung der Gebühr sind der Mehraufwand sowie der Vorteil und die Bedeutung für die beigeladenen Kläger zu berücksichtigen. [3] Die Gebühr darf eine Gebühr mit einem Gebührensatz von 0,3 nach § 13 Absatz 1 nicht überschreiten. [4] Hierbei ist als Wert die Summe der in sämtlichen nach § 8 des Kapitalanleger-Musterverfahrensgesetzes ausgesetzten Verfahren geltend gemachten Ansprüche zugrunde zu legen, soweit diese Ansprüche von den Feststellungszielen des Musterverfahrens betroffen sind, höchstens jedoch 30 Millionen Euro. [5] Der Vergütungsanspruch gegen den Auftraggeber bleibt unberührt.

(2) [1] Der Antrag ist spätestens vor dem Schluss der mündlichen Verhandlung zu stellen. [2] Der Antrag und ergänzende Schriftsätze werden entsprechend § 12 Absatz 2 des Kapitalanleger-Musterverfahrensgesetzes bekannt gegeben. [3] Mit der Bekanntmachung ist eine Frist zur Erklärung zu setzen. [4] Die Landeskasse ist nicht zu hören.

(3) [1] Die Entscheidung kann mit dem Musterentscheid getroffen werden. [2] Die Entscheidung ist dem Musterkläger, den Musterbeklagten, den Beigeladenen sowie dem Rechtsanwalt mitzuteilen. [3] § 16 Absatz 1 Satz 2 des Kapitalanleger-Musterverfahrensgesetzes ist entsprechend anzuwenden. [4] Die Mitteilung kann durch öffentliche Bekanntmachung ersetzt werden, § 11 Absatz 2 Satz 2 des Kapitalanleger-Musterverfahrensgesetzes ist entsprechend anzuwenden. [5] Die Entscheidung ist unanfechtbar.

(4) [1] Die Gebühr ist einschließlich der anfallenden Umsatzsteuer aus der Landeskasse zu zahlen. [2] Ein Vorschuss kann nicht gefordert werden.

---

[1] § 41 Überschrift und Satz 1 neu gef. **mWv 1.8.2022** durch G v. 7.7.2021 (BGBl. I S. 2363).
[2] § 41a angef. mWv 1.11.2012 durch G v. 19.10.2012 (BGBl. I S. 2182).

Abschnitt 7.[1] Straf- und Bußgeldsachen sowie bestimmte sonstige Verfahren

§ 42[2] Feststellung einer Pauschgebühr. (1) [1]In Strafsachen, gerichtlichen Bußgeldsachen, Verfahren nach dem Gesetz über die internationale Rechtshilfe in Strafsachen, in Verfahren nach dem IStGH-Gesetz, in Freiheitsentziehungs- und Unterbringungssachen sowie in Verfahren nach § 151 Nummer 6 und 7 des Gesetzes über das Verfahren in Familiensachen und in den Angelegenheiten der freiwilligen Gerichtsbarkeit stellt das Oberlandesgericht, zu dessen Bezirk das Gericht des ersten Rechtszugs gehört, auf Antrag des Rechtsanwalts eine Pauschgebühr für das ganze Verfahren oder für einzelne Verfahrensabschnitte durch unanfechtbaren Beschluss fest, wenn die in den Teilen 4 bis 6 des Vergütungsverzeichnisses bestimmten Gebühren eines Wahlanwalts wegen des besonderen Umfangs oder der besonderen Schwierigkeit nicht zumutbar sind. [2]Dies gilt nicht, soweit Wertgebühren entstehen. [3]Beschränkt sich die Feststellung auf einzelne Verfahrensabschnitte, sind die Gebühren nach dem Vergütungsverzeichnis, an deren Stelle die Pauschgebühr treten soll, zu bezeichnen. [4]Die Pauschgebühr darf das Doppelte der für die Gebühren eines Wahlanwalts geltenden Höchstbeträge nach den Teilen 4 bis 6 des Vergütungsverzeichnisses nicht übersteigen. [5]Für den Rechtszug, in dem der Bundesgerichtshof für das Verfahren zuständig ist, ist er auch für die Entscheidung über den Antrag zuständig.

(2) [1]Der Antrag ist zulässig, wenn die Entscheidung über die Kosten des Verfahrens rechtskräftig ist. [2]Der gerichtlich bestellte oder beigeordnete Rechtsanwalt kann den Antrag nur unter den Voraussetzungen des § 52 Abs. 1 Satz 1, Abs. 2, auch in Verbindung mit § 53 Abs. 1, stellen. [3]Der Auftraggeber, in den Fällen des § 52 Abs. 1 Satz 1 der Beschuldigte, ferner die Staatskasse und andere Beteiligte, wenn ihnen die Kosten des Verfahrens ganz oder zum Teil auferlegt worden sind, sind zu hören.

(3) [1]Der Senat des Oberlandesgerichts ist mit einem Richter besetzt. [2]Der Richter überträgt die Sache dem Senat in der Besetzung mit drei Richtern, wenn es zur Sicherung einer einheitlichen Rechtsprechung geboten ist.

(4) Die Feststellung ist für das Kostenfestsetzungsverfahren, das Vergütungsfestsetzungsverfahren (§ 11) und für einen Rechtsstreit des Rechtsanwalts auf Zahlung der Vergütung bindend.

(5) [1]Die Absätze 1 bis 4 gelten im Bußgeldverfahren vor der Verwaltungsbehörde entsprechend. [2]Über den Antrag entscheidet die Verwaltungsbehörde. [3]Gegen die Entscheidung kann gerichtliche Entscheidung beantragt werden. [4]Für das Verfahren gilt § 62 des Gesetzes über Ordnungswidrigkeiten.

§ 43 Abtretung des Kostenerstattungsanspruchs. [1]Tritt der Beschuldigte oder der Betroffene den Anspruch gegen die Staatskasse auf Erstattung von Anwaltskosten als notwendige Auslagen an den Rechtsanwalt ab, ist eine von der Staatskasse gegenüber dem Beschuldigten oder dem Betroffenen erklärte

---

[1] Abschnitt 7 Überschrift geänd. mWv 1.8.2013 durch G v. 23.7.2013 (BGBl. I S. 2586).
[2] § 42 Abs. 1 Satz 1 geänd. mWv 1.8.2013 durch G v. 23.7.2013 (BGBl. I S. 2586); Abs. 3 Satz 1 geänd. mWv 16.7.2014 durch G v. 8.7.2014 (BGBl. I S. 890); Abs. 1 Satz 1 geänd. mWv 1.10.2017 durch G v. 17.7.2017 (BGBl. I S. 2424); Abs. 1 Satz 1 geänd. mWv 28.6.2019 durch G v. 19.6.2019 (BGBl. I S. 840).

Aufrechnung insoweit unwirksam, als sie den Anspruch des Rechtsanwalts vereiteln oder beeinträchtigen würde. [2] Dies gilt jedoch nur, wenn zum Zeitpunkt der Aufrechnung eine Urkunde über die Abtretung oder eine Anzeige des Beschuldigten oder des Betroffenen über die Abtretung in den Akten vorliegt.

Abschnitt 8. Beigeordneter oder bestellter Rechtsanwalt, Beratungshilfe

§ 44[1] **Vergütungsanspruch bei Beratungshilfe.** [1] Für die Tätigkeit im Rahmen der Beratungshilfe erhält der Rechtsanwalt eine Vergütung nach diesem Gesetz aus der Landeskasse, soweit nicht für die Tätigkeit in Beratungsstellen nach § 3 Abs. 1 des Beratungshilfegesetzes besondere Vereinbarungen getroffen sind. [2] Die Beratungshilfegebühr (Nummer 2500 des Vergütungsverzeichnisses) schuldet nur der Rechtsuchende.

§ 45[2] **Vergütungsanspruch des beigeordneten oder bestellten Rechtsanwalts.** (1) Der im Wege der Prozesskostenhilfe beigeordnete oder *[bis 31.7. 2022:* nach § 57 oder § 58 der Zivilprozessordnung zum Prozesspfleger*] [ab 1.8.2022: zum besonderen Vertreter im Sinne des § 41]* bestellte Rechtsanwalt erhält, soweit in diesem Abschnitt nichts anderes bestimmt ist, die gesetzliche Vergütung in Verfahren vor Gerichten des Bundes aus der Bundeskasse, in Verfahren vor Gerichten eines Landes aus der Landeskasse.

(2) Der Rechtsanwalt, der nach § 138 des Gesetzes über das Verfahren in Familiensachen und in den Angelegenheiten der freiwilligen Gerichtsbarkeit, auch in Verbindung mit § 270 des Gesetzes über das Verfahren in Familiensachen und in den Angelegenheiten der freiwilligen Gerichtsbarkeit, nach § 109 Absatz 3 oder § 119a Absatz 6 des Strafvollzugsgesetzes beigeordnet oder nach § 67a Abs. 1 Satz 2 der Verwaltungsgerichtsordnung bestellt ist, kann eine Vergütung aus der Landeskasse verlangen, wenn der zur Zahlung Verpflichtete (§ 39 oder § 40) mit der Zahlung der Vergütung im Verzug ist.

(3) [1] Ist der Rechtsanwalt sonst gerichtlich bestellt oder beigeordnet worden, erhält er die Vergütung aus der Landeskasse, wenn ein Gericht des Landes den Rechtsanwalt bestellt oder beigeordnet hat, im Übrigen aus der Bundeskasse. [2] Hat zuerst ein Gericht des Bundes und sodann ein Gericht des Landes den Rechtsanwalt bestellt oder beigeordnet, zahlt die Bundeskasse die Vergütung, die der Rechtsanwalt während der Dauer der Bestellung oder Beiordnung durch das Gericht des Bundes verdient hat, die Landeskasse die dem Rechtsanwalt darüber hinaus zustehende Vergütung. [3] Dies gilt entsprechend, wenn zuerst ein Gericht des Landes und sodann ein Gericht des Bundes den Rechtsanwalt bestellt oder beigeordnet hat.

(4) [1] Wenn der Verteidiger von der Stellung eines Wiederaufnahmeantrags abrät, hat er einen Anspruch gegen die Staatskasse nur dann, wenn er nach § 364b Abs. 1 Satz 1 der Strafprozessordnung bestellt worden ist oder das Gericht die Feststellung nach § 364b Abs. 1 Satz 2 der Strafprozessordnung

---

[1] § 44 Satz 2 geänd. mWv 31.12.2006 durch G v. 22.12.2006 (BGBl. I S. 3416).
[2] § 45 Abs. 2 geänd. mWv 1.9.2009 durch G v. 17.12.2008 (BGBl. I S. 2586); Abs. 2 geänd. mWv 1.6.2013 durch G v. 5.12.2012 (BGBl. I S. 2425); Abs. 1 geänd. **mWv 1.8.2022** durch G v. 7.7.2021 (BGBl. I S. 2363).

getroffen hat. [2] Dies gilt auch im gerichtlichen Bußgeldverfahren (§ 85 Abs. 1 des Gesetzes über Ordnungswidrigkeiten).

(5) [1] Absatz 3 ist im Bußgeldverfahren vor der Verwaltungsbehörde entsprechend anzuwenden. [2] An die Stelle des Gerichts tritt die Verwaltungsbehörde.

§ 46[1] Auslagen und Aufwendungen. (1) Auslagen, insbesondere Reisekosten, werden nicht vergütet, wenn sie zur sachgemäßen Durchführung der Angelegenheit nicht erforderlich waren.

(2) [1] Wenn das Gericht des Rechtszugs auf Antrag des Rechtsanwalts vor Antritt der Reise feststellt, dass eine Reise erforderlich ist, ist diese Feststellung für das Festsetzungsverfahren (§ 55) bindend. [2] Im Bußgeldverfahren vor der Verwaltungsbehörde tritt an die Stelle des Gerichts die Verwaltungsbehörde. [3] Für Aufwendungen (§ 670 des Bürgerlichen Gesetzbuchs) gelten Absatz 1 und die Sätze 1 und 2 entsprechend; die Höhe zu ersetzender Kosten für die Zuziehung eines Dolmetschers oder Übersetzers ist auf die nach dem Justizvergütungs- und -entschädigungsgesetz[2] zu zahlenden Beträge beschränkt.

(3) [1] Auslagen, die durch Nachforschungen zur Vorbereitung eines Wiederaufnahmeverfahrens entstehen, für das die Vorschriften der Strafprozessordnung gelten, werden nur vergütet, wenn der Rechtsanwalt nach § 364b Abs. 1 Satz 1 der Strafprozessordnung bestellt worden ist oder wenn das Gericht die Feststellung nach § 364b Abs. 1 Satz 2 der Strafprozessordnung getroffen hat. [2] Dies gilt auch im gerichtlichen Bußgeldverfahren (§ 85 Abs. 1 des Gesetzes über Ordnungswidrigkeiten).

§ 47[3] Vorschuss. (1) [1] Wenn dem Rechtsanwalt wegen seiner Vergütung ein Anspruch gegen die Staatskasse zusteht, kann er für die entstandenen Gebühren und die entstandenen und voraussichtlich entstehenden Auslagen aus der Staatskasse einen angemessenen Vorschuss fordern. [2] Der Rechtsanwalt, der nach § 138 des Gesetzes über das Verfahren in Familiensachen und in den Angelegenheiten der freiwilligen Gerichtsbarkeit, in Verbindung mit § 270 des Gesetzes über das Verfahren in Familiensachen und in den Angelegenheiten der freiwilligen Gerichtsbarkeit, nach § 109 Absatz 3 oder § 119a Absatz 6 des Strafvollzugsgesetzes beigeordnet oder nach § 67a Abs. 1 Satz 2 der Verwaltungsgerichtsordnung bestellt ist, kann einen Vorschuss nur verlangen, wenn der zur Zahlung Verpflichtete (§ 39 oder § 40) mit der Zahlung des Vorschusses im Verzug ist.

(2) Bei Beratungshilfe kann der Rechtsanwalt aus der Staatskasse keinen Vorschuss fordern.

---

[1] § 46 Überschrift und Abs. 2 Satz 3 neu gef. mWv 21.12.2004 durch G v. 15.12.2004 (BGBl. I S. 3392).
[2] Nr. 5.
[3] § 47 Abs. 1 Satz 2 geänd. mWv 1.9.2009 durch G v. 17.12.2008 (BGBl. I S. 2586); Abs. 1 Satz 2 geänd. mWv 1.6.2013 durch G v. 5.12.2012 (BGBl. I S. 2425); Abs. 2 geänd. mWv 1.1.2014 durch G v. 31.8.2013 (BGBl. I S. 3533).

§ 48[1) Umfang des Anspruchs und der Beiordnung. (1) [1]Der Vergütungsanspruch gegen die Staatskasse ist auf die gesetzliche Vergütung gerichtet und bestimmt sich nach den Beschlüssen, durch die die Prozesskostenhilfe bewilligt und der Rechtsanwalt beigeordnet oder bestellt worden ist, soweit nichts anderes bestimmt ist. [2]Erstreckt sich die Beiordnung auf den Abschluss eines Vertrags im Sinne der Nummer 1000 des Vergütungsverzeichnisses oder ist die Beiordnung oder die Bewilligung der Prozesskostenhilfe hierauf beschränkt, so umfasst der Anspruch alle gesetzlichen Gebühren und Auslagen, die durch die Tätigkeiten entstehen, die zur Herbeiführung der Einigung erforderlich sind.

(2) [1]In Angelegenheiten, in denen sich die Gebühren nach Teil 3 des Vergütungsverzeichnisses bestimmen und die Beiordnung eine Berufung, eine Beschwerde wegen des Hauptgegenstands, eine Revision oder eine Rechtsbeschwerde wegen des Hauptgegenstands betrifft, wird eine Vergütung aus der Staatskasse auch für die Rechtsverteidigung gegen ein Anschlussrechtsmittel und, wenn der Rechtsanwalt für die Erwirkung eines Arrests, einer einstweiligen Verfügung oder einer einstweiligen Anordnung beigeordnet ist, auch für deren Vollziehung oder Vollstreckung gewährt. [2]Dies gilt nicht, wenn der Beiordnungsbeschluss ausdrücklich etwas anderes bestimmt.

(3) [1]Die Beiordnung in einer Ehesache erstreckt sich im Fall des Abschlusses eines Vertrags im Sinne der Nummer 1000 des Vergütungsverzeichnisses auf alle mit der Herbeiführung der Einigung erforderlichen Tätigkeiten, soweit der Vertrag

1. den gegenseitigen Unterhalt der Ehegatten,

2. den Unterhalt gegenüber den Kindern im Verhältnis der Ehegatten zueinander,

3. die Sorge für die Person der gemeinschaftlichen minderjährigen Kinder,

4. die Regelung des Umgangs mit einem Kind,

5. die Rechtsverhältnisse an der Ehewohnung und den Haushaltsgegenständen,

6. die Ansprüche aus dem ehelichen Güterrecht oder

7. den Versorgungsausgleich

betrifft. [2]Satz 1 gilt im Fall der Beiordnung in Lebenspartnerschaftssachen nach § 269 Abs. 1 Nr. 1 und 2 des Gesetzes über das Verfahren in Familiensachen und in den Angelegenheiten der freiwilligen Gerichtsbarkeit entsprechend.

(4) [1]Die Beiordnung in Angelegenheiten, in denen nach § 3 Absatz 1 Betragsrahmengebühren entstehen, erstreckt sich auf Tätigkeiten ab dem Zeitpunkt der Beantragung der Prozesskostenhilfe, wenn vom Gericht nichts anderes bestimmt ist. [2]Die Beiordnung erstreckt sich ferner auf die gesamte Tätigkeit im Verfahren über die Prozesskostenhilfe einschließlich der vorbereitenden Tätigkeit.

(5) [1]In anderen Angelegenheiten, die mit dem Hauptverfahren nur zusammenhängen, erhält der für das Hauptverfahren beigeordnete Rechtsanwalt eine

---

[1] § 48 Abs. 2 Satz 1 und Abs. 3 Satz 2 geänd., Abs. 4 Satz 2 Nr. 1 geänd. und Nr. 4 neu gef. mWv 1.9.2009 durch G v. 17.12.2008 (BGBl. I S. 2586); Abs. 2 Satz 1 geänd., Abs. 3 Satz 1 neu gef., Abs. 4 eingef., bish. Abs. 4 und 5 werden Abs. 5 und 6, neuer Abs. 5 Satz 1 Nr. 4 geänd. mWv 1.8.2013 durch G v. 23.7.2013 (BGBl. I S. 2586); Abs. 5 Satz 2 Nr. 2 neu gef. mWv 18.1.2017 durch G v. 21.11.2016 (BGBl. I S. 2591); Abs. 1 neu gef., Abs. 3 Satz 1 Nr. 5 und 6 geänd., Nr. 7 angef. und Abs. 6 Satz 3 geänd. mWv 1.1.2021 durch G v. 21.12.2020 (BGBl. I S. 3229).

Vergütung aus der Staatskasse nur dann, wenn er ausdrücklich auch hierfür beigeordnet ist. [2]Dies gilt insbesondere für

1. die Zwangsvollstreckung, die Vollstreckung und den Verwaltungszwang;
2. das Verfahren über den Arrest, den Europäischen Beschluss zur vorläufigen Kontenpfändung, die einstweilige Verfügung und die einstweilige Anordnung;
3. das selbstständige Beweisverfahren;
4. das Verfahren über die Widerklage oder den Widerantrag, ausgenommen die Rechtsverteidigung gegen den Widerantrag in Ehesachen und in Lebenspartnerschaftssachen nach § 269 Abs. 1 Nr. 1 und 2 des Gesetzes über das Verfahren in Familiensachen und in den Angelegenheiten der freiwilligen Gerichtsbarkeit.

(6) [1]Wird der Rechtsanwalt in Angelegenheiten nach den Teilen 4 bis 6 des Vergütungsverzeichnisses im ersten Rechtszug bestellt oder beigeordnet, erhält er die Vergütung auch für seine Tätigkeit vor dem Zeitpunkt seiner Bestellung, in Strafsachen einschließlich seiner Tätigkeit vor Erhebung der öffentlichen Klage und in Bußgeldsachen einschließlich der Tätigkeit vor der Verwaltungsbehörde. [2]Wird der Rechtsanwalt in einem späteren Rechtszug beigeordnet, erhält er seine Vergütung in diesem Rechtszug auch für seine Tätigkeit vor dem Zeitpunkt seiner Bestellung. [3]Werden Verfahren verbunden und ist der Rechtsanwalt nicht in allen Verfahren bestellt oder beigeordnet, kann das Gericht die Wirkungen des Satzes 1 auch auf diejenigen Verfahren erstrecken, in denen vor der Verbindung keine Beiordnung oder Bestellung erfolgt war.

§ 49[1] Wertgebühren aus der Staatskasse.

Bestimmen sich die Gebühren nach dem Gegenstandswert, werden bei einem Gegenstandswert von mehr als 4 000 Euro anstelle der Gebühr nach § 13 Absatz 1 folgende Gebühren vergütet:

Gegenstandswert bis ... Euro	Gebühr ... Euro	Gegenstandswert bis ... Euro	Gebühr ... Euro
5 000	284	22 000	399
6 000	295	25 000	414
7 000	306	30 000	453
8 000	317	35 000	492
9 000	328	40 000	531
10 000	339	45 000	570
13 000	354	50 000	609
16 000	369	über	
19 000	384	50 000	659

§ 50[2] Weitere Vergütung bei Prozesskostenhilfe.

(1) [1]Nach Deckung der in § 122 Absatz 1 Nummer 1 der Zivilprozessordnung bezeichneten Kosten und Ansprüche hat die Staatskasse über die auf sie übergegangenen Ansprüche des Rechtsanwalts hinaus weitere Beträge bis zur Höhe der Regelvergütung

---

[1] § 49 neu gef. mWv 1.1.2021 durch G v. 21.12.2020 (BGBl. I S. 3229).
[2] § 50 Abs. 1 Satz 1 neu gef. mWv 1.8.2013 durch G v. 23.7.2013 (BGBl. I S. 2586).

einzuziehen, wenn dies nach den Vorschriften der Zivilprozessordnung und nach den Bestimmungen, die das Gericht getroffen hat, zulässig ist. [2]Die weitere Vergütung ist festzusetzen, wenn das Verfahren durch rechtskräftige Entscheidung oder in sonstiger Weise beendet ist und die von der Partei zu zahlenden Beträge beglichen sind oder wegen dieser Beträge eine Zwangsvollstreckung in das bewegliche Vermögen der Partei erfolglos geblieben ist oder aussichtslos erscheint.

(2) Der beigeordnete Rechtsanwalt soll eine Berechnung seiner Regelvergütung unverzüglich zu den Prozessakten mitteilen.

(3) Waren mehrere Rechtsanwälte beigeordnet, bemessen sich die auf die einzelnen Rechtsanwälte entfallenden Beträge nach dem Verhältnis der jeweiligen Unterschiedsbeträge zwischen den Gebühren nach § 49 und den Regelgebühren; dabei sind Zahlungen, die nach § 58 auf den Unterschiedsbetrag anzurechnen sind, von diesem abzuziehen.

§ 51[1) Festsetzung einer Pauschgebühr. (1) [1]In Strafsachen, gerichtlichen Bußgeldsachen, Verfahren nach dem Gesetz über die internationale Rechtshilfe in Strafsachen, in Verfahren nach dem IStGH-Gesetz, in Freiheitsentziehungs- und Unterbringungssachen sowie in Verfahren nach § 151 Nummer 6 und 7 des Gesetzes über das Verfahren in Familiensachen und in den Angelegenheiten der freiwilligen Gerichtsbarkeit ist dem gerichtlich bestellten oder beigeordneten Rechtsanwalt für das ganze Verfahren oder für einzelne Verfahrensabschnitte auf Antrag eine Pauschgebühr zu bewilligen, die über die Gebühren nach dem Vergütungsverzeichnis hinausgeht, wenn die in den Teilen 4 bis 6 des Vergütungsverzeichnisses bestimmten Gebühren wegen des besonderen Umfangs oder der besonderen Schwierigkeit nicht zumutbar sind. [2]Dies gilt nicht, soweit Wertgebühren entstehen. [3]Beschränkt sich die Bewilligung auf einzelne Verfahrensabschnitte, sind die Gebühren nach dem Vergütungsverzeichnis, an deren Stelle die Pauschgebühr treten soll, zu bezeichnen. [4]Eine Pauschgebühr kann auch für solche Tätigkeiten gewährt werden, für die ein Anspruch nach § 48 Absatz 6 besteht. [5]Auf Antrag ist dem Rechtsanwalt ein angemessener Vorschuss zu bewilligen, wenn ihm insbesondere wegen der langen Dauer des Verfahrens und der Höhe der zu erwartenden Pauschgebühr nicht zugemutet werden kann, die Festsetzung der Pauschgebühr abzuwarten.

(2) [1]Über die Anträge entscheidet das Oberlandesgericht, zu dessen Bezirk das Gericht des ersten Rechtszugs gehört, und im Fall der Beiordnung einer Kontaktperson (§ 34a des Einführungsgesetzes zum Gerichtsverfassungsgesetz) das Oberlandesgericht, in dessen Bezirk die Justizvollzugsanstalt liegt, durch unanfechtbaren Beschluss. [2]Der Bundesgerichtshof ist für die Entscheidung zuständig, soweit er den Rechtsanwalt bestellt hat. [3]In dem Verfahren ist die Staatskasse zu hören. [4]§ 42 Abs. 3 ist entsprechend anzuwenden.

(3) [1]Absatz 1 gilt im Bußgeldverfahren vor der Verwaltungsbehörde entsprechend. [2]Über den Antrag nach Absatz 1 Satz 1 bis 3 entscheidet die Verwaltungsbehörde gleichzeitig mit der Festsetzung der Vergütung.

[1)] § 51 Überschrift, Abs. 1 Sätze 1 und 4 geänd. mWv 1.8.2013 durch G v. 23.7.2013 (BGBl. I S. 2586); Abs. 1 Satz 1 geänd. mWv 1.10.2017 durch G v. 17.7.2017 (BGBl. I S. 2424); Abs. 1 Satz 1 geänd. mWv 28.6.2019 durch G v. 19.6.2019 (BGBl. I S. 840); Abs. 1 Satz 1 geänd. mWv 1.1.2021 durch G v. 21.12.2020 (BGBl. I S. 3229).

§ 52[1] **Anspruch gegen den Beschuldigten oder den Betroffenen.**
(1) [1]Der gerichtlich bestellte Rechtsanwalt kann von dem Beschuldigten die Zahlung der Gebühren eines gewählten Verteidigers verlangen; er kann jedoch keinen Vorschuss fordern. [2]Der Anspruch gegen den Beschuldigten entfällt insoweit, als die Staatskasse Gebühren gezahlt hat.

(2) [1]Der Anspruch kann nur insoweit geltend gemacht werden, als dem Beschuldigten ein Erstattungsanspruch gegen die Staatskasse zusteht oder das Gericht des ersten Rechtszugs auf Antrag des Verteidigers feststellt, dass der Beschuldigte ohne Beeinträchtigung des für ihn und seine Familie notwendigen Unterhalts zur Zahlung oder zur Leistung von Raten in der Lage ist. [2]Ist das Verfahren nicht gerichtlich anhängig geworden, entscheidet das Gericht, das den Verteidiger bestellt hat.

(3) [1]Wird ein Antrag nach Absatz 2 Satz 1 gestellt, setzt das Gericht dem Beschuldigten eine Frist zur Darlegung seiner persönlichen und wirtschaftlichen Verhältnisse; § 117 Abs. 2 bis 4 der Zivilprozessordnung gilt entsprechend. [2]Gibt der Beschuldigte innerhalb der Frist keine Erklärung ab, wird vermutet, dass er leistungsfähig im Sinne des Absatzes 2 Satz 1 ist.

(4) [1]Gegen den Beschluss nach Absatz 2 ist die sofortige Beschwerde nach den Vorschriften der §§ 304 bis 311a der Strafprozessordnung zulässig. [2]Dabei steht im Rahmen des § 44 Satz 2 der Strafprozessordnung die Rechtsbehelfsbelehrung des § 12c der Belehrung nach § 35a Satz 1 der Strafprozessordnung gleich.

(5) [1]Der für den Beginn der Verjährung maßgebende Zeitpunkt tritt mit der Rechtskraft der das Verfahren abschließenden gerichtlichen Entscheidung, in Ermangelung einer solchen mit der Beendigung des Verfahrens ein. [2]Ein Antrag des Verteidigers hemmt den Lauf der Verjährungsfrist. [3]Die Hemmung endet sechs Monate nach der Rechtskraft der Entscheidung des Gerichts über den Antrag.

(6) [1]Die Absätze 1 bis 3 und 5 gelten im Bußgeldverfahren entsprechend. [2]Im Bußgeldverfahren vor der Verwaltungsbehörde tritt an die Stelle des Gerichts die Verwaltungsbehörde.

§ 53[2] **Anspruch gegen den Auftraggeber, Anspruch des zum Beistand bestellten Rechtsanwalts gegen den Verurteilten.** (1) Für den Anspruch des dem Privatkläger, dem Nebenkläger, dem Antragsteller im Klageerzwingungsverfahren oder dem sonst in Angelegenheiten, in denen sich die Gebühren nach Teil 4, 5 oder 6 des Vergütungsverzeichnisses bestimmen, beigeordneten Rechtsanwalts gegen seinen Auftraggeber gilt § 52 entsprechend.

(2) [1]Der dem Nebenkläger, dem nebenklageberechtigten Verletzten oder dem Zeugen als Beistand bestellte Rechtsanwalt kann die Gebühren eines gewählten Beistands aufgrund seiner Bestellung nur von dem Verurteilten verlangen. [2]Der Anspruch entfällt insoweit, als die Staatskasse die Gebühren bezahlt hat.

(3) [1]Der in Absatz 2 Satz 1 genannte Rechtsanwalt kann einen Anspruch aus einer Vergütungsvereinbarung nur geltend machen, wenn das Gericht des

---

[1] § 52 Abs. 4 Satz 2 angef. mWv 1.1.2014 durch G v. 5.12.2012 (BGBl. I S. 2418).
[2] § 53 Abs. 2 Satz 1 geänd., Abs. 3 angef. mWv 1.10.2009 durch G v. 29.7.2009 (BGBl. I S. 2280); Abs. 2 Satz 1 geänd. mWv 25.7.2015 durch G v. 17.7.2015 (BGBl. I S. 1332).

ersten Rechtszugs auf seinen Antrag feststellt, dass der Nebenkläger, der neben-
klageberechtigte Verletzte oder der Zeuge zum Zeitpunkt des Abschlusses der
Vereinbarung allein auf Grund seiner persönlichen und wirtschaftlichen Verhältnisse die Voraussetzungen für die Bewilligung von Prozesskostenhilfe in
bürgerlichen Rechtsstreitigkeiten nicht erfüllt hätte. ²Ist das Verfahren nicht
gerichtlich anhängig geworden, entscheidet das Gericht, das den Rechtsanwalt
als Beistand bestellt hat. ³ § 52 Absatz 3 bis 5 gilt entsprechend.

**§ 53a¹⁾ Vergütungsanspruch bei gemeinschaftlicher Nebenklagever-
tretung.** ¹Stellt ein Gericht gemäß § 397b Absatz 3 der Strafprozessordnung
fest, dass für einen nicht als Beistand bestellten oder beigeordneten Rechtsanwalt die Voraussetzungen einer Bestellung oder Beiordnung vorgelegen haben, so steht der Rechtsanwalt hinsichtlich der von ihm bis zu dem Zeitpunkt
der Bestellung oder Beiordnung eines anderen Rechtsanwalts erbrachten Tätigkeiten einem bestellten oder beigeordneten Rechtsanwalt gleich. ²Der Rechtsanwalt erhält die Vergütung aus der Landeskasse, wenn die Feststellung von
einem Gericht des Landes getroffen wird, im Übrigen aus der Bundeskasse.

§ 54 Verschulden eines beigeordneten oder bestellten Rechtsanwalts.
Hat der beigeordnete oder bestellte Rechtsanwalt durch schuldhaftes Ver-
halten die Beiordnung oder Bestellung eines anderen Rechtsanwalts veranlasst,
kann er Gebühren, die auch für den anderen Rechtsanwalt entstehen, nicht
fordern.

**§ 55²⁾ Festsetzung der aus der Staatskasse zu zahlenden Vergütungen
und Vorschüsse.** (1) ¹Die aus der Staatskasse zu gewährende Vergütung und
der Vorschuss hierauf werden auf Antrag des Rechtsanwalts von dem Urkundsbeamten der Geschäftsstelle des Gerichts des ersten Rechtszugs festgesetzt. ²Ist
das Verfahren nicht gerichtlich anhängig geworden, erfolgt die Festsetzung
durch den Urkundsbeamten der Geschäftsstelle des Gerichts, das den Verteidiger bestellt hat.

(2) In Angelegenheiten, in denen sich die Gebühren nach Teil 3 des Vergütungsverzeichnisses bestimmen, erfolgt die Festsetzung durch den Urkundsbeamten des Gerichts des Rechtszugs, solange das Verfahren nicht durch rechtskräftige Entscheidung oder in sonstiger Weise beendet ist.

(3) Im Fall der Beiordnung einer Kontaktperson (§ 34a des Einführungsgesetzes zum Gerichtsverfassungsgesetz) erfolgt die Festsetzung durch den Urkundsbeamten der Geschäftsstelle des Landgerichts, in dessen Bezirk die Justizvollzugsanstalt liegt.

(4) Im Fall der Beratungshilfe wird die Vergütung von dem Urkundsbeamten
der Geschäftsstelle des in § 4 Abs. 1 des Beratungshilfegesetzes bestimmten
Gerichts festgesetzt.

(5) ¹§ 104 Absatz 2 Satz 1 und 2 der Zivilprozessordnung gilt entsprechend.
²Der Antrag hat die Erklärung zu enthalten, ob und welche Zahlungen der
Rechtsanwalt bis zum Tag der Antragstellung erhalten hat. ³Bei Zahlungen auf
eine anzurechnende Gebühr sind diese Zahlungen, der Satz oder der Betrag der

---

¹⁾ § 53a eingef. mWv 13.12.2019 durch G v. 10.12.2019 (BGBl. I S. 2121).
²⁾ § 55 Abs. 5 Satz 2 neu gef., Sätze 3 und 4 angef. mWv 5.8.2009 durch G v. 30.7.2009 (BGBl. I
S. 2449); Abs. 5 Satz 1 geänd. mWv 1.1.2021 durch G v. 21.12.2020 (BGBl. I S. 3229).

Gebühr und bei Wertgebühren auch der zugrunde gelegte Wert anzugeben. [4] Zahlungen, die der Rechtsanwalt nach der Antragstellung erhalten hat, hat er unverzüglich anzuzeigen.

(6) [1] Der Urkundsbeamte kann vor einer Festsetzung der weiteren Vergütung (§ 50) den Rechtsanwalt auffordern, innerhalb einer Frist von einem Monat bei der Geschäftsstelle des Gerichts, dem der Urkundsbeamte angehört, Anträge auf Festsetzung der Vergütungen, für die ihm noch Ansprüche gegen die Staatskasse zustehen, einzureichen oder sich zu den empfangenen Zahlungen (Absatz 5 Satz 2) zu erklären. [2] Kommt der Rechtsanwalt der Aufforderung nicht nach, erlöschen seine Ansprüche gegen die Staatskasse.

(7) [1] Die Absätze 1 und 5 gelten im Bußgeldverfahren vor der Verwaltungsbehörde entsprechend. [2] An die Stelle des Urkundsbeamten der Geschäftsstelle tritt die Verwaltungsbehörde.

§ 56 [1]) **Erinnerung und Beschwerde. (1)** [1] Über Erinnerungen des Rechtsanwalts und der Staatskasse gegen die Festsetzung nach § 55 entscheidet das Gericht des Rechtszugs, bei dem die Festsetzung erfolgt ist, durch Beschluss. [2] Im Fall des § 55 Abs. 3 entscheidet die Strafkammer des Landgerichts. [3] Im Fall der Beratungshilfe entscheidet das nach § 4 Abs. 1 des Beratungshilfegesetzes zuständige Gericht.

(2) [1] Im Verfahren über die Erinnerung gilt § 33 Abs. 4 Satz 1, Abs. 7 und 8 und im Verfahren über die Beschwerde gegen die Entscheidung über die Erinnerung § 33 Abs. 3 bis 8 entsprechend. [2] Das Verfahren über die Erinnerung und über die Beschwerde ist gebührenfrei. [3] Kosten werden nicht erstattet.

§ 57 Rechtsbehelf in Bußgeldsachen vor der Verwaltungsbehörde.
[1] Gegen Entscheidungen der Verwaltungsbehörde im Bußgeldverfahren nach den Vorschriften dieses Abschnitts kann gerichtliche Entscheidung beantragt werden. [2] Für das Verfahren gilt § 62 des Gesetzes über Ordnungswidrigkeiten.

§ 58 [2]) **Anrechnung von Vorschüssen und Zahlungen. (1)** Zahlungen, die der Rechtsanwalt nach § 9 des Beratungshilfegesetzes erhalten hat, werden auf die aus der Landeskasse zu zahlende Vergütung angerechnet.

(2) [1] In Angelegenheiten, in denen sich die Gebühren nach Teil 3 des Vergütungsverzeichnisses bestimmen, sind Vorschüsse und Zahlungen, die der Rechtsanwalt vor oder nach der Beiordnung erhalten hat, zunächst auf die Vergütungen anzurechnen, für die ein Anspruch gegen die Staatskasse nicht oder nur unter den Voraussetzungen des § 50 besteht. [2] Ist eine Gebühr, für die kein Anspruch gegen die Staatskasse besteht, auf eine Gebühr anzurechnen, für die ein Anspruch gegen die Staatskasse besteht, so vermindert sich der Anspruch gegen die Staatskasse nur insoweit, als der Rechtsanwalt durch eine Zahlung auf die anzurechnende Gebühr und den Anspruch auf die ohne Anrechnung ermittelte andere Gebühr insgesamt mehr als den sich aus § 15a Absatz 1 ergebenden Gesamtbetrag erhalten würde.

(3) [1] In Angelegenheiten, in denen sich die Gebühren nach den Teilen 4 bis 6 des Vergütungsverzeichnisses bestimmen, sind Vorschüsse und Zahlungen,

---

[1]) § 56 Abs. 2 Satz 1 neu gef. mWv 1.4.2005 durch G v. 22.3.2005 (BGBl. I S. 837).
[2]) § 58 Abs. 3 Satz 1 geänd., Satz 4 angef. mWv 1.8.2013 durch G v. 23.7.2013 (BGBl. I S. 2586); Abs. 2 Satz 2 angef., Abs. 3 Satz 4 geänd. mWv 1.1.2021 durch G v. 21.12.2020 (BGBl. I S. 3229).

die der Rechtsanwalt vor oder nach der gerichtlichen Bestellung oder Beiordnung für seine Tätigkeit in einer gebührenrechtlichen Angelegenheit erhalten hat, auf die von der Staatskasse für diese Angelegenheit zu zahlenden Gebühren anzurechnen. [2] Hat der Rechtsanwalt Zahlungen empfangen, nachdem er Gebühren aus der Staatskasse erhalten hat, ist er zur Rückzahlung an die Staatskasse verpflichtet. [3] Die Anrechnung oder Rückzahlung erfolgt nur, soweit der Rechtsanwalt durch die Zahlungen insgesamt mehr als den doppelten Betrag der ihm ohne Berücksichtigung des § 51 aus der Staatskasse zustehenden Gebühren erhalten würde. [4] Sind die dem Rechtsanwalt nach Satz 3 verbleibenden Gebühren höher als die im Vergütungsverzeichnis vorgesehenen Höchstgebühren eines Wahlanwalts, ist auch der die Höchstgebühren übersteigende Betrag anzurechnen oder zurückzuzahlen.

§ 59[1] Übergang von Ansprüchen auf die Staatskasse. (1) [1] Soweit dem im Wege der Prozesskostenhilfe oder nach § 138 des Gesetzes über das Verfahren in Familiensachen und in den Angelegenheiten der freiwilligen Gerichtsbarkeit, auch in Verbindung mit § 270 des Gesetzes über das Verfahren in Familiensachen und in den Angelegenheiten der freiwilligen Gerichtsbarkeit, beigeordneten oder nach § 67a Abs. 1 Satz 2 der Verwaltungsgerichtsordnung bestellten Rechtsanwalt wegen seiner Vergütung ein Anspruch gegen die Partei oder einen ersatzpflichtigen Gegner zusteht, geht der Anspruch mit der Befriedigung des Rechtsanwalts durch die Staatskasse auf diese über. [2] Der Übergang kann nicht zum Nachteil des Rechtsanwalts geltend gemacht werden.

(2) [1] Für die Geltendmachung des Anspruchs sowie für die Erinnerung und die Beschwerde gelten die Vorschriften über die Kosten des gerichtlichen Verfahrens entsprechend. [2] Ansprüche der Staatskasse werden bei dem Gericht des ersten Rechtszugs angesetzt. [3] Ist das Gericht des ersten Rechtszugs ein Gericht des Landes und ist der Anspruch auf die Bundeskasse übergegangen, wird er insoweit bei dem jeweiligen obersten Gerichtshof des Bundes angesetzt.

(3) Absatz 1 gilt entsprechend bei Beratungshilfe.

§ 59a[2] Beiordnung und Bestellung durch Justizbehörden. (1) [1] Für den durch die Staatsanwaltschaft bestellten Rechtsanwalt gelten die Vorschriften über den gerichtlich bestellten Rechtsanwalt entsprechend. [2] Ist das Verfahren nicht gerichtlich anhängig geworden, tritt an die Stelle des Gerichts des ersten Rechtszugs das Gericht, das für die gerichtliche Bestätigung der Bestellung zuständig ist.

(2) [1] Für den durch die Staatsanwaltschaft beigeordneten Zeugenbeistand gelten die Vorschriften über den gerichtlich beigeordneten Zeugenbeistand entsprechend. [2] Über Anträge nach § 51 Absatz 1 entscheidet das Oberlandesgericht, in dessen Bezirk die Staatsanwaltschaft ihren Sitz hat. [3] Hat der Generalbundesanwalt einen Zeugenbeistand beigeordnet, entscheidet der Bundesgerichtshof.

(3) [1] Für den nach § 87e des Gesetzes über die internationale Rechtshilfe in Strafsachen in Verbindung mit § 53 des Gesetzes über die internationale Rechtshilfe in Strafsachen durch das Bundesamt für Justiz bestellten Beistand

---

[1] § 59 Abs. 1 Satz 1 geänd. mWv 1.9.2009 durch G v. 17.12.2008 (BGBl. I S. 2586); Abs. 2 Satz 1 neu gef., Satz 4 aufgeh. mWv 1.8.2013 durch G v. 23.7.2013 (BGBl. I S. 2586).
[2] § 59a eingef. mWv 1.8.2013 durch G v. 23.7.2013 (BGBl. I S. 2586); Abs. 1 eingef., bish. Abs. 1–3 werden Abs. 2–4 mWv 13.12.2019 durch G v. 10.12.2019 (BGBl. I S. 2128).

gelten die Vorschriften über den gerichtlich bestellten Rechtsanwalt entsprechend. ²An die Stelle des Urkundsbeamten der Geschäftsstelle tritt das Bundesamt. ³Über Anträge nach § 51 Absatz 1 entscheidet das Bundesamt gleichzeitig mit der Festsetzung der Vergütung.

(4) ¹Gegen Entscheidungen der Staatsanwaltschaft und des Bundesamts für Justiz nach den Vorschriften dieses Abschnitts kann gerichtliche Entscheidung beantragt werden. ²Zuständig ist das Landgericht, in dessen Bezirk die Justizbehörde ihren Sitz hat. ³Bei Entscheidungen des Generalbundesanwalts entscheidet der Bundesgerichtshof.

Abschnitt 9. Übergangs- und Schlussvorschriften

§ 59b[1]) **Bekanntmachung von Neufassungen.** ¹Das Bundesministerium der Justiz und für Verbraucherschutz kann nach Änderungen den Wortlaut des Gesetzes feststellen und als Neufassung im Bundesgesetzblatt bekannt machen. ²Die Bekanntmachung muss auf diese Vorschrift Bezug nehmen und angeben

1. den Stichtag, zu dem der Wortlaut festgestellt wird,

2. die Änderungen seit der letzten Veröffentlichung des vollständigen Wortlauts im Bundesgesetzblatt sowie

3. das Inkrafttreten der Änderungen.

§ 60[2]) **Übergangsvorschrift.** (1) ¹Für die Vergütung ist das bisherige Recht anzuwenden, wenn der unbedingte Auftrag zur Erledigung derselben Angelegenheit vor dem Inkrafttreten einer Gesetzesänderung erteilt worden ist. ²Dies gilt auch für einen Vergütungsanspruch gegen die Staatskasse (§ 45, auch in Verbindung mit § 59a). ³Steht dem Rechtsanwalt ein Vergütungsanspruch zu, ohne dass ihm zum Zeitpunkt der Beiordnung oder Bestellung ein unbedingter Auftrag desjenigen erteilt worden ist, dem er beigeordnet oder für den er bestellt wurde, so ist für diese Vergütung in derselben Angelegenheit bisheriges Recht anzuwenden, wenn die Beiordnung oder Bestellung des Rechtsanwalts vor dem Inkrafttreten einer Gesetzesänderung wirksam geworden ist. ⁴Erfasst die Beiordnung oder Bestellung auch eine Angelegenheit, in der der Rechtsanwalt erst nach dem Inkrafttreten einer Gesetzesänderung erstmalig beauftragt oder tätig wird, so ist insoweit für die Vergütung neues Recht anzuwenden. ⁵Das nach den Sätzen 2 bis 4 anzuwendende Recht findet auch auf Ansprüche des beigeordneten oder bestellten Rechtsanwalts Anwendung, die sich nicht gegen die Staatskasse richten. ⁶Die Sätze 1 bis 5 gelten auch, wenn Vorschriften geändert werden, auf die dieses Gesetz verweist.

(2) Sind Gebühren nach dem zusammengerechneten Wert mehrerer Gegenstände zu bemessen, gilt für die gesamte Vergütung das bisherige Recht auch dann, wenn dies nach Absatz 1 nur für einen der Gegenstände gelten würde.

(3) In Angelegenheiten nach dem Pflegeberufegesetz ist bei der Bestimmung des Gegenstandswerts § 52 Absatz 4 Nummer 4 des Gerichtskostengesetzes[3])

---

[1]) Früherer § 59a eingef. mWv 28.12.2010 durch G v. 22.12.2010 (BGBl. I S. 2248); bish. § 59a wird § 59b mWv 1.8.2013 durch G v. 23.7.2013 (BGBl. I S. 2586); Satz 1 geänd. mWv 8.9.2015 durch VO v. 31.8.2015 (BGBl. I S. 1474).

[2]) § 60 Abs. 3 angef. mWv 16.8.2019 durch G v. 9.8.2019 (BGBl. I S. 1202); Abs. 1 neu gef. mWv 30.12.2020 durch G v. 21.12.2020 (BGBl. I S. 3229).

[3]) Nr. 2.

nicht anzuwenden, wenn der unbedingte Auftrag zur Erledigung derselben Angelegenheit vor dem 15. August 2019 erteilt worden ist.

§ 61 Übergangsvorschrift aus Anlass des Inkrafttretens dieses Gesetzes. (1) ¹Die Bundesgebührenordnung für Rechtsanwälte in der im Bundesgesetzblatt Teil III, Gliederungsnummer 368-1, veröffentlichten bereinigten Fassung, zuletzt geändert durch Artikel 2 Abs. 6 des Gesetzes vom 12. März 2004 (BGBl. I S. 390), und Verweisungen hierauf sind weiter anzuwenden, wenn der unbedingte Auftrag zur Erledigung derselben Angelegenheit im Sinne des § 15 vor dem 1. Juli 2004 erteilt oder der Rechtsanwalt vor diesem Zeitpunkt gerichtlich bestellt oder beigeordnet worden ist. ²Ist der Rechtsanwalt am 1. Juli 2004 in derselben Angelegenheit und, wenn ein gerichtliches Verfahren anhängig ist, in demselben Rechtszug bereits tätig, gilt für das Verfahren über ein Rechtsmittel, das nach diesem Zeitpunkt eingelegt worden ist, dieses Gesetz. ³§ 60 Abs. 2 ist entsprechend anzuwenden.

(2) Auf die Vereinbarung der Vergütung sind die Vorschriften dieses Gesetzes auch dann anzuwenden, wenn nach Absatz 1 die Vorschriften der Bundesgebührenordnung für Rechtsanwälte weiterhin anzuwenden und die Willenserklärungen beider Parteien nach dem 1. Juli 2004 abgegeben worden sind.

§ 62¹⁾ Verfahren nach dem Therapieunterbringungsgesetz. Die Regelungen des Therapieunterbringungsgesetzes zur Rechtsanwaltsvergütung bleiben unberührt.

---

¹⁾ § 62 angef. mWv 1.1.2011 durch G v. 22.12.2010 (BGBl. I S. 2300).

Anlage 1[1)]
(zu § 2 Abs. 2)

Vergütungsverzeichnis

Gliederung

[1)] Anl. 1 geänd. mWv 1.7.2006 durch G v. 5.5.2004 (BGBl. I S. 718); mWv 1.9.2004 durch G v. 24.6.2004 (BGBl. I S. 1354); mWv 29.7.2004 durch G v. 23.7.2004 (BGBl. I S. 1838); mWv 1.1.2005 durch G v. 9.12.2004 (BGBl. I S. 3220); mWv 21.12.2004 durch G v. 15.12.2004 (BGBl. I S. 3408); mWv 1.4.2005 durch G v. 22.3.2005 (BGBl. I S. 837); mWv 13.7.2005 durch G v. 7.7.2005 (BGBl. I S. 1970, ber. S. 3621); mWv 1.11.2005 durch G v. 16.8.2005 (BGBl. I S. 2437, geänd. durch G v. 22.12.2006, BGBl. S. 3416); mWv 21.10.2005 durch G v. 16.8.2005 (BGBl. I S. 2477); mWv 1.11. 2005 durch G v. 22.9.2005 (BGBl. I S. 2802); mWv 29.12.2006 durch G v. 21.12.2006 (BGBl. I S. 3367); mWv 31.12.2006 durch G v. 22.12.2006 (BGBl. I S. 3416); mWv 1.7.2007 durch G v. 26.3. 2007 (BGBl. I S. 370); mWv 1.1.2008 durch G v. 13.12.2007 (BGBl. I S. 2894); mWv 1.9.2009 durch G v. 31.7.2008 (BGBl. I S. 1629); mWv 1.9.2009 durch G v. 17.12.2008 (BGBl. I S. 2586); mWv 28.10.2010 durch G v. 18.10.2010 (BGBl. I S. 1408); mWv 28.12.2010 durch G v. 22.12.2010 (BGBl. I S. 2248); mWv 28.5.2011 durch G v. 23.5.2011 (BGBl. I S. 898); mWv 3.12.2011 durch G v. 24.11.2011 (BGBl. I S. 2302); mWv 24.8.2012 durch G v. 17.8.2012 (BGBl. I S. 1726); mWv 1.11. 2012 durch G v. 19.10.2012 (BGBl. I S. 2182); mWv 1.8.2013 durch G v. 23.7.2013 (BGBl. I S. 2586); mWv 1.1.2014 durch G v. 31.8.2013 (BGBl. I S. 3533); mWv 1.1.2014 durch G v. 10.10. 2013 (BGBl. I S. 3799); mWv 16.7.2014 durch G v. 8.7.2014 (BGBl. I S. 890); mWv 25.7.2015 durch G v. 17.7.2015 (BGBl. I S. 1332); mWv 18.4.2016 durch G v. 17.2.2016 (BGBl. I S. 203); mWv 1.6.2016 durch G v. 24.5.2016 (BGBl. I S. 1190); mWv 1.8.2017 durch G v. 21.11.2016 (BGBl. I S. 2591); mWv 1.7.2017 durch G v. 13.4.2017 (BGBl. I S. 872); mWv 26.6.2017 durch G v. 5.6.2017 (BGBl. I S. 1476); mWv 1.10.2017 durch G v. 17.7.2017 (BGBl. I S. 2424); **mit unbestimmtem Inkrafttreten** durch G v. 18.7.2017 (BGBl. I S. 2739, geänd. durch G v. 18.1.2021, BGBl. I S. 2), die Änderung tritt an dem Tag in Kraft, der in der Bekanntmachung nach § 12 Abs. 2 Satz 1 des Wettbewerbsregistergesetzes bezeichnet ist; mWv 28.6.2019 durch G v. 19.6.2019 (BGBl. I S. 840); mWv 30.6.2020 durch G v. 25.6.2020 (BGBl. I S. 1474); mWv 1.1.2021 durch G v. 21.12. 2020 (BGBl. I S. 3229); mWv 1.1.2021 durch G v. 22.12.2020 (BGBl. I S. 3256); mWv 1.10.2021 durch G v. 22.12.2020 (BGBl. I S. 3320); mWv 9.6.2021 durch G v. 2.6.2021 (BGBl. I S. 1278); mWv 1.7.2021 durch G v. 25.6.2021 (BGBl. I S. 2099); mWv 3.7.2021 durch G v. 25.6.2021 (BGBl. I S. 2154); mWv **1.8.2022** durch G v. 10.8.2021 (BGBl. I S. 3424).

Teil 1. Allgemeine Gebühren

Nr.	Gebührentatbestand	Gebühr oder Satz der Gebühr nach § 13 RVG

Vorbemerkung 1:
Die Gebühren dieses Teils entstehen neben den in anderen Teilen bestimmten Gebühren oder einer Gebühr für die Beratung nach § 34 RVG.

1000   **Einigungsgebühr für die Mitwirkung beim Abschluss eines Vertrags**

1. durch den der Streit oder die Ungewissheit über ein Rechtsverhältnis beseitigt wird **1,5**

2. durch den die Erfüllung des Anspruchs geregelt wird bei gleichzeitigem vorläufigem Verzicht auf seine gerichtliche Geltendmachung oder, wenn bereits ein zur Zwangsvollstreckung geeigneter Titel vorliegt, bei gleichzeitigem vorläufigem Verzicht auf Vollstreckungsmaßnahmen (Zahlungsvereinbarung) **0,7**

(1) Die Gebühr nach Nummer 1 entsteht nicht, wenn der Hauptanspruch anerkannt oder wenn auf ihn verzichtet wird. Im Privatklageverfahren ist Nummer 4147 anzuwenden.

(2) Die Gebühr entsteht auch für die Mitwirkung bei Vertragsverhandlungen, es sei denn, dass diese für den Abschluss des Vertrags im Sinne dieser Vorschrift nicht ursächlich war.

(3) Für die Mitwirkung bei einem unter einer aufschiebenden Bedingung oder unter dem Vorbehalt des Widerrufs geschlossenen Vertrag entsteht die Gebühr, wenn die Bedingung eingetreten ist oder der Vertrag nicht mehr widerrufen werden kann.

(4) Bei Rechtsverhältnissen des öffentlichen Rechts entsteht die Gebühr, soweit über die Ansprüche vertraglich verfügt werden kann. Absatz 1 Satz 1 und Absatz 2 sind anzuwenden.

(5) Die Gebühr entsteht nicht in Ehesachen und in Lebenspartnerschaftssachen (§ 269 Abs. 1 Nr. 1 und 2 FamFG). Wird ein Vertrag, insbesondere über den Unterhalt, im Hinblick auf die in Satz 1 genannten Verfahren geschlossen, bleibt der Wert dieser Verfahren bei der Berechnung der Gebühr außer Betracht. In Kindschaftssachen entsteht die Gebühr auch für die Mitwirkung an einer Vereinbarung, über deren Gegenstand nicht vertraglich verfügt werden kann. Absatz 1 Satz 1 ist entsprechend anzuwenden.

1001   Aussöhnungsgebühr **1,5**

Die Gebühr entsteht für die Mitwirkung bei der Aussöhnung, wenn der ernstliche Wille eines Ehegatten, eine Scheidungssache oder ein Verfahren auf Aufhebung der Ehe anhängig zu machen, hervorgetreten ist und die Ehegatten die eheliche Lebensgemeinschaft fortsetzen oder die eheliche Lebensgemeinschaft wieder aufnehmen. Dies gilt entsprechend bei Lebenspartnerschaften.

1002   Erledigungsgebühr, soweit nicht Nummer 1005 gilt   **1,5**

Die Gebühr entsteht, wenn sich eine Rechtssache ganz oder teilweise nach Aufhebung oder Änderung des mit einem Rechtsbehelf angefochtenen Verwaltungsakts durch die anwaltliche Mitwirkung erledigt. Das Gleiche gilt, wenn sich eine Rechtssache ganz oder teilweise durch Erlass eines bisher abgelehnten Verwaltungsakts erledigt.

Nr.	Gebührentatbestand	Gebühr oder Satz der Gebühr nach § 13 RVG
1003	Über den Gegenstand ist ein anderes gerichtliches Verfahren als ein selbstständiges Beweisverfahren anhängig: Die Gebühr 1000 Nr. 1 sowie die Gebühren 1001 und 1002 betragen .... (1) Dies gilt auch, wenn ein Verfahren über die Prozesskostenhilfe anhängig ist, soweit nicht lediglich Prozesskostenhilfe für ein selbstständiges Beweisverfahren oder die gerichtliche Protokollierung des Vergleichs beantragt wird oder sich die Beiordnung auf den Abschluss eines Vertrags im Sinne der Nummer 1000 erstreckt (§ 48 Abs. 1 und 3 RVG). Die Anmeldung eines Anspruchs zum Musterverfahren nach dem KapMuG steht einem anhängigen gerichtlichen Verfahren gleich. Das Verfahren vor dem Gerichtsvollzieher steht einem gerichtlichen Verfahren gleich. (2) In Kindschaftssachen entsteht die Gebühr auch für die Mitwirkung am Abschluss eines gerichtlich gebilligten Vergleichs (§ 156 Abs. 2 FamFG) und an einer Vereinbarung, über deren Gegenstand nicht vertraglich verfügt werden kann, wenn hierdurch eine gerichtliche Entscheidung entbehrlich wird oder wenn die Entscheidung der getroffenen Vereinbarung folgt.	1,0
1004	Über den Gegenstand ist ein Berufungs- oder Revisionsverfahren, ein Verfahren über die Beschwerde gegen die Nichtzulassung eines dieser Rechtsmittel oder ein Verfahren vor dem Rechtsmittelgericht über die Zulassung des Rechtsmittels anhängig: Die Gebühr 1000 Nr. 1 sowie die Gebühren 1001 und 1002 betragen .... (1) Dies gilt auch in den in den Vorbemerkungen 3.2.1 und 3.2.2 genannten Beschwerde- und Rechtsbeschwerdeverfahren. (2) Absatz 2 der Anmerkung zu Nummer 1003 ist anzuwenden.	1,3
1005	Einigung oder Erledigung in einem Verwaltungsverfahren in sozialrechtlichen Angelegenheiten, in denen im gerichtlichen Verfahren Betragsrahmengebühren entstehen (§ 3 RVG): Die Gebühren 1000 und 1002 entstehen .... (1) Die Gebühr bestimmt sich einheitlich nach dieser Vorschrift, wenn in die Einigung Ansprüche aus anderen Verwaltungsverfahren einbezogen werden. Ist über einen Gegenstand ein gerichtliches Verfahren anhängig, bestimmt sich die Gebühr nach Nummer 1006. Maßgebend für die Höhe der Gebühr ist die höchste entstandene Geschäftsgebühr ohne Berücksichtigung einer Erhöhung nach Nummer 1008. Steht dem Rechtsanwalt ausschließlich eine Gebühr nach § 34 RVG zu, beträgt die Gebühr die Hälfte des in der Anmerkung zu Nummer 2302 genannten Betrags. (2) Betrifft die Einigung oder Erledigung nur einen Teil der Angelegenheit, ist der auf diesen Teil der Angelegenheit entfallende Anteil an der Geschäftsgebühr unter Berücksichtigung der in § 14 Abs. 1 RVG genannten Umstände zu schätzen.	in Höhe der Geschäftsgebühr

Nr.	Gebührentatbestand	Gebühr oder Satz der Gebühr nach § 13 RVG
1006	Über den Gegenstand ist ein gerichtliches Verfahren anhängig: Die Gebühr 1005 entsteht .... (1) Die Gebühr bestimmt sich auch dann einheitlich nach dieser Vorschrift, wenn in die Einigung Ansprüche einbezogen werden, die nicht in diesem Verfahren rechtshängig sind. Maßgebend für die Höhe der Gebühr ist die im Einzelfall bestimmte Verfahrensgebühr in der Angelegenheit, in der die Einigung erfolgt. Eine Erhöhung nach Nummer 1008 ist nicht zu berücksichtigen. (2) Betrifft die Einigung oder Erledigung nur einen Teil der Angelegenheit, ist der auf diesen Teil der Angelegenheit entfallende Anteil an der Verfahrensgebühr unter Berücksichtigung der in § 14 Abs. 1 RVG genannten Umstände zu schätzen.	in Höhe der Verfahrensgebühr
1007	*(nicht belegt)*	
1008	Auftraggeber sind in derselben Angelegenheit mehrere Personen: Die Verfahrens- oder Geschäftsgebühr erhöht sich für jede weitere Person um .... (1) Dies gilt bei Wertgebühren nur, soweit der Gegenstand der anwaltlichen Tätigkeit derselbe ist. (2) Die Erhöhung wird nach dem Betrag berechnet, an dem die Personen gemeinschaftlich beteiligt sind. (3) Mehrere Erhöhungen dürfen einen Gebührensatz von 2,0 nicht übersteigen; bei Festgebühren dürfen die Erhöhungen das Doppelte der Festgebühr und bei Betragsrahmengebühren das Doppelte des Mindest- und Höchstbetrags nicht übersteigen. (4) Im Fall der Anmerkung zu den Gebühren 2300 und 2302 erhöht sich der Gebührensatz oder Betrag dieser Gebühren entsprechend.	0,3 oder 30 % bei Festgebühren, bei Betragsrahmengebühren erhöhen sich der Mindest- und Höchstbetrag um 30 %
1009	Hebegebühr 1. bis einschließlich 2 500,00 € .... 2. von dem Mehrbetrag bis einschließlich 10 000,00 € 3. von dem Mehrbetrag über 10 000,00 € .... (1) Die Gebühr wird für die Auszahlung oder Rückzahlung von entgegengenommenen Geldbeträgen erhoben. (2) Unbare Zahlungen stehen baren Zahlungen gleich. Die Gebühr kann bei der Ablieferung an den Auftraggeber entnommen werden. (3) Ist das Geld in mehreren Beträgen gesondert ausgezahlt oder zurückgezahlt, wird die Gebühr von jedem Betrag besonders erhoben. (4) Für die Ablieferung oder Rücklieferung von Wertpapieren und Kostbarkeiten entsteht die in den Absätzen 1 bis 3 bestimmte Gebühr nach dem Wert. (5) Die Hebegebühr entsteht nicht, soweit Kosten an ein Gericht oder eine Behörde weitergeleitet oder eingezogene Kosten an den Auftraggeber abgeführt oder eingezogene Beträge auf die Vergütung verrechnet werden.	1,0 % 0,5 % 0,25 % des aus- oder zurückgezahlten Betrags – mindestens 1,00 €

Nr.	Gebührentatbestand	Gebühr oder Satz der Gebühr nach § 13 RVG
1010	Zusatzgebühr für besonders umfangreiche Beweisaufnahmen in Angelegenheiten, in denen sich die Gebühren nach Teil 3 richten und mindestens drei gerichtliche Termine stattfinden, in denen Sachverständige oder Zeugen vernommen werden .... Die Gebühr entsteht für den durch besonders umfangreiche Beweisaufnahmen anfallenden Mehraufwand.	0,3 oder bei Betragsrahmengebühren erhöhen sich der Mindest- und Höchstbetrag der Terminsgebühr um 30 %

Teil 2. Außergerichtliche Tätigkeiten einschließlich der Vertretung im Verwaltungsverfahren

Nr.	Gebührentatbestand	Gebühr oder Satz der Gebühr nach § 13 RVG

Vorbemerkung 2:

(1) Die Vorschriften dieses Teils sind nur anzuwenden, soweit nicht die §§ 34 bis 36 RVG etwas anderes bestimmen.

(2) Für die Tätigkeit als Beistand für einen Zeugen oder Sachverständigen in einem Verwaltungsverfahren, für das sich die Gebühren nach diesem Teil bestimmen, entstehen die gleichen Gebühren wie für einen Bevollmächtigten in diesem Verfahren. Für die Tätigkeit als Beistand eines Zeugen oder Sachverständigen vor einem parlamentarischen Untersuchungsausschuss entstehen die gleichen Gebühren wie für die entsprechende Beistandsleistung in einem Strafverfahren des ersten Rechtszugs vor dem Oberlandesgericht.

Abschnitt 1. Prüfung der Erfolgsaussicht eines Rechtsmittels

Nr.	Gebührentatbestand	Gebühr oder Satz der Gebühr nach § 13 RVG
2100	Gebühr für die Prüfung der Erfolgsaussicht eines Rechtsmittels, soweit in Nummer 2102 nichts anderes bestimmt ist .... Die Gebühr ist auf eine Gebühr für das Rechtsmittelverfahren anzurechnen.	0,5 bis 1,0
2101	Die Prüfung der Erfolgsaussicht eines Rechtsmittels ist mit der Ausarbeitung eines schriftlichen Gutachtens verbunden: Die Gebühr 2100 beträgt	1,3
2102	Gebühr für die Prüfung der Erfolgsaussicht eines Rechtsmittels in sozialrechtlichen Angelegenheiten, in denen im gerichtlichen Verfahren Betragsrahmengebühren entstehen (§ 3 RVG), und in den Angelegenheiten, für die nach den Teilen 4 bis 6 Betragsrahmengebühren entstehen .... Die Gebühr ist auf eine Gebühr für das Rechtsmittelverfahren anzurechnen.	36,00 bis 384,00 €
2103	Die Prüfung der Erfolgsaussicht eines Rechtsmittels ist mit der Ausarbeitung eines schriftlichen Gutachtens verbunden: Die Gebühr 2102 beträgt	60,00 bis 660,00 €

Abschnitt 2. Herstellung des Einvernehmens

Nr.	Gebührentatbestand	Gebühr oder Satz der Gebühr nach § 13 RVG
2200	Geschäftsgebühr für die Herstellung des Einvernehmens nach § 28 EuRAG	in Höhe der einem Bevollmächtigten oder Verteidiger zustehenden Verfahrensgebühr

Nr.	Gebührentatbestand	Gebühr oder Satz der Gebühr nach § 13 RVG
2201	Das Einvernehmen wird nicht hergestellt: Die Gebühr 2200 beträgt	0,1 bis 0,5 oder Mindestbetrag der einem Bevollmächtigten oder Verteidiger zustehenden Verfahrensgebühr

Abschnitt 3. Vertretung

Vorbemerkung 2.3:

(1) Im Verwaltungszwangsverfahren ist Teil 3 Abschnitt 3 Unterabschnitt 3 entsprechend anzuwenden.

(2) Dieser Abschnitt gilt nicht für die in den Teilen 4 bis 6 geregelten Angelegenheiten.

(3) Die Geschäftsgebühr entsteht für das Betreiben des Geschäfts einschließlich der Information und für die Mitwirkung bei der Gestaltung eines Vertrags.

(4) Soweit wegen desselben Gegenstands eine Geschäftsgebühr für eine Tätigkeit im Verwaltungsverfahren entstanden ist, wird diese Gebühr zur Hälfte, bei Wertgebühren jedoch höchstens mit einem Gebührensatz von 0,75, auf eine Geschäftsgebühr für eine Tätigkeit im weiteren Verwaltungsverfahren, das der Nachprüfung des Verwaltungsakts dient, angerechnet. Bei einer Betragsrahmengebühr beträgt der Anrechnungsbetrag höchstens 207,00 €. Bei einer Wertgebühr erfolgt die Anrechnung nach dem Wert des Gegenstands, der auch Gegenstand des weiteren Verfahrens ist.

(5) Absatz 4 gilt entsprechend bei einer Tätigkeit im Verfahren nach der Wehrbeschwerdeordnung, wenn darauf eine Tätigkeit im Beschwerdeverfahren oder wenn der Tätigkeit im Beschwerdeverfahren die Tätigkeit im Verfahren der weiteren Beschwerde vor dem Disziplinarvorgesetzten folgt.

(6) Soweit wegen desselben Gegenstands eine Geschäftsgebühr nach Nummer 2300 entstanden ist, wird diese Gebühr zur Hälfte, jedoch höchstens mit einem Gebührensatz von 0,75, auf eine Geschäftsgebühr nach Nummer 2303 angerechnet. Absatz 4 Satz 3 gilt entsprechend.

2300	Geschäftsgebühr, soweit in den Nummern 2302 und 2303 nichts anderes bestimmt ist	0,5 bis 2,5
	(1) Eine Gebühr von mehr als 1,3 kann nur gefordert werden, wenn die Tätigkeit umfangreich oder schwierig war.	
	(2) Ist Gegenstand der Tätigkeit eine Inkassodienstleistung, die eine unbestrittene Forderung betrifft, kann eine Gebühr von mehr als 0,9 nur gefordert werden, wenn die Inkassodienstleistung besonders umfangreich oder besonders schwierig war. In einfachen Fällen kann nur eine Gebühr von 0,5 gefordert werden; ein einfacher Fall liegt in der Regel vor, wenn die Forderung auf die erste Zahlungsaufforderung hin beglichen wird. Der Gebührensatz beträgt höchstens 1,3.	
2301	Der Auftrag beschränkt sich auf ein Schreiben einfacher Art: Die Gebühr 2300 beträgt	0,3
	Es handelt sich um ein Schreiben einfacher Art, wenn dieses weder schwierige rechtliche Ausführungen noch größere sachliche Auseinandersetzungen enthält.	

Nr.	Gebührentatbestand	Gebühr oder Satz der Gebühr nach § 13 RVG
2302	Geschäftsgebühr in 1. sozialrechtlichen Angelegenheiten, in denen im gerichtlichen Verfahren Betragsrahmengebühren entstehen (§ 3 RVG), und 2. Verfahren nach der Wehrbeschwerdeordnung, wenn im gerichtlichen Verfahren das Verfahren vor dem Truppendienstgericht oder vor dem Bundesverwaltungsgericht an die Stelle des Verwaltungsrechtswegs gemäß § 82 SG tritt .... Eine Gebühr von mehr als 359,00 € kann nur gefordert werden, wenn die Tätigkeit umfangreich oder schwierig war.	60,00 bis 768,00 €
2303	Geschäftsgebühr für 1. Güteverfahren vor einer durch die Landesjustizverwaltung eingerichteten oder anerkannten Gütestelle (§ 794 Abs. 1 Nr. 1 ZPO) oder, wenn die Parteien den Einigungsversuch einvernehmlich unternehmen, vor einer Gütestelle, die Streitbeilegung betreibt (§ 15a Abs. 3 EGZPO), 2. Verfahren vor einem Ausschuss der in § 111 Abs. 2 des Arbeitsgerichtsgesetzes bezeichneten Art, 3. Verfahren vor dem Seemannsamt zur vorläufigen Entscheidung von Arbeitssachen und 4. Verfahren vor sonstigen gesetzlich eingerichteten Einigungsstellen, Gütestellen oder Schiedsstellen	1,5

Abschnitt 4. (aufgehoben)

Abschnitt 5. Beratungshilfe

Vorbemerkung 2.5:
Im Rahmen der Beratungshilfe entstehen Gebühren ausschließlich nach diesem Abschnitt.

2500	Beratungshilfegebühr .... Neben der Gebühr werden keine Auslagen erhoben. Die Gebühr kann erlassen werden.	15,00 €
2501	Beratungsgebühr .... (1) Die Gebühr entsteht für eine Beratung, wenn die Beratung nicht mit einer anderen gebührenpflichtigen Tätigkeit zusammenhängt. (2) Die Gebühr ist auf eine Gebühr für eine sonstige Tätigkeit anzurechnen, die mit der Beratung zusammenhängt.	38,50 €
2502	Beratungstätigkeit mit dem Ziel einer außergerichtlichen Einigung mit den Gläubigern über die Schuldenbereinigung auf der Grundlage eines Plans (§ 305 Abs. 1 Nr. 1 InsO): Die Gebühr 2501 beträgt	77,00 €
2503	Geschäftsgebühr .... (1) Die Gebühr entsteht für das Betreiben des Geschäfts einschließlich der Information oder die Mitwirkung bei der Gestaltung eines Vertrags.	93,50 €

Nr.	Gebührentatbestand	Gebühr oder Satz der Gebühr nach § 13 RVG
	(2) Auf die Gebühren für ein anschließendes gerichtliches oder behördliches Verfahren ist diese Gebühr zur Hälfte anzurechnen. Auf die Gebühren für ein Verfahren auf Vollstreckbarerklärung eines Vergleichs nach den §§ 796a, 796b und 796c Abs. 2 Satz 2 ZPO ist die Gebühr zu einem Viertel anzurechnen.	
2504	Tätigkeit mit dem Ziel einer außergerichtlichen Einigung mit den Gläubigern über die Schuldenbereinigung auf der Grundlage eines Plans (§ 305 Abs. 1 Nr. 1 InsO):	
	Die Gebühr 2503 beträgt bei bis zu 5 Gläubigern	297,00 €
2505	Es sind 6 bis 10 Gläubiger vorhanden:	
	Die Gebühr 2503 beträgt.........................	446,00 €
2506	Es sind 11 bis 15 Gläubiger vorhanden:	
	Die Gebühr 2503 beträgt	594,00 €
2507	Es sind mehr als 15 Gläubiger vorhanden:	
	Die Gebühr 2503 beträgt	743,00 €
2508	Einigungs- und Erledigungsgebühr	165,00 €
	(1) Die Anmerkungen zu Nummern 1000 und 1002 sind anzuwenden.	
	(2) Die Gebühr entsteht auch für die Mitwirkung bei einer außergerichtlichen Einigung mit den Gläubigern über die Schuldenbereinigung auf der Grundlage eines Plans (§ 305 Abs. 1 Nr. 1 InsO).	

Teil 3. Zivilsachen, Verfahren der öffentlich-rechtlichen Gerichtsbarkeiten, Verfahren nach dem Strafvollzugsgesetz, auch in Verbindung mit § 92 des Jugendgerichtsgesetzes, und ähnliche Verfahren

Nr.	Gebührentatbestand	Gebühr oder Satz der Gebühr nach § 13 RVG

Vorbemerkung 3:

(1) Gebühren nach diesem Teil erhält der Rechtsanwalt, dem ein unbedingter Auftrag als Prozess- oder Verfahrensbevollmächtigter, als Beistand für einen Zeugen oder Sachverständigen oder für eine sonstige Tätigkeit in einem gerichtlichen Verfahren erteilt worden ist. Der Beistand für einen Zeugen oder Sachverständigen erhält die gleichen Gebühren wie ein Verfahrensbevollmächtigter.

(2) Die Verfahrensgebühr entsteht für das Betreiben des Geschäfts einschließlich der Information.

(3) Die Terminsgebühr entsteht sowohl für die Wahrnehmung von gerichtlichen Terminen als auch für die Wahrnehmung von außergerichtlichen Terminen und Besprechungen, wenn nichts anderes bestimmt ist. Sie entsteht jedoch nicht für die Wahrnehmung eines gerichtlichen Termins nur zur Verkündung einer Entscheidung. Die Gebühr für außergerichtliche Termine und Besprechungen entsteht für

1. die Wahrnehmung eines von einem gerichtlich bestellten Sachverständigen anberaumten Termins und

2. die Mitwirkung an Besprechungen, die auf die Vermeidung oder Erledigung des Verfahrens gerichtet sind; dies gilt nicht für Besprechungen mit dem Auftraggeber.

(4) Soweit wegen desselben Gegenstands eine Geschäftsgebühr nach Teil 2 entsteht, wird diese Gebühr zur Hälfte, bei Wertgebühren jedoch höchstens mit einem Gebührensatz von 0,75, auf die Verfahrensgebühr des gerichtlichen Verfahrens angerechnet. Bei Betragsrahmengebühren beträgt der Anrechnungsbetrag höchstens 207,00 €. Sind mehrere Gebühren entstanden, ist für die Anrechnung die zuletzt entstandene Gebühr maßgebend. Bei einer wertabhängigen Gebühr erfolgt die Anrechnung nach dem Wert des Gegenstands, der auch Gegenstand des gerichtlichen Verfahrens ist.

(5) Soweit der Gegenstand eines selbstständigen Beweisverfahrens auch Gegenstand eines Rechtsstreits ist oder wird, wird die Verfahrensgebühr des selbstständigen Beweisverfahrens auf die Verfahrensgebühr des Rechtszugs angerechnet.

(6) Soweit eine Sache an ein untergeordnetes Gericht zurückverwiesen wird, das mit der Sache bereits befasst war, ist die vor diesem Gericht bereits entstandene Verfahrensgebühr auf die Verfahrensgebühr für das erneute Verfahren anzurechnen.

(7) Die Verfahrensgebühr für einen Urkunden- oder Wechselprozess wird auf die Verfahrensgebühr für das ordentliche Verfahren angerechnet, wenn dieses nach Abstandnahme vom Urkunden- oder Wechselprozess oder nach einem Vorbehaltsurteil anhängig bleibt (§§ 596 und 600 ZPO).

(8) Die Vorschriften dieses Teils sind nicht anzuwenden, soweit Teil 6 besondere Vorschriften enthält.

Abschnitt 1. Erster Rechtszug

Vorbemerkung 3.1:

Die Gebühren dieses Abschnitts entstehen in allen Verfahren, für die in den folgenden Abschnitten dieses Teils keine Gebühren bestimmt sind.

3100	Verfahrensgebühr, soweit in Nummer 3102 nichts anderes bestimmt ist	1,3
	(1) Die Verfahrensgebühr für ein vereinfachtes Verfahren über den Unterhalt Minderjähriger wird auf die Verfahrensgebühr angerechnet, die in dem nachfolgenden Rechtsstreit entsteht (§ 255 FamFG).	
	(2) Die Verfahrensgebühr für ein Vermittlungsverfahren nach § 165 FamFG wird auf die Verfahrensgebühr für ein sich anschließendes Verfahren angerechnet.	

Nr.	Gebührentatbestand	Gebühr oder Satz der Gebühr nach § 13 RVG
3101	1. Endigt der Auftrag, bevor der Rechtsanwalt die Klage, den ein Verfahren einleitenden Antrag oder einen Schriftsatz, der Sachanträge, Sachvortrag, die Zurücknahme der Klage oder die Zurücknahme des Antrags enthält, eingereicht oder bevor er einen gerichtlichen Termin wahrgenommen hat; 2. soweit Verhandlungen vor Gericht zur Einigung der Parteien oder der Beteiligten oder mit Dritten über in diesem Verfahren nicht rechtshängige Ansprüche geführt werden; der Verhandlung über solche Ansprüche steht es gleich, wenn beantragt ist, eine Einigung zu Protokoll zu nehmen oder das Zustandekommen einer Einigung festzustellen (§ 278 Abs. 6 ZPO), oder wenn eine Einigung dadurch erfolgt, dass die Beteiligten einen in der Form eines Beschlusses ergangenen Vorschlag schriftlich oder durch Erklärung zu Protokoll in der mündlichen Verhandlung gegenüber dem Gericht annehmen (§ 101 Abs. 1 Satz 2 SGG, § 106 Satz 2 VwGO); oder 3. soweit in einer Familiensache, die nur die Erteilung einer Genehmigung oder die Zustimmung des Familiengerichts zum Gegenstand hat, oder in einem Verfahren der freiwilligen Gerichtsbarkeit lediglich ein Antrag gestellt und eine Entscheidung entgegengenommen wird, beträgt die Gebühr 3100 .... (1) Soweit in den Fällen der Nummer 2 der sich nach § 15 Abs. 3 RVG ergebende Gesamtbetrag der Verfahrensgebühren die Gebühr 3100 übersteigt, wird der übersteigende Betrag auf eine Verfahrensgebühr angerechnet, die wegen desselben Gegenstands in einer anderen Angelegenheit entsteht. (2) Nummer 3 ist in streitigen Verfahren der freiwilligen Gerichtsbarkeit, insbesondere in Verfahren nach dem Gesetz über die gerichtliche Verfahren in Landwirtschaftssachen, nicht anzuwenden.	 0,8
3102	Verfahrensgebühr für Verfahren vor den Sozialgerichten, in denen Betragsrahmengebühren entstehen (§ 3 RVG)	60,00 bis 660,00 €
3103	*(aufgehoben)*	
3104	Terminsgebühr, soweit in Nummer 3106 nichts anderes bestimmt ist .... (1) Die Gebühr entsteht auch, wenn 1. in einem Verfahren, für das mündliche Verhandlung vorgeschrieben ist, im Einverständnis mit den Parteien oder Beteiligten oder gemäß § 307 oder § 495a ZPO ohne mündliche Verhandlung entschieden oder in einem solchen Verfahren mit oder ohne Mitwirkung des Gerichts ein Vertrag im Sinne der Nummer 1000	1,2

Nr.	Gebührentatbestand	Gebühr oder Satz der Gebühr nach § 13 RVG
	geschlossen wird oder eine Erledigung der Rechtssache im Sinne der Nummer 1002 eingetreten ist, 2. nach § 84 Abs. 1 Satz 1 VwGO oder § 105 Abs. 1 Satz 1 SGG durch Gerichtsbescheid entschieden wird und eine mündliche Verhandlung beantragt werden kann oder 3. das Verfahren vor dem Sozialgericht, für das mündliche Verhandlung vorgeschrieben ist, nach angenommenem Anerkenntnis ohne mündliche Verhandlung endet. (2) Sind in dem Termin auch Verhandlungen zur Einigung über in diesem Verfahren nicht rechtshängige Ansprüche geführt worden, wird die Terminsgebühr, soweit sie den sich ohne Berücksichtigung der nicht rechtshängigen Ansprüche ergebenden Gebührenbetrag übersteigt, auf eine Terminsgebühr angerechnet, die wegen desselben Gegenstands in einer anderen Angelegenheit entsteht. (3) Die Gebühr entsteht nicht, soweit lediglich beantragt ist, eine Einigung der Parteien oder der Beteiligten oder mit Dritten über nicht rechtshängige Ansprüche zu Protokoll zu nehmen. (4) Eine in einem vorausgegangenen Mahnverfahren oder vereinfachten Verfahren über den Unterhalt Minderjähriger entstandene Terminsgebühr wird auf die Terminsgebühr des nachfolgenden Rechtsstreits angerechnet.	
3105	Wahrnehmung nur eines Termins, in dem eine Partei oder ein Beteiligter nicht erschienen oder nicht ordnungsgemäß vertreten ist und lediglich ein Antrag auf Versäumnisurteil, Versäumnisentscheidung oder zur Prozess-, Verfahrens- oder Sachleitung gestellt wird: Die Gebühr 3104 beträgt .... (1) Die Gebühr entsteht auch, wenn 1. das Gericht bei Säumnis lediglich Entscheidungen zur Prozess-, Verfahrens- oder Sachleitung von Amts wegen trifft oder 2. eine Entscheidung gemäß § 331 Abs. 3 ZPO ergeht. (2) § 333 ZPO ist nicht entsprechend anzuwenden.	0,5
3106	Terminsgebühr in Verfahren vor den Sozialgerichten, in denen Betragsrahmengebühren entstehen (§ 3 RVG) .... Die Gebühr entsteht auch, wenn 1. in einem Verfahren, für das mündliche Verhandlung vorgeschrieben ist, im Einverständnis mit den Parteien ohne mündliche Verhandlung entschieden oder in einem solchen Verfahren mit oder ohne Mitwirkung des Gerichts ein Vertrag im Sinne der Nummer 1000 geschlossen wird oder eine Erledigung der Rechtssache im Sinne der Nummer 1002 eingetreten ist, 2. nach § 105 Abs. 1 Satz 1 SGG durch Gerichtsbescheid entschieden wird und eine mündliche Verhandlung beantragt werden kann oder 3. das Verfahren, für das mündliche Verhandlung vorgeschrieben ist, nach angenommenem Anerkenntnis ohne mündliche Verhandlung endet. In den Fällen des Satzes 1 beträgt die Gebühr 90 % der in derselben Angelegenheit dem Rechtsanwalt zustehenden Verfahrensgebühr ohne Berücksichtigung einer Erhöhung nach Nummer 1008.	60,00 bis 610,00 €

53

Nr.	Gebührentatbestand	Gebühr oder Satz der Gebühr nach § 13 RVG

Abschnitt 2. Berufung, Revision, bestimmte Beschwerden und Verfahren vor dem Finanzgericht

Vorbemerkung 3.2:

(1) Dieser Abschnitt ist auch in Verfahren vor dem Rechtsmittelgericht über die Zulassung des Rechtsmittels anzuwenden.

(2) Wenn im Verfahren auf Anordnung eines Arrests, zur Erwirkung eines Europäischen Beschlusses zur vorläufigen Kontenpfändung oder auf Erlass einer einstweiligen Verfügung sowie im Verfahren über die Aufhebung, den Widerruf oder die Abänderung der genannten Entscheidungen das Rechtsmittelgericht als Gericht der Hauptsache anzusehen ist (§ 943, auch i.V.m. § 946 Abs. 1 Satz 2 ZPO), bestimmen sich die Gebühren nach den für die erste Instanz geltenden Vorschriften. Dies gilt entsprechend im Verfahren der einstweiligen Anordnung und im Verfahren auf Anordnung oder Wiederherstellung der aufschiebenden Wirkung, auf Aussetzung oder Aufhebung der Vollziehung oder Anordnung der sofortigen Vollziehung eines Verwaltungsakts. Satz 1 gilt ferner entsprechend in Verfahren über einen Antrag nach § 169 Abs. 2 Satz 5 und 6, § 173 Abs. 1 Satz 3 oder nach § 176 GWB.

Unterabschnitt 1. Berufung, bestimmte Beschwerden und Verfahren vor dem Finanzgericht

Vorbemerkung 3.2.1:

Dieser Unterabschnitt ist auch anzuwenden in Verfahren

1. vor dem Finanzgericht,
2. über Beschwerden
   a) gegen die den Rechtszug beendenden Entscheidungen in Verfahren über Anträge auf Vollstreckbarerklärung ausländischer Titel oder auf Erteilung der Vollstreckungsklausel zu ausländischen Titeln sowie über Anträge auf Aufhebung oder Abänderung der Vollstreckbarerklärung oder der Vollstreckungsklausel,
   b) gegen die Endentscheidung wegen des Hauptgegenstands in Familiensachen und in den Angelegenheiten der freiwilligen Gerichtsbarkeit,
   c) gegen die den Rechtszug beendenden Entscheidungen im Beschlussverfahren vor den Gerichten für Arbeitssachen,
   d) gegen die den Rechtszug beendenden Entscheidungen im personalvertretungsrechtlichen Beschlussverfahren vor den Gerichten der Verwaltungsgerichtsbarkeit,
   e) nach dem GWB,
   f) nach dem EnWG,
   g) nach dem KSpG,
   h) nach dem EU-VSchDG,
   i) nach dem SpruchG,
   j) nach dem WpÜG,
   [Buchst. k ab unbestimmtem Inkrafttreten:]
   k) nach dem WRegG,
3. über Beschwerden
   a) gegen die Entscheidung des Verwaltungs- oder Sozialgerichts wegen des Hauptgegenstands in Verfahren des vorläufigen oder einstweiligen Rechtsschutzes,
   b) nach dem WpHG,
   c) gegen die Entscheidung über den Widerspruch des Schuldners (§ 954 Abs. 1 Satz 1 ZPO) im Fall des Artikels 5 Buchstabe a der Verordnung (EU) Nr. 655/2014,
4. über Rechtsbeschwerden nach dem StVollzG, auch i.V.m. § 92 JGG.

3200	Verfahrensgebühr, soweit in Nummer 3204 nichts anderes bestimmt ist	1,6
3201	Vorzeitige Beendigung des Auftrags oder eingeschränkte Tätigkeit des Anwalts: Die Gebühr 3200 beträgt	1,1

Nr.	Gebührentatbestand	Gebühr oder Satz der Gebühr nach § 13 RVG
	(1) Eine vorzeitige Beendigung liegt vor,	
	1. wenn der Auftrag endigt, bevor der Rechtsanwalt das Rechtsmittel eingelegt oder einen Schriftsatz, der Sachanträge, Sachvortrag, die Zurücknahme der Klage oder die Zurücknahme des Rechtsmittels enthält, eingereicht oder bevor er einen gerichtlichen Termin wahrgenommen hat, oder	
	2. soweit Verhandlungen vor Gericht zur Einigung der Parteien oder der Beteiligten oder mit Dritten über in diesem Verfahren nicht rechtshängige Ansprüche geführt werden; der Verhandlung über solche Ansprüche steht es gleich, wenn beantragt ist, eine Einigung zu Protokoll zu nehmen oder das Zustandekommen einer Einigung festzustellen (§ 278 Abs. 6 ZPO).	
	Soweit in den Fällen der Nummer 2 der sich nach § 15 Abs. 3 RVG ergebende Gesamtbetrag der Verfahrensgebühren die Gebühr 3200 übersteigt, wird der übersteigende Betrag auf eine Verfahrensgebühr angerechnet, die wegen desselben Gegenstands in einer anderen Angelegenheit entsteht.	
	(2) Eine eingeschränkte Tätigkeit des Anwalts liegt vor, wenn sich seine Tätigkeit	
	1. in einer Familiensache, die nur die Erteilung einer Genehmigung oder die Zustimmung des Familiengerichts zum Gegenstand hat, oder	
	2. in einer Angelegenheit der freiwilligen Gerichtsbarkeit	
	auf die Einlegung und Begründung des Rechtsmittels und die Entgegennahme der Rechtsmittelentscheidung beschränkt.	
3202	Terminsgebühr, soweit in Nummer 3205 nichts anderes bestimmt ist	1,2
	(1) Absatz 1 Nr. 1 und 3 sowie die Absätze 2 und 3 der Anmerkung zu Nummer 3104 gelten entsprechend.	
	(2) Die Gebühr entsteht auch, wenn nach § 79a Abs. 2, § 90a oder § 94a FGO ohne mündliche Verhandlung durch Gerichtsbescheid entschieden wird.	
3203	Wahrnehmung nur eines Termins, in dem eine Partei oder ein Beteiligter, im Berufungsverfahren der Berufungskläger, im Beschwerdeverfahren der Beschwerdeführer, nicht erschienen oder nicht ordnungsgemäß vertreten ist und lediglich ein Antrag auf Versäumnisurteil, Versäumnisentscheidung oder zur Prozess-, Verfahrens- oder Sachleitung gestellt wird:	
	Die Gebühr 3202 beträgt	0,5
	Die Anmerkung zu Nummer 3105 und Absatz 2 der Anmerkung zu Nummer 3202 gelten entsprechend.	
3204	Verfahrensgebühr für Verfahren vor den Landessozialgerichten, in denen Betragsrahmengebühren entstehen (§ 3 RVG)	72,00 bis 816,00 €

Nr.	Gebührentatbestand	Gebühr oder Satz der Gebühr nach § 13 RVG
3205	Terminsgebühr in Verfahren vor den Landessozialgerichten, in denen Betragsrahmengebühren entstehen (§ 3 RVG) .... Satz 1 Nr. 1 und 3 der Anmerkung zu Nummer 3106 gilt entsprechend. In den Fällen des Satzes 1 beträgt die Gebühr 75 % der in derselben Angelegenheit dem Rechtsanwalt zustehenden Verfahrensgebühr ohne Berücksichtigung einer Erhöhung nach Nummer 1008.	60,00 bis 610,00 €

Unterabschnitt 2. Revision, bestimmte Beschwerden und Rechtsbeschwerden

Vorbemerkung 3.2.2:

Dieser Unterabschnitt ist auch anzuwenden in Verfahren

1. über Rechtsbeschwerden
   a) in den in der Vorbemerkung 3.2.1 Nr. 2 genannten Fällen,
   b) nach § 20 KapMuG und
   c) nach § 1065 ZPO,
2. vor dem Bundesgerichtshof über Berufungen, Beschwerden oder Rechtsbeschwerden gegen Entscheidungen des Bundespatentgerichts und
3. vor dem Bundesfinanzhof über Beschwerden nach § 128 Abs. 3 FGO.

3206	Verfahrensgebühr, soweit in Nummer 3212 nichts anderes bestimmt ist	1,6
3207	Vorzeitige Beendigung des Auftrags oder eingeschränkte Tätigkeit des Anwalts: Die Gebühr 3206 beträgt .... Die Anmerkung zu Nummer 3201 gilt entsprechend.	1,1
3208	Im Verfahren können sich die Parteien oder die Beteiligten nur durch einen beim Bundesgerichtshof zugelassenen Rechtsanwalt vertreten lassen: Die Gebühr 3206 beträgt	2,3
3209	Vorzeitige Beendigung des Auftrags, wenn sich die Parteien oder die Beteiligten nur durch einen beim Bundesgerichtshof zugelassenen Rechtsanwalt vertreten lassen können: Die Gebühr 3206 beträgt .... Die Anmerkung zu Nummer 3201 gilt entsprechend.	1,8
3210	Terminsgebühr, soweit in Nummer 3213 nichts anderes bestimmt ist .... Absatz 1 Nr. 1 und 3 sowie die Absätze 2 und 3 der Anmerkung zu Nummer 3104 und Absatz 2 der Anmerkung zu Nummer 3202 gelten entsprechend.	1,5
3211	Wahrnehmung nur eines Termins, in dem der Revisionskläger oder Beschwerdeführer nicht ordnungsgemäß vertreten ist und lediglich ein Antrag auf Versäumnisurteil, Versäumnisentscheidung oder zur Prozess-, Verfahrens- oder Sachleitung gestellt wird: Die Gebühr 3210 beträgt..	0,8

Nr.	Gebührentatbestand	Gebühr oder Satz der Gebühr nach § 13 RVG
	Die Anmerkung zu Nummer 3105 und Absatz 2 der Anmerkung zu Nummer 3202 gelten entsprechend.	
3212	Verfahrensgebühr für Verfahren vor dem Bundessozialgericht, in denen Betragsrahmengebühren entstehen (§ 3 RVG)	96,00 bis 1 056,00 €
3213	Terminsgebühr in Verfahren vor dem Bundessozialgericht, in denen Betragsrahmengebühren entstehen (§ 3 RVG) .... Satz 1 Nr. 1 und 3 sowie Satz 2 der Anmerkung zu Nummer 3106 gelten entsprechend.	96,00 bis 990,00 €

Abschnitt 3. Gebühren für besondere Verfahren

Unterabschnitt 1. Besondere erstinstanzliche Verfahren

Vorbemerkung 3.3.1:
Die Terminsgebühr bestimmt sich nach Abschnitt 1.

Nr.	Gebührentatbestand	Gebühr oder Satz
3300	Verfahrensgebühr 1. für das Verfahren vor dem Oberlandesgericht nach § 129 VGG oder § 32 AgrarOLkG, 2. für das erstinstanzliche Verfahren vor dem Bundesverwaltungsgericht, dem Bundessozialgericht, dem Oberverwaltungsgericht (Verwaltungsgerichtshof) und dem Landessozialgericht sowie 3. für das Verfahren bei überlangen Gerichtsverfahren und strafrechtlichen Ermittlungsverfahren vor den Oberlandesgerichten, den Landessozialgerichten, den Oberverwaltungsgerichten, den Landesarbeitsgerichten oder einem obersten Gerichtshof des Bundes	1,6
3301	Vorzeitige Beendigung des Auftrags: Die Gebühr 3300 beträgt .... Die Anmerkung zu Nummer 3201 gilt entsprechend.	1,0

Unterabschnitt 2. Mahnverfahren

Vorbemerkung 3.3.2:
Die Terminsgebühr bestimmt sich nach Abschnitt 1.

Nr.	Gebührentatbestand	Gebühr oder Satz
3305	Verfahrensgebühr für die Vertretung des Antragstellers .... Die Gebühr wird auf die Verfahrensgebühr für einen nachfolgenden Rechtsstreit angerechnet.	1,0
3306	Beendigung des Auftrags, bevor der Rechtsanwalt den verfahrenseinleitenden Antrag oder einen Schriftsatz, der Sachanträge, Sachvortrag oder die Zurücknahme des Antrags enthält, eingereicht hat: Die Gebühr 3305 beträgt	0,5

Nr.	Gebührentatbestand	Gebühr oder Satz der Gebühr nach § 13 RVG
3307	Verfahrensgebühr für die Vertretung des Antragsgegners	0,5
	Die Gebühr wird auf die Verfahrensgebühr für einen nachfolgenden Rechtsstreit angerechnet.	
3308	Verfahrensgebühr für die Vertretung des Antragstellers im Verfahren über den Antrag auf Erlass eines Vollstreckungsbescheids	0,5
	Die Gebühr entsteht neben der Gebühr 3305 nur, wenn innerhalb der Widerspruchsfrist kein Widerspruch erhoben oder der Widerspruch gemäß § 703a Abs. 2 Nr. 4 ZPO beschränkt worden ist. Nummer 1008 ist nicht anzuwenden, wenn sich bereits die Gebühr 3305 erhöht.	

Unterabschnitt 3. Vollstreckung und Vollziehung

Vorbemerkung 3.3.3:

(1) Dieser Unterabschnitt gilt für
1. die Zwangsvollstreckung,
2. die Vollstreckung,
3. Verfahren des Verwaltungszwangs und
4. die Vollziehung eines Arrestes oder einstweiligen Verfügung,

soweit nachfolgend keine besonderen Gebühren bestimmt sind. Er gilt auch für Verfahren auf Eintragung einer Zwangshypothek (§§ 867 und 870a ZPO).

(2) Im Verfahren nach der Verordnung (EU) Nr. 655/2014 werden Gebühren nach diesem Unterabschnitt nur im Fall des Artikels 5 Buchstabe b der Verordnung (EU) Nr. 655/2014 erhoben. In den Fällen des Artikels 5 Buchstabe a der Verordnung (EU) Nr. 655/2014 bestimmen sich die Gebühren nach den für Arrestverfahren geltenden Vorschriften.

3309	Verfahrensgebühr	0,3
3310	Terminsgebühr	0,3
	Die Gebühr entsteht für die Teilnahme an einem gerichtlichen Termin, einem Termin zur Abgabe der Vermögensauskunft oder zur Abnahme der eidesstattlichen Versicherung.	

Unterabschnitt 4. Zwangsversteigerung und Zwangsverwaltung

3311	Verfahrensgebühr	0,4
	Die Gebühr entsteht jeweils gesondert	

1. für die Tätigkeit im Zwangsversteigerungsverfahren bis zur Einleitung des Verteilungsverfahrens;
2. im Zwangsversteigerungsverfahren für die Tätigkeit im Verteilungsverfahren, und zwar auch für eine Mitwirkung an einer außergerichtlichen Verteilung;
3. im Verfahren der Zwangsverwaltung für die Vertretung des Antragstellers im Verfahren über den Antrag auf Anordnung der Zwangsverwaltung oder auf Zulassung des Beitritts;
4. im Verfahren der Zwangsverwaltung für die Vertretung des Antragstellers im weiteren Verfahren einschließlich des Verteilungsverfahrens;
5. im Verfahren der Zwangsverwaltung für die Vertretung eines sonstigen Beteiligten im ganzen Verfahren einschließlich des Verteilungsverfahrens und
6. für die Tätigkeit im Verfahren über Anträge auf einstweilige Einstellung oder Beschränkung der Zwangsvollstreckung und einstweilige Einstellung des Verfahrens sowie für Verhandlungen

Nr.	Gebührentatbestand	Gebühr oder Satz der Gebühr nach § 13 RVG
	zwischen Gläubiger und Schuldner mit dem Ziel der Aufhebung des Verfahrens.	
3312	Terminsgebühr .... Die Gebühr entsteht nur für die Wahrnehmung eines Versteigerungstermins für einen Beteiligten. Im Übrigen entsteht im Verfahren der Zwangsversteigerung und der Zwangsverwaltung keine Terminsgebühr.	0,4

Unterabschnitt 5. Insolvenzverfahren, Verteilungsverfahren nach der Schifffahrtsrechtlichen Verteilungsordnung, Verfahren nach dem Unternehmensstabilisierungs- und -restrukturierungsgesetz

Vorbemerkung 3.3.5:

(1) Die Gebührenvorschriften gelten für die Verteilungsverfahren nach der SVertO und Verfahren nach dem StaRUG, soweit dies ausdrücklich angeordnet ist.

(2) Bei der Vertretung mehrerer Gläubiger, die verschiedene Forderungen geltend machen, entstehen die Gebühren jeweils besonders. Das Gleiche gilt in Verfahren nach dem StaRUG, wenn mehrere Gläubiger verschiedene Rechte oder wenn mehrere am Schuldner beteiligte Personen Ansprüche aus ihren jeweiligen Beteiligungen geltend machen,

(3) Für die Vertretung des ausländischen Insolvenzverwalters entstehen die gleichen Gebühren wie für die Vertretung des Schuldners.

Nr.	Gebührentatbestand	Satz
3313	Verfahrensgebühr für die Vertretung des Schuldners im Eröffnungsverfahren .... Die Gebühr entsteht auch im Verteilungsverfahren nach der SVertO.	1,0
3314	Verfahrensgebühr für die Vertretung des Gläubigers im Eröffnungsverfahren .... Die Gebühr entsteht auch im Verteilungsverfahren nach der SVertO.	0,5
3315	Tätigkeit auch im Verfahren über den Schuldenbereinigungsplan: Die Verfahrensgebühr 3313 beträgt	1,5
3316	Tätigkeit auch im Verfahren über den Schuldenbereinigungsplan: Die Verfahrensgebühr 3314 beträgt	1,0
3317	Verfahrensgebühr für das Insolvenzverfahren .... Die Gebühr entsteht auch im Verteilungsverfahren nach der SVertO, in einem Verfahren nach dem StaRUG und im Verfahren über Anträge nach Artikel 36 Abs. 9 der Verordnung (EU) 2015/848.	1,0
3318	Verfahrensgebühr für das Verfahren über einen Insolvenzplan	1,0
3319	Vertretung des Schuldners, der den Plan vorgelegt hat: Die Verfahrensgebühr 3318 beträgt	3,0

Nr.	Gebührentatbestand	Gebühr oder Satz der Gebühr nach § 13 RVG
3320	Die Tätigkeit beschränkt sich auf die Anmeldung einer Insolvenzforderung:	
	Die Verfahrensgebühr 3317 beträgt	0,5
	Die Gebühr entsteht auch im Verteilungsverfahren nach der SVertO.	
3321	Verfahrensgebühr für das Verfahren über einen Antrag auf Versagung oder Widerruf der Restschuldbefreiung	0,5
	(1) Das Verfahren über mehrere gleichzeitig anhängige Anträge ist eine Angelegenheit.	
	(2) Die Gebühr entsteht auch gesondert, wenn der Antrag bereits vor Aufhebung des Insolvenzverfahrens gestellt wird.	
3322	Verfahrensgebühr für das Verfahren über Anträge auf Zulassung der Zwangsvollstreckung nach § 17 Abs. 4 SVertO	0,5
3323	Verfahrensgebühr für das Verfahren über Anträge auf Aufhebung von Vollstreckungsmaßregeln (§ 8 Abs. 5 und § 41 SVertO)	0,5

Unterabschnitt 6. Sonstige besondere Verfahren

Vorbemerkung 3.3.6:

Die Terminsgebühr bestimmt sich nach Abschnitt 1, soweit in diesem Unterabschnitt nichts anderes bestimmt ist. Im Verfahren über die Prozesskostenhilfe bestimmt sich die Terminsgebühr nach den für dasjenige Verfahren geltenden Vorschriften, für das die Prozesskostenhilfe beantragt wird.

Nr.	Gebührentatbestand	Gebühr oder Satz der Gebühr nach § 13 RVG
3324	Verfahrensgebühr für das Aufgebotsverfahren	1,0
3325	Verfahrensgebühr für Verfahren nach § 148 Abs. 1 und 2, nach § 246a des Aktiengesetzes (auch i.V.m. § 20 Abs. 3 Satz 4 SchVG), nach § 319 Abs. 6 des Aktiengesetzes (auch i.V.m. § 327e Abs. 2 des Aktiengesetzes) oder nach § 16 Abs. 3 UmwG	0,75
3326	Verfahrensgebühr für Verfahren vor den Gerichten für Arbeitssachen, wenn sich die Tätigkeit auf eine gerichtliche Entscheidung über die Bestimmung einer Frist (§ 102 Abs. 3 des Arbeitsgerichtsgesetzes), die Ablehnung eines Schiedsrichters (§ 103 Abs. 3 des Arbeitsgerichtsgesetzes) oder die Vornahme einer Beweisaufnahme oder einer Vereidigung (§ 106 Abs. 2 des Arbeitsgerichtsgesetzes) beschränkt	0,75
3327	Verfahrensgebühr für gerichtliche Verfahren über die Bestellung eines Schiedsrichters oder Ersatzschiedsrichters, über die Ablehnung eines Schiedsrichters oder über die Beendigung des Schiedsrichteramts, zur Unterstützung bei der Beweisaufnahme oder bei der Vornahme sonstiger richterlicher Handlungen anlässlich eines schiedsrichterlichen Verfahrens	0,75

Nr.	Gebührentatbestand	Gebühr oder Satz der Gebühr nach § 13 RVG
3328	Verfahrensgebühr für Verfahren über die vorläufige Einstellung, *[bis 31.7.2022:* Beschränkung oder*] [ab 1.8.2022: Beschränkung, Aussetzung oder]* Aufhebung der Zwangsvollstreckung oder die einstweilige Einstellung oder Beschränkung der Vollstreckung und die Anordnung, dass Vollstreckungsmaßnahmen aufzuheben sind .... *[bis 31.7.2022:* Die Gebühr entsteht nur, wenn eine abgesonderte mündliche Verhandlung hierüber oder ein besonderer gerichtlicher Termin stattfindet.*] [ab 1.8.2022: Die Gebühr entsteht nicht, wenn die Tätigkeit zum Rechtszug gehört (§ 19 Abs. 1 Satz 2 Nr. 12 RVG).]* Wird der Antrag beim Vollstreckungsgericht und beim Prozessgericht gestellt, entsteht die Gebühr nur einmal.	0,5
3329	Verfahrensgebühr für Verfahren auf Vollstreckbarerklärung der durch Rechtsmittelanträge nicht angefochtenen Teile eines Urteils (§§ 537, 558 ZPO)	0,5
3330	Verfahrensgebühr für Verfahren über eine Rüge wegen Verletzung des Anspruchs auf rechtliches Gehör	in Höhe der Verfahrensgebühr für das Verfahren, in dem die Rüge erhoben wird, höchstens 0,5, bei Betragsrahmengebühren höchstens 260,00 €
3331	Terminsgebühr in Verfahren über eine Rüge wegen Verletzung des Anspruchs auf rechtliches Gehör	in Höhe der Terminsgebühr für das Verfahren, in dem die Rüge erhoben wird, höchstens 0,5, bei Betragsrahmengebühren höchstens 260,00 €
3332	Terminsgebühr in den in Nummern 3324 bis 3329 genannten Verfahren	0,5
3333	Verfahrensgebühr für ein Verteilungsverfahren außerhalb der Zwangsversteigerung und der Zwangsverwaltung .... Der Wert bestimmt sich nach § 26 Nr. 1 und 2 RVG. Eine Terminsgebühr entsteht nicht.	0,4

Nr.	Gebührentatbestand	Gebühr oder Satz der Gebühr nach § 13 RVG
3334	Verfahrensgebühr für Verfahren vor dem Prozessgericht oder dem Amtsgericht auf Bewilligung, Verlängerung oder Verkürzung einer Räumungsfrist (§§ 721, 794a ZPO), wenn das Verfahren mit dem Verfahren über die Hauptsache nicht verbunden ist	1,0
3335	Verfahrensgebühr für das Verfahren über die Prozesskostenhilfe	in Höhe der Verfahrensgebühr für das Verfahren, für das die Prozesskostenhilfe beantragt wird, höchstens 1,0, bei Betragsrahmengebühren höchstens 500,00 €
3336	*(aufgehoben)*	
3337	Vorzeitige Beendigung des Auftrags im Fall der Nummern 3324 bis 3327, 3334 und 3335: Die Gebühren 3324 bis 3327, 3334 und 3335 betragen höchstens .... Eine vorzeitige Beendigung liegt vor, 1. wenn der Auftrag endigt, bevor der Rechtsanwalt den das Verfahren einleitenden Antrag oder einen Schriftsatz, der Sachanträge, Sachvortrag oder die Zurücknahme des Antrags enthält, eingereicht oder bevor er einen gerichtlichen Termin wahrgenommen hat, oder 2. soweit lediglich beantragt ist, eine Einigung der Parteien oder der Beteiligten zu Protokoll zu nehmen oder soweit lediglich Verhandlungen vor Gericht zur Einigung geführt werden.	0,5
3338	Verfahrensgebühr für die Tätigkeit als Vertreter des Anmelders eines Anspruchs zum Musterverfahren (§ 10 Abs. 2 KapMuG)	0,8

Abschnitt 4. Einzeltätigkeiten

Vorbemerkung 3.4:
Für in diesem Abschnitt genannte Tätigkeiten entsteht eine Terminsgebühr nur, wenn dies ausdrücklich bestimmt ist.

3400	Der Auftrag beschränkt sich auf die Führung des Verkehrs der Partei oder des Beteiligten mit dem Verfahrensbevollmächtigten: Verfahrensgebühr .... Die gleiche Gebühr entsteht auch, wenn im Einverständnis mit dem Auftraggeber mit der Übersendung der Akten an den Rechtsanwalt des höheren Rechtszugs gutachterliche Äußerungen verbunden sind.	in Höhe der dem Verfahrensbevollmächtigten zustehenden Verfahrensge-

Nr.	Gebührentatbestand	Gebühr oder Satz der Gebühr nach § 13 RVG
		bühr, höchstens 1,0, bei Betragsrahmengebühren höchstens 500,00 €
3401	Der Auftrag beschränkt sich auf die Vertretung in einem Termin im Sinne der Vorbemerkung 3 Abs. 3: Verfahrensgebühr	in Höhe der Hälfte der dem Verfahrensbevollmächtigten zustehenden Verfahrensgebühr
3402	Terminsgebühr in dem in Nummer 3401 genannten Fall	in Höhe der einem Verfahrensbevollmächtigten zustehenden Terminsgebühr
3403	Verfahrensgebühr für sonstige Einzeltätigkeiten, soweit in Nummer 3406 nichts anderes bestimmt ist ... Die Gebühr entsteht für sonstige Tätigkeiten in einem gerichtlichen Verfahren, wenn der Rechtsanwalt nicht zum Prozess- oder Verfahrensbevollmächtigten bestellt ist, soweit in diesem Abschnitt nichts anderes bestimmt ist.	0,8
3404	Der Auftrag beschränkt sich auf ein Schreiben einfacher Art: Die Gebühr 3403 beträgt .... Die Gebühr entsteht insbesondere, wenn das Schreiben weder schwierige rechtliche Ausführungen noch größere sachliche Auseinandersetzungen enthält.	0,3
3405	Endet der Auftrag 1. im Fall der Nummer 3400, bevor der Verfahrensbevollmächtigte beauftragt oder der Rechtsanwalt gegenüber dem Verfahrensbevollmächtigten tätig geworden ist, 2. im Fall der Nummer 3401, bevor der Termin begonnen hat: Die Gebühren 3400 und 3401 betragen .... Im Fall der Nummer 3403 gilt die Vorschrift entsprechend.	höchstens 0,5, bei Betragsrahmengebühren höchstens 250,00 €

Nr.	Gebührentatbestand	Gebühr oder Satz der Gebühr nach § 13 RVG
3406	Verfahrensgebühr für sonstige Einzeltätigkeiten in Verfahren vor Gerichten der Sozialgerichtsbarkeit, wenn Betragsrahmengebühren entstehen (§ 3 RVG) Die Anmerkung zu Nummer 3403 gilt entsprechend.	36,00 bis 408,00 €

Abschnitt 5. Beschwerde, Nichtzulassungsbeschwerde und Erinnerung

Vorbemerkung 3.5:
Die Gebühren nach diesem Abschnitt entstehen nicht in den in den Vorbemerkungen 3.2.1 und 3.2.2 genannten Beschwerdeverfahren.

3500	Verfahrensgebühr für Verfahren über die Beschwerde und die Erinnerung, soweit in diesem Abschnitt keine besonderen Gebühren bestimmt sind	0,5
3501	Verfahrensgebühr für Verfahren vor den Gerichten der Sozialgerichtsbarkeit über die Beschwerde und die Erinnerung, wenn in dem Verfahren Betragsrahmengebühren entstehen (§ 3 RVG), soweit in diesem Abschnitt keine besonderen Gebühren bestimmt sind	24,00 bis 250,00 €
3502	Verfahrensgebühr für das Verfahren über die Rechtsbeschwerde	1,0
3503	Vorzeitige Beendigung des Auftrags: Die Gebühr 3502 beträgt .... Die Anmerkung zu Nummer 3201 ist entsprechend anzuwenden.	0,5
3504	Verfahrensgebühr für das Verfahren über die Beschwerde gegen die Nichtzulassung der Berufung, soweit in Nummer 3511 nichts anderes bestimmt ist Die Gebühr wird auf die Verfahrensgebühr für ein nachfolgendes Berufungsverfahren angerechnet.	1,6
3505	Vorzeitige Beendigung des Auftrags: Die Gebühr 3504 beträgt .... Die Anmerkung zu Nummer 3201 ist entsprechend anzuwenden.	1,0
3506	Verfahrensgebühr für das Verfahren über die Beschwerde gegen die Nichtzulassung der Revision oder über die Beschwerde gegen die Nichtzulassung einer der in der Vorbemerkung 3.2.2 genannten Rechtsbeschwerden, soweit in Nummer 3512 nichts anderes bestimmt ist .... Die Gebühr wird auf die Verfahrensgebühr für ein nachfolgendes Revisions- oder Rechtsbeschwerdeverfahren angerechnet.	1,6
3507	Vorzeitige Beendigung des Auftrags: Die Gebühr 3506 beträgt .... Die Anmerkung zu Nummer 3201 ist entsprechend anzuwenden.	1,1
3508	In dem Verfahren über die Beschwerde gegen die Nichtzulassung der Revision können sich die Partei-	

Nr.	Gebührentatbestand	Gebühr oder Satz der Gebühr nach § 13 RVG
	en nur durch einen beim Bundesgerichtshof zugelassenen Rechtsanwalt vertreten lassen: Die Gebühr 3506 beträgt	2,3
3509	Vorzeitige Beendigung des Auftrags, wenn sich die Parteien nur durch einen beim Bundesgerichtshof zugelassenen Rechtsanwalt vertreten lassen können: Die Gebühr 3506 beträgt .... Die Anmerkung zu Nummer 3201 ist entsprechend anzuwenden.	1,8

3510	Verfahrensgebühr für Beschwerdeverfahren vor dem Bundespatentgericht
	1. nach dem Patentgesetz, wenn sich die Beschwerde gegen einen Beschluss richtet,
	  a) durch den die Vergütung bei Lizenzbereitschaftserklärung festgesetzt wird oder Zahlung der Vergütung an das Deutsche Patent- und Markenamt angeordnet wird,
	  b) durch den eine Anordnung nach § 50 Abs. 1 PatG oder die Aufhebung dieser Anordnung erlassen wird,
	  c) durch den die Anmeldung zurückgewiesen oder über die Aufrechterhaltung, den Widerruf oder die Beschränkung des Patents entschieden wird,
	2. nach dem Gebrauchsmustergesetz, wenn sich die Beschwerde gegen einen Beschluss richtet,
	  a) durch den die Anmeldung zurückgewiesen wird,
	  b) durch den über den Löschungsantrag entschieden wird,
	3. nach dem Markengesetz, wenn sich die Beschwerde gegen einen Beschluss richtet,
	  a) durch den über die Anmeldung einer Marke, einen Widerspruch oder einen Antrag auf Löschung oder über die Erinnerung gegen einen solchen Beschluss entschieden worden ist oder
	  b) durch den ein Antrag auf Eintragung einer geographischen Angabe oder einer Ursprungsbezeichnung zurückgewiesen worden ist,
	4. nach dem Halbleiterschutzgesetz, wenn sich die Beschwerde gegen einen Beschluss richtet,
	  a) durch den die Anmeldung zurückgewiesen wird,
	  b) durch den über den Löschungsantrag entschieden wird,
	5. nach dem Designgesetz, wenn sich die Beschwerde gegen einen Beschluss richtet,	

Nr.	Gebührentatbestand	Gebühr oder Satz der Gebühr nach § 13 RVG
	a) durch den die Anmeldung eines Designs zurückgewiesen worden ist, b) durch den über den Löschungsantrag gemäß § 36 DesignG entschieden worden ist, c) durch den über den Antrag auf Feststellung oder Erklärung der Nichtigkeit gemäß § 34a DesignG entschieden worden ist, 6. nach dem Sortenschutzgesetz, wenn sich die Beschwerde gegen einen Beschluss des Widerspruchsausschusses richtet	1,3
3511	Verfahrensgebühr für das Verfahren über die Beschwerde gegen die Nichtzulassung der Berufung vor dem Landessozialgericht, wenn Betragsrahmengebühren entstehen (§ 3 RVG) .... Die Gebühr wird auf die Verfahrensgebühr für ein nachfolgendes Berufungsverfahren angerechnet.	72,00 bis 816,00 €
3512	Verfahrensgebühr für das Verfahren über die Beschwerde gegen die Nichtzulassung der Revision vor dem Bundessozialgericht, wenn Betragsrahmengebühren entstehen (§ 3 RVG) .... Die Gebühr wird auf die Verfahrensgebühr für ein nachfolgendes Revisionsverfahren angerechnet.	96,00 bis 1 056,00 €
3513	Terminsgebühr in den in Nummer 3500 genannten Verfahren	0,5
3514	In dem Verfahren über die Beschwerde gegen die Zurückweisung des Antrags auf Anordnung eines Arrests, des Antrags auf Erlass eines Europäischen Beschlusses zur vorläufigen Kontenpfändung oder des Antrags auf Erlass einer einstweiligen Verfügung bestimmt das Beschwerdegericht Termin zur mündlichen Verhandlung: Die Gebühr 3513 beträgt	1,2
3515	Terminsgebühr in den in Nummer 3501 genannten Verfahren	24,00 bis 250,00 €
3516	Terminsgebühr in den in Nummern 3502, 3504, 3506 und 3510 genannten Verfahren	1,2
3517	Terminsgebühr in den in Nummer 3511 genannten Verfahren	60,00 bis 610,00 €
3518	Terminsgebühr in den in Nummer 3512 genannten Verfahren	72,00 bis 792,00 €

Teil 4. Strafsachen

Nr.	Gebührentatbestand	Gebühr oder Satz der Gebühr nach § 13 oder § 49 RVG	
		Wahlanwalt	gerichtlich bestellter oder beigeordneter Rechtsanwalt

Vorbemerkung 4:

(1) Für die Tätigkeit als Beistand oder Vertreter eines Privatklägers, eines Nebenklägers, eines Einziehungs- oder Nebenbeteiligten, eines Verletzten, eines Zeugen oder Sachverständigen und im Verfahren nach dem Strafrechtlichen Rehabilitierungsgesetz sind die Vorschriften dieses Teils entsprechend anzuwenden.

(2) Die Verfahrensgebühr entsteht für das Betreiben des Geschäfts einschließlich der Information.

(3) Die Terminsgebühr entsteht für die Teilnahme an gerichtlichen Terminen, soweit nichts anderes bestimmt ist. Der Rechtsanwalt erhält die Terminsgebühr auch, wenn er zu einem anberaumten Termin erscheint, dieser aber aus Gründen, die er nicht zu vertreten hat, nicht stattfindet. Dies gilt nicht, wenn er rechtzeitig von der Aufhebung oder Verlegung des Termins in Kenntnis gesetzt worden ist.

(4) Befindet sich der Beschuldigte nicht auf freiem Fuß, entsteht die Gebühr mit Zuschlag.

(5) Für folgende Tätigkeiten entstehen Gebühren nach den Vorschriften des Teils 3:
1. im Verfahren über die Erinnerung oder die Beschwerde gegen einen Kostenfestsetzungsbeschluss (§ 464b StPO) und im Verfahren über die Erinnerung gegen den Kostenansatz und im Verfahren über die Beschwerde gegen die Entscheidung über diese Erinnerung,
2. in der Zwangsvollstreckung aus Entscheidungen, die über einen aus der Straftat erwachsenen vermögensrechtlichen Anspruch oder die Erstattung von Kosten ergangen sind (§§ 406b, 464b StPO), für die Mitwirkung bei der Ausübung der Veröffentlichungsbefugnis und im Beschwerdeverfahren gegen eine dieser Entscheidungen.

Abschnitt 1. Gebühren des Verteidigers

Vorbemerkung 4.1:

(1) Dieser Abschnitt ist auch anzuwenden auf die Tätigkeit im Verfahren über die im Urteil vorbehaltene Sicherungsverwahrung und im Verfahren über die nachträgliche Anordnung der Sicherungsverwahrung.

(2) Durch die Gebühren wird die gesamte Tätigkeit als Verteidiger entgolten. Hierzu gehören auch Tätigkeiten im Rahmen des Täter-Opfer-Ausgleichs, soweit der Gegenstand nicht vermögensrechtlich ist.

(3) Kommt es für eine Gebühr auf die Dauer der Teilnahme an der Hauptverhandlung an, so sind auch Wartezeiten und Unterbrechungen an einem Hauptverhandlungstag als Teilnahme zu berücksichtigen. Dies gilt nicht für Wartezeiten und Unterbrechungen, die der Rechtsanwalt zu vertreten hat, sowie für Unterbrechungen von jeweils mindestens einer Stunde, soweit diese unter Angabe einer konkreten Dauer der Unterbrechung oder eines Zeitpunkts der Fortsetzung der Hauptverhandlung angeordnet wurden.

Unterabschnitt 1. Allgemeine Gebühren

Nr.	Gebührentatbestand	Wahlanwalt	gerichtlich bestellter oder beigeordneter Rechtsanwalt
4100	Grundgebühr .... (1) Die Gebühr entsteht neben der Verfahrensgebühr für die erstmalige Einarbeitung in den Rechtsfall nur einmal, unabhängig davon, in welchem Verfahrensabschnitt sie erfolgt. (2) Eine wegen derselben Tat oder Handlung bereits entstandene Gebühr 5100 ist anzurechnen.	44,00 bis 396,00 €	176,00 €
4101	Gebühr 4100 mit Zuschlag	44,00 bis 495,00 €	216,00 €

Nr.	Gebührentatbestand	Gebühr oder Satz der Gebühr nach § 13 oder § 49 RVG	
		Wahlanwalt	gerichtlich bestellter oder beigeordneter Rechtsanwalt
4102	Terminsgebühr für die Teilnahme an 1. richterlichen Vernehmungen und Augenscheinseinnahmen, 2. Vernehmungen durch die Staatsanwaltschaft oder eine andere Strafverfolgungsbehörde, 3. Terminen außerhalb der Hauptverhandlung, in denen über die Anordnung oder Fortdauer der Untersuchungshaft oder der einstweiligen Unterbringung verhandelt wird, 4. Verhandlungen im Rahmen des Täter-Opfer-Ausgleichs sowie 5. Sühneterminen nach § 380 StPO ... <small>Mehrere Termine an einem Tag gelten als ein Termin. Die Gebühr entsteht im vorbereitenden Verfahren und in jedem Rechtszug für die Teilnahme an jeweils bis zu drei Terminen einmal.</small>	44,00 bis 330,00 €	150,00 €
4103	Gebühr 4102 mit Zuschlag	44,00 bis 413,00 €	183,00 €

Unterabschnitt 2. Vorbereitendes Verfahren

Vorbemerkung 4.1.2:

Die Vorbereitung der Privatklage steht der Tätigkeit im vorbereitenden Verfahren gleich.

Nr.	Gebührentatbestand	Wahlanwalt	gerichtlich bestellter oder beigeordneter Rechtsanwalt
4104	Verfahrensgebühr .... <small>Die Gebühr entsteht für eine Tätigkeit in dem Verfahren bis zum Eingang der Anklageschrift, des Antrags auf Erlass eines Strafbefehls bei Gericht oder im beschleunigten Verfahren bis zum Vortrag der Anklage, wenn diese nur mündlich erhoben wird.</small>	44,00 bis 319,00 €	145,00 €
4105	Gebühr 4104 mit Zuschlag	44,00 bis 399,00 €	177,00 €

Unterabschnitt 3. Gerichtliches Verfahren

Erster Rechtszug

Nr.	Gebührentatbestand	Wahlanwalt	gerichtlich bestellter oder beigeordneter Rechtsanwalt
4106	Verfahrensgebühr für den ersten Rechtszug vor dem Amtsgericht	44,00 bis 319,00 €	145,00 €
4107	Gebühr 4106 mit Zuschlag	44,00 bis 399,00 €	177,00 €
4108	Terminsgebühr je Hauptverhandlungstag in den in Nummer 4106 genannten Verfahren	77,00 bis 528,00 €	242,00 €

Nr.	Gebührentatbestand	Gebühr oder Satz der Gebühr nach § 13 oder § 49 RVG	
		Wahlanwalt	gerichtlich bestellter oder beigeordneter Rechtsanwalt
4109	Gebühr 4108 mit Zuschlag	77,00 bis 660,00 €	295,00 €
4110	Der gerichtlich bestellte oder beigeordnete Rechtsanwalt nimmt mehr als 5 und bis 8 Stunden an der Hauptverhandlung teil: Zusätzliche Gebühr neben der Gebühr 4108 oder 4109		121,00 €
4111	Der gerichtlich bestellte oder beigeordnete Rechtsanwalt nimmt mehr als 8 Stunden an der Hauptverhandlung teil: Zusätzliche Gebühr neben der Gebühr 4108 oder 4109		242,00 €
4112	Verfahrensgebühr für den ersten Rechtszug vor der Strafkammer .... Die Gebühr entsteht auch für Verfahren 1. vor der Jugendkammer, soweit sich die Gebühr nicht nach Nummer 4118 bestimmt, 2. im Rehabilitierungsverfahren nach Abschnitt 2 StrRehaG.	55,00 bis 352,00 €	163,00 €
4113	Gebühr 4112 mit Zuschlag	55,00 bis 440,00 €	198,00 €
4114	Terminsgebühr je Hauptverhandlungstag in den in Nummer 4112 genannten Verfahren	88,00 bis 616,00 €	282,00 €
4115	Gebühr 4114 mit Zuschlag	88,00 bis 770,00 €	343,00 €
4116	Der gerichtlich bestellte oder beigeordnete Rechtsanwalt nimmt mehr als 5 und bis 8 Stunden an der Hauptverhandlung teil: Zusätzliche Gebühr neben der Gebühr 4114 oder 4115		141,00 €
4117	Der gerichtlich bestellte oder beigeordnete Rechtsanwalt nimmt mehr als 8 Stunden an der Hauptverhandlung teil: Zusätzliche Gebühr neben der Gebühr 4114 oder 4115		282,00 €
4118	Verfahrensgebühr für den ersten Rechtszug vor dem Oberlandes-		

Nr.	Gebührentatbestand	Gebühr oder Satz der Gebühr nach § 13 oder § 49 RVG	
		Wahlanwalt	gerichtlich bestellter oder beigeordneter Rechtsanwalt
	gericht, dem Schwurgericht oder der Strafkammer nach den §§ 74a und 74c GVG .... Die Gebühr entsteht auch für Verfahren vor der Jugendkammer, soweit diese in Sachen entscheidet, die nach den allgemeinen Vorschriften zur Zuständigkeit des Schwurgerichts gehören.	110,00 bis 759,00 €	348,00 €
4119	Gebühr 4118 mit Zuschlag	110,00 bis 949,00 €	424,00 €
4120	Terminsgebühr je Hauptverhandlungstag in den in Nummer 4118 genannten Verfahren	143,00 bis 1 023,00 €	466,00 €
4121	Gebühr 4120 mit Zuschlag	143,00 bis 1 279,00 €	569,00 €
4122	Der gerichtlich bestellte oder beigeordnete Rechtsanwalt nimmt mehr als 5 und bis 8 Stunden an der Hauptverhandlung teil: Zusätzliche Gebühr neben der Gebühr 4120 oder 4121		233,00 €
4123	Der gerichtlich bestellte oder beigeordnete Rechtsanwalt nimmt mehr als 8 Stunden an der Hauptverhandlung teil: Zusätzliche Gebühr neben der Gebühr 4120 oder 4121		466,00 €
	Berufung		
4124	Verfahrensgebühr für das Berufungsverfahren .... Die Gebühr entsteht auch für Beschwerdeverfahren nach § 13 StrRehaG.	88,00 bis 616,00 €	282,00 €
4125	Gebühr 4124 mit Zuschlag	88,00 bis 770,00 €	343,00 €
4126	Terminsgebühr je Hauptverhandlungstag im Berufungsverfahren .... Die Gebühr entsteht auch für Beschwerdeverfahren nach § 13 StrRehaG.	88,00 bis 616,00 €	282,00 €
4127	Gebühr 4126 mit Zuschlag	88,00 bis 770,00 €	343,00 €
4128	Der gerichtlich bestellte oder beigeordnete Rechtsanwalt nimmt mehr		

Nr.	Gebührentatbestand	Gebühr oder Satz der Gebühr nach § 13 oder § 49 RVG	
		Wahlanwalt	gerichtlich bestellter oder beigeordneter Rechtsanwalt
	als 5 und bis 8 Stunden an der Hauptverhandlung teil: Zusätzliche Gebühr neben der Gebühr 4126 oder 4127		141,00 €
4129	Der gerichtlich bestellte oder beigeordnete Rechtsanwalt nimmt mehr als 8 Stunden an der Hauptverhandlung teil: Zusätzliche Gebühr neben der Gebühr 4126 oder 4127		282,00 €
	Revision		
4130	Verfahrensgebühr für das Revisionsverfahren	132,00 bis 1 221,00 €	541,00 €
4131	Gebühr 4130 mit Zuschlag	132,00 bis 1 526,00 €	663,00 €
4132	Terminsgebühr je Hauptverhandlungstag im Revisionsverfahren	132,00 bis 616,00 €	300,00 €
4133	Gebühr 4132 mit Zuschlag	132,00 bis 770,00 €	361,00 €
4134	Der gerichtlich bestellte oder beigeordnete Rechtsanwalt nimmt mehr als 5 und bis 8 Stunden an der Hauptverhandlung teil: Zusätzliche Gebühr neben der Gebühr 4132 oder 4133		150,00 €
4135	Der gerichtlich bestellte oder beigeordnete Rechtsanwalt nimmt mehr als 8 Stunden an der Hauptverhandlung teil: Zusätzliche Gebühr neben der Gebühr 4132 oder 4133		300,00 €

Unterabschnitt 4. Wiederaufnahmeverfahren

Vorbemerkung 4.1.4:
Eine Grundgebühr entsteht nicht.

Nr.	Gebührentatbestand		
4136	Geschäftsgebühr für die Vorbereitung eines Antrags .... Die Gebühr entsteht auch, wenn von der Stellung eines Antrags abgeraten wird.	in Höhe der Verfahrensgebühr für den ersten Rechtszug	

Nr.	Gebührentatbestand	Gebühr oder Satz der Gebühr nach § 13 oder § 49 RVG	
		Wahlanwalt	gerichtlich bestellter oder beigeordneter Rechtsanwalt
4137	Verfahrensgebühr für das Verfahren über die Zulässigkeit des Antrags	in Höhe der Verfahrensgebühr für den ersten Rechtszug	
4138	Verfahrensgebühr für das weitere Verfahren	in Höhe der Verfahrensgebühr für den ersten Rechtszug	
4139	Verfahrensgebühr für das Beschwerdeverfahren (§ 372 StPO)	in Höhe der Verfahrensgebühr für den ersten Rechtszug	
4140	Terminsgebühr für jeden Verhandlungstag	in Höhe der Terminsgebühr für den ersten Rechtszug	

Unterabschnitt 5. Zusätzliche Gebühren

4141	Durch die anwaltliche Mitwirkung wird die Hauptverhandlung entbehrlich:		
	Zusätzliche Gebühr	in Höhe der Verfahrensgebühr	

(1) Die Gebühr entsteht, wenn
1. das Strafverfahren nicht nur vorläufig eingestellt wird oder
2. das Gericht beschließt, das Hauptverfahren nicht zu eröffnen oder
3. sich das gerichtliche Verfahren durch Rücknahme des Einspruchs gegen den Strafbefehl, der Berufung oder der Revision des Angeklagten oder eines anderen Verfahrensbeteiligten erledigt; ist bereits ein Termin zur Hauptverhandlung bestimmt, entsteht die Gebühr nur, wenn der Einspruch, die Berufung oder die Revision früher als zwei Wochen vor Beginn des Tages, der für die Hauptverhandlung vorgesehen war, zurückgenommen wird; oder
4. das Verfahren durch Beschluss nach § 411 Abs. 1 Satz 3 StPO endet.

Nummer 3 ist auf den Beistand oder Vertreter eines Privatklägers entsprechend anzuwenden, wenn die Privatklage zurückgenommen wird.

(2) Die Gebühr entsteht nicht, wenn eine auf die Förderung des Verfahrens gerichtete Tätigkeit nicht ersichtlich ist. Sie entsteht nicht neben der Gebühr 4147.

(3) Die Höhe der Gebühr richtet sich nach dem Rechtszug, in dem die Hauptverhandlung vermieden wurde. Für den Wahlanwalt bemisst sich die Gebühr nach der Rahmenmitte. Eine Erhöhung nach Nummer 1008 und der Zuschlag (Vorbemerkung 4 Abs. 4) sind nicht zu berücksichtigen.

Nr.	Gebührentatbestand	Gebühr oder Satz der Gebühr nach § 13 oder § 49 RVG	
		Wahlanwalt	gerichtlich bestellter oder beigeordneter Rechtsanwalt
4142	Verfahrensgebühr bei Einziehung und verwandten Maßnahmen	1,0	1,0
	(1) Die Gebühr entsteht für eine Tätigkeit für den Beschuldigten, die sich auf die Einziehung, dieser gleichstehende Rechtsfolgen (§ 439 StPO), die Abführung des Mehrerlöses oder auf eine diesen Zwecken dienende Beschlagnahme bezieht.		
	(2) Die Gebühr entsteht nicht, wenn der Gegenstandswert niedriger als 30,00 € ist.		
	(3) Die Gebühr entsteht für das Verfahren des ersten Rechtszugs einschließlich des vorbereitenden Verfahrens und für jeden weiteren Rechtszug.		
4143	Verfahrensgebühr für das erstinstanzliche Verfahren über vermögensrechtliche Ansprüche (§ 403 StPO)	2,0	2,0
	(1) Die Gebühr entsteht auch, wenn der Anspruch erstmalig im Berufungsverfahren geltend gemacht wird.		
	(2) Die Gebühr wird zu einem Drittel auf die Verfahrensgebühr, die für einen bürgerlichen Rechtsstreit wegen desselben Anspruchs entsteht, angerechnet.		
4144	Verfahrensgebühr im Berufungs- und Revisionsverfahren über vermögensrechtliche Ansprüche (§ 403 StPO)	2,5	2,5
4145	Verfahrensgebühr für das Verfahren über die Beschwerde gegen den Beschluss, mit dem nach § 406 Abs. 5 Satz 2 StPO von einer Entscheidung abgesehen wird..................................	0,5	0,5
4146	Verfahrensgebühr für das Verfahren über einen Antrag auf gerichtliche Entscheidung oder über die Beschwerde gegen eine den Rechtszug beendende Entscheidung nach § 25 Abs. 1 Satz 3 bis 5, § 13 StRehaG	1,5	1,5
4147	Einigungsgebühr im Privatklageverfahren bezüglich des Strafanspruchs und des Kostenerstattungsanspruchs:		
	Die Gebühr 1000 entsteht	in Höhe der Verfahrensgebühr	
	Für einen Vertrag über sonstige Ansprüche entsteht eine weitere Einigungsgebühr nach Teil 1. Maßgebend für die Höhe der Gebühr ist die im Einzelfall bestimmte Verfahrensgebühr in der Angelegenheit, in der die Einigung erfolgt. Eine		

Nr.	Gebührentatbestand	Gebühr oder Satz der Gebühr nach § 13 oder § 49 RVG	
		Wahlanwalt	gerichtlich bestellter oder beigeordneter Rechtsanwalt
	Erhöhung nach Nummer 1008 und der Zuschlag (Vorbemerkung 4 Abs. 4) sind nicht zu berücksichtigen.		

Abschnitt 2. Gebühren in der Strafvollstreckung

Vorbemerkung 4.2:

Im Verfahren über die Beschwerde gegen die Entscheidung in der Hauptsache entstehen die Gebühren besonders.

Nr.	Gebührentatbestand	Wahlanwalt	gerichtlich bestellter o. beigeordneter RA

4200	Verfahrensgebühr als Verteidiger für ein Verfahren über
	1. die Erledigung oder Aussetzung der Maßregel der Unterbringung
	   a) in der Sicherungsverwahrung,
	   b) in einem psychiatrischen Krankenhaus oder
	   c) in einer Entziehungsanstalt,
	2. die Aussetzung des Restes einer zeitigen Freiheitsstrafe oder einer lebenslangen Freiheitsstrafe oder
	3. den Widerruf einer Strafaussetzung zur Bewährung oder den Widerruf der Aussetzung einer Maßregel der Besserung und Sicherung zur Bewährung ....
		66,00 bis 737,00 €	321,00 €

4201	Gebühr 4200 mit Zuschlag	66,00 bis 921,00 €	395,00 €
4202	Terminsgebühr in den in Nummer 4200 genannten Verfahren	66,00 bis 330,00 €	158,00 €
4203	Gebühr 4202 mit Zuschlag	66,00 bis 413,00 €	192,00 €
4204	Verfahrensgebühr für sonstige Verfahren in der Strafvollstreckung	33,00 bis 330,00 €	145,00 €
4205	Gebühr 4204 mit Zuschlag	33,00 bis 413,00 €	178,00 €
4206	Terminsgebühr für sonstige Verfahren	33,00 bis 330,00 €	145,00 €
4207	Gebühr 4206 mit Zuschlag	33,00 bis 413,00 €	178,00 €

Nr.	Gebührentatbestand	Gebühr oder Satz der Gebühr nach § 13 oder § 49 RVG	
		Wahlanwalt	gerichtlich bestellter oder beigeordneter Rechtsanwalt

Abschnitt 3. Einzeltätigkeiten

Vorbemerkung 4.3:

(1) Die Gebühren entstehen für einzelne Tätigkeiten, ohne dass dem Rechtsanwalt sonst die Verteidigung oder Vertretung übertragen ist.

(2) Beschränkt sich die Tätigkeit des Rechtsanwalts auf die Geltendmachung oder Abwehr eines aus der Straftat erwachsenen vermögensrechtlichen Anspruchs im Strafverfahren, so erhält er die Gebühren nach den Nummern 4143 bis 4145.

(3) Die Gebühr entsteht für jede der genannten Tätigkeiten gesondert, soweit nichts anderes bestimmt ist. § 15 RVG bleibt unberührt. Das Beschwerdeverfahren gilt als besondere Angelegenheit.

(4) Wird dem Rechtsanwalt die Verteidigung oder die Vertretung für das Verfahren übertragen, werden die auf diesem Abschnitt entstandenen Gebühren auf die für die Verteidigung oder Vertretung entstehenden Gebühren angerechnet.

4300	Verfahrensgebühr für die Anfertigung oder Unterzeichnung einer Schrift 1. zur Begründung der Revision, 2. zur Erklärung auf die von dem Staatsanwalt, Privatkläger oder Nebenkläger eingelegte Revision oder 3. in Verfahren nach den §§ 57a und 67e StGB .... Neben der Gebühr für die Begründung der Revision entsteht für die Einlegung der Revision keine besondere Gebühr.	66,00 bis 737,00 €	321,00 €
4301	Verfahrensgebühr für 1. die Anfertigung oder Unterzeichnung einer Privatklage, 2. die Anfertigung oder Unterzeichnung einer Schrift zur Rechtfertigung der Berufung oder zur Beantwortung der von dem Staatsanwalt, Privatkläger oder Nebenkläger eingelegten Berufung, 3. die Führung des Verkehrs mit dem Verteidiger, 4. die Beistandsleistung für den Beschuldigten bei einer richterlichen Vernehmung, einer Vernehmung durch die Staatsanwaltschaft oder eine andere Strafverfolgungsbehörde oder in einer Hauptverhandlung, einer mündlichen Anhörung oder bei einer Augenscheinseinnahme, 5. die Beistandsleistung im Verfahren zur gerichtlichen Erzwingung der		

Nr.	Gebührentatbestand	Gebühr oder Satz der Gebühr nach § 13 oder § 49 RVG	
		Wahlanwalt	gerichtlich bestellter oder beigeordneter Rechtsanwalt
	Anklage (§ 172 Abs. 2 bis 4, § 173 StPO) oder 6. sonstige Tätigkeiten in der Strafvollstreckung .... Neben der Gebühr für die Rechtfertigung der Berufung entsteht für die Einlegung der Berufung keine besondere Gebühr.	44,00 bis 506,00 €	220,00 €
4302	Verfahrensgebühr für 1. die Einlegung eines Rechtsmittels, 2. die Anfertigung oder Unterzeichnung anderer Anträge, Gesuche oder Erklärungen oder 3. eine andere nicht in Nummer 4300 oder 4301 erwähnte Beistandsleistung	33,00 bis 319,00 €	141,00 €
4303	Verfahrensgebühr für die Vertretung in einer Gnadensache .... Der Rechtsanwalt erhält die Gebühr auch, wenn ihm die Verteidigung übertragen war.	33,00 bis 330,00 €	
4304	Gebühr für den als Kontaktperson beigeordneten Rechtsanwalt (§ 34a EGGVG)		3 850,00 €

Teil 5. Bußgeldsachen

Nr.	Gebührentatbestand	Gebühr oder Satz der Gebühr nach § 13 oder § 49 RVG	
		Wahlanwalt	gerichtlich bestellter oder beigeordneter Rechtsanwalt

Vorbemerkung 5:

(1) Für die Tätigkeit als Beistand oder Vertreter eines Einziehungs- oder Nebenbeteiligten, eines Zeugen oder eines Sachverständigen sind die Vorschriften dieses Teils entsprechend anzuwenden.

(2) Die Verfahrensgebühr entsteht für das Betreiben des Geschäfts einschließlich der Information.

(3) Die Terminsgebühr entsteht für die Teilnahme an gerichtlichen Terminen, soweit nichts anderes bestimmt ist. Der Rechtsanwalt erhält die Terminsgebühr auch, wenn er zu einem anberaumten Termin erscheint, dieser aber aus Gründen, die er nicht zu vertreten hat, nicht stattfindet. Dies gilt nicht, wenn er rechtzeitig von der Aufhebung oder Verlegung des Termins in Kenntnis gesetzt worden ist.

(4) Für folgende Tätigkeiten entstehen Gebühren nach den Vorschriften des Teils 3:

1. für das Verfahren über die Erinnerung oder die Beschwerde gegen einen Kostenfestsetzungsbeschluss, für das Verfahren über die Erinnerung gegen den Kostenansatz, für das Verfahren über die Beschwerde gegen die Entscheidung über diese Erinnerung und für Verfahren über den Antrag auf gerichtliche Entscheidung gegen einen Kostenfestsetzungsbescheid und den Ansatz der Gebühren und Auslagen (§ 108 OWiG), dabei steht das Verfahren über den Antrag auf gerichtliche Entscheidung dem Verfahren über die Erinnerung oder die Beschwerde gegen einen Kostenfestsetzungsbeschluss gleich,

2. in der Zwangsvollstreckung aus Entscheidungen, die über die Erstattung von Kosten ergangen sind, und für das Beschwerdeverfahren gegen die gerichtliche Entscheidung nach Nummer 1.

Abschnitt 1. Gebühren des Verteidigers

Vorbemerkung 5.1:

(1) Durch die Gebühren wird die gesamte Tätigkeit als Verteidiger entgolten.

(2) Hängt die Höhe der Gebühren von der Höhe der Geldbuße ab, ist die zum Zeitpunkt des Entstehens der Gebühr zuletzt festgesetzte Geldbuße maßgebend. Ist eine Geldbuße nicht festgesetzt, richtet sich die Höhe der Gebühren im Verfahren vor der Verwaltungsbehörde nach dem mittleren Betrag der in der Bußgeldvorschrift angedrohten Geldbuße. Sind in einer Rechtsvorschrift Regelsätze bestimmt, sind diese maßgebend. Mehrere Geldbußen sind zusammenzurechnen.

Unterabschnitt 1. Allgemeine Gebühr

5100	Grundgebühr	33,00 bis 187,00 €	88,00 €
	(1) Die Gebühr entsteht neben der Verfahrensgebühr für die erstmalige Einarbeitung in den Rechtsfall nur einmal, unabhängig davon, in welchem Verfahrensabschnitt sie erfolgt.		
	(2) Die Gebühr entsteht nicht, wenn in einem vorangegangenen Strafverfahren für dieselbe Handlung oder Tat die Gebühr 4100 entstanden ist.		

Unterabschnitt 2. Verfahren vor der Verwaltungsbehörde

Vorbemerkung 5.1.2:

(1) Zu dem Verfahren vor der Verwaltungsbehörde gehört auch das Verwarnungsverfahren und das Zwischenverfahren (§ 69 OWiG) bis zum Eingang der Akten bei Gericht.

(2) Die Terminsgebühr entsteht auch für die Teilnahme an Vernehmungen vor der Polizei oder der Verwaltungsbehörde.

5101	Verfahrensgebühr bei einer Geldbuße von weniger als 60,00 €	22,00 bis 121,00 €	57,00 €

Nr.	Gebührentatbestand	Gebühr oder Satz der Gebühr nach § 13 oder § 49 RVG	
		Wahlanwalt	gerichtlich bestellter oder beigeordneter Rechtsanwalt
5102	Terminsgebühr für jeden Tag, an dem ein Termin in den in Nummer 5101 genannten Verfahren stattfindet	22,00 bis 121,00 €	57,00 €
5103	Verfahrensgebühr bei einer Geldbuße von 60,00 bis 5 000,00 €	33,00 bis 319,00 €	141,00 €
5104	Terminsgebühr für jeden Tag, an dem ein Termin in den in Nummer 5103 genannten Verfahren stattfindet	33,00 bis 319,00 €	141,00 €
5105	Verfahrensgebühr bei einer Geldbuße von mehr als 5 000,00 €	44,00 bis 330,00 €	150,00 €
5106	Terminsgebühr für jeden Tag, an dem ein Termin in den in Nummer 5105 genannten Verfahren stattfindet	44,00 bis 330,00 €	150,00 €

Unterabschnitt 3. Gerichtliches Verfahren im ersten Rechtszug

Vorbemerkung 5.1.3:

(1) Die Terminsgebühr entsteht auch für die Teilnahme an gerichtlichen Terminen außerhalb der Hauptverhandlung.

(2) Die Gebühren dieses Unterabschnitts entstehen für das Wiederaufnahmeverfahren einschließlich seiner Vorbereitung gesondert; die Verfahrensgebühr entsteht auch, wenn von der Stellung eines Wiederaufnahmeantrags abgeraten wird.

Nr.	Gebührentatbestand	Wahlanwalt	gerichtlich bestellter oder beigeordneter Rechtsanwalt
5107	Verfahrensgebühr bei einer Geldbuße von weniger als 60,00 €	22,00 bis 121,00 €	57,00 €
5108	Terminsgebühr je Hauptverhandlungstag in den in Nummer 5107 genannten Verfahren	22,00 bis 264,00 €	114,00 €
5109	Verfahrensgebühr bei einer Geldbuße von 60,00 bis 5 000,00 €	33,00 bis 319,00 €	141,00 €
5110	Terminsgebühr je Hauptverhandlungstag in den in Nummer 5109 genannten Verfahren	44,00 bis 517,00 €	224,00 €
5111	Verfahrensgebühr bei einer Geldbuße von mehr als 5 000,00 €	55,00 bis 385,00 €	176,00 €

Nr.	Gebührentatbestand	Gebühr oder Satz der Gebühr nach § 13 oder § 49 RVG	
		Wahlanwalt	gerichtlich bestellter oder beigeordneter Rechtsanwalt
5112	Terminsgebühr je Hauptverhandlungstag in den in Nummer 5111 genannten Verfahren	88,00 bis 616,00 €	282,00 €

Unterabschnitt 4. Verfahren über die Rechtsbeschwerde

Nr.	Gebührentatbestand	Wahlanwalt	gerichtlich bestellter oder beigeordneter Rechtsanwalt
5113	Verfahrensgebühr	88,00 bis 616,00 €	282,00 €
5114	Terminsgebühr je Hauptverhandlungstag	88,00 bis 616,00 €	282,00 €

Unterabschnitt 5. Zusätzliche Gebühren

Nr.	Gebührentatbestand	Wahlanwalt	gerichtlich bestellter oder beigeordneter Rechtsanwalt
5115	Durch die anwaltliche Mitwirkung wird das Verfahren vor der Verwaltungsbehörde erledigt oder die Hauptverhandlung entbehrlich: Zusätzliche Gebühr .... (1) Die Gebühr entsteht, wenn 1. das Verfahren nicht nur vorläufig eingestellt wird oder 2. der Einspruch gegen den Bußgeldbescheid zurückgenommen wird oder 3. der Bußgeldbescheid nach Einspruch von der Verwaltungsbehörde zurückgenommen und gegen einen neuen Bußgeldbescheid kein Einspruch eingelegt wird oder 4. sich das gerichtliche Verfahren durch Rücknahme des Einspruchs gegen den Bußgeldbescheid oder der Rechtsbeschwerde des Betroffenen oder eines anderen Verfahrensbeteiligten erledigt; ist bereits ein Termin zur Hauptverhandlung bestimmt, entsteht die Gebühr nur, wenn der Einspruch oder die Rechtsbeschwerde früher als zwei Wochen vor Beginn des Tages, der für die Hauptverhandlung vorgesehen war, zurückgenommen wird, oder 5. das Gericht nach § 72 Abs. 1 Satz 1 OWiG durch Beschluss entscheidet. (2) Die Gebühr entsteht nicht, wenn eine auf die Förderung des Verfahrens gerichtete Tätigkeit nicht ersichtlich ist. (3) Die Höhe der Gebühr richtet sich nach dem Rechtszug, in dem die Hauptverhandlung vermieden wurde. Für den Wahlanwalt bemisst sich die Gebühr nach der Rahmenmitte.	in Höhe der jeweiligen Verfahrensgebühr	
5116	Verfahrensgebühr bei Einziehung und verwandten Maßnahmen	1,0	1,0

Nr.	Gebührentatbestand	Gebühr oder Satz der Gebühr nach § 13 oder § 49 RVG	
		Wahlanwalt	gerichtlich bestellter oder beigeordneter Rechtsanwalt
	(1) Die Gebühr entsteht für eine Tätigkeit für den Betroffenen, die sich auf die Einziehung oder dieser gleichstehende Rechtsfolgen (§ 46 Abs. 1 OWiG, § 439 StPO) oder auf eine diesen Zwecken dienende Beschlagnahme bezieht. (2) Die Gebühr entsteht nicht, wenn der Gegenstandswert niedriger als 30,00 € ist. (3) Die Gebühr entsteht nur einmal für das Verfahren vor der Verwaltungsbehörde und für das gerichtliche Verfahren im ersten Rechtszug. Im Rechtsbeschwerdeverfahren entsteht die Gebühr besonders.		

Abschnitt 2. Einzeltätigkeiten

5200	Verfahrensgebühr .... (1) Die Gebühr entsteht für einzelne Tätigkeiten, ohne dass dem Rechtsanwalt sonst die Verteidigung übertragen ist. (2) Die Gebühr entsteht für jede Tätigkeit gesondert, soweit nichts anderes bestimmt ist. § 15 RVG bleibt unberührt. (3) Wird dem Rechtsanwalt die Verteidigung für das Verfahren übertragen, werden die nach dieser Nummer entstandenen Gebühren auf die für die Verteidigung entstehenden Gebühren angerechnet. (4) Der Rechtsanwalt erhält die Gebühr für die Vertretung in der Vollstreckung und in einer Gnadensache auch, wenn ihm die Verteidigung übertragen war.	22,00 bis 121,00 €	57,00 €

Teil 6. Sonstige Verfahren

Nr.	Gebührentatbestand	Gebühr	
		Wahlverteidiger oder Verfahrensbevollmächtigter	gerichtlich bestellter oder beigeordneter Rechtsanwalt

Vorbemerkung 6:

(1) Für die Tätigkeit als Beistand für einen Zeugen oder Sachverständigen in einem Verfahren, für das sich die Gebühren nach diesem Teil bestimmen, entstehen die gleichen Gebühren wie für einen Verfahrensbevollmächtigten in diesem Verfahren.

(2) Die Verfahrensgebühr entsteht für das Betreiben des Geschäfts einschließlich der Information.

(3) Die Terminsgebühr entsteht für die Teilnahme an gerichtlichen Terminen, soweit nichts anderes bestimmt ist. Der Rechtsanwalt erhält die Terminsgebühr auch, wenn er zu einem anberaumten Termin erscheint, dieser aber aus Gründen, die er nicht zu vertreten hat, nicht stattfindet. Dies gilt nicht, wenn er rechtzeitig von der Aufhebung oder Verlegung des Termins in Kenntnis gesetzt worden ist.

Abschnitt 1. Verfahren nach dem Gesetz über die internationale Rechtshilfe in Strafsachen und Verfahren nach dem Gesetz über die Zusammenarbeit mit dem Internationalen Strafgerichtshof

Unterabschnitt 1. Verfahren vor der Verwaltungsbehörde

Vorbemerkung 6.1.1:
Die Gebühr nach diesem Unterabschnitt entsteht für die Tätigkeit gegenüber der Bewilligungsbehörde in Verfahren nach Abschnitt 2 Unterabschnitt 2 des Neunten Teils des Gesetzes über die internationale Rechtshilfe in Strafsachen.

6100	Verfahrensgebühr	55,00 bis 374,00 €	172,00 €

Unterabschnitt 2. Gerichtliches Verfahren

6101	Verfahrensgebühr	110,00 bis 759,00 €	348,00 €
6102	Terminsgebühr je Verhandlungstag	143,00 bis 1 023,00 €	466,00 €

Abschnitt 2. Disziplinarverfahren, berufsgerichtliche Verfahren wegen der Verletzung einer Berufspflicht

Vorbemerkung 6.2:

(1) Durch die Gebühren wird die gesamte Tätigkeit im Verfahren abgegolten.

(2) Für die Vertretung gegenüber der Aufsichtsbehörde außerhalb eines Disziplinarverfahrens entstehen Gebühren nach Teil 2.

(3) Für folgende Tätigkeiten entstehen Gebühren nach Teil 3:
1. für das Verfahren über die Erinnerung oder die Beschwerde gegen einen Kostenfestsetzungsbeschluss, für das Verfahren über die Erinnerung gegen den Kostenansatz und für das Verfahren über die Beschwerde gegen die Entscheidung über diese Erinnerung,
2. in der Zwangsvollstreckung aus einer Entscheidung, die über die Erstattung von Kosten ergangen ist, und für das Beschwerdeverfahren gegen diese Entscheidung.

Unterabschnitt 1. Allgemeine Gebühren

6200	Grundgebühr .... Die Gebühr entsteht neben der Verfahrensgebühr für die erstmalige Einarbeitung in den Rechtsfall nur einmal, unabhängig davon, in welchem Verfahrensabschnitt sie erfolgt.	44,00 bis 385,00 €	172,00 €

		Gebühr	
Nr.	Gebührentatbestand	Wahlverteidiger oder Verfahrensbevollmächtigter	gerichtlich bestellter oder beigeordneter Rechtsanwalt
6201	Terminsgebühr für jeden Tag, an dem ein Termin stattfindet .... Die Gebühr entsteht für die Teilnahme an außergerichtlichen Anhörungsterminen und außergerichtlichen Terminen zur Beweiserhebung.	44,00 bis 407,00 €	180,00 €

Unterabschnitt 2. Außergerichtliches Verfahren

6202	Verfahrensgebühr .... (1) Die Gebühr entsteht gesondert für eine Tätigkeit in einem dem gerichtlichen Verfahren vorausgehenden und der Überprüfung der Verwaltungsentscheidung dienenden weiteren außergerichtlichen Verfahren. (2) Die Gebühr entsteht für eine Tätigkeit in dem Verfahren bis zum Eingang des Antrags oder der Anschuldigungsschrift bei Gericht.	44,00 bis 319,00 €	145,00 €

Unterabschnitt 3. Gerichtliches Verfahren

Erster Rechtszug

Vorbemerkung 6.2.3:

(1) Die nachfolgenden Gebühren entstehen für das Wiederaufnahmeverfahren einschließlich seiner Vorbereitung gesondert.

(2) Kommt es für eine Gebühr auf die Dauer der Teilnahme an der Hauptverhandlung an, sind auch Wartezeiten und Unterbrechungen an einem Hauptverhandlungstag als Teilnahme zu berücksichtigen. Dies gilt nicht für Wartezeiten und Unterbrechungen, die der Rechtsanwalt zu vertreten hat, sowie für Unterbrechungen von jeweils mindestens einer Stunde, soweit diese unter Angabe einer konkreten Dauer der Unterbrechung oder eines Zeitpunkts der Fortsetzung der Hauptverhandlung angeordnet wurden.

6203	Verfahrensgebühr	55,00 bis 352,00 €	163,00 €
6204	Terminsgebühr je Verhandlungstag	88,00 bis 616,00 €	282,00 €
6205	Der gerichtlich bestellte Rechtsanwalt nimmt mehr als 5 und bis 8 Stunden an der Hauptverhandlung teil: Zusätzliche Gebühr neben der Gebühr 6204		141,00 €
6206	Der gerichtlich bestellte Rechtsanwalt nimmt mehr als 8 Stunden an der Hauptverhandlung teil: Zusätzliche Gebühr neben der Gebühr 6204		282,00 €

Zweiter Rechtszug

6207	Verfahrensgebühr	88,00 bis 616,00 €	282,00 €

Nr.	Gebührentatbestand	Gebühr	
		Wahlverteidiger oder Verfahrens- bevollmächtigter	gerichtlich bestell- ter oder beigeord- neter Rechtsanwalt
6208	Terminsgebühr je Verhandlungstag	88,00 bis 616,00 €	282,00 €
6209	Der gerichtlich bestellte Rechtsanwalt nimmt mehr als 5 und bis 8 Stunden an der Hauptverhandlung teil: Zusätzliche Gebühr neben der Ge- bühr 6208		141,00 €
6210	Der gerichtlich bestellte Rechtsanwalt nimmt mehr als 8 Stunden an der Hauptverhandlung teil: Zusätzliche Gebühr neben der Ge- bühr 6208		282,00 €
	Dritter Rechtszug		
6211	Verfahrensgebühr	132,00 bis 1 221,00 €	541,00 €
6212	Terminsgebühr je Verhandlungstag	132,00 bis 605,00 €	294,00 €
6213	Der gerichtlich bestellte Rechtsanwalt nimmt mehr als 5 und bis 8 Stunden an der Hauptverhandlung teil: Zusätzliche Gebühr neben der Ge- bühr 6212		147,00 €
6214	Der gerichtlich bestellte Rechtsanwalt nimmt mehr als 8 Stunden an der Hauptverhandlung teil: Zusätzliche Gebühr neben der Ge- bühr 6212		294,00 €
6215	Verfahrensgebühr für das Verfahren über die Beschwerde gegen die Nicht- zulassung der Revision .... Die Gebühr wird auf die Verfahrensgebühr für ein nachfolgendes Revisionsverfahren angerech- net.	77,00 bis 1 221,00 €	519,00 €
	Unterabschnitt 4. Zusatzgebühr		
6216	Durch die anwaltliche Mitwirkung wird die mündliche Verhandlung ent- behrlich: Zusätzliche Gebühr .... (1) Die Gebühr entsteht, wenn eine gerichtliche Entscheidung mit Zustimmung der Beteiligten ohne mündliche Verhandlung ergeht oder einer beabsichtigten Entscheidung ohne Hauptver- handlungstermin nicht widersprochen wird.	in Höhe der jeweiligen Verfah- rensgebühr	

Nr.	Gebührentatbestand	Gebühr	
		Wahlverteidiger oder Verfahrens- bevollmächtigter	gerichtlich bestell- ter oder beigeord- neter Rechtsanwalt
	(2) Die Gebühr entsteht nicht, wenn eine auf die Förderung des Verfahrens gerichtete Tätigkeit nicht ersichtlich ist.		
	(3) Die Höhe der Gebühr richtet sich nach dem Rechtszug, in dem die Hauptverhandlung ver- mieden wurde. Für den Wahlanwalt bemisst sich die Gebühr nach der Rahmenmitte.		

Abschnitt 3. Gerichtliche Verfahren bei Freiheitsentziehung, bei Unterbringung und bei sonstigen Zwangsmaßnahmen

Nr.	Gebührentatbestand	Gebühr	
6300	Verfahrensgebühr in Freiheitsentzie- hungssachen nach § 415 FamFG, in Unterbringungssachen nach § 312 FamFG und in Verfahren nach § 151 Nr. 6 und 7 FamFG .... Die Gebühr entsteht für jeden Rechtszug.	44,00 bis 517,00 €	224,00 €
6301	Terminsgebühr in den Fällen der Nummer 6300 .... Die Gebühr entsteht für die Teilnahme an ge- richtlichen Terminen.	44,00 bis 517,00 €	224,00 €
6302	Verfahrensgebühr in sonstigen Fällen Die Gebühr entsteht für jeden Rechtszug des Verfahrens über die Verlängerung oder Auf- hebung einer Freiheitsentziehung nach den §§ 425 und 426 FamFG oder einer Unterbrin- gungsmaßnahme nach den §§ 329 und 330 FamFG.	22,00 bis 330,00 €	141,00 €
6303	Terminsgebühr in den Fällen der Nummer 6302 .... Die Gebühr entsteht für die Teilnahme an ge- richtlichen Terminen.	22,00 bis 330,00 €	141,00 €

Abschnitt 4. Gerichtliche Verfahren nach der Wehrbeschwerdeordnung

Vorbemerkung 6.4:

(1) Die Gebühren nach diesem Abschnitt entstehen in Verfahren auf gerichtliche Entscheidung nach der WBO, auch i.V.m. § 42 WDO, wenn das Verfahren vor dem Truppendienstgericht oder vor dem Bundesverwaltungsgericht an die Stelle des Verwaltungsrechtswegs gemäß § 82 SG tritt.

(2) Soweit wegen desselben Gegenstands eine Geschäftsgebühr nach Nummer 2302 für eine Tätig- keit im Verfahren über die Beschwerde oder über die weitere Beschwerde vor einem Disziplinar- vorgesetzten entstanden ist, wird diese Gebühr zur Hälfte, höchstens jedoch mit einem Betrag von 207,00 €, auf die Verfahrensgebühr des gerichtlichen Verfahrens vor dem Truppendienstgericht oder dem Bundesverwaltungsgericht angerechnet. Sind mehrere Gebühren entstanden, ist für die Anrech- nung die zuletzt entstandene Gebühr maßgebend.

Nr.	Gebührentatbestand	Gebühr	
6400	Verfahrensgebühr für das Verfahren auf gerichtliche Entscheidung vor dem Truppendienstgericht	88,00 bis 748,00 €	

		Gebühr	
Nr.	Gebührentatbestand	Wahlverteidiger oder Verfahrens-bevollmächtigter	gerichtlich bestell-ter oder beigeord-neter Rechtsanwalt
6401	Terminsgebühr je Verhandlungstag in den in Nummer 6400 genannten Verfahren	88,00 bis 748,00 €	
6402	Verfahrensgebühr für das Verfahren auf gerichtliche Entscheidung vor dem Bundesverwaltungsgericht, im Verfahren über die Rechtsbeschwerde oder im Verfahren über die Beschwerde gegen die Nichtzulassung der Rechtsbeschwerde .... Die Gebühr für ein Verfahren über die Beschwerde gegen die Nichtzulassung der Rechtsbeschwerde wird auf die Gebühr für ein nachfolgendes Verfahren über die Rechtsbeschwerde angerechnet.	110,00 bis 869,00 €	
6403	Terminsgebühr je Verhandlungstag in den in Nummer 6402 genannten Verfahren	110,00 bis 869,00 €	

Abschnitt 5. Einzeltätigkeiten und Verfahren auf Aufhebung oder Änderung einer Disziplinarmaßnahme

6500	Verfahrensgebühr .... (1) Für eine Einzeltätigkeit entsteht die Gebühr, wenn der Rechtsanwalt nicht mit der Verteidigung oder Vertretung übertragen ist. (2) Die Gebühr entsteht für jede einzelne Tätigkeit gesondert, soweit nichts anderes bestimmt ist. § 15 RVG bleibt unberührt. (3) Wird dem Rechtsanwalt die Verteidigung oder Vertretung für das Verfahren übertragen, werden die nach dieser Nummer entstandenen Gebühren auf die für die Verteidigung oder Vertretung entstehenden Gebühren angerechnet. (4) Eine Gebühr nach dieser Vorschrift entsteht jeweils auch für das Verfahren nach der WDO vor einem Disziplinarvorgesetzten auf Aufhebung oder Änderung einer Disziplinarmaßnahme und im gerichtlichen Verfahren vor dem Wehrdienstgericht.	22,00 bis 330,00 €	141,00 €

Teil 7. Auslagen

Nr.	Auslagentatbestand	Höhe

Vorbemerkung 7:

(1) Mit den Gebühren werden auch die allgemeinen Geschäftskosten entgolten. Soweit nachfolgend nichts anderes bestimmt ist, kann der Rechtsanwalt Ersatz der entstandenen Aufwendungen (§ 675 i.V.m. § 670 BGB) verlangen.

(2) Eine Geschäftsreise liegt vor, wenn das Reiseziel außerhalb der Gemeinde liegt, in der sich die Kanzlei oder die Wohnung des Rechtsanwalts befindet.

(3) Dient eine Reise mehreren Geschäften, sind die entstandenen Auslagen nach den Nummern 7003 bis 7006 nach dem Verhältnis der Kosten zu verteilen, die bei gesonderter Ausführung der einzelnen Geschäfte entstanden wären. Ein Rechtsanwalt, der seine Kanzlei an einen anderen Ort verlegt, kann bei Fortführung eines ihm vorher erteilten Auftrags Auslagen nach den Nummern 7003 bis 7006 nur insoweit verlangen, als sie auch von seiner bisherigen Kanzlei aus entstanden wären.

7000	Pauschale für die Herstellung und Überlassung von Dokumenten:	
	1. für Kopien und Ausdrucke	
	a) aus Behörden- und Gerichtsakten, soweit deren Herstellung zur sachgemäßen Bearbeitung der Rechtssache geboten war,	
	b) zur Zustellung oder Mitteilung an Gegner oder Beteiligte und Verfahrensbevollmächtigte aufgrund einer Rechtsvorschrift oder nach Aufforderung durch das Gericht, die Behörde oder die sonst das Verfahren führende Stelle, soweit hierfür mehr als 100 Seiten zu fertigen waren,	
	c) zur notwendigen Unterrichtung des Auftraggebers, soweit hierfür mehr als 100 Seiten zu fertigen waren,	
	d) in sonstigen Fällen nur, wenn sie im Einverständnis mit dem Auftraggeber zusätzlich, auch zur Unterrichtung Dritter, angefertigt worden sind:	
	für die ersten 50 abzurechnenden Seiten je Seite	0,50 €
	für jede weitere Seite	0,15 €
	für die ersten 50 abzurechnenden Seiten in Farbe je Seite	1,00 €
	für jede weitere Seite in Farbe	0,30 €
	2. Überlassung von elektronisch gespeicherten Dateien oder deren Bereitstellung zum Abruf anstelle der in Nummer 1 Buchstabe d genannten Kopien und Ausdrucke:	
	je Datei	1,50 €
	für die in einem Arbeitsgang überlassenen, bereitgestellten oder in einem Arbeitsgang auf denselben Datenträger übertragenen Dokumente insgesamt höchstens	5,00 €
	(1) Die Höhe der Dokumentenpauschale nach Nummer 1 ist in derselben Angelegenheit und in gerichtlichen Verfahren in demselben Rechtszug einheitlich zu berechnen. Eine Übermittlung durch den Rechtsanwalt per Telefax steht der Herstellung einer Kopie gleich.	

Nr.	Auslagentatbestand	Höhe
	(2) Werden zum Zweck der Überlassung von elektronisch gespeicherten Dateien Dokumente im Einverständnis mit dem Auftraggeber zuvor von der Papierform in die elektronische Form übertragen, beträgt die Dokumentenpauschale nach Nummer 2 nicht weniger, als die Dokumentenpauschale im Fall der Nummer 1 betragen würde.	
7001	Entgelte für Post- und Telekommunikationsdienstleistungen	in voller Höhe
	Für die durch die Geltendmachung der Vergütung entstehenden Entgelte kann kein Ersatz verlangt werden.	
7002	Pauschale für Entgelte für Post- und Telekommunikationsdienstleistungen	20 % der Gebühren
	(1) Die Pauschale kann in jeder Angelegenheit anstelle der tatsächlichen Auslagen nach 7001 gefordert werden.	− höchstens
	(2) Werden Gebühren aus der Staatskasse gezahlt, sind diese maßgebend.	20,00 €
7003	Fahrtkosten für eine Geschäftsreise bei Benutzung eines eigenen Kraftfahrzeugs für jeden gefahrenen Kilometer	0,42 €
	Mit den Fahrtkosten sind die Anschaffungs-, Unterhaltungs- und Betriebskosten sowie die Abnutzung des Kraftfahrzeugs abgegolten.	
7004	Fahrtkosten für eine Geschäftsreise bei Benutzung eines anderen Verkehrsmittels, soweit sie angemessen sind	in voller Höhe
7005	Tage- und Abwesenheitsgeld bei einer Geschäftsreise	
	1. von nicht mehr als 4 Stunden	30,00 €
	2. von mehr als 4 bis 8 Stunden	50,00 €
	3. von mehr als 8 Stunden	80,00 €
	Bei Auslandsreisen kann zu diesen Beträgen ein Zuschlag von 50 % berechnet werden.	
7006	Sonstige Auslagen anlässlich einer Geschäftsreise, soweit sie angemessen sind	in voller Höhe
7007	Im Einzelfall gezahlte Prämie für eine Haftpflichtversicherung für Vermögensschäden, soweit die Prämie auf Haftungsbeträge von mehr als 30 Mio. € entfällt	in voller Höhe
	Soweit sich aus der Rechnung des Versicherers nichts anderes ergibt, ist von der Gesamtprämie der Betrag zu erstatten, der sich aus dem Verhältnis der 30 Mio. € übersteigenden Versicherungssumme zu der Gesamtversicherungssumme ergibt.	
7008	Umsatzsteuer auf die Vergütung	in voller Höhe
	Dies gilt nicht, wenn die Umsatzsteuer nach § 19 Abs. 1 UStG unerhoben bleibt.	

Anlage 2[1]
(zu § 13 Abs. 1 Satz 3)

Gegenstandswert bis … €	Gebühr … €	Gegenstandswert bis …€	Gebühr … €
500	49,00	50 000	1 279,00
1 000	88,00	65 000	1 373,00
1 500	127,00	80 000	1 467,00
2 000	166,00	95 000	1 561,00
3 000	222,00	110 000	1 655,00
4 000	278,00	125 000	1 749,00
5 000	334,00	140 000	1 843,00
6 000	390,00	155 000	1 937,00
7 000	446,00	170 000	2 031,00
8 000	502,00	185 000	2 125,00
9 000	558,00	200 000	2 219,00
10 000	614,00	230 000	2 351,00
13 000	666,00	260 000	2 483,00
16 000	718,00	290 000	2 615,00
19 000	770,00	320 000	2 747,00
22 000	822,00	350 000	2 879,00
25 000	874,00	380 000	3 011,00
30 000	955,00	410 000	3 143,00
35 000	1 036,00	440 000	3 275,00
40 000	1 117,00	470 000	3 407,00
45 000	1 198,00	500 000	3 539,00

---

[1] Anl. 2 neu gef. mWv 1.1.2021 durch G v. 21.12.2020 (BGBl. I S. 3229).

2. Gerichtskostengesetz (GKG)

In der Fassung der Bekanntmachung vom 27. Februar 2014[1]

(BGBl. I S. 154)

FNA 360-7

geänd. durch Art. 7 G zur Verkürzung des Restschuldbefreiungsverfahrens und zur Stärkung der Gläubigerrechte v. 15.7.2013 (BGBl. I S. 2379), Art. 4 Abs. 47 G zur Strukturreform der Gebührenrechts des Bundes v. 7.8.2013 (BGBl. I S. 3154, aufgeh. durch Art. 2 G v. 18.7.2016, BGBl. I S. 1666), Art. 21 G zur Förderung des elektronischen Rechtsverkehrs mit den Gerichten v. 10.10.2013 (BGBl. I S. 3786), Art. 7 G zur Durchführung der VO (EU) Nr. 1215/2012 sowie zur Änd. sonstiger Vorschriften v. 8.7.2014 (BGBl. I S. 890), Art. 3 G zur Durchführung des Haager Übereinkommens v. 30.6.2005 über Gerichtsstandsvereinbarungen sowie zur Änd. des RechtspflegerG, des Gerichts- und NotarkostenG, des AltersteilzeitG und des SGB III v. 10.12.2014 (BGBl. I S. 2082 iVm Bek. v. 23.6.2015, BGBl. I S. 1034), Art. 12 G zum Internationalen Erbrecht und zur Änd. von Vorschriften zum Erbschein sowie zur Änd. sonstiger Vorschriften v. 29.6.2015 (BGBl. I S. 1042), Art. 3 3. OpferrechtsreformG v. 21.12.2015 (BGBl. I S. 2525), Art. 2 Abs. 3 VergaberechtsmodernisierungsG v. 17.2.2016 (BGBl. I S. 203), Art. 8 G zur Umsetzung der RL über die Vergleichbarkeit von Zahlungskontoentgelten, den Wechsel von Zahlungskonten sowie den Zugang zu Zahlungskonten mit grundlegenden Funktionen v. 11.4.2016 (BGBl. I S. 720), Art. 4 Abs. 44 G zur Aktualisierung der Strukturreform des Gebührenrechts des Bundes v. 18.7.2016 (BGBl. I S. 1666), Art. 9 G zur Änd. des Sachverständigenrechts und zur weiteren Änd. des FamFG sowie zur Änd. des SGG, der VwGO, der FGO und des GKG v. 11.10.2016 (BGBl. I S. 2222), Art. 9 EU-KontenpfändungsVO-DurchführungsG v. 21.11.2016 (BGBl. I S. 2591), Art. 2 G zur Änd. der Vorschriften zur Vergabe von Wegenutzungsrechten zur leitungsgebundenen Energieversorgung v. 27.1.2017 (BGBl. I S. 130), Art. 4 G zur Erleichterung der Bewältigung von Konzerninsolvenzen v. 13.4.2017 (BGBl. I S. 866, aufgeh. durch Art. 8 G v. 5.6.2017, BGBl. I S. 1476), Art. 6 Abs. 22 G zur Reform des strafrechtlichen Vermögensabschöpfung v. 13.4.2017 (BGBl. I S. 872), Art. 4, 6 G zur Durchführung der VO (EU) 2015/848 über Insolvenzverfahren v. 5.6.2017 (BGBl. I S. 1476), Art. 24 Abs. 4 Zweites FinanzmarktnovellierungsG v. 23.6.2017 (BGBl. I S. 1693), Art. 24 G zur Einführung der elektronischen Akte in der Justiz und zur weiteren Förderung des elektronischen Rechtsverkehrs v. 5.7.2017 (BGBl. I S. 2208), Art. 2 Abs. 7 G zur Einführung eines Wettbewerbsregisters und zur Änd. des G gegen Wettbewerbsbeschränkungen v. 18.7.2017 (BGBl. I S. 2739, geänd. durch G v. 18.1.2021, BGBl. I S. 2), Art. 4 G zur Einführung einer zivilprozessualen Musterfeststellungsklage v. 12.7.2018 (BGBl. I S. 1151), Art. 4 G zur Umsetzung der RL (EU) 2016/943 zum Schutz von Geschäftsgeheimnissen vor rechtswidrigem Erwerb sowie rechtswidriger Nutzung und Offenlegung v. 18.4. 2019 (BGBl. I S. 466), Art. 10a G für mehr Sicherheit in der Arzneimittelversorgung v. 9.8.2019 (BGBl. I S. 1202), Art. 4 G zur Stärkung der Verfahrensrechte von Beschuldigten im Jugendstrafverfahren v. 9.12.2019 (BGBl. I S. 2146), Art. 2 Abs. 4 G zur Änd. des EG-VerbraucherschutzdurchsetzungsG sowie des G über die Errichtung des Bundesamts für Justiz v. 25.6.2020 (BGBl. I S. 1474), Art. 9 WohnungseigentumsmodernisierungsG v. 16.10.2020 (BGBl. I S. 2187), Art. 2 Sechstes G zur Änd. des G über die internationale Rechtshilfe in Strafsachen v. 23.11.2020 (BGBl. I S. 2474), Art. 3 G zur Stärkung des fairen Wettbewerbs v. 26.11.2020 (BGBl. I S. 2568), Art. 1 Kostenrechtsänderungs G 2021 v. 21.12.2020 (BGBl. I S. 3229), Art. 16 Sanierungs- und InsolvenzrechtsfortentwicklungsG v. 22.12.2020 (BGBl. I S. 3256), Art. 9 G zur weiteren Verkürzung des Restschuldbefreiungsverfahrens und zur Anpassung pandemiebedingter Vorschriften im Gesellschafts-, Genossenschafts-, Vereins- und Stiftungsrecht sowie im Miet- und Pachtrecht v. 22.12.2020 (BGBl. I S. 3328), Art. 2 GWB-DigitalisierungsG v. 18.1.2021 (BGBl. I S. 2), Art. 2 Zweites G zur Änd. des AgrarmarktstrukturG v. 2.6.2021 (BGBl. I S. 1278), Art. 3 Zweites G zur Änd. mautrechtlicher Vorschriften hinsichtlich der Einführung des europäischen elektronischen Mautdienstes v. 8.6.2021 (BGBl. I S. 1603) und Art. 16 G zur Fortentwicklung der StrafprozessO und zur Änd. weiterer Vorschriften v. 25.6.2021 (BGBl. I S. 2099)

---

[1] Neubekanntmachung des GKG v. 5.5.2004 (BGBl. I S. 718) in der ab 1.1.2014 geltenden Fassung.

[1)] Inhaltsübersicht geänd. mWv 16.7.2014 durch G v. 8.7.2014 (BGBl. I S. 890); mWv 1.12.2020 durch G v. 16.10.2020 (BGBl. I S. 2187); mWv 1.1.2021 durch G v. 22.12.2020 (BGBl. I S. 3256); mWv 9.6.2021 durch G v. 2.6.2021 (BGBl. I S. 1278).

Abschnitt 1. Allgemeine Vorschriften

§ 1[1]) **Geltungsbereich.** (1) [1] Für Verfahren vor den ordentlichen Gerichten

1. nach der Zivilprozessordnung, einschließlich des Mahnverfahrens nach § 113 Absatz 2 des Gesetzes über das Verfahren in Familiensachen und in den Angelegenheiten der freiwilligen Gerichtsbarkeit und der Verfahren nach dem Gesetz über das Verfahren in Familiensachen und in den Angelegenheiten der freiwilligen Gerichtsbarkeit, soweit das Vollstreckungs- oder Arrestgericht zuständig ist;

2. nach der Insolvenzordnung und dem Einführungsgesetz zur Insolvenzordnung;

3. nach der Schifffahrtsrechtlichen Verteilungsordnung;

3a. nach dem Unternehmensstabilisierungs- und -restrukturierungsgesetz;

4. nach dem Gesetz über die Zwangsversteigerung und die Zwangsverwaltung;

5. nach der Strafprozessordnung;

6. nach dem Jugendgerichtsgesetz;

7. nach dem Gesetz über Ordnungswidrigkeiten;

8. nach dem Strafvollzugsgesetz, auch in Verbindung mit § 92 des Jugendgerichtsgesetzes;

9. nach dem Gesetz gegen Wettbewerbsbeschränkungen;

9a. nach dem Agrarorganisationen-und-Lieferketten-Gesetz;

10. nach dem Wertpapiererwerbs- und Übernahmegesetz, soweit dort nichts anderes bestimmt ist;

11. nach dem Wertpapierhandelsgesetz;

12. nach dem Anerkennungs- und Vollstreckungsausführungsgesetz;

13. nach dem Auslandsunterhaltsgesetz, soweit das Vollstreckungsgericht zuständig ist;

14. für Rechtsmittelverfahren vor dem Bundesgerichtshof nach dem Patentgesetz, dem Gebrauchsmustergesetz, dem Markengesetz, dem Designgesetz, dem Halbleiterschutzgesetz und dem Sortenschutzgesetz (Rechtsmittelverfahren des gewerblichen Rechtsschutzes);

15. nach dem Energiewirtschaftsgesetz;

16. nach dem Kapitalanleger-Musterverfahrensgesetz;

17. nach dem EU-Verbraucherschutzdurchführungsgesetz;

---

[1]) § 1 Abs. 3 neu gef. mWv 10.1.2015 durch G v. 8.7.2014 (BGBl. I S. 890); Abs. 1 Satz 1 Nr. 18 und 19 geänd., Nr. 20 angef. mWv 17.8.2015 durch G v. 29.6.2015 (BGBl. I S. 1042); Abs. 1 Satz 1 Nr. 19 und 20 geänd., Nr. 21 angef. mWv 18.6.2016 durch G v. 11.4.2016 (BGBl. I S. 720); Abs. 3 Nr. 2 und 3 geänd., Nr. 4 angef. mWv 18.1.2017 durch G v. 21.11.2016 (BGBl. I S. 2591); Abs. 1 Satz 1 Nr. 2, Abs. 3 Nr. 3 und 4 geänd., Nr. 5 angef. mWv 26.6.2017 durch G v. 5.6.2017 (BGBl. I S. 1476); Abs. 1 Satz 1 Nr. 20 und 21 geänd., Nr. 22 angef. **mit unbestimmtem Inkrafttreten** durch G v. 18.7.2017 (BGBl. I S. 2739, geänd. durch G v. 18.1.2021, BGBl. I S. 2), die Änderungen treten an dem Tag in Kraft, der in der Bekanntmachung nach § 12 Abs. 2 Satz 1 Wettbewerbsregistergesetzes bezeichnet ist; Abs. 1 Satz 1 Nr. 17 geänd. mWv 30.6.2020 durch G v. 25.6.2020 (BGBl. I S. 1474); Abs. 1 Satz 1 Nr. 3a eingef. mWv 1.1.2021 durch G v. 22.12.2020 (BGBl. I S. 3256); Abs. 1 Satz 1 Nr. 9a eingef. mWv 9.6.2021 durch G v. 2.6.2021 (BGBl. I S. 1278).

18. nach Abschnitt 2 Unterabschnitt 2 des Neunten Teils des Gesetzes über die internationale Rechtshilfe in Strafsachen;

19. nach dem Kohlendioxid-Speicherungsgesetz;

20. nach Abschnitt 3 des Internationalen Erbrechtsverfahrensgesetzes vom 29. Juni 2015 (BGBl. I S. 1042) *[bis unbestimmtem Inkrafttreten: und]* *[ab unbestimmtem Inkrafttreten: ;]*

21. nach dem Zahlungskontengesetz *[ab unbestimmtem Inkrafttreten: und]*

[Nr. 22 ab unbestimmtem Inkrafttreten:]

22. nach dem Wettbewerbsregistergesetz

werden Kosten (Gebühren und Auslagen) nur nach diesem Gesetz erhoben. ²Satz 1 Nummer 1, 6 und 12 gilt nicht in Verfahren, in denen Kosten nach dem Gesetz über Gerichtskosten in Familiensachen[1] zu erheben sind.

(2) Dieses Gesetz ist ferner anzuwenden für Verfahren

1. vor den Gerichten der Verwaltungsgerichtsbarkeit nach der Verwaltungsgerichtsordnung;

2. vor den Gerichten der Finanzgerichtsbarkeit nach der Finanzgerichtsordnung;

3. vor den Gerichten der Sozialgerichtsbarkeit nach dem Sozialgerichtsgesetz, soweit nach diesem Gesetz das Gerichtskostengesetz anzuwenden ist;

4. vor den Gerichten für Arbeitssachen nach dem Arbeitsgerichtsgesetz und

5. vor den Staatsanwaltschaften nach der Strafprozessordnung, dem Jugendgerichtsgesetz und dem Gesetz über Ordnungswidrigkeiten.

(3) Dieses Gesetz gilt auch für Verfahren nach

1. der Verordnung (EG) Nr. 861/2007 des Europäischen Parlaments und des Rates vom 11. Juli 2007 zur Einführung eines europäischen Verfahrens für geringfügige Forderungen,

2. der Verordnung (EG) Nr. 1896/2006 des Europäischen Parlaments und des Rates vom 12. Dezember 2006 zur Einführung eines europäischen Mahnverfahrens,

3. der Verordnung (EU) Nr. 1215/2012 des Europäischen Parlaments und des Rates vom 12. Dezember 2012 über die gerichtliche Zuständigkeit und die Anerkennung und Vollstreckung von Entscheidungen in Zivil- und Handelssachen,

4. der Verordnung (EU) Nr. 655/2014 des Europäischen Parlaments und des Rates vom 15. Mai 2014 zur Einführung eines Verfahrens für einen Europäischen Beschluss zur vorläufigen Kontenpfändung im Hinblick auf die Erleichterung der grenzüberschreitenden Eintreibung von Forderungen in Zivil- und Handelssachen, wenn nicht das Familiengericht zuständig ist und

5. der Verordnung (EU) 2015/848 des Europäischen Parlaments und des Rates vom 20. Mai 2015 über Insolvenzverfahren.

(4) Kosten nach diesem Gesetz werden auch erhoben für Verfahren über eine Beschwerde, die mit einem der in den Absätzen 1 bis 3 genannten Verfahren im Zusammenhang steht.

---

[1] Nr. 3.

(5) Die Vorschriften dieses Gesetzes über die Erinnerung und die Beschwerde gehen den Regelungen der für das zugrunde liegende Verfahren geltenden Verfahrensvorschriften vor.

§ 2 Kostenfreiheit. (1) [1] In Verfahren vor den ordentlichen Gerichten und den Gerichten der Finanz- und Sozialgerichtsbarkeit sind von der Zahlung der Kosten befreit der Bund und die Länder sowie die nach Haushaltsplänen des Bundes oder eines Landes verwalteten öffentlichen Anstalten und Kassen. [2] In Verfahren der Zwangsvollstreckung wegen öffentlich-rechtlicher Geldforderungen ist maßgebend, wer ohne Berücksichtigung des § 252 der Abgabenordnung oder entsprechender Vorschriften Gläubiger der Forderung ist.

(2) Für Verfahren vor den Gerichten für Arbeitssachen nach § 2a Absatz 1, § 103 Absatz 3, § 108 Absatz 3 und § 109 des Arbeitsgerichtsgesetzes sowie nach den §§ 122 und 126 der Insolvenzordnung werden Kosten nicht erhoben.

(3) [1] Sonstige bundesrechtliche Vorschriften, durch die für Verfahren vor den ordentlichen Gerichten und den Gerichten der Finanz- und Sozialgerichtsbarkeit eine sachliche oder persönliche Befreiung von Kosten gewährt ist, bleiben unberührt. [2] Landesrechtliche Vorschriften, die für diese Verfahren in weiteren Fällen eine sachliche oder persönliche Befreiung von Kosten gewähren, bleiben unberührt.

(4) [1] Vor den Gerichten der Verwaltungsgerichtsbarkeit und den Gerichten für Arbeitssachen finden bundesrechtliche oder landesrechtliche Vorschriften über persönliche Kostenfreiheit keine Anwendung. [2] Vorschriften über sachliche Kostenfreiheit bleiben unberührt.

(5) [1] Soweit jemandem, der von Kosten befreit ist, Kosten des Verfahrens auferlegt werden, sind Kosten nicht zu erheben; bereits erhobene Kosten sind zurückzuzahlen. [2] Das Gleiche gilt, soweit eine von der Zahlung der Kosten befreite Partei Kosten des Verfahrens übernimmt.

§ 3 Höhe der Kosten. (1) Die Gebühren richten sich nach dem Wert des Streitgegenstands (Streitwert), soweit nichts anderes bestimmt ist.

(2) Kosten werden nach dem Kostenverzeichnis der Anlage 1 zu diesem Gesetz erhoben.

§ 4 Verweisungen. (1) Verweist ein erstinstanzliches Gericht oder ein Rechtsmittelgericht ein Verfahren an ein erstinstanzliches Gericht desselben oder eines anderen Zweiges der Gerichtsbarkeit, ist das frühere erstinstanzliche Verfahren als Teil des Verfahrens vor dem übernehmenden Gericht zu behandeln.

(2) [1] Mehrkosten, die durch Anrufung eines Gerichts entstehen, zu dem der Rechtsweg nicht gegeben oder das für das Verfahren nicht zuständig ist, werden nur dann erhoben, wenn die Anrufung auf verschuldeter Unkenntnis der tatsächlichen oder rechtlichen Verhältnisse beruht. [2] Die Entscheidung trifft das Gericht, an das verwiesen worden ist.

§ 5[1) Verjährung, Verzinsung. (1) [1] Ansprüche auf Zahlung von Kosten verjähren in vier Jahren nach Ablauf des Kalenderjahrs, in dem das Verfahren durch rechtskräftige Entscheidung über die Kosten, durch Vergleich oder in sonstiger

---

[1) § 5 Abs. 2 Satz 2 geänd. mWv 4.7.2015 durch G v. 29.6.2015 (BGBl. I S. 1042).

Weise beendet ist. [2] Für die Ansprüche auf Zahlung von Auslagen des erstinstanzlichen Musterverfahrens nach dem Kapitalanleger-Musterverfahrensgesetz beginnt die Frist frühestens mit dem rechtskräftigen Abschluss des Musterverfahrens.

(2) [1] Ansprüche auf Rückerstattung von Kosten verjähren in vier Jahren nach Ablauf des Kalenderjahrs, in dem die Zahlung erfolgt ist. [2] Die Verjährung beginnt jedoch nicht vor dem in Absatz 1 bezeichneten Zeitpunkt. [3] Durch Einlegung eines Rechtsbehelfs mit dem Ziel der Rückerstattung wird die Verjährung wie durch Klageerhebung gehemmt.

(3) [1] Auf die Verjährung sind die Vorschriften des Bürgerlichen Gesetzbuchs anzuwenden; die Verjährung wird nicht von Amts wegen berücksichtigt. [2] Die Verjährung der Ansprüche auf Zahlung von Kosten beginnt auch durch die Aufforderung zur Zahlung oder durch eine dem Schuldner mitgeteilte Stundung erneut. [3] Ist der Aufenthalt des Kostenschuldners unbekannt, genügt die Zustellung durch Aufgabe zur Post unter seiner letzten bekannten Anschrift. [4] Bei Kostenbeträgen unter 25 Euro beginnt die Verjährung weder erneut noch wird sie gehemmt.

(4) Ansprüche auf Zahlung und Rückerstattung von Kosten werden vorbehaltlich der nach Nummer 9018 des Kostenverzeichnisses für das erstinstanzliche Musterverfahren nach dem Kapitalanleger-Musterverfahrensgesetz geltenden Regelung nicht verzinst.

§ 5a Elektronische Akte, elektronisches Dokument. In Verfahren nach diesem Gesetz sind die verfahrensrechtlichen Vorschriften über die elektronische Akte und über das elektronische Dokument anzuwenden, die für das dem kostenrechtlichen Verfahren zugrunde liegende Verfahren gelten.

§ 5b Rechtsbehelfsbelehrung. Jede Kostenrechnung und jede anfechtbare Entscheidung hat eine Belehrung über den statthaften Rechtsbehelf sowie über die Stelle, bei der dieser Rechtsbehelf einzulegen ist, über deren Sitz und über die einzuhaltende Form und Frist zu enthalten.

Abschnitt 2. Fälligkeit

§ 6[1) Fälligkeit der Gebühren im Allgemeinen. (1) [1] In folgenden Verfahren wird die Verfahrensgebühr mit der Einreichung der Klage-, Antrags-, Einspruchs- oder Rechtsmittelschrift oder mit der Abgabe der entsprechenden Erklärung zu Protokoll fällig:

1. in bürgerlichen Rechtsstreitigkeiten,
2. in Sanierungs- und Reorganisationsverfahren nach dem Kreditinstitute-Reorganisationsgesetz,
3. in Insolvenzverfahren und in schifffahrtsrechtlichen Verteilungsverfahren,
3a. in Verfahren nach dem Unternehmensstabilisierungs- und -restrukturierungsgesetz,
4. in Rechtsmittelverfahren des gewerblichen Rechtsschutzes und
5. in Prozessverfahren vor den Gerichten der Verwaltungs-, Finanz- und Sozialgerichtsbarkeit.

[1) § 6 Abs. 1 Satz 1 Nr. 3a eingef. mWv 1.1.2021 durch G v. 22.12.2020 (BGBl. I S. 3256).

[2] Im Verfahren über ein Rechtsmittel, das vom Rechtsmittelgericht zugelassen worden ist, wird die Verfahrensgebühr mit der Zulassung fällig.

(2) Soweit die Gebühr eine Entscheidung oder sonstige gerichtliche Handlung voraussetzt, wird sie mit dieser fällig.

(3) In Verfahren vor den Gerichten für Arbeitssachen bestimmt sich die Fälligkeit der Kosten nach § 9.

§ 7 Zwangsversteigerung und Zwangsverwaltung. (1) [1] Die Gebühren für die Entscheidung über den Antrag auf Anordnung der Zwangsversteigerung und über den Beitritt werden mit der Entscheidung fällig. [2] Die Gebühr für die Erteilung des Zuschlags wird mit dessen Verkündung und, wenn der Zuschlag von dem Beschwerdegericht erteilt wird, mit der Zustellung des Beschlusses an den Ersteher fällig. [3] Im Übrigen werden die Gebühren im ersten Rechtszug im Verteilungstermin und, wenn das Verfahren vorher aufgehoben wird, mit der Aufhebung fällig.

(2) [1] Absatz 1 Satz 1 gilt im Verfahren der Zwangsverwaltung entsprechend. [2] Die Jahresgebühr wird jeweils mit Ablauf eines Kalenderjahres, die letzte Jahresgebühr mit der Aufhebung des Verfahrens fällig.

§ 8 Strafsachen, Bußgeldsachen. [1] In Strafsachen werden die Kosten, die dem verurteilten Beschuldigten zur Last fallen, erst mit der Rechtskraft des Urteils fällig. [2] Dies gilt in gerichtlichen Verfahren nach dem Gesetz über Ordnungswidrigkeiten entsprechend.

§ 9 Fälligkeit der Gebühren in sonstigen Fällen, Fälligkeit der Auslagen. (1) [1] Die Gebühr für die Anmeldung eines Anspruchs zum Musterverfahren nach dem Kapitalanleger-Musterverfahrensgesetz wird mit Einreichung der Anmeldungserklärung fällig. [2] Die Auslagen des Musterverfahrens nach dem Kapitalanleger-Musterverfahrensgesetz werden mit dem rechtskräftigen Abschluss des Musterverfahrens fällig.

(2) Im Übrigen werden die Gebühren und die Auslagen fällig, wenn

1. eine unbedingte Entscheidung über die Kosten ergangen ist,

2. das Verfahren oder der Rechtszug durch Vergleich oder Zurücknahme beendet ist,

3. das Verfahren sechs Monate ruht oder sechs Monate nicht betrieben worden ist,

4. das Verfahren sechs Monate unterbrochen oder sechs Monate ausgesetzt war oder

5. das Verfahren durch anderweitige Erledigung beendet ist.

(3) Die Dokumentenpauschale sowie die Auslagen für die Versendung von Akten werden sofort nach ihrer Entstehung fällig.

Abschnitt 3. Vorschuss und Vorauszahlung

§ 10 Grundsatz für die Abhängigmachung. In weiterem Umfang als die Prozessordnungen und dieses Gesetz es gestatten, darf die Tätigkeit der Gerichte von der Sicherstellung oder Zahlung der Kosten nicht abhängig gemacht werden.

§ 11 Verfahren nach dem Arbeitsgerichtsgesetz. [1] In Verfahren vor den Gerichten für Arbeitssachen sind die Vorschriften dieses Abschnitts nicht anzuwenden; dies gilt für die Zwangsvollstreckung in Arbeitssachen auch dann, wenn das Amtsgericht Vollstreckungsgericht ist. [2] Satz 1 gilt nicht in Verfahren wegen überlanger Gerichtsverfahren (§ 9 Absatz 2 Satz 2 des Arbeitsgerichtsgesetzes).

§ 12 Verfahren nach der Zivilprozessordnung. (1) [1] In bürgerlichen Rechtsstreitigkeiten soll die Klage erst nach Zahlung der Gebühr für das Verfahren im Allgemeinen zugestellt werden. [2] Wird der Klageantrag erweitert, soll vor Zahlung der Gebühr für das Verfahren im Allgemeinen keine gerichtliche Handlung vorgenommen werden; dies gilt auch in der Rechtsmittelinstanz. [3] Die Anmeldung zum Musterverfahren (§ 10 Absatz 2 des Kapitalanleger-Musterverfahrensgesetzes) soll erst nach Zahlung der Gebühr nach Nummer 1902 des Kostenverzeichnisses zugestellt werden.

(2) Absatz 1 gilt nicht

1. für die Widerklage,

2. für europäische Verfahren für geringfügige Forderungen,

3. für Rechtsstreitigkeiten über Erfindungen eines Arbeitnehmers, soweit nach § 39 des Gesetzes über Arbeitnehmererfindungen die für Patentstreitsachen zuständigen Gerichte ausschließlich zuständig sind, und

4. für die Restitutionsklage nach § 580 Nummer 8 der Zivilprozessordnung.

(3) [1] Der Mahnbescheid soll erst nach Zahlung der dafür vorgesehenen Gebühr erlassen werden. [2] Wird der Mahnbescheid maschinell erstellt, gilt Satz 1 erst für den Erlass des Vollstreckungsbescheids. [3] Im Mahnverfahren soll auf Antrag des Antragstellers nach Erhebung des Widerspruchs die Sache an das für das streitige Verfahren als zuständig bezeichnete Gericht erst abgegeben werden, wenn die Gebühr für das Verfahren im Allgemeinen gezahlt ist; dies gilt entsprechend für das Verfahren nach Erlass eines Vollstreckungsbescheids unter Vorbehalt der Ausführung der Rechte des Beklagten. [4] Satz 3 gilt auch für die nach dem Gesetz über Gerichtskosten in Familiensachen[1)] zu zahlende Gebühr für das Verfahren im Allgemeinen.

(4) [1] Absatz 3 Satz 1 gilt im Europäischen Mahnverfahren entsprechend. [2] Wird ein europäisches Verfahren für geringfügige Forderungen ohne Anwendung der Vorschriften der Verordnung (EG) Nr. 861/2007 fortgeführt, soll vor Zahlung der Gebühr für das Verfahren im Allgemeinen keine gerichtliche Handlung vorgenommen werden.

(5) Über den Antrag auf Abnahme der eidesstattlichen Versicherung soll erst nach Zahlung der dafür vorgesehenen Gebühr entschieden werden.

(6) [1] Über Anträge auf Erteilung einer weiteren vollstreckbaren Ausfertigung (§ 733 der Zivilprozessordnung) und über Anträge auf gerichtliche Handlungen der Zwangsvollstreckung gemäß § 829 Absatz 1, §§ 835, 839, 846 bis 848, 857, 858, 886 bis 888 oder § 890 der Zivilprozessordnung soll erst nach Zahlung der Gebühr für das Verfahren und der Auslagen für die Zustellung entschieden werden. [2] Dies gilt nicht bei elektronischen Anträgen auf gerichtliche Handlungen der Zwangsvollstreckung gemäß § 829a der Zivilprozessordnung.

[1)] Nr. 3.

§ 12a[1] Verfahren wegen überlanger Gerichtsverfahren und strafrechtlicher Ermittlungsverfahren. [1]In Verfahren wegen überlanger Gerichtsverfahren und strafrechtlicher Ermittlungsverfahren ist § 12 Absatz 1 Satz 1 und 2 entsprechend anzuwenden. [2]Wird ein solches Verfahren bei einem Gericht der Verwaltungs-, Finanz- oder Sozialgerichtsbarkeit anhängig, ist in der Aufforderung zur Zahlung der Gebühr für das Verfahren im Allgemeinen darauf hinzuweisen, dass die Klage erst nach Zahlung dieser Gebühr zugestellt und die Streitsache erst mit Zustellung der Klage rechtshängig wird.

§ 13 Verteilungsverfahren nach der Schifffahrtsrechtlichen Verteilungsordnung. Über den Antrag auf Eröffnung des Verteilungsverfahrens nach der Schifffahrtsrechtlichen Verteilungsordnung soll erst nach Zahlung der dafür vorgesehenen Gebühr und der Auslagen für die öffentliche Bekanntmachung entschieden werden.

§ 13a[2] Verfahren nach dem Unternehmensstabilisierungs- und -restrukturierungsgesetz. (1) Über den Antrag auf Inanspruchnahme eines Instruments des Stabilisierungs- und Restrukturierungsrahmens soll erst nach Zahlung der Gebühr für das Verfahren entschieden werden.

(2) Absatz 1 gilt entsprechend für den Antrag auf Bestellung eines Restrukturierungsbeauftragten oder eines Sanierungsmoderators.

§ 14[3] Ausnahmen von der Abhängigmachung. Die §§ 12 und 13 gelten nicht,

1. soweit dem Antragsteller Prozesskostenhilfe bewilligt ist,
2. wenn dem Antragsteller Gebührenfreiheit zusteht oder
3. wenn die beabsichtigte Rechtsverfolgung weder aussichtslos noch mutwillig erscheint und wenn glaubhaft gemacht wird, dass
   a) dem Antragsteller die alsbaldige Zahlung der Kosten mit Rücksicht auf seine Vermögenslage oder aus sonstigen Gründen Schwierigkeiten bereiten würde oder
   b) eine Verzögerung dem Antragsteller einen nicht oder nur schwer zu ersetzenden Schaden bringen würde; zur Glaubhaftmachung genügt in diesem Fall die Erklärung des zum Prozessbevollmächtigten bestellten Rechtsanwalts.

§ 15 Zwangsversteigerungs- und Zwangsverwaltungsverfahren.
(1) Im Zwangsversteigerungsverfahren ist spätestens bei der Bestimmung des Zwangsversteigerungstermins ein Vorschuss in Höhe des Doppelten einer Gebühr für die Abhaltung des Versteigerungstermins zu erheben.

(2) Im Zwangsverwaltungsverfahren hat der Antragsteller jährlich einen angemessenen Gebührenvorschuss zu zahlen.

§ 16[4] Privatklage, Nebenklage. (1) [1]Der Privatkläger hat, wenn er Privatklage erhebt, Rechtsmittel einlegt, die Wiederaufnahme beantragt oder das

---

[1] § 12a Satz 1 geänd., Satz 2 angef. mWv 15.10.2016 durch G v. 11.10.2016 (BGBl. I S. 2222).
[2] § 13a eingef. mWv 1.1.2021 durch G v. 22.12.2020 (BGBl. I S. 3256).
[3] § 14 Nr. 3 einl. Satzteil geänd. mWv 1.1.2021 durch G v. 21.12.2020 (BGBl. I S. 3229).
[4] § 16 Abs. 1 Satz 1 und Abs. 2 Satz 2 geänd. mWv 1.7.2017 durch G v. 13.4.2017 (BGBl. I S. 872).

Verfahren nach den §§ 435 bis 437 der Strafprozessordnung betreibt, für den jeweiligen Rechtszug einen Betrag in Höhe der entsprechenden in den Nummern 3311, 3321, 3331, 3340, 3410, 3431, 3441 oder 3450 des Kostenverzeichnisses bestimmten Gebühr als Vorschuss zu zahlen. [2] Der Widerkläger ist zur Zahlung eines Gebührenvorschusses nicht verpflichtet.

(2) [1] Der Nebenkläger hat, wenn er Rechtsmittel einlegt oder die Wiederaufnahme beantragt, für den jeweiligen Rechtszug einen Betrag in Höhe der entsprechenden in den Nummern 3511, 3521 oder 3530 des Kostenverzeichnisses bestimmten Gebühr als Vorschuss zu zahlen. [2] Wenn er im Verfahren nach den §§ 435 bis 437 der Strafprozessordnung Rechtsmittel einlegt oder die Wiederaufnahme beantragt, hat er für den jeweiligen Rechtszug einen Betrag in Höhe der entsprechenden in den Nummern 3431, 3441 oder 3450 des Kostenverzeichnisses bestimmten Gebühr als Vorschuss zu zahlen.

§ 17 Auslagen. (1) [1] Wird die Vornahme einer Handlung, mit der Auslagen verbunden sind, beantragt, hat derjenige, der die Handlung beantragt hat, einen zur Deckung der Auslagen hinreichenden Vorschuss zu zahlen. [2] Das Gericht soll die Vornahme der Handlung von der vorherigen Zahlung abhängig machen.

(2) Die Herstellung und Überlassung von Dokumenten auf Antrag sowie die Versendung von Akten können von der vorherigen Zahlung eines die Auslagen deckenden Vorschusses abhängig gemacht werden.

(3) Bei Handlungen, die von Amts wegen vorgenommen werden, kann ein Vorschuss zur Deckung der Auslagen erhoben werden.

(4) [1] Absatz 1 gilt nicht in Musterverfahren nach dem Kapitalanleger-Musterverfahrensgesetz, für die Anordnung einer Haft und in Strafsachen nur für den Privatkläger, den Widerkläger sowie für den Nebenkläger, der Berufung oder Revision eingelegt hat. [2] Absatz 2 gilt nicht in Strafsachen und in gerichtlichen Verfahren nach dem Gesetz über Ordnungswidrigkeiten, wenn der Beschuldigte oder sein Beistand Antragsteller ist. [3] Absatz 3 gilt nicht in Strafsachen, in gerichtlichen Verfahren nach dem Gesetz über Ordnungswidrigkeiten sowie in Verfahren über einen Schuldenbereinigungsplan (§ 306 der Insolvenzordnung).

§ 18 Fortdauer der Vorschusspflicht. [1] Die Verpflichtung zur Zahlung eines Vorschusses bleibt bestehen, auch wenn die Kosten des Verfahrens einem anderen auferlegt oder von einem anderen übernommen sind. [2] § 31 Absatz 2 gilt entsprechend.

Abschnitt 4. Kostenansatz

§ 19 Kostenansatz. (1) [1] Außer in Strafsachen und in gerichtlichen Verfahren nach dem Gesetz über Ordnungswidrigkeiten werden angesetzt:

1. die Kosten des ersten Rechtszugs bei dem Gericht, bei dem das Verfahren im ersten Rechtszug anhängig ist oder zuletzt anhängig war,

2. die Kosten des Rechtsmittelverfahrens bei dem Rechtsmittelgericht.

[2] Dies gilt auch dann, wenn die Kosten bei einem ersuchten Gericht entstanden sind.

(2) [1] In Strafsachen und in gerichtlichen Verfahren nach dem Gesetz über Ordnungswidrigkeiten, in denen eine gerichtliche Entscheidung durch die

Staatsanwaltschaft zu vollstrecken ist, werden die Kosten bei der Staatsanwaltschaft angesetzt. [2] In Jugendgerichtssachen, in denen eine Vollstreckung einzuleiten ist, werden die Kosten bei dem Amtsgericht angesetzt, dem der Jugendrichter angehört, der die Vollstreckung einzuleiten hat (§ 84 des Jugendgerichtsgesetzes); ist daneben die Staatsanwaltschaft Vollstreckungsbehörde, werden die Kosten bei dieser angesetzt. [3] Im Übrigen werden die Kosten in diesen Verfahren bei dem Gericht des ersten Rechtszugs angesetzt. [4] Die Kosten des Rechtsmittelverfahrens vor dem Bundesgerichtshof werden stets bei dem Bundesgerichtshof angesetzt.

(3) Hat die Staatsanwaltschaft im Fall des § 25a des Straßenverkehrsgesetzes eine abschließende Entscheidung getroffen, werden die Kosten einschließlich derer, die durch einen Antrag auf gerichtliche Entscheidung entstanden sind, bei ihr angesetzt.

(4) Die Dokumentenpauschale sowie die Auslagen für die Versendung von Akten werden bei der Stelle angesetzt, bei der sie entstanden sind.

(5) [1] Der Kostenansatz kann im Verwaltungsweg berichtigt werden, solange nicht eine gerichtliche Entscheidung getroffen ist. [2] Ergeht nach der gerichtlichen Entscheidung über den Kostenansatz eine Entscheidung, durch die der Streitwert anders festgesetzt wird, kann der Kostenansatz ebenfalls berichtigt werden.

§ 20 Nachforderung. (1) [1] Wegen eines unrichtigen Ansatzes dürfen Kosten nur nachgefordert werden, wenn der berichtigte Ansatz dem Zahlungspflichtigen vor Ablauf des nächsten Kalenderjahres nach Absendung der den Rechtszug abschließenden Kostenrechnung (Schlusskostenrechnung), in Zwangsverwaltungsverfahren der Jahresrechnung, mitgeteilt worden ist. [2] Dies gilt nicht, wenn die Nachforderung auf vorsätzlich oder grob fahrlässig falschen Angaben des Kostenschuldners beruht oder wenn der ursprüngliche Kostenansatz unter einem bestimmten Vorbehalt erfolgt ist.

(2) Ist innerhalb der Frist des Absatzes 1 ein Rechtsbehelf in der Hauptsache oder wegen der Kosten eingelegt worden, ist die Nachforderung bis zum Ablauf des nächsten Kalenderjahres nach Beendigung dieser Verfahren möglich.

(3) Ist der Wert gerichtlich festgesetzt worden, genügt es, wenn der berichtigte Ansatz dem Zahlungspflichtigen drei Monate nach der letzten Wertfestsetzung mitgeteilt worden ist.

§ 21 Nichterhebung von Kosten. (1) [1] Kosten, die bei richtiger Behandlung der Sache nicht entstanden wären, werden nicht erhoben. [2] Das Gleiche gilt für Auslagen, die durch eine von Amts wegen veranlasste Verlegung eines Termins oder Vertagung einer Verhandlung entstanden sind. [3] Für abweisende Entscheidungen sowie bei Zurücknahme eines Antrags kann von der Erhebung von Kosten abgesehen werden, wenn der Antrag auf unverschuldeter Unkenntnis der tatsächlichen oder rechtlichen Verhältnisse beruht.

(2) [1] Die Entscheidung trifft das Gericht. [2] Solange nicht das Gericht entschieden hat, können Anordnungen nach Absatz 1 im Verwaltungsweg erlassen werden. [3] Eine im Verwaltungsweg getroffene Anordnung kann nur im Verwaltungsweg geändert werden.

Abschnitt 5. Kostenhaftung

§ 22[1)] **Streitverfahren, Bestätigungen und Bescheinigungen zu inländischen Titeln.** (1) [1] In bürgerlichen Rechtsstreitigkeiten mit Ausnahme der Restitutionsklage nach § 580 Nummer 8 der Zivilprozessordnung sowie in Verfahren nach § 1 Absatz 1 Satz 1 Nummer 14, Absatz 2 Nummer 1 bis 3 sowie Absatz 4 schuldet die Kosten, wer das Verfahren des Rechtszugs beantragt hat. [2] Im Verfahren, das gemäß § 700 Absatz 3 der Zivilprozessordnung dem Mahnverfahren folgt, schuldet die Kosten, wer den Vollstreckungsbescheid beantragt hat. [3] Im Verfahren, das nach Einspruch dem Europäischen Mahnverfahren folgt, schuldet die Kosten, wer den Zahlungsbefehl beantragt hat. [4] Die Gebühr für den Abschluss eines gerichtlichen Vergleichs schuldet jeder, der an dem Abschluss beteiligt ist.

(2) [1] In Verfahren vor den Gerichten für Arbeitssachen ist Absatz 1 nicht anzuwenden, soweit eine Kostenhaftung nach § 29 Nummer 1 oder 2 besteht. [2] Absatz 1 ist ferner nicht anzuwenden, solange bei einer Zurückverweisung des Rechtsstreits an die Vorinstanz nicht feststeht, wer für die Kosten nach § 29 Nummer 1 oder 2 haftet, und der Rechtsstreit noch anhängig ist; er ist jedoch anzuwenden, wenn das Verfahren nach Zurückverweisung sechs Monate geruht hat oder sechs Monate von den Parteien nicht betrieben worden ist.

(3) In Verfahren über Anträge auf Ausstellung einer Bestätigung nach § 1079 der Zivilprozessordnung, einer Bescheinigung nach § 1110 der Zivilprozessordnung oder nach § 57 oder § 58 des Anerkennungs- und Vollstreckungsausführungsgesetzes schuldet die Kosten der Antragsteller.

(4) [1] Im erstinstanzlichen Musterverfahren nach dem Kapitalanleger-Musterverfahrensgesetz ist Absatz 1 nicht anzuwenden. [2] Die Kosten für die Anmeldung eines Anspruchs zum Musterverfahren schuldet der Anmelder. [3] Im Verfahren über die Rechtsbeschwerde nach § 20 des Kapitalanleger-Musterverfahrensgesetzes schuldet neben dem Rechtsbeschwerdeführer auch der Beteiligte, der dem Rechtsbeschwerdeverfahren auf Seiten des Rechtsbeschwerdeführers beigetreten ist, die Kosten.

§ 23[2)] **Insolvenzverfahren.** (1) [1] Die Gebühr für das Verfahren über den Antrag auf Eröffnung des Insolvenzverfahrens schuldet, wer den Antrag gestellt hat. [2] Wird der Antrag abgewiesen oder zurückgenommen, gilt dies auch für die entstandenen Auslagen. [3] Die Auslagen nach Nummer 9017 des Kostenverzeichnisses schuldet jedoch nur der Schuldner des Insolvenzverfahrens. [4] Die Sätze 1 und 2 gelten nicht, wenn der Schuldner des Insolvenzverfahrens nach § 14 Absatz 3 der Insolvenzordnung die Kosten des Verfahrens trägt.

(2) Die Kosten des Verfahrens über die Versagung oder den Widerruf der Restschuldbefreiung (§§ 296 bis 297a, 300 und 303 der Insolvenzordnung) schuldet, wer das Verfahren beantragt hat.

[1)] § 22 Abs. 3 geänd. mWv 16.7.2014 und neu gef. mWv 10.1.2015 durch G v. 8.7.2014 (BGBl. I S. 890); Abs. 3 geänd. mWv 1.10.2015 durch G v. 10.12.2014 (BGBl. I S. 2082) iVm Bek. v. 23.6.2015 (BGBl. I S. 1034).
[2)] § 23 Abs. 2 geänd. mWv 1.7.2014 durch G v. 15.7.2013 (BGBl. I S. 2379); Abs. 1 Satz 4 geänd. mWv 16.7.2014 durch G v. 8.7.2014 (BGBl. I S. 890); Abs. 3–5 eingef., bish. Abs. 3 wird Abs. 6 mWv 26.6.2017, Abs. 6 eingef., bish. Abs. 6 wird Abs. 7 mWv 21.4.2018 durch G v. 5.6.2017 (BGBl. I S. 1476).

(3) Die Kosten des Verfahrens wegen einer Anfechtung nach Artikel 36 Absatz 7 Satz 2 der Verordnung (EU) 2015/848 schuldet der antragstellende Gläubiger, wenn der Antrag abgewiesen oder zurückgenommen wird.

(4) Die Kosten des Verfahrens über einstweilige Maßnahmen nach Artikel 36 Absatz 9 der Verordnung (EU) 2015/848 schuldet der antragstellende Gläubiger.

(5) Die Kosten des Gruppen-Koordinationsverfahrens nach Kapitel V Abschnitt 2 der Verordnung (EU) 2015/848 trägt der Schuldner, dessen Verwalter die Einleitung des Koordinationsverfahrens beantragt hat.

(6) ¹Die Kosten des Koordinationsverfahrens trägt der Schuldner, der die Einleitung des Verfahrens beantragt hat. ²Dieser Schuldner trägt die Kosten auch, wenn der Antrag von dem Insolvenzverwalter, dem vorläufigen Insolvenzverwalter, dem Gläubigerausschuss oder dem vorläufigen Gläubigerausschuss gestellt wird.

(7) Im Übrigen schuldet die Kosten der Schuldner des Insolvenzverfahrens.

§ 23a Sanierungs- und Reorganisationsverfahren nach dem Kreditinstitute-Reorganisationsgesetz. Die Kosten des Sanierungs- und Reorganisationsverfahrens schuldet nur das Kreditinstitut.

§ 24 Öffentliche Bekanntmachung in ausländischen Insolvenzverfahren. Die Kosten des Verfahrens über den Antrag auf öffentliche Bekanntmachung ausländischer Entscheidungen in Insolvenzverfahren oder vergleichbaren Verfahren schuldet, wer das Verfahren beantragt hat.

§ 25 Verteilungsverfahren nach der Schifffahrtsrechtlichen Verteilungsordnung. Die Kosten des Verteilungsverfahrens nach der Schifffahrtsrechtlichen Verteilungsordnung schuldet, wer das Verfahren beantragt hat.

§ 25a¹⁾ Verfahren nach dem Unternehmensstabilisierungs- und -restrukturierungsgesetz. (1) Die Kosten der Verfahren nach dem Unternehmensstabilisierungs- und -restrukturierungsgesetz vor dem Restrukturierungsgericht sowie die Gebühren nach den Nummern 2510 und 2513 des Kostenverzeichnisses schuldet nur der Schuldner des Verfahrens, soweit nichts anderes bestimmt ist.

(2) Wird ein fakultativer Restrukturierungsbeauftragter auf Antrag von Gläubigern bestellt, schulden die Gebühr nach Nummer 2513 des Kostenverzeichnisses und die Auslagen nach Nummer 9017 des Kostenverzeichnisses nur die antragstellenden Gläubiger, soweit sie ihnen nach § 82 Absatz 2 des Unternehmensstabilisierungs- und -restrukturierungsgesetzes auferlegt sind.

§ 26 Zwangsversteigerungs- und Zwangsverwaltungsverfahren.

(1) Die Kosten des Zwangsversteigerungs- und Zwangsverwaltungsverfahrens sowie des Verfahrens der Zwangsliquidation einer Bahneinheit schuldet vorbehaltlich des Absatzes 2, wer das Verfahren beantragt hat, soweit die Kosten nicht dem Erlös entnommen werden können.

(2) ¹Die Kosten für die Erteilung des Zuschlags schuldet nur der Ersteher; § 29 Nummer 3 bleibt unberührt. ²Im Fall der Abtretung der Rechte aus dem

---

¹⁾ § 25a eingef. mWv 1.1.2021 durch G v. 22.12.2020 (BGBl. I S. 3256).

Meistgebot oder der Erklärung, für einen Dritten geboten zu haben (§ 81 des Gesetzes über die Zwangsversteigerung und die Zwangsverwaltung), haften der Ersteher und der Meistbietende als Gesamtschuldner.

(3) Die Kosten des Beschwerdeverfahrens schuldet der Beschwerdeführer.

§ 27 Bußgeldsachen. Der Betroffene, der im gerichtlichen Verfahren nach dem Gesetz über Ordnungswidrigkeiten den Einspruch gegen einen Bußgeldbescheid zurücknimmt, schuldet die entstandenen Kosten.

§ 28 Auslagen in weiteren Fällen. (1) [1]Die Dokumentenpauschale schuldet ferner, wer die Erteilung der Ausfertigungen, Kopien oder Ausdrucke beantragt hat. [2]Sind Kopien oder Ausdrucke angefertigt worden, weil die Partei oder der Beteiligte es unterlassen hat, die erforderliche Zahl von Mehrfertigungen beizufügen, schuldet nur die Partei oder der Beteiligte die Dokumentenpauschale.

(2) Die Auslagen nach Nummer 9003 des Kostenverzeichnisses schuldet nur, wer die Versendung der Akte beantragt hat.

(3) Im Verfahren auf Bewilligung von Prozesskostenhilfe einschließlich des Verfahrens auf Bewilligung grenzüberschreitender Prozesskostenhilfe ist der Antragsteller Schuldner der Auslagen, wenn

1. der Antrag zurückgenommen oder vom Gericht abgelehnt wird oder
2. die Übermittlung des Antrags von der Übermittlungsstelle oder das Ersuchen um Prozesskostenhilfe von der Empfangsstelle abgelehnt wird.

§ 29 Weitere Fälle der Kostenhaftung. Die Kosten schuldet ferner,

1. wem durch gerichtliche oder staatsanwaltschaftliche Entscheidung die Kosten des Verfahrens auferlegt sind;
2. wer sie durch eine vor Gericht abgegebene oder dem Gericht mitgeteilte Erklärung oder in einem vor Gericht abgeschlossenen oder dem Gericht mitgeteilten Vergleich übernommen hat; dies gilt auch, wenn bei einem Vergleich ohne Bestimmung über die Kosten diese als von beiden Teilen je zur Hälfte übernommen anzusehen sind;
3. wer für die Kostenschuld eines anderen kraft Gesetzes haftet und
4. der Vollstreckungsschuldner für die notwendigen Kosten der Zwangsvollstreckung.

§ 30 Erlöschen der Zahlungspflicht. [1]Die durch gerichtliche oder staatsanwaltschaftliche Entscheidung begründete Verpflichtung zur Zahlung von Kosten erlischt, soweit die Entscheidung durch eine andere gerichtliche Entscheidung aufgehoben oder abgeändert wird. [2]Soweit die Verpflichtung zur Zahlung von Kosten nur auf der aufgehobenen oder abgeänderten Entscheidung beruht hat, werden bereits gezahlte Kosten zurückerstattet.

§ 31 Mehrere Kostenschuldner. (1) Mehrere Kostenschuldner haften als Gesamtschuldner.

(2) [1]Soweit ein Kostenschuldner aufgrund von § 29 Nummer 1 oder 2 (Erstschuldner) haftet, soll die Haftung eines anderen Kostenschuldners nur geltend gemacht werden, wenn eine Zwangsvollstreckung in das bewegliche Vermögen des ersteren erfolglos geblieben ist oder aussichtslos erscheint. [2]Zah-

lungen des Erstschuldners mindern seine Haftung aufgrund anderer Vorschriften dieses Gesetzes auch dann in voller Höhe, wenn sich seine Haftung nur auf einen Teilbetrag bezieht.

(3) [1] Soweit einem Kostenschuldner, der aufgrund von § 29 Nummer 1 haftet (Entscheidungsschuldner), Prozesskostenhilfe bewilligt worden ist, darf die Haftung eines anderen Kostenschuldners nicht geltend gemacht werden; von diesem bereits erhobene Kosten sind zurückzuzahlen, soweit es sich nicht um eine Zahlung nach § 13 Absatz 1 und 3 des Justizvergütungs- und -entschädigungsgesetzes[1] handelt und die Partei, der die Prozesskostenhilfe bewilligt worden ist, der besonderen Vergütung zugestimmt hat. [2] Die Haftung eines anderen Kostenschuldners darf auch nicht geltend gemacht werden, soweit dem Entscheidungsschuldner ein Betrag für die Reise zum Ort einer Verhandlung, Vernehmung oder Untersuchung und für die Rückreise gewährt worden ist.

(4) Absatz 3 ist entsprechend anzuwenden, soweit der Kostenschuldner aufgrund des § 29 Nummer 2 haftet, wenn

1. der Kostenschuldner die Kosten in einem vor Gericht abgeschlossenen oder gegenüber dem Gericht angenommenen Vergleich übernommen hat,

2. der Vergleich einschließlich der Verteilung der Kosten von dem Gericht vorgeschlagen worden ist und

3. das Gericht in seinem Vergleichsvorschlag ausdrücklich festgestellt hat, dass die Kostenregelung der sonst zu erwartenden Kostenentscheidung entspricht.

§ 32 Haftung von Streitgenossen und Beigeladenen. (1) [1] Streitgenossen haften als Gesamtschuldner, wenn die Kosten nicht durch gerichtliche Entscheidung unter sie verteilt sind. [2] Soweit einen Streitgenossen nur Teile des Streitgegenstandes betreffen, beschränkt sich seine Haftung als Gesamtschuldner auf den Betrag, der entstanden wäre, wenn das Verfahren nur diese Teile betroffen hätte.

(2) Absatz 1 gilt auch für mehrere Beigeladene, denen Kosten auferlegt worden sind.

§ 33 Verpflichtung zur Zahlung von Kosten in besonderen Fällen.
Die nach den §§ 53 bis 55, 177, 209 und 269 der Insolvenzordnung sowie den §§ 466 und 471 Absatz 4 der Strafprozessordnung begründete Verpflichtung zur Zahlung von Kosten besteht auch gegenüber der Staatskasse.

Abschnitt 6. Gebührenvorschriften

§ 34[2] Wertgebühren. (1) [1] Wenn sich die Gebühren nach dem Streitwert richten, beträgt bei einem Streitwert bis 500 Euro die Gebühr 38 Euro. [2] Die Gebühr erhöht sich bei einem

---

[1] Nr. 5.
[2] § 34 Abs. 1 Sätze 1 und 2 neu gef. mWv 1.1.2021 durch G v. 21.12.2020 (BGBl. I S. 3229).

Streitwert bis … Euro	für jeden angefangenen Betrag von weiteren … Euro	um … Euro
2 000	500	20
10 000	1 000	21
25 000	3 000	29
50 000	5 000	38
200 000	15 000	132
500 000	30 000	198
über 500 000	50 000	198

[3] Eine Gebührentabelle für Streitwerte bis 500 000 Euro ist diesem Gesetz als Anlage 2 beigefügt.

(2) Der Mindestbetrag einer Gebühr ist 15 Euro.

§ 35 Einmalige Erhebung der Gebühren. Die Gebühr für das Verfahren im Allgemeinen und die Gebühr für eine Entscheidung werden in jedem Rechtszug hinsichtlich eines jeden Teils des Streitgegenstands nur einmal erhoben.

§ 36 Teile des Streitgegenstands. (1) Für Handlungen, die einen Teil des Streitgegenstands betreffen, sind die Gebühren nur nach dem Wert dieses Teils zu berechnen.

(2) Sind von einzelnen Wertteilen in demselben Rechtszug für gleiche Handlungen Gebühren zu berechnen, darf nicht mehr erhoben werden, als wenn die Gebühr von dem Gesamtbetrag der Wertteile zu berechnen wäre.

(3) Sind für Teile des Gegenstands verschiedene Gebührensätze anzuwenden, sind die Gebühren für die Teile gesondert zu berechnen; die aus dem Gesamtbetrag der Wertteile nach dem höchsten Gebührensatz berechnete Gebühr darf jedoch nicht überschritten werden.

§ 37 Zurückverweisung. Wird eine Sache zur anderweitigen Verhandlung an das Gericht des unteren Rechtszugs zurückverwiesen, bildet das weitere Verfahren mit dem früheren Verfahren vor diesem Gericht im Sinne des § 35 einen Rechtszug.

§ 38 Verzögerung des Rechtsstreits. [1] Wird außer im Fall des § 335 der Zivilprozessordnung durch Verschulden des Klägers, des Beklagten oder eines Vertreters die Vertagung einer mündlichen Verhandlung oder die Anberaumung eines neuen Termins zur mündlichen Verhandlung nötig oder ist die Erledigung des Rechtsstreits durch nachträgliches Vorbringen von Angriffs- oder Verteidigungsmitteln, Beweismitteln oder Beweiseinreden, die früher vorgebracht werden konnten, verzögert worden, kann das Gericht dem Kläger oder dem Beklagten von Amts wegen eine besondere Gebühr mit einem Gebührensatz von 1,0 auferlegen. [2] Die Gebühr kann bis auf einen Gebührensatz von 0,3 ermäßigt werden. [3] Dem Kläger, dem Beklagten oder dem Vertreter stehen gleich der Nebenintervenient, der Beigeladene, der Vertreter des

105

Bundesinteresses beim Bundesverwaltungsgericht und der Vertreter des öffentlichen Interesses sowie ihre Vertreter.

Abschnitt 7. Wertvorschriften

Unterabschnitt 1. Allgemeine Wertvorschriften

§ 39 Grundsatz. (1) In demselben Verfahren und in demselben Rechtszug werden die Werte mehrerer Streitgegenstände zusammengerechnet, soweit nichts anderes bestimmt ist.

(2) Der Streitwert beträgt höchstens 30 Millionen Euro, soweit kein niedrigerer Höchstwert bestimmt ist.

§ 40 Zeitpunkt der Wertberechnung. Für die Wertberechnung ist der Zeitpunkt der den jeweiligen Streitgegenstand betreffenden Antragstellung maßgebend, die den Rechtszug einleitet.

§ 41[1) Miet-, Pacht- und ähnliche Nutzungsverhältnisse. (1) [1]Ist das Bestehen oder die Dauer eines Miet-, Pacht- oder ähnlichen Nutzungsverhältnisses streitig, ist der Betrag des auf die streitige Zeit entfallenden Entgelts und, wenn das einjährige Entgelt geringer ist, dieser Betrag für die Wertberechnung maßgebend. [2]Das Entgelt nach Satz 1 umfasst neben dem Nettogrundentgelt Nebenkosten dann, wenn diese als Pauschale vereinbart sind und nicht gesondert abgerechnet werden.

(2) [1]Wird wegen Beendigung eines Miet-, Pacht- oder ähnlichen Nutzungsverhältnisses die Räumung eines Grundstücks, Gebäudes oder Gebäudeteils verlangt, ist ohne Rücksicht darauf, ob über das Bestehen des Nutzungsverhältnisses Streit besteht, das für die Dauer eines Jahres zu zahlende Entgelt maßgebend, wenn sich nicht nach Absatz 1 ein geringerer Streitwert ergibt. [2]Wird die Räumung oder Herausgabe auch aus einem anderen Rechtsgrund verlangt, ist der Wert der Nutzung eines Jahres maßgebend.

(3) Werden der Anspruch auf Räumung von Wohnraum und der Anspruch nach den §§ 574 bis 574b des Bürgerlichen Gesetzbuchs auf Fortsetzung des Mietverhältnisses über diesen Wohnraum in demselben Prozess verhandelt, werden die Werte nicht zusammengerechnet.

(4) Bei Ansprüchen nach den §§ 574 bis 574b des Bürgerlichen Gesetzbuchs ist auch für die Rechtsmittelinstanz der für den ersten Rechtszug maßgebende Wert zugrunde zu legen, sofern nicht die Beschwer geringer ist.

(5) [1]Bei Ansprüchen auf Erhöhung der Miete für Wohnraum ist der Jahresbetrag der zusätzlich geforderten Miete, bei Feststellung einer Minderung der Miete für Wohnraum der Jahresbetrag der Mietminderung, bei Ansprüchen des Mieters auf Durchführung von Instandsetzungsmaßnahmen der Jahresbetrag einer angemessenen Mietminderung und bei Ansprüchen des Vermieters auf Duldung einer Durchführung von Modernisierungs- oder Erhaltungsmaßnahmen der Jahresbetrag einer möglichen Mieterhöhung, in Ermangelung dessen einer sonst möglichen Mietminderung durch den Mieter maßgebend. [2]Endet das Mietverhältnis vor Ablauf eines Jahres, ist ein entsprechend niedrigerer Betrag maßgebend.

[1)] § 41 Abs. 5 Satz 1 geänd. mWv 1.1.2021 durch G v. 21.12.2020 (BGBl. I S. 3229).

§ 42 Wiederkehrende Leistungen. (1) [1]Bei Ansprüchen auf wiederkehrende Leistungen aus einem öffentlich-rechtlichen Dienst- oder Amtsverhältnis, einer Dienstpflicht oder einer Tätigkeit, die anstelle einer gesetzlichen Dienstpflicht geleistet werden kann, bei Ansprüchen von Arbeitnehmern auf wiederkehrende Leistungen sowie in Verfahren vor Gerichten der Sozialgerichtsbarkeit, in denen Ansprüche auf wiederkehrende Leistungen dem Grunde oder der Höhe nach geltend gemacht oder abgewehrt werden, ist der dreifache Jahresbetrag der wiederkehrenden Leistungen maßgebend, wenn nicht der Gesamtbetrag der geforderten Leistungen geringer ist. [2]Ist im Verfahren vor den Gerichten der Verwaltungs- und Sozialgerichtsbarkeit die Höhe des Jahresbetrags nicht nach dem Antrag des Klägers bestimmt oder nach diesem Antrag mit vertretbarem Aufwand bestimmbar, ist der Streitwert nach § 52 Absatz 1 und 2 zu bestimmen.

(2) [1]Für die Wertberechnung bei Rechtsstreitigkeiten vor den Gerichten für Arbeitssachen über das Bestehen, das Nichtbestehen oder die Kündigung eines Arbeitsverhältnisses ist höchstens der Betrag des für die Dauer eines Vierteljahres zu leistenden Arbeitsentgelts maßgebend; eine Abfindung wird nicht hinzugerechnet. [2]Bei Rechtsstreitigkeiten über Eingruppierungen ist der Wert des dreijährigen Unterschiedsbetrags zur begehrten Vergütung maßgebend, sofern nicht der Gesamtbetrag der geforderten Leistungen geringer ist.

(3) [1]Die bei Einreichung der Klage fälligen Beträge werden dem Streitwert hinzugerechnet; dies gilt nicht in Rechtsstreitigkeiten vor den Gerichten für Arbeitssachen. [2]Der Einreichung der Klage steht die Einreichung eines Antrags auf Bewilligung der Prozesskostenhilfe gleich, wenn die Klage alsbald nach Mitteilung der Entscheidung über den Antrag oder über eine alsbald eingelegte Beschwerde eingereicht wird.

§ 43 Nebenforderungen. (1) Sind außer dem Hauptanspruch auch Früchte, Nutzungen, Zinsen oder Kosten als Nebenforderungen betroffen, wird der Wert der Nebenforderungen nicht berücksichtigt.

(2) Sind Früchte, Nutzungen, Zinsen oder Kosten als Nebenforderungen ohne den Hauptanspruch betroffen, ist der Wert der Nebenforderungen maßgebend, soweit er den Wert des Hauptanspruchs nicht übersteigt.

(3) Sind die Kosten des Rechtsstreits ohne den Hauptanspruch betroffen, ist der Betrag der Kosten maßgebend, soweit er den Wert des Hauptanspruchs nicht übersteigt.

§ 44 Stufenklage. Wird mit der Klage auf Rechnungslegung oder auf Vorlegung eines Vermögensverzeichnisses oder auf Abgabe einer eidesstattlichen Versicherung die Klage auf Herausgabe desjenigen verbunden, was der Beklagte aus dem zugrunde liegenden Rechtsverhältnis schuldet, ist für die Wertberechnung nur einer der verbundenen Ansprüche, und zwar der höhere, maßgebend.

§ 45 Klage und Widerklage, Hilfsanspruch, wechselseitige Rechtsmittel, Aufrechnung. (1) [1]In einer Klage und in einer Widerklage geltend gemachte Ansprüche, die nicht in getrennten Prozessen verhandelt werden, werden zusammengerechnet. [2]Ein hilfsweise geltend gemachter Anspruch wird mit dem Hauptanspruch zusammengerechnet, soweit eine Entscheidung über ihn ergeht. [3]Betreffen die Ansprüche im Fall des Satzes 1 oder 2 denselben Gegenstand, ist nur der Wert des höheren Anspruchs maßgebend.

(2) Für wechselseitig eingelegte Rechtsmittel, die nicht in getrennten Prozessen verhandelt werden, ist Absatz 1 Satz 1 und 3 entsprechend anzuwenden.

(3) Macht der Beklagte hilfsweise die Aufrechnung mit einer bestrittenen Gegenforderung geltend, erhöht sich der Streitwert um den Wert der Gegenforderung, soweit eine der Rechtskraft fähige Entscheidung über sie ergeht.

(4) Bei einer Erledigung des Rechtsstreits durch Vergleich sind die Absätze 1 bis 3 entsprechend anzuwenden.

§ 46 (weggefallen)

§ 47 Rechtsmittelverfahren. (1) [1] Im Rechtsmittelverfahren bestimmt sich der Streitwert nach den Anträgen des Rechtsmittelführers. [2] Endet das Verfahren, ohne dass solche Anträge eingereicht werden, oder werden, wenn eine Frist für die Rechtsmittelbegründung vorgeschrieben ist, innerhalb dieser Frist Rechtsmittelanträge nicht eingereicht, ist die Beschwer maßgebend.

(2) [1] Der Streitwert ist durch den Wert des Streitgegenstands des ersten Rechtszugs begrenzt. [2] Das gilt nicht, soweit der Streitgegenstand erweitert wird.

(3) Im Verfahren über den Antrag auf Zulassung des Rechtsmittels und im Verfahren über die Beschwerde gegen die Nichtzulassung des Rechtsmittels ist Streitwert der für das Rechtsmittelverfahren maßgebende Wert.

Unterabschnitt 2. Besondere Wertvorschriften

§ 48[1] Bürgerliche Rechtsstreitigkeiten. (1) [1] In bürgerlichen Rechtsstreitigkeiten richten sich die Gebühren nach den für die Zuständigkeit des Prozessgerichts oder die Zulässigkeit des Rechtsmittels geltenden Vorschriften über den Wert des Streitgegenstands, soweit nichts anderes bestimmt ist. [2] In Musterfeststellungsklagen nach Buch 6 der Zivilprozessordnung und in Rechtsstreitigkeiten aufgrund des Unterlassungsklagengesetzes darf der Streitwert 250 000 Euro nicht übersteigen.

(2) [1] In nichtvermögensrechtlichen Streitigkeiten ist der Streitwert unter Berücksichtigung aller Umstände des Einzelfalls, insbesondere des Umfangs und der Bedeutung der Sache und der Vermögens- und Einkommensverhältnisse der Parteien, nach Ermessen zu bestimmen. [2] Der Wert darf nicht über eine Million Euro angenommen werden.

(3) Ist mit einem nichtvermögensrechtlichen Anspruch ein aus ihm hergeleiteter vermögensrechtlicher Anspruch verbunden, ist nur ein Anspruch, und zwar der höhere, maßgebend.

§ 49[2] Beschlussklagen nach dem Wohnungseigentumsgesetz. [1] Der Streitwert in Verfahren nach § 44 Absatz 1 des Wohnungseigentumsgesetzes ist auf das Interesse aller Wohnungseigentümer an der Entscheidung festzusetzen. [2] Er darf den siebeneinhalbfachen Wert des Interesses des Klägers und der auf seiner Seite Beigetretenen sowie den Verkehrswert ihres Wohnungseigentums nicht übersteigen.

---

[1] § 48 Abs. 1 Satz 2 geänd. mWv 1.11.2018 durch G v. 12.7.2018 (BGBl. I S. 1151).
[2] § 49 neu gef. mWv 1.12.2020 durch G v. 16.10.2020 (BGBl. I S. 2187).

§ 49a[1]) *(aufgehoben)*

§ 50[2]) **Bestimmte Beschwerdeverfahren.** (1) [1] In folgenden Verfahren bestimmt sich der Wert nach § 3 der Zivilprozessordnung:

1. über Beschwerden gegen Verfügungen der Kartellbehörden und über Rechtsbeschwerden (§§ 73 und 77 des Gesetzes gegen Wettbewerbsbeschränkungen),

2. über Beschwerden gegen Entscheidungen der Regulierungsbehörde und über Rechtsbeschwerden (§§ 75 und 86 des Energiewirtschaftsgesetzes oder § 35 Absatz 3 und 4 des Kohlendioxid-Speicherungsgesetzes),

3. über Beschwerden gegen Verfügungen der Bundesanstalt für Finanzdienstleistungsaufsicht (§ 48 des Wertpapiererwerbs- und Übernahmegesetzes und § 113 Absatz 1 des Wertpapierhandelsgesetzes) *[bis unbestimmtem Inkrafttreten:* und*] [ab unbestimmtem Inkrattreten: ,]*

4. über Beschwerden gegen Entscheidungen der zuständigen Behörde und über Rechtsbeschwerden (§§ 13 und 24 des EU-Verbraucherschutzdurchführungsgesetzes) *[bis unbestimmtem Inkrafttreten: .] [ab unbestimmtem Inkrafttreten: und]*

[Nr. 5 ab unbestimmtem Inkrafttreten:]
5. *über Beschwerden gegen Entscheidungen der Registerbehörde (§ 11 des Wettbewerbsregistergesetzes).*

[2] Im Verfahren über Beschwerden eines Beigeladenen (§ 54 Absatz 2 Nummer 3 des Gesetzes gegen Wettbewerbsbeschränkungen, § 79 Absatz 1 Nummer 3 des Energiewirtschaftsgesetzes und § 16 Nummer 3 des EU-Verbraucherschutzdurchführungsgesetzes) ist der Streitwert unter Berücksichtigung der sich für den Beigeladenen ergebenden Bedeutung der Sache nach Ermessen zu bestimmen.

(2) Im Verfahren über die Beschwerde gegen die Entscheidung der Vergabekammer (§ 171 des Gesetzes gegen Wettbewerbsbeschränkungen) einschließlich des Verfahrens über den Antrag nach § 169 Absatz 2 Satz 5 und 6, Absatz 4 Satz 2, § 173 Absatz 1 Satz 3 und nach § 176 des Gesetzes gegen Wettbewerbsbeschränkungen beträgt der Streitwert 5 Prozent der Bruttoauftragssumme.

§ 50a[3]) **Verfahren nach dem Agrarorganisationen-und-Lieferketten-Gesetz.** In Verfahren nach dem Agrarorganisationen-und-Lieferketten-Gesetz bestimmt sich der Wert nach § 3 der Zivilprozessordnung.

---

[1]) § 49a aufgeh. mWv 1.12.2020 durch G v. 16.10.2020 (BGBl. I S. 2187).
[2]) § 50 Abs. 2 geänd. mWv 18.4.2016 durch G v. 17.2.2016 (BGBl. I S. 203); Abs. 1 Satz 1 Nr. 3 geänd. mWv 3.1.2018 durch G v. 23.6.2017 (BGBl. I S. 1693); Abs. 1 Satz 1 Nr. 3 und 4 geänd., Nr. 5 angef. **mit unbestimmtem Inkrafttreten** durch G v. 18.7.2017 (BGBl. I S. 2739, geänd. durch G v. 18.1.2021, BGBl. I S. 2), die Änderungen treten an dem Tag in Kraft, der in der Bekanntmachung nach § 12 Abs. 2 Satz 1 Wettbewerbsregistergesetzes bezeichnet ist; Abs. 1 Satz 1 Nr. 4, Satz 2 geänd. mWv 30.6.2020 durch G v. 25.6.2020 (BGBl. I S. 1474); Abs. 1 Satz 1 Nr. 1 geänd. mWv 19.1.2021 durch G v. 18.1.2021 (BGBl. I S. 2).
[3]) § 50a eingef. mWv 9.6.2021 durch G v. 2.6.2021 (BGBl. I S. 1278).

§ 51[1] **Gewerblicher Rechtsschutz.** (1) In Rechtsmittelverfahren des gewerblichen Rechtsschutzes (§ 1 Absatz 1 Satz 1 Nummer 14) und in Verfahren über Ansprüche nach dem Patentgesetz, dem Gebrauchsmustergesetz, dem Markengesetz, dem Designgesetz, dem Halbleiterschutzgesetz und dem Sortenschutzgesetz ist der Wert nach billigem Ermessen zu bestimmen.

(2) In Verfahren über Ansprüche nach dem Gesetz gegen den unlauteren Wettbewerb und nach dem Gesetz zum Schutz von Geschäftsgeheimnissen ist, soweit nichts anderes bestimmt ist, der Streitwert nach der sich aus dem Antrag des Klägers für ihn ergebenden Bedeutung der Sache nach Ermessen zu bestimmen.

(3) [1]Ist die Bedeutung der Sache für den Beklagten erheblich geringer zu bewerten als der nach Absatz 2 ermittelte Streitwert, ist dieser angemessen zu mindern. [2]Bietet der Sach- und Streitstand für die Bestimmung des Streitwerts hinsichtlich des Beseitigungs- oder Unterlassungsanspruchs keine genügenden Anhaltspunkte, ist insoweit ein Streitwert von 1 000 Euro anzunehmen. [3]Dieser Wert ist auch anzunehmen, wenn die dem Rechtsstreit zugrunde liegende Zuwiderhandlung angesichts ihrer Art, ihres Ausmaßes und ihrer Folgen die Interessen von Verbrauchern, Mitbewerbern oder sonstigen Marktteilnehmern in nur unerheblichem Maße beeinträchtigt. [4]Der nach Satz 2 oder Satz 3 anzunehmende Wert ist auch maßgebend, wenn in den dort genannten Fällen die Ansprüche auf Beseitigung und Unterlassung nebeneinander geltend gemacht werden.

(4) Im Verfahren des einstweiligen Rechtsschutzes ist der sich aus den Absätzen 2 und 3 ergebende Wert in der Regel unter Berücksichtigung der geringeren Bedeutung gegenüber der Hauptsache zu ermäßigen.

(5) Die Vorschriften über die Anordnung der Streitwertbegünstigung (§ 12 Absatz 3 des Gesetzes gegen den unlauteren Wettbewerb, § 144 des Patentgesetzes, § 26 des Gebrauchsmustergesetzes, § 142 des Markengesetzes, § 54 des Designgesetzes, § 22 des Gesetzes zum Schutz von Geschäftsgeheimnissen) sind anzuwenden.

§ 51a Verfahren nach dem Kapitalanleger-Musterverfahrensgesetz.

(1) Für die Anmeldung eines Anspruchs zum Musterverfahren (§ 10 Absatz 2 des Kapitalanleger-Musterverfahrensgesetzes) bestimmt sich der Wert nach der Höhe des Anspruchs.

(2) Im Rechtsbeschwerdeverfahren ist bei der Bestimmung des Streitwerts von der Summe der in sämtlichen nach § 8 des Kapitalanleger-Musterverfahrensgesetzes ausgesetzten Verfahren geltend gemachten Ansprüche auszugehen, soweit diese von den Feststellungszielen des Musterverfahrens betroffen sind.

(3) Der Musterkläger und die Beigeladenen schulden im Rechtsbeschwerdeverfahren Gerichtsgebühren jeweils nur nach dem Wert, der sich aus den von ihnen im Ausgangsverfahren geltend gemachten Ansprüchen, die von den Feststellungszielen des Musterverfahrens betroffen sind, ergibt.

(4) Die Musterbeklagten schulden im Rechtsbeschwerdeverfahren Gerichtsgebühren jeweils nur nach dem Wert, der sich aus den gegen sie im Ausgangs-

---

[1] § 51 Abs. 5 geänd. mWv 16.7.2014 durch G v. 8.7.2014 (BGBl. I S. 890); Abs. 2 und 5 geänd. mWv 26.4.2019 durch G v. 18.4.2019 (BGBl. I S. 466); Abs. 3 Satz 2 geänd., Sätze 3 und 4 angef., Abs. 5 geänd. mWv 2.12.2020 durch G v. 26.11.2020 (BGBl. I S. 2568).

verfahren geltend gemachten Ansprüchen, die von den Feststellungszielen des Musterverfahrens betroffen sind, ergibt.

§ 52[1] Verfahren vor Gerichten der Verwaltungs-, Finanz- und Sozialgerichtsbarkeit. (1) In Verfahren vor den Gerichten der Verwaltungs-, Finanz- und Sozialgerichtsbarkeit ist, soweit nichts anderes bestimmt ist, der Streitwert nach der sich aus dem Antrag des Klägers für ihn ergebenden Bedeutung der Sache nach Ermessen zu bestimmen.

(2) Bietet der Sach- und Streitstand für die Bestimmung des Streitwerts keine genügenden Anhaltspunkte, ist ein Streitwert von 5 000 Euro anzunehmen.

(3) [1]Betrifft der Antrag des Klägers eine bezifferte Geldleistung oder einen hierauf bezogenen Verwaltungsakt, ist deren Höhe maßgebend. [2]Hat der Antrag des Klägers offensichtlich absehbare Auswirkungen auf künftige Geldleistungen oder auf noch zu erlassende, auf derartige Geldleistungen bezogene Verwaltungsakte, ist die Höhe des sich aus Satz 1 ergebenden Streitwerts um den Betrag der offensichtlich absehbaren zukünftigen Auswirkungen für den Kläger anzuheben, wobei die Summe das Dreifache des Werts nach Satz 1 nicht übersteigen darf. [3]In Verfahren in Kindergeldangelegenheiten vor den Gerichten der Finanzgerichtsbarkeit ist § 42 Absatz 1 Satz 1 und Absatz 3 entsprechend anzuwenden; an die Stelle des dreifachen Jahresbetrags tritt der einfache Jahresbetrag.

(4) In Verfahren

1. vor den Gerichten der Finanzgerichtsbarkeit, mit Ausnahme der Verfahren nach § 155 Satz 2 der Finanzgerichtsordnung und der Verfahren in Kindergeldangelegenheiten, darf der Streitwert nicht unter 1 500 Euro,

2. vor den Gerichten der Sozialgerichtsbarkeit und bei Rechtsstreitigkeiten nach dem Krankenhausfinanzierungsgesetz nicht über 2 500 000 Euro,

3. vor den Gerichten der Verwaltungsgerichtsbarkeit über Ansprüche nach dem Vermögensgesetz nicht über 500 000 Euro und

4. bei Rechtsstreitigkeiten nach § 36 Absatz 6 Satz 1 des Pflegeberufegesetzes nicht über 1 500 000 Euro

angenommen werden.

(5) Solange in Verfahren vor den Gerichten der Finanzgerichtsbarkeit der Wert nicht festgesetzt ist und sich der nach den Absätzen 3 und 4 Nummer 1 maßgebende Wert auch nicht unmittelbar aus den gerichtlichen Verfahrensakten ergibt, sind die Gebühren vorläufig nach dem in Absatz 4 Nummer 1 bestimmten Mindestwert zu bemessen.

(6) [1]In Verfahren, die die Begründung, die Umwandlung, das Bestehen, das Nichtbestehen oder die Beendigung eines besoldeten öffentlich-rechtlichen Dienst- oder Amtsverhältnisses betreffen, ist Streitwert

1. die Summe der für ein Kalenderjahr zu zahlenden Bezüge mit Ausnahme nicht ruhegehaltsfähiger Zulagen, wenn Gegenstand des Verfahrens ein Dienst- oder Amtsverhältnis auf Lebenszeit ist,

2. im Übrigen die Hälfte der für ein Kalenderjahr zu zahlenden Bezüge mit Ausnahme nicht ruhegehaltsfähiger Zulagen.

---

[1] § 52 Abs. 3 Satz 3 angef., Abs. 5 eingef., bish. Abs. 5–7 werden Abs. 6–8 mWv 16.7.2014 durch G v. 8.7.2014 (BGBl. I S. 890); Abs. 7 geänd. mWv 4.7.2015 durch G v. 29.6.2015 (BGBl. I S. 1042); Abs. 4 Nr. 2 und 3 geänd., Nr. 4 angef. mWv 1.1.2019 durch G v. 9.8.2019 (BGBl. I S. 1202).

^{2} Maßgebend für die Berechnung ist das laufende Kalenderjahr. ^{3} Bezügebestandteile, die vom Familienstand oder von Unterhaltsverpflichtungen abhängig sind, bleiben außer Betracht. ^{4} Betrifft das Verfahren die Verleihung eines anderen Amts oder den Zeitpunkt einer Versetzung in den Ruhestand, ist Streitwert die Hälfte des sich nach den Sätzen 1 bis 3 ergebenden Betrags.

(7) Ist mit einem in Verfahren nach Absatz 6 verfolgten Klagebegehren ein aus ihm hergeleiteter vermögensrechtlicher Anspruch verbunden, ist nur ein Klagebegehren, und zwar das wertmäßig höhere, maßgebend.

(8) Dem Kläger steht gleich, wer sonst das Verfahren des ersten Rechtszugs beantragt hat.

§ 53[1] **Einstweiliger Rechtsschutz und Verfahren nach § 148 Absatz 1 und 2 des Aktiengesetzes.** (1) In folgenden Verfahren bestimmt sich der Wert nach § 3 der Zivilprozessordnung:

1. über die Anordnung eines Arrests, zur Erwirkung eines Europäischen Beschlusses zur vorläufigen Kontenpfändung, wenn keine Festgebühren bestimmt sind, und auf Erlass einer einstweiligen Verfügung sowie im Verfahren über die Aufhebung, den Widerruf oder die Abänderung der genannten Entscheidungen,

2. über den Antrag auf Zulassung der Vollziehung einer vorläufigen oder sichernden Maßnahme des Schiedsgerichts,

3. auf Aufhebung oder Abänderung einer Entscheidung auf Zulassung der Vollziehung (§ 1041 der Zivilprozessordnung),

4. nach § 47 Absatz 5 des Energiewirtschaftsgesetzes über gerügte Rechtsverletzungen, der Wert beträgt höchstens 100 000 Euro, und

5. nach § 148 Absatz 1 und 2 des Aktiengesetzes; er darf jedoch ein Zehntel des Grundkapitals oder Stammkapitals des übertragenden oder formwechselnden Rechtsträgers oder, falls der übertragende oder formwechselnde Rechtsträger ein Grundkapital oder Stammkapital nicht hat, ein Zehntel des Vermögens dieses Rechtsträgers, höchstens jedoch 500 000 Euro, nur insoweit übersteigen, als die Bedeutung der Sache für die Parteien höher zu bewerten ist.

(2) In folgenden Verfahren bestimmt sich der Wert nach § 52 Absatz 1 und 2:

1. über einen Antrag auf Erlass, Abänderung oder Aufhebung einer einstweiligen Anordnung nach § 123 der Verwaltungsgerichtsordnung oder § 114 der Finanzgerichtsordnung,

2. nach § 47 Absatz 6, § 80 Absatz 5 bis 8, § 80a Absatz 3 oder § 80b Absatz 2 und 3 der Verwaltungsgerichtsordnung,

3. nach § 69 Absatz 3, 5 der Finanzgerichtsordnung,

4. nach § 86b des Sozialgerichtsgesetzes und

5. nach § 50 Absatz 3 bis 5 des Wertpapiererwerbs- und Übernahmegesetzes.

§ 53a Sanierungs- und Reorganisationsverfahren nach dem Kreditinstitute-Reorganisationsgesetz. Die Gebühren im Sanierungs- und Reorganisationsverfahren werden nach der Bilanzsumme des letzten Jahres-

---

[1] § 53 Abs. 1 Nr. 1 neu gef. mWv 18.1.2017 durch G v. 21.11.2016 (BGBl. I S. 2591); Abs. 1 Nr. 3 geänd., Nr. 4 eingef., bish. Nr. 4 wird Nr. 5 mWv 3.2.2017 durch G v. 27.1.2017 (BGBl. I S. 130).

abschlusses vor der Stellung des Antrags auf Durchführung des Sanierungs- oder Reorganisationsverfahrens erhoben.

§ 54 Zwangsversteigerung. (1) [1] Bei der Zwangsversteigerung von Grundstücken sind die Gebühren für das Verfahren im Allgemeinen und für die Abhaltung des Versteigerungstermins nach dem gemäß § 74a Absatz 5 des Gesetzes über die Zwangsversteigerung und die Zwangsverwaltung festgesetzten Wert zu berechnen. [2] Ist ein solcher Wert nicht festgesetzt, ist der Einheitswert maßgebend. [3] Weicht der Gegenstand des Verfahrens vom Gegenstand der Einheitsbewertung wesentlich ab oder hat sich der Wert infolge bestimmter Umstände, die nach dem Feststellungszeitpunkt des Einheitswerts eingetreten sind, wesentlich verändert oder ist ein Einheitswert noch nicht festgestellt, ist der nach den Grundsätzen der Einheitsbewertung geschätzte Wert maßgebend. [4] Wird der Einheitswert nicht nachgewiesen, ist das Finanzamt um Auskunft über die Höhe des Einheitswerts zu ersuchen; § 30 der Abgabenordnung steht der Auskunft nicht entgegen.

(2) [1] Die Gebühr für die Erteilung des Zuschlags bestimmt sich nach dem Gebot ohne Zinsen, für das der Zuschlag erteilt ist, einschließlich des Werts der nach den Versteigerungsbedingungen bestehen bleibenden Rechte zuzüglich des Betrags, in dessen Höhe der Ersteher nach § 114a des Gesetzes über die Zwangsversteigerung und die Zwangsverwaltung als aus dem Grundstück befriedigt gilt. [2] Im Fall der Zwangsversteigerung zur Aufhebung einer Gemeinschaft vermindert sich der Wert nach Satz 1 um den Anteil des Erstehers an dem Gegenstand des Verfahrens; bei Gesamthandeigentum ist jeder Mitberechtigte wie ein Eigentümer nach dem Verhältnis seines Anteils anzusehen.

(3) [1] Die Gebühr für das Verteilungsverfahren bestimmt sich nach dem Gebot ohne Zinsen, für das der Zuschlag erteilt ist, einschließlich des Werts der nach den Versteigerungsbedingungen bestehen bleibenden Rechte. [2] Der Erlös aus einer gesonderten Versteigerung oder sonstigen Verwertung (§ 65 des Gesetzes über die Zwangsversteigerung und die Zwangsverwaltung) wird hinzugerechnet.

(4) Sind mehrere Gegenstände betroffen, ist der Gesamtwert maßgebend.

(5) [1] Bei Zuschlägen an verschiedene Ersteher wird die Gebühr für die Erteilung des Zuschlags von jedem Ersteher nach dem Wert der auf ihn entfallenden Gegenstände erhoben. [2] Eine Bietergemeinschaft gilt als ein Ersteher.

§ 55 Zwangsverwaltung. Die Gebühr für die Durchführung des Zwangsverwaltungsverfahrens bestimmt sich nach dem Gesamtwert der Einkünfte.

§ 56 Zwangsversteigerung von Schiffen, Schiffsbauwerken, Luftfahrzeugen und grundstücksgleichen Rechten. Die §§ 54 und 55 gelten entsprechend für die Zwangsversteigerung von Schiffen, Schiffsbauwerken und Luftfahrzeugen sowie für die Zwangsversteigerung und die Zwangsverwaltung von Rechten, die den Vorschriften der Zwangsvollstreckung in das unbewegliche Vermögen unterliegen, einschließlich der unbeweglichen Kuxe.

§ 57 Zwangsliquidation einer Bahneinheit. Bei der Zwangsliquidation einer Bahneinheit bestimmt sich die Gebühr für das Verfahren nach dem Gesamtwert der Bestandteile der Bahneinheit.

113

§ 58[1] **Insolvenzverfahren.** (1) [1]Die Gebühren für den Antrag auf Eröffnung des Insolvenzverfahrens und für die Durchführung des Insolvenzverfahrens werden nach dem Wert der Insolvenzmasse zur Zeit der Beendigung des Verfahrens erhoben. [2]Gegenstände, die zur abgesonderten Befriedigung dienen, werden nur in Höhe des für diese nicht erforderlichen Betrags angesetzt. [3]Wird das Unternehmen des Schuldners fortgeführt, so ist von den bei der Fortführung erzielten Einnahmen nur der Überschuss zu berücksichtigen, der sich nach Abzug der Ausgaben ergibt. [4]Dies gilt auch, wenn nur Teile des Unternehmens fortgeführt werden.

(2) Ist der Antrag auf Eröffnung des Insolvenzverfahrens von einem Gläubiger gestellt, wird die Gebühr für das Verfahren über den Antrag nach dem Betrag seiner Forderung, wenn jedoch der Wert der Insolvenzmasse geringer ist, nach diesem Wert erhoben.

(3) [1]Bei der Beschwerde des Schuldners oder des ausländischen Insolvenzverwalters gegen die Eröffnung des Insolvenzverfahrens oder gegen die Abweisung des Eröffnungsantrags mangels Masse gilt Absatz 1. [2]Bei der Beschwerde eines Gläubigers gegen die Eröffnung des Insolvenzverfahrens oder gegen die Abweisung des Eröffnungsantrags gilt Absatz 2.

(4) Im Verfahren über einen Antrag nach Artikel 36 Absatz 7 Satz 2 der Verordnung (EU) 2015/848 bestimmt sich der Wert nach dem Mehrbetrag, den der Gläubiger bei der Verteilung anstrebt.

(5) Im Verfahren über Anträge nach Artikel 36 Absatz 9 der Verordnung (EU) 2015/848 bestimmt sich der Wert nach dem Betrag der Forderung des Gläubigers.

(6) Im Verfahren über die sofortige Beschwerde nach Artikel 102c § 26 des Einführungsgesetzes zur Insolvenzordnung gegen die Entscheidung über die Kosten des Gruppen-Koordinationsverfahrens bestimmt sich der Wert nach der Höhe der Kosten.

§ 59 Verteilungsverfahren nach der Schifffahrtsrechtlichen Verteilungsordnung. [1]Die Gebühren für den Antrag auf Eröffnung des Verteilungsverfahrens nach der Schifffahrtsrechtlichen Verteilungsordnung und für die Durchführung des Verteilungsverfahrens richten sich nach dem Betrag der festgesetzten Haftungssumme. [2]Ist diese höher als der Gesamtbetrag der Ansprüche, für deren Gläubiger das Recht auf Teilnahme an dem Verteilungsverfahren festgestellt wird, richten sich die Gebühren nach dem Gesamtbetrag der Ansprüche.

§ 60 Gerichtliche Verfahren nach dem Strafvollzugsgesetz, auch in Verbindung mit § 92 des Jugendgerichtsgesetzes. Für die Bestimmung des Werts in gerichtlichen Verfahren nach dem Strafvollzugsgesetz, auch in Verbindung mit § 92 des Jugendgerichtsgesetzes, ist § 52 Absatz 1 bis 3 entsprechend anzuwenden; im Verfahren über den Antrag auf Aussetzung des Vollzugs einer Maßnahme der Vollzugsbehörde oder auf Erlass einer einstweiligen Anordnung gilt § 52 Absatz 1 und 2 entsprechend.

---

[1] § 58 Abs. 3 Satz 2 neu gef., Abs. 4–6 angef. mWv 26.6.2017 durch G v. 5.6.2017 (BGBl. I S. 1476); Abs. 1 Sätze 3 und 4 angef. mWv 1.1.2021 durch G v. 21.12.2020 (BGBl. I S. 3229).

Unterabschnitt 3. Wertfestsetzung

§ 61 Angabe des Werts. [1]Bei jedem Antrag ist der Streitwert, sofern dieser nicht in einer bestimmten Geldsumme besteht, kein fester Wert bestimmt ist oder sich nicht aus früheren Anträgen ergibt, und nach Aufforderung auch der Wert eines Teils des Streitgegenstands schriftlich oder zu Protokoll der Geschäftsstelle anzugeben. [2]Die Angabe kann jederzeit berichtigt werden.

§ 62 Wertfestsetzung für die Zuständigkeit des Prozessgerichts oder die Zulässigkeit des Rechtsmittels. [1]Ist der Streitwert für die Entscheidung über die Zuständigkeit des Prozessgerichts oder die Zulässigkeit des Rechtsmittels festgesetzt, ist die Festsetzung auch für die Berechnung der Gebühren maßgebend, soweit die Wertvorschriften dieses Gesetzes nicht von den Wertvorschriften des Verfahrensrechts abweichen. [2]Satz 1 gilt nicht in Verfahren vor den Gerichten für Arbeitssachen.

§ 63[1]) Wertfestsetzung für die Gerichtsgebühren. (1) [1]Sind Gebühren, die sich nach dem Streitwert richten, mit der Einreichung der Klage-, Antrags-, Einspruchs- oder Rechtsmittelschrift oder mit der Abgabe der entsprechenden Erklärung zu Protokoll fällig, setzt das Gericht sogleich den Wert ohne Anhörung der Parteien durch Beschluss vorläufig fest, wenn Gegenstand des Verfahrens nicht eine bestimmte Geldsumme in Euro ist oder gesetzlich kein fester Wert bestimmt ist. [2]Einwendungen gegen die Höhe des festgesetzten Werts können nur im Verfahren über die Beschwerde gegen den Beschluss, durch den die Tätigkeit des Gerichts aufgrund dieses Gesetzes von der vorherigen Zahlung von Kosten abhängig gemacht wird, geltend gemacht werden. [3]Die Sätze 1 und 2 gelten nicht in Verfahren vor den Gerichten der Finanzgerichtsbarkeit.

(2) [1]Soweit eine Entscheidung nach § 62 Satz 1 nicht ergeht oder nicht bindet, setzt das Prozessgericht den Wert für die zu erhebenden Gebühren durch Beschluss fest, sobald eine Entscheidung über den gesamten Streitgegenstand ergeht oder sich das Verfahren anderweitig erledigt. [2]In Verfahren vor den Gerichten für Arbeitssachen oder der Finanzgerichtsbarkeit gilt dies nur dann, wenn ein Beteiligter oder die Staatskasse die Festsetzung beantragt oder das Gericht sie für angemessen hält.

(3) [1]Die Festsetzung kann von Amts wegen geändert werden

1. von dem Gericht, das den Wert festgesetzt hat, und

2. von dem Rechtsmittelgericht, wenn das Verfahren wegen der Hauptsache oder wegen der Entscheidung über den Streitwert, den Kostenansatz oder die Kostenfestsetzung in der Rechtsmittelinstanz schwebt.

[2]Die Änderung ist nur innerhalb von sechs Monaten zulässig, nachdem die Entscheidung in der Hauptsache Rechtskraft erlangt oder das Verfahren sich anderweitig erledigt hat.

§ 64 Schätzung des Werts. [1]Wird eine Abschätzung durch Sachverständige erforderlich, ist in dem Beschluss, durch der den Wert festgesetzt wird (§ 63), über die Kosten der Abschätzung zu entscheiden. [2]Diese Kosten können ganz oder teilweise der Partei auferlegt werden, welche die Abschätzung durch

---

[1]) § 63 Abs. 1 Satz 4 aufgeh. mWv 16.7.2014 durch G v. 8.7.2014 (BGBl. I S. 890).

Unterlassen der ihr obliegenden Wertangabe, durch unrichtige Angabe des Werts, durch unbegründetes Bestreiten des angegebenen Werts oder durch eine unbegründete Beschwerde veranlasst hat.

§ 65 Wertfestsetzung in gerichtlichen Verfahren nach dem Strafvollzugsgesetz, auch in Verbindung mit § 92 des Jugendgerichtsgesetzes.
[1] In gerichtlichen Verfahren nach dem Strafvollzugsgesetz, auch in Verbindung mit § 92 des Jugendgerichtsgesetzes, ist der Wert von Amts wegen festzusetzen. [2] § 63 Absatz 3 gilt entsprechend.

Abschnitt 8. Erinnerung und Beschwerde

§ 66 Erinnerung gegen den Kostenansatz, Beschwerde. (1) [1] Über Erinnerungen des Kostenschuldners und der Staatskasse gegen den Kostenansatz entscheidet das Gericht, bei dem die Kosten angesetzt sind. [2] Sind die Kosten bei der Staatsanwaltschaft angesetzt, ist das Gericht des ersten Rechtszugs zuständig. [3] War das Verfahren im ersten Rechtszug bei mehreren Gerichten anhängig, ist das Gericht, bei dem es zuletzt anhängig war, auch insoweit zuständig, als Kosten bei den anderen Gerichten angesetzt worden sind. [4] Soweit sich die Erinnerung gegen den Ansatz der Auslagen des erstinstanzlichen Musterverfahrens nach dem Kapitalanleger-Musterverfahrensgesetz richtet, entscheidet hierüber das für die Durchführung des Musterverfahrens zuständige Oberlandesgericht.

(2) [1] Gegen die Entscheidung über die Erinnerung findet die Beschwerde statt, wenn der Wert des Beschwerdegegenstands 200 Euro übersteigt. [2] Die Beschwerde ist auch zulässig, wenn sie das Gericht, das die angefochtene Entscheidung erlassen hat, wegen der grundsätzlichen Bedeutung der zur Entscheidung stehenden Frage in dem Beschluss zulässt.

(3) [1] Soweit das Gericht die Beschwerde für zulässig und begründet hält, hat es ihr abzuhelfen; im Übrigen ist die Beschwerde unverzüglich dem Beschwerdegericht vorzulegen. [2] Beschwerdegericht ist das nächsthöhere Gericht. [3] Eine Beschwerde an einen obersten Gerichtshof des Bundes findet nicht statt. [4] Das Beschwerdegericht ist an die Zulassung der Beschwerde gebunden; die Nichtzulassung ist unanfechtbar.

(4) [1] Die weitere Beschwerde ist nur zulässig, wenn das Landgericht als Beschwerdegericht entschieden und sie wegen der grundsätzlichen Bedeutung der zur Entscheidung stehenden Frage in dem Beschluss zugelassen hat. [2] Sie kann nur darauf gestützt werden, dass die Entscheidung auf einer Verletzung des Rechts beruht; die §§ 546 und 547 der Zivilprozessordnung gelten entsprechend. [3] Über die weitere Beschwerde entscheidet das Oberlandesgericht. [4] Absatz 3 Satz 1 und 4 gilt entsprechend.

(5) [1] Anträge und Erklärungen können ohne Mitwirkung eines Bevollmächtigten schriftlich eingereicht oder zu Protokoll der Geschäftsstelle abgegeben werden; § 129a der Zivilprozessordnung gilt entsprechend. [2] Für die Bevollmächtigung gelten die Regelungen der für das zugrunde liegende Verfahren geltenden Verfahrensordnung entsprechend. [3] Die Erinnerung ist bei dem Gericht einzulegen, das für die Entscheidung über die Erinnerung zuständig ist. [4] Die Erinnerung kann auch bei der Staatsanwaltschaft eingelegt werden, wenn die Kosten bei dieser angesetzt worden sind. [5] Die Beschwerde ist bei dem Gericht einzulegen, dessen Entscheidung angefochten wird.

(6) ¹Das Gericht entscheidet über die Erinnerung durch eines seiner Mitglieder als Einzelrichter; dies gilt auch für die Beschwerde, wenn die angefochtene Entscheidung von einem Einzelrichter oder einem Rechtspfleger erlassen wurde. ²Der Einzelrichter überträgt das Verfahren der Kammer oder dem Senat, wenn die Sache besondere Schwierigkeiten tatsächlicher oder rechtlicher Art aufweist oder die Rechtssache grundsätzliche Bedeutung hat. ³Das Gericht entscheidet jedoch immer ohne Mitwirkung ehrenamtlicher Richter. ⁴Auf eine erfolgte oder unterlassene Übertragung kann ein Rechtsmittel nicht gestützt werden.

(7) ¹Erinnerung und Beschwerde haben keine aufschiebende Wirkung. ²Das Gericht oder das Beschwerdegericht kann auf Antrag oder von Amts wegen die aufschiebende Wirkung ganz oder teilweise anordnen; ist nicht der Einzelrichter zur Entscheidung berufen, entscheidet der Vorsitzende des Gerichts.

(8) ¹Die Verfahren sind gebührenfrei. ²Kosten werden nicht erstattet.

§ 67 Beschwerde gegen die Anordnung einer Vorauszahlung. (1) ¹Gegen den Beschluss, durch den die Tätigkeit des Gerichts nur aufgrund dieses Gesetzes von der vorherigen Zahlung von Kosten abhängig gemacht wird, und wegen der Höhe des in diesem Fall im Voraus zu zahlenden Betrags findet stets die Beschwerde statt. ²§ 66 Absatz 3 Satz 1 bis 3, Absatz 4, 5 Satz 1 und 5, Absatz 6 und 8 ist entsprechend anzuwenden. ³Soweit sich die Partei in dem Hauptsacheverfahren vor dem Gericht, dessen Entscheidung angefochten werden soll, durch einen Prozessbevollmächtigten vertreten lassen muss, gilt dies auch im Beschwerdeverfahren.

(2) Im Fall des § 17 Absatz 2 ist § 66 entsprechend anzuwenden.

§ 68 Beschwerde gegen die Festsetzung des Streitwerts. (1) ¹Gegen den Beschluss, durch den der Wert für die Gerichtsgebühren festgesetzt worden ist (§ 63 Absatz 2), findet die Beschwerde statt, wenn der Wert des Beschwerdegegenstands 200 Euro übersteigt. ²Die Beschwerde findet auch statt, wenn sie das Gericht, das die angefochtene Entscheidung erlassen hat, wegen der grundsätzlichen Bedeutung der zur Entscheidung stehenden Frage in dem Beschluss zulässt. ³Die Beschwerde ist nur zulässig, wenn sie innerhalb der in § 63 Absatz 3 Satz 2 bestimmten Frist eingelegt wird; ist der Streitwert später als einen Monat vor Ablauf dieser Frist festgesetzt worden, kann sie noch innerhalb eines Monats nach Zustellung oder formloser Mitteilung des Festsetzungsbeschlusses eingelegt werden. ⁴Im Fall der formlosen Mitteilung gilt der Beschluss mit dem dritten Tage nach Aufgabe zur Post als bekannt gemacht. ⁵§ 66 Absatz 3, 4, 5 Satz 1, 2 und 5 sowie Absatz 6 ist entsprechend anzuwenden. ⁶Die weitere Beschwerde ist innerhalb eines Monats nach Zustellung der Entscheidung des Beschwerdegerichts einzulegen.

(2) ¹War der Beschwerdeführer ohne sein Verschulden verhindert, die Frist einzuhalten, ist ihm auf Antrag von dem Gericht, das über die Beschwerde zu entscheiden hat, Wiedereinsetzung in den vorigen Stand zu gewähren, wenn er die Beschwerde binnen zwei Wochen nach der Beseitigung des Hindernisses einlegt und die Tatsachen, welche die Wiedereinsetzung begründen, glaubhaft macht. ²Ein Fehlen des Verschuldens wird vermutet, wenn eine Rechtsbehelfsbelehrung unterblieben oder fehlerhaft ist. ³Nach Ablauf eines Jahres, von dem Ende der versäumten Frist an gerechnet, kann die Wiedereinsetzung nicht mehr beantragt werden. ⁴Gegen die Ablehnung der Wiedereinsetzung findet

die Beschwerde statt. [5]Sie ist nur zulässig, wenn sie innerhalb von zwei Wochen eingelegt wird. [6]Die Frist beginnt mit der Zustellung der Entscheidung. [7]§ 66 Absatz 3 Satz 1 bis 3, Absatz 5 Satz 1, 2 und 5 sowie Absatz 6 ist entsprechend anzuwenden.

(3) [1]Die Verfahren sind gebührenfrei. [2]Kosten werden nicht erstattet.

§ 69 Beschwerde gegen die Auferlegung einer Verzögerungsgebühr.

[1]Gegen den Beschluss nach § 38 findet die Beschwerde statt, wenn der Wert des Beschwerdegegenstands 200 Euro übersteigt oder das Gericht, das die angefochtene Entscheidung erlassen hat, die Beschwerde wegen der grundsätzlichen Bedeutung in dem Beschluss der zur Entscheidung stehenden Frage zugelassen hat. [2]§ 66 Absatz 3, 4, 5 Satz 1, 2 und 5, Absatz 6 und 8 ist entsprechend anzuwenden.

§ 69a Abhilfe bei Verletzung des Anspruchs auf rechtliches Gehör.

(1) Auf die Rüge eines durch die Entscheidung beschwerten Beteiligten ist das Verfahren fortzuführen, wenn

1. ein Rechtsmittel oder ein anderer Rechtsbehelf gegen die Entscheidung nicht gegeben ist und

2. das Gericht den Anspruch dieses Beteiligten auf rechtliches Gehör in entscheidungserheblicher Weise verletzt hat.

(2) [1]Die Rüge ist innerhalb von zwei Wochen nach Kenntnis von der Verletzung des rechtlichen Gehörs zu erheben; der Zeitpunkt der Kenntniserlangung ist glaubhaft zu machen. [2]Nach Ablauf eines Jahres seit Bekanntmachung der angegriffenen Entscheidung kann die Rüge nicht mehr erhoben werden. [3]Formlos mitgeteilte Entscheidungen gelten mit dem dritten Tage nach Aufgabe zur Post als bekannt gemacht. [4]Die Rüge ist bei dem Gericht zu erheben, dessen Entscheidung angegriffen wird; § 66 Absatz 5 Satz 1 und 2 gilt entsprechend. [5]Die Rüge muss die angegriffene Entscheidung bezeichnen und das Vorliegen der in Absatz 1 Nummer 2 genannten Voraussetzungen darlegen.

(3) Den übrigen Beteiligten ist, soweit erforderlich, Gelegenheit zur Stellungnahme zu geben.

(4) [1]Das Gericht hat von Amts wegen zu prüfen, ob die Rüge an sich statthaft und ob sie in der gesetzlichen Form und Frist erhoben ist. [2]Mangelt es an einem dieser Erfordernisse, so ist die Rüge als unzulässig zu verwerfen. [3]Ist die Rüge unbegründet, weist das Gericht sie zurück. [4]Die Entscheidung ergeht durch unanfechtbaren Beschluss. [5]Der Beschluss soll kurz begründet werden.

(5) Ist die Rüge begründet, so hilft ihr das Gericht ab, indem es das Verfahren fortführt, soweit dies aufgrund der Rüge geboten ist.

(6) Kosten werden nicht erstattet.

Abschnitt 9. Schluss- und Übergangsvorschriften

§ 69b Verordnungsermächtigung. [1]Die Landesregierungen werden ermächtigt, durch Rechtsverordnung zu bestimmen, dass die von den Gerichten der Länder zu erhebenden Verfahrensgebühren über die in den Nummern 1211, 1411, 5111, 5113, 5211, 5221, 6111, 6211, 7111, 7113 und 8211 des Kostenverzeichnisses bestimmte Ermäßigung hinaus weiter ermäßigt werden oder entfallen, wenn das gesamte Verfahren nach einer Mediation oder

nach einem anderen Verfahren der außergerichtlichen Konfliktbeilegung durch Zurücknahme der Klage oder des Antrags beendet wird und in der Klage- oder Antragsschrift mitgeteilt worden ist, dass eine Mediation oder ein anderes Verfahren der außergerichtlichen Konfliktbeilegung unternommen wird oder beabsichtigt ist, oder wenn das Gericht den Parteien die Durchführung einer Mediation oder eines anderen Verfahrens der außergerichtlichen Konfliktbeilegung vorgeschlagen hat. [2]Satz 1 gilt entsprechend für die in den Rechtsmittelzügen von den Gerichten der Länder zu erhebenden Verfahrensgebühren; an die Stelle der Klage- oder Antragsschrift tritt der Schriftsatz, mit dem das Rechtsmittel eingelegt worden ist.

§ 70 (weggefallen)

§ 70a Bekanntmachung von Neufassungen. [1]Das Bundesministerium der Justiz und für Verbraucherschutz kann nach Änderungen den Wortlaut des Gesetzes feststellen und als Neufassung im Bundesgesetzblatt bekannt machen. [2]Die Bekanntmachung muss auf diese Vorschrift Bezug nehmen und angeben

1. den Stichtag, zu dem der Wortlaut festgestellt wird,

2. die Änderungen seit der letzten Veröffentlichung des vollständigen Wortlauts im Bundesgesetzblatt sowie

3. das Inkrafttreten der Änderungen.

§ 71 Übergangsvorschrift. (1) [1]In Rechtsstreitigkeiten, die vor dem Inkrafttreten einer Gesetzesänderung anhängig geworden sind, werden die Kosten nach bisherigem Recht erhoben. [2]Dies gilt nicht im Verfahren über ein Rechtsmittel, das nach dem Inkrafttreten einer Gesetzesänderung eingelegt worden ist. [3]Die Sätze 1 und 2 gelten auch, wenn Vorschriften geändert werden, auf die dieses Gesetz verweist.

(2) In Strafsachen, in gerichtlichen Verfahren nach dem Gesetz über Ordnungswidrigkeiten und nach dem Strafvollzugsgesetz, auch in Verbindung mit § 92 des Jugendgerichtsgesetzes, werden die Kosten nach dem bisherigen Recht erhoben, wenn die über die Kosten ergehende Entscheidung vor dem Inkrafttreten einer Gesetzesänderung rechtskräftig geworden ist.

(3) In Insolvenzverfahren, Verteilungsverfahren nach der Schifffahrtsrechtlichen Verteilungsordnung und Verfahren der Zwangsversteigerung und Zwangsverwaltung gilt das bisherige Recht für Kosten, die vor dem Inkrafttreten einer Gesetzesänderung fällig geworden sind.

§ 72 Übergangsvorschrift aus Anlass des Inkrafttretens dieses Gesetzes. Das Gerichtskostengesetz in der Fassung der Bekanntmachung vom 15. Dezember 1975 (BGBl. I S. 3047), zuletzt geändert durch Artikel 2 Absatz 5 des Gesetzes vom 12. März 2004 (BGBl. I S. 390), und Verweisungen hierauf sind weiter anzuwenden

1. in Rechtsstreitigkeiten, die vor dem 1. Juli 2004 anhängig geworden sind; dies gilt nicht im Verfahren über ein Rechtsmittel, das nach dem 1. Juli 2004 eingelegt worden ist;

2. in Strafsachen, in gerichtlichen Verfahren nach dem Gesetz über Ordnungswidrigkeiten und nach dem Strafvollzugsgesetz, wenn die über die Kosten ergehende Entscheidung vor dem 1. Juli 2004 rechtskräftig geworden ist;

3. in Insolvenzverfahren, Verteilungsverfahren nach der Schifffahrtsrechtlichen Verteilungsordnung und Verfahren der Zwangsversteigerung und Zwangsverwaltung für Kosten, die vor dem 1. Juli 2004 fällig geworden sind.

§ 73 Übergangsvorschrift für die Erhebung von Haftkosten. Bis zum Erlass landesrechtlicher Vorschriften über die Höhe des Haftkostenbeitrags, der von einem Gefangenen zu erheben ist, sind die Nummern 9010 und 9011 des Kostenverzeichnisses in der bis zum 27. Dezember 2010 geltenden Fassung anzuwenden.

Anlage 1[1]
(zu § 3 Abs. 2)

Kostenverzeichnis

Gliederung

---

[1] Anl. 1 geänd. mWv 1.7.2014 durch G v. 15.7.2013 (BGBl. I S. 2379); mWv 1.7.2014 durch G v. 10.10.2013 (BGBl. I S. 3786); mWv 16.7.2014 und mWv 10.1.2015 durch G v. 8.7.2014 (BGBl. I S. 890); mWv 1.10.2015 durch G v. 10.12.2014 (BGBl. I S. 2082) iVm Bek. v. 23.6.2015 (BGBl. I S. 1034); mWv 17.8.2015 durch G v. 29.6.2015 (BGBl. I S. 1042); mWv 1.1.2017 durch G v. 21.12. 2015 (BGBl. I S. 2525); mWv 18.4.2016 durch G v. 17.2.2016 (BGBl. I S. 203); mWv 1.10.2021 durch G v. 18.7.2016 (BGBl. I S. 1666); mWv 18.1.2017 durch G v. 21.11.2016 (BGBl. I S. 2591); mWv 1.7.2017 durch G v. 13.4.2017 (BGBl. I S. 872); mWv 26.6.2017 und mWv 21.4.2018 durch G v. 5.6.2017 (BGBl. I S. 1476); mWv 1.1.2018 durch G v. 5.7.2017 (BGBl. I S. 2208); **mit unbestimmtem Inkrafttreten** durch G v. 18.7.2017 (BGBl. I S. 2739, geänd. durch G v. 18.1.2021, BGBl. I S. 2), die Änderungen treten an dem Tag in Kraft, der in der Bekanntmachung nach § 12 Abs. 2 Satz 1 Wettbewerbsregistergesetzes bezeichnet ist; mWv 17.12.2019 durch G v. 9.12.2019 (BGBl. I S. 2146); mWv 30.6.2020 durch G v. 25.6.2020 (BGBl. I S. 1474); mWv 23.10.2020 durch G v. 16.10.2020 (BGBl. I S. 2187); mWv 27.11.2020 durch G v. 23.11.2020 (BGBl. I S. 2474); mWv 1.1.2021 durch G v. 21.12.2020 (BGBl. I S. 3229); mWv 1.1.2021 durch G v. 22.12.2020 (BGBl. I S. 3256); mWv 31.12.2020 durch G v. 22.12.2020 (BGBl. I S. 3328); mWv 19.1.2021 durch G v. 18.1.2021 (BGBl. I S. 2); mWv 9.6.2021 durch G v. 2.6.2021 (BGBl. I S. 1278); mWv 1.10.2021 durch G v. 8.6.2021 (BGBl. I S. 1603); mWv 1.7.2021 durch G v. 25.6.2021 (BGBl. I S. 2099).

Teil 1. Zivilrechtliche Verfahren vor den ordentlichen Gerichten

Nr.	Gebührentatbestand	Gebühr oder Satz der Gebühr nach § 34 GKG
Vorbemerkung 1:		
Die Vorschriften dieses Teils gelten nicht für die in Teil 2 geregelten Verfahren.		

Hauptabschnitt 1. Mahnverfahren

1100	Verfahren über den Antrag auf Erlass eines Mahnbescheids oder eines Europäischen Zahlungsbefehls	0,5 – mindestens 36,00 €

Hauptabschnitt 2. Prozessverfahren
Abschnitt 1. Erster Rechtszug

Vorbemerkung 1.2.1:
Die Gebühren dieses Abschnitts entstehen nicht im Musterverfahren nach dem KapMuG; das erstinstanzliche Musterverfahren gilt als Teil des ersten Rechtszugs des Prozessverfahrens.

Unterabschnitt 1. Verfahren vor dem Amts- oder Landgericht

1210	Verfahren im Allgemeinen	3,0
	(1) Soweit wegen desselben Streitgegenstands ein Mahnverfahren vorausgegangen ist, entsteht die Gebühr mit dem Eingang der Akten bei dem Gericht, an das der Rechtsstreit nach Erhebung des Widerspruchs oder Einlegung des Einspruchs abgegeben wird; in diesem Fall eine Gebühr 1100 nach dem Wert des Streitgegenstands angerechnet, der in das Prozessverfahren übergegangen ist. Satz 1 gilt entsprechend, wenn wegen desselben Streitgegenstands ein Europäisches Mahnverfahren vorausgegangen ist.	
	(2) Soweit der Kläger wegen desselben Streitgegenstands einen Anspruch zum Musterverfahren angemeldet hat (§ 10 Abs. 2 KapMuG), wird insoweit die Gebühr 1902 angerechnet.	
1211	Beendigung des gesamten Verfahrens durch 1. Zurücknahme der Klage a) vor dem Schluss der mündlichen Verhandlung, b) in den Fällen des § 128 Abs. 2 ZPO vor dem Zeitpunkt, der dem Schluss der mündlichen Verhandlung entspricht, c) im Verfahren nach § 495a ZPO, in dem eine mündliche Verhandlung nicht stattfindet, vor Ablauf des Tages, an dem eine Ladung zum Termin zur Verkündung des Urteils zugestellt oder das schriftliche Urteil der Geschäftsstelle übermittelt wird, d) im Fall des § 331 Abs. 3 ZPO vor Ablauf des Tages, an dem das Urteil der Geschäftsstelle übermittelt wird oder e) in europäischen Verfahren für geringfügige Forderungen, in dem eine mündliche Verhandlung nicht stattfindet, vor Ablauf des Tages, an dem das schriftliche Urteil der Geschäftsstelle übermittelt wird,	

Nr.	Gebührentatbestand	Gebühr oder Satz der Gebühr nach § 34 GKG
	wenn keine Entscheidung nach § 269 Abs. 3 Satz 3 ZPO über die Kosten ergeht oder die Entscheidung einer zuvor mitgeteilten Einigung der Parteien über die Kostentragung oder der Kostenübernahmeerklärung einer Partei folgt, 2. Anerkenntnisurteil, Verzichtsurteil oder Urteil, das nach § 313a Abs. 2 ZPO keinen Tatbestand und keine Entscheidungsgründe enthält, oder nur deshalb Tatbestand und die Entscheidungsgründe enthält, weil zu erwarten ist, dass das Urteil im Ausland geltend gemacht wird (§ 313a Abs. 4 Nr. 5 ZPO), 3. gerichtlichen Vergleich oder Beschluss nach § 23 Absatz 3 KapMuG oder 4. Erledigungserklärungen nach § 91a ZPO, wenn keine Entscheidung über die Kosten ergeht oder die Entscheidung einer zuvor mitgeteilten Einigung der Parteien über die Kostentragung oder der Kostenübernahmeerklärung einer Partei folgt, es sei denn, dass bereits ein anderes als eines der in Nummer 2 genannten Urteile, eine Entscheidung über einen Antrag auf Erlass einer Sicherungsanordnung oder ein Musterentscheid nach dem KapMuG vorausgegangen ist: Die Gebühr 1210 ermäßigt sich auf .... <small>Die Zurücknahme des Antrags auf Durchführung des streitigen Verfahrens, des Widerspruchs gegen den Mahnbescheid oder des Einspruchs gegen den Vollstreckungsbescheid stehen der Zurücknahme der Klage gleich. Die Vervollständigung eines ohne Tatbestand und Entscheidungsgründe hergestellten Urteils (§ 313a Abs. 5 ZPO) steht der Ermäßigung nicht entgegen. Die Gebühr ermäßigt sich auch, wenn mehrere Ermäßigungstatbestände erfüllt sind.</small>	 1,0
	Unterabschnitt 2. Verfahren vor dem Oberlandesgericht	
1212	Verfahren im Allgemeinen	4,0

1213	Beendigung des gesamten Verfahrens durch
	 1. Zurücknahme der Klage
	    a) vor dem Schluss der mündlichen Verhandlung,
	    b) in den Fällen des § 128 Absatz 2 ZPO vor dem Zeitpunkt, der dem Schluss der mündlichen Verhandlung entspricht, oder
	    c) im Fall des § 331 Absatz 3 ZPO vor Ablauf des Tages, an dem das Urteil der Geschäftsstelle übermittelt wird,
	 wenn keine Entscheidung nach § 269 Absatz 3 Satz 3 ZPO über die Kosten ergeht oder die Entscheidung einer zuvor mitgeteilten Einigung der Parteien über die Kostentragung oder der Kostenübernahmeerklärung einer Partei folgt,	

Nr.	Gebührentatbestand	Gebühr oder Satz der Gebühr nach § 34 GKG
	2. Anerkenntnisurteil, Verzichtsurteil oder Urteil, das nach § 313a Absatz 2 ZPO keinen Tatbestand und keine Entscheidungsgründe enthält, 3. gerichtlichen Vergleich oder 4. Erledigungserklärungen nach § 91a ZPO, wenn keine Entscheidung über die Kosten ergeht oder die Entscheidung einer zuvor mitgeteilten Einigung der Parteien über die Kostentragung oder der Kostenübernahmeerklärung einer Partei folgt,	
	es sei denn, dass bereits ein anderes als eines der in Nummer 2 genannten Urteile vorausgegangen ist: Die Gebühr 1212 ermäßigt sich auf	2,0
	Die Gebühr ermäßigt sich auch, wenn mehrere Ermäßigungstatbestände erfüllt sind.	
	Unterabschnitt 3. Verfahren vor dem Bundesgerichtshof	
1214	Verfahren im Allgemeinen	5,0

1215	Beendigung des gesamten Verfahrens durch
	1. Zurücknahme der Klage
	  a) vor dem Schluss der mündlichen Verhandlung,
	  b) in den Fällen des § 128 Absatz 2 ZPO vor dem Zeitpunkt, der dem Schluss der mündlichen Verhandlung entspricht, oder
	  c) im Fall des § 331 Absatz 3 ZPO vor Ablauf des Tages, an dem das Urteil der Geschäftsstelle übermittelt wird,
	  wenn keine Entscheidung nach § 269 Absatz 3 Satz 3 ZPO über die Kosten ergeht oder der Entscheidung einer zuvor mitgeteilten Einigung der Parteien über die Kostentragung oder der Kostenübernahmeerklärung einer Partei folgt,
	2. Anerkenntnisurteil, Verzichtsurteil oder Urteil, das nach § 313a Absatz 2 ZPO keinen Tatbestand und keine Entscheidungsgründe enthält,
	3. gerichtlichen Vergleich oder
	4. Erledigungserklärungen nach § 91a ZPO, wenn keine Entscheidung über die Kosten ergeht oder die Entscheidung einer zuvor mitgeteilten Einigung der Parteien über die Kostentragung oder der Kostenübernahmeerklärung einer Partei folgt,	

	es sei denn, dass bereits ein anderes als eines der in Nummer 2 genannten Urteile vorausgegangen ist: Die Gebühr 1214 ermäßigt sich auf	3,0
	Die Gebühr ermäßigt sich auch, wenn mehrere Ermäßigungstatbestände erfüllt sind.	

Nr.	Gebührentatbestand	Gebühr oder Satz der Gebühr nach § 34 GKG
	Abschnitt 2. Berufung und bestimmte Beschwerden	

Vorbemerkung 1.2.2:

Dieser Abschnitt ist auf Beschwerdeverfahren nach
1. den §§ 73 und 171 GWB,
2. § 48 WpÜG,
3. § 37u Absatz 1 WpHG,
4. § 75 EnWG,
5. § 13 EU-VSchDG *[bis unbestimmtem Inkrafttreten:* und*] [ab unbestimmtem Inkrafttreten: ,]*
6. § 35 KSpG *[ab unbestimmtem Inkrafttreten: und]*
[Nr. 7 ab unbestimmtem Inkrafttreten:]
7. § 11 WRegG

anzuwenden.

Nr.	Gebührentatbestand	Gebühr oder Satz der Gebühr nach § 34 GKG
1220	Verfahren im Allgemeinen	4,0
1221	Beendigung des gesamten Verfahrens durch Zurücknahme des Rechtsmittels, der Klage oder des Antrags, bevor die Schrift zur Begründung des Rechtsmittels bei Gericht eingegangen ist:	
	Die Gebühr 1220 ermäßigt sich auf	1,0
	Erledigungserklärungen nach § 91a ZPO stehen der Zurücknahme gleich, wenn keine Entscheidung über die Kosten ergeht oder die Entscheidung einer zuvor mitgeteilten Einigung der Parteien über die Kostentragung oder der Kostenübernahmeerklärung einer Partei folgt.	
1222	Beendigung des gesamten Verfahrens, wenn nicht Nummer 1221 anzuwenden ist, durch	
	1. Zurücknahme des Rechtsmittels, der Klage oder des Antrags	
	a) vor dem Schluss der mündlichen Verhandlung,	
	b) in den Fällen des § 128 Abs. 2 ZPO vor dem Zeitpunkt, der dem Schluss der mündlichen Verhandlung entspricht,	
	2. Anerkenntnisurteil, Verzichtsurteil oder Urteil, das nach § 313a Abs. 2 ZPO keinen Tatbestand und keine Entscheidungsgründe enthält,	
	3. gerichtlichen Vergleich oder	
	4. Erledigungserklärungen nach § 91a ZPO, wenn keine Entscheidung über die Kosten ergeht oder die Entscheidung einer zuvor mitgeteilten Einigung der Parteien über die Kostentragung oder der Kostenübernahmeerklärung einer Partei folgt,	
	es sei denn, dass bereits ein anderes als eines der in Nummer 2 genannten Urteile, eine Entscheidung über einen Antrag auf Erlass einer Sicherungsanordnung oder ein Beschluss in der Hauptsache vorausgegangen ist:	

Nr.	Gebührentatbestand	Gebühr oder Satz der Gebühr nach § 34 GKG
	Die Gebühr 1220 ermäßigt sich auf	2,0
	Die Gebühr ermäßigt sich auch, wenn mehrere Ermäßigungstatbestände erfüllt sind.	
1223	Beendigung des gesamten Verfahrens durch ein Urteil, das wegen eines Verzichts der Parteien nach § 313a Abs. 1 Satz 2 ZPO keine schriftliche Begründung enthält, wenn nicht bereits ein anderes als eines der in Nummer 1222 Nr. 2 genannten Urteile, eine Entscheidung über einen Antrag auf Erlass einer Sicherungsanordnung oder ein Beschluss in der Hauptsache vorausgegangen ist:	
	Die Gebühr 1220 ermäßigt sich auf	3,0
	Die Gebühr ermäßigt sich auch, wenn daneben Ermäßigungstatbestände nach Nummer 1222 erfüllt sind.	

Abschnitt 3. Revision, Rechtsbeschwerden nach § 77 GWB, § 86 EnWG, § 35 KSpG und § 24 EU-VSchDG

Nr.	Gebührentatbestand	Gebühr oder Satz der Gebühr nach § 34 GKG
1230	Verfahren im Allgemeinen	5,0
1231	Beendigung des gesamten Verfahrens durch Zurücknahme des Rechtsmittels, der Klage oder des Antrags, bevor die Schrift zur Begründung des Rechtsmittels bei Gericht eingegangen ist:	
	Die Gebühr 1230 ermäßigt sich auf	1,0
	Erledigungserklärungen nach § 91a ZPO stehen der Zurücknahme gleich, wenn keine Entscheidung über die Kosten ergeht oder die Entscheidung einer zuvor mitgeteilten Einigung der Parteien über die Kostentragung oder der Kostenübernahmeerklärung einer Partei folgt.	

1232	Beendigung des gesamten Verfahrens, wenn nicht Nummer 1231 anzuwenden ist, durch
	1. Zurücknahme des Rechtsmittels, der Klage oder des Antrags
	  a) vor dem Schluss der mündlichen Verhandlung,
	  b) in den Fällen des § 128 Abs. 2 ZPO vor dem Zeitpunkt, der dem Schluss der mündlichen Verhandlung entspricht,
	2. Anerkenntnis- oder Verzichtsurteil,
	3. gerichtlichen Vergleich oder
	4. Erledigungserklärungen nach § 91a ZPO, wenn keine Entscheidung über die Kosten ergeht oder die Entscheidung einer zuvor mitgeteilten Einigung der Parteien über die Kostentragung oder der Kostenübernahmeerklärung einer Partei folgt,
	
	es sei denn, dass bereits ein anderes als eines der in Nummer 2 genannten Urteile, eine Entscheidung über einen Antrag auf Erlass einer Sicherungsanord-	

Nr.	Gebührentatbestand	Gebühr oder Satz der Gebühr nach § 34 GKG
	nung oder ein Beschluss in der Hauptsache vorausgegangen ist: Die Gebühr 1230 ermäßigt sich auf .... Die Gebühr ermäßigt sich auch, wenn mehrere Ermäßigungstatbestände erfüllt sind.	3,0

Abschnitt 4. Zulassung der Sprungrevision, Beschwerde gegen die Nichtzulassung der Revision sowie der Rechtsbeschwerden nach § 77 GWB, § 86 EnWG, § 35 KSpG und § 24 EU-VSchDG

Nr.	Gebührentatbestand	Gebühr oder Satz der Gebühr nach § 34 GKG
1240	Verfahren über die Zulassung der Sprungrevision: Soweit der Antrag abgelehnt wird	1,5
1241	Verfahren über die Zulassung der Sprungrevision: Soweit der Antrag zurückgenommen oder das Verfahren durch anderweitige Erledigung beendet wird .... Die Gebühr entsteht nicht, soweit die Sprungrevision zugelassen wird.	1,0
1242	Verfahren über die Beschwerde gegen die Nichtzulassung des Rechtsmittels: Soweit die Beschwerde verworfen oder zurückgewiesen wird	2,0
1243	Verfahren über die Beschwerde gegen die Nichtzulassung des Rechtsmittels: Soweit die Beschwerde zurückgenommen oder das Verfahren durch anderweitige Erledigung beendet wird .... Die Gebühr entsteht nicht, soweit der Beschwerde stattgegeben wird.	1,0

Abschnitt 5. Rechtsmittelverfahren des gewerblichen Rechtsschutzes vor dem Bundesgerichtshof

Unterabschnitt 1. Berufungsverfahren

Nr.	Gebührentatbestand	Gebühr oder Satz der Gebühr nach § 34 GKG
1250	Verfahren im Allgemeinen	6,0
1251	Beendigung des gesamten Verfahrens durch Zurücknahme der Berufung oder der Klage, bevor die Schrift zur Begründung der Berufung bei Gericht eingegangen ist: Die Gebühr 1250 ermäßigt sich auf .... Erledigungserklärungen nach § 91a ZPO i.V.m. § 121 Abs. 2 Satz 2 PatG, § 20 GebrMG stehen der Zurücknahme gleich, wenn keine Entscheidung über die Kosten ergeht oder die Entscheidung einer zuvor mitgeteilten Einigung der Parteien über die Kostentragung oder der Kostenübernahmeerklärung einer Partei folgt.	1,0
1252	Beendigung des gesamten Verfahrens, wenn nicht Nummer 1251 anzuwenden ist, durch 1. Zurücknahme der Berufung oder der Klage vor dem Schluss der mündlichen Verhandlung, 2. Anerkenntnis- oder Verzichturteil,	

Nr.	Gebührentatbestand	Gebühr oder Satz der Gebühr nach § 34 GKG
	3. gerichtlichen Vergleich oder	
	4. Erledigungserklärungen nach § 91a ZPO i.V.m. § 121 Abs. 2 Satz 2 PatG, § 20 GebrMG, wenn keine Entscheidung über die Kosten ergeht oder die Entscheidung einer zuvor mitgeteilten Einigung der Parteien über die Kostentragung oder der Kostenübernahmeerklärung einer Partei folgt,	
	es sei denn, dass bereits ein anderes als eines der in Nummer 2 genannten Urteile vorausgegangen ist:	
	Die Gebühr 1250 ermäßigt sich auf	3,0
	Die Gebühr ermäßigt sich auch, wenn mehrere Ermäßigungstatbestände erfüllt sind.	

Unterabschnitt 2. Beschwerdeverfahren und Rechtsbeschwerdeverfahren

Nr.	Gebührentatbestand	Gebühr oder Satz der Gebühr nach § 34 GKG
1253	Verfahren über die Beschwerde nach § 122 PatG oder § 20 GebrMG i.V.m. § 122 PatG gegen ein Urteil über den Erlass einer einstweiligen Verfügung in Zwangslizenzsachen	2,0
1254	Beendigung des gesamten Verfahrens durch Zurücknahme der Beschwerde, bevor die Schrift zur Begründung der Beschwerde bei Gericht eingegangen ist:	
	Die Gebühr 1253 ermäßigt sich auf	1,0
	Erledigungserklärungen nach § 91a ZPO i.V.m. § 121 Abs. 2 Satz 2 PatG, § 20 GebrMG stehen der Zurücknahme gleich, wenn keine Entscheidung über die Kosten ergeht oder die Entscheidung einer zuvor mitgeteilten Einigung der Parteien über die Kostentragung oder der Kostenübernahmeerklärung einer Partei folgt.	
1255	Verfahren über die Rechtsbeschwerde	825,00 €
1256	Beendigung des gesamten Verfahrens durch Zurücknahme der Rechtsbeschwerde, bevor die Schrift zur Begründung der Rechtsbeschwerde bei Gericht eingegangen ist:	
	Die Gebühr 1255 ermäßigt sich auf	110,00 €
	Erledigungserklärungen in entsprechender Anwendung des § 91a ZPO stehen der Zurücknahme gleich, wenn keine Entscheidung über die Kosten ergeht oder die Entscheidung einer zuvor mitgeteilten Einigung der Parteien über die Kostentragung oder der Kostenübernahmeerklärung einer Partei folgt.	

Hauptabschnitt 3. (weggefallen)

Hauptabschnitt 4. Arrest, Europäischer Beschluss zur vorläufigen Kontenpfändung und einstweilige Verfügung

Vorbemerkung 1.4:

(1) Im Verfahren zur Erwirkung eines Europäischen Beschlusses zur vorläufigen Kontenpfändung werden Gebühren nach diesem Hauptabschnitt nur im Fall des Artikels 5 Buchstabe a der Verordnung (EU) Nr. 655/2014 erhoben. In den Fällen des Artikels 5 Buchstabe b der Verordnung (EU) Nr. 655/2014 bestimmen sich die Gebühren nach Teil 2 Hauptabschnitt 1.

Nr.	Gebührentatbestand	Gebühr oder Satz der Gebühr nach § 34 GKG
	(2) Im Verfahren auf Anordnung eines Arrests oder auf Erlass einer einstweiligen Verfügung sowie im Verfahren über die Aufhebung oder die Abänderung (§ 926 Abs. 2, §§ 927, 936 ZPO) werden die Gebühren jeweils gesondert erhoben. Im Fall des § 942 ZPO gilt das Verfahren vor dem Amtsgericht und dem Gericht der Hauptsache als ein Rechtsstreit.	
	(3) Im Verfahren zur Erwirkung eines Europäischen Beschlusses zur vorläufigen Kontenpfändung sowie im Verfahren über den Widerruf oder die Abänderung werden die Gebühren jeweils gesondert erhoben.	
	Abschnitt 1. Erster Rechtszug	
1410	Verfahren im Allgemeinen	1,5
1411	Beendigung des gesamten Verfahrens durch 1. Zurücknahme des Antrags a) vor dem Schluss der mündlichen Verhandlung oder b) wenn eine mündliche Verhandlung nicht stattfindet, vor Ablauf des Tages, an dem der Beschluss der Geschäftsstelle übermittelt wird, 2. Anerkenntnisurteil, Verzichtsurteil oder Urteil, das nach § 313a Abs. 2 ZPO keinen Tatbestand und keine Entscheidungsgründe enthält, 3. gerichtlichen Vergleich oder 4. Erledigungserklärungen nach § 91a ZPO, wenn keine Entscheidung über die Kosten ergeht oder die Entscheidung einer zuvor mitgeteilten Einigung der Parteien über die Kostentragung oder der Kostenübernahmeerklärung einer Partei folgt, es sei denn, dass bereits ein Beschluss nach § 922 Abs. 1, auch i.V.m. § 936 ZPO, oder ein anderes als eines der in Nummer 2 genannten Urteile vorausgegangen ist: Die Gebühr 1410 ermäßigt sich auf .... Die Vervollständigung eines ohne Tatbestand und Entscheidungsgründe hergestellten Urteils (§ 313a Abs. 5 ZPO) steht der Ermäßigung nicht entgegen. Die Gebühr ermäßigt sich auch, wenn mehrere Ermäßigungstatbestände erfüllt sind.	1,0
1412	Es wird durch Urteil entschieden oder es ergeht ein Beschluss nach § 91a oder § 269 Abs. 3 Satz 3 ZPO, wenn nicht Nummer 1411 erfüllt ist: Die Gebühr 1410 erhöht sich nach dem Wert des Streitgegenstands, auf den sich die Entscheidung bezieht, auf	3,0
	Abschnitt 2. Berufung	
1420	Verfahren im Allgemeinen	4,0
1421	Beendigung des gesamten Verfahrens durch Zurücknahme der Berufung, des Antrags oder des Widerspruchs, bevor die Schrift zur Begründung der Berufung bei Gericht eingegangen ist:	

Nr.	Gebührentatbestand	Gebühr oder Satz der Gebühr nach § 34 GKG
	Die Gebühr 1420 ermäßigt sich auf	1,0
	Erledigungserklärungen nach § 91a ZPO stehen der Zurücknahme gleich, wenn keine Entscheidung über die Kosten ergeht oder der Entscheidung einer zuvor mitgeteilten Einigung der Parteien über die Kostentragung oder der Kostenübernahmeerklärung einer Partei folgt.	

1422	Beendigung des gesamten Verfahrens, wenn nicht Nummer 1421 erfüllt ist, durch
	1. Zurücknahme der Berufung oder des Antrags
	    a) vor dem Schluss der mündlichen Verhandlung,
	    b) in den Fällen des § 128 Abs. 2 ZPO vor dem Zeitpunkt, der dem Schluss der mündlichen Verhandlung entspricht,
	2. Anerkenntnis- oder Verzichtsurteil,
	3. gerichtlichen Vergleich oder
	4. Erledigungserklärungen nach § 91a ZPO, wenn keine Entscheidung über die Kosten ergeht oder die Entscheidung einer zuvor mitgeteilten Einigung der Parteien über die Kostentragung oder der Kostenübernahmeerklärung einer Partei folgt,
	
	es sei denn, dass bereits ein anderes als eines der in Nummer 2 genannten Urteile vorausgegangen ist:
	Die Gebühr 1420 ermäßigt sich auf ....
		2,0

	Die Gebühr ermäßigt sich auch, wenn mehrere Ermäßigungstatbestände erfüllt sind.	
1423	Beendigung des gesamten Verfahrens durch ein Urteil, das wegen eines Verzichts der Parteien nach § 313a Abs. 1 Satz 2 ZPO keine schriftliche Begründung enthält, wenn nicht bereits ein anderes als eines der in Nummer 1422 Nr. 2 genannten Urteile mit schriftlicher Begründung oder ein Versäumnisurteil vorausgegangen ist: Die Gebühr 1420 ermäßigt sich auf	3,0
	Die Gebühr ermäßigt sich auch, wenn daneben Ermäßigungstatbestände nach Nummer 1422 erfüllt sind.	
	Abschnitt 3. Beschwerde	
1430	Verfahren über die Beschwerde 1. gegen die Zurückweisung eines Antrags auf Anordnung eines Arrests oder eines Antrags auf Erlass einer einstweiligen Verfügung oder 2. in Verfahren nach der Verordnung (EU) Nr. 655/2014	1,5
1431	Beendigung des gesamten Verfahrens durch Zurücknahme der Beschwerde: Die Gebühr 1430 ermäßigt sich auf	1,0

Nr.	Gebührentatbestand	Gebühr oder Satz der Gebühr nach § 34 GKG
	Hauptabschnitt 5. Vorbereitung der grenzüberschreitenden Zwangs-vollstreckung	

Vorbemerkung 1.5:

Die Vollstreckbarerklärung eines ausländischen Schiedsspruchs oder deren Aufhebung bestimmt sich nach Nummer 1620.

Abschnitt 1. Erster Rechtszug

Nr.	Gebührentatbestand	Gebühr oder Satz der Gebühr nach § 34 GKG
1510	Verfahren über Anträge auf 1. Vollstreckbarerklärung ausländischer Titel, 2. Feststellung, ob die ausländische Entscheidung anzuerkennen ist, 3. Erteilung der Vollstreckungsklausel zu ausländischen Titeln, 4. Aufhebung oder Abänderung von Entscheidungen in den in den Nummern 1 bis 3 genannten Verfahren und 5. Versagung der Anerkennung oder der Vollstreckung (§ 1115 ZPO) oder über die Klage auf Erlass eines Vollstreckungsurteils	264,00 €
1511	Beendigung des gesamten Verfahrens durch Zurücknahme der Klage oder des Antrags vor dem Schluss der mündlichen Verhandlung oder, wenn eine mündliche Verhandlung nicht stattfindet, vor Ablauf des Tages, an dem die Entscheidung der Geschäftsstelle übermittelt wird: Die Gebühr 1510 ermäßigt sich auf .... <small>Erledigungserklärungen nach § 91a ZPO stehen der Zurücknahme gleich, wenn keine Entscheidung über die Kosten ergeht oder die Entscheidung einer zuvor mitgeteilten Einigung der Parteien über die Kostentragung oder der Kostenübernahmeerklärung einer Partei folgt.</small>	99,00 €
1512	Verfahren über Anträge auf Ausstellung einer Bescheinigung nach § 57 AVAG oder § 27 IntErbRVG	17,00 €
1513	Verfahren über Anträge auf Ausstellung einer Bestätigung nach § 1079 ZPO oder über Anträge auf Ausstellung einer Bescheinigung nach § 1110 ZPO oder nach § 58 AVAG	22,00 €
1514	Verfahren nach § 3 Abs. 2 des Gesetzes zur Ausführung des Vertrages zwischen der Bundesrepublik Deutschland und der Republik Österreich vom 6. Juni 1959 über die gegenseitige Anerkennung und Vollstreckung von gerichtlichen Entscheidungen, Vergleichen und öffentlichen Urkunden in Zivil- und Handelssachen in der im Bundesgesetzblatt Teil III, Gliederungsnummer 319-12, veröffentlichten bereinigten	

Nr.	Gebührentatbestand	Gebühr oder Satz der Gebühr nach § 34 GKG
	Fassung, das zuletzt durch Artikel 23 des Gesetzes vom 27. Juli 2001 (BGBl. I S. 1887) geändert worden ist	66,00 €

Abschnitt 2. Rechtsmittelverfahren

1520	Verfahren über Rechtsmittel in den in den Nummern 1510 und 1514 genannten Verfahren	396,00 €
1521	Beendigung des gesamten Verfahrens durch Zurücknahme des Rechtsmittels, der Klage oder des Antrags, bevor die Schrift zur Begründung des Rechtsmittels bei Gericht eingegangen ist: Die Gebühr 1520 ermäßigt sich auf	99,00 €
1522	Beendigung des gesamten Verfahrens durch Zurücknahme des Rechtsmittels, der Klage oder des Antrags vor dem Schluss der mündlichen Verhandlung oder, wenn eine mündliche Verhandlung nicht stattfindet, vor Ablauf des Tages, an dem die Entscheidung der Geschäftsstelle übermittelt wird, wenn nicht Nummer 1521 erfüllt ist: Die Gebühr 1520 ermäßigt sich auf	198,00 €
	Erledigungserklärungen nach § 91a ZPO stehen der Zurücknahme gleich, wenn keine Entscheidung über die Kosten ergeht oder die Entscheidung einer zuvor mitgeteilten Einigung der Parteien über die Kostentragung oder der Kostenübernahmeerklärung einer Partei folgt.	
1523	Verfahren über Rechtsmittel in 1. den in den Nummern 1512 und 1513 genannten Verfahren und 2. Verfahren über die Berichtigung oder den Widerruf einer Bestätigung nach § 1079 ZPO: Das Rechtsmittel wird verworfen oder zurückgewiesen	66,00 €

Hauptabschnitt 6. Sonstige Verfahren

Abschnitt 1. Selbständiges Beweisverfahren

1610	Verfahren im Allgemeinen	1,0

Abschnitt 2. Schiedsrichterliches Verfahren

Unterabschnitt 1. Erster Rechtszug

1620	Verfahren über die Aufhebung oder die Vollstreckbarerklärung eines Schiedsspruchs oder über die Aufhebung der Vollstreckbarerklärung	2,0
	Die Gebühr ist auch im Verfahren über die Vollstreckbarerklärung eines ausländischen Schiedsspruchs oder deren Aufhebung zu erheben.	

Nr.	Gebührentatbestand	Gebühr oder Satz der Gebühr nach § 34 GKG
1621	Verfahren über den Antrag auf Feststellung der Zulässigkeit oder Unzulässigkeit des schiedsrichterlichen Verfahrens	2,0
1622	Verfahren bei Rüge der Unzuständigkeit des Schiedsgerichts	2,0
1623	Verfahren bei der Bestellung eines Schiedsrichters oder Ersatzschiedsrichters	0,5
1624	Verfahren über die Ablehnung eines Schiedsrichters oder über die Beendigung des Schiedsrichteramts	0,5
1625	Verfahren zur Unterstützung bei der Beweisaufnahme oder zur Vornahme sonstiger richterlicher Handlungen	0,5
1626	Verfahren über die Zulassung der Vollziehung einer vorläufigen oder sichernden Maßnahme oder über die Aufhebung oder Änderung einer Entscheidung über die Zulassung der Vollziehung	2,0
	Im Verfahren über die Zulassung der Vollziehung und in dem Verfahren über die Aufhebung oder Änderung einer Entscheidung über die Zulassung der Vollziehung werden die Gebühren jeweils gesondert erhoben.	
1627	Beendigung des gesamten Verfahrens durch Zurücknahme des Antrags:	
	Die Gebühren 1620 bis 1622 und 1626 ermäßigen sich auf	1,0
	Unterabschnitt 2. Rechtsbeschwerde	
1628	Verfahren über die Rechtsbeschwerde in den in den Nummern 1620 bis 1622 und 1626 genannten Verfahren	3,0
1629	Beendigung des gesamten Verfahrens durch Zurücknahme der Rechtsbeschwerde oder des Antrags:	
	Die Gebühr 1628 ermäßigt sich auf	1,0
	Abschnitt 3. Besondere Verfahren nach dem Gesetz gegen Wettbewerbsbeschränkungen, dem Wertpapiererwerbs- und Übernahmegesetz und dem Wertpapierhandelsgesetz	
1630	Verfahren über einen Antrag nach § 169 Abs. 2 Satz 5 und 6, Abs. 4 Satz 2, § 173 Abs. 1 Satz 3 oder nach § 176 GWB	3,0
1631	Beendigung des gesamten Verfahrens durch Zurücknahme des Antrags:	
	Die Gebühr 1630 ermäßigt sich auf	1,0
1632	Verfahren über den Antrag nach § 50 Absatz 3 bis 5 WpÜG, auch i.V.m. § 37u Absatz 2 WpHG	0,5
	Mehrere Verfahren gelten innerhalb eines Rechtszugs als ein Verfahren.	

Nr.	Gebührentatbestand	Gebühr oder Satz der Gebühr nach § 34 GKG

Abschnitt 4. Besondere Verfahren nach dem Aktiengesetz und dem Umwandlungsgesetz

Unterabschnitt 1. Erster Rechtszug

1640	Verfahren nach § 148 Abs. 1 und 2 des Aktiengesetzes	1,0
1641	Verfahren nach § 246a des Aktiengesetzes (auch i.V.m. § 20 Abs. 3 Satz 4 SchVG), nach § 319 Abs. 6 des Aktiengesetzes (auch i.V.m. § 327e Abs. 2 des Aktiengesetzes) oder nach § 16 Absatz 3 UmwG	1,5
1642	Beendigung des gesamten Verfahrens ohne Entscheidung: Die Gebühren 1640 und 1641 ermäßigen sich auf.......	0,5
	(1) Die Gebühr ermäßigt sich auch im Fall der Zurücknahme des Antrags vor Ablauf des Tages, an dem die Entscheidung der Geschäftsstelle übermittelt wird.	
	(2) Eine Entscheidung über die Kosten steht der Ermäßigung nicht entgegen, wenn die Entscheidung einer zuvor mitgeteilten Einigung der Parteien über die Kostentragung oder der Kostenübernahmeerklärung einer Partei folgt.	

Unterabschnitt 2. Beschwerde

1643	Verfahren über die Beschwerde in den in Nummer 1640 genannten Verfahren	1,0
1644	Beendigung des Verfahrens ohne Entscheidung: Die Gebühr 1643 ermäßigt sich auf	0,5
	(1) Die Gebühr ermäßigt sich auch im Fall der Zurücknahme der Beschwerde vor Ablauf des Tages, an dem die Entscheidung der Geschäftsstelle übermittelt wird.	
	(2) Eine Entscheidung über die Kosten steht der Ermäßigung nicht entgegen, wenn die Entscheidung einer zuvor mitgeteilten Einigung der Parteien über die Kostentragung oder der Kostenübernahmeerklärung einer Partei folgt.	

Abschnitt 5. Sanierungs- und Reorganisationsverfahren nach dem Kreditinstitute-Reorganisationsgesetz

1650	Sanierungsverfahren	0,5
1651	Die Durchführung des Sanierungsverfahrens wird nicht angeordnet: Die Gebühr 1650 beträgt	0,2
1652	Reorganisationsverfahren	1,0
1653	Die Durchführung des Reorganisationsverfahrens wird nicht angeordnet: Die Gebühr 1652 beträgt	0,2

Nr.	Gebührentatbestand	Gebühr oder Satz der Gebühr nach § 34 GKG

Hauptabschnitt 7. Rüge wegen Verletzung des Anspruchs auf rechtliches Gehör

| 1700 | Verfahren über die Rüge wegen Verletzung des Anspruchs auf rechtliches Gehör (§ 321a ZPO, auch i.V.m. § 122a PatG oder § 89a MarkenG; § 69 GWB, § 41 AgrarOLkG): Die Rüge wird in vollem Umfang verworfen oder zurückgewiesen .... | 66,00 € |

Hauptabschnitt 8. Sonstige Beschwerden und Rechtsbeschwerden

Abschnitt 1. Sonstige Beschwerden

1810	Verfahren über Beschwerden nach § 71 Abs. 2, § 91a Abs. 2, § 99 Abs. 2, § 269 Abs. 5 oder § 494a Absatz 2 Satz 2 ZPO	99,00 €
1811	Beendigung des Verfahrens ohne Entscheidung: Die Gebühr 1810 ermäßigt sich auf	66,00 €
	(1) Die Gebühr ermäßigt sich auch im Fall der Zurücknahme der Beschwerde vor Ablauf des Tages, an dem die Entscheidung der Geschäftsstelle übermittelt wird.	
	(2) Eine Entscheidung über die Kosten steht der Ermäßigung nicht entgegen, wenn die Entscheidung einer zuvor mitgeteilten Einigung der Parteien über die Kostentragung oder der Kostenübernahmeerklärung einer Partei folgt.	
1812	Verfahren über nicht besonders aufgeführte Beschwerden, die nicht nach anderen Vorschriften gebührenfrei sind: Die Beschwerde wird verworfen oder zurückgewiesen	66,00 €
	Wird die Beschwerde nur teilweise verworfen oder zurückgewiesen, kann das Gericht die Gebühr nach billigem Ermessen auf die Hälfte ermäßigen oder bestimmen, dass eine Gebühr nicht zu erheben ist.	

Abschnitt 2. Sonstige Rechtsbeschwerden

1820	Verfahren über Rechtsbeschwerden gegen den Beschluss, durch den die Berufung als unzulässig verworfen wurde (§ 522 Abs. 1 Satz 2 und 3 ZPO)	2,0
1821	Verfahren über Rechtsbeschwerden nach § 20 KapMuG	5,0
1822	Beendigung des gesamten Verfahrens durch Zurücknahme der Rechtsbeschwerde, bevor die Schrift zur Begründung der Rechtsbeschwerde bei Gericht eingegangen ist: Die Gebühren 1820 und 1821 ermäßigen sich auf	1,0
	Erledigungserklärungen nach § 91a ZPO stehen der Zurücknahme gleich, wenn keine Entscheidung über die Kosten ergeht oder die Entscheidung einer zuvor mitgeteilten Einigung der Parteien über die	

Nr.	Gebührentatbestand	Gebühr oder Satz der Gebühr nach § 34 GKG
	Kostentragung oder der Kostenübernahmeerklärung einer Partei folgt.	
1823	Verfahren über Rechtsbeschwerden in den Fällen des § 71 Abs. 1, § 91a Abs. 1, § 99 Abs. 2, § 269 Abs. 4, § 494a Absatz 2 Satz 2 oder § 516 Abs. 3 ZPO	198,00 €
1824	Beendigung des gesamten Verfahrens durch Zurücknahme der Rechtsbeschwerde, des Antrags oder der Klage, bevor die Schrift zur Begründung der Rechtsbeschwerde bei Gericht eingegangen ist:	
	Die Gebühr 1823 ermäßigt sich auf	66,00 €
1825	Beendigung des gesamten Verfahrens durch Zurücknahme der Rechtsbeschwerde, des Antrags oder der Klage vor Ablauf des Tages, an dem die Entscheidung der Geschäftsstelle übermittelt wird, wenn nicht Nummer 1824 erfüllt ist:	
	Die Gebühr 1823 ermäßigt sich auf	99,00 €
1826	Verfahren über nicht besonders aufgeführte Rechtsbeschwerden, die nicht nach anderen Vorschriften gebührenfrei sind:	
	Die Rechtsbeschwerde wird verworfen oder zurückgewiesen	132,00 €
	Wird die Rechtsbeschwerde nur teilweise verworfen oder zurückgewiesen, kann das Gericht die Gebühr nach billigem Ermessen auf die Hälfte ermäßigen oder bestimmen, dass eine Gebühr nicht zu erheben ist.	
1827	Verfahren über die in Nummer 1826 genannten Rechtsbeschwerden:	
	Beendigung des gesamten Verfahrens durch Zurücknahme der Rechtsbeschwerde, des Antrags oder der Klage vor Ablauf des Tages, an dem die Entscheidung der Geschäftsstelle übermittelt wird	66,00 €

Hauptabschnitt 9. Besondere Gebühren

Nr.	Gebührentatbestand	Gebühr oder Satz der Gebühr nach § 34 GKG
1900	Abschluss eines gerichtlichen Vergleichs:	
	Soweit ein Vergleich über nicht gerichtlich anhängige Gegenstände geschlossen wird	0,25
	Die Gebühr entsteht nicht im Verfahren über die Prozesskostenhilfe. Im Verhältnis zur Gebühr für das Verfahren im Allgemeinen ist § 36 Absatz 3 GKG entsprechend anzuwenden.	
1901	Auferlegung einer Gebühr nach § 38 GKG wegen Verzögerung des Rechtsstreits	wie vom Gericht bestimmt
1902	Anmeldung eines Anspruchs zum Musterverfahren (§ 10 Absatz 2 KapMuG)	0,5

Teil 2. Zwangsvollstreckung nach der Zivilprozessordnung, Insolvenzverfahren und ähnliche Verfahren

Nr.	Gebührentatbestand	Gebühr oder Satz der Gebühr nach § 34 GKG

Hauptabschnitt 1. Zwangsvollstreckung nach der Zivilprozessordnung

Vorbemerkung 2.1:

Dieser Hauptabschnitt ist auch auf Verfahren zur Erwirkung eines Europäischen Beschlusses zur vorläufigen Kontenpfändung im Fall des Artikels 5 Buchstabe b der Verordnung (EU) Nr. 655/2014 sowie auf alle Verfahren über Anträge auf Einschränkung oder Beendigung der Vollstreckung eines Europäischen Beschlusses zur vorläufigen Kontenpfändung (§ 954 Abs. 2 ZPO i.V.m. Artikel 34 der Verordnung (EU) Nr. 655/2014) anzuwenden. Im Übrigen bestimmen sich die Gebühren nach Teil 1 Hauptabschnitt 4 oder Teil 8 Hauptabschnitt 3.

Abschnitt 1. Erster Rechtszug

Nr.	Gebührentatbestand	Gebühr oder Satz der Gebühr nach § 34 GKG
2110	Verfahren über den Antrag auf Erteilung einer weiteren vollstreckbaren Ausfertigung (§ 733 ZPO) .... Die Gebühr wird für jede weitere vollstreckbare Ausfertigung gesondert erhoben. Sind wegen desselben Anspruchs in einem Mahnverfahren gegen mehrere Personen gesonderte Vollstreckungsbescheide erlassen worden und werden hiervon gleichzeitig mehrere weitere vollstreckbare Ausfertigungen beantragt, wird die Gebühr nur einmal erhoben.	22,00 €
2111	Verfahren über Anträge auf gerichtliche Handlungen der Zwangsvollstreckung gemäß § 829 Abs. 1, §§ 835, 839, 846 bis 848, 857, 858, 886 bis 888 oder § 890 ZPO sowie im Verfahren zur Erwirkung eines Europäischen Beschlusses zur vorläufigen Kontenpfändung im Fall des Artikels 5 Buchstabe b der Verordnung (EU) Nr. 655/2014 .... Richtet sich ein Verfahren gegen mehrere Schuldner, wird die Gebühr für jeden Schuldner gesondert erhoben. Mehrere Verfahren innerhalb eines Rechtszugs gelten als ein Verfahren, wenn sie denselben Anspruch und denselben Vollstreckungsgegenstand betreffen.	22,00 €
2112	In dem Verfahren zur Erwirkung eines Europäischen Beschlusses zur vorläufigen Kontenpfändung wird ein Antrag auf Einholung von Kontoinformationen gestellt: Die Gebühr 2111 erhöht sich auf	37,00 €
2113	Verfahren über den Antrag auf Vollstreckungsschutz nach § 765a ZPO	22,00 €
2114	Verfahren über den Antrag auf Erlass eines Haftbefehls (§ 802g Abs. 1 ZPO)	22,00 €
2115	Verfahren über den Antrag auf Abnahme der eidesstattlichen Versicherung nach § 889 ZPO	35,00 €
2116	(weggefallen)	
2117	Verteilungsverfahren	0,5
2118	Verfahren über die Vollstreckbarerklärung eines Anwaltsvergleichs nach § 796a ZPO..............................	66,00 €

Nr.	Gebührentatbestand	Gebühr oder Satz der Gebühr nach § 34 GKG
2119	Verfahren über Anträge auf Beendigung, Verweigerung, Aussetzung oder Beschränkung der Zwangsvollstreckung nach § 954 Abs. 2, § 1084 ZPO auch i.V.m. § 1096 oder § 1109 ZPO oder nach § 31 AUG	33,00 €

Abschnitt 2. Beschwerden

Unterabschnitt 1. Beschwerde

| 2120 | Verfahren über die Beschwerde im Verteilungsverfahren:
Soweit die Beschwerde verworfen oder zurückgewiesen wird .... | 1,0 |
| 2121 | Verfahren über nicht besonders aufgeführte Beschwerden, die nicht nach anderen Vorschriften gebührenfrei sind:
Die Beschwerde wird verworfen oder zurückgewiesen | 33,00 € |

Wird die Beschwerde nur teilweise verworfen oder zurückgewiesen, kann das Gericht die Gebühr nach billigem Ermessen auf die Hälfte ermäßigen oder bestimmen, dass eine Gebühr nicht zu erheben ist.

Unterabschnitt 2. Rechtsbeschwerde

| 2122 | Verfahren über die Rechtsbeschwerde im Verteilungsverfahren:
Soweit die Beschwerde verworfen oder zurückgewiesen wird .... | 2,0 |
| 2123 | Verfahren über die Rechtsbeschwerde im Verteilungsverfahren:
Soweit die Beschwerde zurückgenommen oder das Verfahren durch anderweitige Erledigung beendet wird .... | 1,0 |

Die Gebühr entsteht nicht, soweit der Beschwerde stattgegeben wird.

| 2124 | Verfahren über nicht besonders aufgeführte Rechtsbeschwerden, die nicht nach anderen Vorschriften gebührenfrei sind:
Die Rechtsbeschwerde wird verworfen oder zurückgewiesen .... | 66,00 € |

Wird die Rechtsbeschwerde nur teilweise verworfen oder zurückgewiesen, kann das Gericht die Gebühr nach billigem Ermessen auf die Hälfte ermäßigen oder bestimmen, dass eine Gebühr nicht zu erheben ist.

Hauptabschnitt 2. Verfahren nach dem Gesetz über die Zwangsversteigerung und die Zwangsverwaltung; Zwangsliquidation einer Bahneinheit

Vorbemerkung 2.2:
Die Gebühren 2210, 2220 und 2230 werden für jeden Antragsteller gesondert erhoben. Wird der Antrag von mehreren Gesamtgläubigern, Gesamthandsgläubigern oder im Fall der Zwangsversteige-

141

Nr.	Gebührentatbestand	Gebühr oder Satz der Gebühr nach § 34 GKG

rung zum Zweck der Aufhebung der Gemeinschaft von mehreren Miteigentümern gemeinsam gestellt, gelten diese als ein Antragsteller. Betrifft ein Antrag mehrere Gegenstände, wird die Gebühr nur einmal erhoben, soweit durch einen einheitlichen Beschluss entschieden wird. Für ein Verfahren nach § 765a ZPO wird keine, für das Beschwerdeverfahren die Gebühr 2240 erhoben; richtet sich die Beschwerde auch gegen eine Entscheidung nach § 30a ZVG, gilt Satz 3 entsprechend.

Abschnitt 1. Zwangsversteigerung

2210	Entscheidung über den Antrag auf Anordnung der Zwangsversteigerung oder über den Beitritt zum Verfahren	110,00 €
2211	Verfahren im Allgemeinen	0,5
2212	Beendigung des Verfahrens vor Ablauf des Tages, an dem die Verfügung mit der Bestimmung des ersten Versteigerungstermins unterschrieben ist:	
	Die Gebühr 2211 ermäßigt sich auf	0,25
2213	Abhaltung mindestens eines Versteigerungstermins mit Aufforderung zur Abgabe von Geboten	0,5
	Die Gebühr entfällt, wenn der Zuschlag aufgrund des § 74a oder des § 85a ZVG versagt bleibt.	
2214	Erteilung des Zuschlags	0,5
	Die Gebühr entfällt, wenn der Zuschlagsbeschluss aufgehoben wird.	
2215	Verteilungsverfahren	0,5
2216	Es findet keine oder nur eine beschränkte Verteilung des Versteigerungserlöses durch das Gericht statt (§§ 143, 144 ZVG):	
	Die Gebühr 2215 ermäßigt sich auf	0,25

Abschnitt 2. Zwangsverwaltung

2220	Entscheidung über den Antrag auf Anordnung der Zwangsverwaltung oder über den Beitritt zum Verfahren	110,00 €
2221	Jahresgebühr für jedes Kalenderjahr bei Durchführung des Verfahrens	0,5
	Die Gebühr wird auch für das jeweilige Kalenderjahr erhoben, in das der Tag der Beschlagnahme fällt und in dem das Verfahren aufgehoben wird.	– mindestens 132,00 €, im ersten und letzten Kalenderjahr jeweils mindestens 66,00 €

Abschnitt 3. Zwangsliquidation einer Bahneinheit

2230	Entscheidung über den Antrag auf Eröffnung der Zwangsliquidation	66,00 €
2231	Verfahren im Allgemeinen	0,5

Nr.	Gebührentatbestand	Gebühr oder Satz der Gebühr nach § 34 GKG
2232	Das Verfahren wird eingestellt: Die Gebühr 2231 ermäßigt sich auf	0,25

Abschnitt 4. Beschwerden

Unterabschnitt 1. Beschwerde

2240	Verfahren über Beschwerden, wenn für die angefochtene Entscheidung eine Festgebühr bestimmt ist: Die Beschwerde wird verworfen oder zurückgewiesen <small>Wird die Beschwerde nur teilweise verworfen oder zurückgewiesen, kann das Gericht die Gebühr nach billigem Ermessen auf die Hälfte ermäßigen oder bestimmen, dass eine Gebühr nicht zu erheben ist.</small>	132,00 €
2241	Verfahren über nicht besonders aufgeführte Beschwerden, die nicht nach anderen Vorschriften gebührenfrei sind: Soweit die Beschwerde verworfen oder zurückgewiesen wird	1,0

Unterabschnitt 2. Rechtsbeschwerde

2242	Verfahren über Rechtsbeschwerden, wenn für die angefochtene Entscheidung eine Festgebühr bestimmt ist: Die Rechtsbeschwerde wird verworfen oder zurückgewiesen .... <small>Wird die Rechtsbeschwerde nur teilweise verworfen oder zurückgewiesen, kann das Gericht die Gebühr nach billigem Ermessen auf die Hälfte ermäßigen oder bestimmen, dass eine Gebühr nicht zu erheben ist.</small>	264,00 €
2243	Verfahren über nicht besonders aufgeführte Rechtsbeschwerden, die nicht nach anderen Vorschriften gebührenfrei sind: Soweit die Rechtsbeschwerde verworfen oder zurückgewiesen wird	2,0

Hauptabschnitt 3. Insolvenzverfahren

Vorbemerkung 2.3:
Der Antrag des ausländischen Insolvenzverwalters steht dem Antrag des Schuldners gleich.

Abschnitt 1. Eröffnungsverfahren

2310	Verfahren über den Antrag des Schuldners auf Eröffnung des Insolvenzverfahrens .... <small>Die Gebühr entsteht auch, wenn das Verfahren nach § 306 InsO ruht.</small>	0,5
2311	Verfahren über den Antrag eines Gläubigers auf Eröffnung des Insolvenzverfahrens	0,5 – mindestens 198,00 €

Nr.	Gebührentatbestand	Gebühr oder Satz der Gebühr nach § 34 GKG

Abschnitt 2. Durchführung des Insolvenzverfahrens auf Antrag des Schuldners

Vorbemerkung 2.3.2:

Die Gebühren dieses Abschnitts entstehen auch, wenn das Verfahren gleichzeitig auf Antrag eines Gläubigers eröffnet wurde.

2320	Durchführung des Insolvenzverfahrens	2,5
	Die Gebühr entfällt, wenn der Eröffnungsbeschluss auf Beschwerde aufgehoben wird.	
2321	Einstellung des Verfahrens vor dem Ende des Prüfungstermins nach den §§ 207, 211, 212, 213 InsO: Die Gebühr 2320 ermäßigt sich auf	0,5
2322	Einstellung des Verfahrens nach dem Ende des Prüfungstermins nach den §§ 207, 211, 212, 213 InsO: Die Gebühr 2320 ermäßigt sich auf	1,5

Abschnitt 3. Durchführung des Insolvenzverfahrens auf Antrag eines Gläubigers

Vorbemerkung 2.3.3:

Dieser Abschnitt ist nicht anzuwenden, wenn das Verfahren gleichzeitig auf Antrag des Schuldners eröffnet wurde.

2330	Durchführung des Insolvenzverfahrens	3,0
	Die Gebühr entfällt, wenn der Eröffnungsbeschluss auf Beschwerde aufgehoben wird.	
2331	Einstellung des Verfahrens vor dem Ende des Prüfungstermins nach den §§ 207, 211, 212, 213 InsO: Die Gebühr 2330 ermäßigt sich auf	1,0
2332	Einstellung des Verfahrens nach dem Ende des Prüfungstermins nach den §§ 207, 211, 212, 213 InsO: Die Gebühr 2330 ermäßigt sich auf	2,0

Abschnitt 4. Besonderer Prüfungstermin und schriftliches Prüfungsverfahren (§ 177 InsO)

2340	Prüfung von Forderungen je Gläubiger	22,00 €

Abschnitt 5. Restschuldbefreiung

2350	Entscheidung über den Antrag auf Versagung oder Widerruf der Restschuldbefreiung (§§ 296 bis 297a, 300 und 303 InsO)	39,00 €

Abschnitt 6. Besondere Verfahren nach der Verordnung (EU) 2015/848

2360	Verfahren über einen Antrag nach Artikel 36 Abs. 7 Satz 2 der Verordnung (EU) 2015/848	3,0
2361	Verfahren über einstweilige Maßnahmen nach Artikel 36 Abs. 9 der Verordnung (EU) 2015/848	1,0

Nr.	Gebührentatbestand	Gebühr oder Satz der Gebühr nach § 34 GKG
2362	Verfahren über einen Antrag auf Eröffnung eines Gruppen-Koordinationsverfahrens nach Artikel 61 der Verordnung (EU) 2015/848	4 400,00 €

Abschnitt 7. Koordinationsverfahren

2370	Verfahren im Allgemeinen	550,00 €
2371	In dem Verfahren wird ein Koordinationsplan zur Bestätigung vorgelegt: Die Gebühr 2370 beträgt	1 100,00 €

Abschnitt 8. Beschwerden

Unterabschnitt 1. Beschwerde

2380	Verfahren über die Beschwerde gegen die Entscheidung über den Antrag auf Eröffnung des Insolvenzverfahrens	1,0
2381	Verfahren über nicht besonders aufgeführte Beschwerden, die nicht nach anderen Vorschriften gebührenfrei sind: Die Beschwerde wird verworfen oder zurückgewiesen <small>Wird die Beschwerde nur teilweise verworfen oder zurückgewiesen, kann das Gericht die Gebühr nach billigem Ermessen auf die Hälfte ermäßigen oder bestimmen, dass eine Gebühr nicht zu erheben ist.</small>	66,00 €
2382	Verfahren über die sofortige Beschwerde gegen die Entscheidung über die Kosten des Gruppen-Koordinationsverfahrens nach Artikel 102c § 26 EGInsO ...	1,0

Unterabschnitt 2. Rechtsbeschwerde

2383	Verfahren über die Rechtsbeschwerde gegen die Beschwerdeentscheidung im Verfahren über den Antrag auf Eröffnung des Insolvenzverfahrens	2,0
2384	Beendigung des gesamten Verfahrens durch Zurücknahme der Rechtsbeschwerde oder des Antrags: Die Gebühr 2383 ermäßigt sich auf	1,0
2385	Verfahren über nicht besonders aufgeführte Rechtsbeschwerden, die nicht nach anderen Vorschriften gebührenfrei sind: Die Rechtsbeschwerde wird verworfen oder zurückgewiesen .... <small>Wird die Rechtsbeschwerde nur teilweise verworfen oder zurückgewiesen, kann das Gericht die Gebühr nach billigem Ermessen auf die Hälfte ermäßigen oder bestimmen, dass eine Gebühr nicht zu erheben ist.</small>	132,00 €
2386	Verfahren über die Rechtsbeschwerde gegen die Beschwerdeentscheidung über die Kosten des Gruppen-Koordinationsverfahrens nach Artikel 102c § 26 EGInsO i.V.m. § 574 ZPO	2,0

Nr.	Gebührentatbestand	Gebühr oder Satz der Gebühr nach § 34 GKG
	Hauptabschnitt 4. Schifffahrtsrechtliches Verteilungsverfahren	
	Abschnitt 1. Eröffnungsverfahren	
2410	Verfahren über den Antrag auf Eröffnung des Verteilungsverfahrens	1,0
	Abschnitt 2. Verteilungsverfahren	
2420	Durchführung des Verteilungsverfahrens	2,0
	Abschnitt 3. Besonderer Prüfungstermin und schriftliches Prüfungsverfahren (§ 18 Satz 3 SVertO, § 177 InsO)	
2430	Prüfung von Forderungen je Gläubiger	22,00 €
	Abschnitt 4. Beschwerde und Rechtsbeschwerde	
2440	Verfahren über Beschwerden, die nicht nach anderen Vorschriften gebührenfrei sind: Die Beschwerde wird verworfen oder zurückgewiesen Wird die Beschwerde nur teilweise verworfen oder zurückgewiesen, kann das Gericht die Gebühr nach billigem Ermessen auf die Hälfte ermäßigen oder bestimmen, dass eine Gebühr nicht zu erheben ist.	66,00 €
2441	Verfahren über Rechtsbeschwerden: Die Rechtsbeschwerde wird verworfen oder zurückgewiesen .... Wird die Rechtsbeschwerde nur teilweise verworfen oder zurückgewiesen, kann das Gericht die Gebühr nach billigem Ermessen auf die Hälfte ermäßigen oder bestimmen, dass eine Gebühr nicht zu erheben ist.	132,00 €
	Hauptabschnitt 5. Verfahren nach dem Unternehmensstabilisierungs- und -restrukturierungsgesetz	
	Abschnitt 1. Verfahren vor dem Restrukturierungsgericht	
2510	Entgegennahme der Anzeige des Restrukturierungsvorhabens (§ 31 StaRUG) .... Mit der Gebühr sind sämtliche Tätigkeiten des Gerichts im Zusammenhang mit der Anzeige des Restrukturierungsvorhabens einschließlich der Aufhebung der Restrukturierungssache abgegolten.	150,00 €
2511	Verfahren über den Antrag auf Inanspruchnahme von Instrumenten des Stabilisierungs- und Restrukturierungsrahmens .... (1) Die Gebühr 2510 wird angerechnet. (2) Endet das gesamte Verfahren, bevor der gerichtliche Erörterungs- und Abstimmungstermin begonnen hat oder bevor der Restrukturierungsplan gerichtlich bestätigt wurde, kann das Gericht die Gebühr nach billigem Ermessen auf die Hälfte ermäßigen.	1 000,00 €
2512	In derselben Restrukturierungssache wird die Inanspruchnahme von mehr als drei Instrumenten des	

Nr.	Gebührentatbestand	Gebühr oder Satz der Gebühr nach § 34 GKG
	Stabilisierungs- und Restrukturierungsrahmens beantragt:	
	Die Gebühr 2511 beträgt	1 500,00 €
2513	Bestellung eines Restrukturierungsbeauftragten	500,00 €
	Mit der Gebühr sind sämtliche Tätigkeiten des Gerichts im Zusammenhang mit der Bestellung, insbesondere auch die Aufsicht über den Restrukturierungsbeauftragten, abgegolten.	
2514	Verfahren über den Antrag auf Bestellung eines Sanierungsmoderators	500,00 €
	Mit der Gebühr sind sämtliche Tätigkeiten des Gerichts in dem Verfahren einschließlich der Bestätigung eines Sanierungsvergleichs abgegolten.	

Abschnitt 2. Beschwerden

Unterabschnitt 1. Beschwerde

Nr.	Gebührentatbestand	Gebühr
2520	Verfahren über sofortige Beschwerden nach dem StaRUG	1 000,00 €
2521	Beendigung des gesamten Verfahrens durch Zurücknahme der Beschwerde:	
	Die Gebühr 2520 ermäßigt sich auf	500,00 €
2522	Verfahren über nicht besonders aufgeführte Beschwerden, die nicht nach anderen Vorschriften gebührenfrei sind:	
	Die Beschwerde wird verworfen oder zurückgewiesen	66,00 €
	Wird die Beschwerde nur teilweise verworfen oder zurückgewiesen, kann das Gericht die Gebühr nach billigem Ermessen auf die Hälfte ermäßigen oder bestimmen, dass eine Gebühr nicht zu erheben ist.	

Unterabschnitt 2. Rechtsbeschwerde

Nr.	Gebührentatbestand	Gebühr
2523	Verfahren über Rechtsbeschwerden nach dem StaRUG	2 000,00 €
2524	Beendigung des gesamten Verfahrens durch Zurücknahme der Rechtsbeschwerde:	
	Die Gebühr 2523 ermäßigt sich auf	1 000,00 €
2525	Verfahren über nicht besonders aufgeführte Rechtsbeschwerden, die nicht nach anderen Vorschriften gebührenfrei sind:	
	Die Rechtsbeschwerde wird verworfen oder zurückgewiesen	132,00 €
	Wird die Rechtsbeschwerde nur teilweise verworfen oder zurückgewiesen, kann das Gericht die Gebühr nach billigem Ermessen auf die Hälfte ermäßigen oder bestimmen, dass eine Gebühr nicht zu erheben ist.	

Nr.	Gebührentatbestand	Gebühr oder Satz der Gebühr nach § 34 GKG
	Hauptabschnitt 6. Rüge wegen Verletzung des Anspruchs auf rechtliches Gehör	
2600	Verfahren über die Rüge wegen Verletzung des Anspruchs auf rechtliches Gehör (§ 321a ZPO, § 4 InsO, § 3 Abs. 1 Satz 1 SVertO, § 38 StaRUG):	
	Die Rüge wird in vollem Umfang verworfen oder zurückgewiesen	66,00 €

Teil 3. Strafsachen und gerichtliche Verfahren nach dem Strafvollzugsgesetz, auch in Verbindung mit § 92 des Jugendgerichtsgesetzes, sowie Verfahren nach dem Gesetz über die internationale Rechtshilfe in Strafsachen

Nr.	Gebührentatbestand	Gebühr oder Satz der jeweiligen Gebühr 3110 bis 3117, soweit nichts anderes vermerkt ist

Vorbemerkung 3:

(1) § 473 Abs. 4 StPO und § 74 JGG bleiben unberührt.

(2) Im Verfahren nach Wiederaufnahme werden die gleichen Gebühren wie für das wiederaufgenommene Verfahren erhoben. Wird jedoch nach Anordnung der Wiederaufnahme des Verfahrens das frühere Urteil aufgehoben, gilt für die Gebührenerhebung jeder Rechtszug des neuen Verfahrens mit dem jeweiligen Rechtszug des früheren Verfahrens zusammen als ein Rechtszug. Gebühren werden auch für Rechtszüge erhoben, die nur im früheren Verfahren stattgefunden haben. Dies gilt auch für das Wiederaufnahmeverfahren, das sich gegen einen Strafbefehl richtet (§ 373a StPO).

Hauptabschnitt 1. Offizialverfahren

Vorbemerkung 3.1:

(1) In Strafsachen bemessen sich die Gerichtsgebühren für alle Rechtszüge nach der rechtskräftig erkannten Strafe.

(2) Ist neben einer Freiheitsstrafe auf Geldstrafe erkannt, ist die Zahl der Tagessätze der Dauer der Freiheitsstrafe hinzuzurechnen; dabei entsprechen 30 Tagessätze einem Monat Freiheitsstrafe.

(3) Ist auf Verwarnung mit Strafvorbehalt erkannt, bestimmt sich die Gebühr nach der vorbehaltenen Geldstrafe.

(4) Eine Gebühr wird für alle Rechtszüge bei rechtskräftiger Anordnung einer Maßregel der Besserung und Sicherung und bei rechtskräftiger Festsetzung einer Geldbuße gesondert erhoben.

(5) Wird aufgrund des § 55 Abs. 1 StGB in einem Verfahren eine Gesamtstrafe gebildet, bemisst sich die Gebühr für dieses Verfahren nach dem Maß der Strafe, um das die Gesamtstrafe die früher erkannte Strafe übersetzt. Dies gilt entsprechend, wenn ein Urteil, in dem auf Jugendstrafe erkannt ist, nach § 31 Abs. 2 JGG in ein neues Urteil einbezogen wird. In den Fällen des § 460 StPO und des § 66 JGG verbleibt es bei den Gebühren für die früheren Verfahren.

(6) Betrifft eine Strafsache mehrere Angeschuldigte, ist die Gebühr von jedem gesondert nach Maßgabe der gegen ihn erkannten Strafe, angeordneten Maßregel der Besserung und Sicherung oder festgesetzten Geldbuße zu erheben. Wird in einer Strafsache gegen einen oder mehrere Angeschuldigte auch eine Geldbuße gegen eine juristische Person oder eine Personenvereinigung festgesetzt, ist eine Gebühr von der juristischen Person oder der Personenvereinigung nach Maßgabe der gegen sie festgesetzten Geldbuße zu erheben.

(7) Wird bei Verurteilung wegen selbständiger Taten ein Rechtsmittel auf einzelne Taten beschränkt, bemisst sich die Gebühr für das Rechtsmittelverfahren nach der Strafe für diejenige Tat, die Gegenstand des Rechtsmittelverfahrens ist. Bei Gesamtstrafen ist die Summe der angefochtenen Einzelstrafen maßgebend. Ist die Gesamtstrafe, auch unter Einbeziehung der früher erkannten Strafe, geringer, ist diese maßgebend. Wird ein Rechtsmittel auf die Anordnung einer Maßregel der Besserung und Sicherung oder die Festsetzung einer Geldbuße beschränkt, werden die Gebühren für das Rechtsmittelverfahren nur wegen der Anordnung der Maßregel oder der Festsetzung der Geldbuße erhoben. Die Sätze 1 bis 4 gelten im Fall der Wiederaufnahme entsprechend.

(8) Das Verfahren über die vorbehaltene Sicherungsverwahrung und das Verfahren über die nachträgliche Anordnung der Sicherungsverwahrung gelten als besondere Verfahren.

Nr.	Gebührentatbestand	Gebühr oder Satz der jeweiligen Gebühr 3110 bis 3117, soweit nichts anderes vermerkt ist
	Abschnitt 1. Erster Rechtszug	
	Verfahren mit Urteil, wenn kein Strafbefehl vorausgegangen ist, bei	
3110	– Verurteilung zu Freiheitsstrafe bis zu 6 Monaten oder zu Geldstrafe bis zu 180 Tagessätzen	155,00 €
3111	– Verurteilung zu Freiheitsstrafe bis zu 1 Jahr oder zu Geldstrafe von mehr als 180 Tagessätzen	310,00 €
3112	– Verurteilung zu Freiheitsstrafe bis zu 2 Jahren	465,00 €
3113	– Verurteilung zu Freiheitsstrafe bis zu 4 Jahren	620,00 €
3114	– Verurteilung zu Freiheitsstrafe bis zu 10 Jahren	775,00 €
3115	– Verurteilung zu Freiheitsstrafe von mehr als 10 Jahren oder zu einer lebenslangen Freiheitsstrafe	1 100,00 €
3116	– Anordnung einer oder mehrerer Maßregeln der Besserung und Sicherung	77,00 €
3117	– Festsetzung einer Geldbuße	10 % des Betrags der Geldbuße – mindestens 55,00 € – höchstens 16 500,00 €
3118	Strafbefehl .... <small>Die Gebühr wird auch neben der Gebühr 3119 erhoben. Ist der Einspruch beschränkt (§ 410 Abs. 2 StPO), bemisst sich die Gebühr nach der im Urteil erkannten Strafe.</small>	0,5
3119	Hauptverhandlung mit Urteil, wenn ein Strafbefehl vorausgegangen ist .... <small>Vorbemerkung 3.1 Abs. 7 gilt entsprechend.</small>	0,5
	Abschnitt 2. Berufung	
3120	Berufungsverfahren mit Urteil	1,5
3121	Erledigung des Berufungsverfahrens ohne Urteil .... <small>Die Gebühr entfällt bei Zurücknahme der Berufung vor Ablauf der Begründungsfrist.</small>	0,5
	Abschnitt 3. Revision	
3130	Revisionsverfahren mit Urteil oder Beschluss nach § 349 Abs. 2 oder 4 StPO	2,0
3131	Erledigung des Revisionsverfahrens ohne Urteil und ohne Beschluss nach § 349 Abs. 2 oder 4 StPO .... <small>Die Gebühr entfällt bei Zurücknahme der Revision vor Ablauf der Begründungsfrist.</small>	1,0

Nr.	Gebührentatbestand	Gebühr oder Satz der jeweiligen Gebühr 3110 bis 3117, soweit nichts anderes vermerkt ist
	Abschnitt 4. Wiederaufnahmeverfahren	
3140	Verfahren über den Antrag auf Wiederaufnahme des Verfahrens:	
	Der Antrag wird verworfen oder abgelehnt	0,5
3141	Verfahren über die Beschwerde gegen einen Beschluss, durch den ein Antrag auf Wiederaufnahme des Verfahrens hinsichtlich einer Freiheitsstrafe, einer Geldstrafe, einer Maßregel der Besserung und Sicherung oder einer Geldbuße verworfen oder abgelehnt wurde:	
	Die Beschwerde wird verworfen oder zurückgewiesen	1,0

Abschnitt 5. Psychosoziale Prozessbegleitung

Vorbemerkung 3.1.5:

Eine Erhöhung nach diesem Abschnitt tritt nicht ein, soweit das Gericht etwas anderes angeordnet hat (§ 465 Abs. 2 Satz 4 StPO).

Nr.	Gebührentatbestand	
	Dem Verletzten ist ein psychosozialer Prozessbegleiter beigeordnet	
3150	– für das Vorverfahren:	
	Die Gebühren 3110 bis 3116 und 3118 erhöhen sich um	572,00 €
3151	– für das gerichtliche Verfahren im ersten Rechtszug:	
	Die Gebühren 3110 bis 3116 und 3118 erhöhen sich um	407,00 €
	(1) Die Erhöhung der Gebühr 3116 tritt nur ein, wenn ausschließlich diese Gebühr zu erheben ist. (2) Die Erhöhungen nach den Nummern 3150 und 3151 können nebeneinander eintreten.	
3152	Dem Verletzten ist für das Berufungsverfahren ein psychosozialer Prozessbegleiter beigeordnet:	
	Die Gebühr 3120 und 3121 erhöhen sich um	231,00 €
	Die Erhöhung der Gebühr 3120 oder 3121 für die Anordnung einer oder mehrerer Maßregeln der Besserung und Sicherung tritt nur ein, wenn ausschließlich diese Gebühr zu erheben ist.	

Hauptabschnitt 2. Klageerzwingungsverfahren, unwahre Anzeige und Zurücknahme des Strafantrags

Nr.	Gebührentatbestand	
3200	Dem Antragsteller, dem Anzeigenden, dem Angeklagten oder Nebenbeteiligten sind die Kosten auferlegt worden (§§ 177, 469, 470 StPO)	80,00 €
	Das Gericht kann die Gebühr bis auf 15,00 € herabsetzen oder beschließen, dass von der Erhebung einer Gebühr abgesehen wird.	

Nr.	Gebührentatbestand	Gebühr oder Satz der jeweiligen Gebühr 3110 bis 3117, soweit nichts anderes vermerkt ist

Hauptabschnitt 3. Privatklage

Vorbemerkung 3.3:
Für das Verfahren auf Widerklage werden die Gebühren gesondert erhoben.

Abschnitt 1. Erster Rechtszug

3310	Hauptverhandlung mit Urteil	160,00 €
3311	Erledigung des Verfahrens ohne Urteil	80,00 €

Abschnitt 2. Berufung

3320	Berufungsverfahren mit Urteil	320,00 €
3321	Erledigung der Berufung ohne Urteil	160,00 €
	Die Gebühr entfällt bei Zurücknahme der Berufung vor Ablauf der Begründungsfrist.	

Abschnitt 3. Revision

3330	Revisionsverfahren mit Urteil oder Beschluss nach § 349 Abs. 2 oder 4 StPO	480,00 €
3331	Erledigung der Revision ohne Urteil und ohne Beschluss nach § 349 Abs. 2 oder 4 StPO	320,00 €
	Die Gebühr entfällt bei Rücknahme der Revision vor Ablauf der Begründungsfrist.	

Abschnitt 4. Wiederaufnahmeverfahren

3340	Verfahren über den Antrag auf Wiederaufnahme des Verfahrens:	
	Der Antrag wird verworfen oder abgelehnt	80,00 €
3341	Verfahren über die Beschwerde gegen einen Beschluss, durch den ein Antrag auf Wiederaufnahme des Verfahrens verworfen oder abgelehnt wurde:	
	Die Beschwerde wird verworfen oder zurückgewiesen	160,00 €

Hauptabschnitt 4. Einziehung und verwandte Maßnahmen

Vorbemerkung 3.4:

(1) Die Vorschriften dieses Hauptabschnitts gelten für die Verfahren über die Einziehung, dieser gleichstehende Rechtsfolgen (§ 439 StPO) und die Abführung des Mehrerlöses. Im Strafverfahren werden die Gebühren gesondert erhoben.

(2) Betreffen die in Abs. 1 genannten Maßnahmen mehrere Angeschuldigte wegen derselben Tat, wird nur eine Gebühr erhoben. § 31 GKG bleibt unberührt.

Abschnitt 1. Antrag des Privatklägers nach § 435 StPO

3410	Verfahren über den Antrag des Privatklägers:	
	Der Antrag wird verworfen oder zurückgewiesen........	39,00 €

Nr.	Gebührentatbestand	Gebühr oder Satz der jeweiligen Gebühr 3110 bis 3117, soweit nichts anderes vermerkt ist
	Abschnitt 2. Beschwerde	
3420	Verfahren über die Beschwerde nach § 434 Abs. 2, auch i.V.m. § 436 Abs. 2, StPO:	
	Die Beschwerde wird verworfen oder zurückgewiesen	39,00 €
	Abschnitt 3. Berufung	
3430	Verwerfung der Berufung durch Urteil	78,00 €
3431	Erledigung der Berufung ohne Urteil	39,00 €
	Die Gebühr entfällt bei Zurücknahme der Berufung vor Ablauf der Begründungsfrist.	
	Abschnitt 4. Revision	
3440	Verwerfung der Revision durch Urteil oder Beschluss nach § 349 Abs. 2 oder 4 StPO	78,00 €
3441	Erledigung der Revision ohne Urteil und ohne Beschluss nach § 349 Abs. 2 oder 4 StPO	39,00 €
	Die Gebühr entfällt bei Zurücknahme der Revision vor Ablauf der Begründungsfrist.	
	Abschnitt 5. Wiederaufnahmeverfahren	
3450	Verfahren über den Antrag auf Wiederaufnahme des Verfahrens:	
	Der Antrag wird verworfen oder zurückgewiesen	39,00 €
3451	Verfahren über die Beschwerde gegen einen Beschluss, durch den ein Antrag auf Wiederaufnahme des Verfahrens verworfen oder abgelehnt wurde:	
	Die Beschwerde wird verworfen oder zurückgewiesen	78,00 €
	Hauptabschnitt 5. Nebenklage	
	Vorbemerkung 3.5: Gebühren nach diesem Hauptabschnitt werden nur erhoben, wenn dem Nebenkläger die Kosten auferlegt worden sind.	
	Abschnitt 1. Berufung	
3510	Die Berufung des Nebenklägers wird durch Urteil verworfen; aufgrund der Berufung des Nebenklägers wird der Angeklagte freigesprochen oder für straffrei erklärt	108,00 €
3511	Erledigung der Berufung des Nebenklägers ohne Urteil	54,00 €
	Die Gebühr entfällt bei Zurücknahme der Berufung vor Ablauf der Begründungsfrist.	

Nr.	Gebührentatbestand	Gebühr oder Satz der jeweiligen Gebühr 3110 bis 3117, soweit nichts anderes vermerkt ist
	Abschnitt 2. Revision	
3520	Die Revision des Nebenklägers wird durch Urteil oder Beschluss nach § 349 Abs. 2 StPO verworfen; aufgrund der Revision des Nebenklägers wird der Angeklagte freigesprochen oder für straffrei erklärt	162,00 €
3521	Erledigung der Revision des Nebenklägers ohne Urteil und ohne Beschluss nach § 349 Abs. 2 StPO	81,00 €
	Die Gebühr entfällt bei Zurücknahme der Revision vor Ablauf der Begründungsfrist.	
	Abschnitt 3. Wiederaufnahmeverfahren	
3530	Verfahren über den Antrag des Nebenklägers auf Wiederaufnahme des Verfahrens:	
	Der Antrag wird verworfen oder abgelehnt	54,00 €
3531	Verfahren über die Beschwerde gegen einen Beschluss, durch den ein Antrag des Nebenklägers auf Wiederaufnahme des Verfahrens verworfen oder abgelehnt wurde:	
	Die Beschwerde wird verworfen oder zurückgewiesen	108,00 €
	Hauptabschnitt 6. Sonstige Beschwerden	
	Vorbemerkung 3.6:	
	Die Gebühren im Kostenfestsetzungsverfahren bestimmen sich nach den für das Kostenfestsetzungsverfahren in Teil 1 Hauptabschnitt 8 geregelten Gebühren.	
3600	Verfahren über die Beschwerde gegen einen Beschluss nach § 411 Abs. 1 Satz 3 StPO:	
	Die Beschwerde wird verworfen oder zurückgewiesen	0,25
3601	Verfahren über die Beschwerde gegen eine Entscheidung, durch die im Strafverfahren einschließlich des selbständigen Verfahrens nach den §§ 435 bis 437, 444 Abs. 3 StPO eine Geldbuße gegen eine juristische Person oder eine Personenvereinigung festgesetzt worden ist:	
	Die Beschwerde wird verworfen oder zurückgewiesen	0,5
	Eine Gebühr wird nur erhoben, wenn eine Geldbuße rechtskräftig festgesetzt ist.	
3602	Verfahren über nicht besonders aufgeführte Beschwerden, die nicht nach anderen Vorschriften gebührenfrei sind:	
	Die Beschwerde wird verworfen oder zurückgewiesen	66,00 €
	Von dem Beschuldigten wird eine Gebühr nur erhoben, wenn gegen ihn rechtskräftig auf eine Strafe, auf Verwarnung mit Strafvorbehalt erkannt, eine Maßregel der Besserung und Sicherung angeordnet oder	

Nr.	Gebührentatbestand	Gebühr oder Satz der jeweiligen Gebühr 3110 bis 3117, soweit nichts anderes vermerkt ist
	eine Geldbuße festgesetzt worden ist. Von einer juristischen Person oder einer Personenvereinigung wird eine Gebühr nur erhoben, wenn gegen sie eine Geldbuße festgesetzt worden ist.	

Nr.	Gebührentatbestand	Gebühr oder Satz der Gebühr nach § 34 GKG
	Hauptabschnitt 7. Entschädigungsverfahren	
3700	Urteil, durch das dem Antrag wegen eines aus der Straftat erwachsenen vermögensrechtlichen Anspruchs stattgegeben wird (§ 406 StPO) .... Die Gebühr wird für jeden Rechtszug nach dem Wert des zuerkannten Anspruchs erhoben.	1,0
	Hauptabschnitt 8. Gerichtliche Verfahren nach dem Strafvollzugsgesetz, auch in Verbindung mit § 92 des Jugendgerichtsgesetzes	
	Abschnitt 1. Antrag auf gerichtliche Entscheidung	
	Verfahren über den Antrag des Betroffenen auf gerichtliche Entscheidung:	
3810	– Der Antrag wird zurückgewiesen	1,0
3811	– Der Antrag wird zurückgenommen	0,5
	Abschnitt 2. Beschwerde und Rechtsbeschwerde	
	Verfahren über die Beschwerde oder die Rechtsbeschwerde:	
3820	– Die Beschwerde oder die Rechtsbeschwerde wird verworfen	2,0
3821	– Die Beschwerde oder die Rechtsbeschwerde wird zurückgenommen	1,0
	Abschnitt 3. Vorläufiger Rechtsschutz	
3830	Verfahren über den Antrag auf Aussetzung des Vollzugs einer Maßnahme der Vollzugsbehörde oder auf Erlass einer einstweiligen Anordnung: Der Antrag wird zurückgewiesen	0,5
	Hauptabschnitt 9. Sonstige Verfahren	
	Abschnitt 1. Vollstreckungshilfeverfahren wegen einer im Ausland rechtskräftig verhängten Geldsanktion	
	Vorbemerkung 3.9.1: Die Vorschriften dieses Abschnitts gelten für gerichtliche Verfahren nach Abschnitt 2 Unterabschnitt 2 des Neunten Teils des Gesetzes über die internationale Rechtshilfe in Strafsachen.	
3910	Verfahren über den Einspruch gegen die Entscheidung der Bewilligungsbehörde:	

Nr.	Gebührentatbestand	Gebühr oder Satz der Gebühr nach § 34 GKG
	Der Einspruch wird verworfen oder zurückgewiesen	54,00 €
	Wird auf den Einspruch wegen fehlerhafter oder unterlassener Umwandlung durch die Bewilligungsbehörde die Geldsanktion umgewandelt, kann das Gericht die Gebühr nach billigem Ermessen auf die Hälfte ermäßigen oder bestimmen, dass eine Gebühr nicht zu erheben ist. Dies gilt auch, wenn hinsichtlich der Höhe der zu vollstreckenden Geldsanktion von der Bewilligungsentscheidung zugunsten des Betroffenen abgewichen wird.	
3911	Verfahren über den Antrag auf gerichtliche Entscheidung gegen die Entscheidung der Bewilligungsbehörde nach § 87f Abs. 5 Satz 2 IRG:	
	Der Antrag wird verworfen	33,00 €
3912	Verfahren über die Rechtsbeschwerde:	
	Die Rechtsbeschwerde wird verworfen oder zurückgewiesen	81,00 €
	(1) Die Anmerkung zu Nummer 3910 gilt entsprechend.	
	(2) Die Gebühr entfällt bei Rücknahme der Rechtsbeschwerde vor Ablauf der Begründungsfrist.	

Abschnitt 2. Rüge wegen Verletzung des Anspruchs auf rechtliches Gehör

Nr.	Gebührentatbestand	Gebühr oder Satz der Gebühr nach § 34 GKG
3920	Verfahren über die Rüge wegen Verletzung des Anspruchs auf rechtliches Gehör (§§ 33a, 311a Abs. 1 Satz 1, § 356a StPO, auch i.V.m. § 55 Abs. 4, § 92 JGG und § 120 StVollzG):	
	Die Rüge wird in vollem Umfang verworfen oder zurückgewiesen	66,00 €

Teil 4. Verfahren nach dem Gesetz über Ordnungswidrigkeiten

Nr.	Gebührentatbestand	Gebühr oder Satz der Gebühr 4110, soweit nichts anderes vermerkt ist
Vorbemerkung 4:		

Vorbemerkung 4:

(1) § 473 Abs. 4 StPO, auch i.V.m. § 46 Abs. 1 OWiG, bleibt unberührt.

(2) Im Verfahren nach Wiederaufnahme werden die gleichen Gebühren wie für das wiederaufgenommene Verfahren erhoben. Wird jedoch nach Anordnung der Wiederaufnahme des Verfahrens die frühere Entscheidung aufgehoben, gilt für die Gebührenerhebung jeder Rechtszug des neuen Verfahrens mit dem jeweiligen Rechtszug des früheren Verfahrens zusammen als ein Rechtszug. Gebühren werden auch für Rechtszüge erhoben, die nur im früheren Verfahren stattgefunden haben.

Hauptabschnitt 1. Bußgeldverfahren

Vorbemerkung 4.1:

(1) In Bußgeldsachen bemessen sich die Gerichtsgebühren für alle Rechtszüge nach der rechtskräftig festgesetzten Geldbuße. Mehrere Geldbußen, die in demselben Verfahren gegen denselben Betroffenen festgesetzt werden, sind bei der Bemessung der Gebühr zusammenzurechnen.

(2) Betrifft eine Bußgeldsache mehrere Betroffene, ist die Gebühr von jedem gesondert nach Maßgabe der gegen ihn festgesetzten Geldbuße zu erheben. Wird in einer Bußgeldsache gegen einen oder mehrere Betroffene eine Geldbuße auch gegen eine juristische Person oder eine Personenvereinigung festgesetzt, ist eine Gebühr auch von der juristischen Person oder Personenvereinigung nach Maßgabe der gegen sie festgesetzten Geldbuße zu erheben.

(3) Wird bei Festsetzung mehrerer Geldbußen ein Rechtsmittel auf die Festsetzung einer Geldbuße beschränkt, bemisst sich die Gebühr für das Rechtsmittelverfahren nach dieser Geldbuße. Satz 1 gilt im Fall der Wiederaufnahme entsprechend.

Abschnitt 1. Erster Rechtszug

4110	Hauptverhandlung mit Urteil oder Beschluss ohne Hauptverhandlung (§ 72 OWiG)	10 % des Betrags der Geldbuße – mindestens 55,00 € – höchstens 16 500,00 €
4111	Zurücknahme des Einspruchs nach Eingang der Akten bei Gericht und vor Beginn der Hauptverhandlung .... Die Gebühr wird nicht erhoben, wenn die Sache an die Verwaltungsbehörde zurückverwiesen worden ist.	0,25 – mindestens 17,00 €
4112	Zurücknahme des Einspruchs nach Beginn der Hauptverhandlung	0,5

Abschnitt 2. Rechtsbeschwerde

4120	Verfahren mit Urteil oder Beschluss nach § 79 Abs. 5 OWiG	2,0
4121	Verfahren ohne Urteil oder Beschluss nach § 79 Abs. 5 OWiG .... Die Gebühr entfällt bei Rücknahme der Rechtsbeschwerde vor Ablauf der Begründungsfrist.	1,0

Nr.	Gebührentatbestand	Gebühr oder Satz der Gebühr 4110, soweit nichts anderes vermerkt ist
	Abschnitt 3. Wiederaufnahmeverfahren	
4130	Verfahren über den Antrag auf Wiederaufnahme des Verfahrens: Der Antrag wird verworfen oder abgelehnt	0,5
4131	Verfahren über die Beschwerde gegen einen Beschluss, durch den ein Antrag auf Wiederaufnahme des Verfahrens verworfen oder abgelehnt wurde: Die Beschwerde wird verworfen oder zurückgewiesen	1,0

Hauptabschnitt 2. Einziehung und verwandte Maßnahmen

Vorbemerkung 4.2:

(1) Die Vorschriften dieses Hauptabschnitts gelten für die Verfahren über die Einziehung, dieser gleichstehende Rechtsfolgen (§ 439 StPO i.V.m. § 46 Abs. 1 OWiG) und die Abführung des Mehrerlöses. Im gerichtlichen Verfahren werden die Gebühren gesondert erhoben.

(2) Betreffen die in Abs. 1 genannten Maßnahmen mehrere Betroffene wegen derselben Handlung, wird nur eine Gebühr erhoben. § 31 GKG bleibt unberührt.

Abschnitt 1. Beschwerde

Nr.	Gebührentatbestand	
4210	Verfahren über die Beschwerde nach § 434 Abs. 2, auch i.V.m. § 436 Abs. 2 StPO, wiederum i.V.m. § 46 Abs. 1 OWiG: Die Beschwerde wird verworfen oder zurückgewiesen	66,00 €

Abschnitt 2. Rechtsbeschwerde

Nr.	Gebührentatbestand	
4220	Verfahren mit Urteil oder Beschluss nach § 79 Abs. 5 OWiG: Die Rechtsbeschwerde wird verworfen	132,00 €
4221	Verfahren ohne Urteil oder Beschluss nach § 79 Abs. 5 OWiG	66,00 €
	Die Gebühr entfällt bei Rücknahme der Rechtsbeschwerde vor Ablauf der Begründungsfrist.	

Abschnitt 3. Wiederaufnahmeverfahren

Nr.	Gebührentatbestand	
4230	Verfahren über den Antrag auf Wiederaufnahme des Verfahrens: Der Antrag wird verworfen oder abgelehnt	39,00 €
4231	Verfahren über die Beschwerde gegen einen Beschluss, durch den ein Antrag auf Wiederaufnahme des Verfahrens verworfen oder abgelehnt wurde: Die Beschwerde wird verworfen oder zurückgewiesen	78,00 €

Hauptabschnitt 3. Besondere Gebühren

Nr.	Gebührentatbestand	
4300	Dem Anzeigenden sind im Fall einer unwahren Anzeige die Kosten auferlegt worden (§ 469 StPO i.V.m. § 46 Abs. 1 OWiG)	39,00 €

Nr.	Gebührentatbestand	Gebühr oder Satz der Gebühr 4110, soweit nichts anderes vermerkt ist
	Das Gericht kann die Gebühr bis auf 15,00 € herabsetzen oder beschließen, dass von der Erhebung einer Gebühr abgesehen wird.	
4301	Abschließende Entscheidung des Gerichts im Fall des § 25a Abs. 1 StVG oder des § 10a Absatz 1 Satz 1 BFStrMG	39,00 €
4302	Entscheidung der Staatsanwaltschaft im Fall des § 25a Abs. 1 StVG oder des § 10a Absatz 1 Satz 1 BFStrMG	22,00 €
4303	Verfahren über den Antrag auf gerichtliche Entscheidung gegen eine Anordnung, Verfügung oder sonstige Maßnahme der Verwaltungsbehörde oder der Staatsanwaltschaft oder Verfahren über Einwendungen nach § 103 OWiG:	
	Der Antrag wird verworfen	33,00 €
	Wird der Antrag nur teilweise verworfen, kann das Gericht die Gebühr nach billigem Ermessen auf die Hälfte ermäßigen oder bestimmen, dass eine Gebühr nicht zu erheben ist.	
4304	Verfahren über die Erinnerung gegen den Kostenfestsetzungsbeschluss des Urkundsbeamten der Staatsanwaltschaft (§ 108a Abs. 3 Satz 2 OWiG):	
	Die Erinnerung wird zurückgewiesen	33,00 €
	Wird die Erinnerung nur teilweise verworfen, kann das Gericht die Gebühr nach billigem Ermessen auf die Hälfte ermäßigen oder bestimmen, dass eine Gebühr nicht zu erheben ist.	

Hauptabschnitt 4. Sonstige Beschwerden

Vorbemerkung 4.4:

Die Gebühren im Kostenfestsetzungsverfahren bestimmen sich nach den für das Kostenfestsetzungsverfahren in Teil 1 Hauptabschnitt 8 geregelten Gebühren.

4400	Verfahren über die Beschwerde gegen eine Entscheidung, durch die im gerichtlichen Verfahren nach dem OWiG einschließlich des selbständigen Verfahrens nach den §§ 88 und 46 Abs. 1 OWiG i.V.m. den §§ 435 bis 437, 444 Abs. 3 StPO eine Geldbuße gegen eine juristische Person oder eine Personenvereinigung festgesetzt worden ist:	
	Die Beschwerde wird verworfen oder zurückgewiesen	0,5
	Eine Gebühr wird nur erhoben, wenn eine Geldbuße rechtskräftig festgesetzt ist.	
4401	Verfahren über nicht besonders aufgeführte Beschwerden, die nicht nach anderen Vorschriften gebührenfrei sind:	
	Die Beschwerde wird verworfen oder zurückgewiesen	66,00 €
	Von dem Betroffenen wird eine Gebühr nur erhoben, wenn gegen ihn eine Geldbuße rechtskräftig festgesetzt ist.	

Nr.	Gebührentatbestand	Gebühr oder Satz der Gebühr 4110, soweit nichts anderes vermerkt ist
	Hauptabschnitt 5. Rüge wegen Verletzung des Anspruchs auf rechtliches Gehör	
4500	Verfahren über die Rüge wegen Verletzung des Anspruchs auf rechtliches Gehör (§§ 33a, 311a Abs. 1 Satz 1, § 356a StPO i.V.m. § 46 Abs. 1 und § 79 Abs. 3 OWiG):	
	Die Rüge wird in vollem Umfang verworfen oder zurückgewiesen	66,00 €

Teil 5. Verfahren vor den Gerichten der Verwaltungsgerichtsbarkeit

Nr.	Gebührentatbestand	Gebühr oder Satz der Gebühr nach § 34 GKG

Hauptabschnitt 1. Prozessverfahren

Vorbemerkung 5.1:
Wird das Verfahren durch Antrag eingeleitet, gelten die Vorschriften über die Klage entsprechend.

Abschnitt 1. Erster Rechtszug

Unterabschnitt 1. Verwaltungsgericht

5110	Verfahren im Allgemeinen	3,0

5111	Beendigung des gesamten Verfahrens durch
	1. Zurücknahme der Klage
	   a) vor dem Schluss der mündlichen Verhandlung,
	   b) wenn eine solche nicht stattfindet, vor Ablauf des Tages, an dem das Urteil oder der Gerichtsbescheid der Geschäftsstelle übermittelt wird, oder
	   c) im Fall des § 93a Abs. 2 VwGO vor Ablauf der Erklärungsfrist nach § 93a Abs. 2 Satz 1 VwGO,
	2. Anerkenntnis- oder Verzichtsurteil,
	3. gerichtlichen Vergleich oder
	4. Erledigungserklärungen nach § 161 Abs. 2 VwGO, wenn keine Entscheidung über die Kosten ergeht oder die Entscheidung einer zuvor mitgeteilten Einigung der Beteiligten über die Kostentragung oder der Kostenübernahmeerklärung eines Beteiligten folgt,
	
	wenn nicht bereits ein anderes als eines der in Nummer 2 genannten Urteile oder ein Gerichtsbescheid vorausgegangen ist:
	Die Gebühr 5110 ermäßigt sich auf ....
		1,0

	Die Gebühr ermäßigt sich auch, wenn mehrere Ermäßigungstatbestände erfüllt sind.	

Unterabschnitt 2. Oberverwaltungsgericht (Verwaltungsgerichtshof)

5112	Verfahren im Allgemeinen	4,0

5113	Beendigung des gesamten Verfahrens durch
	1. Zurücknahme der Klage
	   a) vor dem Schluss der mündlichen Verhandlung,
	   b) wenn eine solche nicht stattfindet, vor Ablauf des Tages, an dem das Urteil, der Gerichtsbescheid oder der Beschluss in der Hauptsache der Geschäftsstelle übermittelt wird,
	   c) im Fall des § 93a Abs. 2 VwGO vor Ablauf der Erklärungsfrist nach § 93a Abs. 2 Satz 1 VwGO,
	2. Anerkenntnis- oder Verzichtsurteil,
	3. gerichtlichen Vergleich oder	

Nr.	Gebührentatbestand	Gebühr oder Satz der Gebühr nach § 34 GKG
	4. Erledigungserklärungen nach § 161 Abs. 2 VwGO, wenn keine Entscheidung über die Kosten ergeht oder die Entscheidung einer zuvor mitgeteilten Einigung der Beteiligten über die Kostentragung oder der Kostenübernahmeerklärung eines Beteiligten folgt,	
	es sei denn, dass bereits ein anderes als eines der in Nummer 2 genannten Urteile, ein Gerichtsbescheid oder Beschluss in der Hauptsache vorausgegangen ist:	
	Die Gebühr 5112 ermäßigt sich auf	2,0
	Die Gebühr ermäßigt sich auch, wenn mehrere Ermäßigungstatbestände erfüllt sind.	
	Unterabschnitt 3. Bundesverwaltungsgericht	
5114	Verfahren im Allgemeinen	5,0

5115	Beendigung des gesamten Verfahrens durch
	1. Zurücknahme der Klage
	   a) vor dem Schluss der mündlichen Verhandlung,
	   b) wenn eine solche nicht stattfindet, vor Ablauf des Tages, an dem das Urteil oder der Gerichtsbescheid der Geschäftsstelle übermittelt wird,
	   c) im Fall des § 93a Abs. 2 VwGO vor Ablauf der Erklärungsfrist nach § 93a Abs. 2 Satz 1 VwGO,
	2. Anerkenntnis- oder Verzichtsurteil,
	3. gerichtlichen Vergleich oder
	4. Erledigungserklärungen nach § 161 Abs. 2 VwGO, wenn keine Entscheidung über die Kosten ergeht oder die Entscheidung einer zuvor mitgeteilten Einigung der Beteiligten über die Kostentragung oder der Kostenübernahmeerklärung eines Beteiligten folgt,	

	es sei denn, dass bereits ein anderes als eines der in Nummer 2 genannten Urteile, ein Gerichtsbescheid oder ein Beschluss in der Hauptsache vorausgegangen ist:	
	Die Gebühr 5114 ermäßigt sich auf	3,0
	Die Gebühr ermäßigt sich auch, wenn mehrere Ermäßigungstatbestände erfüllt sind.	
	Abschnitt 2. Zulassung und Durchführung der Berufung	
5120	Verfahren über die Zulassung der Berufung:	
	Soweit der Antrag abgelehnt wird	1,0
5121	Verfahren über die Zulassung der Berufung:	
	Soweit der Antrag zurückgenommen oder das Verfahren durch anderweitige Erledigung beendet wird	0,5
	Die Gebühr entsteht nicht, soweit die Berufung zugelassen wird.	

Nr.	Gebührentatbestand	Gebühr oder Satz der Gebühr nach § 34 GKG
5122	Verfahren im Allgemeinen	4,0
5123	Beendigung des gesamten Verfahrens durch Zurücknahme der Berufung oder der Klage, bevor die Schrift zur Begründung der Berufung bei Gericht eingegangen ist:	
	Die Gebühr 5122 ermäßigt sich auf	1,0
	<small>Erledigungserklärungen nach § 161 Abs. 2 VwGO stehen der Zurücknahme gleich, wenn keine Entscheidung über die Kosten ergeht oder die Entscheidung einer zuvor mitgeteilten Einigung der Beteiligten über die Kostentragung oder der Kostenübernahmeerklärung eines Beteiligten folgt.</small>	

5124	Beendigung des gesamten Verfahrens, wenn nicht Nummer 5123 erfüllt ist, durch
	1. Zurücknahme der Berufung oder der Klage
	  a) vor dem Schluss der mündlichen Verhandlung,
	  b) wenn eine solche nicht stattfindet, vor Ablauf des Tages, an dem das Urteil oder der Beschluss in der Hauptsache der Geschäftsstelle übermittelt wird, oder
	  c) im Fall des § 93a Abs. 2 VwGO vor Ablauf der Erklärungsfrist nach § 93a Abs. 2 Satz 1 VwGO,
	2. Anerkenntnis- oder Verzichtsurteil,
	3. gerichtlichen Vergleich oder
	4. Erledigungserklärungen nach § 161 Abs. 2 VwGO, wenn keine Entscheidung über die Kosten ergeht oder die Entscheidung einer zuvor mitgeteilten Einigung der Beteiligten über die Kostentragung oder der Kostenübernahmeerklärung eines Beteiligten folgt,
	
	es sei denn, dass bereits ein anderes als eines der in Nummer 2 genannten Urteile oder ein Beschluss in der Hauptsache vorausgegangen ist:	

	Die Gebühr 5122 ermäßigt sich auf	2,0
	<small>Die Gebühr ermäßigt sich auch, wenn mehrere Ermäßigungstatbestände erfüllt sind.</small>	
	Abschnitt 3. Revision	
5130	Verfahren im Allgemeinen	5,0
5131	Beendigung des gesamten Verfahrens durch Zurücknahme der Revision oder der Klage, bevor die Schrift zur Begründung der Revision bei Gericht eingegangen ist:	
	Die Gebühr 5130 ermäßigt sich auf	1,0
	<small>Erledigungserklärungen nach § 161 Abs. 2 VwGO stehen der Zurücknahme gleich, wenn keine Entscheidung über die Kosten ergeht oder die Entscheidung einer zuvor mitgeteilten Einigung der Beteiligten über die Kostentragung oder der Kostenübernahmeerklärung eines Beteiligten folgt.</small>	

Nr.	Gebührentatbestand	Gebühr oder Satz der Gebühr nach § 34 GKG

5132	Beendigung des gesamten Verfahrens, wenn nicht Nummer 5131 erfüllt ist, durch
	1. Zurücknahme der Revision oder der Klage
	   a) vor dem Schluss der mündlichen Verhandlung,
	   b) wenn eine solche nicht stattfindet, vor Ablauf des Tages, an dem das Urteil oder der Beschluss in der Hauptsache der Geschäftsstelle übermittelt wird, oder
	   c) im Fall des § 93a Abs. 2 VwGO vor Ablauf der Erklärungsfrist nach § 93a Abs. 2 Satz 1 VwGO,
	2. Anerkenntnis- oder Verzichtsurteil,
	3. gerichtlichen Vergleich oder
	4. Erledigungserklärungen nach § 161 Abs. 2 VwGO, wenn keine Entscheidung über die Kosten ergeht oder die Entscheidung einer zuvor mitgeteilten Einigung der Beteiligten über die Kostentragung oder der Kostenübernahmeerklärung eines Beteiligten folgt,
	
	es sei denn, dass bereits ein anderes als eines der in Nummer 2 genannten Urteile oder ein Beschluss in der Hauptsache vorausgegangen ist:
	Die Gebühr 5130 ermäßigt sich auf ....
	Die Gebühr ermäßigt sich auch, wenn mehrere Ermäßigungstatbestände erfüllt sind.
		3,0

Hauptabschnitt 2. Vorläufiger Rechtsschutz

Vorbemerkung 5.2:

(1) Die Vorschriften dieses Hauptabschnitts gelten für einstweilige Anordnungen und für Verfahren nach § 80 Abs. 5, § 80a Abs. 3 und § 80b Abs. 2 und 3 VwGO.

(2) Im Verfahren über den Antrag auf Erlass und im Verfahren über den Antrag auf Aufhebung einer einstweiligen Anordnung werden die Gebühren jeweils gesondert erhoben. Mehrere Verfahren nach § 80 Abs. 5 und 7, § 80a Abs. 3 und § 80b Abs. 2 und 3 VwGO gelten innerhalb eines Rechtszugs als ein Verfahren.

Abschnitt 1. Verwaltungsgericht sowie Oberverwaltungsgericht (Verwaltungsgerichtshof) und Bundesverwaltungsgericht als Rechtsmittelgerichte in der Hauptsache

5210	Verfahren im Allgemeinen	1,5

5211	Beendigung des gesamten Verfahrens durch
	1. Zurücknahme des Antrags
	   a) vor dem Schluss der mündlichen Verhandlung oder,
	   b) wenn eine solche nicht stattfindet, vor Ablauf des Tages, an dem der Beschluss der Geschäftsstelle übermittelt wird,
	2. gerichtlichen Vergleich oder
	3. Erledigungserklärungen nach § 161 Abs. 2 VwGO, wenn keine Entscheidung über die Kosten ergeht	

Nr.	Gebührentatbestand	Gebühr oder Satz der Gebühr nach § 34 GKG
	oder die Entscheidung einer zuvor mitgeteilten Einigung der Beteiligten über die Kostentragung oder der Kostenübernahmeerklärung eines Beteiligten folgt,	
	es sei denn, dass bereits ein Beschluss über den Antrag vorausgegangen ist:	
	Die Gebühr 5210 ermäßigt sich auf	0,5
	Die Gebühr ermäßigt sich auch, wenn mehrere Ermäßigungstatbestände erfüllt sind.	

Abschnitt 2. Oberverwaltungsgericht (Verwaltungsgerichtshof)

Vorbemerkung 5.2.2:
Die Vorschriften dieses Abschnitts gelten, wenn das Oberverwaltungsgericht (Verwaltungsgerichtshof) auch in der Hauptsache erstinstanzlich zuständig ist.

Nr.	Gebührentatbestand	Gebühr oder Satz der Gebühr nach § 34 GKG
5220	Verfahren im Allgemeinen	2,0

5221	Beendigung des gesamten Verfahrens durch
	1. Zurücknahme des Antrags
	  a) vor dem Schluss der mündlichen Verhandlung oder,
	  b) wenn eine solche nicht stattfindet, vor Ablauf des Tages, an dem der Beschluss der Geschäftsstelle übermittelt wird,
	2. gerichtlichen Vergleich oder
	3. Erledigungserklärungen nach § 161 Abs. 2 VwGO, wenn keine Entscheidung über die Kosten ergeht oder die Entscheidung einer zuvor mitgeteilten Einigung der Beteiligten über die Kostentragung oder der Kostenübernahmeerklärung eines Beteiligten folgt,	

	es sei denn, dass bereits ein Beschluss über den Antrag vorausgegangen ist:	
	Die Gebühr 5220 ermäßigt sich auf	0,75
	Die Gebühr ermäßigt sich auch, wenn mehrere Ermäßigungstatbestände erfüllt sind.	

Abschnitt 3. Bundesverwaltungsgericht

Vorbemerkung 5.2.3:
Die Vorschriften dieses Abschnitts gelten, wenn das Bundesverwaltungsgericht auch in der Hauptsache erstinstanzlich zuständig ist.

Nr.	Gebührentatbestand	Gebühr oder Satz der Gebühr nach § 34 GKG
5230	Verfahren im Allgemeinen	2,5

5231	Beendigung des gesamten Verfahrens durch
	1. Zurücknahme des Antrags
	  a) vor dem Schluss der mündlichen Verhandlung oder,
	  b) wenn eine solche nicht stattfindet, vor Ablauf des Tages, an dem der Beschluss der Geschäftsstelle übermittelt wird,	

Nr.	Gebührentatbestand	Gebühr oder Satz der Gebühr nach § 34 GKG
	2. gerichtlichen Vergleich oder 3. Erledigungserklärungen nach § 161 Abs. 2 VwGO, wenn keine Entscheidung über die Kosten ergeht oder die Entscheidung einer zuvor mitgeteilten Einigung der Beteiligten über die Kostentragung oder der Kostenübernahmeerklärung eines Beteiligten folgt, es sei denn, dass bereits ein Beschluss über den Antrag vorausgegangen ist: Die Gebühr 5230 ermäßigt sich auf .... Die Gebühr ermäßigt sich auch, wenn mehrere Ermäßigungstatbestände erfüllt sind.	1,0

Abschnitt 4. Beschwerde

Vorbemerkung 5.2.4:

Die Vorschriften dieses Abschnitts gelten für Beschwerden gegen Beschlüsse des Verwaltungsgerichts über einstweilige Anordnungen (§ 123 VwGO) und über die Aussetzung der Vollziehung (§§ 80, 80a VwGO).

Nr.	Gebührentatbestand	Gebühr
5240	Verfahren über die Beschwerde	2,0
5241	Beendigung des gesamten Verfahrens durch Zurücknahme der Beschwerde: Die Gebühr 5240 ermäßigt sich auf	1,0

Hauptabschnitt 3. Besondere Verfahren

Nr.	Gebührentatbestand	Gebühr
5300	Selbstständiges Beweisverfahren	1,0
5301	Verfahren über Anträge auf gerichtliche Handlungen der Zwangsvollstreckung nach den §§ 169, 170 oder § 172 VwGO	22,00 €

Hauptabschnitt 4. Rüge wegen Verletzung des Anspruchs auf rechtliches Gehör

Nr.	Gebührentatbestand	Gebühr
5400	Verfahren über die Rüge wegen Verletzung des Anspruchs auf rechtliches Gehör (§ 152a VwGO): Die Rüge wird in vollem Umfang verworfen oder zurückgewiesen	66,00 €

Hauptabschnitt 5. Sonstige Beschwerden

Nr.	Gebührentatbestand	Gebühr
5500	Verfahren über die Beschwerde gegen die Nichtzulassung der Revision: Soweit die Beschwerde verworfen oder zurückgewiesen wird	2,0
5501	Verfahren über die Beschwerde gegen die Nichtzulassung der Revision:	

Nr.	Gebührentatbestand	Gebühr oder Satz der Gebühr nach § 34 GKG
	Soweit die Beschwerde zurückgenommen oder das Verfahren durch anderweitige Erledigung beendet wird .... Die Gebühr entsteht nicht, soweit die Revision zugelassen wird.	1,0
5502	Verfahren über nicht besonders aufgeführte Beschwerden, die nicht nach anderen Vorschriften gebührenfrei sind:	
	Die Beschwerde wird verworfen oder zurückgewiesen Wird die Beschwerde nur teilweise verworfen oder zurückgewiesen, kann das Gericht die Gebühr nach billigem Ermessen auf die Hälfte ermäßigen oder bestimmen, dass eine Gebühr nicht zu erheben ist.	66,00 €

Hauptabschnitt 6. Besondere Gebühren

5600	Abschluss eines gerichtlichen Vergleichs:	
	Soweit ein Vergleich über nicht gerichtlich anhängige Gegenstände geschlossen wird .... Die Gebühr entsteht nicht im Verfahren über die Prozesskostenhilfe. Im Verhältnis zur Gebühr für das Verfahren im Allgemeinen ist § 36 Absatz 3 GKG entsprechend anzuwenden.	0,25
5601	Auferlegung einer Gebühr nach § 38 GKG wegen Verzögerung des Rechtsstreits	wie vom Gericht bestimmt

Teil 6. Verfahren vor den Gerichten der Finanzgerichtsbarkeit

Nr.	Gebührentatbestand	Gebühr oder Satz der Gebühr nach § 34 GKG
	Hauptabschnitt 1. Prozessverfahren	
	Abschnitt 1. Erster Rechtszug	
	Unterabschnitt 1. Verfahren vor dem Finanzgericht	
6110	Verfahren im Allgemeinen, soweit es sich nicht nach § 45 Abs. 3 FGO erledigt	4,0

6111	Beendigung des gesamten Verfahrens durch
	1. Zurücknahme der Klage
	   a) vor dem Schluss der mündlichen Verhandlung oder,
	   b) wenn eine solche nicht stattfindet, vor Ablauf des Tages, an dem das Urteil oder der Gerichtsbescheid der Geschäftsstelle übermittelt wird, oder
	2. Beschluss in den Fällen des § 138 FGO,
	
	es sei denn, dass bereits ein Urteil oder ein Gerichtsbescheid vorausgegangen ist:
	Die Gebühr 6110 ermäßigt sich auf ....
	Die Gebühr ermäßigt sich auch, wenn mehrere Ermäßigungstatbestände erfüllt sind.
		
		2,0

	Unterabschnitt 2. Verfahren vor dem Bundesfinanzhof	
6112	Verfahren im Allgemeinen	5,0

6113	Beendigung des gesamten Verfahrens durch
	1. Zurücknahme der Klage
	   a) vor dem Schluss der mündlichen Verhandlung oder,
	   b) wenn eine solche nicht stattfindet, vor Ablauf des Tages, an dem das Urteil oder der Gerichtsbescheid der Geschäftsstelle übermittelt wird, oder
	2. Beschluss in den Fällen des § 138 FGO,
	
	es sei denn, dass bereits ein Urteil oder ein Gerichtsbescheid vorausgegangen ist:
	Die Gebühr 6112 ermäßigt sich auf ....
	Die Gebühr ermäßigt sich auch, wenn mehrere Ermäßigungstatbestände erfüllt sind.
		
		3,0

	Abschnitt 2. Revision	
6120	Verfahren im Allgemeinen	5,0
6121	Beendigung des gesamten Verfahrens durch Zurücknahme der Revision oder der Klage, bevor die Schrift zur Begründung der Revision bei Gericht eingegangen ist:	

Nr.	Gebührentatbestand	Gebühr oder Satz der Gebühr nach § 34 GKG
	Die Gebühr 6120 ermäßigt sich auf	1,0
	Erledigungen in den Fällen des § 138 FGO stehen der Zurücknahme gleich.	

6122	Beendigung des gesamten Verfahrens, wenn nicht Nummer 6121 erfüllt ist, durch
	1. Zurücknahme der Revision oder der Klage
	   a) vor dem Schluss der mündlichen Verhandlung oder,
	   b) wenn eine solche nicht stattfindet, vor Ablauf des Tages, an dem das Urteil, der Gerichtsbescheid oder der Beschluss in der Hauptsache der Geschäftsstelle übermittelt wird, oder
	2. Beschluss in den Fällen des § 138 FGO,	

	es sei denn, dass bereits ein Urteil, ein Gerichtsbescheid oder ein Beschluss in der Hauptsache vorausgegangen ist: Die Gebühr 6120 ermäßigt sich auf	3,0
	Die Gebühr ermäßigt sich auch, wenn mehrere Ermäßigungstatbestände erfüllt sind.	

Hauptabschnitt 2. Vorläufiger Rechtsschutz

Vorbemerkung 6.2:

(1) Die Vorschriften dieses Hauptabschnitts gelten für einstweilige Anordnungen und für Verfahren nach § 69 Abs. 3 und 5 FGO.

(2) Im Verfahren über den Antrag auf Erlass und im Verfahren über den Antrag auf Aufhebung einer einstweiligen Anordnung werden die Gebühren jeweils gesondert erhoben. Mehrere Verfahren nach § 69 Abs. 3 und 5 FGO gelten innerhalb eines Rechtszugs als ein Verfahren.

Abschnitt 1. Erster Rechtszug

Nr.	Gebührentatbestand	Gebühr oder Satz der Gebühr nach § 34 GKG
6210	Verfahren im Allgemeinen	2,0

6211	Beendigung des gesamten Verfahrens durch
	1. Zurücknahme des Antrags
	   a) vor dem Schluss der mündlichen Verhandlung oder,
	   b) wenn eine solche nicht stattfindet, vor Ablauf des Tages, an dem der Beschluss (§ 114 Abs. 4 FGO) der Geschäftsstelle übermittelt wird, oder
	2. Beschluss in den Fällen des § 138 FGO,	

	es sei denn, dass bereits ein Beschluss nach § 114 Abs. 4 FGO vorausgegangen ist: Die Gebühr 6210 ermäßigt sich auf	0,75
	Die Gebühr ermäßigt sich auch, wenn mehrere Ermäßigungstatbestände erfüllt sind.	

Nr.	Gebührentatbestand	Gebühr oder Satz der Gebühr nach § 34 GKG

Abschnitt 2. Beschwerde

Vorbemerkung 6.2.2:

Die Vorschriften dieses Abschnitts gelten für Beschwerden gegen Beschlüsse über einstweilige Anordnungen (§ 114 FGO) und über die Aussetzung der Vollziehung (§ 69 Abs. 3 und 5 FGO).

6220	Verfahren über die Beschwerde	2,0
6221	Beendigung des gesamten Verfahrens durch Zurücknahme der Beschwerde:	
	Die Gebühr 6220 ermäßigt sich auf	1,0

Hauptabschnitt 3. Besondere Verfahren

6300	Selbstständiges Beweisverfahren	1,0
6301	Verfahren über Anträge auf gerichtliche Handlungen der Zwangsvollstreckung gemäß § 152 FGO	22,00 €

Hauptabschnitt 4. Rüge wegen Verletzung des Anspruchs auf rechtliches Gehör

6400	Verfahren über die Rüge wegen Verletzung des Anspruchs auf rechtliches Gehör (§ 133a FGO): Die Rüge wird in vollem Umfang verworfen oder zurückgewiesen	66,00 €

Hauptabschnitt 5. Sonstige Beschwerden

6500	Verfahren über die Beschwerde gegen die Nichtzulassung der Revision: Soweit die Beschwerde verworfen oder zurückgewiesen wird	2,0
6501	Verfahren über die Beschwerde gegen die Nichtzulassung der Revision: Soweit die Beschwerde zurückgenommen oder das Verfahren durch anderweitige Erledigung beendet wird .... Die Gebühr entsteht nicht, soweit die Revision zugelassen wird.	1,0
6502	Verfahren über nicht besonders aufgeführte Beschwerden, die nicht nach anderen Vorschriften gebührenfrei sind: Die Beschwerde wird verworfen oder zurückgewiesen Wird die Beschwerde nur teilweise verworfen oder zurückgewiesen, kann das Gericht die Gebühr nach billigem Ermessen auf die Hälfte ermäßigen oder bestimmen, dass eine Gebühr nicht zu erheben ist.	66,00 €

Hauptabschnitt 6. Besondere Gebühr

6600	Auferlegung einer Gebühr nach § 38 GKG wegen Verzögerung des Rechtsstreits	wie vom Gericht bestimmt

Teil 7. Verfahren vor den Gerichten der Sozialgerichtsbarkeit

Nr.	Gebührentatbestand	Gebühr oder Satz der Gebühr nach § 34 GKG
	Hauptabschnitt 1. Prozessverfahren	
	Abschnitt 1. Erster Rechtszug	
	Unterabschnitt 1. Verfahren vor dem Sozialgericht	
7110	Verfahren im Allgemeinen	3,0

7111	Beendigung des gesamten Verfahrens durch
	1. Zurücknahme der Klage
	  a) vor dem Schluss der mündlichen Verhandlung oder,
	  b) wenn eine solche nicht stattfindet, vor Ablauf des Tages, an dem das Urteil oder der Gerichtsbescheid der Geschäftsstelle übermittelt wird,
	2. Anerkenntnisurteil,
	3. gerichtlichen Vergleich oder angenommenes Anerkenntnis oder
	4. Erledigungserklärungen nach § 197a Abs. 1 Satz 1 SGG i.V.m. § 161 Abs. 2 VwGO, wenn keine Entscheidung über die Kosten ergeht oder die Entscheidung einer zuvor mitgeteilten Einigung der Beteiligten über die Kostentragung oder der Kostenübernahmeerklärung eines Beteiligten folgt,
	
	es sei denn, dass bereits ein Urteil oder ein Gerichtsbescheid vorausgegangen ist:
	Die Gebühr 7110 ermäßigt sich auf ....
	<small>Die Gebühr ermäßigt sich auch, wenn mehrere Ermäßigungstatbestände erfüllt sind.</small>
		1,0

	Unterabschnitt 2. Verfahren vor dem Landessozialgericht	
7112	Verfahren im Allgemeinen	4,0

7113	Beendigung des gesamten Verfahrens durch
	1. Zurücknahme der Klage
	  a) vor dem Schluss der mündlichen Verhandlung oder,
	  b) wenn eine solche nicht stattfindet, vor Ablauf des Tages, an dem das Urteil oder der Gerichtsbescheid der Geschäftsstelle übermittelt wird,
	2. Anerkenntnisurteil,
	3. gerichtlichen Vergleich oder angenommenes Anerkenntnis oder
	4. Erledigungserklärungen nach § 197a Absatz 1 Satz 1 SGG i.V.m. § 161 Absatz 2 VwGO, wenn keine Entscheidung über die Kosten ergeht oder die Entscheidung einer zuvor mitgeteilten Einigung der Beteiligten über die Kostentragung oder der Kostenübernahmeerklärung eines Beteiligten folgt,	

Nr.	Gebührentatbestand	Gebühr oder Satz der Gebühr nach § 34 GKG
	es sei denn, dass bereits ein Urteil oder ein Gerichtsbescheid vorausgegangen ist:	
	Die Gebühr 7112 ermäßigt sich auf	2,0
	Die Gebühr ermäßigt sich auch, wenn mehrere Ermäßigungstatbestände erfüllt sind.	
	Unterabschnitt 3. Verfahren vor dem Bundessozialgericht	
7114	Verfahren im Allgemeinen	5,0

7115	Beendigung des gesamten Verfahrens durch
	1. Zurücknahme der Klage
	    a) vor dem Schluss der mündlichen Verhandlung oder,
	    b) wenn eine solche nicht stattfindet, vor Ablauf des Tages, an dem das Urteil oder der Gerichtsbescheid der Geschäftsstelle übermittelt wird,
	2. Anerkenntnisurteil,
	3. gerichtlichen Vergleich oder angenommenes Anerkenntnis oder
	4. Erledigungserklärungen nach § 197a Absatz 1 Satz 1 SGG i.V.m. § 161 Absatz 2 VwGO, wenn keine Entscheidung über die Kosten ergeht oder die Entscheidung einer zuvor mitgeteilten Einigung der Beteiligten über die Kostentragung oder der Kostenübernahmeerklärung eines Beteiligten folgt,	

	es sei denn, dass bereits ein Urteil oder ein Gerichtsbescheid vorausgegangen ist:	
	Die Gebühr 7114 ermäßigt sich auf	3,0
	Die Gebühr ermäßigt sich auch, wenn mehrere Ermäßigungstatbestände erfüllt sind.	
	Abschnitt 2. Berufung	
7120	Verfahren im Allgemeinen	4,0
7121	Beendigung des gesamten Verfahrens durch Zurücknahme der Berufung oder der Klage, bevor die Schrift zur Begründung der Berufung bei Gericht eingegangen ist und vor Ablauf des Tages, an dem die Verfügung mit der Bestimmung des Termins zur mündlichen Verhandlung der Geschäftsstelle übermittelt wird und vor Ablauf des Tages, an dem die den Beteiligten gesetzte Frist zur Äußerung abgelaufen ist (§ 153 Abs. 4 Satz 2 SGG):	
	Die Gebühr 7120 ermäßigt sich auf	1,0
	Erledigungserklärungen nach § 197a Abs. 1 Satz 1 SGG i.V.m. § 161 Abs. 2 VwGO stehen der Zurücknahme gleich, wenn keine Entscheidung über die Kosten ergeht oder die Entscheidung einer zuvor mitgeteilten Einigung der Beteiligten über die Kostentragung oder der Kostenübernahmeerklärung eines Beteiligten folgt.	

Nr.	Gebührentatbestand	Gebühr oder Satz der Gebühr nach § 34 GKG

7122	Beendigung des gesamten Verfahrens, wenn nicht Nummer 7121 erfüllt ist, durch
	1. Zurücknahme der Berufung oder der Klage
	   a) vor dem Schluss der mündlichen Verhandlung oder,
	   b) wenn eine solche nicht stattfindet, vor Ablauf des Tages, an dem das Urteil oder der Beschluss in der Hauptsache der Geschäftsstelle übermittelt wird,
	2. Anerkenntnisurteil,
	3. gerichtlichen Vergleich oder angenommenes Anerkenntnis oder
	4. Erledigungserklärungen nach § 197a Abs. 1 Satz 1 SGG i.V.m. § 161 Abs. 2 VwGO, wenn keine Entscheidung über die Kosten ergeht oder die Entscheidung einer zuvor mitgeteilten Einigung der Beteiligten über die Kostentragung oder der Kostenübernahmeerklärung eines Beteiligten folgt,
	
	es sei denn, dass bereits ein Urteil oder ein Beschluss in der Hauptsache vorausgegangen ist:
	Die Gebühr 7120 ermäßigt sich auf ....
	Die Gebühr ermäßigt sich auch, wenn mehrere Ermäßigungstatbestände erfüllt sind.
		
		2,0

	Abschnitt 3. Revision	
7130	Verfahren im Allgemeinen	5,0
7131	Beendigung des gesamten Verfahrens durch Zurücknahme der Revision oder der Klage, bevor die Schrift zur Begründung der Revision bei Gericht eingegangen ist: Die Gebühr 7130 ermäßigt sich auf .... Erledigungserklärungen nach § 197a Abs. 1 Satz 1 SGG i.V.m. § 161 Abs. 2 VwGO stehen der Zurücknahme gleich, wenn keine Entscheidung über die Kosten ergeht oder die Entscheidung einer zuvor mitgeteilten Einigung der Beteiligten über die Kostentragung oder der Kostenübernahmeerklärung eines Beteiligten folgt.	 1,0

7132	Beendigung des gesamten Verfahrens, wenn nicht Nummer 7131 erfüllt ist, durch
	1. Zurücknahme der Revision oder der Klage,
	   a) vor dem Schluss der mündlichen Verhandlung oder,
	   b) wenn eine solche nicht stattfindet, vor Ablauf des Tages, an dem das Urteil oder der Beschluss in der Hauptsache der Geschäftsstelle übermittelt wird,
	2. Anerkenntnisurteil,	

Nr.	Gebührentatbestand	Gebühr oder Satz der Gebühr nach § 34 GKG
	3. gerichtlichen Vergleich oder angenommenes Anerkenntnis oder 4. Erledigungserklärungen nach § 197a Abs. 1 Satz 1 SGG i.V.m. § 161 Abs. 2 VwGO, wenn keine Entscheidung über die Kosten ergeht oder die Entscheidung einer zuvor mitgeteilten Einigung der Beteiligten über die Kostentragung oder der Kostenübernahmeerklärung eines Beteiligten folgt, wenn nicht bereits ein Urteil oder ein Beschluss in der Hauptsache vorausgegangen ist: Die Gebühr 7130 ermäßigt sich auf .... Die Gebühr ermäßigt sich auch, wenn mehrere Ermäßigungstatbestände erfüllt sind.	3,0

Hauptabschnitt 2. Vorläufiger Rechtsschutz

Vorbemerkung 7.2:

(1) Die Vorschriften dieses Hauptabschnitts gelten für einstweilige Anordnungen und für Verfahren nach § 86b Abs. 1 SGG.

(2) Im Verfahren über den Antrag auf Erlass und im Verfahren über den Antrag auf Aufhebung einer einstweiligen Anordnung werden die Gebühren jeweils gesondert erhoben. Mehrere Verfahren nach § 86b Abs. 1 SGG gelten innerhalb eines Rechtszugs als ein Verfahren.

Abschnitt 1. Erster Rechtszug

Nr.	Gebührentatbestand	Gebühr oder Satz der Gebühr nach § 34 GKG
7210	Verfahren im Allgemeinen	1,5

7211	Beendigung des gesamten Verfahrens durch
	1. Zurücknahme des Antrags
	    a) vor dem Schluss der mündlichen Verhandlung oder,
	    b) wenn eine solche nicht stattfindet, vor Ablauf des Tages, an dem der Beschluss (§ 86b Abs. 4 SGG) der Geschäftsstelle übermittelt wird,
	2. gerichtlichen Vergleich oder angenommenes Anerkenntnis oder
	3. Erledigungserklärungen nach § 197a Abs. 1 Satz 1 SGG i.V.m. § 161 Abs. 2 VwGO, wenn keine Entscheidung über die Kosten ergeht oder die Entscheidung einer zuvor mitgeteilten Einigung der Beteiligten über die Kostentragung oder der Kostenübernahmeerklärung eines Beteiligten folgt,
	
	es sei denn, dass bereits ein Beschluss (§ 86b Abs. 4 SGG) vorausgegangen ist:
	Die Gebühr 7210 ermäßigt sich auf ....
	Die Gebühr ermäßigt sich auch, wenn mehrere Ermäßigungstatbestände erfüllt sind.
		0,5

Nr.	Gebührentatbestand	Gebühr oder Satz der Gebühr nach § 34 GKG

Abschnitt 2. Beschwerde

Vorbemerkung 7.2.2:
Die Vorschriften dieses Abschnitts gelten für Beschwerden gegen Beschlüsse des Sozialgerichts nach § 86b SGG.

7220	Verfahren über die Beschwerde	2,0
7221	Beendigung des gesamten Verfahrens durch Zurücknahme der Beschwerde: Die Gebühr 7220 ermäßigt sich auf	1,0

Hauptabschnitt 3. Beweissicherungsverfahren

7300	Verfahren im Allgemeinen	1,0

Hauptabschnitt 4. Rüge wegen Verletzung des Anspruchs auf rechtliches Gehör

7400	Verfahren über die Rüge wegen Verletzung des Anspruchs auf rechtliches Gehör (§ 178a SGG): Die Rüge wird in vollem Umfang verworfen oder zurückgewiesen	66,00 €

Hauptabschnitt 5. Sonstige Beschwerden

7500	Verfahren über die Beschwerde gegen die Nichtzulassung der Berufung: Soweit die Beschwerde verworfen oder zurückgewiesen wird	1,5
7501	Verfahren über die Beschwerde gegen die Nichtzulassung der Berufung: Soweit die Beschwerde zurückgenommen oder das Verfahren durch anderweitige Erledigung beendet wird .... Die Gebühr entsteht nicht, soweit die Berufung zugelassen wird.	0,75
7502	Verfahren über die Beschwerde gegen die Nichtzulassung der Revision: Soweit die Beschwerde verworfen oder zurückgewiesen wird	2,0
7503	Verfahren über die Beschwerde gegen die Nichtzulassung der Revision: Soweit die Beschwerde zurückgenommen oder das Verfahren durch anderweitige Erledigung beendet wird .... Die Gebühr entsteht nicht, soweit die Revision zugelassen wird.	1,0
7504	Verfahren über nicht besonders aufgeführte Beschwerden, die nicht nach anderen Vorschriften gebührenfrei sind:	

Nr.	Gebührentatbestand	Gebühr oder Satz der Gebühr nach § 34 GKG
	Die Beschwerde wird verworfen oder zurückgewiesen	66,00 €
	Wird die Beschwerde nur teilweise verworfen oder zurückgewiesen, kann das Gericht die Gebühr nach billigem Ermessen auf die Hälfte ermäßigen oder bestimmen, dass eine Gebühr nicht zu erheben ist.	
	Hauptabschnitt 6. Besondere Gebühren	
7600	Abschluss eines gerichtlichen Vergleichs: Soweit ein Vergleich über nicht gerichtlich anhängige Gegenstände geschlossen wird	0,25
	Die Gebühr entsteht nicht im Verfahren über die Prozesskostenhilfe. Im Verhältnis zur Gebühr für das Verfahren im Allgemeinen ist § 36 Absatz 3 GKG entsprechend anzuwenden.	
7601	Auferlegung einer Gebühr nach § 38 GKG wegen Verzögerung des Rechtsstreits	wie vom Gericht bestimmt

Teil 8. Verfahren vor den Gerichten der Arbeitsgerichtsbarkeit

Nr.	Gebührentatbestand	Gebühr oder Satz der Gebühr nach § 34 GKG
	Vorbemerkung 8:	

Bei Beendigung des Verfahrens durch einen gerichtlichen Vergleich entfällt die in dem betreffenden Rechtszug angefallene Gebühr; im ersten Rechtszug entfällt auch die Gebühr für das Verfahren über den Antrag auf Erlass eines Vollstreckungsbescheids oder eines Europäischen Zahlungsbefehls. Dies gilt nicht, wenn der Vergleich nur einen Teil des Streitgegenstands betrifft (Teilvergleich).

Hauptabschnitt 1. Mahnverfahren

8100	Verfahren über den Antrag auf Erlass eines Vollstreckungsbescheids oder eines Europäischen Zahlungsbefehls	0,4
	Die Gebühr entfällt bei Zurücknahme des Antrags auf Erlass des Vollstreckungsbescheids. Sie entfällt auch nach Übergang in das streitige Verfahren, wenn dieses ohne streitige Verhandlung endet; dies gilt nicht, wenn der Einspruch zurückgenommen wird, ein Versäumnisurteil oder ein Urteil nach § 46a Abs. 6 Satz 2 des Arbeitsgerichtsgesetzes ergeht. Bei Erledigungserklärung nach § 91a ZPO entfällt die Gebühr, wenn keine Entscheidung über die Kosten ergeht oder die Kostenentscheidung einer zuvor mitgeteilten Einigung der Parteien über die Kostentragung oder der Kostenübernahmeerklärung einer Partei folgt.	– mindestens 29,00 €

Hauptabschnitt 2. Urteilsverfahren

Abschnitt 1. Erster Rechtszug

8210	Verfahren im Allgemeinen	2,0
	(1) Soweit wegen desselben Anspruchs ein Mahnverfahren vorausgegangen ist, entsteht die Gebühr nach Erhebung des Widerspruchs, wenn ein Antrag auf Durchführung der mündlichen Verhandlung gestellt wird, oder mit der Einlegung des Einspruchs; in diesem Fall wird eine Gebühr 8100 nach dem Wert des Streitgegenstands angerechnet, der in das Prozessverfahren übergegangen ist, sofern im Mahnverfahren der Antrag auf Erlass des Vollstreckungsbescheids gestellt wurde. Satz 1 gilt entsprechend, wenn wegen desselben Streitgegenstands ein Europäisches Mahnverfahren vorausgegangen ist. (2) Die Gebühr entfällt bei Beendigung des gesamten Verfahrens ohne streitige Verhandlung, wenn kein Versäumnisurteil oder Urteil nach § 46a Abs. 6 Satz 2 des Arbeitsgerichtsgesetzes ergeht. Bei Erledigungserklärung nach § 91a ZPO entfällt die Gebühr, wenn keine Entscheidung über die Kosten ergeht oder die Kostenentscheidung einer zuvor mitgeteilten Einigung der Parteien über die Kostentragung oder der Kostenübernahmeerklärung einer Partei folgt.	
8211	Beendigung des gesamten Verfahrens nach streitiger Verhandlung durch 1. Zurücknahme der Klage vor dem Schluss der mündlichen Verhandlung, wenn keine Entscheidung nach § 269 Abs. 3 Satz 3 ZPO über die Kosten ergeht oder die Entscheidung einer zuvor mitgeteilten Einigung der Parteien über die Kostentragung oder der Kostenübernahmeerklärung einer Partei folgt,	

Nr.	Gebührentatbestand	Gebühr oder Satz der Gebühr nach § 34 GKG
	2. Anerkenntnisurteil, Verzichtsurteil oder Urteil, das nach § 313a Abs. 2 ZPO keinen Tatbestand und keine Entscheidungsgründe enthält, oder 3. Erledigungserklärungen nach § 91a ZPO, wenn keine Entscheidung über die Kosten ergeht oder die Entscheidung einer zuvor mitgeteilten Einigung der Parteien über die Kostentragung oder der Kostenübernahmeerklärung einer Partei folgt,	
	es sei denn, dass bereits ein anderes als eines der in Nummer 2 genannten Urteile vorausgegangen ist: Die Gebühr 8210 ermäßigt sich auf	0,4
	Die Zurücknahme des Widerspruchs gegen den Mahnbescheid oder des Einspruchs gegen den Vollstreckungsbescheid stehen der Zurücknahme der Klage gleich. Die Gebühr ermäßigt sich auch, wenn mehrere Ermäßigungstatbestände erfüllt sind oder Ermäßigungstatbestände mit einem Teilvergleich zusammentreffen.	
8212	Verfahren wegen eines überlangen Gerichtsverfahrens (§ 9 Absatz 2 Satz 2 des Arbeitsgerichtsgesetzes) vor dem Landesarbeitsgericht: Die Gebühr 8210 beträgt	4,0
8213	Verfahren wegen eines überlangen Gerichtsverfahrens (§ 9 Absatz 2 Satz 2 des Arbeitsgerichtsgesetzes) vor dem Landesarbeitsgericht: Die Gebühr 8211 beträgt	2,0
8214	Verfahren wegen eines überlangen Gerichtsverfahrens (§ 9 Absatz 2 Satz 2 des Arbeitsgerichtsgesetzes) vor dem Bundesarbeitsgericht: Die Gebühr 8210 beträgt	5,0
8215	Verfahren wegen eines überlangen Gerichtsverfahrens (§ 9 Absatz 2 Satz 2 des Arbeitsgerichtsgesetzes) vor dem Bundesarbeitsgericht: Die Gebühr 8211 beträgt	3,0
	Abschnitt 2. Berufung	
8220	Verfahren im Allgemeinen	3,2
8221	Beendigung des gesamten Verfahrens durch Zurücknahme der Berufung oder der Klage, bevor die Schrift zur Begründung der Berufung bei Gericht eingegangen ist: Die Gebühr 8220 ermäßigt sich auf	0,8
	Erledigungserklärungen nach § 91a ZPO stehen der Zurücknahme gleich, wenn keine Entscheidung über die Kosten ergeht oder die Entscheidung einer zuvor mitgeteilten Einigung der Parteien über die Kostentragung oder der Kostenübernahmeerklärung einer Partei folgt.	

Nr.	Gebührentatbestand	Gebühr oder Satz der Gebühr nach § 34 GKG
8222	Beendigung des gesamten Verfahrens, wenn nicht Nummer 8221 erfüllt ist, durch 1. Zurücknahme der Berufung oder der Klage vor dem Schluss der mündlichen Verhandlung, 2. Anerkenntnisurteil, Verzichtsurteil oder Urteil, das nach § 313a Abs. 2 ZPO keinen Tatbestand und keine Entscheidungsgründe enthält, oder 3. Erledigungserklärungen nach § 91a ZPO, wenn keine Entscheidung über die Kosten ergeht oder die Entscheidung einer zuvor mitgeteilten Einigung der Parteien über die Kostentragung oder der Kostenübernahmeerklärung einer Partei folgt, es sei denn, dass bereits ein anderes als eines der in Nummer 2 genannten Urteile vorausgegangen ist: Die Gebühr 8220 ermäßigt sich auf	1,6
	Die Gebühr ermäßigt sich auch, wenn mehrere Ermäßigungstatbestände erfüllt sind oder Ermäßigungstatbestände mit einem Teilvergleich zusammentreffen.	
8223	Beendigung des gesamten Verfahrens durch ein Urteil, das wegen eines Verzichts der Parteien nach § 313a Abs. 1 Satz 2 ZPO keine schriftliche Begründung enthält, wenn nicht bereits ein anderes als eines der in Nummer 8222 Nr. 2 genannten Urteile oder ein Beschluss in der Hauptsache vorausgegangen ist: Die Gebühr 8220 ermäßigt sich auf	2,4
	Die Gebühr ermäßigt sich auch, wenn daneben Ermäßigungstatbestände nach Nummer 8222 erfüllt sind oder Ermäßigungstatbestände mit einem Teilvergleich zusammentreffen.	
	Abschnitt 3. Revision	
8230	Verfahren im Allgemeinen	4,0
8231	Beendigung des gesamten Verfahrens durch Zurücknahme der Revision oder der Klage, bevor die Schrift zur Begründung der Revision bei Gericht eingegangen ist: Die Gebühr 8230 ermäßigt sich auf	0,8
	Erledigungserklärungen nach § 91a ZPO stehen der Zurücknahme gleich, wenn keine Entscheidung über die Kosten ergeht oder die Entscheidung einer zuvor mitgeteilten Einigung der Parteien über die Kostentragung oder der Kostenübernahmeerklärung einer Partei folgt.	
8232	Beendigung des gesamten Verfahrens, wenn nicht Nummer 8231 erfüllt ist, durch 1. Zurücknahme der Revision oder der Klage vor dem Schluss der mündlichen Verhandlung, 2. Anerkenntnis- oder Verzichtsurteil oder	

Nr.	Gebührentatbestand	Gebühr oder Satz der Gebühr nach § 34 GKG
	3. Erledigungserklärungen nach § 91a ZPO, wenn keine Entscheidung über die Kosten ergeht oder die Entscheidung einer zuvor mitgeteilten Einigung der Parteien über die Kostentragung oder der Kosten-übernahmeerklärung einer Partei folgt,	
	es sei denn, dass bereits ein anderes als eines der in Nummer 2 genannten Urteile vorausgegangen ist: Die Gebühr 8230 ermäßigt sich auf .... <small>Die Gebühr ermäßigt sich auch, wenn mehrere Ermäßigungstat-bestände erfüllt sind oder Ermäßigungstatbestände mit einem Teilver-gleich zusammentreffen.</small>	2,4
8233	Verfahren wegen eines überlangen Gerichtsverfahrens (§ 9 Absatz 2 Satz 2 des Arbeitsgerichtsgesetzes): Die Gebühr 8230 beträgt	5,0
8234	Verfahren wegen eines überlangen Gerichtsverfahrens (§ 9 Absatz 2 Satz 2 des Arbeitsgerichtsgesetzes): Die Gebühr 8231 beträgt	1,0
8235	Verfahren wegen eines überlangen Gerichtsverfahrens (§ 9 Absatz 2 Satz 2 des Arbeitsgerichtsgesetzes): Die Gebühr 8232 beträgt	3,0

Hauptabschnitt 3. Arrest, Europäischer Beschluss zur vorläufigen Kontenpfändung und einstweilige Verfügung

Vorbemerkung 8.3:

(1) Im Verfahren zur Erwirkung eines Europäischen Beschlusses zur vorläufigen Kontenpfändung werden Gebühren nach diesem Hauptabschnitt nur im Fall des Artikels 5 Buchstabe a der Verordnung (EU) Nr. 655/2014 erhoben. In den Fällen des Artikels 5 Buchstabe b der Verordnung (EU) Nr. 655/2014 bestimmen sich die Gebühren nach Teil 2 Hauptabschnitt 1.

(2) Im Verfahren auf Anordnung eines Arrests oder auf Erlass einer einstweiligen Verfügung sowie im Verfahren über die Aufhebung oder die Abänderung (§ 926 Abs. 2, §§ 927, 936 ZPO) werden die Gebühren jeweils gesondert erhoben. Im Fall des § 942 ZPO gilt das Verfahren vor dem Amtsgericht und dem Gericht der Hauptsache als ein Rechtsstreit.

(3) Im Verfahren zur Erwirkung eines Europäischen Beschlusses zur vorläufigen Kontenpfändung sowie im Verfahren über den Widerruf oder die Abänderung werden die Gebühren jeweils gesondert erhoben.

Abschnitt 1. Erster Rechtszug

8310	Verfahren im Allgemeinen	0,4
8311	Es wird durch Urteil entschieden oder es ergeht ein Beschluss nach § 91a oder § 269 Abs. 3 Satz 3 ZPO, es sei denn, der Beschluss folgt einer zuvor mitgeteilten Einigung der Parteien über die Kostentragung oder der Kostenübernahmeerklärung einer Partei: Die Gebühr 8310 erhöht sich auf .... <small>Die Gebühr wird nicht erhöht, wenn durch Anerkenntnisurteil, Ver-zichtsurteil oder Urteil, das nach § 313a Abs. 2 ZPO keinen Tat-bestand und keine Entscheidungsgründe enthält, entschieden wird.</small>	2,0

Nr.	Gebührentatbestand	Gebühr oder Satz der Gebühr nach § 34 GKG
	Dies gilt auch, wenn eine solche Entscheidung mit einem Teilvergleich zusammentrifft.	
	Abschnitt 2. Berufung	
8320	Verfahren im Allgemeinen	3,2
8321	Beendigung des gesamten Verfahrens durch Zurücknahme der Berufung, des Antrags oder des Widerspruchs, bevor die Schrift zur Begründung der Berufung bei Gericht eingegangen ist:	
	Die Gebühr 8320 ermäßigt sich auf	0,8
	Erledigungserklärungen nach § 91a ZPO stehen der Zurücknahme gleich, wenn keine Entscheidung über die Kosten ergeht oder die Entscheidung einer zuvor mitgeteilten Einigung der Parteien über die Kostentragung oder der Kostenübernahmeerklärung einer Partei folgt.	
8322	Beendigung des gesamten Verfahrens, wenn nicht Nummer 8321 erfüllt ist, durch 1. Zurücknahme der Berufung oder des Antrags vor dem Schluss der mündlichen Verhandlung, 2. Anerkenntnisurteil, Verzichtsurteil oder Urteil, das nach § 313a Abs. 2 ZPO keinen Tatbestand und keine Entscheidungsgründe enthält, oder 3. Erledigungserklärungen nach § 91a ZPO, wenn keine Entscheidung über die Kosten ergeht oder die Entscheidung einer zuvor mitgeteilten Einigung der Parteien über die Kostentragung oder der Kostenübernahmeerklärung einer Partei folgt, es sei denn, dass bereits ein anderes als eines der in Nummer 2 genannten Urteile vorausgegangen ist:	
	Die Gebühr 8320 ermäßigt sich auf	1,6
	Die Gebühr ermäßigt sich auch, wenn mehrere Ermäßigungstatbestände erfüllt sind oder Ermäßigungstatbestände mit einem Teilvergleich zusammentreffen.	
8323	Beendigung des gesamten Verfahrens durch ein Urteil, das wegen eines Verzichts der Parteien nach § 313a Abs. 1 Satz 2 ZPO keine schriftliche Begründung enthält, wenn nicht bereits ein anderes als eines der in Nummer 8322 Nr. 2 genannten Urteile oder ein Beschluss in der Hauptsache vorausgegangen ist:	
	Die Gebühr 8320 ermäßigt sich auf	2,4
	Die Gebühr ermäßigt sich auch, wenn daneben Ermäßigungstatbestände nach Nummer 8322 erfüllt sind oder solche Ermäßigungstatbestände mit einem Teilvergleich zusammentreffen.	

Nr.	Gebührentatbestand	Gebühr oder Satz der Gebühr nach § 34 GKG
	Abschnitt 3. Beschwerde	
8330	Verfahren über die Beschwerde 1. gegen die Zurückweisung eines Antrags auf Anordnung eines Arrests oder eines Antrags auf Erlass einer einstweiligen Verfügung oder 2. in Verfahren nach der Verordnung (EU) Nr. 655/2014	1,2
8331	Beendigung des gesamten Verfahrens durch Zurücknahme der Beschwerde: Die Gebühr 8330 ermäßigt sich auf	0,8
	Hauptabschnitt 4. Besondere Verfahren	
8400	Selbständiges Beweisverfahren	0,6
8401	Verfahren über Anträge auf Ausstellung einer Bescheinigung nach § 57 oder § 58 AVAG oder nach § 1110 ZPO sowie Verfahren über Anträge auf Ausstellung einer Bestätigung nach § 1079 ZPO	17,00 €
	Hauptabschnitt 5. Rüge wegen Verletzung des Anspruchs auf rechtliches Gehör	
8500	Verfahren über die Rüge wegen Verletzung des Anspruchs auf rechtliches Gehör (§ 78a des Arbeitsgerichtsgesetzes): Die Rüge wird in vollem Umfang verworfen oder zurückgewiesen	55,00 €
	Hauptabschnitt 6. Sonstige Beschwerden und Rechtsbeschwerden	
	Abschnitt 1. Sonstige Beschwerden	
8610	Verfahren über Beschwerden nach § 71 Abs. 2, § 91a Abs. 2, § 99 Abs. 2, § 269 Abs. 5 oder § 494a Absatz 2 Satz 2 ZPO	77,00 €
8611	Beendigung des Verfahrens ohne Entscheidung: Die Gebühr 8610 ermäßigt sich auf	55,00 €
	(1) Die Gebühr ermäßigt sich auch im Fall der Zurücknahme der Beschwerde vor Ablauf des Tages, an dem die Entscheidung der Geschäftsstelle übermittelt wird. (2) Eine Entscheidung über die Kosten steht der Ermäßigung nicht entgegen, wenn die Entscheidung einer zuvor mitgeteilten Einigung der Parteien über die Kostentragung oder der Kostenübernahmeerklärung einer Partei folgt.	
8612	Verfahren über die Beschwerde gegen die Nichtzulassung der Revision: Soweit die Beschwerde verworfen oder zurückgewiesen wird	1,6

Nr.	Gebührentatbestand	Gebühr oder Satz der Gebühr nach § 34 GKG
8613	Verfahren über die Beschwerde gegen die Nichtzulassung der Revision:	
	Soweit die Beschwerde zurückgenommen oder das Verfahren durch anderweitige Erledigung beendet wird	0,8
	<small>Die Gebühr entsteht nicht, soweit die Revision zugelassen wird.</small>	
8614	Verfahren über nicht besonders aufgeführte Beschwerden, die nicht nach anderen Vorschriften gebührenfrei sind:	
	Die Beschwerde wird verworfen oder zurückgewiesen	55,00 €
	<small>Wird die Beschwerde nur teilweise verworfen oder zurückgewiesen, kann das Gericht die Gebühr nach billigem Ermessen auf die Hälfte ermäßigen oder bestimmen, dass eine Gebühr nicht zu erheben ist.</small>	
	Abschnitt 2. Sonstige Rechtsbeschwerden	
8620	Verfahren über Rechtsbeschwerden in den Fällen des § 71 Abs. 1, § 91a Abs. 1, § 99 Abs. 2, § 269 Abs. 4, § 494a Absatz 2 Satz 2 oder § 516 Abs. 3 ZPO	160,00 €
8621	Beendigung des gesamten Verfahrens durch Zurücknahme der Rechtsbeschwerde, des Antrags oder der Klage, bevor die Schrift zur Begründung der Rechtsbeschwerde bei Gericht eingegangen ist:	
	Die Gebühr 8620 ermäßigt sich auf	55,00 €
8622	Beendigung des gesamten Verfahrens durch Zurücknahme der Rechtsbeschwerde, des Antrags oder der Klage vor Ablauf des Tages, an dem die Entscheidung der Geschäftsstelle übermittelt wird, wenn nicht Nummer 8621 erfüllt ist:	
	Die Gebühr 8620 ermäßigt sich auf	77,00 €
8623	Verfahren über nicht besonders aufgeführte Rechtsbeschwerden, die nicht nach anderen Vorschriften gebührenfrei sind:	
	Die Rechtsbeschwerde wird verworfen oder zurückgewiesen	105,00 €
	<small>Wird die Rechtsbeschwerde nur teilweise verworfen oder zurückgewiesen, kann das Gericht die Gebühr nach billigem Ermessen auf die Hälfte ermäßigen oder bestimmen, dass eine Gebühr nicht zu erheben ist.</small>	
8624	Verfahren über die in Nummer 8623 genannten Rechtsbeschwerden:	
	Beendigung des gesamten Verfahrens durch Zurücknahme der Rechtsbeschwerde, des Antrags oder der Klage vor Ablauf des Tages, an dem die Entscheidung der Geschäftsstelle übermittelt wird	55,00 €

Nr.	Gebührentatbestand	Gebühr oder Satz der Gebühr nach § 34 GKG
Hauptabschnitt 7. Besondere Gebühr		
8700	Auferlegung einer Gebühr nach § 38 GKG wegen Verzögerung des Rechtsstreits	wie vom Gericht bestimmt

Teil 9. Auslagen

Nr.	Auslagentatbestand	Höhe

Vorbemerkung 9:

(1) Auslagen, die durch eine für begründet befundene Beschwerde entstanden sind, werden nicht erhoben, soweit das Beschwerdeverfahren gebührenfrei ist; dies gilt jedoch nicht, soweit das Beschwerdegericht die Kosten dem Gegner des Beschwerdeführers auferlegt hat.

(2) Sind Auslagen durch verschiedene Rechtssachen veranlasst, werden sie auf die mehreren Rechtssachen angemessen verteilt.

9000 Pauschale für die Herstellung und Überlassung von Dokumenten:

1. Ausfertigungen, Kopien und Ausdrucke bis zur Größe von DIN A3, die

   a) auf Antrag angefertigt oder auf Antrag per Telefax übermittelt worden sind oder

   b) angefertigt worden sind, weil die Partei oder ein Beteiligter es unterlassen hat, die erforderliche Zahl von Mehrfertigungen beizufügen; der Anfertigung steht es gleich, wenn per Telefax übermittelte Mehrfertigungen von der Empfangseinrichtung des Gerichts ausgedruckt werden:

für die ersten 50 Seiten je Seite ....   0,50 €

für jede weitere Seite ....   0,15 €

für die ersten 50 Seiten in Farbe je Seite ....   1,00 €

für jede weitere Seite in Farbe ....   0,30 €

2. Entgelte für die Herstellung und Überlassung der in Nummer 1 genannten Kopien oder Ausdrucke in einer Größe von mehr als DIN A3 .... in voller Höhe

oder pauschal je Seite ....   3,00 €

oder pauschal je Seite in Farbe ....   6,00 €

3. Überlassung von elektronisch gespeicherten Dateien oder deren Bereitstellung zum Abruf anstelle der in den Nummern 1 und 2 genannten Ausfertigungen, Kopien und Ausdrucke:

je Datei ....   1,50 €

für die in einem Arbeitsgang überlassenen, bereitgestellten oder in einem Arbeitsgang auf denselben Datenträger übertragenen Dokumente insgesamt höchstens ....   5,00 €

(1) Die Höhe der Dokumentenpauschale nach Nummer 1 ist in jedem Rechtszug und für jeden Kostenschuldner nach § 28 Abs. 1 GKG gesondert zu berechnen; Gesamtschuldner gelten als ein Schuldner. Die Dokumentenpauschale ist auch im erstinstanzlichen Musterverfahren nach dem KapMuG gesondert zu berechnen.

(2) Werden zum Zweck der Überlassung von elektronisch gespeicherten Dateien Dokumente zuvor auf Antrag von der Papierform in die elektronische Form übertragen, beträgt die Dokumentenpauschale nach Nummer 3 nicht weniger, als die Dokumentenpauschale im Fall der Nummer 1 für eine Schwarz-Weiß-Kopie ohne Rücksicht auf die Größe betragen würde.

Nr.	Auslagentatbestand	Höhe
	(3) Frei von der Dokumentenpauschale sind für jede Partei, jeden Beteiligten, jeden Beschuldigten und deren bevollmächtigte Vertreter jeweils 1. eine vollständige Ausfertigung oder Kopie oder ein vollständiger Ausdruck jeder gerichtlichen Entscheidung und jedes vor Gericht abgeschlossenen Vergleichs, 2. eine Ausfertigung ohne Tatbestand und Entscheidungsgründe und 3. eine Kopie oder ein Ausdruck jedes Protokolls über eine Sitzung. § 191a Abs. 1 Satz 5 GVG bleibt unberührt. (4) Bei der Gewährung der Einsicht in Akten wird eine Dokumentenpauschale nur erhoben, wenn auf besonderen Antrag ein Ausdruck einer elektronischen Akte oder ein Datenträger mit dem Inhalt einer elektronischen Akte übermittelt wird.	
9001	Auslagen für Telegramme	in voller Höhe
9002	Pauschale für Zustellungen mit Zustellungsurkunde, Einschreiben gegen Rückschein oder durch Justizbedienstete nach § 168 Abs. 1 ZPO je Zustellung	3,50 €
	Neben Gebühren, die sich nach dem Streitwert richten, mit Ausnahme der Gebühr 3700, wird die Zustellungspauschale nur erhoben, soweit in einem Rechtszug mehr als 10 Zustellungen anfallen. Im erstinstanzlichen Musterverfahren nach dem KapMuG wird die Zustellungspauschale für sämtliche Zustellungen erhoben.	
9003	Pauschale für die bei der Versendung von Akten auf Antrag anfallenden Auslagen an Transport- und Verpackungskosten je Sendung	12,00 €
	Die Hin- und Rücksendung der Akten durch Gerichte oder Staatsanwaltschaften gelten zusammen als eine Sendung.	
9004	Auslagen für öffentliche Bekanntmachungen	in voller Höhe
	(1) Auslagen werden nicht erhoben für die Bekanntmachung in einem elektronischen Informations- und Kommunikationssystem, wenn das Entgelt nicht für den Einzelfall oder nicht für ein einzelnes Verfahren berechnet wird. Nicht erhoben werden ferner Auslagen für die Bekanntmachung eines besonderen Prüfungstermins (§ 177 InsO, § 18 SVertO). (2) Die Auslagen für die Bekanntmachung eines Vorlagebeschlusses gemäß § 6 Absatz 4 KapMuG gelten als Auslagen des Musterverfahrens.	
9005	Nach dem JVEG zu zahlende Beträge	in voller Höhe
	(1) Nicht erhoben werden Beträge, die ehrenamtliche Richter (§ 1 Abs. 1 Satz 1 Nr. 2 JVEG) gezahlt werden. (2) Die Beträge werden auch erhoben, wenn aus Gründen der Gegenseitigkeit, der Verwaltungsvereinfachung oder aus vergleichbaren Gründen keine Zahlungen zu leisten sind. Ist aufgrund des § 1 Abs. 2 Satz 2 JVEG keine Vergütung zu zahlen, ist der Betrag zu erheben, der ohne diese Vorschrift zu zahlen wäre. (3) Auslagen für Übersetzer, die zur Erfüllung der Rechte blinder oder sehbehinderter Personen herangezogen werden (§ 191a Abs. 1 GVG), werden nicht, Auslagen für Kommunikationshilfen zur Verständigung mit einer hör- oder sprachbehinderten Person (§ 186 GVG) werden nur nach Maßgabe des Absatzes 4 erhoben. (4) Ist für einen Beschuldigten oder Betroffenen, der der deutschen Sprache nicht mächtig, hör- oder sprachbehindert ist, im Strafverfahren oder im gerichtlichen Verfahren nach dem OWiG ein Dolmetscher	

Nr.	Auslagentatbestand	Höhe
	oder Übersetzer herangezogen worden, um Erklärungen oder Schriftstücke zu übertragen, auf deren Verständnis der Beschuldigte oder Betroffene zu seiner Verteidigung angewiesen oder soweit dies zur Ausübung seiner strafprozessualen Rechte erforderlich war, werden von diesem die dadurch entstandenen Auslagen nur erhoben, wenn das Gericht ihm diese nach § 464c StPO oder die Kosten nach § 467 Abs. 2 Satz 1 StPO, auch i.V.m. § 467a Abs. 1 Satz 2 StPO, auferlegt hat; dies gilt auch jeweils i.V.m. § 46 Abs. 1 OWiG.	
	(5) Im Verfahren vor den Gerichten für Arbeitssachen werden Kosten für vom Gericht herangezogene Dolmetscher und Übersetzer nicht erhoben, wenn ein Ausländer Partei und die Gegenseitigkeit verbürgt ist oder ein Staatenloser Partei ist.	
	(6) Auslagen für Sachverständige, die durch die Untersuchung eines Beschuldigten nach § 43 Abs. 2 JGG entstanden sind, werden nicht erhoben.	
9006	Bei Geschäften außerhalb der Gerichtsstelle	
	1. die den Gerichtspersonen aufgrund gesetzlicher Vorschriften gewährte Vergütung (Reisekosten, Auslagenersatz) und die Auslagen für die Bereitstellung von Räumen	in voller Höhe
	2. für den Einsatz von Dienstkraftfahrzeugen für jeden gefahrenen Kilometer	0,42 €
9007	An Rechtsanwälte zu zahlende Beträge mit Ausnahme der nach § 59 RVG auf die Staatskasse übergegangenen Ansprüche	in voller Höhe
9008	Auslagen für	
	1. die Beförderung von Personen	in voller Höhe
	2. Zahlungen an mittellose Personen für die Reise zum Ort einer Verhandlung, Vernehmung oder Untersuchung und für die Rückreise	bis zur Höhe der nach dem JVEG an Zeugen zu zahlenden Beträge
9009	An Dritte zu zahlende Beträge für	
	1. die Beförderung von Tieren und Sachen mit Ausnahme der für Postdienstleistungen zu zahlenden Entgelte, die Verwahrung von Tieren und Sachen sowie die Fütterung von Tieren	in voller Höhe
	2. die Beförderung und die Verwahrung von Leichen	in voller Höhe
	3. die Durchsuchung oder Untersuchung von Räumen und Sachen einschließlich der die Durchsuchung oder Untersuchung vorbereitenden Maßnahmen	in voller Höhe
	4. die Bewachung von Schiffen und Luftfahrzeugen ...	in voller Höhe

187

Nr.	Auslagentatbestand	Höhe
9010	Kosten einer Zwangshaft, auch aufgrund eines Haftbefehls nach § 802g ZPO .... Maßgebend ist die Höhe des Haftkostenbeitrags, der nach Landesrecht von einem Gefangenen zu erheben ist.	in Höhe des Haftkostenbeitrags
9011	Kosten einer Haft außer Zwangshaft, Kosten einer einstweiligen Unterbringung (§ 126a StPO), einer Unterbringung zur Beobachtung (§ 81 StPO) und einer einstweiligen Unterbringung in einem Heim der Jugendhilfe (§ 71 Abs. 2, § 72 Abs. 4 JGG) .... Maßgebend ist die Höhe des Haftkostenbeitrags, der nach Landesrecht von einem Gefangenen zu erheben ist. Diese Kosten werden nur angesetzt, wenn der Haftkostenbeitrag auch von einem Gefangenen im Strafvollzug zu erheben wäre.	in Höhe des Haftkostenbeitrags
9012	Nach § 12 BGebG, dem 5. Abschnitt des Konsulargesetzes und der Besonderen Gebührenverordnung des Auswärtigen Amts nach § 22 Abs. 4 BGebG zu zahlende Beträge	in voller Höhe
9013	An deutsche Behörden für die Erfüllung von deren eigenen Aufgaben zu zahlende Gebühren sowie diejenigen Beträge, die diesen Behörden, öffentlichen Einrichtungen oder deren Bediensteten als Ersatz für Auslagen der in den Nummern 9000 bis 9011 bezeichneten Art zustehen .... Die als Ersatz für Auslagen angefallenen Beträge werden auch erhoben, wenn aus Gründen der Gegenseitigkeit, der Verwaltungsvereinfachung oder aus vergleichbaren Gründen keine Zahlungen zu leisten sind.	in voller Höhe, die Auslagen begrenzt durch die Höchstsätze für die Auslagen 9000 bis 9011
9014	Beträge, die ausländischen Behörden, Einrichtungen oder Personen im Ausland zustehen, sowie Kosten des Rechtshilfeverkehrs mit dem Ausland .... Die Beträge werden auch erhoben, wenn aus Gründen der Gegenseitigkeit, der Verwaltungsvereinfachung oder aus vergleichbaren Gründen keine Zahlungen zu leisten sind.	in voller Höhe
9015	Auslagen der in den Nummern 9000 bis 9014 bezeichneten Art, soweit sie durch die Vorbereitung der öffentlichen Klage entstanden sind	begrenzt durch die Höchstsätze für die Auslagen 9000 bis 9013

Nr.	Auslagentatbestand	Höhe
9016	Auslagen der in den Nummern 9000 bis 9014 bezeichneten Art, soweit sie durch das dem gerichtlichen Verfahren vorausgegangene Bußgeldverfahren entstanden sind .... Abs. 3 der Anmerkung zu Nummer 9005 ist nicht anzuwenden.	begrenzt durch die Höchstsätze für die Auslagen 9000 bis 9013
9017	An den vorläufigen Insolvenzverwalter, den Insolvenzverwalter, die Mitglieder des Gläubigerausschusses oder die Treuhänder auf der Grundlage der Insolvenzrechtlichen Vergütungsverordnung aufgrund einer Stundung nach § 4a InsO sowie an den Restrukturierungsbeauftragten, den Sanierungsmoderator und die Mitglieder des Gläubigerbeirats nach dem StaRUG zu zahlende Beträge	in voller Höhe
9018	Im ersten Rechtszug des Prozessverfahrens: Auslagen des erstinstanzlichen Musterverfahrens nach dem KapMuG zuzüglich Zinsen .... (1) Die im erstinstanzlichen Musterverfahren entstehenden Auslagen nach Nummer 9005 werden vom Tag nach der Auszahlung bis zum rechtskräftigen Abschluss des Musterverfahrens mit 5 Prozentpunkten über dem Basiszinssatz nach § 247 BGB verzinst. (2) Auslagen und Zinsen werden nur erhoben, wenn der Kläger nicht innerhalb von einem Monat ab Zustellung des Aussetzungsbeschlusses nach § 8 KapMuG seine Klage in der Hauptsache zurücknimmt. (3) Der Anteil bestimmt sich nach dem Verhältnis der Höhe des vom Kläger geltend gemachten Anspruchs, soweit dieser von den Feststellungszielen des Musterverfahrens betroffen ist, zu der Gesamthöhe der vom Musterkläger und den Beigeladenen des Musterverfahrens in dem Prozessverfahren geltend gemachten Ansprüche, soweit diese von den Feststellungszielen des Musterverfahrens betroffen sind. Der Anspruch des Musterklägers oder eines Beigeladenen ist hierbei nicht zu berücksichtigen, wenn er innerhalb von einem Monat ab Zustellung des Aussetzungsbeschlusses nach § 8 KapMuG seine Klage in der Hauptsache zurücknimmt.	anteilig
9019	Pauschale für die Inanspruchnahme von Videokonferenzverbindungen: je Verfahren für jede angefangene halbe Stunde	15,00 €
9020	Umsatzsteuer auf die Kosten .... Dies gilt nicht, wenn die Umsatzsteuer nach § 19 Abs. 1 UStG unerhoben bleibt.	in voller Höhe

Anlage 2[1]
(zu § 34 Absatz 1 Satz 3)

Streitwert bis … €	Gebühr … €	Streitwert bis … €	Gebühr … €
500	38,00	50 000	601,00
1 000	58,00	65 000	733,00
1 500	78,00	80 000	865,00
2 000	98,00	95 000	997,00
3 000	119,00	110 000	1 129,00
4 000	140,00	125 000	1 261,00
5 000	161,00	140 000	1 393,00
6 000	182,00	155 000	1 525,00
7 000	203,00	170 000	1 657,00
8 000	224,00	185 000	1 789,00
9 000	245,00	200 000	1 921,00
10 000	266,00	230 000	2 119,00
13 000	295,00	260 000	2 317,00
16 000	324,00	290 000	2 515,00
19 000	353,00	320 000	2 713,00
22 000	382,00	350 000	2 911,00
25 000	411,00	380 000	3 109,00
30 000	449,00	410 000	3 307,00
35 000	487,00	440 000	3 505,00
40 000	525,00	470 000	3 703,00
45 000	563,00	500 000	3 901,00

---

[1] Anl. 2 neu gef. mWv 1.1.2021 durch G v. 22.12.2020 (BGBl. I S. 3256).

3. Gesetz über Gerichtskosten in Familiensachen (FamGKG)[1)]

Vom 17. Dezember 2008

(BGBl. I S. 2586, 2666)

FNA 361-5

geänd. durch Art. 13 G zur Strukturreform des Versorgungsausgleichs v. 3.4.2009 (BGBl. I S. 700), Art. 4 G zur Änd. des Zugewinnausgleichs- und Vormundschaftsrechts v. 6.7.2009 (BGBl. I S. 1696), Art. 3 Abs. 2 G zur Reform der Sachaufklärung in der Zwangsvollstreckung v. 29.7.2009 (BGBl. I S. 2258), Art. 14 G zur Umsetzung der DienstleistungsRL in der Justiz und zur Änd. weiterer Vorschriften v. 22.12.2010 (BGBl. I S. 2248), Art. 10 G zur Durchführung der VO (EG) Nr. 4/2009 und zur Neuordnung bestehender Aus- und Durchführungsbestimmungen auf dem Gebiet des internationalen Unterhaltsverfahrensrechts v. 23.5.2011 (BGBl. I S. 898), Art. 7a G zur Förderung der Mediation und anderer Verfahren der außergerichtlichen Konfliktbeilegung v. 21.7.2012 (BGBl. I S. 1577), Art. 10 G zur Einführung einer Rechtsbehelfsbelehrung im Zivilprozess und zur Änd. anderer Vorschriften v. 5.12.2012 (BGBl. I S. 2418), Art. 8 Nr. 3 G zur Intensivierung des Einsatzes von Videokonferenztechnik in gerichtlichen und staatsanwaltschaftlichen Verfahren v. 25.4.2013 (BGBl. I S. 935, geänd. durch G v. 23.7.2013, BGBl. I S. 2586), Art. 4 G zur Stärkung der Rechte des leiblichen, nicht rechtlichen Vaters v. 4.7.2013 (BGBl. I S. 2176), Art. 5 2. KostenrechtsmodernisierungsG v. 23.7.2013 (BGBl. I S. 2586), Art. 4 Abs. 49 G zur Strukturreform des Gebührenrechts des Bundes v. 7.8.2013 (BGBl. I S. 3154, aufgeh. durch G v. 18.7.2016, BGBl. I S. 1666), Art. 21 G zur Förderung des elektronischen Rechtsverkehrs mit den Gerichten v. 10.10.2013 (BGBl. I S. 3786), Art. 8 G zur Durchführung der VO Nr. 1215/2012 sowie zur Änd. sonstiger Vorschriften v. 8.7. 2014 (BGBl. I S. 890), Art. 3 G zur Umsetzung der RL 2011/99/EU über die Europäische Schutzanordnung und zur Durchführung der VO (EU) Nr. 606/2013 über die gegenseitige Anerkennung von Schutzmaßnahmen in Zivilsachen v. 5.12.2014 (BGBl. I S. 1964), Art. 173 Zehnte ZuständigkeitsanpassungsVO v. 31.8.2015 (BGBl. I S. 1474), Art. 4 G zur Änd. des Unterhaltsrechts und des Unterhaltsverfahrensrechts sowie zur Änd. der ZPO und kostenrechtlicher Vorschriften v. 20.11.2015 (BGBl. I S. 2018), Art. 4 Abs. 45 G zur Modernisierung des Besteuerungsverfahrens v. 18.7.2016 (BGBl. I S. 1666), Art. 10 EU-KontenpfändungsVO-DurchführungsG v. 21.11. 2016 (BGBl. I S. 2591), Art. 25 G zur Einführung der elektronischen Akte in der Justiz und zur weiteren Förderung des elektronischen Rechtsverkehrs v. 5.7.2017 (BGBl. I S. 2208), Art. 3 G zur Einführung eines familiengerichtlichen Genehmigungsvorbehaltes für freiheitsentziehende Maßnahmen bei Kindern v. 17.7.2017 (BGBl. I S. 2424), Art. 6 G zum Internationalen Güterrecht und zur Änd. von Vorschriften des Internationalen Privatrechts v. 17.12.2018 (BGBl. I S. 2573), Art. 5 G zur Stärkung der Rechte von Betroffenen bei Fixierungen im Rahmen von Freiheitsentziehungen v. 19.6.2019 (BGBl. I S. 840), Art. 10 WohnungseigentumsmodernisierungsG v. 16.10.2020 (BGBl. I S. 2187), Art. 2 KostenrechtsänderungsG 2021 v. 21.12.2020 (BGBl. I S. 3229), Art. 15 Abs. 11 G zur Reform des Vormundschafts- und Betreuungsrechts v. 4.5.2021 (BGBl. I S. 882), Art. 5 G zum Schutz von Kindern mit Varianten der Geschlechtsentwicklung v. 12.5.2021 (BGBl. I S. 1082) und Art. 6 G zur Durchführung der VO (EU) 2019/1111 sowie zur Änd. sonstiger Vorschriften v. 10.8. 2021 (BGBl. I S. 3424)

[1)] Verkündet als Art. 2 G zur Reform des Verfahrens in Familiensachen und in den Angelegenheiten der freiwilligen Gerichtsbarkeit (FGG-Reformgesetz – FGG-RG) v. 17.12.2008 (BGBl. I S. 2586, geänd. durch G v. 30.7.2009, BGBl. I S. 2449); Inkrafttreten gem. Art. 112 Abs. 1 dieses G am 1.9. 2009.

---

[1] Inhaltsübersicht geänd. mWv 1.9.2009 durch G v. 6.7.2009 (BGBl. I S. 1696); mWv 28.12.2010 durch G v. 22.12.2010 (BGBl. I S. 2248); mWv 1.1.2014 durch G v. 5.12.2012 (BGBl. I S. 2418); mWv 1.8.2013 durch G v. 23.7.2013 (BGBl. I S. 2586); sie wurde nichtamtlich an die nachträgliche Änderung mWv 26.7.2012 durch G v. 21.7.2012 (BGBl. I S. 1577) angepasst.

Abschnitt 1. Allgemeine Vorschriften

§ 1[1] Geltungsbereich. (1) ¹In Familiensachen einschließlich der Vollstreckung durch das Familiengericht und für Verfahren vor dem Oberlandesgericht nach § 107 des Gesetzes über das Verfahren in Familiensachen und in den Angelegenheiten der freiwilligen Gerichtsbarkeit werden Kosten (Gebühren und Auslagen) nur nach diesem Gesetz erhoben, soweit nichts anderes bestimmt ist. ²Dies gilt auch für Verfahren über eine Beschwerde, die mit einem Verfahren nach Satz 1 in Zusammenhang steht. ³Für das Mahnverfahren werden Kosten nach dem Gerichtskostengesetz[2] erhoben.

(2) Die Vorschriften dieses Gesetzes über die Erinnerung und die Beschwerde gehen den Regelungen der für das zugrunde liegende Verfahren geltenden Verfahrensvorschriften vor.

§ 2[3] Kostenfreiheit. (1) Der Bund und die Länder sowie die nach Haushaltsplänen des Bundes oder eines Landes verwalteten öffentlichen Anstalten und Kassen sind von der Zahlung der Kosten befreit.

---

[1] § 1 Abs. 2 angef. mWv 1.8.2013 durch G v. 23.7.2013 (BGBl. I S. 2586).
[2] Nr. 2.
[3] § 2 Abs. 3 Satz 2 neu gef. mWv 1.8.2013 durch G v. 23.7.2013 (BGBl. I S. 2586).

(2) Sonstige bundesrechtliche oder landesrechtliche Vorschriften, durch die eine sachliche oder persönliche Befreiung von Kosten gewährt ist, bleiben unberührt.

(3) [1] Soweit jemandem, der von Kosten befreit ist, Kosten des Verfahrens auferlegt werden, sind Kosten nicht zu erheben; bereits erhobene Kosten sind zurückzuzahlen. [2] Das Gleiche gilt, soweit ein von der Zahlung der Kosten befreiter Beteiligter Kosten des Verfahrens übernimmt.

§ 3 Höhe der Kosten. (1) Die Gebühren richten sich nach dem Wert des Verfahrensgegenstands (Verfahrenswert), soweit nichts anderes bestimmt ist.

(2) Kosten werden nach dem Kostenverzeichnis der Anlage 1 zu diesem Gesetz erhoben.

§ 4 Umgangspflegschaft. Die besonderen Vorschriften für die Dauerpflegschaft sind auf die Umgangspflegschaft nicht anzuwenden.

§ 5 Lebenspartnerschaftssachen. In Lebenspartnerschaftssachen nach § 269 des Gesetzes über das Verfahren in Familiensachen und in den Angelegenheiten der freiwilligen Gerichtsbarkeit sind für

1. Verfahren nach Absatz 1 Nr. 1 dieser Vorschrift die Vorschriften für das Verfahren auf Scheidung der Ehe,

2. Verfahren nach Absatz 1 Nr. 2 dieser Vorschrift die Vorschriften für das Verfahren auf Feststellung des Bestehens oder Nichtbestehens einer Ehe zwischen den Beteiligten,

3. Verfahren nach Absatz 1 Nr. 3 bis 12 dieser Vorschrift die Vorschriften für Familiensachen nach § 111 Nr. 2, 4, 5 und 7 bis 9 des Gesetzes über das Verfahren in Familiensachen und in den Angelegenheiten der freiwilligen Gerichtsbarkeit und

4. Verfahren nach den Absätzen 2 und 3 dieser Vorschrift die Vorschriften für sonstige Familiensachen nach § 111 Nr. 10 des Gesetzes über das Verfahren in Familiensachen und in den Angelegenheiten der freiwilligen Gerichtsbarkeit

entsprechend anzuwenden.

§ 6 Verweisung, Abgabe, Fortführung einer Folgesache als selbständige Familiensache. (1) [1] Verweist ein erstinstanzliches Gericht oder ein Rechtsmittelgericht ein Verfahren an ein erstinstanzliches Gericht desselben oder eines anderen Zweiges der Gerichtsbarkeit, ist das frühere erstinstanzliche Verfahren als Teil des Verfahrens vor dem übernehmenden Gericht zu behandeln. [2] Das Gleiche gilt, wenn die Sache an ein anderes Gericht abgegeben wird.

(2) Wird eine Folgesache als selbständige Familiensache fortgeführt, ist das frühere Verfahren als Teil der selbständigen Familiensache zu behandeln.

(3) [1] Mehrkosten, die durch Anrufung eines Gerichts entstehen, zu dem der Rechtsweg nicht gegeben oder das für das Verfahren nicht zuständig ist, werden nur dann erhoben, wenn die Anrufung auf verschuldeter Unkenntnis der tatsächlichen oder rechtlichen Verhältnisse beruht. [2] Die Entscheidung trifft das Gericht, an das verwiesen worden ist.

§ 7 Verjährung, Verzinsung. (1) [1] Ansprüche auf Zahlung von Kosten verjähren in vier Jahren nach Ablauf des Kalenderjahres, in dem das Verfahren durch rechtskräftige Entscheidung über die Kosten, durch Vergleich oder in sonstiger Weise beendet ist. [2] Bei Vormundschaften und Dauerpflegschaften beginnt die Verjährung mit der Fälligkeit der Kosten.

(2) [1] Ansprüche auf Rückerstattung von Kosten verjähren in vier Jahren nach Ablauf des Kalenderjahres, in dem die Zahlung erfolgt ist. [2] Die Verjährung beginnt jedoch nicht vor dem in Absatz 1 bezeichneten Zeitpunkt. [3] Durch Einlegung eines Rechtsbehelfs mit dem Ziel der Rückerstattung wird die Verjährung wie durch Klageerhebung gehemmt.

(3) [1] Auf die Verjährung sind die Vorschriften des Bürgerlichen Gesetzbuchs anzuwenden; die Verjährung wird nicht von Amts wegen berücksichtigt. [2] Die Verjährung der Ansprüche auf Zahlung von Kosten beginnt auch durch die Aufforderung zur Zahlung oder durch eine dem Schuldner mitgeteilte Stundung erneut. [3] Ist der Aufenthalt des Kostenschuldners unbekannt, genügt die Zustellung durch Aufgabe zur Post unter seiner letzten bekannten Anschrift. [4] Bei Kostenbeträgen unter 25 Euro beginnt die Verjährung weder erneut noch wird sie gehemmt.

(4) Ansprüche auf Zahlung und Rückerstattung von Kosten werden nicht verzinst.

§ 8[1)] **Elektronische Akte, elektronisches Dokument.** In Verfahren nach diesem Gesetz sind die verfahrensrechtlichen Vorschriften über die elektronische Akte und über das elektronische Dokument anzuwenden, die für das dem kostenrechtlichen Verfahren zugrunde liegende Verfahren gelten.

§ 8a[2)] **Rechtsbehelfsbelehrung.** Jede Kostenrechnung und jede anfechtbare Entscheidung hat eine Belehrung über den statthaften Rechtsbehelf sowie über das Gericht, bei dem dieser Rechtsbehelf einzulegen ist, über dessen Sitz und über die einzuhaltende Form und Frist zu enthalten.

Abschnitt 2. Fälligkeit

§ 9[3)] **Fälligkeit der Gebühren in Ehesachen und selbständigen Familienstreitsachen.** (1) In Ehesachen und in selbständigen Familienstreitsachen wird die Verfahrensgebühr mit der Einreichung der Antragsschrift, der Einspruchs- oder Rechtsmittelschrift oder mit der Abgabe der entsprechenden Erklärung zu Protokoll fällig.

(2) Soweit die Gebühr eine Entscheidung oder sonstige gerichtliche Handlung voraussetzt, wird sie mit dieser fällig.

§ 10 Fälligkeit bei Vormundschaften und Dauerpflegschaften. Bei Vormundschaften und bei Dauerpflegschaften werden die Gebühren nach den Nummern 1311 und 1312 des Kostenverzeichnisses erstmals bei Anordnung und später jeweils zu Beginn eines Kalenderjahres, Auslagen sofort nach ihrer Entstehung fällig.

[1)] § 8 neu gef. mWv 1.8.2013 durch G v. 23.7.2013 (BGBl. I S. 2586).
[2)] § 8a eingef. mWv 1.1.2014 durch G v. 5.12.2012 (BGBl. I S. 2418).
[3)] § 9 Abs. 1 geänd. mWv 1.8.2013 durch G v. 23.7.2013 (BGBl. I S. 2586).

§ 11[1]) **Fälligkeit der Gebühren in sonstigen Fällen, Fälligkeit der Auslagen.** (1) Im Übrigen werden die Gebühren und die Auslagen fällig, wenn

1. eine unbedingte Entscheidung über die Kosten ergangen ist,
2. das Verfahren oder der Rechtszug durch Vergleich oder Zurücknahme beendet ist,
3. das Verfahren sechs Monate ruht oder sechs Monate nicht betrieben worden ist,
4. das Verfahren sechs Monate unterbrochen oder sechs Monate ausgesetzt war oder
5. das Verfahren durch anderweitige Erledigung beendet ist.

(2) Die Dokumentenpauschale sowie die Auslagen für die Versendung von Akten werden sofort nach ihrer Entstehung fällig.

Abschnitt 3. Vorschuss und Vorauszahlung

§ 12 Grundsatz. In weiterem Umfang als das Gesetz über das Verfahren in Familiensachen und in den Angelegenheiten der freiwilligen Gerichtsbarkeit, die Zivilprozessordnung und dieses Gesetz es gestatten, darf die Tätigkeit des Familiengerichts von der Sicherstellung oder Zahlung der Kosten nicht abhängig gemacht werden.

§ 13 Verfahren nach dem Internationalen Familienrechtsverfahrensgesetz. In Verfahren nach dem Internationalen Familienrechtsverfahrensgesetz sind die Vorschriften dieses Abschnitts nicht anzuwenden.

§ 14[2]) **Abhängigmachung in bestimmten Verfahren.** (1) [1]In Ehesachen und selbständigen Familienstreitsachen soll die Antragsschrift erst nach Zahlung der Gebühr für das Verfahren im Allgemeinen zugestellt werden. [2]Wird der Antrag erweitert, soll vor Zahlung der Gebühr für das Verfahren im Allgemeinen keine gerichtliche Handlung vorgenommen werden; dies gilt auch in der Rechtsmittelinstanz.

(2) Absatz 1 gilt nicht für den Widerantrag, ferner nicht für den Antrag auf Erlass einer einstweiligen Anordnung, auf Anordnung eines Arrests oder auf Erlass eines Europäischen Beschlusses zur vorläufigen Kontenpfändung.

(3) Im Übrigen soll in Verfahren, in denen der Antragsteller die Kosten schuldet (§ 21), vor Zahlung der Gebühr für das Verfahren im Allgemeinen keine gerichtliche Handlung vorgenommen werden.

§ 15[3]) **Ausnahmen von der Abhängigmachung.** § 14 gilt nicht,

1. soweit dem Antragsteller Verfahrenskostenhilfe bewilligt ist,
2. wenn dem Antragsteller Gebührenfreiheit zusteht oder
3. wenn die beabsichtigte Rechtsverfolgung weder aussichtslos noch mutwillig erscheint und wenn glaubhaft gemacht wird, dass

---

[1]) § 11 Abs. 2 geänd. mWv 1.8.2013 durch G v. 23.7.2013 (BGBl. I S. 2586).
[2]) § 14 Überschrift neu gef., Abs. 1 Satz 1 geänd. mWv 1.8.2013 durch G v. 23.7.2013 (BGBl. I S. 2586); Abs. 2 neu gef. mWv 18.1.2017 durch G v. 21.11.2016 (BGBl. I S. 2591).
[3]) § 15 Nr. 1 und 3 geänd. mWv 1.8.2013 durch G v. 23.7.2013 (BGBl. I S. 2586); Nr. 3 einl. Satzteil geänd. mWv 1.1.2021 durch G v. 21.12.2020 (BGBl. I S. 3229).

a) dem Antragsteller die alsbaldige Zahlung der Kosten mit Rücksicht auf seine Vermögenslage oder aus sonstigen Gründen Schwierigkeiten bereiten würde oder

b) eine Verzögerung dem Antragsteller einen nicht oder nur schwer zu ersetzenden Schaden bringen würde; zur Glaubhaftmachung genügt in diesem Fall die Erklärung des zum Bevollmächtigten bestellten Rechtsanwalts.

§ 16[1] **Auslagen.** (1) [1] Wird die Vornahme einer Handlung, mit der Auslagen verbunden sind, beantragt, hat derjenige, der die Handlung beantragt hat, einen zur Deckung der Auslagen hinreichenden Vorschuss zu zahlen. [2] Das Gericht soll die Vornahme einer Handlung, die nur auf Antrag vorzunehmen ist, von der vorherigen Zahlung abhängig machen.

(2) Die Herstellung und Überlassung von Dokumenten auf Antrag sowie die Versendung von Akten können von der vorherigen Zahlung eines die Auslagen deckenden Vorschusses abhängig gemacht werden.

(3) Bei Handlungen, die von Amts wegen vorgenommen werden, kann ein Vorschuss zur Deckung der Auslagen erhoben werden.

(4) Absatz 1 gilt nicht für die Anordnung einer Haft.

§ 17 Fortdauer der Vorschusspflicht. [1] Die Verpflichtung zur Zahlung eines Vorschusses bleibt bestehen, auch wenn die Kosten des Verfahrens einem anderen auferlegt oder von einem anderen übernommen sind. [2] § 26 Abs. 2 gilt entsprechend.

Abschnitt 4. Kostenansatz

§ 18[2] **Kostenansatz.** (1) [1] Es werden angesetzt:

1. die Kosten des ersten Rechtszugs bei dem Gericht, bei dem das Verfahren im ersten Rechtszug anhängig ist oder zuletzt anhängig war,

2. die Kosten des Rechtsmittelverfahrens bei dem Rechtsmittelgericht.

[2] Dies gilt auch dann, wenn die Kosten bei einem ersuchten Gericht entstanden sind.

(2) Die Dokumentenpauschale sowie die Auslagen für die Versendung von Akten werden bei der Stelle angesetzt, bei der sie entstanden sind.

(3) [1] Der Kostenansatz kann im Verwaltungsweg berichtigt werden, solange nicht eine gerichtliche Entscheidung getroffen ist. [2] Ergeht nach der gerichtlichen Entscheidung über den Kostenansatz eine Entscheidung, durch die der Verfahrenswert anders festgesetzt wird, kann der Kostenansatz ebenfalls berichtigt werden.

§ 19[3] **Nachforderung.** (1) [1] Wegen eines unrichtigen Ansatzes dürfen Kosten nur nachgefordert werden, wenn der berichtigte Ansatz dem Zahlungspflichtigen vor Ablauf des nächsten Kalenderjahres nach Absendung der den Rechtszug abschließenden Kostenrechnung (Schlusskostenrechnung), bei Vor-

---

[1] § 16 Abs. 2 geänd. mWv 1.8.2013 durch G v. 23.7.2013 (BGBl. I S. 2586).
[2] § 18 Abs. 2 geänd. mWv 1.8.2013 durch G v. 23.7.2013 (BGBl. I S. 2586).
[3] § 19 Abs. 2 geänd. mWv 1.8.2013 durch G v. 23.7.2013 (BGBl. I S. 2586).

mundschaften und Dauerpflegschaften der Jahresrechnung, mitgeteilt worden ist. ²Dies gilt nicht, wenn die Nachforderung auf vorsätzlich oder grob fahrlässig falschen Angaben des Kostenschuldners beruht oder wenn der ursprüngliche Kostenansatz unter einem bestimmten Vorbehalt erfolgt ist.

(2) Ist innerhalb der Frist des Absatzes 1 ein Rechtsbehelf wegen des Hauptgegenstands oder wegen der Kosten eingelegt oder dem Zahlungspflichtigen mitgeteilt worden, dass ein Wertermittlungsverfahren eingeleitet ist, ist die Nachforderung bis zum Ablauf des nächsten Kalenderjahres nach Beendigung dieser Verfahren möglich.

(3) Ist der Wert gerichtlich festgesetzt worden, genügt es, wenn der berichtigte Ansatz dem Zahlungspflichtigen drei Monate nach der letzten Wertfestsetzung mitgeteilt worden ist.

§ 20¹⁾ **Nichterhebung von Kosten.** (1) ¹Kosten, die bei richtiger Behandlung der Sache nicht entstanden wären, werden nicht erhoben. ²Das Gleiche gilt für Auslagen, die durch eine von Amts wegen veranlasste Verlegung eines Termins oder Vertagung einer Verhandlung entstanden sind. ³Für abweisende Entscheidungen sowie bei Zurücknahme eines Antrags kann von der Erhebung von Kosten abgesehen werden, wenn der Antrag auf unverschuldeter Unkenntnis der tatsächlichen oder rechtlichen Verhältnisse beruht.

(2) ¹Die Entscheidung trifft das Gericht. ²Solange nicht das Gericht entschieden hat, können Anordnungen nach Absatz 1 im Verwaltungsweg erlassen werden. ³Eine im Verwaltungsweg getroffene Anordnung kann nur im Verwaltungsweg geändert werden.

Abschnitt 5. Kostenhaftung

§ 21²⁾ **Kostenschuldner in Antragsverfahren, Vergleich.** (1) ¹In Verfahren, die nur durch Antrag eingeleitet werden, schuldet die Kosten, wer das Verfahren des Rechtszugs beantragt hat. ²Dies gilt nicht

1. für den ersten Rechtszug in Gewaltschutzsachen und in Verfahren nach dem EU-Gewaltschutzverfahrensgesetz,

2. im Verfahren auf Erlass einer gerichtlichen Anordnung auf Rückgabe des Kindes oder über das Recht zum persönlichen Umgang nach dem Internationalen Familienrechtsverfahrensgesetz,

3. für einen Minderjährigen in Verfahren, die seine Person betreffen, und

4. für einen Verfahrensbeistand.

³Im Verfahren, das gemäß § 700 Abs. 3 der Zivilprozessordnung dem Mahnverfahren folgt, schuldet die Kosten, wer den Vollstreckungsbescheid beantragt hat.

(2) Die Gebühr für den Abschluss eines gerichtlichen Vergleichs schuldet jeder, der an dem Abschluss beteiligt ist.

§ 22 Kosten bei Vormundschaft und Dauerpflegschaft. ¹Die Kosten bei einer Vormundschaft oder Dauerpflegschaft schuldet der von der Maßnahme

---

¹⁾ § 20 Überschrift geänd. mWv 1.8.2013 durch G v. 23.7.2013 (BGBl. I S. 2586).
²⁾ § 21 Abs. 1 Satz 2 Nr. 1 geänd. mWv 11.1.2015 durch G v. 5.12.2014 (BGBl. I S. 1964).

betroffene Minderjährige. [2]Dies gilt nicht für Kosten, die das Gericht einem anderen auferlegt hat.

§ 23[1]**) Bestimmte sonstige Auslagen.** (1) [1]Die Dokumentenpauschale schuldet ferner, wer die Erteilung der Ausfertigungen, Kopien oder Ausdrucke beantragt hat. [2]Sind Kopien oder Ausdrucke angefertigt worden, weil der Beteiligte es unterlassen hat, die erforderliche Zahl von Mehrfertigungen beizufügen, schuldet nur der Beteiligte die Dokumentenpauschale.

(2) Die Auslagen nach Nummer 2003 des Kostenverzeichnisses schuldet nur, wer die Versendung der Akte beantragt hat.

(3) Im Verfahren auf Bewilligung von Verfahrenskostenhilfe und im Verfahren auf Bewilligung grenzüberschreitender Prozesskostenhilfe ist der Antragsteller Schuldner der Auslagen, wenn

1. der Antrag zurückgenommen oder vom Gericht abgelehnt wird oder
2. die Übermittlung des Antrags von der Übermittlungsstelle oder das Ersuchen um Prozesskostenhilfe von der Empfangsstelle abgelehnt wird.

§ 24 Weitere Fälle der Kostenhaftung. Die Kosten schuldet ferner,

1. wem durch gerichtliche Entscheidung die Kosten des Verfahrens auferlegt sind;
2. wer sie durch eine vor Gericht abgegebene oder dem Gericht mitgeteilte Erklärung oder in einem vor Gericht abgeschlossenen oder dem Gericht mitgeteilten Vergleich übernommen hat; dies gilt auch, wenn bei einem Vergleich ohne Bestimmung über die Kosten diese als von beiden Teilen je zur Hälfte übernommen anzusehen sind;
3. wer für die Kostenschuld eines anderen kraft Gesetzes haftet und
4. der Verpflichtete für die Kosten der Vollstreckung; dies gilt nicht für einen Minderjährigen in Verfahren, die seine Person betreffen.

§ 25 Erlöschen der Zahlungspflicht. [1]Die durch gerichtliche Entscheidung begründete Verpflichtung zur Zahlung von Kosten erlischt, soweit die Entscheidung durch eine andere gerichtliche Entscheidung aufgehoben oder abgeändert wird. [2]Soweit die Verpflichtung zur Zahlung von Kosten nur auf der aufgehobenen oder abgeänderten Entscheidung beruht hat, werden bereits gezahlte Kosten zurückerstattet.

§ 26[2]**) Mehrere Kostenschuldner.** (1) Mehrere Kostenschuldner haften als Gesamtschuldner.

(2) [1]Soweit ein Kostenschuldner aufgrund von § 24 Nr. 1 oder Nr. 2 (Erstschuldner) haftet, soll die Haftung eines anderen Kostenschuldners nur geltend gemacht werden, wenn eine Zwangsvollstreckung in das bewegliche Vermögen des ersteren erfolglos geblieben ist oder aussichtslos erscheint. [2]Zahlungen des Erstschuldners mindern seine Haftung aufgrund anderer Vorschriften dieses Gesetzes auch dann in voller Höhe, wenn sich seine Haftung nur auf einen Teilbetrag bezieht.

---

[1]) § 23 Abs. 1 Sätze 1 und 2, Abs. 2 geänd., Abs. 3 neu gef. mWv 1.8.2013 durch G v. 23.7.2013 (BGBl. I S. 2586).
[2]) § 26 Abs. 3 Satz 1 geänd., Abs. 4 angef. mWv 1.8.2013 durch G v. 23.7.2013 (BGBl. I S. 2586).

(3) [1] Soweit einem Kostenschuldner, der aufgrund von § 24 Nr. 1 haftet (Entscheidungsschuldner), Verfahrenskostenhilfe bewilligt worden ist, darf die Haftung eines anderen Kostenschuldners nicht geltend gemacht werden; von diesem bereits erhobene Kosten sind zurückzuzahlen, soweit es sich nicht um eine Zahlung nach § 13 Abs. 1 und 3 des Justizvergütungs- und -entschädigungsgesetzes[1] handelt und die Partei, der die Verfahrenskostenhilfe bewilligt worden ist, der besonderen Vergütung zugestimmt hat. [2] Die Haftung eines anderen Kostenschuldners darf auch nicht geltend gemacht werden, soweit dem Entscheidungsschuldner ein Betrag für die Reise zum Ort einer Verhandlung, Anhörung oder Untersuchung und für die Rückreise gewährt worden ist.

(4) Absatz 3 ist entsprechend anzuwenden, soweit der Kostenschuldner aufgrund des § 24 Nummer 2 haftet, wenn

1. der Kostenschuldner die Kosten in einem vor Gericht abgeschlossenen, gegenüber dem Gericht angenommenen oder in einem gerichtlich gebilligten Vergleich übernommen hat,

2. der Vergleich einschließlich der Verteilung der Kosten, bei einem gerichtlich gebilligten Vergleich allein die Verteilung der Kosten, von dem Gericht vorgeschlagen worden ist und

3. das Gericht in seinem Vergleichsvorschlag ausdrücklich festgestellt hat, dass die Kostenregelung der sonst zu erwartenden Kostenentscheidung entspricht.

§ 27 Haftung von Streitgenossen. [1] Streitgenossen haften als Gesamtschuldner, wenn die Kosten nicht durch gerichtliche Entscheidung unter sie verteilt sind. [2] Soweit einen Streitgenossen nur Teile des Streitgegenstands betreffen, beschränkt sich seine Haftung als Gesamtschuldner auf den Betrag, der entstanden wäre, wenn das Verfahren nur diese Teile betroffen hätte.

Abschnitt 6. Gebührenvorschriften

§ 28[2] **Wertgebühren.** (1) [1] Wenn sich die Gebühren nach dem Verfahrenswert richten, beträgt bei einem Verfahrenswert bis 500 Euro die Gebühr 38 Euro. [2] Die Gebühr erhöht sich bei einem

Verfahrenswert bis … Euro	für jeden angefangenen Betrag von weiteren … Euro	um … Euro
2 000	500	20
10 000	1 000	21
25 000	3 000	29
50 000	5 000	38
200 000	15 000	132
500 000	30 000	198
über 500 000	50 000	198

---

[1] Nr. 5.
[2] § 28 Abs. 2 geänd. mWv 1.8.2013 durch G v. 23.7.2013 (BGBl. I S. 2586); Abs. 1 Sätze 1 und 2 neu gef. mWv 1.1.2021 durch G v. 21.12.2020 (BGBl. I S. 3229).

³ Eine Gebührentabelle für Verfahrenswerte bis 500 000 Euro ist diesem Gesetz als Anlage 2 beigefügt.

(2) Der Mindestbetrag einer Gebühr ist 15 Euro.

§ 29 Einmalige Erhebung der Gebühren. Die Gebühr für das Verfahren im Allgemeinen und die Gebühr für eine Entscheidung werden in jedem Rechtszug hinsichtlich eines jeden Teils des Verfahrensgegenstands nur einmal erhoben.

§ 30 Teile des Verfahrensgegenstands. (1) Für Handlungen, die einen Teil des Verfahrensgegenstands betreffen, sind die Gebühren nur nach dem Wert dieses Teils zu berechnen.

(2) Sind von einzelnen Wertteilen in demselben Rechtszug für gleiche Handlungen Gebühren zu berechnen, darf nicht mehr erhoben werden, als wenn die Gebühr von dem Gesamtbetrag der Wertteile zu berechnen wäre.

(3) Sind für Teile des Gegenstands verschiedene Gebührensätze anzuwenden, sind die Gebühren für die Teile gesondert zu berechnen; die aus dem Gesamtbetrag der Wertteile nach dem höchsten Gebührensatz berechnete Gebühr darf jedoch nicht überschritten werden.

§ 31 Zurückverweisung, Abänderung oder Aufhebung einer Entscheidung. (1) Wird eine Sache an ein Gericht eines unteren Rechtszugs zurückverwiesen, bildet das weitere Verfahren mit dem früheren Verfahren vor diesem Gericht einen Rechtszug im Sinne des § 29.

(2) ¹ Das Verfahren über eine Abänderung oder Aufhebung einer Entscheidung gilt als besonderes Verfahren, soweit im Kostenverzeichnis nichts anderes bestimmt ist. ² Dies gilt nicht für das Verfahren zur Überprüfung der Entscheidung nach § 166 Abs. 2 und 3 des Gesetzes über das Verfahren in Familiensachen und in den Angelegenheiten der freiwilligen Gerichtsbarkeit.

§ 32 Verzögerung des Verfahrens. ¹ Wird in einer selbständigen Familienstreitsache außer im Fall des § 335 der Zivilprozessordnung durch Verschulden eines Beteiligten oder seines Vertreters die Vertagung einer mündlichen Verhandlung oder die Anberaumung eines neuen Termins zur mündlichen Verhandlung nötig oder ist die Erledigung des Verfahrens durch nachträgliches Vorbringen von Angriffs- oder Verteidigungsmitteln, Beweismitteln oder Beweiseinreden, die früher vorgebracht werden konnten, verzögert worden, kann das Gericht dem Beteiligten von Amts wegen eine besondere Gebühr mit einem Gebührensatz von 1,0 auferlegen. ² Die Gebühr kann bis auf einen Gebührensatz von 0,3 ermäßigt werden. ³ Dem Antragsteller, dem Antragsgegner oder dem Vertreter stehen der Nebenintervenient und sein Vertreter gleich.

Abschnitt 7. Wertvorschriften

Unterabschnitt 1. Allgemeine Wertvorschriften

§ 33 Grundsatz. (1) ¹ In demselben Verfahren und in demselben Rechtszug werden die Werte mehrerer Verfahrensgegenstände zusammengerechnet, soweit nichts anderes bestimmt ist. ² Ist mit einem nichtvermögensrechtlichen Anspruch ein aus ihm hergeleiteter vermögensrechtlicher Anspruch verbunden, ist nur ein Anspruch, und zwar der höhere, maßgebend.

(2) Der Verfahrenswert beträgt höchstens 30 Millionen Euro, soweit kein niedrigerer Höchstwert bestimmt ist.

§ 34 Zeitpunkt der Wertberechnung. [1]Für die Wertberechnung ist der Zeitpunkt der den jeweiligen Verfahrensgegenstand betreffenden ersten Antragstellung in dem jeweiligen Rechtszug entscheidend. [2]In Verfahren, die von Amts wegen eingeleitet werden, ist der Zeitpunkt der Fälligkeit der Gebühr maßgebend.

§ 35 Geldforderung. Ist Gegenstand des Verfahrens eine bezifferte Geldforderung, bemisst sich der Verfahrenswert nach deren Höhe, soweit nichts anderes bestimmt ist.

§ 36[1] Genehmigung einer Erklärung oder deren Ersetzung. (1) [1]Wenn in einer vermögensrechtlichen Angelegenheit Gegenstand des Verfahrens die Genehmigung einer Erklärung oder deren Ersetzung ist, bemisst sich der Verfahrenswert nach dem Wert des zugrunde liegenden Geschäfts. [2]§ 38 des Gerichts- und Notarkostengesetzes[2] und die für eine Beurkundung geltenden besonderen Geschäftswert- und Bewertungsvorschriften des Gerichts- und Notarkostengesetzes sind entsprechend anzuwenden.

(2) Mehrere Erklärungen, die denselben Gegenstand betreffen, insbesondere der Kauf und die Auflassung oder die Schulderklärung und die zur Hypothekenbestellung erforderlichen Erklärungen, sind als ein Verfahrensgegenstand zu bewerten.

(3) Der Wert beträgt in jedem Fall höchstens 1 Million Euro.

§ 37 Früchte, Nutzungen, Zinsen und Kosten. (1) Sind außer dem Hauptgegenstand des Verfahrens auch Früchte, Nutzungen, Zinsen oder Kosten betroffen, wird deren Wert nicht berücksichtigt.

(2) Soweit Früchte, Nutzungen, Zinsen oder Kosten ohne den Hauptgegenstand betroffen sind, ist deren Wert maßgebend, soweit er den Wert des Hauptgegenstands nicht übersteigt.

(3) Sind die Kosten des Verfahrens ohne den Hauptgegenstand betroffen, ist der Betrag der Kosten maßgebend, soweit er den Wert des Hauptgegenstands nicht übersteigt.

§ 38[3] Stufenantrag. Wird mit dem Antrag auf Rechnungslegung oder auf Vorlegung eines Vermögensverzeichnisses oder auf Abgabe einer eidesstattlichen Versicherung der Antrag auf Herausgabe desjenigen verbunden, was der Antragsgegner aus dem zugrunde liegenden Rechtsverhältnis schuldet, ist für die Wertberechnung nur einer der verbundenen Ansprüche, und zwar der höhere, maßgebend.

---

[1] § 36 Abs. 1 Satz 2 neu gef. mWv 1.8.2013 durch G v. 23.7.2013 (BGBl. I S. 2586).
[2] Nr. **4**.
[3] § 38 Überschrift neu gef., Wortlaut geänd. mWv 1.8.2013 durch G v. 23.7.2013 (BGBl. I S. 2586).

§ 39[1] **Antrag und Widerantrag, Hilfsanspruch, wechselseitige Rechtsmittel, Aufrechnung.** (1) [1]Mit einem Antrag und einem Widerantrag geltend gemachte Ansprüche, die nicht in getrennten Verfahren verhandelt werden, werden zusammengerechnet. [2]Ein hilfsweise geltend gemachter Anspruch wird mit dem Hauptanspruch zusammengerechnet, soweit eine Entscheidung über ihn ergeht. [3]Betreffen die Ansprüche im Fall des Satzes 1 oder des Satzes 2 denselben Gegenstand, ist nur der Wert des höheren Anspruchs maßgebend.

(2) Für wechselseitig eingelegte Rechtsmittel, die nicht in getrennten Verfahren verhandelt werden, ist Absatz 1 Satz 1 und 3 entsprechend anzuwenden.

(3) Macht ein Beteiligter hilfsweise die Aufrechnung mit einer bestrittenen Gegenforderung geltend, erhöht sich der Wert um den Wert der Gegenforderung, soweit eine der Rechtskraft fähige Entscheidung über sie ergeht.

(4) Bei einer Erledigung des Verfahrens durch Vergleich sind die Absätze 1 bis 3 entsprechend anzuwenden.

§ 40[2] **Rechtsmittelverfahren.** (1) [1]Im Rechtsmittelverfahren bestimmt sich der Verfahrenswert nach den Anträgen des Rechtsmittelführers. [2]Endet das Verfahren, ohne dass solche Anträge eingereicht werden, oder werden, wenn eine Frist für die Rechtsmittelbegründung vorgeschrieben ist, innerhalb dieser Frist Rechtsmittelanträge nicht eingereicht, ist die Beschwer maßgebend.

(2) [1]Der Wert ist durch den Wert des Verfahrensgegenstands des ersten Rechtszugs begrenzt. [2]Dies gilt nicht, soweit der Gegenstand erweitert wird.

(3) Im Verfahren über den Antrag auf Zulassung der Sprungrechtsbeschwerde ist Verfahrenswert der für das Rechtsmittelverfahren maßgebende Wert.

§ 41 Einstweilige Anordnung. [1]Im Verfahren der einstweiligen Anordnung ist der Wert in der Regel unter Berücksichtigung der geringeren Bedeutung gegenüber der Hauptsache zu ermäßigen. [2]Dabei ist von der Hälfte des für die Hauptsache bestimmten Werts auszugehen.

§ 42[3] **Auffangwert.** (1) Soweit in einer vermögensrechtlichen Angelegenheit der Verfahrenswert sich aus den Vorschriften dieses Gesetzes nicht ergibt und auch sonst nicht feststeht, ist er nach billigem Ermessen zu bestimmen.

(2) Soweit in einer nichtvermögensrechtlichen Angelegenheit der Verfahrenswert sich aus den Vorschriften dieses Gesetzes nicht ergibt, ist er unter Berücksichtigung aller Umstände des Einzelfalls, insbesondere des Umfangs und der Bedeutung der Sache und der Vermögens- und Einkommensverhältnisse der Beteiligten, nach billigem Ermessen zu bestimmen, jedoch nicht über 500 000 Euro.

(3) Bestehen in den Fällen der Absätze 1 und 2 keine genügenden Anhaltspunkte, ist von einem Wert von 5 000 Euro auszugehen.

Unterabschnitt 2. Besondere Wertvorschriften

§ 43[4] **Ehesachen.** (1) [1]In Ehesachen ist der Verfahrenswert unter Berücksichtigung aller Umstände des Einzelfalls, insbesondere des Umfangs und der

---

[1] § 39 Überschrift, Abs. 1 Satz 1 geänd. mWv 1.8.2013 durch G v. 23.7.2013 (BGBl. I S. 2586).
[2] § 40 Abs. 1 Satz 2 neu gef. mWv 1.8.2013 durch G v. 23.7.2013 (BGBl. I S. 2586).
[3] § 42 Abs. 3 geänd. mWv 1.8.2013 durch G v. 23.7.2013 (BGBl. I S. 2586).
[4] § 43 Abs. 1 Satz 2 geänd. mWv 1.8.2013 durch G v. 23.7.2013 (BGBl. I S. 2586).

Bedeutung der Sache und der Vermögens- und Einkommensverhältnisse der Ehegatten, nach Ermessen zu bestimmen. [2]Der Wert darf nicht unter 3 000 Euro und nicht über 1 Million Euro angenommen werden.

(2) Für die Einkommensverhältnisse ist das in drei Monaten erzielte Nettoeinkommen der Ehegatten einzusetzen.

§ 44[1] Verbund. (1) Die Scheidungssache und die Folgesachen gelten als ein Verfahren.

(2) [1]Sind in § 137 Abs. 3 des Gesetzes über das Verfahren in Familiensachen und in den Angelegenheiten der freiwilligen Gerichtsbarkeit genannte Kindschaftssachen Folgesachen, erhöht sich der Verfahrenswert nach § 43 für jede Kindschaftssache um 20 Prozent, höchstens um jeweils 4 000 Euro; eine Kindschaftssache ist auch dann als ein Gegenstand zu bewerten, wenn sie mehrere Kinder betrifft. [2]Die Werte der übrigen Folgesachen werden hinzugerechnet. [3]§ 33 Abs. 1 Satz 2 ist nicht anzuwenden.

(3) Ist der Betrag, um den sich der Verfahrenswert der Ehesache erhöht (Absatz 2), nach den besonderen Umständen des Einzelfalls unbillig, kann das Gericht einen höheren oder einen niedrigeren Betrag berücksichtigen.

§ 45[2] Bestimmte Kindschaftssachen. (1) In einer Kindschaftssache, die

1. die Übertragung oder Entziehung der elterlichen Sorge oder eines Teils der elterlichen Sorge,
2. das Umgangsrecht einschließlich der Umgangspflegschaft,
3. das Recht auf Auskunft über die persönlichen Verhältnisse des Kindes,
4. die Kindesherausgabe oder
5. die Genehmigung einer Einwilligung in einen operativen Eingriff bei einem Kind mit einer Variante der Geschlechtsentwicklung (§ 1631e Absatz 3 des Bürgerlichen Gesetzbuchs)

betrifft, beträgt der Verfahrenswert 4 000 Euro.

(2) Eine Kindschaftssache nach Absatz 1 ist auch dann als ein Gegenstand zu bewerten, wenn sie mehrere Kinder betrifft.

(3) Ist der nach Absatz 1 bestimmte Wert nach den besonderen Umständen des Einzelfalls unbillig, kann das Gericht einen höheren oder einen niedrigeren Wert festsetzen.

§ 46[3] Übrige Kindschaftssachen. (1) Wenn Gegenstand einer Kindschaftssache eine vermögensrechtliche Angelegenheit ist, gelten § 38 des Gerichts- und Notarkostengesetzes[4] und die für eine Beurkundung geltenden besonderen Geschäftswert- und Bewertungsvorschriften des Gerichts- und Notarkostengesetzes entsprechend.

(2) [1]Bei Pflegschaften für einzelne Rechtshandlungen bestimmt sich der Verfahrenswert nach dem Wert des Gegenstands, auf den sich die Rechtshand-

---

[1] § 44 Abs. 2 Satz 1 geänd. mWv 1.1.2021 durch G v. 21.12.2020 (BGBl. I S. 3229).
[2] § 45 Abs. 1 Nr. 2 geänd., Nr. 3 eingef., bish. Nr. 3 wird Nr. 4 mWv 13.7.2013 durch G v. 4.7. 2013 (BGBl. I S. 2176); Abs. 1 abschl. Satzteil geänd. mWv 1.1.2021 durch G v. 21.12.2020 (BGBl. I S. 3229); Abs. 1 Nr. 3 und 4 geänd., Nr. 5 angef. mWv 22.5.2021 durch G v. 12.5.2021 (BGBl. I S. 1082).
[3] § 46 Abs. 1 und 2 Satz 1 geänd. mWv 1.8.2013 durch G v. 23.7.2013 (BGBl. I S. 2586).
[4] Nr. **4**.

204

lung bezieht. [2] Bezieht sich die Pflegschaft auf eine gegenwärtige oder künftige Mitberechtigung, ermäßigt sich der Wert auf den Bruchteil, der dem Anteil der Mitberechtigung entspricht. [3] Bei Gesamthandsverhältnissen ist der Anteil entsprechend der Beteiligung an dem Gesamthandvermögen zu bemessen.

(3) Der Wert beträgt in jedem Fall höchstens 1 Million Euro.

§ 47 Abstammungssachen. (1) In Abstammungssachen nach § 169 Nr. 1 und 4 des Gesetzes über das Verfahren in Familiensachen und in den Angelegenheiten der freiwilligen Gerichtsbarkeit beträgt der Verfahrenswert 2 000 Euro, in den übrigen Abstammungssachen 1 000 Euro.

(2) Ist der nach Absatz 1 bestimmte Wert nach den besonderen Umständen des Einzelfalls unbillig, kann das Gericht einen höheren oder einen niedrigeren Wert festsetzen.

§ 48[1) Ehewohnungs- und Haushaltssachen. (1) In Ehewohnungssachen nach § 200 Absatz 1 Nummer 1 des Gesetzes über das Verfahren in Familiensachen und in den Angelegenheiten der freiwilligen Gerichtsbarkeit beträgt der Verfahrenswert 3 000 Euro, in Ehewohnungssachen nach § 200 Absatz 1 Nummer 2 des Gesetzes über das Verfahren in Familiensachen und in den Angelegenheiten der freiwilligen Gerichtsbarkeit 4 000 Euro.

(2) In Haushaltssachen nach § 200 Absatz 2 Nummer 1 des Gesetzes über das Verfahren in Familiensachen und in den Angelegenheiten der freiwilligen Gerichtsbarkeit beträgt der Wert 2 000 Euro, in Haushaltssachen nach § 200 Absatz 2 Nummer 2 des Gesetzes über das Verfahren in Familiensachen und in den Angelegenheiten der freiwilligen Gerichtsbarkeit 3 000 Euro.

(3) Ist der nach den Absätzen 1 und 2 bestimmte Wert nach den besonderen Umständen des Einzelfalls unbillig, kann das Gericht einen höheren oder einen niedrigeren Wert festsetzen.

§ 49[2) Gewaltschutzsachen. (1) In Gewaltschutzsachen nach § 1 des Gewaltschutzgesetzes und in Verfahren nach dem EU-Gewaltschutzverfahrensgesetz beträgt der Verfahrenswert 2 000 Euro, in Gewaltschutzsachen nach § 2 des Gewaltschutzgesetzes 3 000 Euro.

(2) Ist der nach Absatz 1 bestimmte Wert nach den besonderen Umständen des Einzelfalls unbillig, kann das Gericht einen höheren oder einen niedrigeren Wert festsetzen.

§ 50[3) Versorgungsausgleichssachen. (1) [1] In Versorgungsausgleichssachen beträgt der Verfahrenswert für jedes Anrecht 10 Prozent, bei Ausgleichsansprüchen nach der Scheidung für jedes Anrecht 20 Prozent des in drei Monaten erzielten Nettoeinkommens der Ehegatten. [2] Der Wert nach Satz 1 beträgt insgesamt mindestens 1 000 Euro.

(2) In Verfahren über einen Auskunftsanspruch oder über die Abtretung von Versorgungsansprüchen beträgt der Verfahrenswert 500 Euro.

[1) § 48 neu gef. mWv 1.9.2009 durch G v. 6.7.2009 (BGBl. I S. 1696).
[2) § 49 Abs. 1 geänd. mWv 11.1.2015 durch G v. 5.12.2014 (BGBl. I S. 1964).
[3) § 50 neu gef. mWv 1.9.2009 durch G v. 3.4.2009 (BGBl. I S. 700).

(3) Ist der nach den Absätzen 1 und 2 bestimmte Wert nach den besonderen Umständen des Einzelfalls unbillig, kann das Gericht einen höheren oder einen niedrigeren Wert festsetzen.

§ 51[1] Unterhaltssachen und sonstige den Unterhalt betreffende Familiensachen. (1) [1]In Unterhaltssachen und in sonstigen den Unterhalt betreffenden Familiensachen, soweit diese jeweils Familienstreitsachen sind und wiederkehrende Leistungen betreffen, ist der für die ersten zwölf Monate nach Einreichung des Antrags geforderte Betrag maßgeblich, höchstens jedoch der Gesamtbetrag der geforderten Leistung. [2]Bei Unterhaltsansprüchen nach den §§ 1612a bis 1612c des Bürgerlichen Gesetzbuchs ist dem Wert nach Satz 1 der Monatsbetrag des zum Zeitpunkt der Einreichung des Antrags geltenden Mindestunterhalts nach der zu diesem Zeitpunkt maßgebenden Altersstufe zugrunde zu legen.

(2) [1]Die bei Einreichung des Antrags fälligen Beträge werden dem Wert hinzugerechnet. [2]Der Einreichung des Antrags wegen des Hauptgegenstands steht die Einreichung eines Antrags auf Bewilligung der Verfahrenskostenhilfe gleich, wenn der Antrag wegen des Hauptgegenstands alsbald nach Mitteilung der Entscheidung über den Antrag auf Bewilligung der Verfahrenskostenhilfe oder über eine alsbald eingelegte Beschwerde eingereicht wird. [3]Die Sätze 1 und 2 sind im vereinfachten Verfahren zur Festsetzung von Unterhalt Minderjähriger entsprechend anzuwenden.

(3) [1]In Unterhaltssachen, die nicht Familienstreitsachen sind, beträgt der Wert 500 Euro. [2]Ist der Wert nach den besonderen Umständen des Einzelfalls unbillig, kann das Gericht einen höheren Wert festsetzen.

§ 52 Güterrechtssachen. [1]Wird in einer Güterrechtssache, die Familienstreitsache ist, auch über einen Antrag nach § 1382 Abs. 5 oder nach § 1383 Abs. 3 des Bürgerlichen Gesetzbuchs entschieden, handelt es sich um ein Verfahren. [2]Die Werte werden zusammengerechnet.

Unterabschnitt 3. Wertfestsetzung

§ 53 Angabe des Werts. [1]Bei jedem Antrag ist der Verfahrenswert, wenn dieser nicht in einer bestimmten Geldsumme besteht, kein fester Wert bestimmt ist oder sich nicht aus früheren Anträgen ergibt, und nach Aufforderung auch der Wert eines Teils des Verfahrensgegenstands schriftlich oder zu Protokoll der Geschäftsstelle anzugeben. [2]Die Angabe kann jederzeit berichtigt werden.

§ 54 Wertfestsetzung für die Zulässigkeit der Beschwerde. Ist der Wert für die Zulässigkeit der Beschwerde festgesetzt, ist die Festsetzung auch für die Berechnung der Gebühren maßgebend, soweit die Wertvorschriften dieses Gesetzes nicht von den Wertvorschriften des Verfahrensrechts abweichen.

§ 55[2] Wertfestsetzung für die Gerichtsgebühren. (1) [1]Sind Gebühren, die sich nach dem Verfahrenswert richten, mit der Einreichung des Antrags, der

---

[1] § 51 Überschrift, Abs. 1 Sätze 1 und 2, Abs. 2 Satz 1 und Abs. 3 Satz 1 geänd., Abs. 2 Satz 2 neu gef. mWv 1.8.2013 durch G v. 23.7.2013 (BGBl. I S. 2586).
[2] § 55 Abs. 1 Satz 1 geänd., Abs. 3 neu gef. mWv 1.8.2013 durch G v. 23.7.2013 (BGBl. I S. 2586).

Einspruchs- oder der Rechtsmittelschrift oder mit der Abgabe der entsprechenden Erklärung zu Protokoll fällig, setzt das Gericht sogleich den Wert ohne Anhörung der Beteiligten durch Beschluss vorläufig fest, wenn Gegenstand des Verfahrens eine bestimmte Geldsumme in Euro ist oder für den Regelfall kein fester Wert bestimmt ist. [2] Einwendungen gegen die Höhe des festgesetzten Werts können nur im Verfahren über die Beschwerde gegen den Beschluss, durch den die Tätigkeit des Gerichts aufgrund dieses Gesetzes von der vorherigen Zahlung von Kosten abhängig gemacht wird, geltend gemacht werden.

(2) Soweit eine Entscheidung nach § 54 nicht ergeht oder nicht bindet, setzt das Gericht den Wert für die zu erhebenden Gebühren durch Beschluss fest, sobald eine Entscheidung über den gesamten Verfahrensgegenstand ergeht oder sich das Verfahren anderweitig erledigt.

(3) [1] Die Festsetzung kann von Amts wegen geändert werden

1. von dem Gericht, das den Wert festgesetzt hat, und

2. von dem Rechtsmittelgericht, wenn das Verfahren wegen des Hauptgegenstands oder wegen der Entscheidung über den Verfahrenswert, den Kostenansatz oder die Kostenfestsetzung in der Rechtsmittelinstanz schwebt.

[2] Die Änderung ist nur innerhalb von sechs Monaten zulässig, nachdem die Entscheidung wegen des Hauptgegenstands Rechtskraft erlangt oder das Verfahren sich anderweitig erledigt hat.

§ 56 Schätzung des Werts. [1] Wird eine Abschätzung durch Sachverständige erforderlich, ist in dem Beschluss, durch den der Verfahrenswert festgesetzt wird (§ 55), über die Kosten der Abschätzung zu entscheiden. [2] Diese Kosten können ganz oder teilweise dem Beteiligten auferlegt werden, welcher die Abschätzung durch Unterlassen der ihm obliegenden Wertangabe, durch unrichtige Angabe des Werts, durch unbegründetes Bestreiten des angegebenen Werts oder durch eine unbegründete Beschwerde veranlasst hat.

Abschnitt 8. Erinnerung und Beschwerde

§ 57 Erinnerung gegen den Kostenansatz, Beschwerde. (1) [1] Über Erinnerungen des Kostenschuldners und der Staatskasse gegen den Kostenansatz entscheidet das Gericht, bei dem die Kosten angesetzt sind. [2] War das Verfahren im ersten Rechtszug bei mehreren Gerichten anhängig, ist das Gericht, bei dem es zuletzt anhängig war, auch insoweit zuständig, als Kosten bei den anderen Gerichten angesetzt worden sind.

(2) [1] Gegen die Entscheidung des Familiengerichts über die Erinnerung findet die Beschwerde statt, wenn der Wert des Beschwerdegegenstands 200 Euro übersteigt. [2] Die Beschwerde ist auch zulässig, wenn sie das Familiengericht, das die angefochtene Entscheidung erlassen hat, wegen der grundsätzlichen Bedeutung der zur Entscheidung stehenden Frage in dem Beschluss zulässt.

(3) [1] Soweit das Familiengericht die Beschwerde für zulässig und begründet hält, hat es ihr abzuhelfen; im Übrigen ist die Beschwerde unverzüglich dem Oberlandesgericht vorzulegen. [2] Das Oberlandesgericht ist an die Zulassung der Beschwerde gebunden; die Nichtzulassung ist unanfechtbar.

(4) [1] Anträge und Erklärungen können ohne Mitwirkung eines Rechtsanwalts schriftlich eingereicht oder zu Protokoll der Geschäftsstelle abgegeben

werden; § 129a der Zivilprozessordnung gilt entsprechend. [2] Für die Bevollmächtigung gelten die Regelungen des Gesetzes über das Verfahren in Familiensachen und in den Angelegenheiten der freiwilligen Gerichtsbarkeit entsprechend. [3] Die Erinnerung ist bei dem Gericht einzulegen, das für die Entscheidung über die Erinnerung zuständig ist. [4] Die Beschwerde ist bei dem Familiengericht einzulegen.

(5) [1] Das Gericht entscheidet über die Erinnerung und die Beschwerde durch eines seiner Mitglieder als Einzelrichter. [2] Der Einzelrichter überträgt das Verfahren dem Senat, wenn die Sache besondere Schwierigkeiten tatsächlicher oder rechtlicher Art aufweist oder die Rechtssache grundsätzliche Bedeutung hat.

(6) [1] Erinnerung und Beschwerde haben keine aufschiebende Wirkung. [2] Das Gericht oder das Beschwerdegericht kann auf Antrag oder von Amts wegen die aufschiebende Wirkung ganz oder teilweise anordnen; ist nicht der Einzelrichter zur Entscheidung berufen, entscheidet der Vorsitzende des Gerichts.

(7) Entscheidungen des Oberlandesgerichts sind unanfechtbar.

(8) [1] Die Verfahren sind gebührenfrei. [2] Kosten werden nicht erstattet.

§ 58[1] Beschwerde gegen die Anordnung einer Vorauszahlung.

(1) [1] Gegen den Beschluss, durch den die Tätigkeit des Familiengerichts nur aufgrund dieses Gesetzes von der vorherigen Zahlung von Kosten abhängig gemacht wird, und wegen der Höhe des in diesem Fall im Voraus zu zahlenden Betrags findet stets die Beschwerde statt. [2] § 57 Abs. 3, 4 Satz 1 und 4, Abs. 5, 7 und 8 ist entsprechend anzuwenden. [3] Soweit sich der Beteiligte in dem Verfahren wegen des Hauptgegenstands vor dem Familiengericht durch einen Bevollmächtigten vertreten lassen muss, gilt dies auch im Beschwerdeverfahren.

(2) Im Fall des § 16 Abs. 2 ist § 57 entsprechend anzuwenden.

§ 59[2] Beschwerde gegen die Festsetzung des Verfahrenswerts.

(1) [1] Gegen den Beschluss des Familiengerichts, durch den der Verfahrenswert für die Gerichtsgebühren festgesetzt worden ist (§ 55 Abs. 2), findet die Beschwerde statt, wenn der Wert des Beschwerdegegenstands 200 Euro übersteigt. [2] Die Beschwerde findet auch statt, wenn sie das Familiengericht wegen der grundsätzlichen Bedeutung der zur Entscheidung stehenden Frage in dem Beschluss zulässt. [3] Die Beschwerde ist nur zulässig, wenn sie innerhalb der in § 55 Abs. 3 Satz 2 bestimmten Frist eingelegt wird; ist der Verfahrenswert später als einen Monat vor Ablauf dieser Frist festgesetzt worden, kann sie noch innerhalb eines Monats nach Zustellung oder formloser Mitteilung des Festsetzungsbeschlusses eingelegt werden. [4] Im Fall der formlosen Mitteilung gilt der Beschluss mit dem dritten Tag nach Aufgabe zur Post als bekannt gemacht. [5] § 57 Abs. 3, 4 Satz 1, 2 und 4, Abs. 5 und 7 ist entsprechend anzuwenden.

(2) [1] War der Beschwerdeführer ohne sein Verschulden verhindert, die Frist einzuhalten, ist ihm auf Antrag vom Oberlandesgericht Wiedereinsetzung in den vorigen Stand zu gewähren, wenn er die Beschwerde binnen zwei Wochen nach der Beseitigung des Hindernisses einlegt und die Tatsachen, welche die Wiedereinsetzung begründen, glaubhaft macht. [2] Ein Fehlen des Verschuldens

---

[1] § 58 Abs. 1 Satz 3 geänd. mWv 1.8.2013 durch G v. 23.7.2013 (BGBl. I S. 2586).
[2] § 59 Abs. 2 Satz 2 eingef., bish. Satz 2 wird Satz 3 mWv 1.1.2014 durch G v. 5.12.2012 (BGBl. I S. 2418).

wird vermutet, wenn eine Rechtsbehelfsbelehrung unterblieben oder fehlerhaft ist. [3]Nach Ablauf eines Jahres, von dem Ende der versäumten Frist an gerechnet, kann die Wiedereinsetzung nicht mehr beantragt werden.

(3) [1]Die Verfahren sind gebührenfrei. [2]Kosten werden nicht erstattet.

§ 60 Beschwerde gegen die Auferlegung einer Verzögerungsgebühr.

[1]Gegen den Beschluss des Familiengerichts nach § 32 findet die Beschwerde statt, wenn der Wert des Beschwerdegegenstands 200 Euro übersteigt oder das Familiengericht die Beschwerde wegen der grundsätzlichen Bedeutung in dem Beschluss der zur Entscheidung stehenden Frage zugelassen hat. [2]§ 57 Abs. 3, 4 Satz 1, 2 und 4, Abs. 5, 7 und 8 ist entsprechend anzuwenden.

§ 61 Abhilfe bei Verletzung des Anspruchs auf rechtliches Gehör.

(1) Auf die Rüge eines durch die Entscheidung beschwerten Beteiligten ist das Verfahren fortzuführen, wenn

1. ein Rechtsmittel oder ein anderer Rechtsbehelf gegen die Entscheidung nicht gegeben ist und

2. das Gericht den Anspruch dieses Beteiligten auf rechtliches Gehör in entscheidungserheblicher Weise verletzt hat.

(2) [1]Die Rüge ist innerhalb von zwei Wochen nach Kenntnis von der Verletzung des rechtlichen Gehörs zu erheben; der Zeitpunkt der Kenntniserlangung ist glaubhaft zu machen. [2]Nach Ablauf eines Jahres seit Bekanntmachung der angegriffenen Entscheidung kann die Rüge nicht mehr erhoben werden. [3]Formlos mitgeteilte Entscheidungen gelten mit dem dritten Tage nach Aufgabe zur Post als bekannt gemacht. [4]Die Rüge ist bei dem Gericht zu erheben, dessen Entscheidung angegriffen wird; § 57 Abs. 4 Satz 1 und 2 gelten entsprechend. [5]Die Rüge muss die angegriffene Entscheidung bezeichnen und das Vorliegen der in Absatz 1 Nr. 2 genannten Voraussetzungen darlegen.

(3) Den übrigen Beteiligten ist, soweit erforderlich, Gelegenheit zur Stellungnahme zu geben.

(4) [1]Das Gericht hat von Amts wegen zu prüfen, ob die Rüge an sich statthaft und ob sie in der gesetzlichen Form und Frist erhoben ist. [2]Mangelt es an einem dieser Erfordernisse, so ist die Rüge als unzulässig zu verwerfen. [3]Ist die Rüge unbegründet, weist das Gericht sie zurück. [4]Die Entscheidung ergeht durch unanfechtbaren Beschluss. [5]Der Beschluss soll kurz begründet werden.

(5) Ist die Rüge begründet, so hilft ihr das Gericht ab, indem es das Verfahren fortführt, soweit dies aufgrund der Rüge geboten ist.

(6) Kosten werden nicht erstattet.

Abschnitt 9. Schluss- und Übergangsvorschriften

§ 61a[1]) Verordnungsermächtigung. [1]Die Landesregierungen werden ermächtigt, durch Rechtsverordnung zu bestimmen, dass die von den Gerichten der Länder zu erhebenden Verfahrensgebühren in solchen Verfahren, die nur auf Antrag eingeleitet werden, über die im Kostenverzeichnis für den Fall der Zurücknahme des Antrags vorgesehene Ermäßigung hinaus weiter ermäßigt werden oder entfallen, wenn das gesamte Verfahren oder bei Verbundverfahren

---

[1]) § 61a eingef. mWv 26.7.2012 durch G v. 21.7.2012 (BGBl. I S. 1577).

nach § 44 eine Folgesache nach einer Mediation oder nach einem anderen Verfahren der außergerichtlichen Konfliktbeilegung durch Zurücknahme des Antrags beendet wird und in der Antragsschrift mitgeteilt worden ist, dass eine Mediation oder ein anderes Verfahren der außergerichtlichen Konfliktbeilegung unternommen wird oder beabsichtigt ist, oder wenn das Gericht den Beteiligten die Durchführung einer Mediation oder eines anderen Verfahrens der außergerichtlichen Konfliktbeilegung vorgeschlagen hat. [2]Satz 1 gilt entsprechend für die im Beschwerdeverfahren von den Oberlandesgerichten zu erhebenden Verfahrensgebühren; an die Stelle der Antragsschrift tritt der Schriftsatz, mit dem die Beschwerde eingelegt worden ist.

§ 62[1]) *(aufgehoben)*

§ 62a[2]) **Bekanntmachung von Neufassungen.** [1]Das Bundesministerium der Justiz und für Verbraucherschutz kann nach Änderungen den Wortlaut des Gesetzes feststellen und als Neufassung im Bundesgesetzblatt bekannt machen. [2]Die Bekanntmachung muss auf diese Vorschrift Bezug nehmen und angeben

1. den Stichtag, zu dem der Wortlaut festgestellt wird,

2. die Änderungen seit der letzten Veröffentlichung des vollständigen Wortlauts im Bundesgesetzblatt sowie

3. das Inkrafttreten der Änderungen.

§ 63[3]) **Übergangsvorschrift.** (1) [1]In Verfahren, die vor dem Inkrafttreten einer Gesetzesänderung anhängig geworden oder eingeleitet worden sind, werden die Kosten nach bisherigem Recht erhoben. [2]Dies gilt nicht im Verfahren über ein Rechtsmittel, das nach dem Inkrafttreten einer Gesetzesänderung eingelegt worden ist. [3]Die Sätze 1 und 2 gelten auch, wenn Vorschriften geändert werden, auf die dieses Gesetz verweist.

(2) In Verfahren, in denen Jahresgebühren erhoben werden, und in Fällen, in denen Absatz 1 keine Anwendung findet, gilt für Kosten, die vor dem Inkrafttreten einer Gesetzesänderung fällig geworden sind, das bisherige Recht.

§ 64[4]) **Übergangsvorschrift für die Erhebung von Haftkosten.** Bis zum Erlass landesrechtlicher Vorschriften über die Höhe des Haftkostenbeitrags, der von einem Gefangenen zu erheben ist, sind die Nummern 2008 und 2009 des Kostenverzeichnisses in der bis zum 27. Dezember 2010 geltenden Fassung anzuwenden.

---

[1]) § 62 aufgeh. mWv 1.8.2013 durch G v. 23.7.2013 (BGBl. I S. 2586).
[2]) § 62a eingef. mWv 28.12.2010 durch G v. 22.12.2010 (BGBl. I S. 2248); Satz 1 geänd. mWv 8.9.2015 durch VO v. 31.8.2015 (BGBl. I S. 1474).
[3]) § 63 Abs. 1 Satz 1 geänd., Abs. 2 neu gef. mWv 1.8.2013 durch G v. 23.7.2013 (BGBl. I S. 2586).
[4]) § 64 angef. mWv 28.12.2010 durch G v. 22.12.2010 (BGBl. I S. 2248).

Anlage 1[1)]
(zu § 3 Abs. 2)

Kostenverzeichnis

Gliederung

[1)] Anl. 1 geänd. mWv 1.9.2009 durch G v. 6.7.2009 (BGBl. I S. 1696); mWv 1.1.2013 durch G v. 29.7.2009 (BGBl. I S. 2258); mWv 28.12.2010 durch G v. 22.12.2010 (BGBl. I S. 2248); mWv 18.6. 2011 durch G v. 23.5.2011 (BGBl. I S. 898); mWv 1.11.2013 durch G v. 25.4.2013 (BGBl. I S. 935, geänd. durch G v. 23.7.2013, BGBl. I S. 2586); mWv 1.8.2013 durch G v. 23.7.2013 (BGBl. I S. 2586); mWv 1.7.2014 durch G v. 10.10.2013 (BGBl. I S. 3786); mWv 16.7.2014 durch G v. 8.7. 2014 (BGBl. I S. 890); mWv 11.1.2015 durch G v. 5.12.2014 (BGBl. I S. 1964); mWv 1.1.2017 durch G v. 20.11.2015 (BGBl. I S. 2018); mWv 1.10.2021 durch G v. 18.7.2016 (BGBl. I S. 1666); mWv 18.1.2017 durch G v. 21.11.2016 (BGBl. I S. 2591); mWv 1.1.2018 durch G v. 5.7.2017 (BGBl. I S. 2208); mWv 1.10.2017 durch G v. 17.7.2017 (BGBl. I S. 2424); mWv 29.1.2019 durch G v. 17.12.2018 (BGBl. I S. 2573); mWv 28.6.2019 durch G v. 19.6.2019 (BGBl. I S. 846); mWv 23.10. 2020 durch G v. 16.10.2020 (BGBl. I S. 2187); mWv 1.1.2021 durch G v. 21.12.2020 (BGBl. I S. 3229); **mWv 1.1.2023** durch G v. 4.5.2021 (BGBl. I S. 882); mWv **1.8.2022** durch G v. 10.8.2021 (BGBl. I S. 3424).

Teil 1. Gebühren

Nr.	Gebührentatbestand	Gebühr oder Satz der Gebühr nach § 28 FamGKG
	Hauptabschnitt 1. Hauptsacheverfahren in Ehesachen einschließlich aller Folgesachen	
	Abschnitt 1. Erster Rechtszug	
1110	Verfahren im Allgemeinen	2,0
1111	Beendigung des Verfahrens hinsichtlich der Ehesache oder einer Folgesache durch 1. Zurücknahme des Antrags 　a) vor dem Schluss der mündlichen Verhandlung, 　b) in den Fällen des § 128 Abs. 2 ZPO vor dem Zeitpunkt, der dem Schluss der mündlichen Verhandlung entspricht, 　c) im Fall des § 331 Abs. 3 ZPO vor Ablauf des Tages, an dem die Endentscheidung der Geschäftsstelle übermittelt wird, 2. Anerkenntnis- oder Verzichtsentscheidung oder Endentscheidung, die nach § 38 Abs. 4 Nr. 2 und 3 FamFG keine Begründung enthält oder nur deshalb eine Begründung enthält, weil zu erwarten ist, dass der Beschluss im Ausland geltend gemacht wird (§ 38 Abs. 5 Nr. 4 FamFG), mit Ausnahme der Endentscheidung in einer Scheidungssache, 3. gerichtlichen Vergleich oder 4. Erledigung in der Hauptsache, wenn keine Entscheidung über die Kosten ergeht oder die Entscheidung einer zuvor mitgeteilten Einigung über die Kostentragung oder einer Kostenübernahmeerklärung folgt, es sei denn, dass bereits eine andere Endentscheidung als eine der in Nummer 2 genannten Entscheidungen vorausgegangen ist: Die Gebühr 1110 ermäßigt sich auf .... <small>(1) Wird im Verbund nicht das gesamte Verfahren beendet, ist auf die beendete Ehesache und auf eine oder mehrere beendete Folgesachen § 44 FamGKG anzuwenden und die Gebühr nur insoweit zu ermäßigen.</small> <small>(2) Die Vervollständigung einer ohne Begründung hergestellten Endentscheidung (§ 38 Abs. 6 FamFG) steht der Ermäßigung nicht entgegen.</small> <small>(3) Die Gebühr ermäßigt sich auch, wenn mehrere Ermäßigungstatbestände erfüllt sind.</small>	 0,5
	Abschnitt 2. Beschwerde gegen die Endentscheidung wegen des Hauptgegenstands	
	Vorbemerkung 1.1.2: Dieser Abschnitt ist auch anzuwenden, wenn sich die Beschwerde auf eine Folgesache beschränkt.	
1120	Verfahren im Allgemeinen	3,0

Nr.	Gebührentatbestand	Gebühr oder Satz der Gebühr nach § 28 FamGKG
1121	Beendigung des gesamten Verfahrens durch Zurücknahme der Beschwerde oder des Antrags, bevor die Schrift zur Begründung der Beschwerde bei Gericht eingegangen ist:	
	Die Gebühr 1120 ermäßigt sich auf	0,5
	Die Erledigung in der Hauptsache steht der Zurücknahme gleich, wenn keine Entscheidung über die Kosten ergeht oder die Entscheidung einer zuvor mitgeteilten Einigung über die Kostentragung oder einer Kostenübernahmeerklärung folgt.	
1122	Beendigung des Verfahrens hinsichtlich der Ehesache oder einer Folgesache, wenn nicht Nummer 1121 erfüllt ist, durch	
	1. Zurücknahme der Beschwerde oder des Antrags	
	a) vor dem Schluss der mündlichen Verhandlung oder,	
	b) falls eine mündliche Verhandlung nicht stattfindet, vor Ablauf des Tages, an dem die Endentscheidung der Geschäftsstelle übermittelt wird,	
	2. Anerkenntnis- oder Verzichtsentscheidung,	
	3. gerichtlichen Vergleich oder	
	4. Erledigung in der Hauptsache, wenn keine Entscheidung über die Kosten ergeht oder die Entscheidung einer zuvor mitgeteilten Einigung über die Kostentragung oder einer Kostenübernahmeerklärung folgt,	
	es sei denn, dass bereits eine andere als eine der in Nummer 2 genannten Endentscheidungen vorausgegangen ist:	
	Die Gebühr 1120 ermäßigt sich auf	1,0
	(1) Wird im Verbund nicht das gesamte Verfahren beendet, ist auf die beendete Ehesache und auf eine oder mehrere beendete Folgesachen § 44 FamGKG anzuwenden und die Gebühr nur insoweit zu ermäßigen.	
	(2) Die Gebühr ermäßigt sich auch, wenn mehrere Ermäßigungstatbestände erfüllt sind.	

Abschnitt 3. Rechtsbeschwerde gegen die Endentscheidung wegen des Hauptgegenstands

Vorbemerkung 1.1.3:

Dieser Abschnitt ist auch anzuwenden, wenn sich die Rechtsbeschwerde auf eine Folgesache beschränkt.

1130	Verfahren im Allgemeinen	4,0
1131	Beendigung des gesamten Verfahrens durch Zurücknahme der Rechtsbeschwerde oder des Antrags, bevor die Schrift zur Begründung der Rechtsbeschwerde bei Gericht eingegangen ist:	
	Die Gebühr 1130 ermäßigt sich auf	1,0

Nr.	Gebührentatbestand	Gebühr oder Satz der Gebühr nach § 28 FamGKG
	Die Erledigung in der Hauptsache steht der Zurücknahme gleich, wenn keine Entscheidung über die Kosten ergeht oder die Entscheidung einer zuvor mitgeteilten Einigung über die Kostentragung oder einer Kostenübernahmeerklärung folgt.	
1132	Beendigung des Verfahrens hinsichtlich der Ehesache oder einer Folgesache durch Zurücknahme der Rechtsbeschwerde oder des Antrags vor Ablauf des Tages, an dem die Endentscheidung der Geschäftsstelle übermittelt wird, wenn nicht Nummer 1131 erfüllt ist:	
	Die Gebühr 1130 ermäßigt sich auf	2,0
	Wird im Verbund nicht das gesamte Verfahren beendet, ist auf die beendete Ehesache und auf eine oder mehrere beendete Folgesachen § 44 FamGKG anzuwenden und die Gebühr nur insoweit zu ermäßigen.	

Abschnitt 4. Zulassung der Sprungrechtsbeschwerde gegen die Endentscheidung wegen des Hauptgegenstands

1140	Verfahren über die Zulassung der Sprungrechtsbeschwerde:	
	Soweit der Antrag abgelehnt wird	1,0

Hauptabschnitt 2. Hauptsacheverfahren in selbständigen Familienstreitsachen

Abschnitt 1. Vereinfachtes Verfahren über den Unterhalt Minderjähriger

Unterabschnitt 1. Erster Rechtszug

1210	Entscheidung über einen Antrag auf Festsetzung von Unterhalt nach § 249 Abs. 1 FamFG mit Ausnahme einer Festsetzung nach § 253 Abs. 1 Satz 2 FamFG	0,5

Unterabschnitt 2. Beschwerde gegen die Endentscheidung wegen des Hauptgegenstands

1211	Verfahren über die Beschwerde nach § 256 FamFG gegen die Festsetzung von Unterhalt im vereinfachten Verfahren	1,0
1212	Beendigung des gesamten Verfahrens ohne Endentscheidung:	
	Die Gebühr 1211 ermäßigt sich auf	0,5
	(1) Wenn die Entscheidung nicht durch Verlesen der Entscheidungsformel bekannt gegeben worden ist, ermäßigt sich die Gebühr auch im Fall der Zurücknahme der Beschwerde vor Ablauf des Tages, an dem die Endentscheidung der Geschäftsstelle übermittelt wird.	
	(2) Eine Entscheidung über die Kosten steht der Ermäßigung nicht entgegen, wenn die Entscheidung einer zuvor mitgeteilten Einigung über die Kostentragung oder einer Kostenübernahmeerklärung folgt.	

Nr.	Gebührentatbestand	Gebühr oder Satz der Gebühr nach § 28 FamGKG
	Unterabschnitt 3. Rechtsbeschwerde gegen die Endentscheidung wegen des Hauptgegenstands	
1213	Verfahren im Allgemeinen	1,5
1214	Beendigung des gesamten Verfahrens durch Zurücknahme der Rechtsbeschwerde oder des Antrags, bevor die Schrift zur Begründung der Rechtsbeschwerde bei Gericht eingegangen ist:	
	Die Gebühr 1213 ermäßigt sich auf	0,5
1215	Beendigung des gesamten Verfahrens durch Zurücknahme der Rechtsbeschwerde oder des Antrags vor Ablauf des Tages, an dem die Endentscheidung der Geschäftsstelle übermittelt wird, wenn nicht Nummer 1214 erfüllt ist:	
	Die Gebühr 1213 ermäßigt sich auf	1,0
	Unterabschnitt 4. Zulassung der Sprungrechtsbeschwerde gegen die Endentscheidung wegen des Hauptgegenstands	
1216	Verfahren über die Zulassung der Sprungrechtsbeschwerde:	
	Soweit der Antrag abgelehnt wird	0,5
	Abschnitt 2. Verfahren im Übrigen	
	Unterabschnitt 1. Erster Rechtszug	
1220	Verfahren im Allgemeinen	3,0
	<small>Soweit wegen desselben Verfahrensgegenstands ein Mahnverfahren vorausgegangen ist, entsteht die Gebühr mit dem Eingang der Akten beim Familiengericht, an das der Rechtsstreit nach Erhebung des Widerspruchs oder Einlegung des Einspruchs abgegeben wird; in diesem Fall wird eine Gebühr 1100 des Kostenverzeichnisses zum GKG nach dem Wert des Verfahrensgegenstands angerechnet, der in das Streitverfahren übergegangen ist.</small>	

1221	Beendigung des gesamten Verfahrens durch
	1. Zurücknahme des Antrags
	   a) vor dem Schluss der mündlichen Verhandlung,
	   b) in den Fällen des § 128 Abs. 2 ZPO vor dem Zeitpunkt, der dem Schluss der mündlichen Verhandlung entspricht,
	   c) im Fall des § 331 Abs. 3 ZPO vor Ablauf des Tages, an dem die Endentscheidung der Geschäftsstelle übermittelt wird,
	wenn keine Entscheidung nach § 269 Abs. 3 Satz 3 ZPO über die Kosten ergeht oder die Entscheidung einer zuvor mitgeteilten Einigung über die Kostentragung oder einer Kostenübernahmeerklärung folgt,	

Nr.	Gebührentatbestand	Gebühr oder Satz der Gebühr nach § 28 FamGKG
	2. Anerkenntnis- oder Verzichtsentscheidung oder Endentscheidung, die nach § 38 Abs. 4 Nr. 2 oder 3 FamFG keine Begründung enthält oder nur deshalb eine Begründung enthält, weil zu erwarten ist, dass der Beschluss im Ausland geltend gemacht wird (§ 38 Abs. 5 Nr. 4 FamFG), 3. gerichtlichen Vergleich oder 4. Erledigung in der Hauptsache, wenn keine Entscheidung über die Kosten ergeht oder die Entscheidung einer zuvor mitgeteilten Einigung über die Kostentragung oder einer Kostenübernahmeerklärung folgt, es sei denn, dass bereits eine andere Endentscheidung als eine der in Nummer 2 genannten Entscheidungen vorausgegangen ist: Die Gebühr 1220 ermäßigt sich auf .... (1) Die Zurücknahme des Antrags auf Durchführung des streitigen Verfahrens (§ 696 Abs. 1 ZPO), des Widerspruchs gegen den Mahnbescheid oder des Einspruchs gegen den Vollstreckungsbescheid stehen der Zurücknahme des Antrags (Nummer 1) gleich. (2) Die Vervollständigung einer ohne Begründung hergestellten Endentscheidung (§ 38 Abs. 6 FamFG) steht der Ermäßigung nicht entgegen. (3) Die Gebühr ermäßigt sich auch, wenn mehrere Ermäßigungstatbestände erfüllt sind.	1,0
	Unterabschnitt 2. Beschwerde gegen die Endentscheidung wegen des Hauptgegenstands	
1222	Verfahren im Allgemeinen	4,0
1223	Beendigung des gesamten Verfahrens durch Zurücknahme der Beschwerde oder des Antrags, bevor die Schrift zur Begründung der Beschwerde bei Gericht eingegangen ist: Die Gebühr 1222 ermäßigt sich auf .... Die Erledigung in der Hauptsache steht der Zurücknahme gleich, wenn keine Entscheidung über die Kosten ergeht oder die Entscheidung einer zuvor mitgeteilten Einigung über die Kostentragung oder einer Kostenübernahmeerklärung folgt.	1,0

1224	Beendigung des gesamten Verfahrens, wenn nicht Nummer 1223 erfüllt ist, durch
	 1. Zurücknahme der Beschwerde oder des Antrags
	     a) vor dem Schluss der mündlichen Verhandlung oder,
	     b) falls eine mündliche Verhandlung nicht stattfindet, vor Ablauf des Tages, an dem die Endentscheidung der Geschäftsstelle übermittelt wird,
	 2. Anerkenntnis- oder Verzichtsentscheidung,
	 3. gerichtlichen Vergleich oder	

Nr.	Gebührentatbestand	Gebühr oder Satz der Gebühr nach § 28 FamGKG
	4. Erledigung in der Hauptsache, wenn keine Entscheidung über die Kosten ergeht oder die Entscheidung einer zuvor mitgeteilten Einigung über die Kostentragung oder einer Kostenübernahmeerklärung folgt,	
	es sei denn, dass bereits eine andere Endentscheidung als eine der in Nummer 2 genannten Entscheidungen vorausgegangen ist:	
	Die Gebühr 1222 ermäßigt sich auf	2,0
	Die Gebühr ermäßigt sich auch, wenn mehrere Ermäßigungstatbestände erfüllt sind.	

Unterabschnitt 3. Rechtsbeschwerde gegen die Endentscheidung wegen des Hauptgegenstands

Nr.	Gebührentatbestand	Gebühr oder Satz der Gebühr nach § 28 FamGKG
1225	Verfahren im Allgemeinen	5,0
1226	Beendigung des gesamten Verfahrens durch Zurücknahme der Rechtsbeschwerde oder des Antrags, bevor die Schrift zur Begründung der Rechtsbeschwerde bei Gericht eingegangen ist:	
	Die Gebühr 1225 ermäßigt sich auf	1,0
	Die Erledigung in der Hauptsache steht der Zurücknahme gleich, wenn keine Entscheidung über die Kosten ergeht oder die Entscheidung einer zuvor mitgeteilten Einigung über die Kostentragung oder einer Kostenübernahmeerklärung folgt.	
1227	Beendigung des gesamten Verfahrens durch Zurücknahme der Rechtsbeschwerde oder des Antrags vor Ablauf des Tages, an dem die Endentscheidung der Geschäftsstelle übermittelt wird, wenn nicht Nummer 1226 erfüllt ist:	
	Die Gebühr 1225 ermäßigt sich auf	3,0

Unterabschnitt 4. Zulassung der Sprungrechtsbeschwerde gegen die Endentscheidung wegen des Hauptgegenstands

Nr.	Gebührentatbestand	Gebühr oder Satz der Gebühr nach § 28 FamGKG
1228	Verfahren über die Zulassung der Sprungrechtsbeschwerde:	
	Soweit der Antrag abgelehnt wird	1,5
1229	Verfahren über die Zulassung der Sprungrechtsbeschwerde:	
	Soweit der Antrag zurückgenommen oder das Verfahren durch anderweitige Erledigung beendet wird	1,0
	Die Gebühr entsteht nicht, soweit die Sprungrechtsbeschwerde zugelassen wird.	

Nr.	Gebührentatbestand	Gebühr oder Satz der Gebühr nach § 28 FamGKG

Hauptabschnitt 3. Hauptsacheverfahren in selbständigen Familiensachen der freiwilligen Gerichtsbarkeit

Abschnitt 1. Kindschaftssachen

Vorbemerkung 1.3.1:

(1) Keine Gebühren werden erhoben für

1. die *[bis 31.12.2022:* Pflegschaft für eine Leibesfrucht*] [ab 1.1.2023:* Pflegschaft für ein bereits gezeugtes Kind*]*,

2. Kindschaftssachen nach § 151 Nr. 6 und 7 FamFG und

3. ein Verfahren, das Aufgaben nach dem Jugendgerichtsgesetz betrifft.

(2) Von dem Minderjährigen werden Gebühren nach diesem Abschnitt nur erhoben, wenn zum Zeitpunkt der Fälligkeit der jeweiligen Gebühr sein Vermögen nach Abzug der Verbindlichkeiten mehr als 25 000 € beträgt; der in § 90 Abs. 2 Nr. 8 des Zwölften Buches Sozialgesetzbuch genannte Vermögenswert wird nicht mitgerechnet.

Unterabschnitt 1. Verfahren vor dem Familiengericht

1310	Verfahren im Allgemeinen	0,5

(1) Die Gebühr entsteht nicht für Verfahren,

1. die in den Rahmen einer Vormundschaft oder Pflegschaft fallen,

2. für die die Gebühr 1313 entsteht oder

3. die mit der Anordnung einer Pflegschaft enden.

(2) Für die Umgangspflegschaft werden neben der Gebühr für das Verfahren, in dem diese angeordnet wird, keine besonderen Gebühren erhoben.

1311	Jahresgebühr für jedes angefangene Kalenderjahr bei einer Vormundschaft oder Dauerpflegschaft, wenn nicht Nummer 1312 anzuwenden ist	5,00 € je angefangene 5 000,00 € des zu berücksichtigenden Vermögens – mindestens 50,00 €

(1) Für die Gebühr wird das Vermögen des von der Maßnahme betroffenen Minderjährigen nur berücksichtigt, soweit es nach Abzug der Verbindlichkeiten mehr als 25 000 € beträgt; der in § 90 Abs. 2 Nr. 8 des Zwölften Buches Sozialgesetzbuch genannte Vermögenswert wird nicht mitgerechnet. Ist Gegenstand der Maßnahme ein Teil des Vermögens, ist höchstens dieser Teil des Vermögens zu berücksichtigen.

(2) Für das bei Anordnung der Maßnahme oder bei der ersten Tätigkeit des Familiengerichts nach Eintritt der Vormundschaft laufende und das folgende Kalenderjahr wird nur eine Jahresgebühr erhoben.

(3) Erstreckt sich eine Maßnahme auf mehrere Minderjährige, wird die Gebühr für jeden Minderjährigen besonders erhoben.

(4) Geht eine Pflegschaft in eine Vormundschaft über, handelt es sich um ein einheitliches Verfahren.

(5) Dauert die Vormundschaft oder Dauerpflegschaft nicht länger als drei Monate, beträgt die Gebühr abweichend von dem in der Gebührenspalte bestimmten Mindestbetrag 100,00 €.

1312	Jahresgebühr für jedes angefangene Kalenderjahr bei einer Dauerpflegschaft, die nicht unmittelbar das Vermögen oder Teile des Vermögens zum Gegenstand hat	200,00 € – höchstens eine Gebühr 1311

Dauert die Dauerpflegschaft nicht länger als drei Monate, beträgt die Gebühr abweichend von dem in der Gebührenspalte bestimmten Mindestbetrag 100,00 €.

Nr.	Gebührentatbestand	Gebühr oder Satz der Gebühr nach § 28 FamGKG
1313	Verfahren im Allgemeinen bei einer Pflegschaft für einzelne Rechtshandlungen	0,5
	(1) Bei einer Pflegschaft für mehrere Minderjährige wird die Gebühr nur einmal aus dem zusammengerechneten Wert erhoben. Minderjährige, von denen nach Vorbemerkung 1.3.1 Abs. 2 keine Gebühr zu erheben ist, sind nicht zu berücksichtigen. Höchstgebühr ist die Summe der für alle zu berücksichtigenden Minderjährigen jeweils maßgebenden Gebühr 1311.	– höchstens eine Gebühr 1311
	(2) Als Höchstgebühr ist die Gebühr 1311 in der Höhe zugrunde zu legen, in der sie bei einer Vormundschaft entstehen würde. Absatz 5 der Anmerkung zu Nummer 1311 ist nicht anzuwenden.	
	(3) Die Gebühr wird nicht erhoben, wenn für den Minderjährigen eine Vormundschaft oder eine Dauerpflegschaft, die sich auf denselben Gegenstand bezieht, besteht.	

Unterabschnitt 2. Beschwerde gegen die Endentscheidung wegen des Hauptgegenstands

1314	Verfahren im Allgemeinen	1,0
1315	Beendigung des gesamten Verfahrens ohne Endentscheidung:	
	Die Gebühr 1314 ermäßigt sich auf	0,5
	(1) Wenn die Entscheidung nicht durch Verlesen der Entscheidungsformel bekannt gegeben worden ist, ermäßigt sich die Gebühr auch im Fall der Zurücknahme der Beschwerde vor Ablauf des Tages, an dem die Endentscheidung der Geschäftsstelle übermittelt wird.	
	(2) Eine Entscheidung über die Kosten steht der Ermäßigung nicht entgegen, wenn die Entscheidung einer zuvor mitgeteilten Einigung über die Kostentragung oder einer Kostenübernahmeerklärung folgt.	
	(3) Die Billigung eines gerichtlichen Vergleichs (§ 156 Abs. 2 FamFG) steht der Ermäßigung nicht entgegen.	

Unterabschnitt 3. Rechtsbeschwerde gegen die Endentscheidung wegen des Hauptgegenstands

1316	Verfahren im Allgemeinen	1,5
1317	Beendigung des gesamten Verfahrens durch Zurücknahme der Rechtsbeschwerde oder des Antrags, bevor die Schrift zur Begründung der Beschwerde bei Gericht eingegangen ist:	
	Die Gebühr 1316 ermäßigt sich auf	0,5
1318	Beendigung des gesamten Verfahrens durch Zurücknahme der Rechtsbeschwerde oder des Antrags vor Ablauf des Tages, an dem die Endentscheidung der Geschäftsstelle übermittelt wird, wenn nicht Nummer 1317 erfüllt ist:	
	Die Gebühr 1316 ermäßigt sich auf	1,0

Nr.	Gebührentatbestand	Gebühr oder Satz der Gebühr nach § 28 FamGKG

Unterabschnitt 4. Zulassung der Sprungrechtsbeschwerde gegen die Endentscheidung wegen des Hauptgegenstands

| 1319 | Verfahren über die Zulassung der Sprungrechtsbeschwerde: | |
| | Soweit der Antrag abgelehnt wird .... | 0,5 |

Abschnitt 2. Übrige Familiensachen der freiwilligen Gerichtsbarkeit

Vorbemerkung 1.3.2:

(1) Dieser Abschnitt gilt für
1. Abstammungssachen,
2. Adoptionssachen, die einen Volljährigen betreffen,
3. Ehewohnungs- und Haushaltssachen,
4. Gewaltschutzsachen,
5. Versorgungsausgleichssachen sowie
6. Unterhaltssachen, Güterrechtssachen und sonstige Familiensachen (§ 111 Nr. 10 FamFG), die nicht Familienstreitsachen sind.

(2) In Adoptionssachen werden für Verfahren auf Ersetzung der Einwilligung zur Annahme als Kind neben den Gebühren für das Verfahren über die Annahme als Kind keine Gebühren erhoben.

(3) Für Verfahren über Bescheinigungen nach Abschnitt 3 Unterabschnitt 2 EUGewSchVG bestimmen sich die Gebühren nach Teil 1 Hauptabschnitt 7.

Unterabschnitt 1. Erster Rechtszug

1320	Verfahren im Allgemeinen	2,0
1321	Beendigung des gesamten Verfahrens 1. ohne Endentscheidung, 2. durch Zurücknahme des Antrags vor Ablauf des Tages, an dem die Endentscheidung der Geschäftsstelle übermittelt wird, wenn die Entscheidung nicht bereits durch Verlesen der Entscheidungsformel bekannt gegeben worden ist, oder 3. wenn die Endentscheidung keine Begründung enthält oder nur deshalb eine Begründung enthält, weil zu erwarten ist, dass der Beschluss im Ausland geltend gemacht wird (§ 38 Abs. 5 Nr. 4 FamFG):	
	Die Gebühr 1320 ermäßigt sich auf	0,5
	(1) Die Vervollständigung einer ohne Begründung hergestellten Endentscheidung (§ 38 Abs. 6 FamFG) steht der Ermäßigung nicht entgegen. (2) Die Gebühr ermäßigt sich auch, wenn mehrere Ermäßigungstatbestände erfüllt sind.	

Unterabschnitt 2. Beschwerde gegen die Endentscheidung wegen des Hauptgegenstands

| 1322 | Verfahren im Allgemeinen .... | 3,0 |
| 1323 | Beendigung des gesamten Verfahrens durch Zurücknahme der Beschwerde oder des Antrags, bevor die | |

Nr.	Gebührentatbestand	Gebühr oder Satz der Gebühr nach § 28 FamGKG
	Schrift zur Begründung der Beschwerde bei Gericht eingegangen ist:	
	Die Gebühr 1322 ermäßigt sich auf	0,5
1324	Beendigung des gesamten Verfahrens ohne Endentscheidung, wenn nicht Nummer 1323 erfüllt ist:	
	Die Gebühr 1322 ermäßigt sich auf	1,0
	(1) Wenn die Entscheidung nicht durch Verlesen der Entscheidungsformel bekannt gegeben worden ist, ermäßigt sich die Gebühr auch im Fall der Zurücknahme der Beschwerde vor Ablauf des Tages, an dem die Endentscheidung der Geschäftsstelle übermittelt wird.	
	(2) Eine Entscheidung über die Kosten steht der Ermäßigung nicht entgegen, wenn die Entscheidung einer zuvor mitgeteilten Einigung über die Kostentragung oder einer Kostenübernahmeerklärung folgt.	

Unterabschnitt 3. Rechtsbeschwerde gegen die Endentscheidung wegen des Hauptgegenstands

1325	Verfahren im Allgemeinen	4,0
1326	Beendigung des gesamten Verfahrens durch Zurücknahme der Rechtsbeschwerde oder des Antrags, bevor die Schrift zur Begründung der Rechtsbeschwerde bei Gericht eingegangen ist:	
	Die Gebühr 1325 ermäßigt sich auf	1,0
1327	Beendigung des gesamten Verfahrens durch Zurücknahme der Rechtsbeschwerde oder des Antrags vor Ablauf des Tages, an dem die Endentscheidung der Geschäftsstelle übermittelt wird, wenn nicht Nummer 1326 erfüllt ist:	
	Die Gebühr 1325 ermäßigt sich auf	2,0

Unterabschnitt 4. Zulassung der Sprungrechtsbeschwerde gegen die Endentscheidung wegen des Hauptgegenstands

1328	Verfahren über die Zulassung der Sprungrechtsbeschwerde:	
	Soweit der Antrag abgelehnt wird	1,0

Hauptabschnitt 4. Einstweiliger Rechtsschutz

Vorbemerkung 1.4:

(1) Im Verfahren zur Erwirkung eines Europäischen Beschlusses zur vorläufigen Kontenpfändung werden Gebühren nach diesem Hauptabschnitt nur im Fall des Artikels 5 Buchstabe a der Verordnung (EU) Nr. 655/2014 erhoben. In den Fällen des Artikels 5 Buchstabe b der Verordnung (EU) Nr. 655/2014 bestimmen sich die Gebühren nach den für die Zwangsvollstreckung geltenden Vorschriften des GKG.

(2) Im Verfahren auf Erlass einer einstweiligen Anordnung und über deren Aufhebung oder Änderung werden die Gebühren nur einmal erhoben. Dies gilt entsprechend im Arrestverfahren und im Verfahren nach der Verordnung (EU) Nr. 655/2014.

Nr.	Gebührentatbestand	Gebühr oder Satz der Gebühr nach § 28 FamGKG

Abschnitt 1. Einstweilige Anordnung in Kindschaftssachen

Unterabschnitt 1. Erster Rechtszug

| 1410 | Verfahren im Allgemeinen .... | 0,3 |

Die Gebühr entsteht nicht für Verfahren, die in den Rahmen einer Vormundschaft oder Pflegschaft fallen, und für Verfahren, die eine eine[1] Kindschaftssache nach § 151 Nr. 6 und 7 FamFG betreffen.

Unterabschnitt 2. Beschwerde gegen die Endentscheidung wegen des Hauptgegenstands

1411	Verfahren im Allgemeinen	0,5
1412	Beendigung des gesamten Verfahrens ohne Endentscheidung:	
	Die Gebühr 1411 ermäßigt sich auf	0,3

(1) Wenn die Entscheidung nicht durch Verlesen der Entscheidungsformel bekannt gegeben worden ist, ermäßigt sich die Gebühr auch im Fall der Zurücknahme der Beschwerde vor Ablauf des Tages, an dem die Endentscheidung der Geschäftsstelle übermittelt wird.

(2) Eine Entscheidung über die Kosten steht der Ermäßigung nicht entgegen, wenn die Entscheidung einer zuvor mitgeteilten Einigung über die Kostentragung oder einer Kostenübernahmeerklärung folgt.

Abschnitt 2. Einstweilige Anordnung in den übrigen Familiensachen, Arrest und Europäischer Beschluss zur vorläufigen Kontenpfändung

Vorbemerkung 1.4.2:
Dieser Abschnitt gilt für Familienstreitsachen und die in Vorbemerkung 1.3.2 genannten Verfahren.

Unterabschnitt 1. Erster Rechtszug

1420	Verfahren im Allgemeinen	1,5
1421	Beendigung des gesamten Verfahrens ohne Endentscheidung:	
	Die Gebühr 1420 ermäßigt sich auf	0,5

(1) Wenn die Entscheidung nicht durch Verlesen der Entscheidungsformel bekannt gegeben worden ist, ermäßigt sich die Gebühr auch im Fall der Zurücknahme des Antrags vor Ablauf des Tages, an dem die Endentscheidung der Geschäftsstelle übermittelt wird.

(2) Eine Entscheidung über die Kosten steht der Ermäßigung nicht entgegen, wenn die Entscheidung einer zuvor mitgeteilten Einigung über die Kostentragung oder einer Kostenübernahmeerklärung folgt.

Unterabschnitt 2. Beschwerde gegen die Endentscheidung wegen des Hauptgegenstands

| 1422 | Verfahren im Allgemeinen .... | 2,0 |
| 1423 | Beendigung des gesamten Verfahrens durch Zurücknahme der Beschwerde oder des Antrags, bevor die | |

---

[1] Wortlaut amtlich.

Nr.	Gebührentatbestand	Gebühr oder Satz der Gebühr nach § 28 FamGKG
	Schrift zur Begründung der Beschwerde bei Gericht eingegangen ist:	
	Die Gebühr 1422 ermäßigt sich auf	0,5
1424	Beendigung des gesamten Verfahrens ohne Endentscheidung, wenn nicht Nummer 1423 erfüllt ist:	
	Die Gebühr 1422 ermäßigt sich auf	1,0
	(1) Wenn die Entscheidung nicht durch Verlesen der Entscheidungsformel bekannt gegeben worden ist, ermäßigt sich die Gebühr auch im Fall der Zurücknahme der Beschwerde vor Ablauf des Tages, an dem die Endentscheidung der Geschäftsstelle übermittelt wird. (2) Eine Entscheidung über die Kosten steht der Ermäßigung nicht entgegen, wenn die Entscheidung einer zuvor mitgeteilten Einigung über die Kostentragung oder einer Kostenübernahmeerklärung folgt.	

Hauptabschnitt 5. Besondere Gebühren

1500	Abschluss eines gerichtlichen Vergleichs: Soweit ein Vergleich über nicht gerichtlich anhängige Gegenstände geschlossen wird	0,25
	Die Gebühr entsteht nicht im Verfahren über die Verfahrenskostenhilfe. Im Verhältnis zur Gebühr für das Verfahren im Allgemeinen ist § 30 Abs. 3 FamGKG entsprechend anzuwenden.	
1501	Auferlegung einer Gebühr nach § 32 FamGKG wegen Verzögerung des Verfahrens	wie vom Gericht bestimmt
1502	Anordnung von Zwangsmaßnahmen durch Beschluss nach § 35 FamFG: je Anordnung	22,00 €
1503	Selbständiges Beweisverfahren	1,0

Hauptabschnitt 6. Vollstreckung

Vorbemerkung 1.6:
Die Vorschriften dieses Hauptabschnitts gelten für die Vollstreckung nach Buch 1 Abschnitt 8 des FamFG, soweit das Familiengericht zuständig ist. Für Handlungen durch das Vollstreckungs- oder Arrestgericht werden Gebühren nach dem GKG erhoben.

1600	Verfahren über den Antrag auf Erteilung einer weiteren vollstreckbaren Ausfertigung (§ 733 ZPO)	22,00 €
	Die Gebühr wird für jede weitere vollstreckbare Ausfertigung gesondert erhoben. Sind wegen desselben Anspruchs in einem Mahnverfahren gegen mehrere Personen gesonderte Vollstreckungsbescheide erlassen worden und werden hiervon gleichzeitig mehrere weitere vollstreckbare Ausfertigungen beantragt, wird die Gebühr nur einmal erhoben.	
1601	Anordnung der Vornahme einer vertretbaren Handlung durch einen Dritten	22,00 €
1602	Anordnung von Zwangs- oder Ordnungsmitteln: je Anordnung	22,00 €

Nr.	Gebührentatbestand	Gebühr oder Satz der Gebühr nach § 28 FamGKG
	Mehrere Anordnungen gelten als eine Anordnung, wenn sie dieselbe Verpflichtung betreffen. Dies gilt nicht, wenn Gegenstand der Verpflichtung die wiederholte Vornahme einer Handlung oder eine Unterlassung ist.	
1603	Verfahren zur Abnahme einer eidesstattlichen Versicherung (§ 94 FamFG)	35,00 €
	Die Gebühr entsteht mit der Anordnung des Gerichts, dass der Verpflichtete eine eidesstattliche Versicherung abzugeben hat, oder mit dem Eingang des Antrags des Berechtigten.	

Hauptabschnitt 7. Verfahren mit Auslandsbezug

Vorbemerkung 1.7:

In Verfahren nach dem EUGewSchVG, mit Ausnahme der Verfahren über Bescheinigungen nach Abschnitt 3 Unterabschnitt 2 EUGewSchVG, bestimmen sich die Gebühren nach Teil 1 Hauptabschnitt 3 Abschnitt 2.

Abschnitt 1. Erster Rechtszug

Nr.	Gebührentatbestand	Gebühr oder Satz der Gebühr nach § 28 FamGKG
	[Nr. 1710 bis 31.7.2022:]	
1710	Verfahren über Anträge auf 1. Erlass einer gerichtlichen Anordnung auf Rückgabe des Kindes oder über das Recht zum persönlichen Umgang nach dem IntFamRVG, 2. Vollstreckbarerklärung ausländischer Titel, 3. Feststellung, ob die ausländische Entscheidung anzuerkennen ist, einschließlich der Anordnungen nach § 33 IntFamRVG zur Wiederherstellung des Sorgeverhältnisses, 4. Erteilung der Vollstreckungsklausel zu ausländischen Titeln und 5. Aufhebung oder Abänderung von Entscheidungen in den in den Nummern 2 bis 4 genannten Verfahren	264,00 €
	[Nr. 1710 ab 1.8.2022:]	
1710	*Verfahren über Anträge auf* *1. Erlass einer gerichtlichen Anordnung auf Rückgabe des Kindes oder über das Recht zum persönlichen Umgang nach dem IntFamRVG,* *2. Vollstreckbarerklärung ausländischer Titel,* *3. Feststellung, ob die ausländische Entscheidung anzuerkennen ist, einschließlich der Anordnungen nach § 33 IntFamRVG zur Wiederherstellung des Sorgeverhältnisses,* *4. Erteilung der Vollstreckungsklausel zu ausländischen Titeln,* *5. Aufhebung oder Abänderung von Entscheidungen in den in den Nummern 2 bis 4 genannten Verfahren und* *6. Versagung der Vollstreckung nach den §§ 44b und 44c IntFamRVG*	264,00 €

Nr.	Gebührentatbestand	Gebühr oder Satz der Gebühr nach § 28 FamGKG
1711	Verfahren über den Antrag auf Ausstellung einer Bescheinigung nach § 57 AVAG, § 48 IntFamRVG, § 14 EUGewSchVG oder § 27 IntGüRVG oder auf Ausstellung des Formblatts oder der Bescheinigung nach § 71 Abs. 1 AUG	17,00 €
1712	Verfahren über den Antrag auf Ausstellung einer Bestätigung nach § 1079 ZPO *[ab 1.8.2022: und auf Aussetzung der Vollstreckung nach § 44f IntFamRVG]*	22,00 €
1713	Verfahren nach 1. § 3 Abs. 2 des Gesetzes zur Ausführung des Vertrags zwischen der Bundesrepublik Deutschland und der Republik Österreich vom 6. Juni 1959 über die gegenseitige Anerkennung und Vollstreckung von gerichtlichen Entscheidungen, Vergleichen und öffentlichen Urkunden in Zivil- und Handelssachen in der im Bundesgesetzblatt Teil III, Gliederungsnummer 319-12, veröffentlichten bereinigten Fassung, das zuletzt durch Artikel 23 des Gesetzes vom 27. Juli 2001 (BGBl. I S. 1887) geändert worden ist, und 2. § 34 Abs. 1 AUG	66,00 €
1714	Verfahren über den Antrag nach § 107 Abs. 5, 6 und 8, § 108 Abs. 2 FamFG: Der Antrag wird zurückgewiesen	264,00 €
1715	Beendigung des gesamten Verfahrens durch Zurücknahme des Antrags vor Ablauf des Tages, an dem die Endentscheidung der Geschäftsstelle übermittelt wird, wenn die Entscheidung nicht bereits durch Verlesen der Entscheidungsformel bekannt gegeben worden ist: Die Gebühr 1710 oder 1714 ermäßigt sich auf	99,00 €

Abschnitt 2. Beschwerde und Rechtsbeschwerde gegen die Endentscheidung wegen des Hauptgegenstands

Nr.	Gebührentatbestand	Gebühr oder Satz der Gebühr nach § 28 FamGKG
1720	Verfahren über die Beschwerde oder Rechtsbeschwerde in den in den Nummern 1710, 1713 und 1714 genannten Verfahren	396,00 €
1721	Beendigung des gesamten Verfahrens durch Zurücknahme der Beschwerde, der Rechtsbeschwerde oder des Antrags, bevor die Schrift zur Begründung des Rechtsmittels bei Gericht eingegangen ist: Die Gebühr 1720 ermäßigt sich auf	99,00 €
1722	Beendigung des gesamten Verfahrens ohne Endentscheidung, wenn nicht Nummer 1721 erfüllt ist: Die Gebühr 1720 ermäßigt sich auf	198,00 €

Nr.	Gebührentatbestand	Gebühr oder Satz der Gebühr nach § 28 FamGKG
	(1) Wenn die Entscheidung nicht durch Verlesen der Entscheidungsformel bekannt gegeben worden ist, ermäßigt sich die Gebühr auch im Fall der Zurücknahme der Beschwerde oder der Rechtsbeschwerde vor Ablauf des Tages, an dem die Endentscheidung der Geschäftsstelle übermittelt wird.	
	(2) Eine Entscheidung über die Kosten steht der Ermäßigung nicht entgegen, wenn die Entscheidung einer zuvor mitgeteilten Einigung über die Kostentragung oder einer Kostenübernahmeerklärung folgt.	
1723	Verfahren über die Beschwerde in 1. den in den Nummern 1711 und 1712 genannten Verfahren, 2. Verfahren nach § 245 FamFG oder 3. Verfahren über die Berichtigung oder den Widerruf einer Bestätigung nach § 1079 ZPO:	
	Die Beschwerde wird verworfen oder zurückgewiesen	66,00 €

Hauptabschnitt 8. Rüge wegen Verletzung des Anspruchs auf rechtliches Gehör

1800	Verfahren über die Rüge wegen Verletzung des Anspruchs auf rechtliches Gehör (§§ 44, 113 Abs. 1 Satz 2 FamFG, § 321a ZPO):	
	Die Rüge wird in vollem Umfang verworfen oder zurückgewiesen	66,00 €

Hauptabschnitt 9. Rechtsmittel im Übrigen

Abschnitt 1. Sonstige Beschwerden

1910	Verfahren über die Beschwerde in den Fällen des § 71 Abs. 2, § 91a Abs. 2, § 99 Abs. 2, § 269 Abs. 5 oder § 494a Abs. 2 Satz 2 ZPO	99,00 €
1911	Beendigung des gesamten Verfahrens ohne Endentscheidung:	
	Die Gebühr 1910 ermäßigt sich auf	66,00 €
	(1) Wenn die Entscheidung nicht durch Verlesen der Entscheidungsformel bekannt gegeben worden ist, ermäßigt sich die Gebühr auch im Fall der Zurücknahme der Beschwerde vor Ablauf des Tages, an dem die Endentscheidung der Geschäftsstelle übermittelt wird.	
	(2) Eine Entscheidung über die Kosten steht der Ermäßigung nicht entgegen, wenn die Entscheidung einer zuvor mitgeteilten Einigung über die Kostentragung oder einer Kostenübernahmeerklärung folgt.	
1912	Verfahren über eine nicht besonders aufgeführte Beschwerde, die nicht nach anderen Vorschriften gebührenfrei ist:	
	Die Beschwerde wird verworfen oder zurückgewiesen	66,00 €
	Wird die Beschwerde nur teilweise verworfen oder zurückgewiesen, kann das Gericht die Gebühr nach billigem Ermessen auf die Hälfte ermäßigen oder bestimmen, dass eine Gebühr nicht zu erheben ist.	

Nr.	Gebührentatbestand	Gebühr oder Satz der Gebühr nach § 28 FamGKG
	Abschnitt 2. Sonstige Rechtsbeschwerden	
1920	Verfahren über die Rechtsbeschwerde in den Fällen von § 71 Abs. 1, § 91a Abs. 1, § 99 Abs. 2, § 269 Abs. 4 oder § 494a Abs. 2 Satz 2 ZPO	198,00 €
1921	Beendigung des gesamten Verfahrens durch Zurücknahme der Rechtsbeschwerde oder des Antrags, bevor die Schrift zur Begründung der Rechtsbeschwerde bei Gericht eingegangen ist: Die Gebühr 1920 ermäßigt sich auf	66,00 €
1922	Beendigung des gesamten Verfahrens durch Zurücknahme der Rechtsbeschwerde oder des Antrags vor Ablauf des Tages, an dem die Endentscheidung der Geschäftsstelle übermittelt wird, wenn nicht Nummer 1921 erfüllt ist: Die Gebühr 1920 ermäßigt sich auf	99,00 €
1923	Verfahren über eine nicht besonders aufgeführte Rechtsbeschwerde, die nicht nach anderen Vorschriften gebührenfrei ist: Die Rechtsbeschwerde wird verworfen oder zurückgewiesen .... Wird die Rechtsbeschwerde nur teilweise verworfen oder zurückgewiesen, kann das Gericht die Gebühr nach billigem Ermessen auf die Hälfte ermäßigen oder bestimmen, dass eine Gebühr nicht zu erheben ist.	132,00 €
1924	Verfahren über die in Nummer 1923 genannten Rechtsbeschwerden: Beendigung des gesamten Verfahrens durch Zurücknahme der Rechtsbeschwerde oder des Antrags vor Ablauf des Tages, an dem die Endentscheidung der Geschäftsstelle übermittelt wird	66,00 €
	Abschnitt 3. Zulassung der Sprungrechtsbeschwerde in sonstigen Fällen	
1930	Verfahren über die Zulassung der Sprungrechtsbeschwerde in den nicht besonders aufgeführten Fällen: Wenn der Antrag abgelehnt wird	66,00 €

Teil 2. Auslagen

Nr.	Auslagentatbestand	Höhe

Vorbemerkung 2:

(1) Auslagen, die durch eine für begründet befundene Beschwerde entstanden sind, werden nicht erhoben, soweit das Beschwerdeverfahren gebührenfrei ist; dies gilt jedoch nicht, soweit das Beschwerdegericht die Kosten dem Gegner des Beschwerdeführers auferlegt hat.

(2) Sind Auslagen durch verschiedene Rechtssachen veranlasst, werden sie auf die mehreren Rechtssachen angemessen verteilt.

(3) In Kindschaftssachen werden von dem Minderjährigen Auslagen nur unter den in Vorbemerkung 1.3.1 Abs. 2 genannten Voraussetzungen erhoben. In den in Vorbemerkung 1.3.1 Abs. 1 genannten Verfahren werden keine Auslagen erhoben; für Kindschaftssachen nach § 151 Nr. 6 und 7 FamFG gilt dies auch im Verfahren über den Erlass einer einstweiligen Anordnung. Die Sätze 1 und 2 gelten nicht für die Auslagen 2013.

(4) Bei Handlungen durch das Vollstreckungs- oder Arrestgericht werden Auslagen nach dem GKG erhoben.

Nr.	Auslagentatbestand	Höhe
2000	Pauschale für die Herstellung und Überlassung von Dokumenten:	
	1. Ausfertigungen, Kopien und Ausdrucke bis zur Größe von DIN A3, die	
	a) auf Antrag angefertigt oder auf Antrag per Telefax übermittelt worden sind oder	
	b) angefertigt worden sind, weil die Partei oder ein Beteiligter es unterlassen hat, die erforderliche Zahl von Mehrfertigungen beizufügen; der Anfertigung steht es gleich, wenn per Telefax übermittelte Mehrfertigungen von der Empfangseinrichtung des Gerichts ausgedruckt werden:	
	für die ersten 50 Seiten je Seite	0,50 €
	für jede weitere Seite	0,15 €
	für die ersten 50 Seiten in Farbe je Seite	1,00 €
	für jede weitere Seite in Farbe	0,30 €
	2. Entgelte für die Herstellung und Überlassung der in Nummer 1 genannten Kopien oder Ausdrucke in einer Größe von mehr als DIN A3	in voller Höhe
	oder pauschal je Seite	3,00 €
	oder pauschal je Seite in Farbe	6,00 €
	3. Überlassung von elektronisch gespeicherten Dateien oder deren Bereitstellung zum Abruf anstelle der in den Nummern 1 und 2 genannten Ausfertigungen, Kopien und Ausdrucke:	
	je Datei	1,50 €
	für die in einem Arbeitsgang überlassenen, bereitgestellten oder in einem Arbeitsgang auf denselben Datenträger übertragenen Dokumente insgesamt höchstens	5,00 €
	(1) Die Höhe der Dokumentenpauschale nach Nummer 1 ist in jedem Rechtszug, bei Vormundschaften und Dauerpflegschaften in jedem Kalenderjahr und für jeden Kostenschuldner nach § 23 Abs. 1 FamGKG gesondert zu berechnen; Gesamtschuldner gelten als ein Schuldner.	

Nr.	Auslagentatbestand	Höhe
	(2) Werden zum Zweck der Überlassung von elektronisch gespeicherten Dateien Dokumente zuvor auf Antrag von der Papierform in die elektronische Form übertragen, beträgt die Dokumentenpauschale nach Nummer 3 nicht weniger, als die Dokumentenpauschale im Fall der Nummer 1 für eine Schwarz-Weiß-Kopie ohne Rücksicht auf die Größe betragen würde.	
	(3) Frei von der Dokumentenpauschale sind für jeden Beteiligten und seinen bevollmächtigten Vertreter jeweils	
	1. eine vollständige Ausfertigung oder Kopie oder ein vollständiger Ausdruck jeder gerichtlichen Entscheidung und jedes vor Gericht abgeschlossenen Vergleichs,	
	2. eine Ausfertigung ohne Begründung und	
	3. eine Kopie oder ein Ausdruck jeder Niederschrift über eine Sitzung.	
	§ 191a Abs. 1 Satz 5 GVG bleibt unberührt.	
	(4) Bei der Gewährung der Einsicht in Akten wird eine Dokumentenpauschale nur erhoben, wenn auf besonderen Antrag ein Ausdruck einer elektronischen Akte oder ein Datenträger mit dem Inhalt einer elektronischen Akte übermittelt wird.	
2001	Auslagen für Telegramme	in voller Höhe
2002	Pauschale für Zustellungen mit Zustellungsurkunde, Einschreiben gegen Rückschein oder durch Justizbedienstete nach § 168 Abs. 1 ZPO je Zustellung	3,50 €
	Neben Gebühren, die sich nach dem Verfahrenswert richten, wird die Zustellungspauschale nur erhoben, soweit in einem Rechtszug mehr als 10 Zustellungen anfallen.	
2003	Pauschale für die bei der Versendung von Akten auf Antrag anfallenden Auslagen an Transport- und Verpackungskosten je Sendung	12,00 €
	Die Hin- und Rücksendung der Akten durch Gerichte gelten zusammen als eine Sendung.	
2004	Auslagen für öffentliche Bekanntmachungen	in voller Höhe
	Auslagen werden nicht erhoben für die Bekanntmachung in einem elektronischen Informations- und Kommunikationssystem, wenn das Entgelt nicht für den Einzelfall oder nicht für ein einzelnes Verfahren berechnet wird.	
2005	Nach dem JVEG zu zahlende Beträge	in voller Höhe
	(1) Die Beträge werden auch erhoben, wenn aus Gründen der Gegenseitigkeit, der Verwaltungsvereinfachung oder aus vergleichbaren Gründen keine Zahlungen zu leisten sind. Ist aufgrund des § 1 Abs. 2 Satz 2 JVEG keine Vergütung zu zahlen, ist der Betrag zu erheben, der ohne diese Vorschrift zu zahlen wäre.	
	(2) Auslagen für Übersetzer, die zur Erfüllung der Rechte blinder oder sehbehinderter Personen herangezogen werden (§ 191a Abs. 1 GVG) und für Kommunikationshilfen zur Verständigung mit einer hör- oder sprachbehinderten Person (§ 186 GVG) werden nicht erhoben.	
2006	Bei Geschäften außerhalb der Gerichtsstelle	
	1. die den Gerichtspersonen aufgrund gesetzlicher Vorschriften gewährte Vergütung (Reisekosten, Auslagenersatz) und die Auslagen für die Bereitstellung von Räumen	in voller Höhe

Nr.	Auslagentatbestand	Höhe
	2. für den Einsatz von Dienstkraftfahrzeugen für jeden gefahrenen Kilometer	0,42 €
2007	Auslagen für 1. die Beförderung von Personen	in voller Höhe
	2. Zahlungen an mittellose Personen für die Reise zum Ort einer Verhandlung oder Anhörung und für die Rückreise	bis zur Höhe der nach dem JVEG an Zeugen zu zahlenden Beträge
2008	Kosten einer Zwangshaft, auch aufgrund eines Haftbefehls in entsprechender Anwendung des § 802g ZPO .... Maßgebend ist die Höhe des Haftkostenbeitrags, der nach Landesrecht von einem Gefangenen zu erheben ist.	in Höhe des Haftkostenbeitrags
2009	Kosten einer Ordnungshaft .... Maßgebend ist die Höhe des Haftkostenbeitrags, der nach Landesrecht von einem Gefangenen zu erheben ist. Diese Kosten werden nur angesetzt, wenn der Haftkostenbeitrag auch von einem Gefangenen im Strafvollzug zu erheben wäre.	in Höhe des Haftkostenbeitrags
2010	Nach § 12 BGebG, dem 5. Abschnitt des Konsulargesetzes und der Besonderen Gebührenverordnung des Auswärtigen Amts nach § 22 Abs. 4 BGebG zu zahlende Beträge	in voller Höhe
2011	An deutsche Behörden für die Erfüllung von deren eigenen Aufgaben zu zahlende Gebühren sowie diejenigen Beträge, die diesen Behörden, öffentlichen Einrichtungen oder deren Bediensteten als Ersatz für Auslagen der in den Nummern 2000 bis 2009 bezeichneten Art zustehen .... Die als Ersatz für Auslagen angefallenen Beträge werden auch erhoben, wenn aus Gründen der Gegenseitigkeit, der Verwaltungsvereinfachung oder aus vergleichbaren Gründen keine Zahlungen zu leisten sind.	in voller Höhe, die Auslagen begrenzt durch die Höchstsätze für die Auslagen 2000 bis 2009
2012	Beträge, die ausländischen Behörden, Einrichtungen oder Personen im Ausland zustehen, sowie Kosten des Rechtshilfeverkehrs mit dem Ausland .... Die Beträge werden auch erhoben, wenn aus Gründen der Gegenseitigkeit, der Verwaltungsvereinfachung oder aus vergleichbaren Gründen keine Zahlungen zu leisten sind.	in voller Höhe
2013	An den Verfahrensbeistand zu zahlende Beträge .... Die Beträge werden von dem Minderjährigen nur nach Maßgabe *[bis 31.12.2022: des § 1836c BGB] [ab 1.1.2023: des § 1808 Abs. 2 Satz 1 und des § 1880 Abs. 2 BGB]* erhoben.	in voller Höhe

Nr.	Auslagentatbestand	Höhe
2014	An den Umgangspfleger sowie an Verfahrenspfleger nach § 9 Abs. 5 FamFG, § 57 ZPO zu zahlende Beträge	in voller Höhe
2015	Pauschale für die Inanspruchnahme von Videokonferenzverbindungen:	
	je Verfahren für jede angefangene halbe Stunde	15,00 €
2016	Umsatzsteuer auf die Kosten	in voller Höhe
	Dies gilt nicht, wenn die Umsatzsteuer nach § 19 Abs. 1 UStG unerhoben bleibt.	

Anlage 2[1]
(zu § 28 Absatz 1 Satz 3)

Verfahrenswert bis ... €	Gebühr ... €	Verfahrenswert bis ... €	Gebühr ... €
500	38,00	50 000	601,00
1 000	58,00	65 000	733,00
1 500	78,00	80 000	865,00
2 000	98,00	95 000	997,00
3 000	119,00	110 000	1 129,00
4 000	140,00	125 000	1 261,00
5 000	161,00	140 000	1 393,00
6 000	182,00	155 000	1 525,00
7 000	203,00	170 000	1 657,00
8 000	224,00	185 000	1 789,00
9 000	245,00	200 000	1 921,00
10 000	266,00	230 000	2 119,00
13 000	295,00	260 000	2 317,00
16 000	324,00	290 000	2 515,00
19 000	353,00	320 000	2 713,00
22 000	382,00	350 000	2 911,00
25 000	411,00	380 000	3 109,00
30 000	449,00	410 000	3 307,00
35 000	487,00	440 000	3 505,00
40 000	525,00	470 000	3 703,00
45 000	563,00	500 000	3 901,00

[1] Anl. 2 neu gef. mWv 1.1.2021 durch G v. 21.12.2020 (BGBl. I S. 3229).

4. Gesetz über Kosten der freiwilligen Gerichtsbarkeit für Gerichte und Notare (Gerichts- und Notarkostengesetz – GNotKG)[1)]

Vom 23. Juli 2013

(BGBl. I S. 2586)

FNA 361-6

geänd. durch Art. 9 G zur Einführung einer Rechtsbehelfsbelehrung im Zivilprozess und zur Änd. anderer Vorschriften v. 5.12.2012 (BGBl. I S. 2418, geänd. durch Art. 41 G v. 23.7.2013, BGBl. I S. 2586), Art. 8 Nr. 2 G zur Intensivierung des Einsatzes von Videokonferenztechnik in gerichtlichen und staatsanwaltschaftlichen Verfahren v. 25.4.2013 (BGBl. I S. 935, geänd. durch Art. 42 G v. 23.7. 2013, BGBl. I S. 2586), Art. 8 G zur Übertragung von Aufgaben im Bereich der freiwilligen Gerichtsbarkeit auf Notare v. 26.6.2013 (BGBl. I S. 1800, geänd. durch Art. 44 G v. 23.7.2013, BGBl. I S. 2586), Art. 3 Abs. 1 G zur Änd. des HGB v. 4.10.2013 (BGBl. I S. 3746), Art. 22 G zur Förderung des elektronischen Rechtsverkehrs mit den Gerichten v. 10.10.2013 (BGBl. I S. 3786), Art. 9 G zur Durchführung der VO (EU) Nr. 1215/2012 sowie zur Änd. sonstiger Vorschriften v. 8.7. 2014 (BGBl. I S. 890), Art. 5 G zur Durchführung des Haager Übereinkommens v. 30.6.2005 über Gerichtsstandsvereinbarungen sowie zur Änd. des RPflG, GNotKG, AltersteilzeitG und SGB III v. 10.12.2014 (BGBl. I S. 2082), Art. 13 G zum Internationalen Erbrecht und zur Änd. von Vorschriften zum Erbschein sowie zur Änd. sonstiger Vorschriften v. 29.6.2015 (BGBl. I S. 1042), Art. 174 Zehnte ZuständigkeitsanpassungsVO v. 31.8.2015 (BGBl. I S. 1474), Art. 4 G zur Abwicklung der staatlichen Notariate in Baden-Württemberg v. 23.11.2015 (BGBl. I S. 2090), Art. 123 Abs. 3 Zweites G über die weitere Bereinigung von Bundesrecht v. 8.7.2016 (BGBl. I S. 1594), Art. 4 Abs. 46 G zur Aktualisierung der Strukturreform des Gebührenrechts des Bundes v. 18.7.2016 (BGBl. I S. 1666), Art. 11 EU-KontenpfändungsVO-DurchführungsG v. 21.11.2016 (BGBl. I S. 2591), Art. 6 Abs. 3 G zur Neuordnung der Aufbewahrung von Notariatsunterlagen und zur Einrichtung des Elektronischen Urkundenarchivs bei der Bundesnotarkammer sowie zur Änd. weiterer Gesetze v. 1.6.2017 (BGBl. I S. 1396), Art. 26 G zur Einführung der elektronischen Akte in der Justiz und zur weiteren Förderung des elektronischen Rechtsverkehrs v. 5.7.2017 (BGBl. I S. 2208), Art. 7 G zum Internationalen Güterrecht und zur Änd. von Vorschriften des Internationalen Privatrechts v. 17.12.2018 (BGBl. I S. 2573), Art. 11 WohnungseigentumsmodernisierungsG v. 16.10. 2020 (BGBl. I S. 2187), Art. 4 KostenrechtsänderungsG 2021 v. 21.12.2020 (BGBl. I S. 3229), Art. 15 Abs. 12 G zur Reform des Vormundschafts- und Betreuungsrechts v. 4.5.2021 (BGBl. I S. 882), Art. 24 Abs. 7 G zur Modernisierung des notariellen Berufsrechts und zur Änd. weiterer Vorschriften v. 25.6.2021 (BGBl. I S. 2154), Art. 7 G zur Vereinheitlichung des Stiftungsrechts und zur Änd. des InfektionsschutzG v. 16.7.2021 (BGBl. I S. 2947), Art. 10 G zur Umsetzung der DigitalisierungsRL v. 5.7.2021 (BGBl. I S. 3338) und Art. 47 PersonengesellschaftsrechtsmodernisierungsG (MoPeG) v. 10.8.2021 (BGBl. I S. 3436)

[1)] Verkündet als Art. 1 2. KostenrechtsmodernisierungsG v. 23.7.2013 (BGBl. I S. 2586); Inkrafttreten gem. Art. 50 dieses G am 1.8.2013.

---

¹⁾ Inhaltsübersicht geänd. mWv 1.1.2014 durch G v. 5.12.2012 (BGBl. I S. 2418, geänd. durch G v. 23.7.2013, BGBl. I S. 2586); mWv 1.9.2013 durch G v. 26.6.2013 (BGBl. I S. 1800, geänd. durch G v. 23.7.2013, BGBl. I S. 2586); mWv 17.8.2015 durch G v. 29.6.2015 (BGBl. I S. 1042); **mWv 1.7. 2023** durch G v. 16.7.2021 (BGBl. I S. 2947); **mWv 1.8.2022** durch G v. 5.7.2021 (BGBl. I S. 3338); **mWv 1.1.2024** durch G v. 10.8.2021 (BGBl. I S. 3436).

236

Kapitel 1. Vorschriften für Gerichte und Notare

Abschnitt 1. Allgemeine Vorschriften

§ 1[1]) **Geltungsbereich.** (1) Soweit bundesrechtlich nichts anderes bestimmt ist, werden Kosten (Gebühren und Auslagen) durch die Gerichte in den Angelegenheiten der freiwilligen Gerichtsbarkeit und durch die Notare für ihre Amtstätigkeit nur nach diesem Gesetz erhoben.

(2) Angelegenheiten im Sinne des Absatzes 1 sind auch

1. Verfahren nach den §§ 98, 99, 132, 142, 145, 258, 260, 293c und 315 des Aktiengesetzes,
2. Verfahren nach § 51b des Gesetzes betreffend die Gesellschaften mit beschränkter Haftung,
3. Verfahren nach § 26 des SE-Ausführungsgesetzes,
4. Verfahren nach § 10 des Umwandlungsgesetzes,
5. Verfahren nach dem Spruchverfahrensgesetz,
6. Verfahren nach den §§ 39a und 39b des Wertpapiererwerbs- und Übernahmegesetzes über den Ausschluss von Aktionären,
7. Verfahren nach § 8 Absatz 3 Satz 4 des Gesetzes über die Mitbestimmung der Arbeitnehmer in den Aufsichtsräten und Vorständen der Unternehmen des Bergbaus und der Eisen und Stahl erzeugenden Industrie,
8. Angelegenheiten des Registers für Pfandrechte an Luftfahrzeugen,
9. Verfahren nach der Verfahrensordnung für Höfesachen,
10. Pachtkreditsachen nach dem Pachtkreditgesetz,
11. Verfahren nach dem Verschollenheitsgesetz,
12. Verfahren nach dem Transsexuellengesetz,
13. Verfahren nach § 84 Absatz 2 und § 189 des Versicherungsvertragsgesetzes,
14. Verfahren nach dem Personenstandsgesetz,
15. Verfahren nach § 7 Absatz 3 des Erbbaurechtsgesetzes,

---

[1]) § 1 Abs. 3 Satz 2 angef. mWv 18.1.2017 durch G v. 21.11.2016 (BGBl. I S. 2591); Abs. 2 Nr. 21 geänd. mWv 1.1.2021 durch G v. 21.12.2020 (BGBl. I S. 3229).

16. Verteilungsverfahren, soweit sich die Kosten nicht nach dem Gerichtskostengesetz[1]) bestimmen,

17. Verfahren über die Bewilligung der öffentlichen Zustellung einer Willenserklärung und die Bewilligung der Kraftloserklärung von Vollmachten (§ 132 Absatz 2 und § 176 Absatz 2 des Bürgerlichen Gesetzbuchs),

18. Verfahren über Anordnungen über die Zulässigkeit der Verwendung von Verkehrsdaten,

19. Verfahren nach den §§ 23 bis 29 des Einführungsgesetzes zum Gerichtsverfassungsgesetz,

20. Verfahren nach § 138 Absatz 2 des Urheberrechtsgesetzes und

21. gerichtliche Verfahren nach § 335a des Handelsgesetzbuchs.

(3) [1]Dieses Gesetz gilt nicht in Verfahren, in denen Kosten nach dem Gesetz über Gerichtskosten in Familiensachen[2]) zu erheben sind. [2]In Verfahren nach der Verordnung (EU) Nr. 655/2014 des Europäischen Parlaments und des Rates vom 15. Mai 2014 zur Einführung eines Verfahrens für einen Europäischen Beschluss zur vorläufigen Kontenpfändung im Hinblick auf die Erleichterung der grenzüberschreitenden Eintreibung von Forderungen in Zivil- und Handelssachen werden Kosten nach dem Gerichtskostengesetz erhoben.

(4) Kosten nach diesem Gesetz werden auch erhoben für Verfahren über eine Beschwerde, die mit einem der in den Absätzen 1 und 2 genannten Verfahren im Zusammenhang steht.

(5) Soweit nichts anderes bestimmt ist, bleiben die landesrechtlichen Kostenvorschriften unberührt für

1. in Landesgesetzen geregelte Verfahren und Geschäfte der freiwilligen Gerichtsbarkeit sowie

2. solche Geschäfte der freiwilligen Gerichtsbarkeit, in denen nach Landesgesetz andere als gerichtliche Behörden oder Notare zuständig sind.

(6) Die Vorschriften dieses Gesetzes über die Erinnerung und die Beschwerde gehen den Regelungen der für das zugrunde liegende Verfahren geltenden Verfahrensvorschriften vor.

§ 2[3]) Kostenfreiheit bei Gerichtskosten. (1) [1]Der Bund und die Länder sowie die nach Haushaltsplänen des Bundes oder eines Landes verwalteten öffentlichen Anstalten und Kassen sind von der Zahlung der Gerichtskosten befreit. [2]Bei der Vollstreckung wegen öffentlich-rechtlicher Geldforderungen ist maßgebend, wer ohne Berücksichtigung des § 252 der Abgabenordnung oder entsprechender Vorschriften Gläubiger der Forderung ist.

(2) Sonstige bundesrechtliche oder landesrechtliche Vorschriften, die eine sachliche oder persönliche Befreiung von Gerichtskosten gewähren, bleiben unberührt.

(3) [1]Soweit jemandem, der von Gerichtskosten befreit ist, Kosten des Verfahrens auferlegt werden, sind Kosten nicht zu erheben; bereits erhobene Kosten sind zurückzuzahlen. [2]Das Gleiche gilt, außer in Grundbuch- und

---

[1]) Nr. 2.
[2]) Nr. 3.
[3]) § 2 Abs. 4 geänd. mWv 1.9.2013 durch G v. 26.6.2013 (BGBl. I S. 1800, geänd. durch G v. 23.7.2013, BGBl. I S. 2586).

Registersachen, soweit ein von der Zahlung der Kosten befreiter Beteiligter die Kosten des Verfahrens übernimmt.

(4) Die persönliche Kosten- oder Gebührenfreiheit steht der Inanspruchnahme nicht entgegen, wenn die Haftung auf § 27 Nummer 3 beruht oder wenn der Kostenschuldner als Erbe nach § 24 für die Kosten haftet.

(5) Wenn in Grundbuch- und Registersachen einzelnen von mehreren Gesamtschuldnern Kosten- oder Gebührenfreiheit zusteht, so vermindert sich der Gesamtbetrag der Kosten oder der Gebühren um den Betrag, den die befreiten Beteiligten den Nichtbefreiten ohne Berücksichtigung einer abweichenden schuldrechtlichen Vereinbarung aufgrund gesetzlicher Vorschrift zu erstatten hätten.

§ 3 Höhe der Kosten. (1) Die Gebühren richten sich nach dem Wert, den der Gegenstand des Verfahrens oder des Geschäfts hat (Geschäftswert), soweit nichts anderes bestimmt ist.

(2) Kosten werden nach dem Kostenverzeichnis der Anlage 1 zu diesem Gesetz erhoben.

§ 4 Auftrag an einen Notar. Die Erteilung eines Auftrags an einen Notar steht der Stellung eines Antrags im Sinne dieses Kapitels gleich.

§ 5[1) Verweisung, Abgabe. (1) [1]Verweist ein erstinstanzliches Gericht oder ein Rechtsmittelgericht ein Verfahren an ein erstinstanzliches Gericht desselben oder eines anderen Zweiges der Gerichtsbarkeit, ist das frühere erstinstanzliche Verfahren als Teil des Verfahrens vor dem übernehmenden Gericht zu behandeln. [2]Gleiches gilt, wenn die Sache an ein anderes Gericht abgegeben wird.

(2) [1]Mehrkosten, die durch Anrufung eines Gerichts entstehen, zu dem der Rechtsweg nicht gegeben ist oder das für das Verfahren nicht zuständig ist, werden nur dann erhoben, wenn die Anrufung auf verschuldeter Unkenntnis der tatsächlichen oder rechtlichen Verhältnisse beruht. [2]Die Entscheidung trifft das Gericht, an das verwiesen worden ist.

(3) Verweist der Notar ein Teilungsverfahren an einen anderen Notar, entstehen die Gebühren für jeden Notar gesondert.

§ 6[2) Verjährung, Verzinsung. (1) [1]Ansprüche auf Zahlung von Gerichtskosten verjähren in vier Jahren nach Ablauf des Kalenderjahres, in dem das Verfahren durch rechtskräftige Entscheidung über die Kosten, durch Vergleich oder in sonstiger Weise beendet ist. [2]Bei Betreuungen und Pflegschaften, die nicht auf einzelne Rechtshandlungen beschränkt sind (Dauerbetreuungen, Dauerpflegschaften), sowie bei Nachlasspflegschaften, Nachlass- oder Gesamtgutsverwaltungen beginnt die Verjährung hinsichtlich der Jahresgebühren am Tag vor deren Fälligkeit, hinsichtlich der Auslagen mit deren Fälligkeit. [3]Ansprüche auf Zahlung von Notarkosten verjähren in vier Jahren nach Ablauf des Kalenderjahres, in dem die Kosten fällig geworden sind.

(2) [1]Ansprüche auf Rückzahlung von Kosten verjähren in vier Jahren nach Ablauf des Kalenderjahres, in dem die Zahlung erfolgt ist. [2]Die Verjährung

---

[1) § 5 Abs. 3 angef. mWv 1.9.2013 durch G v. 26.6.2013 (BGBl. I S. 1800, geänd. durch G v. 23.7.2013, BGBl. I S. 2586).
[2) § 6 Abs. 1 Satz 2 geänd. mWv 19.12.2014 durch G v. 10.12.2014 (BGBl. I S. 2082).

beginnt jedoch nicht vor dem jeweiligen in Absatz 1 bezeichneten Zeitpunkt. [3] Durch die Einlegung eines Rechtsbehelfs mit dem Ziel der Rückzahlung wird die Verjährung wie durch Klageerhebung gehemmt.

(3) [1] Auf die Verjährung sind die Vorschriften des Bürgerlichen Gesetzbuchs anzuwenden; die Verjährung wird nicht von Amts wegen berücksichtigt. [2] Die Verjährung der Ansprüche auf Zahlung von Kosten beginnt auch durch die Aufforderung zur Zahlung oder durch eine dem Schuldner mitgeteilte Stundung erneut; ist der Aufenthalt des Kostenschuldners unbekannt, so genügt die Zustellung durch Aufgabe zur Post unter seiner letzten bekannten Anschrift. [3] Bei Kostenbeträgen unter 25 Euro beginnt die Verjährung weder erneut noch wird sie oder ihr Ablauf gehemmt.

(4) Ansprüche auf Zahlung und Rückzahlung von Gerichtskosten werden nicht verzinst.

§ 7 Elektronische Akte, elektronisches Dokument. In Verfahren nach diesem Gesetz sind die verfahrensrechtlichen Vorschriften über die elektronische Akte und über das elektronische Dokument anzuwenden, die für das dem kostenrechtlichen Verfahren zugrunde liegende Verfahren gelten.

§ 7a[1] Rechtsbehelfsbelehrung. Jede Kostenrechnung, jede anfechtbare Entscheidung und jede Kostenberechnung eines Notars hat eine Belehrung über den statthaften Rechtsbehelf sowie über die Stelle, bei der dieser Rechtsbehelf einzulegen ist, über deren Sitz und über die einzuhaltende Form und Frist zu enthalten.

Abschnitt 2. Fälligkeit

§ 8 Fälligkeit der Kosten in Verfahren mit Jahresgebühren. [1] In Betreuungssachen und betreuungsgerichtlichen Zuweisungssachen werden die Jahresgebühren 11101, 11102 und 11104 des Kostenverzeichnisses, in Nachlasssachen die Jahresgebühr 12311 des Kostenverzeichnisses erstmals bei Anordnung und später jeweils zu Beginn eines Kalenderjahres fällig. [2] In diesen Fällen werden Auslagen sofort nach ihrer Entstehung fällig.

§ 9 Fälligkeit der Gerichtsgebühren in sonstigen Fällen, Fälligkeit der gerichtlichen Auslagen. (1) Im Übrigen werden die gerichtlichen Gebühren und Auslagen fällig, wenn

1. eine unbedingte Entscheidung über die Kosten ergangen ist,
2. das Verfahren oder der Rechtszug durch Vergleich oder Zurücknahme beendet ist,
3. das Verfahren sechs Monate ruht oder sechs Monate nicht betrieben worden ist,
4. das Verfahren sechs Monate unterbrochen oder sechs Monate ausgesetzt war oder
5. das Verfahren durch anderweitige Erledigung beendet ist.

(2) Die Dokumentenpauschale sowie die Auslagen für die Versendung von Akten werden sofort nach ihrer Entstehung fällig.

---

[1] § 7a eingef. mWv 1.1.2014 durch G v. 5.12.2012 (BGBl. I S. 2418, geänd. durch G v. 23.7.2013, BGBl. I S. 2586).

§ 10 Fälligkeit der Notarkosten. Notargebühren werden mit der Beendigung des Verfahrens oder des Geschäfts, Auslagen des Notars und die Gebühren 25300 und 25301 sofort nach ihrer Entstehung fällig.

Abschnitt 3. Sicherstellung der Kosten

§ 11 Zurückbehaltungsrecht. [1] Urkunden, Ausfertigungen, Ausdrucke und Kopien sowie gerichtliche Unterlagen können nach billigem Ermessen zurückbehalten werden, bis die in der Angelegenheit entstandenen Kosten bezahlt sind. [2] Dies gilt nicht, soweit § 53 des Beurkundungsgesetzes der Zurückbehaltung entgegensteht.

§ 12 Grundsatz für die Abhängigmachung bei Gerichtskosten. In weiterem Umfang, als das Verfahrensrecht und dieses Gesetz es gestatten, darf die Tätigkeit des Gerichts von der Zahlung der Kosten oder von der Sicherstellung der Zahlung nicht abhängig gemacht werden.

§ 13[1]) Abhängigmachung bei Gerichtsgebühren. [1] In erstinstanzlichen gerichtlichen Verfahren, in denen der Antragsteller die Kosten schuldet (§ 22 Absatz 1), kann die beantragte Handlung oder eine sonstige gerichtliche Handlung von der Zahlung eines Vorschusses in Höhe der für die Handlung oder der für das Verfahren im Allgemeinen bestimmten Gebühr abhängig gemacht werden. [2] Satz 1 gilt in Grundbuch- und Nachlasssachen jedoch nur dann, wenn dies im Einzelfall zur Sicherung des Eingangs der Gebühr erforderlich erscheint.

§ 14 Auslagen des Gerichts. (1) [1] Wird eine gerichtliche Handlung beantragt, mit der Auslagen verbunden sind, hat derjenige, der die Handlung beantragt hat, einen zur Deckung der Auslagen ausreichenden Vorschuss zu zahlen. [2] Das Gericht soll eine Handlung, die nur auf Antrag vorzunehmen ist, von der vorherigen Zahlung abhängig machen; § 13 Satz 2 gilt entsprechend.

(2) Die Herstellung und Überlassung von Dokumenten auf Antrag sowie die Versendung von Akten können von der vorherigen Zahlung eines die Auslagen deckenden Vorschusses abhängig gemacht werden.

(3) [1] Bei Handlungen, die von Amts wegen vorgenommen werden, kann ein Vorschuss zur Deckung der Auslagen erhoben werden. [2] Im gerichtlichen Verfahren nach dem Spruchverfahrensgesetz ist ein solcher Vorschuss zu erheben.

(4) Absatz 1 gilt nicht in Freiheitsentziehungssachen und für die Anordnung einer Haft.

§ 15 Abhängigmachung bei Notarkosten. Die Tätigkeit des Notars kann von der Zahlung eines zur Deckung der Kosten ausreichenden Vorschusses abhängig gemacht werden.

§ 16 Ausnahmen von der Abhängigmachung. Die beantragte Handlung darf nicht von der Sicherstellung oder Zahlung der Kosten abhängig gemacht werden,

1. soweit dem Antragsteller Verfahrenskostenhilfe bewilligt ist oder im Fall des § 17 Absatz 2 der Bundesnotarordnung der Notar die Urkundstätigkeit vor-

---

[1]) § 13 Satz 1 geänd. mWv 4.7.2015 durch G v. 29.6.2015 (BGBl. I S. 1042).

läufig gebührenfrei oder gegen Zahlung der Gebühren in Monatsraten zu gewähren hat,

2. wenn dem Antragsteller Gebührenfreiheit zusteht,

3. wenn ein Notar erklärt hat, dass er für die Kostenschuld des Antragstellers die persönliche Haftung übernimmt,

4. wenn die Tätigkeit weder aussichtslos noch ihre Inanspruchnahme mutwillig erscheint und wenn glaubhaft gemacht wird, dass

   a) dem Antragsteller die alsbaldige Zahlung der Kosten mit Rücksicht auf seine Vermögenslage oder aus sonstigen Gründen Schwierigkeiten bereiten würde oder

   b) eine Verzögerung dem Antragsteller einen nicht oder nur schwer zu ersetzenden Schaden bringen würde; zur Glaubhaftmachung genügt in diesem Fall die Erklärung des zum Bevollmächtigten bestellten Rechtsanwalts,

5. wenn aus einem anderen Grund das Verlangen nach vorheriger Zahlung oder Sicherstellung der Kosten nicht angebracht erscheint, insbesondere wenn die Berichtigung des Grundbuchs oder die Eintragung eines Widerspruchs beantragt wird oder die Rechte anderer Beteiligter beeinträchtigt werden.

§ 17 Fortdauer der Vorschusspflicht. [1]Die Verpflichtung zur Zahlung eines Vorschusses auf die Gerichtskosten bleibt bestehen, auch wenn die Kosten des Verfahrens einem anderen auferlegt oder von einem anderen übernommen sind. [2]§ 33 Absatz 1 gilt entsprechend.

Abschnitt 4. Kostenerhebung

§ 18[1]) Ansatz der Gerichtskosten. (1) [1]Im gerichtlichen Verfahren werden angesetzt

1. die Kosten des ersten Rechtszuges bei dem Gericht, bei dem das Verfahren im ersten Rechtszug anhängig ist oder zuletzt anhängig war,

2. die Kosten des Rechtsmittelverfahrens bei dem Rechtsmittelgericht.

[2]Dies gilt auch dann, wenn die Kosten bei einem ersuchten Gericht entstanden sind.

(2) [1]Die Kosten für

1. die Eröffnung von Verfügungen von Todes wegen und

2. die Beurkundung der Ausschlagung der Erbschaft oder der Anfechtung der Ausschlagung der Erbschaft

werden auch dann von dem nach § 343 des Gesetzes über das Verfahren in Familiensachen und in den Angelegenheiten der freiwilligen Gerichtsbarkeit zuständigen Nachlassgericht erhoben, wenn die Eröffnung oder Beurkundung bei einem anderen Gericht stattgefunden hat. [2]Für Beurkundungen nach § 31 des Internationalen Erbrechtsverfahrensgesetzes vom 29. Juni 2015 (BGBl. I S. 1042) gilt Absatz 1.

---

[1]) § 18 Abs. 3 Sätze 1 und 2 geänd. mWv 4.7.2015, Abs. 2 Satz 2 angef. mWv 17.8.2015 durch G v. 29.6.2015 (BGBl. I S. 1042).

(3) [1] Für die Eintragung oder Löschung eines Gesamtrechts sowie für die Eintragung der Veränderung eines solchen Rechts bei mehreren Grundbuchämtern werden die Kosten im Fall der Nummer 14122, 14131 oder 14141 des Kostenverzeichnisses bei dem Gericht angesetzt, bei dessen Grundbuchamt der Antrag zuerst eingegangen ist. [2] Entsprechendes gilt für die Eintragung oder Löschung eines Gesamtrechts sowie für die Eintragung der Veränderung eines solchen Rechts bei mehreren Registergerichten im Fall der Nummer 14221, 14231 oder 14241 des Kostenverzeichnisses.

(4) Die Kosten für die Eintragung in das Schiffsregister bei Verlegung des Heimathafens oder des Heimatorts werden nur von dem Gericht des neuen Heimathafens oder Heimatorts angesetzt.

(5) Die Dokumentenpauschale sowie die Auslagen für die Versendung von Akten werden bei der Stelle angesetzt, bei der sie entstanden sind.

(6) [1] Der Kostenansatz kann im Verwaltungsweg berichtigt werden, solange keine gerichtliche Entscheidung getroffen ist. [2] Ergeht nach der gerichtlichen Entscheidung über den Kostenansatz eine Entscheidung, durch die der Geschäftswert anders festgesetzt wird, kann der Kostenansatz ebenfalls berichtigt werden.

§ 19[1]) Einforderung der Notarkosten. (1) [1] Die Notarkosten dürfen nur aufgrund einer dem Kostenschuldner mitgeteilten, von dem Notar unterschriebenen *[ab 1.8.2022: oder mit seiner qualifizierten elektronischen Signatur versehenen]* Berechnung eingefordert werden. [2] Der Lauf der Verjährungsfrist ist nicht von der Mitteilung der Berechnung abhängig.

(2) Die Berechnung muss enthalten

1. eine Bezeichnung des Verfahrens oder Geschäfts,

2. die angewandten Nummern des Kostenverzeichnisses,

3. den Geschäftswert bei Gebühren, die nach dem Geschäftswert berechnet sind,

4. die Beträge der einzelnen Gebühren und Auslagen, wobei bei den jeweiligen Dokumentenpauschalen (Nummern 32000 bis 32003) und bei den Entgelten für Post- und Telekommunikationsdienstleistungen (Nummer 32004) die Angabe des Gesamtbetrags genügt, und

5. die gezahlten Vorschüsse.

(3) Die Berechnung soll enthalten

1. eine kurze Bezeichnung des jeweiligen Gebührentatbestands und der Auslagen,

2. die Wertvorschriften der §§ 36, 40 bis 54, 97 bis 108, 112 bis 124, aus denen sich der Geschäftswert für die jeweilige Gebühr ergibt, und

3. die Werte der einzelnen Gegenstände, wenn sich der Geschäftswert aus der Summe der Werte mehrerer Verfahrensgegenstände ergibt (§ 35 Absatz 1).

---

[1]) § 19 Abs. 1 Satz 1 geänd. **mWv 1.8.2022** durch G v. 5.7.2021 (BGBl. I S. 3338).

(4) Eine Berechnung ist nur unwirksam, wenn sie nicht den Vorschriften der Absätze 1 und 2 entspricht.

(5) Wird eine Berechnung durch gerichtliche Entscheidung aufgehoben, weil sie nicht den Vorschriften des Absatzes 3 entspricht, bleibt ein bereits eingetretener Neubeginn der Verjährung unberührt.

(6) Der Notar hat eine Kopie oder einen Ausdruck der Berechnung zu seinen Akten zu nehmen oder die Berechnung elektronisch aufzubewahren.

§ 20 Nachforderung von Gerichtskosten. (1) [1]Wegen eines unrichtigen Ansatzes dürfen Gerichtskosten nur nachgefordert werden, wenn der berichtigte Ansatz dem Zahlungspflichtigen vor Ablauf des nächsten Kalenderjahres nach Absendung der den Rechtszug abschließenden Kostenrechnung (Schlusskostenrechnung), bei Verfahren, in denen Jahresgebühren erhoben werden, nach Absendung der Jahresrechnung, mitgeteilt worden ist. [2]Dies gilt nicht, wenn die Nachforderung auf vorsätzlich oder grob fahrlässig falschen Angaben des Kostenschuldners beruht oder wenn der ursprüngliche Kostenansatz unter einem bestimmten Vorbehalt erfolgt ist.

(2) Ist innerhalb der Frist des Absatzes 1 ein Rechtsbehelf wegen des Hauptgegenstands oder wegen der Kosten eingelegt oder dem Zahlungspflichtigen mitgeteilt worden, dass ein Wertermittlungsverfahren eingeleitet ist, ist die Nachforderung bis zum Ablauf des nächsten Kalenderjahres nach Beendigung dieser Verfahren möglich.

(3) Ist der Wert gerichtlich festgesetzt worden, genügt es, wenn der berichtigte Ansatz dem Zahlungspflichtigen drei Monate nach der letzten Wertfestsetzung mitgeteilt worden ist.

§ 21 Nichterhebung von Kosten. (1) [1]Kosten, die bei richtiger Behandlung der Sache nicht entstanden wären, werden nicht erhoben. [2]Das Gleiche gilt für Auslagen, die durch eine von Amts wegen veranlasste Verlegung eines Termins oder Vertagung einer Verhandlung entstanden sind. [3]Für abweisende Entscheidungen sowie bei Zurücknahme eines Antrags kann von der Erhebung von Kosten abgesehen werden, wenn der Antrag auf unverschuldeter Unkenntnis der tatsächlichen oder rechtlichen Verhältnisse beruht.

(2) [1]Werden die Kosten von einem Gericht erhoben, trifft dieses die Entscheidung. [2]Solange das Gericht nicht entschieden hat, können Anordnungen nach Absatz 1 im Verwaltungsweg erlassen werden. [3]Eine im Verwaltungsweg getroffene Anordnung kann nur im Verwaltungsweg geändert werden.

Abschnitt 5. Kostenhaftung

Unterabschnitt 1. Gerichtskosten

§ 22 Kostenschuldner in Antragsverfahren, Vergleich. (1) In gerichtlichen Verfahren, die nur durch Antrag eingeleitet werden, schuldet die Kosten, wer das Verfahren des Rechtszugs beantragt hat, soweit nichts anderes bestimmt ist.

(2) Die Gebühr für den Abschluss eines gerichtlichen Vergleichs schuldet jeder, der an dem Abschluss beteiligt ist.

§ 23[1]) **Kostenschuldner in bestimmten gerichtlichen Verfahren.** Kostenschuldner

1. in Betreuungssachen und betreuungsgerichtlichen Zuweisungssachen ist der Betroffene, wenn ein Betreuer oder vorläufiger Betreuer bestellt oder eine Pflegschaft angeordnet worden ist;

2. bei Pflegschaft für gesammeltes Vermögen ist der Pfleger, jedoch nur mit dem gesammelten Vermögen;

3. für die Gebühr für die Entgegennahme von Forderungsanmeldungen im Fall des § 2061 des Bürgerlichen Gesetzbuchs ist derjenige Miterbe, der die Aufforderung erlassen hat;

4. für die Gebühr für die Entgegennahme

   a) einer Erklärung über die Anfechtung eines Testaments oder Erbvertrags,

   b) einer Anzeige des Vorerben oder des Nacherben über den Eintritt der Nacherbfolge,

   c) einer Anzeige des Verkäufers oder Käufers einer Erbschaft über den Verkauf, auch in den Fällen des § 2385 des Bürgerlichen Gesetzbuchs,

   d) eines Nachlassinventars oder einer Erklärung nach § 2004 des Bürgerlichen Gesetzbuchs oder

   e) der Erklärung eines Hoferben über die Wahl des Hofes gemäß § 9 Absatz 2 Satz 1 der Höfeordnung

   ist derjenige, der die Erklärung, die Anzeige oder das Nachlassinventar abgegeben hat;

5., 6. *(aufgehoben)*

[Nr. 7 bis 31.12.2023:]
7. in Handels-, Genossenschafts-, Partnerschafts- und Vereinsregistersachen bei Verfahren, die von Amts wegen durchgeführt werden, und bei Eintragungen, die von Amts wegen erfolgen, ist die Gesellschaft oder der Kaufmann, die Genossenschaft, die Partnerschaft oder der Verein;

[Nr. 7 ab 1.1.2024:]
7. *in Handels-, Genossenschafts-, Gesellschafts-, Partnerschafts- und Vereinsregistersachen bei Verfahren, die von Amts wegen durchgeführt werden, und bei Eintragungen, die von Amts wegen erfolgen, ist die Handelsgesellschaft oder der Kaufmann, die Gesellschaft bürgerlichen Rechts, die Genossenschaft, die Partnerschaft oder der Verein;*

8. für die Gebühr für die Entgegennahme, Prüfung und Aufbewahrung der zum Handels- oder Genossenschaftsregister einzureichenden Unterlagen ist das Unternehmen, für das die Unterlagen eingereicht werden;

9. im Verfahren zum Zweck der Verhandlung über die Dispache, soweit das Verfahren mit der Bestätigung der Dispache endet, sind die an dem Verfahren Beteiligten;

---

[1]) § 23 Nr. 5 und 6 aufgeh. mWv 1.9.2013 durch G v. 26.6.2013 (BGBl. I S. 1800, geänd. durch G v. 23.7.2013, BGBl. I S. 2586); Nr. 1 neu gef. mWv 19.12.2014 durch G v. 10.12.2014 (BGBl. I S. 2082); Nr. 7 neu gef. **mWv 1.1.2024** durch G v. 10.8.2021 (BGBl. I S. 3436).

10. im Verfahren über die gerichtliche Entscheidung über die Zusammensetzung des Aufsichtsrats, das sich nach den §§ 98 und 99 des Aktiengesetzes richtet, ist die Gesellschaft, soweit die Kosten nicht dem Antragsteller auferlegt sind;

11. im Verfahren über die Eintragung als Eigentümer im Wege der Grundbuchberichtigung von Amts wegen aufgrund des § 82a der Grundbuchordnung ist der Eigentümer;

12. für die Eintragung des Erstehers als Eigentümer ist nur dieser;

13. für die Eintragung der Sicherungshypothek für Forderungen gegen den Ersteher sind der Gläubiger und der Ersteher;

14. im Verfahren nach dem Spruchverfahrensgesetz ist nur der Antragsgegner, soweit das Gericht die Kosten den Antragstellern auferlegt hat, auch diese und

15. in Freiheitsentziehungssachen sind nur der Betroffene sowie im Rahmen ihrer gesetzlichen Unterhaltspflicht die zu seinem Unterhalt Verpflichteten, wenn die Kosten nicht der Verwaltungsbehörde auferlegt sind.

§ 24 Kostenhaftung der Erben. Kostenschuldner im gerichtlichen Verfahren

1. über die Eröffnung einer Verfügung von Todes wegen;

2. über die Nachlasssicherung;

3. über eine Nachlasspflegschaft nach § 1961 des Bürgerlichen Gesetzbuchs, wenn diese angeordnet wird;

4. über die Errichtung eines Nachlassinventars;

5. über eine Nachlassverwaltung, wenn diese angeordnet wird;

6. über die Pflegschaft für einen Nacherben;

7. über die Ernennung oder Entlassung eines Testamentsvollstreckers;

8. über die Entgegennahme von Erklärungen, die die Bestimmung der Person des Testamentsvollstreckers oder der Ernennung von Mitvollstreckern betreffen, oder über die Annahme, Ablehnung oder Kündigung des Amtes als Testamentsvollstrecker sowie

9. zur Ermittlung der Erben (§ 342 Absatz 1 Nummer 4 des Gesetzes über das Verfahren in Familiensachen und in den Angelegenheiten der freiwilligen Gerichtsbarkeit)

sind die Erben, und zwar nach den Vorschriften des Bürgerlichen Gesetzbuchs über Nachlassverbindlichkeiten, wenn das Gericht nichts anderes bestimmt.

§ 25 Kostenschuldner im Rechtsmittelverfahren, Gehörsrüge.

(1) Die nach § 22 Absatz 1 begründete Haftung für die Kosten eines Rechtsmittelverfahrens erlischt, wenn das Rechtsmittel ganz oder teilweise mit Erfolg eingelegt worden ist und das Gericht nicht über die Kosten entschieden hat oder die Kosten nicht von einem anderen Beteiligten übernommen worden sind.

(2) ¹Richtet sich eine Beschwerde gegen eine Entscheidung des Betreuungsgerichts und ist sie von dem Betreuten oder dem Pflegling oder im Interesse dieser Personen eingelegt, so schuldet die Kosten nur derjenige, dem das Gericht die Kosten auferlegt hat. ²Entsprechendes gilt für ein sich anschließen-

des Rechtsbeschwerdeverfahren und für das Verfahren über die Rüge wegen Verletzung des Anspruchs auf rechtliches Gehör.

(3) Die §§ 23 und 24 gelten nicht im Rechtsmittelverfahren.

§ 26[1) Bestimmte sonstige gerichtliche Auslagen. (1) [1]Die Dokumentenpauschale schuldet ferner, wer die Erteilung der Ausfertigungen, Kopien oder Ausdrucke beantragt hat. [2]Sind in einem gerichtlichen Verfahren Kopien oder Ausdrucke angefertigt worden, weil der Beteiligte es unterlassen hat, die erforderliche Zahl von Mehrfertigungen beizufügen, schuldet nur der Beteiligte die Dokumentenpauschale.

(2) Die Auslagen nach Nummer 31003 des Kostenverzeichnisses schuldet nur, wer die Versendung der Akte beantragt hat.

(3) In Unterbringungssachen schuldet der Betroffene nur Auslagen nach Nummer 31015 des Kostenverzeichnisses und nur, wenn die Gerichtskosten nicht einem anderen auferlegt worden sind.

(4) Im Verfahren auf Bewilligung von Verfahrenskostenhilfe und im Verfahren auf Bewilligung grenzüberschreitender Prozesskostenhilfe ist der Antragsteller Schuldner der Auslagen, wenn

1. der Antrag zurückgenommen oder vom Gericht abgelehnt wird oder
2. die Übermittlung des Antrags von der Übermittlungsstelle oder das Ersuchen um Prozesskostenhilfe von der Empfangsstelle abgelehnt wird.

(5) Die Auslagen einer öffentlichen Zustellung in Teilungssachen schulden die Anteilsberechtigten.

§ 27 Weitere Fälle der Kostenhaftung. Die Kosten schuldet ferner,

1. wem durch gerichtliche Entscheidung die Kosten des Verfahrens auferlegt sind;
2. wer sie durch eine vor Gericht abgegebene oder dem Gericht mitgeteilte Erklärung oder in einem vor Gericht abgeschlossenen oder dem Gericht mitgeteilten Vergleich übernommen hat; dies gilt auch, wenn bei einem Vergleich ohne Bestimmung über die Kosten diese als von beiden Teilen je zur Hälfte übernommen anzusehen sind;
3. wer für die Kostenschuld eines anderen kraft Gesetzes haftet und
4. der Verpflichtete für die Kosten der Vollstreckung.

§ 28 Erlöschen der Zahlungspflicht. [1]Die durch gerichtliche Entscheidung begründete Verpflichtung zur Zahlung von Kosten erlischt, soweit die Entscheidung durch eine andere gerichtliche Entscheidung aufgehoben oder abgeändert wird. [2]Soweit die Verpflichtung zur Zahlung von Kosten nur auf der aufgehobenen oder abgeänderten Entscheidung beruht hat, werden bereits gezahlte Kosten zurückerstattet.

Unterabschnitt 2. Notarkosten

§ 29 Kostenschuldner im Allgemeinen. Die Notarkosten schuldet, wer

1. den Auftrag erteilt oder den Antrag gestellt hat,

[1)] § 26 Abs. 5 angef. mWv 1.9.2013 durch G v. 26.6.2013 (BGBl. I S. 1800, geänd. durch G v. 23.7.2013, BGBl. I S. 2586).

2. die Kostenschuld gegenüber dem Notar übernommen hat oder

3. für die Kostenschuld eines anderen kraft Gesetzes haftet.

§ 30 Haftung der Urkundsbeteiligten. (1) Die Kosten des Beurkundungsverfahrens und die im Zusammenhang mit dem Beurkundungsverfahren anfallenden Kosten des Vollzugs und der Betreuungstätigkeiten schuldet ferner jeder, dessen Erklärung beurkundet worden ist.

(2) Werden im Beurkundungsverfahren die Erklärungen mehrerer Beteiligter beurkundet und betreffen die Erklärungen verschiedene Rechtsverhältnisse, beschränkt sich die Haftung des Einzelnen auf die Kosten, die entstanden wären, wenn die übrigen Erklärungen nicht beurkundet worden wären.

(3) Derjenige, der in einer notariellen Urkunde die Kosten dieses Beurkundungsverfahrens, die im Zusammenhang mit dem Beurkundungsverfahren anfallenden Kosten des Vollzugs und der Betreuungstätigkeiten oder sämtliche genannten Kosten übernommen hat, haftet insoweit auch gegenüber dem Notar.

§ 31[1]) Besonderer Kostenschuldner. (1) Schuldner der Kosten, die für die Beurkundung des Zuschlags bei der freiwilligen Versteigerung eines Grundstücks oder grundstücksgleichen Rechts anfallen, ist vorbehaltlich des § 29 Nummer 3 nur der Ersteher.

(2) Für die Kosten, die durch die Errichtung eines Nachlassinventars und durch Tätigkeiten zur Nachlasssicherung entstehen, haften nur die Erben, und zwar nach den Vorschriften des Bürgerlichen Gesetzbuchs über Nachlassverbindlichkeiten.

(3) [1] Schuldner der Kosten der Auseinandersetzung eines Nachlasses oder des Gesamtguts nach Beendigung der ehelichen, lebenspartnerschaftlichen oder fortgesetzten Gütergemeinschaft sind die Anteilsberechtigten; dies gilt nicht, soweit der Antrag zurückgenommen oder zurückgewiesen wurde. [2] Ferner sind die für das Amtsgericht geltenden Vorschriften über die Kostenhaftung entsprechend anzuwenden.

Unterabschnitt 3. Mehrere Kostenschuldner

§ 32 Mehrere Kostenschuldner. (1) Mehrere Kostenschuldner haften als Gesamtschuldner.

(2) Sind durch besondere Anträge eines Beteiligten Mehrkosten entstanden, so fallen diese ihm allein zur Last.

§ 33 Erstschuldner der Gerichtskosten. (1) [1] Soweit ein Kostenschuldner im gerichtlichen Verfahren aufgrund von § 27 Nummer 1 oder Nummer 2 (Erstschuldner) haftet, soll die Haftung eines anderen Kostenschuldners nur geltend gemacht werden, wenn eine Zwangsvollstreckung in das bewegliche Vermögen des Erstschuldners erfolglos geblieben ist oder aussichtslos erscheint. [2] Zahlungen des Erstschuldners mindern seine Haftung aufgrund anderer Vorschriften dieses Gesetzes auch dann in voller Höhe, wenn sich seine Haftung nur auf einen Teilbetrag bezieht.

---

[1]) § 31 Abs. 3 Satz 2 angef. mWv 1.9.2013 durch G v. 26.6.2013 (BGBl. I S. 1800, geänd. durch G v. 23.7.2013, BGBl. I S. 2586).

(2) ¹Soweit einem Kostenschuldner, der aufgrund von § 27 Nummer 1 haftet (Entscheidungsschuldner), Verfahrenskostenhilfe bewilligt worden ist, darf die Haftung eines anderen Kostenschuldners nicht geltend gemacht werden; von diesem bereits erhobene Kosten sind zurückzahlen, soweit es sich nicht um eine Zahlung nach § 13 Absatz 1 und 3 des Justizvergütungs- und -entschädigungsgesetzes handelt und der Beteiligte, dem die Verfahrenskostenhilfe bewilligt worden ist, der besonderen Vergütung zugestimmt hat. ²Die Haftung eines anderen Kostenschuldners darf auch nicht geltend gemacht werden, soweit dem Entscheidungsschuldner ein Betrag für die Reise zum Ort einer Verhandlung, Anhörung oder Untersuchung und für die Rückreise gewährt worden ist.

(3) Absatz 2 ist entsprechend anzuwenden, soweit der Kostenschuldner aufgrund des § 27 Nummer 2 haftet und wenn

1. der Kostenschuldner die Kosten in einem vor Gericht abgeschlossenen oder durch Schriftsatz gegenüber dem Gericht angenommenen Vergleich übernommen hat,

2. der Vergleich einschließlich der Verteilung der Kosten von dem Gericht vorgeschlagen worden ist und

3. das Gericht in seinem Vergleichsvorschlag ausdrücklich festgestellt hat, dass die Kostenregelung der sonst zu erwartenden Kostenentscheidung entspricht.

Abschnitt 6. Gebührenvorschriften

§ 34¹⁾ Wertgebühren. (1) Wenn sich die Gebühren nach dem Geschäftswert richten, bestimmt sich die Höhe der Gebühr nach Tabelle A oder Tabelle B.

(2) ¹Die Gebühr beträgt bei einem Geschäftswert bis 500 Euro nach Tabelle A 38 Euro, nach Tabelle B 15 Euro. ²Die Gebühr erhöht sich bei einem

Geschäftswert bis ... Euro	für jeden angefangenen Betrag von weiteren ... Euro	in **Tabelle A** um ... Euro	in **Tabelle B** um ... Euro
2 000	500	20	4
10 000	1 000	21	6
25 000	3 000	29	8
50 000	5 000	38	10
200 000	15 000	132	27
500 000	30 000	198	50
über 500 000	50 000	198	
5 000 000	50 000		80
10 000 000	200 000		130
20 000 000	250 000		150
30 000 000	500 000		280
über 30 000 000	1 000 000		120

---

¹⁾ § 34 Abs. 2 neu gef. mWv 1.1.2021 durch G v. 21.12.2020 (BGBl. I S. 3229).

(3) Gebührentabellen für Geschäftswerte bis 3 Millionen Euro sind diesem Gesetz als Anlage 2 beigefügt.

(4) Gebühren werden auf den nächstliegenden Cent auf- oder abgerundet; 0,5 Cent werden aufgerundet.

(5) Der Mindestbetrag einer Gebühr ist 15 Euro.

Abschnitt 7. Wertvorschriften

Unterabschnitt 1. Allgemeine Wertvorschriften

§ 35 Grundsatz. (1) In demselben Verfahren und in demselben Rechtszug werden die Werte mehrerer Verfahrensgegenstände zusammengerechnet, soweit nichts anderes bestimmt ist.

(2) Der Geschäftswert beträgt, wenn die Tabelle A anzuwenden ist, höchstens 30 Millionen Euro, wenn die Tabelle B anzuwenden ist, höchstens 60 Millionen Euro, wenn kein niedrigerer Höchstwert bestimmt ist.

§ 36 Allgemeiner Geschäftswert. (1) Soweit sich in einer vermögensrechtlichen Angelegenheit der Geschäftswert aus den Vorschriften dieses Gesetzes nicht ergibt und er auch sonst nicht feststeht, ist er nach billigem Ermessen zu bestimmen.

(2) Soweit sich in einer nichtvermögensrechtlichen Angelegenheit der Geschäftswert aus den Vorschriften dieses Gesetzes nicht ergibt, ist er unter Berücksichtigung aller Umstände des Einzelfalls, insbesondere des Umfangs und der Bedeutung der Sache und der Vermögens- und Einkommensverhältnisse der Beteiligten, nach billigem Ermessen zu bestimmen, jedoch nicht über 1 Million Euro.

(3) Bestehen in den Fällen der Absätze 1 und 2 keine genügenden Anhaltspunkte für eine Bestimmung des Werts, ist von einem Geschäftswert von 5 000 Euro auszugehen.

(4) [1]Wenn sich die Gerichtsgebühren nach den für Notare geltenden Vorschriften bestimmen, sind die für Notare geltenden Wertvorschriften entsprechend anzuwenden. [2]Wenn sich die Notargebühren nach den für Gerichte geltenden Vorschriften bestimmen, sind die für Gerichte geltenden Wertvorschriften entsprechend anzuwenden.

§ 37 Früchte, Nutzungen, Zinsen, Vertragsstrafen, sonstige Nebengegenstände und Kosten. (1) Sind außer dem Hauptgegenstand des Verfahrens auch Früchte, Nutzungen, Zinsen, Vertragsstrafen, sonstige Nebengegenstände oder Kosten betroffen, wird deren Wert nicht berücksichtigt.

(2) Soweit Früchte, Nutzungen, Zinsen, Vertragsstrafen, sonstige Nebengegenstände oder Kosten ohne den Hauptgegenstand betroffen sind, ist deren Wert maßgebend, soweit er den Wert des Hauptgegenstands nicht übersteigt.

(3) Sind die Kosten des Verfahrens ohne den Hauptgegenstand betroffen, ist der Betrag der Kosten maßgebend, soweit er den Wert des Hauptgegenstands nicht übersteigt.

§ 38 Belastung mit Verbindlichkeiten. [1]Verbindlichkeiten, die auf einer Sache oder auf einem Recht lasten, werden bei Ermittlung des Geschäftswerts nicht abgezogen, sofern nichts anderes bestimmt ist. [2]Dies gilt auch für Verbindlichkeiten eines Nachlasses, einer sonstigen Vermögensmasse und im Fall einer Beteiligung an einer Personengesellschaft auch für deren Verbindlichkeiten.

§ 39[1] Auskunftspflichten. (1) [1]Ein Notar, der einen Antrag bei Gericht einreicht, hat dem Gericht den von ihm zugrunde gelegten Geschäftswert hinsichtlich eines jeden Gegenstands mitzuteilen, soweit dieser für die vom Gericht zu erhebenden Gebühren von Bedeutung ist. [2]Auf Ersuchen des Gerichts hat der Notar, der Erklärungen beurkundet hat, die bei Gericht eingereicht worden sind, oder Unterschriften oder Handzeichen unter *[ab 1.8.2022: oder qualifizierte elektronische Signaturen an]* solchen Erklärungen beglaubigt hat, in entsprechendem Umfang Auskunft zu erteilen.

(2) [1]Legt das Gericht seinem Kostenansatz einen von Absatz 1 abweichenden Geschäftswert zugrunde, so ist dieser dem Notar mitzuteilen. [2]Auf Ersuchen des Notars, der Erklärungen beurkundet oder beglaubigt hat, die bei Gericht eingereicht werden, hat das Gericht über die für die Geschäftswertbestimmung maßgeblichen Umstände Auskunft zu erteilen.

Unterabschnitt 2. Besondere Geschäftswertvorschriften

§ 40[2] Erbschein, Europäisches Nachlasszeugnis, Zeugnis über die Fortsetzung der Gütergemeinschaft und Testamentsvollstreckerzeugnis. (1) [1]Der Geschäftswert für das Verfahren zur

1. Abnahme der eidesstattlichen Versicherung zur Erlangung eines Erbscheins oder eines Europäischen Nachlasszeugnisses,
2. Erteilung eines Erbscheins oder Ausstellung eines Europäischen Nachlasszeugnisses, soweit dieses die Rechtsstellung und die Rechte der Erben oder Vermächtnisnehmer mit unmittelbarer Berechtigung am Nachlass betrifft,
3. Einziehung oder Kraftloserklärung eines Erbscheins,
4. Änderung oder zum Widerruf eines Europäischen Nachlasszeugnisses, soweit die Rechtsstellung und Rechte der Erben oder Vermächtnisnehmer mit unmittelbarer Berechtigung am Nachlass betroffen sind,

ist der Wert des Nachlasses im Zeitpunkt des Erbfalls. [2]Vom Erblasser herrührende Verbindlichkeiten werden abgezogen. [3]Ist in dem Erbschein lediglich die Hoferfolge zu bescheinigen, ist Geschäftswert der Wert des Hofs. [4]Abweichend von Satz 2 werden nur die auf dem Hof lastenden Verbindlichkeiten mit Ausnahme der Hypotheken, Grund- und Rentenschulden (§ 15 Absatz 2 der Höfeordnung) abgezogen.

(2) [1]Beziehen sich die in Absatz 1 genannten Verfahren nur auf das Erbrecht eines Miterben, bestimmt sich der Geschäftswert nach dem Anteil dieses Miterben. [2]Entsprechendes gilt, wenn ein weiterer Miterbe einer bereits beurkundeten eidesstattlichen Versicherung beitritt.

(3) [1]Erstrecken sich die Wirkungen eines Erbscheins nur auf einen Teil des Nachlasses, bleiben diejenigen Gegenstände, die von der Erbscheinswirkung nicht erfasst werden, bei der Berechnung des Geschäftswerts außer Betracht; Nachlassverbindlichkeiten werden nicht abgezogen. [2]Macht der Kostenschuldner glaubhaft, dass der Geschäftswert nach Absatz 1 niedriger ist, so ist dieser

---

[1] § 39 Abs. 1 Satz 2 geänd. **mWv 1.8.2022** durch G v. 5.7.2021 (BGBl. I S. 3338).
[2] § 40 Überschrift neu gef., Abs. 1 Satz 1 Nr. 1–3 geänd., Nr. 4, Abs. 3 Satz 3 und Abs. 5 Satz 2 angef. mWv 17.8.2015 durch G v. 29.6.2015 (BGBl. I S. 1042).

maßgebend. [3]Die Sätze 1 und 2 finden auf die Ausstellung, die Änderung und den Widerruf eines Europäischen Nachlasszeugnisses entsprechende Anwendung.

(4) Auf ein Verfahren, das ein Zeugnis über die Fortsetzung der Gütergemeinschaft betrifft, sind die Absätze 1 bis 3 entsprechend anzuwenden; an die Stelle des Nachlasses tritt der halbe Wert des Gesamtguts der fortgesetzten Gütergemeinschaft.

(5) [1]In einem Verfahren, das ein Zeugnis über die Ernennung eines Testamentsvollstreckers betrifft, beträgt der Geschäftswert 20 Prozent des Nachlasswerts im Zeitpunkt des Erbfalls, wobei Nachlassverbindlichkeiten nicht abgezogen werden; die Absätze 2 und 3 sind entsprechend anzuwenden. [2]Dies gilt entsprechend, soweit die Angabe der Befugnisse des Testamentsvollstreckers Gegenstand eines Verfahrens wegen eines Europäischen Nachlasszeugnisses ist.

(6) Bei der Ermittlung des Werts und der Zusammensetzung des Nachlasses steht § 30 der Abgabenordnung einer Auskunft des Finanzamts nicht entgegen.

§ 41 Zeugnisse zum Nachweis der Auseinandersetzung eines Nachlasses oder Gesamtguts. In einem Verfahren, das ein Zeugnis nach den §§ 36 und 37 der Grundbuchordnung oder nach § 42 der Schiffsregisterordnung, auch in Verbindung mit § 74 der Schiffsregisterordnung oder § 86 des Gesetzes über Rechte an Luftfahrzeugen, betrifft, ist Geschäftswert der Wert der Gegenstände, auf die sich der Nachweis der Rechtsnachfolge erstreckt.

§ 42 Wohnungs- und Teileigentum. (1) [1]Bei der Begründung von Wohnungs- oder Teileigentum und bei Geschäften, die die Aufhebung oder das Erlöschen von Sondereigentum betreffen, ist Geschäftswert der Wert des bebauten Grundstücks. [2]Ist das Grundstück noch nicht bebaut, ist dem Grundstückswert der Wert des zu errichtenden Bauwerks hinzuzurechnen.

(2) Bei Wohnungs- und Teilerbbaurechten gilt Absatz 1 entsprechend, wobei an die Stelle des Grundstückswerts der Wert des Erbbaurechts tritt.

§ 43 Erbbaurechtsbestellung. [1]Wird bei der Bestellung eines Erbbaurechts als Entgelt ein Erbbauzins vereinbart, ist Geschäftswert der nach § 52 errechnete Wert des Erbbauzinses. [2]Ist der nach § 49 Absatz 2 errechnete Wert des Erbbaurechts höher, so ist dieser maßgebend.

§ 44 Mithaft. (1) [1]Bei der Einbeziehung eines Grundstücks in die Mithaft wegen eines Grundpfandrechts und bei der Entlassung aus der Mithaft bestimmt sich der Geschäftswert nach dem Wert des einbezogenen oder entlassenen Grundstücks, wenn dieser geringer als der Wert nach § 53 Absatz 1 ist. [2]Die Löschung eines Grundpfandrechts, bei dem bereits zumindest ein Grundstück aus der Mithaft entlassen worden ist, steht hinsichtlich der Geschäftswertbestimmung der Entlassung aus der Mithaft gleich.

(2) Absatz 1 gilt entsprechend für grundstücksgleiche Rechte.

(3) Absatz 1 gilt ferner entsprechend

1. für Schiffshypotheken mit der Maßgabe, dass an die Stelle des Grundstücks das Schiff oder das Schiffsbauwerk tritt, und

2. für Registerpfandrechte an einem Luftfahrzeug mit der Maßgabe, dass an die Stelle des Grundstücks das Luftfahrzeug tritt.

§ 45 Rangverhältnisse und Vormerkungen. (1) Bei Einräumung des Vorrangs oder des gleichen Rangs ist Geschäftswert der Wert des vortretenden Rechts, höchstens jedoch der Wert des zurücktretenden Rechts.

(2) [1] Die Vormerkung gemäß § 1179 des Bürgerlichen Gesetzbuchs zugunsten eines nach- oder gleichstehenden Berechtigten steht der Vorrangseinräumung gleich. [2] Dasselbe gilt für den Fall, dass ein nachrangiges Recht gegenüber einer vorrangigen Vormerkung wirksam sein soll. [3] Der Ausschluss des Löschungsanspruchs nach § 1179a Absatz 5 des Bürgerlichen Gesetzbuchs, auch in Verbindung mit § 1179b Absatz 2 des Bürgerlichen Gesetzbuchs, ist wie ein Rangrücktritt des Rechts zu behandeln, als dessen Inhalt der Ausschluss vereinbart wird.

(3) Geschäftswert einer sonstigen Vormerkung ist der Wert des vorgemerkten Rechts; § 51 Absatz 1 Satz 2 ist entsprechend anzuwenden.

Unterabschnitt 3. Bewertungsvorschriften

§ 46 Sache. (1) Der Wert einer Sache wird durch den Preis bestimmt, der im gewöhnlichen Geschäftsverkehr nach der Beschaffenheit der Sache unter Berücksichtigung aller den Preis beeinflussenden Umstände bei einer Veräußerung zu erzielen wäre (Verkehrswert).

(2) Steht der Verkehrswert nicht fest, ist er zu bestimmen

1. nach dem Inhalt des Geschäfts,

2. nach den Angaben der Beteiligten,

3. anhand von sonstigen amtlich bekannten Tatsachen oder Vergleichswerten aufgrund einer amtlichen Auskunft oder

4. anhand offenkundiger Tatsachen.

(3) [1] Bei der Bestimmung des Verkehrswerts eines Grundstücks können auch herangezogen werden

1. im Grundbuch eingetragene Belastungen,

2. aus den Grundakten ersichtliche Tatsachen oder Vergleichswerte oder

3. für Zwecke der Steuererhebung festgesetzte Werte.

[2] Im Fall der Nummer 3 steht § 30 der Abgabenordnung einer Auskunft des Finanzamts nicht entgegen.

(4) Eine Beweisaufnahme zur Feststellung des Verkehrswerts findet nicht statt.

§ 47 Sache bei Kauf. [1] Im Zusammenhang mit dem Kauf wird der Wert der Sache durch den Kaufpreis bestimmt. [2] Der Wert der vorbehaltenen Nutzungen und der vom Käufer übernommenen oder ihm sonst infolge der Veräußerung obliegenden Leistungen wird hinzugerechnet. [3] Ist der nach den Sätzen 1 und 2 ermittelte Wert niedriger als der Verkehrswert, ist der Verkehrswert maßgebend.

§ 48 Land- und forstwirtschaftliches Vermögen. (1) [1] Im Zusammenhang mit der Übergabe oder Zuwendung eines land- oder forstwirtschaftlichen Betriebs mit Hofstelle an eine oder mehrere natürliche Personen einschließlich der Abfindung weichender Erben beträgt der Wert des land- und forstwirtschaftlichen Vermögens im Sinne des Bewertungsgesetzes höchstens das Vierfache des letzten Einheitswerts, der zur Zeit der Fälligkeit der Gebühr bereits festgestellt ist, wenn

1. die unmittelbare Fortführung des Betriebs durch den Erwerber selbst beabsichtigt ist und

2. der Betrieb unmittelbar nach Vollzug der Übergabe oder Zuwendung einen nicht nur unwesentlichen Teil der Existenzgrundlage des zukünftigen Inhabers bildet.

²§ 46 Absatz 3 Satz 2 gilt entsprechend. ³Ist der Einheitswert noch nicht festgestellt, so ist dieser vorläufig zu schätzen; die Schätzung ist nach der ersten Feststellung des Einheitswerts zu berichtigen; die Frist des § 20 Absatz 1 beginnt erst mit der Feststellung des Einheitswerts. ⁴In dem in Artikel 3 des Einigungsvertrages genannten Gebiet gelten für die Bewertung des land- und forstwirtschaftlichen Vermögens die Vorschriften des Dritten Abschnitts im Zweiten Teil des Bewertungsgesetzes mit Ausnahme von § 125 Absatz 3; § 126 Absatz 2 des Bewertungsgesetzes ist sinngemäß anzuwenden.

(2) Weicht der Gegenstand des gebührenpflichtigen Geschäfts vom Gegenstand der Einheitsbewertung oder vom Gegenstand der Bildung des Ersatzwirtschaftswerts wesentlich ab oder hat sich der Wert infolge bestimmter Umstände, die nach dem Feststellungszeitpunkt des Einheitswerts oder des Ersatzwirtschaftswerts eingetreten sind, wesentlich verändert, so ist der nach den Grundsätzen der Einheitsbewertung oder der Bildung des Ersatzwirtschaftswerts geschätzte Wert maßgebend.

(3) Die Absätze 1 und 2 sind entsprechend anzuwenden für die Bewertung

1. eines Hofs im Sinne der Höfeordnung und

2. eines landwirtschaftlichen Betriebs in einem Verfahren aufgrund der Vorschriften über die gerichtliche Zuweisung eines Betriebs (§ 1 Nummer 2 des Gesetzes über das gerichtliche Verfahren in Landwirtschaftssachen), sofern das Verfahren mit der Zuweisung endet.

§ 49 Grundstücksgleiche Rechte. (1) Die für die Bewertung von Grundstücken geltenden Vorschriften sind auf Rechte entsprechend anzuwenden, die den für Grundstücke geltenden Vorschriften unterliegen, soweit sich aus Absatz 2 nichts anderes ergibt.

(2) Der Wert eines Erbbaurechts beträgt 80 Prozent der Summe aus den Werten des belasteten Grundstücks und darauf errichteter Bauwerke; sofern die Ausübung des Rechts auf eine Teilfläche beschränkt ist, sind 80 Prozent vom Wert dieser Teilfläche zugrunde zu legen.

§ 50 Bestimmte schuldrechtliche Verpflichtungen. Der Wert beträgt bei einer schuldrechtlichen Verpflichtung

1. über eine Sache oder ein Recht nicht oder nur eingeschränkt zu verfügen, 10 Prozent des Verkehrswerts der Sache oder des Werts des Rechts;

2. zur eingeschränkten Nutzung einer Sache 20 Prozent des Verkehrswerts der Sache;

3. zur Errichtung eines Bauwerks, wenn es sich um

   a) ein Wohngebäude handelt, 20 Prozent des Verkehrswerts des unbebauten Grundstücks,

b) ein gewerblich genutztes Bauwerk handelt, 20 Prozent der voraussichtlichen Herstellungskosten;

4. zu Investitionen 20 Prozent der Investitionssumme.

§ 51 Erwerbs- und Veräußerungsrechte, Verfügungsbeschränkungen.

(1) [1] Der Wert eines Ankaufsrechts oder eines sonstigen Erwerbs- oder Veräußerungsrechts ist der Wert des Gegenstands, auf den sich das Recht bezieht. [2] Der Wert eines Vorkaufs- oder Wiederkaufsrechts ist die Hälfte des Werts nach Satz 1.

(2) Der Wert einer Verfügungsbeschränkung, insbesondere nach den §§ 1365 und 1369 des Bürgerlichen Gesetzbuchs sowie einer Belastung gemäß § 1010 des Bürgerlichen Gesetzbuchs, beträgt 30 Prozent des von der Beschränkung betroffenen Gegenstands.

(3) Ist der nach den Absätzen 1 und 2 bestimmte Wert nach den besonderen Umständen des Einzelfalls unbillig, kann ein höherer oder ein niedrigerer Wert angenommen werden.

§ 52 Nutzungs- und Leistungsrechte.

(1) Der Wert einer Dienstbarkeit, einer Reallast oder eines sonstigen Rechts oder Anspruchs auf wiederkehrende oder dauernde Nutzungen oder Leistungen einschließlich des Unterlassens oder Duldens bestimmt sich nach dem Wert, den das Recht für den Berechtigten oder für das herrschende Grundstück hat.

(2) [1] Ist das Recht auf eine bestimmte Zeit beschränkt, ist der auf die Dauer des Rechts entfallende Wert maßgebend. [2] Der Wert ist jedoch durch den auf die ersten 20 Jahre entfallenden Wert des Rechts beschränkt. [3] Ist die Dauer des Rechts außerdem auf die Lebensdauer einer Person beschränkt, darf der nach Absatz 4 bemessene Wert nicht überschritten werden.

(3) [1] Der Wert eines Rechts von unbeschränkter Dauer ist der auf die ersten 20 Jahre entfallende Wert. [2] Der Wert eines Rechts von unbestimmter Dauer ist der auf die ersten zehn Jahre entfallende Wert, soweit sich aus Absatz 4 nichts anderes ergibt.

(4) [1] Ist das Recht auf die Lebensdauer einer Person beschränkt, ist sein Wert

bei einem Lebensalter von …	der auf die ersten … Jahre
bis zu 30 Jahren	20
über 30 Jahren bis zu 50 Jahren	15
über 50 Jahren bis zu 70 Jahren	10
über 70 Jahren	5

entfallende Wert. [2] Hängt die Dauer des Rechts von der Lebensdauer mehrerer Personen ab, ist maßgebend,

1. wenn das Recht mit dem Tod mit dem zuletzt Sterbenden erlischt, das Lebensalter der jüngsten Person,

2. wenn das Recht mit dem Tod des zuerst Sterbenden erlischt, das Lebensalter der ältesten Person.

(5) Der Jahreswert wird mit 5 Prozent des Werts des betroffenen Gegenstands oder Teils des betroffenen Gegenstands angenommen, sofern nicht ein anderer Wert festgestellt werden kann.

(6) [1] Für die Berechnung des Werts ist der Beginn des Rechts maßgebend. [2] Bildet das Recht später den Gegenstand eines gebührenpflichtigen Geschäfts, so ist der spätere Zeitpunkt maßgebend. [3] Ist der nach den vorstehenden Absätzen bestimmte Wert nach den besonderen Umständen des Einzelfalls unbillig, weil im Zeitpunkt des Geschäfts der Beginn des Rechts noch nicht feststeht oder das Recht in anderer Weise bedingt ist, ist ein niedrigerer Wert anzunehmen. [4] Der Wert eines durch Zeitablauf oder durch den Tod des Berechtigten erloschenen Rechts beträgt 0 Euro.

(7) Preisklauseln werden nicht berücksichtigt.

§ 53 Grundpfandrechte und sonstige Sicherheiten. (1) [1] Der Wert einer Hypothek, Schiffshypothek, eines Registerpfandrechts an einem Luftfahrzeug oder einer Grundschuld ist der Nennbetrag der Schuld. [2] Der Wert einer Rentenschuld ist der Nennbetrag der Ablösungssumme.

(2) Der Wert eines sonstigen Pfandrechts oder der sonstigen Sicherstellung einer Forderung durch Bürgschaft, Sicherungsübereignung oder dergleichen bestimmt sich nach dem Betrag der Forderung und, wenn der als Pfand oder zur Sicherung dienende Gegenstand einen geringeren Wert hat, nach diesem.

§ 54 Bestimmte Gesellschaftsanteile. [1] Wenn keine genügenden Anhaltspunkte für einen höheren Wert von Anteilen an Kapitalgesellschaften und von Kommanditbeteiligungen bestehen, bestimmt sich der Wert nach dem Eigenkapital im Sinne des § 266 Absatz 3 des Handelsgesetzbuchs, das auf den jeweiligen Anteil oder die Beteiligung entfällt. [2] Grundstücke, Gebäude, grundstücksgleiche Rechte, Schiffe oder Schiffsbauwerke sind dabei nach den Bewertungsvorschriften dieses Unterabschnitts zu berücksichtigen. [3] Sofern die betreffenden Gesellschaften überwiegend vermögensverwaltend tätig sind, insbesondere als Immobilienverwaltungs-, Objekt-, Holding-, Besitz- oder sonstige Beteiligungsgesellschaft, ist der auf den jeweiligen Anteil oder die Beteiligung entfallende Wert des Vermögens der Gesellschaft maßgeblich; die Sätze 1 und 2 sind nicht anzuwenden.

Kapitel 2. Gerichtskosten

Abschnitt 1. Gebührenvorschriften

§ 55 Einmalige Erhebung der Gebühren. (1) Die Gebühr für das Verfahren im Allgemeinen und die Gebühr für eine Entscheidung oder die Vornahme einer Handlung werden in jedem Rechtszug hinsichtlich eines jeden Teils des Verfahrensgegenstands nur einmal erhoben.

(2) Für Eintragungen in das Vereinsregister, Güterrechtsregister, Grundbuch, Schiffs- und Schiffsbauregister und in das Register für Pfandrechte an Luftfahrzeugen werden die Gebühren für jede Eintragung gesondert erhoben, soweit nichts anderes bestimmt ist.

§ 56 Teile des Verfahrensgegenstands. (1) Für Handlungen, die einen Teil des Verfahrensgegenstands betreffen, sind die Gebühren nur nach dem Wert dieses Teils zu berechnen.

(2) Sind von einzelnen Wertteilen in demselben Rechtszug für gleiche Handlungen Gebühren zu berechnen, darf nicht mehr erhoben werden, als wenn die Gebühr nach dem Gesamtbetrag der Wertteile zu berechnen wäre.

(3) Sind für Teile des Verfahrensgegenstands verschiedene Gebührensätze anzuwenden, sind die Gebühren für die Teile gesondert zu berechnen; die aus dem Gesamtbetrag der Wertteile nach dem höchsten Gebührensatz berechnete Gebühr darf jedoch nicht überschritten werden.

§ 57 Zurückverweisung, Abänderung oder Aufhebung einer Entscheidung. (1) Wird eine Sache an ein Gericht eines unteren Rechtszugs zurückverwiesen, bildet das weitere Verfahren mit dem früheren Verfahren vor diesem Gericht einen Rechtszug im Sinne des § 55.

(2) Das Verfahren über eine Abänderung oder Aufhebung einer Entscheidung gilt als besonderes Verfahren, soweit im Kostenverzeichnis nichts anderes bestimmt ist.

§ 58[1]) **Eintragungen in das** *[bis 31.12.2023:* **Handels-, Partnerschafts- oder Genossenschaftsregister]** *[ab 1.1.2024: Handels-, Genossenschafts-, Gesellschafts- oder Partnerschaftsregister]*; **Verordnungsermächtigung.**

(1) [1]Gebühren werden nur aufgrund einer Rechtsverordnung (Handelsregistergebührenverordnung) erhoben für

1. Eintragungen in das *[bis 31.12.2023:* Handels-, Partnerschafts- oder Genossenschaftsregister] *[ab 1.1.2024: Handels-, Genossenschafts-, Gesellschafts- oder Partnerschaftsregister],*

2. Fälle der Zurücknahme oder Zurückweisung von Anmeldungen zu diesen Registern,

3. die Entgegennahme, Prüfung und Aufbewahrung der zum Handels- oder Genossenschaftsregister einzureichenden Unterlagen *[bis 31.7.2022: sowie] [ab 1.8.2022: ,]*

4. die Übertragung von Schriftstücken in ein elektronisches Dokument nach § 9 Absatz 2 des Handelsgesetzbuchs *[bis 31.7.2022: .] [ab 1.8.2022: sowie]*
[Nr. 5 ab 1.8.2022:]
5. die Bereitstellung von Registerdaten sowie von Dokumenten, die zum Register eingereicht wurden, zum Abruf.

[2]Keine Gebühren werden erhoben für die aus Anlass eines Insolvenzverfahrens von Amts wegen vorzunehmenden Eintragungen und für Löschungen nach § 395 des Gesetzes über das Verfahren in Familiensachen und in den Angelegenheiten der freiwilligen Gerichtsbarkeit.

(2) [1]Die Rechtsverordnung nach Absatz 1 erlässt das Bundesministerium der Justiz und für Verbraucherschutz. [2]Sie bedarf der Zustimmung des Bundesrates. [3]Die Höhe der Gebühren richtet sich nach den auf die Amtshandlungen entfallenden durchschnittlichen Personal- und Sachkosten; Gebühren für Fälle der Zurücknahme oder Zurückweisung von Anmeldungen können jedoch bestimmt werden, indem die für die entsprechenden Eintragungen zu erhebenden Gebühren pauschal mit Ab- oder Zuschlägen versehen werden. [4]Die auf gebührenfreie Eintragungen entfallenden Personal- und Sachkosten können bei

---

[1]) § 58 Abs. 2 Satz 1 geänd. mWv 8.9.2015 durch VO v. 31.8.2015 (BGBl. I S. 1474); Abs. 1 Satz 1 Nr. 4 geänd. mWv 15.7.2016 durch G v. 8.7.2016 (BGBl. I S. 1594); Abs. 1 Satz 1 Nr. 3 und 4 geänd., Nr. 5 angef. **mWv 1.8.2022** durch G v. 5.7.2021 (BGBl. I S. 3338); Überschrift, Abs. 1 Satz 1 Nr. 1 geänd. **mWv 1.1.2024** durch G v. 10.8.2021 (BGBl. I S. 3436).

der Höhe der für andere Eintragungen festgesetzten Gebühren berücksichtigt werden.

Abschnitt 2. Wertvorschriften

Unterabschnitt 1. Allgemeine Wertvorschriften

§ 59 Zeitpunkt der Wertberechnung. [1]Für die Wertberechnung ist der Zeitpunkt der jeweiligen den Verfahrensgegenstand betreffenden ersten Antragstellung in dem jeweiligen Rechtszug entscheidend, soweit nichts anderes bestimmt ist. [2]In Verfahren, die von Amts wegen eingeleitet werden, ist der Zeitpunkt der Fälligkeit der Gebühr maßgebend.

§ 60 Genehmigung oder Ersetzung einer Erklärung oder Genehmigung eines Rechtsgeschäfts. (1) Wenn in einer vermögensrechtlichen Angelegenheit Gegenstand des Verfahrens die Genehmigung oder Ersetzung einer Erklärung oder die Genehmigung eines Rechtsgeschäfts ist, bemisst sich der Geschäftswert nach dem Wert des zugrunde liegenden Geschäfts.

(2) Mehrere Erklärungen, die denselben Gegenstand betreffen, insbesondere der Kauf und die Auflassung oder die Schulderklärung und die zur Hypothekenbestellung erforderlichen Erklärungen, sind als ein Verfahrensgegenstand zu bewerten.

(3) Der Wert beträgt in jedem Fall höchstens 1 Million Euro.

§ 61 Rechtsmittelverfahren. (1) [1]Im Rechtsmittelverfahren bestimmt sich der Geschäftswert nach den Anträgen des Rechtsmittelführers. [2]Endet das Verfahren, ohne dass solche Anträge eingereicht werden, oder werden bei einer Rechtsbeschwerde innerhalb der Frist für die Begründung Anträge nicht eingereicht, ist die Beschwer maßgebend.

(2) [1]Der Wert ist durch den Geschäftswert des ersten Rechtszugs begrenzt. [2]Dies gilt nicht, soweit der Gegenstand erweitert wird.

(3) Im Verfahren über den Antrag auf Zulassung der Sprungrechtsbeschwerde ist Gegenstandswert der für das Rechtsmittelverfahren maßgebende Wert.

§ 62[1]) Einstweilige Anordnung, Aussetzung der Wirkungen eines Europäischen Nachlasszeugnisses. [1]Im Verfahren der einstweiligen Anordnung und im Verfahren über die Aussetzung der Wirkungen eines Europäischen Nachlasszeugnisses ist der Wert in der Regel unter Berücksichtigung der geringeren Bedeutung gegenüber der Hauptsache zu ermäßigen. [2]Dabei ist von der Hälfte des für die Hauptsache bestimmten Werts auszugehen.

Unterabschnitt 2. Besondere Geschäftswertvorschriften

§ 63 Betreuungssachen und betreuungsgerichtliche Zuweisungssachen. [1]Bei Betreuungen oder Pflegschaften, die einzelne Rechtshandlungen betreffen, ist Geschäftswert der Wert des Gegenstands, auf den sich die Rechtshandlung bezieht. [2]Bezieht sich die Betreuung oder Pflegschaft auf eine gegenwärtige oder künftige Mitberechtigung, ermäßigt sich der Wert auf den Bruchteil, der dem Anteil der Mitberechtigung entspricht. [3]Bei Gesamthandsverhält-

---

[1]) § 62 Überschrift und Satz 1 geänd. mWv 17.8.2015 durch G v. 29.6.2015 (BGBl. I S. 1042).

nissen ist der Anteil entsprechend der Beteiligung an dem Gesamthandvermögen zu bemessen.

§ 64 Nachlasspflegschaften und Gesamtgutsverwaltung. (1) Geschäftswert für eine Nachlassverwaltung, eine Gesamtgutsverwaltung oder eine sonstige Nachlasspflegschaft ist der Wert des von der Verwaltung betroffenen Vermögens.

(2) Ist der Antrag auf Anordnung einer Nachlasspflegschaft oder -verwaltung oder einer Gesamtgutsverwaltung von einem Gläubiger gestellt, so ist Geschäftswert der Betrag der Forderung, höchstens jedoch der sich nach Absatz 1 ergebende Betrag.

§ 65 Ernennung und Entlassung von Testamentsvollstreckern. Der Geschäftswert für das Verfahren über die Ernennung oder Entlassung eines Testamentsvollstreckers beträgt jeweils 10 Prozent des Werts des Nachlasses im Zeitpunkt des Erbfalls, wobei Nachlassverbindlichkeiten nicht abgezogen werden; § 40 Absatz 2 und 3 ist entsprechend anzuwenden.

§ 66[1] *(aufgehoben)*

§ 67[2] **Bestimmte unternehmensrechtliche Verfahren und bestimmte** *[bis 30.6.2023:* **Vereins- und Stiftungssachen***] [ab 1.7.2023:* **Vereinssachen***].*

(1) Der Geschäftswert in einem unternehmensrechtlichen Verfahren und in einem Verfahren in Vereinssachen beträgt

1. bei Kapitalgesellschaften und Versicherungsvereinen auf Gegenseitigkeit 60 000 Euro,

2. bei *[bis 31.12.2023:* Personenhandels- und Partnerschaftsgesellschaften*] [ab 1.1.2024: rechtsfähigen Personengesellschaften]* sowie bei Genossenschaften 30 000 Euro,

3. bei Vereinen *[bis 30.6.2023:* und Stiftungen*]* 5 000 Euro und

4. in sonstigen Fällen 10 000 Euro,

wenn das Verfahren die Ernennung oder Abberufung von Personen betrifft.

(2) Der Geschäftswert im Verfahren über die Verpflichtung des Dispacheurs zur Aufmachung der Dispache (§ 403 des Gesetzes über das Verfahren in Familiensachen und in den Angelegenheiten der freiwilligen Gerichtsbarkeit) beträgt 10 000 Euro.

(3) Ist der nach Absatz 1 oder Absatz 2 bestimmte Wert nach den besonderen Umständen des Einzelfalls unbillig, kann das Gericht einen höheren oder einen niedrigeren Wert festsetzen.

§ 68 Verhandlung über Dispache. Geschäftswert in dem Verfahren zum Zweck der Verhandlung über die Dispache ist die Summe der Anteile, die die an der Verhandlung Beteiligten an dem Schaden zu tragen haben.

---

[1] § 66 aufgeh. mWv 1.9.2013 durch G v. 26.6.2013 (BGBl. I S. 1800, geänd. durch G v. 23.7.2013, BGBl. I S. 2586).
[2] § 67 Abs. 1 einl. Satzteil geänd. mWv 4.7.2015 durch G v. 29.6.2015 (BGBl. I S. 1042); Überschrift, Abs. 1 Nr. 3 geänd. **mWv 1.7.2023** durch G v. 16.7.2021 (BGBl. I S. 2947); Abs. 1 Nr. 2 geänd. **mWv 1.1.2024** durch G v. 10.8.2021 (BGBl. I S. 3436).

§ 69[1] **Eintragungen im Grundbuch, Schiffs- oder Schiffsbauregister.**
(1) ¹Geschäftswert für die Eintragung desselben Eigentümers bei mehreren Grundstücken ist der zusammengerechnete Wert dieser Grundstücke, wenn das Grundbuch über diese bei demselben Grundbuchamt geführt wird, die Eintragungsanträge in demselben Dokument enthalten sind und am selben Tag beim Grundbuchamt eingehen. ²Satz 1 ist auf grundstücksgleiche Rechte und auf Eintragungen in das Schiffs- und Schiffsbauregister entsprechend anzuwenden.

(2) ¹Geschäftswert für die Eintragung mehrerer Veränderungen, die sich auf dasselbe Recht beziehen, ist der zusammengerechnete Wert der Veränderungen, wenn die Eintragungsanträge in demselben Dokument enthalten sind und am selben Tag bei dem Grundbuchamt oder Registergericht eingehen. ²Der Wert des Rechts darf auch bei mehreren Veränderungen nicht überschritten werden.

§ 70[2] **Gemeinschaften zur gesamten Hand.** (1) ¹Ist oder wird eine Gesamthandsgemeinschaft im Grundbuch eingetragen, sind bei der Berechnung des Geschäftswerts die Anteile an der Gesamthandsgemeinschaft wie Bruchteile an dem Grundstück zu behandeln. ²Im Zweifel gelten die Mitglieder der Gemeinschaft als zu gleichen Teilen am Gesamthandsvermögen beteiligt.

(2) ¹Ist eine Gesamthandsgemeinschaft im Grundbuch eingetragen und wird nunmehr ein Mitberechtigter der Gesamthandsgemeinschaft als Eigentümer oder werden nunmehr mehrere Mitberechtigte als Miteigentümer eingetragen, beträgt der Geschäftswert die Hälfte des Werts des Grundstücks. ²Geht das Eigentum an dem Grundstück zu einem Bruchteil an einen oder mehrere Mitberechtigte der Gesamthandsgemeinschaft über, beträgt der Geschäftswert insoweit die Hälfte des Werts dieses Bruchteils.

(3) ¹Ein grundstücksgleiches oder sonstiges Recht steht einem Grundstück gleich; die Absätze 1 und 2 sind entsprechend anzuwenden. ²Dies gilt auch für Rechte, die im Schiffsregister, im Schiffsbauregister und im Register für Pfandrechte an Luftfahrzeugen eingetragen sind. ³Dabei treten an die Stelle der Grundstücke die in diese Register eingetragenen Schiffe, Schiffsbauwerke und Luftfahrzeuge, an die Stelle des Grundbuchamts das Registergericht.
[Abs. 4 bis 31.12.2023:]
(4) Die Absätze 1 bis 3 sind auf offene Handelsgesellschaften, Kommanditgesellschaften, Partnerschaften und Europäische wirtschaftliche Interessenvereinigungen nicht und auf Gesellschaften bürgerlichen Rechts nur für die Eintragung einer Änderung im Gesellschafterbestand anzuwenden.

§ 71 Nachträgliche Erteilung eines Hypotheken-, Grundschuld- oder Rentenschuldbriefs. (1) Bei der nachträglichen Erteilung eines Hypotheken-, Grundschuld- oder Rentenschuldbriefs ist Geschäftswert der für die Eintragung des Rechts maßgebende Wert.

(2) Für die nachträgliche Gesamtbrieferteilung gilt § 44 Absatz 1 entsprechend.

---

[1] § 69 Abs. 1 Satz 1 und Abs. 2 Satz 1 geänd. mWv 4.7.2015 durch G v. 29.6.2015 (BGBl. I S. 1042).
[2] § 70 Abs. 3 Sätze 2 und 3 angef. mWv 4.7.2015 durch G v. 29.6.2015 (BGBl. I S. 1042); Abs. 4 aufgeh. **mWv 1.1.2024** durch G v. 10.8.2021 (BGBl. I S. 3436).

§ 72 Gerichtliche Entscheidung über die abschließenden Feststellungen der Sonderprüfer. (1) [1] Den Geschäftswert im gerichtlichen Verfahren über die abschließenden Feststellungen der Sonderprüfer nach § 259 Absatz 2 und 3 des Aktiengesetzes bestimmt das Gericht unter Berücksichtigung aller Umstände des einzelnen Falles nach billigem Ermessen, insbesondere unter Berücksichtigung der Bedeutung der Sache für die Parteien. [2] Er darf jedoch ein Zehntel des Grundkapitals oder, wenn dieses Zehntel mehr als 500 000 Euro beträgt, 500 000 Euro nur insoweit übersteigen, als die Bedeutung der Sache für den Kläger höher zu bewerten ist.

(2) Die Vorschriften über die Anordnung der Streitwertbegünstigung (§ 260 Absatz 4 Satz 2 in Verbindung mit § 247 Absatz 2 und 3 des Aktiengesetzes) sind anzuwenden.

§ 73 Ausschlussverfahren nach dem Wertpapiererwerbs- und Übernahmegesetz. Geschäftswert im Verfahren über den Ausschluss von Aktionären nach den §§ 39a und 39b des Wertpapiererwerbs- und Übernahmegesetzes ist der Betrag, der dem Wert aller Aktien entspricht, auf die sich der Ausschluss bezieht; der Geschäftswert beträgt mindestens 200 000 Euro und höchstens 7,5 Millionen Euro.

§ 74 Verfahren nach dem Spruchverfahrensgesetz. [1] Geschäftswert im gerichtlichen Verfahren nach dem Spruchverfahrensgesetz ist der Betrag, der von allen in § 3 des Spruchverfahrensgesetzes genannten Antragsberechtigten nach der Entscheidung des Gerichts zusätzlich zu dem ursprünglich angebotenen Betrag insgesamt gefordert werden kann; der Geschäftswert beträgt mindestens 200 000 Euro und höchstens 7,5 Millionen Euro. [2] Maßgeblicher Zeitpunkt für die Bestimmung des Werts ist der Tag nach Ablauf der Antragsfrist (§ 4 Absatz 1 des Spruchverfahrensgesetzes).

§ 75 Gerichtliche Entscheidung über die Zusammensetzung des Aufsichtsrats. Im gerichtlichen Verfahren über die Zusammensetzung des Aufsichtsrats, das sich nach den §§ 98 und 99 des Aktiengesetzes richtet, ist abweichend von § 36 Absatz 3 von einem Geschäftswert von 50 000 Euro auszugehen.

§ 76 Bestimmte Verfahren vor dem Landwirtschaftsgericht. Geschäftswert ist

1. in Feststellungsverfahren nach § 11 Absatz 1 Buchstabe g der Verfahrensordnung für Höfesachen der Wert des Hofs nach Abzug der Verbindlichkeiten,

2. in Wahlverfahren (§ 9 Absatz 2 Satz 1 der Höfeordnung) der Wert des gewählten Hofs nach Abzug der Verbindlichkeiten,

3. in Fristsetzungsverfahren (§ 9 Absatz 2 Satz 2 der Höfeordnung) die Hälfte des Werts des wertvollsten der noch zur Wahl stehenden Höfe nach Abzug der Verbindlichkeiten,

4. in gerichtlichen Verfahren aufgrund der Vorschriften über Einwendungen gegen das siedlungsrechtliche Vorkaufsrecht (§ 1 Nummer 3 des Gesetzes über das gerichtliche Verfahren in Landwirtschaftssachen) der Geschäftswert des zugrunde liegenden Kaufvertrags.

Unterabschnitt 3. Wertfestsetzung

§ 77 Angabe des Werts. [1]Bei jedem Antrag ist der Geschäftswert und nach Aufforderung auch der Wert eines Teils des Verfahrensgegenstands schriftlich oder zu Protokoll der Geschäftsstelle anzugeben, es sei denn, Geschäftswert ist eine bestimmte Geldsumme, oder ein fester Wert ist gesetzlich bestimmt oder ergibt sich aus früheren Anträgen. [2]Die Angabe kann jederzeit berichtigt werden.

§ 78 Wertfestsetzung für die Zulässigkeit der Beschwerde. Ist der Wert für die Zulässigkeit der Beschwerde festgesetzt, so ist die Festsetzung auch für die Berechnung der Gebühren maßgebend, soweit die Wertvorschriften dieses Gesetzes nicht von den Wertvorschriften des Verfahrensrechts abweichen.

§ 79 Festsetzung des Geschäftswerts. (1) [1]Soweit eine Entscheidung nach § 78 nicht ergeht oder nicht bindet, setzt das Gericht den Wert für die zu erhebenden Gebühren durch Beschluss fest, sobald eine Entscheidung über den gesamten Verfahrensgegenstand ergeht oder sich das Verfahren anderweitig erledigt. [2]Satz 1 gilt nicht, wenn

1. Gegenstand des Verfahrens eine bestimmte Geldsumme in Euro ist,
2. zumindest für den Regelfall ein fester Wert bestimmt ist oder
3. sich der Wert nach den Vorschriften dieses Gesetzes unmittelbar aus einer öffentlichen Urkunde oder aus einer Mitteilung des Notars (§ 39) ergibt.

[3]In den Fällen des Satzes 2 setzt das Gericht den Wert nur fest, wenn ein Zahlungspflichtiger oder die Staatskasse dies beantragt, oder wenn es eine Festsetzung für angemessen hält.

(2) [1]Die Festsetzung kann von Amts wegen geändert werden

1. von dem Gericht, das den Wert festgesetzt hat, und
2. von dem Rechtsmittelgericht, wenn das Verfahren wegen des Hauptgegenstands oder wegen der Entscheidung über den Geschäftswert, den Kostenansatz oder die Kostenfestsetzung in der Rechtsmittelinstanz schwebt.

[2]Die Änderung ist nur innerhalb von sechs Monaten zulässig, nachdem die Entscheidung wegen des Hauptgegenstands Rechtskraft erlangt oder das Verfahren sich anderweitig erledigt hat.

§ 80 Schätzung des Geschäftswerts. [1]Wird eine Schätzung des Geschäftswerts durch Sachverständige erforderlich, ist in dem Beschluss, durch den der Wert festgesetzt wird (§ 79), über die Kosten der Schätzung zu entscheiden. [2]Diese Kosten können ganz oder teilweise einem Beteiligten auferlegt werden, der durch Unterlassung der Wertangabe, durch unrichtige Angabe des Werts, durch unbegründetes Bestreiten des angegebenen Werts oder durch unbegründete Beschwerde die Schätzung veranlasst hat.

Abschnitt 3. Erinnerung und Beschwerde

§ 81 Erinnerung gegen den Kostenansatz, Beschwerde. (1) [1]Über Erinnerungen des Kostenschuldners und der Staatskasse gegen den Kostenansatz einschließlich der Ausübung des Zurückbehaltungsrechts (§ 11) entscheidet das Gericht, bei dem die Kosten angesetzt sind. [2]War das Verfahren im ersten Rechtszug bei mehreren Gerichten anhängig, ist das Gericht, bei dem es zuletzt anhängig war, auch insoweit zuständig, als Kosten bei den anderen Gerichten angesetzt worden sind.

(2) [1]Gegen die Entscheidung über die Erinnerung ist die Beschwerde statthaft, wenn der Wert des Beschwerdegegenstands 200 Euro übersteigt. [2]Die Beschwerde ist auch zulässig, wenn sie das Gericht, das die angefochtene Entscheidung erlassen hat, wegen der grundsätzlichen Bedeutung der zur Entscheidung stehenden Frage in dem Beschluss zulässt.

(3) [1]Soweit das Gericht die Beschwerde für zulässig und begründet hält, hat es ihr abzuhelfen; im Übrigen ist die Beschwerde unverzüglich dem Beschwerdegericht vorzulegen. [2]Beschwerdegericht ist das nächsthöhere Gericht, in Verfahren der in § 119 Absatz 1 Nummer 1 Buchstabe b des Gerichtsverfassungsgesetzes bezeichneten Art jedoch das Oberlandesgericht. [3]Eine Beschwerde an einen obersten Gerichtshof des Bundes findet nicht statt. [4]Das Beschwerdegericht ist an die Zulassung der Beschwerde gebunden; die Nichtzulassung ist unanfechtbar.

(4) [1]Die weitere Beschwerde ist nur zulässig, wenn das Landgericht als Beschwerdegericht entschieden und sie wegen der grundsätzlichen Bedeutung der zur Entscheidung stehenden Frage in dem Beschluss zugelassen hat. [2]Die weitere Beschwerde kann nur darauf gestützt werden, dass die Entscheidung auf einer Verletzung des Rechts beruht; die §§ 546 und 547 der Zivilprozessordnung gelten entsprechend. [3]Beschwerdegericht ist das Oberlandesgericht. [4]Absatz 3 Satz 1 und 4 gilt entsprechend.

(5) [1]Anträge und Erklärungen können ohne Mitwirkung eines Rechtsanwalts schriftlich eingereicht oder zu Protokoll der Geschäftsstelle abgegeben werden; § 129a der Zivilprozessordnung gilt entsprechend. [2]Für die Bevollmächtigung gelten die Regelungen der für das zugrunde liegende Verfahren geltenden Verfahrensordnung entsprechend. [3]Die Erinnerung ist bei dem Gericht einzulegen, das für die Entscheidung über die Erinnerung zuständig ist. [4]Die Beschwerde ist bei dem Gericht einzulegen, dessen Entscheidung angefochten wird.

(6) [1]Das Gericht entscheidet über die Erinnerung und die Beschwerde durch eines seiner Mitglieder als Einzelrichter; dies gilt auch für die Beschwerde, wenn die angefochtene Entscheidung von einem Einzelrichter oder einem Rechtspfleger erlassen wurde. [2]Der Einzelrichter überträgt das Verfahren dem Gericht zur Entscheidung in der im Gerichtsverfassungsgesetz vorgeschriebenen Besetzung, wenn die Sache besondere Schwierigkeiten tatsächlicher oder rechtlicher Art aufweist oder die Rechtssache grundsätzliche Bedeutung hat. [3]Das Gericht entscheidet jedoch immer ohne Mitwirkung ehrenamtlicher Richter. [4]Auf eine Übertragung oder deren Unterlassungen kann ein Rechtsmittel nicht gestützt werden.

(7) [1]Erinnerung und Beschwerde haben keine aufschiebende Wirkung. [2]Das Gericht oder das Beschwerdegericht kann auf Antrag oder von Amts wegen die aufschiebende Wirkung ganz oder teilweise anordnen; ist nicht der Einzelrichter zur Entscheidung berufen, entscheidet der Vorsitzende des Gerichts.

(8) [1]Die Verfahren sind gebührenfrei. [2]Kosten werden nicht erstattet.

§ 82 Beschwerde gegen die Anordnung einer Vorauszahlung. (1) [1]Gegen den Beschluss, durch den aufgrund dieses Gesetzes die Tätigkeit des Gerichts von der vorherigen Zahlung von Kosten abhängig gemacht wird, und wegen der Höhe des in diesem Fall im Voraus zu zahlenden Betrags ist stets die Beschwerde statthaft. [2]§ 81 Absatz 3 bis 5 Satz 1 und 4 und Absatz 6 und 8 ist entsprechend anzuwenden.

(2) Im Fall des § 14 Absatz 2 ist § 81 entsprechend anzuwenden.

§ 83[1] **Beschwerde gegen die Festsetzung des Geschäftswerts.** (1) [1]Gegen den Beschluss, durch den der Geschäftswert für die Gerichtsgebühren festgesetzt worden ist (§ 79), ist die Beschwerde statthaft, wenn der Wert des Beschwerdegegenstands 200 Euro übersteigt. [2]Die Beschwerde ist auch statthaft, wenn sie das Gericht, das die angefochtene Entscheidung erlassen hat, wegen der grundsätzlichen Bedeutung der zur Entscheidung stehenden Frage in dem Beschluss zulässt. [3]Die Beschwerde ist nur zulässig, wenn sie innerhalb der in § 79 Absatz 2 Satz 2 bestimmten Frist eingelegt wird; ist der Geschäftswert später als einen Monat vor Ablauf dieser Frist festgesetzt worden, kann sie noch innerhalb eines Monats nach Zustellung oder formloser Mitteilung des Festsetzungsbeschlusses eingelegt werden. [4]Im Fall der formlosen Mitteilung gilt der Beschluss mit dem dritten Tag nach Aufgabe zur Post als bekannt gemacht. [5]§ 81 Absatz 3 bis 5 Satz 1 und 4 und Absatz 6 ist entsprechend anzuwenden. [6]Die weitere Beschwerde ist innerhalb eines Monats nach Zustellung der Entscheidung des Beschwerdegerichts einzulegen.

(2) [1]War der Beschwerdeführer ohne sein Verschulden verhindert, die Frist einzuhalten, ist ihm auf Antrag von dem Gericht, das über die Beschwerde zu entscheiden hat, Wiedereinsetzung in den vorigen Stand zu gewähren, wenn er die Beschwerde binnen zwei Wochen nach der Beseitigung des Hindernisses einlegt und die Tatsachen, welche die Wiedereinsetzung begründen, glaubhaft macht. [2]Ein Fehlen des Verschuldens wird vermutet, wenn eine Rechtsbehelfsbelehrung unterblieben oder fehlerhaft ist. [3]Nach Ablauf eines Jahres, von dem Ende der versäumten Frist an gerechnet, kann die Wiedereinsetzung nicht mehr beantragt werden. [4]Gegen die Entscheidung über den Antrag findet die Beschwerde statt. [5]Sie ist nur zulässig, wenn sie innerhalb von zwei Wochen eingelegt wird. [6]Die Frist beginnt mit der Zustellung der Entscheidung. [7]§ 81 Absatz 3 Satz 1 bis 3, Absatz 5 Satz 1, 2 und 4 sowie Absatz 6 ist entsprechend anzuwenden.

(3) [1]Die Verfahren sind gebührenfrei. [2]Kosten werden nicht erstattet.

§ 84 Abhilfe bei Verletzung des Anspruchs auf rechtliches Gehör.

(1) Auf die Rüge eines durch die Entscheidung nach diesem Gesetz beschwerten Beteiligten ist das Verfahren fortzuführen, wenn

1. ein Rechtsmittel oder ein anderer Rechtsbehelf gegen die Entscheidung nicht gegeben ist und

2. das Gericht den Anspruch dieses Beteiligten auf rechtliches Gehör in entscheidungserheblicher Weise verletzt hat.

(2) [1]Die Rüge ist innerhalb von zwei Wochen nach Kenntnis von der Verletzung des rechtlichen Gehörs zu erheben; der Zeitpunkt der Kenntniserlangung ist glaubhaft zu machen. [2]Nach Ablauf eines Jahres seit Bekanntmachung der angegriffenen Entscheidung kann die Rüge nicht mehr erhoben

---

[1] § 83 Abs. 2 Satz 2 eingef., bish. Sätze 2–6 werden Sätze 3–7 mWv 1.1.2014 durch G v. 5.12.2012 (BGBl. I S. 2418, geänd. durch G v. 23.7.2013, BGBl. I S. 2586).

werden. ³Formlos mitgeteilte Entscheidungen gelten mit dem dritten Tag nach Aufgabe zur Post als bekannt gemacht. ⁴Die Rüge ist bei dem Gericht zu erheben, dessen Entscheidung angegriffen wird; § 81 Absatz 5 Satz 1 und 2 gilt entsprechend. ⁵Die Rüge muss die angegriffene Entscheidung bezeichnen und das Vorliegen der in Absatz 1 Nummer 2 genannten Voraussetzungen darlegen.

(3) Den übrigen Beteiligten ist, soweit erforderlich, Gelegenheit zur Stellungnahme zu geben.

(4) ¹Das Gericht hat von Amts wegen zu prüfen, ob die Rüge an sich statthaft ist und ob sie in der gesetzlichen Form und Frist erhoben ist. ²Mangelt es an einem dieser Erfordernisse, so ist die Rüge als unzulässig zu verwerfen. ³Ist die Rüge unbegründet, weist das Gericht sie zurück. ⁴Die Entscheidung ergeht durch unanfechtbaren Beschluss. ⁵Der Beschluss soll kurz begründet werden.

(5) Ist die Rüge begründet, so hilft ihr das Gericht ab, indem es das Verfahren fortführt, soweit dies aufgrund der Rüge geboten ist.

(6) Kosten werden nicht erstattet.

Kapitel 3. Notarkosten

Abschnitt 1. Allgemeine Vorschriften

§ 85¹⁾ **Notarielle Verfahren.** (1) Notarielle Verfahren im Sinne dieses Gesetzes sind das Beurkundungsverfahren (Teil 2 Hauptabschnitt 1 des Kostenverzeichnisses) und die sonstigen notariellen Verfahren (Teil 2 Hauptabschnitt 3 des Kostenverzeichnisses).

(2) Das Beurkundungsverfahren im Sinne dieses Gesetzes ist auf die Errichtung einer Niederschrift (§§ 8 *[ab 1.8.2022: , 16b]* und 36 des Beurkundungsgesetzes) gerichtet.

§ 86 Beurkundungsgegenstand. (1) Beurkundungsgegenstand ist das Rechtsverhältnis, auf das sich die Erklärungen beziehen, bei Tatsachenbeurkundungen die beurkundete Tatsache oder der beurkundete Vorgang.

(2) Mehrere Rechtsverhältnisse, Tatsachen oder Vorgänge sind verschiedene Beurkundungsgegenstände, soweit in § 109 nichts anderes bestimmt ist.

§ 87 Sprechtage außerhalb der Geschäftsstelle. Hält ein Notar außerhalb seiner Geschäftsstelle regelmäßige Sprechtage ab, so gilt dieser Ort als Amtssitz im Sinne dieses Gesetzes.

Abschnitt 2. Kostenerhebung

§ 88 Verzinsung des Kostenanspruchs. ¹Der Kostenschuldner hat die Kostenforderung zu verzinsen, wenn ihm eine vollstreckbare Ausfertigung der Kostenberechnung (§ 19) zugestellt wird, die Angaben über die Höhe der zu verzinsenden Forderung, den Verzinsungsbeginn und den Zinssatz enthält. ²Die Verzinsung beginnt einen Monat nach der Zustellung. ³Der jährliche Zinssatz beträgt fünf Prozentpunkte über dem Basiszinssatz nach § 247 des Bürgerlichen Gesetzbuchs.

---

¹⁾ § 85 Abs. 2 geänd. **mWv 1.8.2022** durch G v. 5.7.2021 (BGBl. I S. 3338).

§ 89 Beitreibung der Kosten und Zinsen. [1] Die Kosten und die auf diese entfallenden Zinsen werden aufgrund einer mit der Vollstreckungsklausel des Notars versehenen Ausfertigung der Kostenberechnung (§ 19) nach den Vorschriften der Zivilprozessordnung beigetrieben; § 798 der Zivilprozessordnung gilt entsprechend. [2] In der Vollstreckungsklausel, die zum Zweck der Zwangsvollstreckung gegen einen zur Duldung der Zwangsvollstreckung Verpflichteten erteilt wird, ist die Duldungspflicht auszusprechen.

§ 90 Zurückzahlung, Schadensersatz. (1) [1] Wird die Kostenberechnung abgeändert oder ist der endgültige Kostenbetrag geringer als der erhobene Vorschuss, so hat der Notar die zu viel empfangenen Beträge zu erstatten. [2] Hatte der Kostenschuldner einen Antrag auf Entscheidung des Landgerichts nach § 127 Absatz 1 innerhalb eines Monats nach der Zustellung der vollstreckbaren Ausfertigung gestellt, so hat der Notar darüber hinaus den Schaden zu ersetzen, der dem Kostenschuldner durch die Vollstreckung oder durch eine zur Abwendung der Vollstreckung erbrachte Leistung entstanden ist. [3] Im Fall des Satzes 2 hat der Notar den zu viel empfangenen Betrag vom Tag des Antragseingangs bei dem Landgericht an mit jährlich fünf Prozentpunkten über dem Basiszinssatz nach § 247 des Bürgerlichen Gesetzbuchs zu verzinsen; die Geltendmachung eines weitergehenden Schadens ist nicht ausgeschlossen. [4] Im Übrigen kann der Kostenschuldner eine Verzinsung des zu viel gezahlten Betrags nicht fordern.

(2) [1] Über die Verpflichtungen gemäß Absatz 1 wird auf Antrag des Kostenschuldners in dem Verfahren nach § 127 entschieden. [2] Die Entscheidung ist nach den Vorschriften der Zivilprozessordnung vollstreckbar.

Abschnitt 3. Gebührenvorschriften

§ 91 Gebührenermäßigung. (1) [1] Erhebt ein Notar die in Teil 2 Hauptabschnitt 1 oder 4 oder in den Nummern 23803 und 25202 des Kostenverzeichnisses bestimmten Gebühren

1. dem Bund, einem Land sowie einer nach dem Haushaltsplan des Bundes oder eines Landes für Rechnung des Bundes oder eines Landes verwalteten öffentlichen Körperschaft oder Anstalt,

2. einer Gemeinde, einem Gemeindeverband, einer sonstigen Gebietskörperschaft oder einem Zusammenschluss von Gebietskörperschaften, einem Regionalverband, einem Zweckverband,

3. einer Kirche oder einer sonstigen Religions- oder Weltanschauungsgemeinschaft, jeweils soweit sie die Rechtsstellung einer juristischen Person des öffentlichen Rechts hat,

und betrifft die Angelegenheit nicht deren wirtschaftliche Unternehmen, so ermäßigen sich die Gebühren bei einem Geschäftswert von mehr als 25 000 Euro bis zu einem

Geschäftswert	
von … Euro	um … Prozent
110 000	30
260 000	40
1 000 000	50

Geschäftswert	
von … Euro	um … Prozent
über 1 000 000	60

[2] Eine ermäßigte Gebühr darf jedoch die Gebühr nicht unterschreiten, die bei einem niedrigeren Geschäftswert nach Satz 1 zu erheben ist. [3] Wenn das Geschäft mit dem Erwerb eines Grundstücks oder grundstücksgleichen Rechts zusammenhängt, ermäßigen sich die Gebühren nur, wenn dargelegt wird, dass eine auch nur teilweise Weiterveräußerung an einen nichtbegünstigten Dritten nicht beabsichtigt ist. [4] Ändert sich diese Absicht innerhalb von drei Jahren nach Beurkundung der Auflassung, entfällt eine bereits gewährte Ermäßigung. [5] Der Begünstigte ist verpflichtet, den Notar zu unterrichten.

(2) Die Gebührenermäßigung ist auch einer Körperschaft, Vereinigung oder Stiftung zu gewähren, wenn

1. diese ausschließlich und unmittelbar mildtätige oder kirchliche Zwecke im Sinne der Abgabenordnung verfolgt,

2. die Voraussetzung nach Nummer 1 durch einen Freistellungs- oder Körperschaftsteuerbescheid oder durch eine vorläufige Bescheinigung des Finanzamts nachgewiesen wird und

3. dargelegt wird, dass die Angelegenheit nicht einen steuerpflichtigen wirtschaftlichen Geschäftsbetrieb betrifft.

(3) Die Ermäßigung erstreckt sich auf andere Beteiligte, die mit dem Begünstigten als Gesamtschuldner haften, nur insoweit, als sie von dem Begünstigten aufgrund gesetzlicher Vorschrift Erstattung verlangen können.

(4) Soweit die Haftung auf der Vorschrift des § 29 Nummer 3 (Haftung nach bürgerlichem Recht) beruht, kann sich der Begünstigte gegenüber dem Notar nicht auf die Gebührenermäßigung berufen.

§ 92 Rahmengebühren. (1) Bei Rahmengebühren bestimmt der Notar die Gebühr im Einzelfall unter Berücksichtigung des Umfangs der erbrachten Leistung nach billigem Ermessen.

(2) Bei den Gebühren für das Beurkundungsverfahren im Fall der vorzeitigen Beendigung und bei den Gebühren für die Fertigung eines Entwurfs ist für die vollständige Erstellung des Entwurfs die Höchstgebühr zu erheben.

(3) Ist eine Gebühr für eine vorausgegangene Tätigkeit auf eine Rahmengebühr anzurechnen, so ist bei der Bemessung der Gebühr auch die vorausgegangene Tätigkeit zu berücksichtigen.

§ 93 Einmalige Erhebung der Gebühren. (1) [1] Die Gebühr für ein Verfahren sowie die Vollzugs- und die Betreuungsgebühr werden in demselben notariellen Verfahren jeweils nur einmal erhoben. [2] Die Vollzugs- und die Betreuungsgebühr werden bei der Fertigung eines Entwurfs jeweils nur einmal erhoben.

(2) [1] Werden in einem Beurkundungsverfahren ohne sachlichen Grund mehrere Beurkundungsgegenstände zusammengefasst, gilt das Beurkundungsverfahren hinsichtlich jedes dieser Beurkundungsgegenstände als besonderes Verfahren. [2] Ein sachlicher Grund ist insbesondere anzunehmen, wenn hinsichtlich jedes Beurkundungsgegenstands die gleichen Personen an dem Verfahren betei-

ligt sind oder der rechtliche Verknüpfungswille in der Urkunde zum Ausdruck kommt.

§ 94 Verschiedene Gebührensätze. (1) Sind für die einzelnen Beurkundungsgegenstände oder für Teile davon verschiedene Gebührensätze anzuwenden, entstehen insoweit gesondert berechnete Gebühren, jedoch nicht mehr als die nach dem höchsten Gebührensatz berechnete Gebühr aus dem Gesamtbetrag der Werte.

(2) ¹Soweit mehrere Beurkundungsgegenstände als ein Gegenstand zu behandeln sind (§ 109), wird die Gebühr nach dem höchsten in Betracht kommenden Gebührensatz berechnet. ²Sie beträgt jedoch nicht mehr als die Summe der Gebühren, die bei getrennter Beurkundung entstanden wären.

Abschnitt 4. Wertvorschriften

Unterabschnitt 1. Allgemeine Wertvorschriften

§ 95 Mitwirkung der Beteiligten. ¹Die Beteiligten sind verpflichtet, bei der Wertermittlung mitzuwirken. ²Sie haben ihre Erklärungen über tatsächliche Umstände vollständig und wahrheitsgemäß abzugeben. ³Kommen die Beteiligten ihrer Mitwirkungspflicht nicht nach, ist der Wert nach billigem Ermessen zu bestimmen.

§ 96 Zeitpunkt der Wertberechnung. Für die Wertberechnung ist der Zeitpunkt der Fälligkeit der Gebühr maßgebend.

Unterabschnitt 2. Beurkundung

§ 97 Verträge und Erklärungen. (1) Der Geschäftswert bei der Beurkundung von Verträgen und Erklärungen bestimmt sich nach dem Wert des Rechtsverhältnisses, das Beurkundungsgegenstand ist.

(2) Handelt es sich um Veränderungen eines Rechtsverhältnisses, so darf der Wert des von der Veränderung betroffenen Rechtsverhältnisses nicht überschritten werden, und zwar auch dann nicht, wenn es sich um mehrere Veränderungen desselben Rechtsverhältnisses handelt.

(3) Bei Verträgen, die den Austausch von Leistungen zum Gegenstand haben, ist nur der Wert der Leistungen des einen Teils maßgebend; wenn der Wert der Leistungen verschieden ist, ist der höhere maßgebend.

§ 98¹⁾ Vollmachten und Zustimmungen. (1) Bei der Beurkundung einer Vollmacht zum Abschluss eines bestimmten Rechtsgeschäfts oder bei der Beurkundung einer Zustimmungserklärung ist Geschäftswert die Hälfte des Geschäftswerts für die Beurkundung des Geschäfts, auf das sich die Vollmacht oder die Zustimmungserklärung bezieht.

(2) ¹Bei Vollmachten und Zustimmungserklärungen aufgrund einer gegenwärtigen oder künftigen Mitberechtigung ermäßigt sich der nach Absatz 1 bestimmte Geschäftswert auf den Bruchteil, der dem Anteil der Mitberechtigung entspricht. ²Entsprechendes gilt für Zustimmungserklärungen nach dem Umwandlungsgesetz durch die in § 2 des Umwandlungsgesetzes bezeichneten

---

¹⁾ § 98 Abs. 3 Satz 3 angef. mWv 4.7.2015 durch G v. 29.6.2015 (BGBl. I S. 1042).

Anteilsinhaber. ³Bei Gesamthandsverhältnissen ist der Anteil entsprechend der Beteiligung an dem Gesamthandsvermögen zu bemessen.

(3) ¹Der Geschäftswert bei der Beurkundung einer allgemeinen Vollmacht ist nach billigem Ermessen zu bestimmen; dabei sind der Umfang der erteilten Vollmacht und das Vermögen des Vollmachtgebers angemessen zu berücksichtigen. ²Der zu bestimmende Geschäftswert darf die Hälfte des Vermögens des Auftraggebers nicht übersteigen. ³Bestehen keine genügenden Anhaltspunkte für eine Bestimmung des Werts, ist von einem Geschäftswert von 5 000 Euro auszugehen.

(4) In allen Fällen beträgt der anzunehmende Geschäftswert höchstens 1 Million Euro.

(5) Für den Widerruf einer Vollmacht gelten die vorstehenden Vorschriften entsprechend.

§ 99 Miet-, Pacht- und Dienstverträge. (1) ¹Der Geschäftswert bei der Beurkundung eines Miet- oder Pachtvertrags ist der Wert aller Leistungen des Mieters oder Pächters während der gesamten Vertragszeit. ²Bei Miet- oder Pachtverträgen von unbestimmter Vertragsdauer ist der auf die ersten fünf Jahre entfallende Wert der Leistungen maßgebend; ist jedoch die Auflösung des Vertrags erst zu einem späteren Zeitpunkt zulässig, ist dieser maßgebend. ³In keinem Fall darf der Geschäftswert den auf die ersten 20 Jahre entfallenden Wert übersteigen.

(2) Der Geschäftswert bei der Beurkundung eines Dienstvertrags, eines Geschäftsbesorgungsvertrags oder eines ähnlichen Vertrags ist der Wert aller Bezüge des zur Dienstleistung oder Geschäftsbesorgung Verpflichteten während der gesamten Vertragszeit, höchstens jedoch der Wert der auf die ersten fünf Jahre entfallenden Bezüge.

§ 100 Güterrechtliche Angelegenheiten. (1) ¹Der Geschäftswert

1. bei der Beurkundung von Eheverträgen im Sinne des § 1408 des Bürgerlichen Gesetzbuchs, die sich nicht auf Vereinbarungen über den Versorgungsausgleich beschränken, und

2. bei der Beurkundung von Anmeldungen aufgrund solcher Verträge

ist die Summe der Werte der gegenwärtigen Vermögen beider Ehegatten. ²Betrifft der Ehevertrag nur das Vermögen eines Ehegatten, ist nur dessen Vermögen maßgebend. ³Bei Ermittlung des Vermögens werden Verbindlichkeiten bis zur Hälfte des nach Satz 1 oder 2 maßgeblichen Werts abgezogen. ⁴Verbindlichkeiten eines Ehegatten werden nur von seinem Vermögen abgezogen.

(2) Betrifft der Ehevertrag nur bestimmte Vermögenswerte, auch wenn sie dem Anfangsvermögen hinzuzurechnen wären, oder bestimmte güterrechtliche Ansprüche, so ist deren Wert, höchstens jedoch der Wert nach Absatz 1 maßgebend.

(3) Betrifft der Ehevertrag Vermögenswerte, die noch nicht zum Vermögen des Ehegatten gehören, werden sie mit 30 Prozent ihres Werts berücksichtigt, wenn sie im Ehevertrag konkret bezeichnet sind.

(4) Die Absätze 1 bis 3 gelten entsprechend bei Lebenspartnerschaftsverträgen.

§ 101 Annahme als Kind. In Angelegenheiten, die die Annahme eines Minderjährigen betreffen, beträgt der Geschäftswert 5 000 Euro.

§ 102 Erbrechtliche Angelegenheiten. (1) [1] Geschäftswert bei der Beurkundung einer Verfügung von Todes wegen ist, wenn über den ganzen Nachlass oder einen Bruchteil verfügt wird, der Wert des Vermögens oder der Wert des entsprechenden Bruchteils des Vermögens. [2] Verbindlichkeiten des Erblassers werden abgezogen, jedoch nur bis zur Hälfte des Werts des Vermögens. [3] Vermächtnisse und Auflagen werden nur bei Verfügung über einen Bruchteil und nur mit dem Anteil ihres Werts hinzugerechnet, der dem Bruchteil entspricht, über den nicht verfügt wird.

(2) [1] Verfügt der Erblasser außer über die Gesamtrechtsnachfolge daneben über Vermögenswerte, die noch nicht zu seinem Vermögen gehören, jedoch in der Verfügung von Todes wegen konkret bezeichnet sind, wird deren Wert hinzugerechnet. [2] Von dem Begünstigten zu übernehmende Verbindlichkeiten werden abgezogen, jedoch nur bis zur Hälfte des Vermögenswerts. [3] Die Sätze 1 und 2 gelten bei gemeinschaftlichen Testamenten und gegenseitigen Erbverträgen nicht für Vermögenswerte, die bereits nach Absatz 1 berücksichtigt sind.

(3) Betrifft die Verfügung von Todes wegen nur bestimmte Vermögenswerte, ist deren Wert maßgebend; Absatz 2 Satz 2 gilt entsprechend.

(4) [1] Bei der Beurkundung eines Erbverzichts-, Zuwendungsverzichts- oder Pflichtteilsverzichtsvertrags gilt Absatz 1 Satz 1 und 2 entsprechend; soweit der Zuwendungsverzicht ein Vermächtnis betrifft, gilt Absatz 3 entsprechend. [2] Das Pflichtteilsrecht ist wie ein entsprechender Bruchteil des Nachlasses zu behandeln.

(5) [1] Die Absätze 1 bis 3 gelten entsprechend für die Beurkundung der Anfechtung oder des Widerrufs einer Verfügung von Todes wegen sowie für den Rücktritt von einem Erbvertrag. [2] Hat eine Erklärung des einen Teils nach Satz 1 im Fall eines gemeinschaftlichen Testaments oder eines Erbvertrags die Unwirksamkeit von Verfügungen des anderen Teils zur Folge, ist der Wert der Verfügungen des anderen Teils dem Wert nach Satz 1 hinzuzurechnen.

§ 103 Erklärungen gegenüber dem Nachlassgericht, Anträge an das Nachlassgericht. (1) Werden in einer vermögensrechtlichen Angelegenheit Erklärungen, die gegenüber dem Nachlassgericht abzugeben sind, oder Anträge an das Nachlassgericht beurkundet, ist Geschäftswert der Wert des betroffenen Vermögens oder des betroffenen Bruchteils nach Abzug der Verbindlichkeiten zum Zeitpunkt der Beurkundung.

(2) Bei der Beurkundung von Erklärungen über die Ausschlagung des Anfalls eines Hofes (§ 11 der Höfeordnung) gilt Absatz 1 entsprechend.

§ 104 Rechtswahl. (1) Bei der Beurkundung einer Rechtswahl, die die allgemeinen oder güterrechtlichen Wirkungen der Ehe betrifft, beträgt der Geschäftswert 30 Prozent des Werts, der sich in entsprechender Anwendung des § 100 ergibt.

(2) Bei der Beurkundung einer Rechtswahl, die eine Rechtsnachfolge von Todes wegen betrifft, beträgt der Geschäftswert 30 Prozent des Werts, der sich in entsprechender Anwendung des § 102 ergibt.

(3) Bei der Beurkundung einer Rechtswahl in sonstigen Fällen beträgt der Geschäftswert 30 Prozent des Geschäftswerts für die Beurkundung des Rechtsgeschäfts, für das die Rechtswahl bestimmt ist.

§ 105[1) Anmeldung zu bestimmten Registern. (1) [1]Bei den folgenden Anmeldungen zum Handelsregister ist Geschäftswert der in das Handelsregister einzutragende Geldbetrag, bei Änderung bereits eingetragener Geldbeträge der Unterschiedsbetrag:

1. erste Anmeldung einer Kapitalgesellschaft; ein in der Satzung bestimmtes genehmigtes Kapital ist dem Grund- oder Stammkapital hinzuzurechnen;
2. erste Anmeldung eines Versicherungsvereins auf Gegenseitigkeit;
3. Erhöhung oder Herabsetzung des Stammkapitals einer Gesellschaft mit beschränkter Haftung;
4. Beschluss der Hauptversammlung einer Aktiengesellschaft oder einer Kommanditgesellschaft auf Aktien über
   a) Maßnahmen der Kapitalbeschaffung (§§ 182 bis 221 des Aktiengesetzes); dem Beschluss über die genehmigte Kapitalerhöhung steht der Beschluss über die Verlängerung der Frist gleich, innerhalb derer der Vorstand das Kapital erhöhen kann;
   b) Maßnahmen der Kapitalherabsetzung (§§ 222 bis 240 des Aktiengesetzes);
5. erste Anmeldung einer Kommanditgesellschaft; maßgebend ist die Summe der Kommanditeinlagen; hinzuzurechnen sind 30 000 Euro für den ersten und 15 000 Euro für jeden weiteren persönlich haftenden Gesellschafter;
6. Eintritt eines Kommanditisten in eine bestehende Personenhandelsgesellschaft oder Ausscheiden eines Kommanditisten; ist ein Kommanditist als Nachfolger eines anderen Kommanditisten oder ein bisher persönlich haftender Gesellschafter als Kommanditist oder ein bisheriger Kommanditist als persönlich haftender Gesellschafter einzutragen, ist die einfache Kommanditeinlage maßgebend;
7. Erhöhung oder Herabsetzung einer Kommanditeinlage.

[2]Der Geschäftswert beträgt mindestens 30 000 Euro.

(2) Bei sonstigen Anmeldungen zum Handelsregister sowie bei Anmeldungen zum *[bis 31.12.2023:* Partnerschafts- und Genossenschaftsregister*] [ab 1.1. 2024: Gesellschafts-, Genossenschafts- und Partnerschaftsregister]* bestimmt sich der Geschäftswert nach den Absätzen 3 bis 5.

(3) Der Geschäftswert beträgt bei der ersten Anmeldung

1. eines Einzelkaufmanns 30 000 Euro;

[Nr. 2 bis 31.12.2023:]
2. einer offenen Handelsgesellschaft oder einer Partnerschaftsgesellschaft mit zwei Gesellschaftern 45 000 Euro; hat die offene Handelsgesellschaft oder die Partnerschaftsgesellschaft mehr als zwei Gesellschafter, erhöht sich der Wert für den dritten und jeden weiteren Gesellschafter um jeweils 15 000 Euro;

[Nr. 2 ab 1.1.2024:]
2. einer Gesellschaft bürgerlichen Rechts, einer offenen Handelsgesellschaft oder einer Partnerschaftsgesellschaft mit zwei Gesellschaftern 45 000 Euro; hat die Gesellschaft

---

[1) § 105 Abs. 2 geänd., Abs. 3 Nr. 2 neu gef., Abs. 4 Nr. 3 geänd. **mWv 1.1.2024** durch G v. 10.8. 2021 (BGBl. I S. 3436).

mehr als zwei Gesellschafter, erhöht sich der Wert für den dritten und jeden weiteren Gesellschafter um jeweils 15 000 Euro;

3. einer Genossenschaft oder einer juristischen Person (§ 33 des Handelsgesetzbuchs) 60 000 Euro.

(4) Bei einer späteren Anmeldung beträgt der Geschäftswert, wenn diese

1. eine Kapitalgesellschaft betrifft, 1 Prozent des eingetragenen Grund- oder Stammkapitals, mindestens 30 000 Euro;

2. einen Versicherungsverein auf Gegenseitigkeit betrifft, 60 000 Euro;

3. eine *[bis 31.12.2023:* Personenhandels- oder Partnerschaftsgesellschaft*] [ab 1.1.2024: rechtsfähige Personengesellschaft]* betrifft, 30 000 Euro; bei Eintritt oder Ausscheiden von mehr als zwei persönlich haftenden Gesellschaftern oder Partnern sind als Geschäftswert 15 000 Euro für jeden eintretenden oder ausscheidenden Gesellschafter oder Partner anzunehmen;

4. einen Einzelkaufmann, eine Genossenschaft oder eine juristische Person (§ 33 des Handelsgesetzbuchs) betrifft, 30 000 Euro.

(5) Ist eine Anmeldung nur deshalb erforderlich, weil sich eine Anschrift geändert hat, oder handelt es sich um eine ähnliche Anmeldung, die für das Unternehmen keine wirtschaftliche Bedeutung hat, so beträgt der Geschäftswert 5 000 Euro.

(6) [1] Der in Absatz 1 Satz 2 und in Absatz 4 Nummer 1 bestimmte Mindestwert gilt nicht

1. für die Gründung einer Gesellschaft gemäß § 2 Absatz 1a des Gesetzes betreffend die Gesellschaften mit beschränkter Haftung und

2. für Änderungen des Gesellschaftsvertrags einer gemäß § 2 Absatz 1a des Gesetzes betreffend die Gesellschaften mit beschränkter Haftung gegründeten Gesellschaft, wenn die Gesellschaft auch mit dem geänderten Gesellschaftsvertrag hätte gemäß § 2 Absatz 1a des Gesetzes betreffend die Gesellschaften mit beschränkter Haftung gegründet werden können.

[2] Reine sprachliche Abweichungen vom Musterprotokoll oder die spätere Streichung der auf die Gründung verweisenden Formulierungen stehen der Anwendung des Satzes 1 nicht entgegen.

§ 106[1] Höchstwert für Anmeldungen zu bestimmten Registern.

[1] Bei der Beurkundung von Anmeldungen zu einem in § 105 genannten Register *[bis 31.12.2025:* und zum Vereinsregister*] [ab 1.1.2026: , zum Vereinsregister und zum Stiftungsregister]* beträgt der Geschäftswert höchstens 1 Million Euro. [2] Dies gilt auch dann, wenn mehrere Anmeldungen in einem Beurkundungsverfahren zusammengefasst werden.

§ 107 Gesellschaftsrechtliche Verträge, Satzungen und Pläne.

(1) [1] Bei der Beurkundung von Gesellschaftsverträgen und Satzungen sowie von Plänen und Verträgen nach dem Umwandlungsgesetz beträgt der Geschäftswert mindestens 30 000 Euro und höchstens 10 Millionen Euro. [2] Der in Satz 1 bestimmte Mindestwert gilt nicht bei der Beurkundung von Gesellschaftsverträgen und Satzungen in den Fällen des § 105 Absatz 6.

---

[1] § 106 Satz 1 geänd. **mWv 1.1.2026** durch G v. 16.7.2021 (BGBl. I S. 2947).

(2) ¹Bei der Beurkundung von Verträgen zwischen verbundenen Unternehmen (§ 15 des Aktiengesetzes) über die Veräußerung oder über die Verpflichtung zur Veräußerung von Gesellschaftsanteilen und -beteiligungen beträgt der Geschäftswert höchstens 10 Millionen Euro. ²Satz 1 gilt nicht, sofern die betroffene Gesellschaft überwiegend vermögensverwaltend tätig ist, insbesondere als Immobilienverwaltungs-, Objekt-, Holding-, Besitz- oder sonstige Beteiligungsgesellschaft.

§ 108¹⁾ Beschlüsse von Organen. (1) ¹Für den Geschäftswert bei der Beurkundung von Beschlüssen von Organen von *[bis 31.12.2023:* Kapital-, Personenhandels- und Partnerschaftsgesellschaften*] [ab 1.1.2024: Kapitalgesellschaften und rechtsfähigen Personengesellschaften]* sowie von Versicherungsvereinen auf Gegenseitigkeit, juristischen Personen (§ 33 des Handelsgesetzbuchs) oder Genossenschaften, deren Gegenstand keinen bestimmten Geldwert hat, gilt § 105 Absatz 4 und 6 entsprechend. ²Bei Beschlüssen, deren Gegenstand einen bestimmten Geldwert hat, beträgt der Wert nicht weniger als der sich nach § 105 Absatz 1 ergebende Wert.

(2) Bei der Beurkundung von Beschlüssen im Sinne des Absatzes 1, welche die Zustimmung zu einem bestimmten Rechtsgeschäft enthalten, ist der Geschäftswert wie bei der Beurkundung des Geschäfts zu bestimmen, auf das sich der Zustimmungsbeschluss bezieht.

(3) ¹Der Geschäftswert bei der Beurkundung von Beschlüssen nach dem Umwandlungsgesetz ist der Wert des Vermögens des übertragenden oder formwechselnden Rechtsträgers. ²Bei Abspaltungen oder Ausgliederungen ist der Wert des übergehenden Vermögens maßgebend.

[Abs. 4 bis 31.12.2023:]
(4) Der Geschäftswert bei der Beurkundung von Beschlüssen von Organen einer Gesellschaft bürgerlichen Rechts, deren Gegenstand keinen bestimmten Geldwert hat, beträgt 30 000 Euro.

(5) *[ab 1.1.2024: (4)]* Der Geschäftswert von Beschlüssen von Gesellschafts-, Stiftungs- und Vereinsorganen sowie von ähnlichen Organen beträgt höchstens 5 Millionen Euro, auch wenn mehrere Beschlüsse mit verschiedenem Gegenstand in einem Beurkundungsverfahren zusammengefasst werden.

§ 109 Derselbe Beurkundungsgegenstand. (1) ¹Derselbe Beurkundungsgegenstand liegt vor, wenn Rechtsverhältnisse zueinander in einem Abhängigkeitsverhältnis stehen und das eine Rechtsverhältnis unmittelbar dem Zweck des anderen Rechtsverhältnisses dient. ²Ein solches Abhängigkeitsverhältnis liegt nur vor, wenn das andere Rechtsverhältnis der Erfüllung, Sicherung oder sonstigen Durchführung des einen Rechtsverhältnisses dient. ³Dies gilt auch bei der Beurkundung von Erklärungen Dritter und von Erklärungen der Beteiligten zugunsten Dritter. ⁴Ein Abhängigkeitsverhältnis liegt insbesondere vor zwischen

1. dem Kaufvertrag und

   a) der Übernahme einer durch ein Grundpfandrecht am Kaufgrundstück gesicherten Darlehensschuld,

---

¹⁾ § 108 Abs. 1 Satz 1 geänd., Abs. 4 aufgeh., bish. Abs. 5 wird Abs. 4 **mWv 1.1.2024** durch G v. 10.8.2021 (BGBl. I S. 3436).

b) der zur Löschung von Grundpfandrechten am Kaufgegenstand erforderlichen Erklärungen sowie

c) jeder zur Belastung des Kaufgegenstands dem Käufer erteilten Vollmacht; die Beurkundung des Zuschlags in der freiwilligen Versteigerung steht dem Kaufvertrag gleich;

2. dem Gesellschaftsvertrag und der Auflassung bezüglich eines einzubringenden Grundstücks;

3. der Bestellung eines dinglichen Rechts und der zur Verschaffung des beabsichtigten Rangs erforderlichen Rangänderungserklärungen; § 45 Absatz 2 gilt entsprechend;

4. der Begründung eines Anspruchs und den Erklärungen zur Schaffung eines Titels gemäß § 794 Absatz 1 Nummer 5 der Zivilprozessordnung.

[5] In diesen Fällen bestimmt sich der Geschäftswert nur nach dem Wert des Rechtsverhältnisses, zu dessen Erfüllung, Sicherung oder sonstiger Durchführung die anderen Rechtsverhältnisse dienen.

(2) [1] Derselbe Beurkundungsgegenstand sind auch

1. der Vorschlag zur Person eines möglichen Betreuers und eine Patientenverfügung;

2. der Widerruf einer Verfügung von Todes wegen, die Aufhebung oder Anfechtung eines Erbvertrags oder der Rücktritt von einem Erbvertrag jeweils mit der Errichtung einer neuen Verfügung von Todes wegen;

3. die Bestellung eines Grundpfandrechts erforderlichen Erklärungen und die Schulderklärung bis zur Höhe des Nennbetrags des Grundpfandrechts;

4. bei Beschlüssen von Organen einer Vereinigung oder Stiftung

a) jeder Beschluss und eine damit im Zusammenhang stehende Änderung des Gesellschaftsvertrags oder der Satzung,

b) der Beschluss über eine Kapitalerhöhung oder -herabsetzung und die weiteren damit im Zusammenhang stehenden Beschlüsse,

c) mehrere Änderungen des Gesellschaftsvertrags oder der Satzung, deren Gegenstand keinen bestimmten Geldwert hat,

d) mehrere Wahlen, sofern nicht Einzelwahlen stattfinden,

e) mehrere Beschlüsse über die Entlastung von Verwaltungsträgern, sofern nicht Einzelbeschlüsse gefasst werden,

f) Wahlen und Beschlüsse über die Entlastung der Verwaltungsträger, sofern nicht einzeln abgestimmt wird,

g) Beschlüsse von Organen verschiedener Vereinigungen bei Umwandlungsvorgängen, sofern die Beschlüsse denselben Beschlussgegenstand haben.

[2] In diesen Fällen bestimmt sich der Geschäftswert nach dem höchsten in Betracht kommenden Wert.

§ 110 Verschiedene Beurkundungsgegenstände. Abweichend von § 109 Absatz 1 sind verschiedene Beurkundungsgegenstände

1. Beschlüsse von Organen einer Vereinigung oder Stiftung und Erklärungen,

2. ein Veräußerungsvertrag und

a) Erklärungen zur Finanzierung der Gegenleistung gegenüber Dritten,

b) Erklärungen zur Bestellung von subjektiv-dinglichen Rechten sowie

c) ein Verzicht auf Steuerbefreiungen gemäß § 9 Absatz 1 des Umsatzsteuergesetzes sowie

3. Erklärungen gemäß § 109 Absatz 2 Satz 1 Nummer 1 und Vollmachten.

§ 111 Besondere Beurkundungsgegenstände. Als besonderer Beurkundungsgegenstand gelten stets

1. vorbehaltlich der Regelung in § 109 Absatz 2 Nummer 2 eine Verfügung von Todes wegen,

2. ein Ehevertrag im Sinne von § 1408 Absatz 1 des Bürgerlichen Gesetzbuchs,

3. eine Anmeldung zu einem Register und

4. eine Rechtswahl nach dem internationalen Privatrecht.

Unterabschnitt 3. Vollzugs- und Betreuungstätigkeiten

§ 112 Vollzug des Geschäfts. [1]Der Geschäftswert für den Vollzug ist der Geschäftswert des zugrunde liegenden Beurkundungsverfahrens. [2]Liegt der zu vollziehenden Urkunde kein Beurkundungsverfahren zugrunde, ist der Geschäftswert derjenige Wert, der maßgeblich wäre, wenn diese Urkunde Gegenstand eines Beurkundungsverfahrens wäre.

§ 113 Betreuungstätigkeiten. (1) Der Geschäftswert für die Betreuungsgebühr ist wie bei der Beurkundung zu bestimmen.

(2) Der Geschäftswert für die Treuhandgebühr ist der Wert des Sicherungsinteresses.

Unterabschnitt 4. Sonstige notarielle Geschäfte

§ 114 Rückgabe eines Erbvertrags aus der notariellen Verwahrung.

Der Geschäftswert für die Rückgabe eines Erbvertrags aus der notariellen Verwahrung bestimmt sich nach § 102 Absatz 1 bis 3.

§ 115 Vermögensverzeichnis, Siegelung. [1]Der Geschäftswert für die Aufnahme von Vermögensverzeichnissen sowie für Siegelungen und Entsiegelungen ist der Wert der verzeichneten oder versiegelten Gegenstände. [2]Dies gilt auch für die Mitwirkung als Urkundsperson bei der Aufnahme von Vermögensverzeichnissen.

§ 116 Freiwillige Versteigerung von Grundstücken. (1) Bei der freiwilligen Versteigerung von Grundstücken oder grundstücksgleichen Rechten ist der Geschäftswert nach dem Wert der zu versteigernden Grundstücke oder grundstücksgleichen Rechte zu bemessen für

1. die Verfahrensgebühr,

2. die Gebühr für die Aufnahme einer Schätzung und

3. die Gebühr für die Abhaltung eines Versteigerungstermins.

(2) Bei der Versteigerung mehrerer Grundstücke wird die Gebühr für die Beurkundung des Zuschlags für jeden Ersteher nach der Summe seiner Gebote erhoben; ist der zusammengerechnete Wert der ihm zugeschlagenen Grundstücke oder grundstücksgleichen Rechte höher, so ist dieser maßgebend.

§ 117 Versteigerung von beweglichen Sachen und von Rechten.
Bei der Versteigerung von beweglichen Sachen und von Rechten bemisst sich der Geschäftswert nach der Summe der Werte der betroffenen Sachen und Rechte.

§ 118 Vorbereitung der Zwangsvollstreckung. Im Verfahren über die Vollstreckbarerklärung eines Schiedsspruchs mit vereinbartem Wortlaut oder über die Erteilung einer vollstreckbaren Ausfertigung bemisst sich der Geschäftswert nach den Ansprüchen, die Gegenstand der Vollstreckbarerklärung oder der vollstreckbaren Ausfertigung sein sollen.

§ 118a[1] Teilungssachen. [1] Geschäftswert in Teilungssachen nach § 342 Absatz 2 Nummer 1 des Gesetzes über das Verfahren in Familiensachen und in den Angelegenheiten der freiwilligen Gerichtsbarkeit ist der Wert des den Gegenstand der Auseinandersetzung bildenden Nachlasses oder Gesamtguts oder des von der Auseinandersetzung betroffenen Teils davon. [2] Die Werte mehrerer selbständiger Vermögensmassen, die in demselben Verfahren auseinandergesetzt werden, werden zusammengerechnet. [3] Trifft die Auseinandersetzung des Gesamtguts einer Gütergemeinschaft mit der Auseinandersetzung des Nachlasses eines Ehegatten oder Lebenspartners zusammen, wird der Wert des Gesamtguts und des übrigen Nachlasses zusammengerechnet.

§ 119 Entwurf. (1) Bei der Fertigung eines Entwurfs bestimmt sich der Geschäftswert nach den für die Beurkundung geltenden Vorschriften.

(2) Der Geschäftswert für die Fertigung eines Serienentwurfs ist die Hälfte des Werts aller zum Zeitpunkt der Entwurfsfertigung beabsichtigten Einzelgeschäfte.

§ 120 Beratung bei einer Haupt- oder Gesellschafterversammlung.
[1] Der Geschäftswert für die Beratung bei der Vorbereitung oder Durchführung einer Hauptversammlung oder einer Gesellschafterversammlung bemisst sich nach der Summe der Geschäftswerte für die Beurkundung der in der Versammlung zu fassenden Beschlüsse. [2] Der Geschäftswert beträgt höchstens 5 Millionen Euro.

§ 121[2] Beglaubigung von Unterschriften *[bis 31.7.2022: oder Handzeichen] [ab 1.8.2022: , Handzeichen oder qualifizierten elektronischen Signaturen]*. Der Geschäftswert für die Beglaubigung von Unterschriften *[bis 31.7.2022: oder Handzeichen] [ab 1.8.2022: , Handzeichen oder qualifizierten elektronischen Signaturen]* bestimmt sich nach den für die Beurkundung der Erklärung geltenden Vorschriften.

§ 122 Rangbescheinigung. Geschäftswert einer Mitteilung über die dem Grundbuchamt bei Einreichung eines Antrags vorliegenden weiteren Anträge einschließlich des sich daraus ergebenden Rangs für das beantragte Recht (Rangbescheinigung) ist der Wert des beantragten Rechts.

---

[1] § 118a eingef. mWv 1.9.2013 durch G v. 26.6.2013 (BGBl. I S. 1800, geänd. durch G v. 23.7. 2013, BGBl. I S. 2586).
[2] § 121 Überschrift und Wortlaut geänd. **mWv 1.8.2022** durch G v. 5.7.2021 (BGBl. I S. 3338).

§ 123 Gründungsprüfung. [1] Geschäftswert einer Gründungsprüfung gemäß § 33 Absatz 3 des Aktiengesetzes ist die Summe aller Einlagen. [2] Der Geschäftswert beträgt höchstens 10 Millionen Euro.

§ 124 Verwahrung. [1] Der Geschäftswert bei der Verwahrung von Geldbeträgen bestimmt sich nach der Höhe des jeweils ausgezahlten Betrags. [2] Bei der Entgegennahme von Wertpapieren und Kostbarkeiten zur Verwahrung ist Geschäftswert der Wert der Wertpapiere oder Kostbarkeiten.

Abschnitt 5. Gebührenvereinbarung

§ 125 Verbot der Gebührenvereinbarung. Vereinbarungen über die Höhe der Kosten sind unwirksam, soweit sich aus der folgenden Vorschrift nichts anderes ergibt.

§ 126 Öffentlich-rechtlicher Vertrag. (1) [1] Für die Tätigkeit des Notars als Mediator oder Schlichter ist durch öffentlich-rechtlichen Vertrag eine Gegenleistung in Geld zu vereinbaren. [2] Dasselbe gilt für notarielle Amtstätigkeiten, für die in diesem Gesetz keine Gebühr bestimmt ist und die nicht mit anderen gebührenpflichtigen Tätigkeiten zusammenhängen. [3] Die Gegenleistung muss unter Berücksichtigung aller Umstände des Geschäfts, insbesondere des Umfangs und der Schwierigkeit, angemessen sein. [4] Sofern nichts anderes vereinbart ist, werden die Auslagen nach den gesetzlichen Bestimmungen erhoben.

(2) Der Vertrag bedarf der Schriftform.

(3) [1] Die §§ 19, 88 bis 90 gelten entsprechend. [2] Der vollstreckbaren Ausfertigung der Kostenberechnung ist eine beglaubigte Kopie oder ein beglaubigter Ausdruck des öffentlich-rechtlichen Vertrags beizufügen.

Abschnitt 6. Gerichtliches Verfahren in Notarkostensachen

§ 127 Antrag auf gerichtliche Entscheidung. (1) [1] Gegen die Kostenberechnung (§ 19), einschließlich der Verzinsungspflicht (§ 88), gegen die Zahlungspflicht, die Ausübung des Zurückbehaltungsrechts (§ 11) und die Erteilung der Vollstreckungsklausel kann die Entscheidung des Landgerichts, in dessen Bezirk der Notar den Amtssitz hat, beantragt werden. [2] Antragsberechtigt ist der Kostenschuldner und, wenn der Kostenschuldner dem Notar gegenüber die Kostenberechnung beanstandet, auch der Notar.

(2) [1] Nach Ablauf des Kalenderjahres, das auf das Jahr folgt, in dem die vollstreckbare Ausfertigung der Kostenberechnung zugestellt ist, können neue Anträge nach Absatz 1 nicht mehr gestellt werden. [2] Soweit die Einwendungen gegen den Kostenanspruch auf Gründen beruhen, die nach der Zustellung der vollstreckbaren Ausfertigung entstanden sind, können sie auch nach Ablauf dieser Frist geltend gemacht werden.

§ 128 Verfahren. (1) [1] Das Gericht soll vor der Entscheidung die Beteiligten, die vorgesetzte Dienstbehörde des Notars und, wenn eine Kasse gemäß § 113 der Bundesnotarordnung errichtet ist, auch diese hören. [2] Betrifft der Antrag die Bestimmung der Gebühr durch den Notar nach § 92 Absatz 1 oder die Kostenberechnung aufgrund eines öffentlich-rechtlichen Vertrags, soll das Gericht ein Gutachten des Vorstands der Notarkammer einholen. [3] Ist eine Kasse nach § 113 der Bundesnotarordnung errichtet, tritt diese an die Stelle der Notarkammer. [4] Das Gutachten ist kostenlos zu erstatten.

(2) [1]Entspricht bei einer Rahmengebühr die vom Notar bestimmte Gebühr nicht der Vorschrift des § 92 Absatz 1, setzt das Gericht die Gebühr fest. [2]Liegt ein zulässiger öffentlich-rechtlicher Vertrag vor und entspricht die vereinbarte Gegenleistung nicht der Vorschrift des § 126 Absatz 1 Satz 3, setzt das Gericht die angemessene Gegenleistung fest.

(3) Das Gericht kann die Entscheidung über den Antrag durch Beschluss einem seiner Mitglieder zur Entscheidung als Einzelrichter übertragen, wenn die Sache keine besonderen Schwierigkeiten tatsächlicher oder rechtlicher Art aufweist und keine grundsätzliche Bedeutung hat.

§ 129 Beschwerde und Rechtsbeschwerde. (1) Gegen die Entscheidung des Landgerichts findet ohne Rücksicht auf den Wert des Beschwerdegegenstands die Beschwerde statt.

(2) Gegen die Entscheidung des Oberlandesgerichts findet die Rechtsbeschwerde statt.

§ 130 Gemeinsame Vorschriften. (1) [1]Der Antrag auf Entscheidung des Landgerichts, die Beschwerde und die Rechtsbeschwerde haben keine aufschiebende Wirkung. [2]Das Gericht oder das Beschwerdegericht kann auf Antrag oder von Amts wegen die aufschiebende Wirkung ganz oder teilweise anordnen; ist nicht der Einzelrichter zur Entscheidung berufen, entscheidet der Vorsitzende des Gerichts.

(2) [1]Die dem Notar vorgesetzte Dienstbehörde kann diesen in jedem Fall anweisen, die Entscheidung des Landgerichts herbeizuführen, Beschwerde oder Rechtsbeschwerde zu erheben. [2]Die hierauf ergehenden gerichtlichen Entscheidungen können auch auf eine Erhöhung der Kostenberechnung lauten. [3]Gerichtskosten hat der Notar in diesen Verfahren nicht zu tragen. [4]Außergerichtliche Kosten anderer Beteiligter, die der Notar in diesen Verfahren zu tragen hätte, sind der Landeskasse aufzuerlegen.

(3) [1]Auf die Verfahren sind im Übrigen die Vorschriften des Gesetzes über das Verfahren in Familiensachen und in den Angelegenheiten der freiwilligen Gerichtsbarkeit anzuwenden. [2]§ 10 Absatz 4 des Gesetzes über das Verfahren in Familiensachen und in den Angelegenheiten der freiwilligen Gerichtsbarkeit ist auf den Notar nicht anzuwenden.

§ 131 Abhilfe bei Verletzung des Anspruchs auf rechtliches Gehör.
[1]Die Vorschriften des Gesetzes über das Verfahren in Familiensachen und in den Angelegenheiten der freiwilligen Gerichtsbarkeit über die Abhilfe bei Verletzung des Anspruchs auf rechtliches Gehör sind anzuwenden. [2]§ 10 Absatz 4 des Gesetzes über das Verfahren in Familiensachen und in den Angelegenheiten der freiwilligen Gerichtsbarkeit ist auf den Notar nicht anzuwenden.

Kapitel 4. Schluss- und Übergangsvorschriften

§ 132 Verhältnis zu anderen Gesetzen. Artikel 1 Absatz 2 und Artikel 2 des Einführungsgesetzes zum Bürgerlichen Gesetzbuche sind entsprechend anzuwenden.

§ 133[1]) **Bekanntmachung von Neufassungen.** [1]Das Bundesministerium der Justiz und für Verbraucherschutz kann nach Änderungen den Wortlaut des Gesetzes feststellen und als Neufassung im Bundesgesetzblatt bekannt machen. [2]Die Bekanntmachung muss auf diese Vorschrift Bezug nehmen und angeben

1. den Stichtag, zu dem der Wortlaut festgestellt wird,
2. die Änderungen seit der letzten Veröffentlichung des vollständigen Wortlauts im Bundesgesetzblatt sowie
3. das Inkrafttreten der Änderungen.

§ 134 Übergangsvorschrift. (1) [1]In gerichtlichen Verfahren, die vor dem Inkrafttreten einer Gesetzesänderung anhängig geworden oder eingeleitet worden sind, werden die Kosten nach bisherigem Recht erhoben. [2]Dies gilt nicht im Verfahren über ein Rechtsmittel, das nach dem Inkrafttreten einer Gesetzesänderung eingelegt worden ist. [3]Die Sätze 1 und 2 gelten auch, wenn Vorschriften geändert werden, auf die dieses Gesetz verweist. [4]In Verfahren, in denen Jahresgebühren erhoben werden, und in Fällen, in denen die Sätze 1 und 2 keine Anwendung finden, gilt für Kosten, die vor dem Inkrafttreten einer Gesetzesänderung fällig geworden sind, das bisherige Recht.

(2) Für notarielle Verfahren oder Geschäfte, für die ein Auftrag vor dem Inkrafttreten einer Gesetzesänderung erteilt worden ist, werden die Kosten nach bisherigem Recht erhoben.

§ 135[2]) **Sonderregelung für Baden-Württemberg.** (1) Solange und soweit im Land Baden-Württemberg die Gebühren für die Tätigkeit des Notars der Staatskasse zufließen, ist § 2 anstelle von § 91 anzuwenden.

(2) [1]Solange im Land Baden-Württemberg anderen als gerichtlichen Behörden die Aufgaben des Grundbuchamts, des Betreuungs- oder des Nachlassgerichts übertragen sind, sind die Kosten gleichwohl nach diesem Gesetz zu erheben. [2]Der Geschäftswert ist nur auf Antrag festzusetzen. [3]Über die Festsetzung des Geschäftswerts und über die Erinnerung gegen den Kostenansatz entscheidet das Amtsgericht, in dessen Bezirk die Behörde ihren Sitz hat.

(3) Ein Notariatsabwickler steht einem Notariatsverwalter gleich.

§ 136[3]) **Übergangsvorschrift zum 2. Kostenrechtsmodernisierungsgesetz.** (1) Die Kostenordnung in der im Bundesgesetzblatt Teil III, Gliederungsnummer 361-1, veröffentlichten bereinigten Fassung, die zuletzt durch Artikel 8 des Gesetzes vom 26. Juni 2013 (BGBl. I S. 1800) geändert worden ist, und Verweisungen hierauf sind weiter anzuwenden

1. in gerichtlichen Verfahren, die vor dem Inkrafttreten des 2. Kostenrechtsmodernisierungsgesetzes vom 23. Juli 2013 (BGBl. I S. 2586) anhängig geworden oder eingeleitet worden sind; die Jahresgebühr 12311 wird in diesen Verfahren nicht erhoben;
2. in gerichtlichen Verfahren über ein Rechtsmittel, das vor dem Inkrafttreten des 2. Kostenrechtsmodernisierungsgesetzes vom 23. Juli 2013 (BGBl. I S. 2586) eingelegt worden ist;

---

[1]) § 133 Satz 1 geänd. mWv 8.9.2015 durch VO v. 31.8.2015 (BGBl. I S. 1474).
[2]) § 135 Abs. 3 angef. mWv 1.1.2018 durch G v. 23.11.2015 (BGBl. I S. 2090).
[3]) § 136 Abs. 4 geänd. mWv 1.1.2021 durch G v. 21.12.2020 (BGBl. I S. 3229).

3. hinsichtlich der Jahresgebühren in Verfahren vor dem Betreuungsgericht, die vor dem Inkrafttreten des 2. Kostenrechtsmodernisierungsgesetzes vom 23. Juli 2013 (BGBl. I S. 2586) fällig geworden sind;

4. in notariellen Verfahren oder bei notariellen Geschäften, für die ein Auftrag vor dem Inkrafttreten des 2. Kostenrechtsmodernisierungsgesetzes vom 23. Juli 2013 (BGBl. I S. 2586) erteilt worden ist;

5. in allen übrigen Fällen, wenn die Kosten vor dem Tag vor dem Inkrafttreten des 2. Kostenrechtsmodernisierungsgesetzes vom 23. Juli 2013 (BGBl. I S. 2586) fällig geworden sind.

(2) Soweit Gebühren nach diesem Gesetz anzurechnen sind, sind auch nach der Kostenordnung für entsprechende Tätigkeiten entstandene Gebühren anzurechnen.

(3) Soweit für ein notarielles Hauptgeschäft die Kostenordnung nach Absatz 1 weiter anzuwenden ist, gilt dies auch für die damit zusammenhängenden Vollzugs- und Betreuungstätigkeiten sowie für zu Vollzugszwecken gefertigte Entwürfe.

(4) Bis zum Erlass landesrechtlicher Vorschriften über die Höhe des Haftkostenbeitrags, der von einem Gefangenen zu erheben ist, ist anstelle der Nummern 31010 und 31011 des Kostenverzeichnisses § 137 Absatz 1 Nummer 12 der Kostenordnung in der bis zum 27. Dezember 2010 geltenden Fassung anzuwenden.

(5) [1] Absatz 1 ist auf die folgenden Vorschriften in ihrer bis zum Tag vor dem Inkrafttreten des 2. Kostenrechtsmodernisierungsgesetzes vom 23. Juli 2013 (BGBl. I S. 2586) geltenden Fassung entsprechend anzuwenden:

1. § 30 des Einführungsgesetzes zum Gerichtsverfassungsgesetz,

2. § 15 des Spruchverfahrensgesetzes,

3. § 12 Absatz 3, die §§ 33 bis 43, 44 Absatz 2 sowie die §§ 45 und 47 des Gesetzes über das gerichtliche Verfahren in Landwirtschaftssachen,

4. § 102 des Gesetzes über Rechte an Luftfahrzeugen,

5. § 100 Absatz 1 und 3 des Sachenrechtsbereinigungsgesetzes,

6. § 39b Absatz 1 und 6 des Wertpapiererwerbs- und Übernahmegesetzes,

7. § 99 Absatz 6, § 132 Absatz 5 und § 260 Absatz 4 des Aktiengesetzes,

8. § 51b des Gesetzes betreffend die Gesellschaften mit beschränkter Haftung,

9. § 62 Absatz 5 und 6 des Bereinigungsgesetzes für deutsche Auslandsbonds,

10. § 138 Absatz 2 des Urheberrechtsgesetzes,

11. die §§ 18 bis 24 der Verfahrensordnung für Höfesachen,

12. § 18 des Gesetzes zur Ergänzung des Gesetzes über die Mitbestimmung der Arbeitnehmer in den Aufsichtsräten und Vorständen der Unternehmen des Bergbaus und der Eisen und Stahl erzeugenden Industrie und

13. § 65 Absatz 3 des Landwirtschaftsanpassungsgesetzes.

[2] An die Stelle der Kostenordnung treten dabei die in Satz 1 genannten Vorschriften.

Anlage 1[1)]
(zu § 3 Absatz 2)

Kostenverzeichnis

Gliederung

[1)] Anl. 1 geänd. mWv 1.11.2013 durch G v. 25.4.2013 (BGBl. I S. 935, geänd. durch G v. 23.7.2013, BGBl. I S. 2586); mWv 1.9.2013 durch G v. 26.6.2013 (BGBl. I S. 1800, geänd. durch G v. 23.7.2013, BGBl. I S. 2586); mWv 10.10.2013 durch G v. 4.10.2013 (BGBl. I S. 3746); mWv 1.7.2014 durch G v. 10.10.2013 (BGBl. I S. 3786); mWv 16.7.2014 und mWv 10.1.2015 durch G v. 8.7.2014 (BGBl. I S. 890); mWv 19.12.2014 durch G v. 10.12.2014 (BGBl. I S. 2082); mWv 4.7.2015 und mWv 17.8.2015 durch G v. 29.6.2015 (BGBl. I S. 1042); mWv 1.10.2021 durch G v. 18.7.2016 (BGBl. I S. 1666); mWv 9.6.2017 und **mWv 1.1.2022** durch G v. 1.6.2017 (BGBl. I S. 1396); mWv 1.1.2018 durch G v. 5.7.2017 (BGBl. I S. 2208); mWv 29.1.2019 durch G v. 17.12.2018 (BGBl. I S. 2573); mWv 23.10.2020 durch G v. 16.10.2020 (BGBl. I S. 2187); mWv 1.1.2021 durch G v. 21.12.2020 (BGBl. I S. 3229); **mWv 1.1.2023** durch G v. 4.5.2021 (BGBl. I S. 882); mWv 1.8.2021 durch G v. 25.6.2021 (BGBl. I S. 2154); **mWv 1.7.2023** durch G v. 16.7.2021 (BGBl. I S. 2947); **mWv 1.8.2022** durch G v. 5.7.2021 (BGBl. I S. 3338); mWv 1.1.2024 durch G v. 10.8.2021 (BGBl. I S. 3436).

Abschnitt 4. Löschungs- und Auflösungsverfahren sowie Verfahren über die Entziehung der Rechtsfähigkeit eines Vereins vor dem Amtsgericht

Abschnitt 5. Unternehmensrechtliche und ähnliche Verfahren, Verfahren vor dem Registergericht und *[bis 30.6.2023:* Vereins- und Stiftungssachen*] [ab 1.7.2023: Vereinssachen]* vor dem Amtsgericht

Abschnitt 6. Rechtsmittelverfahren in den in den Abschnitten 4 und 5 genannten Verfahren

Unterabschnitt 1. Beschwerde gegen die Endentscheidung wegen des Hauptgegenstands

Unterabschnitt 2. Rechtsbeschwerde gegen die Endentscheidung wegen des Hauptgegenstands

Unterabschnitt 3. Zulassung der Sprungrechtsbeschwerde gegen die Endentscheidung wegen des Hauptgegenstands

Hauptabschnitt 4. Grundbuchsachen, Schiffs- und Schiffsbauregistersachen und Angelegenheiten des Registers für Pfandrechte an Luftfahrzeugen

Abschnitt 1. Grundbuchsachen

Unterabschnitt 1. Eigentum

Unterabschnitt 2. Belastungen

Unterabschnitt 3. Veränderung von Belastungen

Unterabschnitt 4. Löschung von Belastungen und Entlassung aus der Mithaft

Unterabschnitt 5. Vormerkungen und Widersprüche

Unterabschnitt 6. Sonstige Eintragungen

Abschnitt 2. Schiffs- und Schiffsbauregistersachen

Unterabschnitt 1. Registrierung des Schiffs und Eigentum

Unterabschnitt 2. Belastungen

Unterabschnitt 3. Veränderungen

Unterabschnitt 4. Löschung und Entlassung aus der Mithaft

Unterabschnitt 5. Vormerkungen und Widersprüche

Unterabschnitt 6. Schiffsurkunden

Abschnitt 3. Angelegenheiten des Registers für Pfandrechte an Luftfahrzeugen

Unterabschnitt 1. Belastungen

Unterabschnitt 2. Veränderungen

Unterabschnitt 3. Löschung und Entlassung aus der Mithaft

Unterabschnitt 4. Vormerkungen und Widersprüche

Abschnitt 4. Zurückweisung und Zurücknahme von Anträgen

Abschnitt 5. Rechtsmittel

Unterabschnitt 1. Beschwerde gegen die Endentscheidung wegen des Hauptgegenstands

Unterabschnitt 2. Rechtsbeschwerde gegen die Endentscheidung wegen des Hauptgegenstands

Unterabschnitt 3. Zulassung der Sprungrechtsbeschwerde gegen die Endentscheidung wegen des Hauptgegenstands

Hauptabschnitt 5. Übrige Angelegenheiten der freiwilligen Gerichtsbarkeit

Abschnitt 1. Verfahren vor dem Landwirtschaftsgericht und Pachtkreditsachen im Sinne des Pachtkreditgesetzes

Unterabschnitt 1. Erster Rechtszug

Unterabschnitt 2. Beschwerde gegen die Endentscheidung wegen des Hauptgegenstands

Unterabschnitt 3. Rechtsbeschwerde gegen die Endentscheidung wegen des Hauptgegenstands

Unterabschnitt 4. Zulassung der Sprungrechtsbeschwerde gegen die Endentscheidung wegen des Hauptgegenstands

Abschnitt 2. Übrige Verfahren

Unterabschnitt 1. Erster Rechtszug

Unterabschnitt 2. Beschwerde gegen die Endentscheidung wegen des Hauptgegenstands

Unterabschnitt 3. Rechtsbeschwerde gegen die Endentscheidung wegen des Hauptgegenstands

Unterabschnitt 4. Zulassung der Sprungrechtsbeschwerde gegen die Endentscheidung wegen des Hauptgegenstands

Abschnitt 3. Übrige Verfahren vor dem Oberlandesgericht

Hauptabschnitt 6. Einstweiliger Rechtsschutz

Abschnitt 1. Verfahren, wenn in der Hauptsache die Tabelle A anzuwenden ist

Unterabschnitt 1. Erster Rechtszug

Unterabschnitt 2. Beschwerde gegen die Endentscheidung wegen des Hauptgegenstands

Abschnitt 2. Verfahren, wenn in der Hauptsache die Tabelle B anzuwenden ist

Unterabschnitt 1. Erster Rechtszug

Unterabschnitt 2. Beschwerde gegen die Endentscheidung wegen des Hauptgegenstands

Hauptabschnitt 7. Besondere Gebühren

Hauptabschnitt 8. Vollstreckung

Teil 1. Gerichtsgebühren

Nr.	Gebührentatbestand	Gebühr oder Satz der Gebühr nach § 34 GNotKG – **Tabelle A**

Vorbemerkung 1:

(1) Im Verfahren der einstweiligen Anordnung bestimmen sich die Gebühren nach Hauptabschnitt 6.

(2) Für eine Niederschrift, die nach den Vorschriften des Beurkundungsgesetzes errichtet wird, und für die Abnahme der eidesstattlichen Versicherung nach § 352 Abs. 3 Satz 3 FamFG oder § 36 Abs. 2 Satz 1 IntErbRVG erhebt das Gericht Gebühren nach Teil 2.

(3) In einem Verfahren, für das sich die Kosten nach diesem Gesetz bestimmen, ist die Bestellung eines Pflegers für das Verfahren und deren Aufhebung Teil des Verfahrens, für das der Pfleger bestellt worden ist. Bestellung und Aufhebung sind gebührenfrei.

Hauptabschnitt 1. Betreuungssachen und betreuungsgerichtliche Zuweisungssachen

Vorbemerkung 1.1:

(1) In Betreuungssachen werden von dem Betroffenen Gebühren nach diesem Hauptabschnitt nur erhoben, wenn zum Zeitpunkt der jeweiligen Fälligkeit das reine Vermögen nach Abzug der Verbindlichkeiten mehr als 25 000 € beträgt; der in § 90 Abs. 2 Nr. 8 des Zwölften Buches Sozialgesetzbuch genannte Vermögenswert wird nicht mitgerechnet.

(2) Im Verfahren vor dem Registergericht über die Bestellung eines Vertreters des Schiffseigentümers nach § 42 Abs. 2 des Gesetzes über Rechte an eingetragenen Schiffen und Schiffsbauwerken werden die gleichen Gebühren wie für eine betreuungsgerichtliche Zuweisungssache nach § 340 Nr. 2 FamFG erhoben.

Abschnitt 1. Verfahren vor dem Betreuungsgericht

Vorbemerkung 1.1.1:

Dieser Abschnitt ist auch anzuwenden, wenn ein vorläufiger Betreuer bestellt worden ist.

Nr.	Gebührentatbestand	Gebühr oder Satz
11100	Verfahren im Allgemeinen .... Die Gebühr entsteht nicht für Verfahren, 1. die in den Rahmen einer bestehenden Betreuung oder Pflegschaft fallen, 2. für die die Gebühr 11103 oder 11105 entsteht oder 3. die mit der Bestellung eines Betreuers oder der Anordnung einer Pflegschaft enden.	0,5
11101	Jahresgebühr für jedes angefangene Kalenderjahr bei einer Dauerbetreuung, wenn nicht Nummer 11102 anzuwenden ist .... (1) Für die Gebühr wird das Vermögen des von der Maßnahme Betroffenen berücksichtigt, soweit es nach Abzug der Verbindlichkeiten mehr als 25 000 € beträgt; der in § 90 Abs. 2 Nr. 8 des Zwölften Buches Sozialgesetzbuch genannte Vermögenswert wird nicht mitgerechnet. Ist Gegenstand der Betreuung ein Teil des Vermögens, ist höchstens dieser Teil des Vermögens zu berücksichtigen. (2) Für das bei der ersten Bestellung eines Betreuers laufende und das folgende Kalenderjahr wird nur eine Jahresgebühr erhoben. Geht eine vorläufige Betreuung in eine endgültige über, handelt es sich um ein einheitliches Verfahren. (3) Dauert die Betreuung nicht länger als drei Monate, beträgt die Gebühr abweichend von dem in der Gebührenspalte bestimmten Mindestbetrag 100,00 €.	10,00 € je angefangene 5 000,00 € des zu berücksichtigenden Vermögens – mindestens 200,00 €

Nr.	Gebührentatbestand	Gebühr oder Satz der Gebühr nach § 34 GNotKG **– Tabelle A**
11102	Jahresgebühr für jedes angefangene Kalenderjahr bei einer Dauerbetreuung, die nicht unmittelbar das Vermögen oder Teile des Vermögens zum Gegenstand hat	300,00 €
	(1) Für das bei der ersten Bestellung eines Betreuers laufende und das folgende Kalenderjahr wird nur eine Jahresgebühr erhoben. Geht eine vorläufige Betreuung in eine endgültige über, handelt es sich um ein einheitliches Verfahren.	– höchstens eine Gebühr 11101
	(2) Dauert die Betreuung nicht länger als drei Monate, beträgt die Gebühr abweichend von dem in der Gebührenspalte bestimmten Mindestbetrag 100,00 €.	
11103	Verfahren im Allgemeinen bei einer Betreuung für einzelne Rechtshandlungen	0,5
	(1) Die Gebühr wird nicht neben einer Gebühr 11101 oder 11102 erhoben.	– höchstens eine Gebühr 11101
	(2) Absatz 3 der Anmerkung zu Nummer 11101 ist nicht anzuwenden.	
11104	Jahresgebühr für jedes angefangene Kalenderjahr bei einer Dauerpflegschaft	10,00 € je angefangene 5 000,00 € des reinen Vermögens
	(1) Ist Gegenstand der Pflegschaft ein Teil des Vermögens, ist höchstens dieser Teil des Vermögens zu berücksichtigen.	
	(2) Für das bei der ersten Bestellung eines Pflegers laufende und das folgende Kalenderjahr wird nur eine Jahresgebühr erhoben.	
	(3) Erstreckt sich die Pflegschaft auf mehrere Betroffene, wird die Gebühr für jeden Betroffenen gesondert erhoben.	– mindestens 200,00 €
	(4) Dauert die Pflegschaft nicht länger als drei Monate, beträgt die Gebühr abweichend von dem in der Gebührenspalte bestimmten Mindestbetrag 100,00 €.	
11105	Verfahren im Allgemeinen bei einer Pflegschaft für einzelne Rechtshandlungen	0,5
	(1) Die Gebühr wird nicht neben einer Gebühr 11104 erhoben.	– höchstens eine Gebühr 11104
	(2) Erstreckt sich die Pflegschaft auf mehrere Betroffene, ist Höchstgebühr die Summe der Gebühren 11104.	
	(3) Absatz 4 der Anmerkung zu Nummer 11104 ist nicht anzuwenden.	

Abschnitt 2. Beschwerde gegen die Endentscheidung wegen des Hauptgegenstands

11200	Verfahren im Allgemeinen	1,0
11201	Beendigung des gesamten Verfahrens ohne Endentscheidung:	
	Die Gebühr 11200 ermäßigt sich auf	0,5
	(1) Wenn die Entscheidung nicht durch Verlesen der Entscheidungsformel bekannt gegeben worden ist, ermäßigt sich die Gebühr auch im Fall der Zurücknahme der Beschwerde oder des Antrags vor Ablauf des Tages, an dem die Endentscheidung der Geschäftsstelle übermittelt wird.	

Nr.	Gebührentatbestand	Gebühr oder Satz der Gebühr nach § 34 GNotKG **– Tabelle A**
	(2) Eine Entscheidung über die Kosten steht der Ermäßigung nicht entgegen, wenn der Entscheidung einer zuvor mitgeteilten Einigung über die Kostentragung oder einer Kostenübernahmeerklärung folgt.	

Abschnitt 3. Rechtsbeschwerde gegen die Endentscheidung wegen des Hauptgegenstands

11300	Verfahren im Allgemeinen	1,5
11301	Beendigung des gesamten Verfahrens durch Zurücknahme der Rechtsbeschwerde oder des Antrags, bevor die Schrift zur Begründung der Beschwerde bei Gericht eingegangen ist:	
	Die Gebühr 11300 ermäßigt sich auf	0,5
11302	Beendigung des gesamten Verfahrens durch Zurücknahme der Rechtsbeschwerde oder des Antrags vor Ablauf des Tages, an dem die Endentscheidung der Geschäftsstelle übermittelt wird, wenn nicht Nummer 11301 erfüllt ist:	
	Die Gebühr 11300 ermäßigt sich auf	1,0

Abschnitt 4. Zulassung der Sprungrechtsbeschwerde gegen die Endentscheidung wegen des Hauptgegenstands

11400	Verfahren über die Zulassung der Sprungrechtsbeschwerde:	
	Soweit der Antrag abgelehnt wird	0,5

Nr.	Gebührentatbestand	Gebühr oder Satz der Gebühr nach § 34 GNotKG **– Tabelle B**

Hauptabschnitt 2. Nachlasssachen

Vorbemerkung 1.2:

(1) Gebühren nach diesem Hauptabschnitt werden auch für das Erbscheinsverfahren vor dem Landwirtschaftsgericht und für die Entgegennahme der Erklärung eines Hoferben über die Wahl des Hofes erhoben.

(2) Die Gebühr für das Verfahren zur Abnahme der eidesstattlichen Versicherung nach § 2006 BGB bestimmt sich nach Hauptabschnitt 5 Abschnitt 2.

Abschnitt 1. Verwahrung und Eröffnung von Verfügungen von Todes wegen

12100	Annahme einer Verfügung von Todes wegen in besondere amtliche Verwahrung	75,00 €
	Mit der Gebühr wird auch die Verwahrung, die Mitteilung nach § 347 FamFG und die Herausgabe abgegolten.	
12101	Eröffnung einer Verfügung von Todes wegen	100,00 €
	Werden mehrere Verfügungen von Todes wegen desselben Erblassers bei demselben Gericht gleichzeitig eröffnet, so ist nur eine Gebühr zu erheben.	

Nr.	Gebührentatbestand	Gebühr oder Satz der Gebühr nach § 34 GNotKG **– Tabelle B**

Abschnitt 2. Erbschein, Europäisches Nachlasszeugnis und andere Zeugnisse

Vorbemerkung 1.2.2:

(1) Dieser Abschnitt gilt für Verfahren über den Antrag auf Erteilung

1. eines Erbscheins,

2. eines Zeugnisses über die Fortsetzung der Gütergemeinschaft,

3. eines Zeugnisses nach § 36 oder § 37 der Grundbuchordnung oder § 42 der Schiffsregisterordnung, auch in Verbindung mit § 74 der Schiffsregisterordnung oder § 86 des Gesetzes über Rechte an Luftfahrzeugen, und

4. eines Testamentsvollstreckerzeugnisses

sowie für das Verfahren über deren Einziehung oder Kraftloserklärung.

(2) Dieser Abschnitt gilt ferner für Verfahren über den Antrag auf Ausstellung eines Europäischen Nachlasszeugnisses sowie über dessen Änderung oder Widerruf. Für Verfahren über die Aussetzung der Wirkungen eines Europäischen Nachlasszeugnisses werden Gebühren nach Hauptabschnitt 6 Abschnitt 2 erhoben.

(3) Endentscheidungen im Sinne dieses Abschnitts sind auch der Beschluss nach § 352e Abs. 1 FamFG und die Ausstellung eines Europäischen Nachlasszeugnisses.

Unterabschnitt 1. Erster Rechtszug

Vorbemerkung 1.2.2.1:

Die Ausstellung des Europäischen Nachlasszeugnisses durch das Beschwerdegericht steht der Ausstellung durch das Nachlassgericht gleich.

Nr.	Gebührentatbestand	Gebühr
12210	Verfahren über den Antrag auf Erteilung eines Erbscheins oder eines Zeugnisses oder auf Ausstellung eines Europäischen Nachlasszeugnisses, wenn nicht Nummer 12213 anzuwenden ist .... (1) Für die Abnahme der eidesstattlichen Versicherung wird die Gebühr gesondert erhoben (Vorbemerkung 1 Abs. 2). (2) Ist die Gebühr bereits für ein Verfahren über den Antrag auf Erteilung eines Erbscheins entstanden, wird sie mit 75 % auf eine Gebühr für ein Verfahren über den Antrag auf Ausstellung eines Europäischen Nachlasszeugnisses angerechnet, wenn sich der Erbschein und das Europäische Nachlasszeugnis nicht widersprechen. Dies gilt entsprechend, wenn zuerst die Gebühr für ein Verfahren über den Antrag auf Ausstellung eines Europäischen Nachlasszeugnisses entstanden ist.	1,0
12211	Beendigung des gesamten Verfahrens 1. ohne Endentscheidung oder 2. durch Zurücknahme des Antrags vor Ablauf des Tages, an dem die Endentscheidung der Geschäftsstelle übermittelt wird, wenn die Entscheidung nicht bereits durch Verlesen der Entscheidungsformel bekannt gegeben worden ist: Die Gebühr 12210 ermäßigt sich auf	0,3 – höchstens 200,00 €
12212	Beendigung des Verfahrens ohne Erteilung des Erbscheins oder des Zeugnisses oder ohne Ausstel-	

Nr.	Gebührentatbestand	Gebühr oder Satz der Gebühr nach § 34 GNotKG **– Tabelle B**
	lung des Europäischen Nachlasszeugnisses, wenn nicht Nummer 12211 erfüllt ist: Die Gebühr 12210 ermäßigt sich auf	0,5 – höchstens 400,00 €
12213	Verfahren über den Antrag auf Erteilung eines weiteren Testamentsvollstreckerzeugnisses bezüglich desselben Nachlasses oder desselben Teils des Nachlasses	0,3
12214	Beendigung des Verfahrens ohne Erteilung des Zeugnisses: Die Gebühr 12213 beträgt	höchstens 200,00 €
12215	Verfahren über die Einziehung oder Kraftloserklärung 1. eines Erbscheins, 2. eines Zeugnisses über die Fortsetzung der Gütergemeinschaft, 3. eines Testamentsvollstreckerzeugnisses oder 4. eines Zeugnisses nach § 36 oder § 37 der Grundbuchordnung oder nach § 42 auch i.V.m. § 74 der Schiffsregisterordnung	0,5 – höchstens 400,00 €
12216	Verfahren über den Widerruf eines Europäischen Nachlasszeugnisses	0,5 – höchstens 400,00 €
12217	Verfahren über die Änderung eines Europäischen Nachlasszeugnisses	1,0
12218	Erteilung einer beglaubigten Abschrift eines Europäischen Nachlasszeugnisses nach Beendigung des Verfahrens auf Ausstellung des Europäischen Nachlasszeugnisses oder Verlängerung der Gültigkeitsfrist einer beglaubigten Abschrift eines Europäischen Nachlasszeugnisses .... Neben der Gebühr wird keine Dokumentenpauschale erhoben.	20,00 €

Unterabschnitt 2. Beschwerde gegen die Endentscheidung wegen des Hauptgegenstands

Nr.	Gebührentatbestand	
12220	Verfahren im Allgemeinen	1,0 – höchstens 800,00 €

Nr.	Gebührentatbestand	Gebühr oder Satz der Gebühr nach § 34 GNotKG **– Tabelle B**
12221	Beendigung des gesamten Verfahrens durch Zurücknahme der Beschwerde oder des Antrags, bevor die Schrift zur Begründung der Beschwerde bei Gericht eingegangen ist: Die Gebühr 12220 ermäßigt sich auf	0,3 – höchstens 200,00 €
12222	Beendigung des gesamten Verfahrens ohne Endentscheidung, wenn nicht Nummer 12221 erfüllt ist: Die Gebühr 12220 ermäßigt sich auf .... (1) Wenn die Entscheidung nicht durch Verlesen der Entscheidungsformel bekannt gegeben worden ist, ermäßigt sich die Gebühr auch im Fall der Zurücknahme der Beschwerde oder des Antrags vor Ablauf des Tages, an dem die Endentscheidung der Geschäftsstelle übermittelt wird. (2) Eine Entscheidung über die Kosten steht der Ermäßigung nicht entgegen, wenn die Entscheidung einer zuvor mitgeteilten Einigung über die Kostentragung oder einer Kostenübernahmeerklärung folgt.	0,5 – höchstens 400,00 €

Unterabschnitt 3. Rechtsbeschwerde gegen die Endentscheidung wegen des Hauptgegenstands

Nr.	Gebührentatbestand	
12230	Verfahren im Allgemeinen	1,5 – höchstens 1 200,00 €
12231	Beendigung des gesamten Verfahrens durch Zurücknahme der Rechtsbeschwerde oder des Antrags, bevor die Schrift zur Begründung der Beschwerde bei Gericht eingegangen ist: Die Gebühr 12230 ermäßigt sich auf	0,5 – höchstens 400,00 €
12232	Beendigung des gesamten Verfahrens durch Zurücknahme der Rechtsbeschwerde oder des Antrags vor Ablauf des Tages, an dem die Endentscheidung der Geschäftsstelle übermittelt wird, wenn nicht Nummer 12231 erfüllt ist: Die Gebühr 12230 ermäßigt sich auf	1,0 – höchstens 800,00 €

Nr.	Gebührentatbestand	Gebühr oder Satz der Gebühr nach § 34 GNotKG – **Tabelle B**

Unterabschnitt 4. *Zulassung der Sprungrechtsbeschwerde gegen die Endentscheidung wegen des Hauptgegenstands*

| 12240 | Verfahren über die Zulassung der Sprungrechtsbeschwerde: Soweit der Antrag abgelehnt wird: ...... | 0,5 – höchstens 400,00 € |

Nr.	Gebührentatbestand	Gebühr oder Satz der Gebühr nach § 34 GNotKG – **Tabelle A**

Abschnitt 3. *Sicherung des Nachlasses einschließlich der Nachlasspflegschaft, Nachlass- und Gesamtgutsverwaltung*

Unterabschnitt 1. *Erster Rechtszug*

12310	Verfahren im Allgemeinen .... Die Gebühr entsteht nicht für Verfahren, die in den Rahmen einer bestehenden Nachlasspflegschaft oder Nachlass- oder Gesamtgutsverwaltung fallen. Dies gilt auch für das Verfahren, das mit der Nachlasspflegschaft oder der Nachlass- oder Gesamtgutsverwaltung endet.	0,5
12311	Jahresgebühr für jedes Kalenderjahr bei einer Nachlasspflegschaft, die nicht auf einzelne Rechtshandlungen beschränkt ist, oder bei einer Nachlass- oder Gesamtgutsverwaltung .... (1) Ist Gegenstand des Verfahrens ein Teil des Nachlasses, ist höchstens dieser Teil des Nachlasses zu berücksichtigen. Verbindlichkeiten werden nicht abgezogen. (2) Für das bei der ersten Bestellung eines Nachlasspflegers oder bei der Anordnung der Nachlass- oder Gesamtgutsverwaltung laufende und das folgende Kalenderjahr wird nur eine Jahresgebühr erhoben. (3) Dauert die Nachlasspflegschaft nicht länger als drei Monate, beträgt die Gebühr abweichend von dem in der Gebührenspalte bestimmten Mindestbetrag 100,00 €.	10,00 € je angefangene 5 000,00 € des Nachlasswerts – mindestens 200,00 €
12312	Verfahren im Allgemeinen bei einer Nachlasspflegschaft für einzelne Rechtshandlungen .... (1) Die Gebühr wird nicht neben der Gebühr 12311 erhoben. (2) Absatz 3 der Anmerkung zu Nummer 12311 ist nicht anzuwenden.	0,5 – höchstens eine Gebühr 12311

Unterabschnitt 2. *Beschwerde gegen die Endentscheidung wegen des Hauptgegenstands*

| 12320 | Verfahren im Allgemeinen .... | 1,0 |
| 12321 | Beendigung des gesamten Verfahrens ohne Endentscheidung: | |

Nr.	Gebührentatbestand	Gebühr oder Satz der Gebühr nach § 34 GNotKG **– Tabelle A**
	Die Gebühr 12320 ermäßigt sich auf	0,5
	(1) Wenn die Entscheidung nicht durch Verlesen der Entscheidungsformel bekannt gegeben worden ist, ermäßigt sich die Gebühr auch, wenn die Beschwerde vor Ablauf des Tages, an dem die Endentscheidung der Geschäftsstelle übermittelt wird, zurückgenommen wird. (2) Eine Entscheidung über die Kosten steht der Ermäßigung nicht entgegen, wenn die Entscheidung einer zuvor mitgeteilten Einigung über die Kostentragung oder einer Kostenübernahmeerklärung folgt.	

Unterabschnitt 3. Rechtsbeschwerde gegen die Endentscheidung wegen des Hauptgegenstands

Nr.	Gebührentatbestand	– Tabelle A
12330	Verfahren im Allgemeinen	1,5
12331	Beendigung des gesamten Verfahrens durch Zurücknahme der Rechtsbeschwerde oder des Antrags, bevor die Schrift zur Begründung der Beschwerde bei Gericht eingegangen ist: Die Gebühr 12330 ermäßigt sich auf	0,5
12332	Beendigung des gesamten Verfahrens durch Zurücknahme der Rechtsbeschwerde oder des Antrags vor Ablauf des Tages, an dem die Endentscheidung der Geschäftsstelle übermittelt wird, wenn nicht Nummer 12331 erfüllt ist: Die Gebühr 12330 ermäßigt sich auf	1,0

Unterabschnitt 4. Zulassung der Sprungrechtsbeschwerde gegen die Endentscheidung wegen des Hauptgegenstands

Nr.	Gebührentatbestand	– Tabelle A
12340	Verfahren über die Zulassung der Sprungrechtsbeschwerde: Soweit der Antrag abgelehnt wird:	0,5

Abschnitt 4. Entgegennahme von Erklärungen, Fristbestimmungen, Nachlassinventar, Testamentsvollstreckung

Unterabschnitt 1. Entgegennahme von Erklärungen, Fristbestimmungen und Nachlassinventar

Nr.	Gebührentatbestand	– Tabelle A
12410	Entgegennahme von Erklärungen und Anzeigen ...	15,00 €
	(1) Die Gebühr entsteht für die Entgegennahme 1. einer Forderungsanmeldung im Fall des § 2061 BGB, 2. einer Erklärung über die Anfechtung eines Testaments oder Erbvertrags (§§ 2081, 2281 Abs. 2 BGB), 3. einer Anzeige des Vorerben oder des Nacherben über den Eintritt der Nacherbfolge (§ 2146 BGB), 4. einer Erklärung betreffend die Bestimmung der Person des Testamentsvollstreckers oder die Ernennung von Mitvollstreckern (§ 2198 Abs. 1 Satz 2 und § 2199 Abs. 3 BGB), die Annahme oder Ablehnung des Amtes des Testamentsvollstre-	

Nr.	Gebührentatbestand	Gebühr oder Satz der Gebühr nach § 34 GNotKG **– Tabelle A**
	ckers (§ 2202 BGB) sowie die Kündigung dieses Amtes (§ 2226 BGB),	
	5. einer Anzeige des Verkäufers oder Käufers einer Erbschaft über den Verkauf nach § 2384 BGB sowie einer Anzeige in den Fällen des § 2385 BGB,	
	6. eines Nachlassinventars oder einer Erklärung nach § 2004 BGB oder	
	7. der Erklärung eines Hoferben über die Wahl des Hofes gemäß § 9 Abs. 2 Satz 1 HöfeO.	
	(2) Für die gleichzeitige Entgegennahme mehrerer Forderungsanmeldungen, Erklärungen oder Anzeigen nach derselben Nummer entsteht die Gebühr nur einmal.	
12411	Verfahren über 1. eine Fristbestimmung nach den §§ 2151, 2153 bis 2155, 2192, 2193 BGB, 2. die Bestimmung einer Inventarfrist, 3. die Bestimmung einer neuen Inventarfrist, 4. die Verlängerung der Inventarfrist oder 5. eine Fristbestimmung, die eine Testamentsvollstreckung betrifft	25,00 €
12412	Verfahren über den Antrag des Erben, einen Notar mit der amtlichen Aufnahme des Nachlassinventars zu beauftragen	40,00 €
12413	Verfahren über die Erteilung einer Bescheinigung, die die Annahme des Amtes als Testamentsvollstrecker bestätigt	50,00 €

Unterabschnitt 2. Testamentsvollstreckung

Vorbemerkung 1.2.4.2:
Die Gebühren für die Entgegennahme von Erklärungen und für das Verfahren über eine Fristbestimmung bestimmen sich nach Unterabschnitt 1, die Gebühr für das Verfahren auf Erteilung eines Testamentsvollstreckerzeugnisses sowie dessen Einziehung oder Kraftloserklärung nach Abschnitt 2.

Nr.	Gebührentatbestand	
12420	Verfahren über die Ernennung oder Entlassung von Testamentsvollstreckern und über sonstige anlässlich einer Testamentsvollstreckung zu treffenden Anordnungen	0,5
12421	Verfahren über die Beschwerde gegen die Endentscheidung wegen des Hauptgegenstands	1,0
12422	Beendigung des gesamten Verfahrens ohne Endentscheidung: Die Gebühr 12421 ermäßigt sich auf	0,5
	(1) Wenn die Entscheidung nicht durch Verlesen der Entscheidungsformel bekannt gegeben worden ist, ermäßigt sich die Gebühr auch im Fall der Zurücknahme der Beschwerde oder des Antrags vor Ablauf des Tages, an dem die Endentscheidung der Geschäftsstelle übermittelt wird. (2) Eine Entscheidung über die Kosten steht der Ermäßigung nicht entgegen, wenn die Entscheidung einer zuvor mitgeteilten	

Nr.	Gebührentatbestand	Gebühr oder Satz der Gebühr nach § 34 GNotKG **– Tabelle A**
	Einigung über die Kostentragung oder einer Kostenübernahmeerklärung folgt.	
12425	Verfahren über die Rechtsbeschwerde gegen die Endentscheidung wegen des Hauptgegenstands	1,5
12426	Beendigung des gesamten Verfahrens durch Zurücknahme der Rechtsbeschwerde oder des Antrags, bevor die Schrift zur Begründung der Beschwerde bei Gericht eingegangen ist:	
	Die Gebühr 12425 ermäßigt sich auf	0,5
12427	Beendigung des gesamten Verfahrens durch Zurücknahme der Rechtsbeschwerde oder des Antrags vor Ablauf des Tages, an dem die Endentscheidung der Geschäftsstelle übermittelt wird, wenn nicht Nummer 12426 erfüllt ist:	
	Die Gebühr 12425 ermäßigt sich auf	1,0
12428	Verfahren über die Zulassung der Sprungrechtsbeschwerde:	
	Soweit der Antrag abgelehnt wird:	0,5

Abschnitt 5. Übrige Nachlasssachen

Unterabschnitt 1. *(aufgehoben)*

Unterabschnitt 2. Stundung des Pflichtteilsanspruchs

Nr.	Gebührentatbestand	
12520	Verfahren im Allgemeinen	2,0
12521	Beendigung des gesamten Verfahrens 1. ohne Endentscheidung, 2. durch Zurücknahme des Antrags vor Ablauf des Tages, an dem die Endentscheidung der Geschäftsstelle übermittelt wird, wenn die Entscheidung nicht bereits durch Verlesen der Entscheidungsformel bekannt gegeben worden ist, oder 3. wenn die Endentscheidung keine Begründung enthält oder nur deshalb eine Begründung enthält, weil zu erwarten ist, dass der Beschluss im Ausland geltend gemacht wird (§ 38 Abs. 5 Nr. 4 FamFG):	
	Die Gebühr 12520 ermäßigt sich auf	0,5
	(1) Die Vervollständigung einer ohne Begründung hergestellten Endentscheidung (§ 38 Abs. 6 FamFG) steht der Ermäßigung nicht entgegen. (2) Die Gebühr ermäßigt sich auch, wenn mehrere Ermäßigungstatbestände erfüllt sind.	

Nr.	Gebührentatbestand	Gebühr oder Satz der Gebühr nach § 34 GNotKG **– Tabelle A**
	Unterabschnitt 3. Beschwerde gegen die Endentscheidung wegen des Haupt-gegenstands	
12530	Verfahren im Allgemeinen	3,0
12531	Beendigung des gesamten Verfahrens durch Zu-rücknahme der Beschwerde oder des Antrags, be-vor die Schrift zur Begründung der Beschwerde bei Gericht eingegangen ist:	
	Die Gebühr 12530 ermäßigt sich auf	0,5
12532	Beendigung des gesamten Verfahrens ohne End-entscheidung, wenn nicht Nummer 12531 erfüllt ist:	
	Die Gebühr 12530 ermäßigt sich auf	1,0
	(1) Wenn die Entscheidung nicht durch Verlesen der Entschei-dungsformel bekannt gegeben worden ist, ermäßigt sich die Ge-bühr auch im Fall der Zurücknahme der Beschwerde oder des Antrags vor Ablauf des Tages, an dem die Endentscheidung der Geschäftsstelle übermittelt wird. (2) Eine Entscheidung über die Kosten steht der Ermäßigung nicht entgegen, wenn die Entscheidung einer zuvor mitgeteilten Einigung über die Kostentragung oder einer Kostenübernahme-erklärung folgt.	
	Unterabschnitt 4. Rechtsbeschwerde gegen die Endentscheidung wegen des Hauptgegenstands	
12540	Verfahren im Allgemeinen	4,0
12541	Beendigung des gesamten Verfahrens durch Zu-rücknahme der Rechtsbeschwerde oder des An-trags, bevor die Schrift zur Begründung der Be-schwerde bei Gericht eingegangen ist:	
	Die Gebühr 12540 ermäßigt sich auf	1,0
12542	Beendigung des gesamten Verfahrens durch Zu-rücknahme der Rechtsbeschwerde oder des An-trags vor Ablauf des Tages, an dem die Endent-scheidung der Geschäftsstelle übermittelt wird, wenn nicht Nummer 12541 erfüllt ist:	
	Die Gebühr 12540 ermäßigt sich auf	2,0
	Unterabschnitt 5. Zulassung der Sprungrechtsbeschwerde gegen die Endent-scheidung wegen des Hauptgegenstands	
12550	Verfahren über die Zulassung der Sprungrechts-beschwerde:	
	Soweit der Antrag abgelehnt wird:	1,0

Nr.	Gebührentatbestand	Gebühr oder Satz der Gebühr nach § 34 GNotKG **– Tabelle A**

Hauptabschnitt 3. Registersachen sowie unternehmensrechtliche und ähnliche Verfahren

Vorbemerkung 1.3:

(1) Dieser Hauptabschnitt gilt für
1. Registersachen (§ 374 FamFG), soweit die Gebühren nicht aufgrund einer Rechtsverordnung nach § 58 Abs. 1 GNotKG erhoben werden,
2. unternehmensrechtliche Verfahren (§ 375 FamFG) und ähnliche Verfahren sowie
3. bestimmte *[bis 30.6.2023:* Vereins- und Stiftungssachen*] [ab 1.7.2023: Vereinssachen].*

(2) Gebühren werden nicht erhoben
1. für die aus Anlass eines Insolvenzverfahrens von Amts wegen vorzunehmenden Eintragungen,
2. für die Löschung von Eintragungen (§ 395 FamFG) und
3. von berufsständischen Organen im Rahmen ihrer Beteiligung nach § 380 FamFG.

Abschnitt 1. Vereinsregistersachen

13100	Verfahren über die Ersteintragung in das Vereinsregister	75,00 €
13101	Verfahren über eine spätere Eintragung in das Vereinsregister	50,00 €
	(1) Bei einer Sitzverlegung in den Bezirk eines anderen Registergerichts wird die Gebühr für eine spätere Eintragung nur durch das Gericht erhoben, in dessen Bezirk der Sitz verlegt worden ist.	
	(2) Die Gebühr wird für mehrere Eintragungen nur einmal erhoben, wenn die Anmeldungen am selben Tag beim Registergericht eingegangen sind und denselben Verein betreffen.	
	(3) Für die Eintragung 1. des Erlöschens des Vereins, 2. der Beendigung der Liquidation des Vereins, 3. der Fortführung als nichtrechtsfähiger Verein, 4. des Verzichts auf die Rechtsfähigkeit oder 5. der Entziehung der Rechtsfähigkeit und für die Schließung des Registerblatts wird keine Gebühr erhoben.	
	[Nr. 13102 ab 1.8.2022:]	
13102	*Bereitstellung von Daten oder Dokumenten zum Abruf* *Die Gebühr entsteht neben jeder Gebühr für eine Eintragung in das Vereinsregister nach diesem Abschnitt gesondert.*	*1/3* *der für die Eintragung bestimmten Gebühr*

Abschnitt 2. Güterrechtsregistersachen

13200	Verfahren über die Eintragung aufgrund eines Ehe- oder Lebenspartnerschaftsvertrags	100,00 €
13201	Verfahren über sonstige Eintragungen	50,00 €

Nr.	Gebührentatbestand	Gebühr oder Satz der Gebühr nach § 34 GNotKG **– Tabelle A**
	Abschnitt 3. Zwangs- und Ordnungsgeld in Verfahren nach den §§ 389 bis 392 FamFG	
	Unterabschnitt 1. Erster Rechtszug	
13310	Festsetzung von Zwangs- oder Ordnungsgeld: je Festsetzung	100,00 €
13311	Verwerfung des Einspruchs	100,00 €
	Unterabschnitt 2. Beschwerde gegen die Endentscheidung wegen des Hauptgegenstands	
13320	Verfahren im Allgemeinen: Die Beschwerde wird verworfen oder zurückgewiesen .... Wird die Beschwerde nur teilweise verworfen oder zurückgewiesen, kann das Gericht die Gebühr nach billigem Ermessen auf die Hälfte ermäßigen oder bestimmen, dass eine Gebühr nicht zu erheben ist.	150,00 €
13321	Verfahren im Allgemeinen: Beendigung des gesamten Verfahrens durch Zurücknahme der Beschwerde oder des Antrags, bevor die Schrift zur Begründung der Beschwerde bei Gericht eingegangen ist	75,00 €
13322	Verfahren im Allgemeinen: Beendigung des gesamten Verfahrens durch Zurücknahme der Beschwerde oder des Antrags vor Ablauf des Tages, an dem die Endentscheidung der Geschäftsstelle übermittelt wird, wenn die Entscheidung nicht bereits durch Verlesen der Entscheidungsformel bekannt gegeben worden ist, oder wenn nicht Nummer 13321 erfüllt ist	100,00 €
	Unterabschnitt 3. Rechtsbeschwerde gegen die Endentscheidung wegen des Hauptgegenstands	
13330	Verfahren im Allgemeinen: Die Rechtsbeschwerde wird verworfen oder zurückgewiesen .... Wird die Rechtsbeschwerde nur teilweise verworfen oder zurückgewiesen, kann das Gericht die Gebühr nach billigem Ermessen auf die Hälfte ermäßigen oder bestimmen, dass eine Gebühr nicht zu erheben ist.	200,00 €
13331	Verfahren im Allgemeinen: Beendigung des gesamten Verfahrens durch Zurücknahme der Rechtsbeschwerde oder des Antrags, bevor die Schrift zur Begründung der Beschwerde bei Gericht eingegangen ist	100,00 €

Nr.	Gebührentatbestand	Gebühr oder Satz der Gebühr nach § 34 GNotKG – **Tabelle A**
13332	Verfahren im Allgemeinen: Beendigung des gesamten Verfahrens durch Zurücknahme der Rechtsbeschwerde oder des Antrags vor Ablauf des Tages, an dem die Endentscheidung der Geschäftsstelle übermittelt wird, wenn nicht Nummer 13331 erfüllt ist	150,00 €

Abschnitt 4. Löschungs- und Auflösungsverfahren sowie Verfahren über die Entziehung der Rechtsfähigkeit eines Vereins vor dem Amtsgericht

13400	Verfahren über 1. den Widerspruch gegen eine beabsichtigte Löschung (§§ 393 bis 398 FamFG), 2. den Widerspruch gegen die beabsichtigte Feststellung eines Mangels der Satzung oder des Gesellschaftsvertrages (§ 399 FamFG) oder 3. die Entziehung der Rechtsfähigkeit eines Vereins	1,0

Abschnitt 5. Unternehmensrechtliche und ähnliche Verfahren, Verfahren vor dem Registergericht und [bis 30.6.2023: Vereins- und Stiftungssachen] [ab 1.7.2023: Vereinssachen] vor dem Amtsgericht

Vorbemerkung 1.3.5:

Die Vorschriften dieses Abschnitts gelten für

1. unternehmensrechtliche Verfahren nach § 375 FamFG und für Verfahren vor dem Registergericht,
2. Verfahren vor dem Landgericht nach
   a) den §§ 98, 99, 132, 142, 145, 258, 260, 293c und 315 des Aktiengesetzes,
   b) § 51b GmbHG,
   c) § 26 des SEAG,
   d) § 10 UmwG,
   e) dem SpruchG und
   f) den §§ 39a und 39b WpÜG,
3. Verfahren vor dem Oberlandesgericht nach § 8 Abs. 3 des Gesetzes über die Mitbestimmung der Arbeitnehmer in den Aufsichtsräten und Vorständen der Unternehmen des Bergbaus und der Eisen und Stahl erzeugenden Industrie und
4. *[bis 30.6.2023: Vereins- oder Stiftungssachen] [ab 1.7.2023: Vereinssachen]* über
   a) die Notbestellung von Vorstandsmitgliedern oder Liquidatoren,
   b) die Ermächtigung von Mitgliedern zur Berufung der Mitgliederversammlung einschließlich der Anordnungen über die Führung des Vorsitzes.

Gebühren nach diesem Abschnitt werden auch erhoben, soweit die für Vereine geltenden §§ 29 und 48 BGB entsprechend anzuwenden sind.

13500	Verfahren im Allgemeinen .... Die Festsetzung einer Vergütung für Personen, die vom Gericht bestellt worden sind, gehört zum Rechtszug.	2,0
13501	Soweit das Verfahren zum Zweck der Verhandlung über die Dispache ohne deren Bestätigung beendet wird: Die Gebühr 13500 ermäßigt sich auf	1,0

Nr.	Gebührentatbestand	Gebühr oder Satz der Gebühr nach § 34 GNotKG **– Tabelle A**
13502	Soweit das Verfahren zum Zweck der Verhandlung über die Dispache vor Eintritt in die Verhandlung durch Zurücknahme des Antrags oder auf andere Weise erledigt wird: Die Gebühr 13500 ermäßigt sich auf	0,5
13503	Soweit im Verfahren nach dem SpruchG lediglich ein Beschluss nach § 11 Abs. 4 Satz 2 SpruchG ergeht: Die Gebühr 13500 ermäßigt sich auf	1,0
13504	Beendigung des gesamten Verfahrens, soweit nicht die Nummer 13501 oder 13502 anzuwenden ist, 1. ohne Endentscheidung, 2. durch Zurücknahme des Antrags vor Ablauf des Tages, an dem die Endentscheidung der Geschäftsstelle übermittelt oder ohne Beteiligung der Geschäftsstelle bekannt gegeben wird, wenn sie nicht bereits durch Verlesen der Entscheidungsformel bekannt gegeben worden ist: Die Gebühr 13500 ermäßigt sich auf	0,5

Abschnitt 6. Rechtsmittelverfahren in den in den Abschnitten 4 und 5 genannten Verfahren

Unterabschnitt 1. Beschwerde gegen die Endentscheidung wegen des Hauptgegenstands

Nr.	Gebührentatbestand	Gebühr oder Satz
13610	Verfahren im Allgemeinen	3,0
13611	Beendigung des gesamten Verfahrens durch Zurücknahme der Beschwerde oder des Antrags, bevor die Schrift zur Begründung der Beschwerde bei Gericht eingegangen ist: Die Gebühr 13610 ermäßigt sich auf	0,5
13612	Beendigung des gesamten Verfahrens ohne Endentscheidung, wenn nicht Nummer 13611 erfüllt ist: Die Gebühr 13610 ermäßigt sich auf	1,0
	(1) Wenn die Entscheidung nicht durch Verlesen der Entscheidungsformel bekannt gegeben worden ist, ermäßigt sich die Gebühr auch im Fall der Zurücknahme der Beschwerde oder des Antrags vor Ablauf des Tages, an dem die Endentscheidung der Geschäftsstelle übermittelt wird. (2) Eine Entscheidung über die Kosten steht der Ermäßigung nicht entgegen, wenn die Entscheidung einer zuvor mitgeteilten Einigung über die Kostentragung oder einer Kostenübernahmeerklärung folgt.	

Nr.	Gebührentatbestand	Gebühr oder Satz der Gebühr nach § 34 GNotKG **– Tabelle A**
	Unterabschnitt 2. Rechtsbeschwerde gegen die Endentscheidung wegen des Hauptgegenstands	
13620	Verfahren im Allgemeinen	4,0
13621	Beendigung des gesamten Verfahrens durch Zurücknahme der Rechtsbeschwerde oder des Antrags, bevor die Schrift zur Begründung der Beschwerde bei Gericht eingegangen ist:	
	Die Gebühr 13620 ermäßigt sich auf	1,0
13622	Beendigung des gesamten Verfahrens durch Zurücknahme der Rechtsbeschwerde oder des Antrags vor Ablauf des Tages, an dem die Endentscheidung der Geschäftsstelle übermittelt wird, wenn nicht Nummer 13621 erfüllt ist:	
	Die Gebühr 13620 ermäßigt sich auf	2,0
	Unterabschnitt 3. Zulassung der Sprungrechtsbeschwerde gegen die Endentscheidung wegen des Hauptgegenstands	
13630	Verfahren über die Zulassung der Sprungrechtsbeschwerde:	
	Soweit der Antrag abgelehnt wird:	1,0

Nr.	Gebührentatbestand	Gebühr oder Satz der Gebühr nach § 34 GNotKG **– Tabelle B**

Hauptabschnitt 4. Grundbuchsachen, Schiffs- und Schiffsbauregistersachen und Angelegenheiten des Registers für Pfandrechte an Luftfahrzeugen

Vorbemerkung 1.4:

(1) Die für Grundstücke geltenden Vorschriften sind auf Rechte entsprechend anzuwenden, die den für Grundstücke geltenden Vorschriften unterliegen.

(2) Gebühren werden nicht erhoben für

1. Eintragungen und Löschungen, die gemäß § 18 Abs. 2 oder § 53 der Grundbuchordnung von Amts wegen erfolgen,

2. Eintragungen und Löschungen, die auf Ersuchen oder Anordnung eines Gerichts, insbesondere des Insolvenz- oder Vollstreckungsgerichts erfolgen; ausgenommen sind die Eintragung des Erstehers als Eigentümer, die Eintragung der Sicherungshypothek für die Forderung gegen den Ersteher und Eintragungen aufgrund einer einstweiligen Verfügung (§ 941 ZPO), und

3. Eintragungen oder Löschungen, die nach den Vorschriften der Insolvenzordnung statt auf Ersuchen des Insolvenzgerichts auf Antrag des Insolvenzverwalters oder, wenn kein Verwalter bestellt ist, auf Antrag des Schuldners erfolgen.

(3) Wird derselbe Eigentümer oder dasselbe Recht bei mehreren Grundstücken, Schiffen, Schiffsbauwerken oder Luftfahrzeugen eingetragen, über die das Grundbuch oder Register bei demselben Amtsgericht geführt wird, wird die Gebühr nur einmal erhoben, wenn die Eintragungsanträge in demselben Dokument enthalten und am selben Tag beim Grundbuchamt oder beim Registergericht eingegangen sind. Als dasselbe Recht gelten auch nicht gesamtrechtsfähige inhaltsgleiche Rechte und Vormerkungen, die bei mehreren Grundstücken für denselben Berechtigten eingetragen wer-

Nr.	Gebührentatbestand	Gebühr oder Satz der Gebühr nach § 34 GNotKG **– Tabelle B**

den. Die Sätze 1 und 2 gelten für die Eintragung von Veränderungen, Löschungen und Entlassungen aus der Mithaft entsprechend.

(4) Bezieht sich die Eintragung einer Veränderung auf mehrere Rechte, wird die Gebühr für jedes Recht gesondert erhoben, auch wenn es nur der Eintragung eines einheitlichen Vermerks bedarf.

(5) Beziehen sich mehrere Veränderungen auf dasselbe Recht, wird die Gebühr nur einmal erhoben, wenn die Eintragungsanträge in demselben Dokument enthalten und am selben Tag beim Grundbuchamt oder beim Registergericht eingegangen sind.

(6) Für die Bestellung eines Vertreters des Schiffseigentümers nach § 42 Abs 2 des Gesetzes über Rechte an eingetragenen Schiffen und Schiffsbauwerken durch das Registergericht werden die Gebühren nach Hauptabschnitt 1 wie für eine betreuungsgerichtliche Zuweisungssache nach § 340 Nr. 2 FamFG erhoben.

Abschnitt 1. Grundbuchsachen

Unterabschnitt 1. Eigentum

	[Nr. 14110 bis 31.12.2023:]	
14110	Eintragung 1. eines Eigentümers oder von Miteigentümern oder 2. von Gesellschaftern einer Gesellschaft bürgerlichen Rechts im Wege der Grundbuchberichtigung	1,0
	(1) Die Gebühr wird nicht für die Eintragung von Erben des eingetragenen Eigentümers oder von Erben des Gesellschafters bürgerlichen Rechts erhoben, wenn der Eintragungsantrag binnen zwei Jahren seit dem Erbfall bei dem Grundbuchamt eingereicht wird. Dies gilt auch, wenn die Erben erst infolge einer Erbauseinandersetzung eingetragen werden. (2) Die Gebühr wird ferner nicht bei der Begründung oder Aufhebung von Wohnungs- oder Teileigentum erhoben, wenn damit keine weitergehende Veränderung der Eigentumsverhältnisse verbunden ist.	
	[Nr. 14110 ab 1.1.2024:]	
14110	*Eintragung eines Eigentümers oder von Miteigentümern*	1,0
	(1) Die Gebühr wird nicht für die Eintragung von Erben des eingetragenen Eigentümers erhoben, wenn der Eintragungsantrag binnen zwei Jahren seit dem Erbfall bei dem Grundbuchamt eingereicht wird. Dies gilt auch, wenn die Erben erst infolge einer Erbauseinandersetzung eingetragen werden. *(2) Die Gebühr wird ferner nicht bei der Begründung oder Aufhebung von Wohnungs- oder Teileigentum erhoben, wenn damit keine weitergehende Veränderung der Eigentumsverhältnisse verbunden ist.*	
14111	Die Eintragung im Wege der Grundbuchberichtigung erfolgt aufgrund des § 82a der Grundbuchordnung von Amts wegen: Die Gebühr 14110 beträgt .... Daneben wird für das Verfahren vor dem Grundbuchamt oder dem Nachlassgericht keine weitere Gebühr erhoben.	2,0

Nr.	Gebührentatbestand	Gebühr oder Satz der Gebühr nach § 34 GNotKG **– Tabelle B**
14112	Eintragung der vertraglichen Einräumung von Sondereigentum oder Anlegung der Wohnungs- oder Teileigentumsgrundbücher im Fall des § 8 WEG	1,0

Unterabschnitt 2. Belastungen

Vorbemerkung 1.4.1.2:
Dieser Unterabschnitt gilt für die Eintragung einer Hypothek, Grundschuld oder Rentenschuld, einer Dienstbarkeit, eines Dauerwohnrechts, eines Dauernutzungsrechts, eines Vorkaufsrechts, einer Reallast, eines Erbbaurechts oder eines ähnlichen Rechts an einem Grundstück.

Nr.	Gebührentatbestand	
14120	Eintragung einer Briefhypothek, Briefgrundschuld oder Briefrentenschuld	1,3
14121	Eintragung eines sonstigen Rechts	1,0
14122	Eintragung eines Gesamtrechts, wenn das Grundbuch bei verschiedenen Grundbuchämtern geführt wird:	
	Die Gebühren 14120 und 14121 erhöhen sich ab dem zweiten für jedes weitere beteiligte Grundbuchamt um	0,2
	Diese Vorschrift ist anzuwenden, wenn der Antrag für mehrere Grundbuchämter gleichzeitig bei einem Grundbuchamt gestellt wird oder bei gesonderter Antragstellung, wenn die Anträge innerhalb eines Monats bei den beteiligten Grundbuchämtern eingehen.	
14123	Eintragung eines Rechts, das bereits an einem anderen Grundstück besteht, wenn nicht die Nummer 14122 anzuwenden ist	0,5
14124	Nachträgliche Erteilung eines Hypotheken-, Grundschuld- oder Rentenschuldbriefs, Herstellung eines Teilbriefs oder eines neuen Briefs	0,5
	Sind die belasteten Grundstücke bei verschiedenen Grundbuchämtern eingetragen, so werden für die gemäß § 59 Abs. 2 der Grundbuchordnung zu erteilenden besonderen Briefe die Gebühren gesondert erhoben.	
14125	Ergänzung des Inhalts eines Hypotheken-, Grundschuld- oder Rentenschuldbriefs, die auf Antrag vorgenommen wird (§ 57 Abs. 2 und § 70 der Grundbuchordnung)	25,00 €

Unterabschnitt 3. Veränderung von Belastungen

Nr.	Gebührentatbestand	
14130	Eintragung der Veränderung einer in der Vorbemerkung 1.4.1.2 genannten Belastung	0,5
	(1) Als Veränderung eines Rechts gilt auch die Löschungsvormerkung (§ 1179 BGB). Für sie wird keine Gebühr erhoben, wenn ihre Eintragung zugunsten des Berechtigten gleichzeitig mit dem Antrag auf Eintragung des Rechts beantragt wird.	

Nr.	Gebührentatbestand	Gebühr oder Satz der Gebühr nach § 34 GNotKG – **Tabelle B**
	(2) Änderungen des Ranges eingetragener Rechte sind nur als Veränderungen des zurücktretenden Rechts zu behandeln, Löschungsvormerkungen zugunsten eines nach- oder gleichstehenden Gläubigers nur als Veränderungen des Rechts, auf dessen Löschung der vorgemerkte Anspruch gerichtet ist.	
14131	Eintragung der Veränderung eines Gesamtrechts, wenn das Grundbuch bei verschiedenen Grundbuchämtern geführt wird: Die Gebühr 14130 erhöht sich ab dem zweiten für jedes weitere beteiligte Grundbuchamt um .... Diese Vorschrift ist anzuwenden, wenn der Antrag für mehrere Grundbuchämter gleichzeitig bei einem Grundbuchamt gestellt wird oder bei gesonderter Antragstellung, wenn die Anträge innerhalb eines Monats bei den beteiligten Grundbuchämtern eingehen.	0,1

Unterabschnitt 4. Löschung von Belastungen und Entlassung aus der Mithaft

Vorbemerkung 1.4.1.4:
Dieser Unterabschnitt gilt für die Löschung einer Hypothek, Grundschuld oder Rentenschuld, einer Dienstbarkeit, eines Dauerwohnrechts, eines Dauernutzungsrechts, eines Vorkaufsrechts, einer Reallast, eines Erbbaurechts oder eines ähnlichen Rechts an einem Grundstück.

Nr.	Gebührentatbestand	Tabelle B
14140	Löschung in Abteilung III des Grundbuchs	0,5
14141	Löschung eines Gesamtrechts, wenn das Grundbuch bei verschiedenen Grundbuchämtern geführt wird: Die Gebühr 14140 erhöht sich ab dem zweiten für jedes weitere beteiligte Grundbuchamt um .... Diese Vorschrift ist anzuwenden, wenn der Antrag für mehrere Grundbuchämter gleichzeitig bei einem Grundbuchamt gestellt wird oder bei gesonderter Antragstellung, wenn die Anträge innerhalb eines Monats bei den beteiligten Grundbuchämtern eingehen.	0,1
14142	Eintragung der Entlassung aus der Mithaft	0,3
14143	Löschung im Übrigen	25,00 €

Unterabschnitt 5. Vormerkungen und Widersprüche

Nr.	Gebührentatbestand	Tabelle B
14150	Eintragung einer Vormerkung	0,5
14151	Eintragung eines Widerspruchs	50,00 €
14152	Löschung einer Vormerkung	25,00 €

Unterabschnitt 6. Sonstige Eintragungen

Nr.	Gebührentatbestand	Tabelle B
14160	Sonstige Eintragung .... Die Gebühr wird erhoben für die Eintragung 1. eines Vermerks über Rechte, die dem jeweiligen Eigentümer zustehen, einschließlich des Vermerks hierüber auf dem Grundbuchblatt des belasteten Grundstücks; 2. der ohne Eigentumsübergang stattfindenden Teilung außer im Fall des § 7 Abs. 1 der Grundbuchordnung;	50,00 €

Nr.	Gebührentatbestand	Gebühr oder Satz der Gebühr nach § 34 GNotKG – **Tabelle B**
	3. der ohne Eigentumsübergang stattfindenden Vereinigung oder Zuschreibung von Grundstücken; dies gilt nicht, wenn die das amtliche Verzeichnis (§ 2 Abs. 2 der Grundbuchordnung) führende Behörde bescheinigt, dass die Grundstücke örtlich und wirtschaftlich ein einheitliches Grundstück darstellen oder die Grundstücke zu einem Hof gehören; 4. einer oder mehrerer gleichzeitig beantragter Belastungen nach § 1010 BGB; die Gebühr wird für jeden belasteten Anteil gesondert erhoben, auch wenn es nur der Eintragung eines Vermerks bedarf, oder 5. einer oder mehrerer gleichzeitig beantragter Änderungen des Inhalts oder Eintragung der Aufhebung der Sondereigentums; die Gebühr wird für jedes betroffene Sondereigentum gesondert erhoben; die Summe der zu erhebenden Gebühren beträgt in diesem Fall höchstens 500,00 €, bei der Löschung einer Veräußerungsbeschränkung nach § 12 des Wohnungseigentumsgesetzes höchstens 100,00 €.	

Abschnitt 2. Schiffs- und Schiffsbauregistersachen

Unterabschnitt 1. Registrierung des Schiffs und Eigentum

Nr.	Gebührentatbestand	Tabelle B
14210	Eintragung eines Schiffs	1,0
14211	Löschung der Eintragung eines Schiffs, dessen Anmeldung dem Eigentümer freisteht, auf Antrag des Eigentümers (§ 20 Abs. 2 Satz 2 der Schiffsregisterordnung)	50,00 €
14212	Löschung der Eintragung eines Schiffsbauwerks auf Antrag des Eigentümers des Schiffsbauwerks und des Inhabers der Schiffswerft, ohne dass die Löschung ihren Grund in der Ablieferung des Bauwerks ins Ausland oder im Untergang des Bauwerks hat	50,00 €
14213	Eintragung eines neuen Eigentümers	1,0

Unterabschnitt 2. Belastungen

Vorbemerkung 1.4.2.2:
Die Übertragung der im Schiffsbauregister eingetragenen Hypotheken in das Schiffsregister ist gebührenfrei.

Nr.	Gebührentatbestand	Tabelle B
14220	Eintragung einer Schiffshypothek, eines Arrestpfandrechts oder eines Nießbrauchs	1,0
14221	Eintragung eines Gesamtrechts, das Schiffe oder Schiffsbauwerke belastet, für die das Register bei verschiedenen Gerichten geführt wird: Die Gebühr 14220 erhöht sich ab dem zweiten Gericht für jedes beteiligte Gericht um .... Diese Vorschrift ist anzuwenden, wenn der Antrag für mehrere Registergerichte gleichzeitig bei einem Registergericht gestellt wird oder bei gesonderter Antragstellung, wenn die Anträge in-	0,2

Nr.	Gebührentatbestand	Gebühr oder Satz der Gebühr nach § 34 GNotKG **– Tabelle B**
	nerhalb eines Monats bei den beteiligten Registergerichten einge-hen.	
14222	Eintragung eines Rechts, das bereits an einem anderen Schiff oder Schiffsbauwerk besteht, wenn nicht die Nummer 14221 anzuwenden ist	0,5

Unterabschnitt 3. Veränderungen

14230	Eintragung einer Veränderung, die sich auf eine Schiffshypothek, ein Arrestpfandrecht oder einen Nießbrauch bezieht	0,5
14231	Eintragung der Veränderung eines Gesamtrechts, wenn das Register bei verschiedenen Gerichten geführt wird:	
	Die Gebühr 14230 erhöht sich ab dem zweiten für jedes weitere beteiligte Gericht um	0,1
	Diese Vorschrift ist anzuwenden, wenn der Antrag für mehrere Registergerichte gleichzeitig bei einem Registergericht gestellt wird oder bei gesonderter Antragstellung, wenn die Anträge innerhalb eines Monats bei den beteiligten Registergerichten einge-hen.	

Unterabschnitt 4. Löschung und Entlassung aus der Mithaft

14240	Löschung einer Schiffshypothek, eines Arrestpfandrechts oder eines Nießbrauchs	0,5
14241	Löschung eines Gesamtrechts, das Schiffe oder Schiffsbauwerke belastet, für die das Register bei verschiedenen Gerichten geführt wird:	
	Die Gebühr 14240 erhöht sich ab dem zweiten für jedes weitere beteiligte Gericht um	0,1
	Diese Vorschrift ist anzuwenden, wenn der Antrag für mehrere Registergerichte gleichzeitig bei einem Registergericht gestellt wird oder bei gesonderter Antragstellung, wenn die Anträge innerhalb eines Monats bei den beteiligten Registergerichten einge-hen.	
14242	Eintragung der Entlassung aus der Mithaft	0,3

Unterabschnitt 5. Vormerkungen und Widersprüche

14250	Eintragung einer Vormerkung	0,5
14251	Eintragung eines Widerspruchs	50,00 €
14252	Löschung einer Vormerkung	25,00 €

Unterabschnitt 6. Schiffsurkunden

14260	Erteilung des Schiffszertifikats oder des Schiffsbriefs	25,00 €
14261	Vermerk von Veränderungen auf dem Schiffszertifikat oder dem Schiffsbrief	25,00 €

Nr.	Gebührentatbestand	Gebühr oder Satz der Gebühr nach § 34 GNotKG **– Tabelle B**

Abschnitt 3. Angelegenheiten des Registers für Pfandrechte an Luftfahrzeugen

Unterabschnitt 1. Belastungen

14310	Eintragung eines Registerpfandrechts	1,0
14311	Eintragung eines Registerpfandrechts, das bereits an einem anderen Luftfahrzeug besteht	0,5

Unterabschnitt 2. Veränderungen

14320	Eintragung der Veränderung eines Registerpfandrechts	0,5

Unterabschnitt 3. Löschung und Entlassung aus der Mithaft

14330	Löschung eines Registerpfandrechts	0,5
14331	Eintragung der Entlassung aus der Mithaft	0,3

Unterabschnitt 4. Vormerkungen und Widersprüche

14340	Eintragung einer Vormerkung	0,5
14341	Eintragung eines Widerspruchs	50,00 €
14342	Löschung einer Vormerkung	25,00 €

Abschnitt 4. Zurückweisung und Zurücknahme von Anträgen

Vorbemerkung 1.4.4:
Dieser Abschnitt gilt für die Zurückweisung und die Zurücknahme von Anträgen, die auf die Vornahme von Geschäften gerichtet sind, deren Gebühren sich nach diesem Hauptabschnitt bestimmen. Die in diesem Abschnitt bestimmten Mindestgebühren sind auch dann zu erheben, wenn für die Vornahme des Geschäfts keine Gebühr anfällt.

14400	Zurückweisung eines Antrags .... Von der Erhebung von Kosten kann abgesehen werden, wenn der Antrag auf unverschuldeter Unkenntnis der tatsächlichen oder rechtlichen Verhältnisse beruht. § 21 Abs. 2 GNotKG gilt entsprechend.	50 % der für die Vornahme des Geschäfts bestimmten Gebühr – mindestens 15,00 €, höchstens 400,00 €
14401	Zurücknahme eines Antrags vor Eintragung oder vor Ablauf des Tages, an dem die Entscheidung über die Zurückweisung der Geschäftsstelle übermittelt oder ohne Beteiligung der Geschäftsstelle bekannt gegeben wird .... Von der Erhebung von Kosten kann abgesehen werden, wenn der Antrag auf unverschuldeter Unkenntnis der tatsächlichen oder rechtlichen Verhältnisse beruht. § 21 Abs. 2 GNotKG gilt entsprechend.	25 % der für die Vornahme des Geschäfts bestimmten Gebühr

Nr.	Gebührentatbestand	Gebühr oder Satz der Gebühr nach § 34 GNotKG **– Tabelle B**
		– mindestens 15,00 €, höchstens 250,00 €

Abschnitt 5. Rechtsmittel

Vorbemerkung 1.4.5:
Sind für die Vornahme des Geschäfts Festgebühren bestimmt, richten sich die Gebühren im Rechtsmittelverfahren nach Hauptabschnitt 9.

Unterabschnitt 1. Beschwerde gegen die Endentscheidung wegen des Hauptgegenstands

Nr.	Gebührentatbestand	
14510	Verfahren im Allgemeinen: Soweit die Beschwerde verworfen oder zurückgewiesen wird	1,0 – höchstens 800,00 €
14511	Verfahren im Allgemeinen: Beendigung des gesamten Verfahrens ohne Endentscheidung .... <small>Diese Gebühr ist auch zu erheben, wenn die Beschwerde vor Ablauf des Tages, an dem die Endentscheidung der Geschäftsstelle übermittelt wird, zurückgenommen wird.</small>	0,5 – höchstens 400,00 €

Unterabschnitt 2. Rechtsbeschwerde gegen die Endentscheidung wegen des Hauptgegenstands

Nr.	Gebührentatbestand	
14520	Verfahren im Allgemeinen: Soweit die Rechtsbeschwerde verworfen oder zurückgewiesen wird	1,5 – höchstens 1 200,00 €
14521	Verfahren im Allgemeinen: Beendigung des gesamten Verfahrens durch Zurücknahme der Rechtsbeschwerde oder des Antrags, bevor die Schrift zur Begründung der Beschwerde bei Gericht eingegangen ist	0,5 – höchstens 400,00 €
14522	Verfahren im Allgemeinen: Beendigung des gesamten Verfahrens durch Zurücknahme der Rechtsbeschwerde oder des Antrags vor Ablauf des Tages, an dem die Endentscheidung der Geschäftsstelle übermittelt wird, wenn nicht Nummer 14521 erfüllt ist:	1,0 – höchstens 800,00 €

Nr.	Gebührentatbestand	Gebühr oder Satz der Gebühr nach § 34 GNotKG **– Tabelle B**
	Unterabschnitt 3. Zulassung der Sprungrechtsbeschwerde gegen die Endentscheidung wegen des Hauptgegenstands	
14530	Verfahren über die Zulassung der Sprungrechtsbeschwerde:	
	Soweit der Antrag abgelehnt wird:	0,5 – höchstens 400,00 €

Nr.	Gebührentatbestand	Gebühr oder Satz der Gebühr nach § 34 GNotKG **– Tabelle A**

Hauptabschnitt 5. Übrige Angelegenheiten der freiwilligen Gerichtsbarkeit

Abschnitt 1. Verfahren vor dem Landwirtschaftsgericht und Pachtkreditsachen im Sinne des Pachtkreditgesetzes

Vorbemerkung 1.5.1:

(1) Für Erbscheinsverfahren durch das Landwirtschaftsgericht bestimmen sich die Gebühren nach Hauptabschnitt 2 Abschnitt 2, für die Entgegennahme der Erklärung eines Hoferben über die Wahl des Hofs gemäß § 9 Abs. 2 Satz 1 HöfeO nach Nummer 12410. Für die Entgegennahme der Ausschlagung des Anfalls des Hofs nach § 11 HöfeO wird keine Gebühr erhoben.

(2) Die nach Landesrecht für die Beanstandung eines Landpachtvertrags nach dem LPachtVG zuständige Landwirtschaftsbehörde und die Genehmigungsbehörde nach dem GrdstVG sowie deren übergeordnete Behörde und die Siedlungsbehörde sind von der Zahlung von Gerichtsgebühren befreit.

Unterabschnitt 1. Erster Rechtszug

Vorbemerkung 1.5.1.1:

In gerichtlichen Verfahren aufgrund der Vorschriften des LPachtVG und der §§ 588, 590, 591, 593, 594d, 595 und 595a BGB werden keine Gebühren erhoben, wenn das Gericht feststellt, dass der Vertrag nicht zu beanstanden ist.

15110	Verfahren
	1. aufgrund der Vorschriften über die gerichtliche Zuweisung eines Betriebes (§ 1 Nr. 2 des Gesetzes über das gerichtliche Verfahren in Landwirtschaftssachen),
	2. über Feststellungen nach § 11 Abs. 1 Buchstabe g HöfeVfO,
	3. zur Regelung und Entscheidung der mit dem Hofübergang zusammenhängenden Fragen im Fall des § 14 Abs. 3 HöfeO,
	4. über sonstige Anträge und Streitigkeiten nach § 18 Abs. 1 HöfeO und nach § 25 HöfeVfO und
	5. Verfahren nach dem LwAnpG, soweit nach § 65 Abs. 2 LwAnpG die Vorschriften des Zweiten Abschnitts des Gesetzes über das gerichtliche

Nr.	Gebührentatbestand	Gebühr oder Satz der Gebühr nach § 34 GNotKG **– Tabelle A**
	Verfahren in Landwirtschaftssachen entsprechend anzuwenden sind	2,0
15111	Beendigung des gesamten Verfahrens 1. ohne Endentscheidung, 2. durch Zurücknahme des Antrags vor Ablauf des Tages, an dem die Endentscheidung der Geschäftsstelle übermittelt wird, wenn die Entscheidung nicht bereits durch Verlesen der Entscheidungsformel bekannt gegeben worden ist: Die Gebühr 15110 ermäßigt sich auf	1,0
15112	Verfahren im Übrigen	0,5
	(1) Die Gebühr entsteht auch für das Verfahren vor dem Landwirtschaftsgericht über das Ersuchen an das Grundbuchamt um Eintragung oder Löschung des Hofvermerks (§ 3 Abs. 1 HöfeVfO). (2) Die Gebühr wird in Pachtkreditsachen erhoben für 1. jede Niederlegung eines Verpfändungsvertrages, 2. die Entgegennahme der Anzeige über die Abtretung der Forderung und 3. die Herausgabe des Verpfändungsvertrages. Neben einer Gebühr für die Niederlegung wird eine Gebühr für die Erteilung einer Bescheinigung über die erfolgte Niederlegung nicht erhoben.	

Unterabschnitt 2. Beschwerde gegen die Endentscheidung wegen des Hauptgegenstands

15120	Verfahren über die Beschwerde in den in Nummer 15110 genannten Verfahren	3,0
15121	Beendigung des gesamten Verfahrens durch Zurücknahme der Beschwerde oder des Antrags, bevor die Schrift zur Begründung der Beschwerde bei Gericht eingegangen ist: Die Gebühr 15120 ermäßigt sich auf	0,5
15122	Beendigung des gesamten Verfahrens ohne Endentscheidung, wenn nicht Nummer 15121 erfüllt ist: Die Gebühr 15120 ermäßigt sich auf	1,0
	(1) Wenn die Entscheidung nicht durch Verlesen der Entscheidungsformel bekannt gegeben worden ist, ermäßigt sich die Gebühr auch im Fall der Zurücknahme der Beschwerde oder des Antrags vor Ablauf des Tages, an dem die Endentscheidung der Geschäftsstelle übermittelt wird. (2) Eine Entscheidung über die Kosten steht der Ermäßigung nicht entgegen, wenn der Entscheidung einer zuvor mitgeteilten Einigung über die Kostentragung oder einer Kostenübernahmeerklärung folgt.	

Nr.	Gebührentatbestand	Gebühr oder Satz der Gebühr nach § 34 GNotKG **– Tabelle A**
15123	Verfahren über die Beschwerde in den in Nummer 15112 genannten Verfahren	1,0
15124	Beendigung des gesamten Verfahrens durch Zurücknahme der Beschwerde oder des Antrags, bevor die Schrift zur Begründung der Beschwerde bei Gericht eingegangen ist: Die Gebühr 15123 ermäßigt sich auf	0,3
15125	Beendigung des gesamten Verfahrens ohne Endentscheidung, wenn nicht Nummer 15124 erfüllt ist: Die Gebühr 15123 ermäßigt sich auf	0,5

(1) Wenn die Entscheidung nicht durch Verlesen der Entscheidungsformel bekannt gegeben worden ist, ermäßigt sich die Gebühr auch im Fall der Zurücknahme der Beschwerde oder des Antrags vor Ablauf des Tages, an dem die Endentscheidung der Geschäftsstelle übermittelt wird.
(2) Eine Entscheidung über die Kosten steht der Ermäßigung nicht entgegen, wenn die Entscheidung einer zuvor mitgeteilten Einigung über die Kostentragung oder einer Kostenübernahmeerklärung folgt.

Unterabschnitt 3. Rechtsbeschwerde gegen die Endentscheidung wegen des Hauptgegenstands

15130	Verfahren über die Rechtsbeschwerde in den in Nummer 15110 genannten Verfahren	4,0
15131	Beendigung des gesamten Verfahrens durch Zurücknahme der Rechtsbeschwerde oder des Antrags, bevor die Schrift zur Begründung der Beschwerde bei Gericht eingegangen ist: Die Gebühr 15130 ermäßigt sich auf	1,0
15132	Beendigung des gesamten Verfahrens durch Zurücknahme der Rechtsbeschwerde oder des Antrags vor Ablauf des Tages, an dem die Endentscheidung der Geschäftsstelle übermittelt wird, wenn nicht Nummer 15131 erfüllt ist: Die Gebühr 15130 ermäßigt sich auf	2,0
15133	Verfahren über die Rechtsbeschwerde in den in Nummer 15112 genannten Verfahren	1,5
15134	Beendigung des gesamten Verfahrens durch Zurücknahme der Rechtsbeschwerde oder des Antrags, bevor die Schrift zur Begründung der Beschwerde bei Gericht eingegangen ist: Die Gebühr 15133 ermäßigt sich auf	0,5
15135	Beendigung des gesamten Verfahrens durch Zurücknahme der Rechtsbeschwerde oder des An-	

Nr.	Gebührentatbestand	Gebühr oder Satz der Gebühr nach § 34 GNotKG – **Tabelle A**
	trags vor Ablauf des Tages, an dem die Endentscheidung der Geschäftsstelle übermittelt wird, wenn nicht Nummer 15134 erfüllt ist:	
	Die Gebühr 15133 ermäßigt sich auf	1,0

Unterabschnitt 4. Zulassung der Sprungrechtsbeschwerde gegen die Endentscheidung wegen des Hauptgegenstands

Nr.	Gebührentatbestand	
15140	Verfahren über die Zulassung der Sprungrechtsbeschwerde in den in Nummer 15110 genannten Verfahren:	
	Soweit der Antrag abgelehnt wird:	1,0
15141	Verfahren über die Zulassung der Sprungrechtsbeschwerde in den in Nummer 15112 genannten Verfahren:	
	Soweit der Antrag abgelehnt wird:	0,5

Abschnitt 2. Übrige Verfahren

Vorbemerkung 1.5.2:
In Verfahren nach dem PStG werden Gebühren nur erhoben, wenn ein Antrag zurückgenommen oder zurückgewiesen wird.

Unterabschnitt 1. Erster Rechtszug

Nr.	Gebührentatbestand	
15210	Verfahren nach dem 1. Verschollenheitsgesetz oder 2. TSG	1,0
	Die Verfahren nach § 9 Abs. 1 und 2 TSG gelten zusammen als ein Verfahren.	
15211	Beendigung des gesamten Verfahrens 1. ohne Endentscheidung oder 2. durch Zurücknahme des Antrags vor Ablauf des Tages, an dem die Endentscheidung der Geschäftsstelle übermittelt wird, wenn die Entscheidung nicht bereits durch Verlesen der Entscheidungsformel bekannt gegeben worden ist:	
	Die Gebühr 15210 ermäßigt sich auf	0,3
15212	Verfahren 1. in weiteren Angelegenheiten der freiwilligen Gerichtsbarkeit (§ 410 FamFG), einschließlich Verfahren auf Abnahme einer nicht vor dem Vollstreckungsgericht zu erklärenden eidesstattlichen Versicherung, in denen § 260 BGB aufgrund bundesrechtlicher Vorschriften entsprechend anzuwenden ist, und Verfahren vor dem Nachlassgericht zur Abnahme der eidesstattlichen Versicherung nach § 2006 BGB,	

Nr.	Gebührentatbestand	Gebühr oder Satz der Gebühr nach § 34 GNotKG **– Tabelle A**
	2. nach § 84 Abs. 2, § 189 VVG, 3. in Aufgebotssachen (§ 433 FamFG), 4. in Freiheitsentziehungssachen (§ 415 FamFG), 5. nach dem PStG, 6. nach § 7 Abs. 3 ErbbauRG und 7. über die Bewilligung der öffentlichen Zustellung einer Willenserklärung und die Bewilligung der Kraftloserklärung von Vollmachten (§ 132 Abs. 2 und § 176 Abs. 2 BGB) sowie	
	Verteilungsverfahren nach den §§ 65, 119 BauGB; nach § 74 Nr. 3, § 75 FlurbG, § 94 BBergG, § 55 Bundesleistungsgesetz, § 8 der Verordnung über das Verfahren zur Festsetzung von Entschädigung und Härteausgleich nach dem Energiesicherungsgesetz und nach § 54 Landbeschaffungsgesetz	0,5
	(1) Die Bestellung des Verwahrers in den Fällen der §§ 432, 1217, 1281 und 2039 BGB sowie die Festsetzung der von ihm beanspruchten Vergütung und seiner Aufwendungen gelten zusammen als ein Verfahren.	
	(2) Das Verfahren betreffend die Zahlungssperre (§ 480 FamFG) und ein anschließendes Aufgebotsverfahren sowie das Verfahren über die Aufhebung der Zahlungssperre (§ 482 FamFG) gelten zusammen als ein Verfahren.	
15213	Verfahren über den Antrag auf Erlass einer Anordnung über die Zulässigkeit der Verwendung von Verkehrsdaten nach 1. § 140b Abs. 9 des Patentgesetzes, 2. § 24b Abs. 9 GebrMG, auch in Verbindung mit § 9 Abs. 2 HalblSchG, 3. § 19 Abs. 9 MarkenG, 4. § 101 Abs. 9 des Urheberrechtsgesetzes, 5. § 46 Abs. 9 DesignG, 6. § 37b Abs. 9 des Sortenschutzgesetzes	200,00 €
15214	Der Antrag wird zurückgenommen: Die Gebühr 15213 ermäßigt sich auf	50,00 €
15215	Verfahren nach § 46 IntErbRVG oder nach § 31 IntGüRVG über die Authentizität einer Urkunde	60,00 €
Unterabschnitt 2. Beschwerde gegen die Endentscheidung wegen des Hauptgegenstands		
15220	Verfahren über die Beschwerde in den in Nummer 15210 genannten Verfahren	2,0
15221	Beendigung des gesamten Verfahrens durch Zurücknahme der Beschwerde oder des Antrags, bevor die Schrift zur Begründung der Beschwerde bei Gericht eingegangen ist:	

Nr.	Gebührentatbestand	Gebühr oder Satz der Gebühr nach § 34 GNotKG **– Tabelle A**
	Die Gebühr 15220 ermäßigt sich auf	0,5
15222	Beendigung des gesamten Verfahrens ohne Endentscheidung, wenn nicht Nummer 15221 erfüllt ist:	
	Die Gebühr 15220 ermäßigt sich auf	1,0
	(1) Wenn die Entscheidung nicht durch Verlesen der Entscheidungsformel bekannt gegeben worden ist, ermäßigt sich die Gebühr auch im Fall der Zurücknahme der Beschwerde oder des Antrags vor Ablauf des Tages, an dem die Endentscheidung der Geschäftsstelle übermittelt wird. (2) Eine Entscheidung über die Kosten steht der Ermäßigung nicht entgegen, wenn die Entscheidung einer zuvor mitgeteilten Einigung über die Kostentragung oder einer Kostenübernahmeerklärung folgt.	
15223	Verfahren über die Beschwerde in den in Nummer 15212 genannten Verfahren	1,0
15224	Beendigung des gesamten Verfahrens ohne Endentscheidung:	
	Die Gebühr 15223 ermäßigt sich auf	0,5
	(1) Wenn die Entscheidung nicht durch Verlesen der Entscheidungsformel bekannt gegeben worden ist, ermäßigt sich die Gebühr auch im Fall der Zurücknahme der Beschwerde oder des Antrags vor Ablauf des Tages, an dem die Endentscheidung der Geschäftsstelle übermittelt wird. (2) Eine Entscheidung über die Kosten steht der Ermäßigung nicht entgegen, wenn die Entscheidung einer zuvor mitgeteilten Einigung über die Kostentragung oder einer Kostenübernahmeerklärung folgt.	
15225	Verfahren über die Beschwerde in den in Nummer 15213 genannten Verfahren:	
	Die Beschwerde wird verworfen oder zurückgewiesen	200,00 €
	Wird die Beschwerde nur teilweise verworfen oder zurückgewiesen, kann das Gericht die Gebühr nach billigem Ermessen auf die Hälfte ermäßigen oder bestimmen, dass eine Gebühr nicht zu erheben ist.	
15226	Verfahren über die Beschwerde in den in Nummer 15213 genannten Verfahren:	
	Beendigung des gesamten Verfahrens durch Zurücknahme der Beschwerde oder des Antrags, bevor die Schrift zur Begründung der Beschwerde bei Gericht eingegangen ist	100,00 €
15227	Verfahren über die Beschwerde in den in Nummer 15213 genannten Verfahren:	
	Beendigung des gesamten Verfahrens durch Zurücknahme der Beschwerde oder des Antrags vor Ablauf des Tages, an dem die Endentscheidung der	

Nr.	Gebührentatbestand	Gebühr oder Satz der Gebühr nach § 34 GNotKG **– Tabelle A**
	Geschäftsstelle übermittelt wird, wenn die Entscheidung nicht bereits durch Verlesen der Entscheidungsformel bekannt gegeben worden ist, oder wenn nicht Nummer 15226 erfüllt ist	150,00 €

Unterabschnitt 3. Rechtsbeschwerde gegen die Endentscheidung wegen des Hauptgegenstands

15230	Verfahren über die Rechtsbeschwerde in den in Nummer 15210 genannten Verfahren	3,0
15231	Beendigung des gesamten Verfahrens durch Zurücknahme der Rechtsbeschwerde oder des Antrags, bevor die Schrift zur Begründung der Beschwerde bei Gericht eingegangen ist: Die Gebühr 15230 ermäßigt sich auf	1,0
15232	Beendigung des gesamten Verfahrens durch Zurücknahme der Rechtsbeschwerde oder des Antrags vor Ablauf des Tages, an dem die Endentscheidung der Geschäftsstelle übermittelt wird, wenn nicht Nummer 15231 erfüllt ist: Die Gebühr 15230 ermäßigt sich auf	2,0
15233	Verfahren über die Rechtsbeschwerde in den in Nummer 15212 genannten Verfahren	1,5
15234	Beendigung des gesamten Verfahrens durch Zurücknahme der Rechtsbeschwerde oder des Antrags, bevor die Schrift zur Begründung der Beschwerde bei Gericht eingegangen ist: Die Gebühr 15233 ermäßigt sich auf	0,5
15235	Beendigung des gesamten Verfahrens durch Zurücknahme der Rechtsbeschwerde oder des Antrags vor Ablauf des Tages, an dem die Endentscheidung der Geschäftsstelle übermittelt wird, wenn nicht Nummer 15234 erfüllt ist: Die Gebühr 15233 ermäßigt sich auf	1,0

Unterabschnitt 4. Zulassung der Sprungrechtsbeschwerde gegen die Endentscheidung wegen des Hauptgegenstands

15240	Verfahren über die Zulassung der Sprungrechtsbeschwerde in den in Nummer 15210 genannten Verfahren: Soweit der Antrag abgelehnt wird:	1,0

Nr.	Gebührentatbestand	Gebühr oder Satz der Gebühr nach § 34 GNotKG – **Tabelle A**
15241	Verfahren über die Zulassung der Sprungrechtsbeschwerde in den in Nummer 15212 genannten Verfahren: Soweit der Antrag abgelehnt wird:	0,5

Abschnitt 3. Übrige Verfahren vor dem Oberlandesgericht

Vorbemerkung 1.5.3:
Dieser Abschnitt gilt für Verfahren über die Anfechtung von Justizverwaltungsakten nach den §§ 23 bis 29 des Einführungsgesetzes zum Gerichtsverfassungsgesetz und Verfahren nach § 138 Abs. 2 des Urheberrechtsgesetzes.

	Verfahrensgebühr:	
15300	– der Antrag wird zurückgenommen	0,5
15301	– der Antrag wird zurückgewiesen	1,0

Hauptabschnitt 6. Einstweiliger Rechtsschutz

Vorbemerkung 1.6:
Im Verfahren über den Erlass einer einstweiligen Anordnung und über deren Aufhebung oder Änderung werden die Gebühren nur einmal erhoben.

Abschnitt 1. Verfahren, wenn in der Hauptsache die Tabelle A anzuwenden ist

Vorbemerkung 1.6.1:
In Betreuungssachen werden von dem Betroffenen Gebühren nur unter den in Vorbemerkung 1.1 Abs. 1 genannten Voraussetzungen erhoben.

Unterabschnitt 1. Erster Rechtszug

16110	Verfahren im Allgemeinen, wenn die Verfahrensgebühr für den ersten Rechtszug in der Hauptsache weniger als 2,0 betragen würde	0,3
	(1) Die Gebühr entsteht nicht für Verfahren, die in den Rahmen einer bestehenden Betreuung oder Pflegschaft fallen, auch wenn nur ein vorläufiger Betreuer bestellt ist.	
	(2) Die Gebühr entsteht ferner nicht, wenn das Verfahren mit der Bestellung eines vorläufigen Betreuers endet. In diesem Fall entstehen Gebühren nach Hauptabschnitt 1 Abschnitt 1 wie nach der Bestellung eines nicht nur vorläufigen Betreuers.	
16111	Die Gebühr für die Hauptsache würde 2,0 betragen: Die Gebühr 16110 beträgt	1,5
16112	Beendigung des gesamten Verfahrens im Fall der Nummer 16111 ohne Endentscheidung: Die Gebühr 16111 ermäßigt sich auf	0,5
	(1) Wenn die Entscheidung nicht durch Verlesen der Entscheidungsformel bekannt gegeben worden ist, ermäßigt sich die Gebühr auch im Fall der Zurücknahme des Antrags vor Ablauf des Tages, an dem die Endentscheidung der Geschäftsstelle übermittelt wird.	
	(2) Eine Entscheidung über die Kosten steht der Ermäßigung nicht entgegen, wenn die Entscheidung einer zuvor mitgeteilten	

Nr.	Gebührentatbestand	Gebühr oder Satz der Gebühr nach § 34 GNotKG **– Tabelle A**
	Einigung über die Kostentragung oder einer Kostenübernahme-erklärung folgt.	

Unterabschnitt 2. Beschwerde gegen die Endentscheidung wegen des Hauptgegenstands

16120	Verfahren im Allgemeinen, wenn sich die Gebühr für den ersten Rechtszug nach Nummer 16110 bestimmt	0,5
16121	Verfahren im Allgemeinen, wenn sich die Gebühr für den ersten Rechtszug nach Nummer 16111 bestimmt	2,0
16122	Beendigung des gesamten Verfahrens im Fall der Nummer 16120 ohne Endentscheidung: Die Gebühr 16120 ermäßigt sich auf	0,3
	(1) Wenn die Entscheidung nicht durch Verlesen der Entscheidungsformel bekannt gegeben worden ist, ermäßigt sich die Gebühr auch im Fall der Zurücknahme der Beschwerde oder des Antrags vor Ablauf des Tages, an dem die Endentscheidung der Geschäftsstelle übermittelt wird.	
	(2) Eine Entscheidung über die Kosten steht der Ermäßigung nicht entgegen, wenn die Entscheidung einer zuvor mitgeteilten Einigung über die Kostentragung oder einer Kostenübernahme-erklärung folgt.	
16123	Beendigung des gesamten Verfahrens im Fall der Nummer 16121 durch Zurücknahme der Beschwerde oder des Antrags, bevor die Schrift zur Begründung der Beschwerde bei Gericht eingegangen ist: Die Gebühr 16121 ermäßigt sich auf	0,5
16124	Beendigung des gesamten Verfahrens im Fall der Nummer 16121 ohne Endentscheidung, wenn nicht Nummer 16123 erfüllt ist: Die Gebühr 16121 ermäßigt sich auf	1,0
	(1) Wenn die Entscheidung nicht durch Verlesen der Entscheidungsformel bekannt gegeben worden ist, ermäßigt sich die Gebühr auch im Fall der Zurücknahme der Beschwerde oder des Antrags vor Ablauf des Tages, an dem die Endentscheidung der Geschäftsstelle übermittelt wird.	
	(2) Eine Entscheidung über die Kosten steht der Ermäßigung nicht entgegen, wenn die Entscheidung einer zuvor mitgeteilten Einigung über die Kostentragung oder einer Kostenübernahme-erklärung folgt.	

Nr.	Gebührentatbestand	Gebühr oder Satz der Gebühr nach § 34 GNotKG **– Tabelle B**

Abschnitt 2. Verfahren, wenn in der Hauptsache die Tabelle B anzuwenden ist

Vorbemerkung 1.6.2:
Die Vorschriften dieses Abschnitts gelten auch für Verfahren über die Aussetzung der Wirkungen eines Europäischen Nachlasszeugnisses.

Unterabschnitt 1. Erster Rechtszug

16210	Verfahren im Allgemeinen, wenn die Verfahrensgebühr für den ersten Rechtszug in der Hauptsache weniger als 2,0 betragen würde	0,3
16211	Die Gebühr für die Hauptsache würde 2,0 betragen: Die Gebühr 16210 beträgt	1,5
16212	Beendigung des gesamten Verfahrens im Fall der Nummer 16211 ohne Endentscheidung: Die Gebühr 16211 ermäßigt sich auf	0,5
	(1) Wenn die Entscheidung nicht durch Verlesen der Entscheidungsformel bekannt gegeben worden ist, ermäßigt sich die Gebühr auch im Fall der Zurücknahme des Antrags vor Ablauf des Tages, an dem die Endentscheidung der Geschäftsstelle übermittelt wird.	
	(2) Eine Entscheidung über die Kosten steht der Ermäßigung nicht entgegen, wenn die Entscheidung einer zuvor mitgeteilten Einigung über die Kostentragung oder einer Kostenübernahmeerklärung folgt.	

Unterabschnitt 2. Beschwerde gegen die Endentscheidung wegen des Hauptgegenstands

16220	Verfahren im Allgemeinen, wenn sich die Gebühr für den ersten Rechtszug nach Nummer 16210 bestimmt	0,5
16221	Verfahren im Allgemeinen, wenn sich die Gebühr für den ersten Rechtszug nach Nummer 16211 bestimmt	2,0
16222	Beendigung des gesamten Verfahrens im Fall der Nummer 16220 ohne Endentscheidung: Die Gebühr 16220 ermäßigt sich auf	0,3
	(1) Wenn die Entscheidung nicht durch Verlesen der Entscheidungsformel bekannt gegeben worden ist, ermäßigt sich die Gebühr auch im Fall der Zurücknahme der Beschwerde oder des Antrags vor Ablauf des Tages, an dem die Endentscheidung der Geschäftsstelle übermittelt wird.	
	(2) Eine Entscheidung über die Kosten steht der Ermäßigung nicht entgegen, wenn die Entscheidung einer zuvor mitgeteilten Einigung über die Kostentragung oder einer Kostenübernahmeerklärung folgt.	
16223	Beendigung des gesamten Verfahrens im Fall der Nummer 16221 durch Zurücknahme der Be-	

Nr.	Gebührentatbestand	Gebühr oder Satz der Gebühr nach § 34 GNotKG **– Tabelle B**
	schwerde oder des Antrags, bevor die Schrift zur Begründung der Beschwerde bei Gericht eingegangen ist: Die Gebühr 16221 ermäßigt sich auf	0,5
16224	Beendigung des gesamten Verfahrens im Fall der Nummer 16221 ohne Endentscheidung, wenn nicht Nummer 16223 erfüllt ist: Die Gebühr 16221 ermäßigt sich auf	1,0
	(1) Wenn die Entscheidung nicht durch Verlesen der Entscheidungsformel bekannt gegeben worden ist, ermäßigt sich die Gebühr auch im Fall der Zurücknahme der Beschwerde oder des Antrags vor Ablauf des Tages, an dem die Endentscheidung der Geschäftsstelle übermittelt wird. (2) Eine Entscheidung über die Kosten steht der Ermäßigung nicht entgegen, wenn der Entscheidung einer zuvor mitgeteilten Einigung über die Kostentragung oder einer Kostenübernahmeerklärung folgt.	

Nr.	Gebührentatbestand	Gebühr oder Satz der Gebühr nach § 34 GNotKG **– Tabelle A**
	Hauptabschnitt 7. Besondere Gebühren	
	Erteilung von Ausdrucken oder Fertigung von Kopien aus einem Register oder aus dem Grundbuch auf Antrag oder deren beantragte Ergänzung oder Bestätigung:	
17000	– Ausdruck oder unbeglaubigte Kopie	10,00 €
17001	– amtlicher Ausdruck oder beglaubigte Kopie	20,00 €
	Neben den Gebühren 17000 und 17001 wird keine Dokumentenpauschale erhoben.	
	Anstelle eines Ausdrucks wird in den Fällen der Nummern 17000 und 17001 die elektronische Übermittlung einer Datei beantragt:	
17002	– unbeglaubigte Datei	5,00 €
17003	– beglaubigte Datei	10,00 €
	Werden zwei elektronische Dateien gleichen Inhalts in unterschiedlichen Dateiformaten gleichzeitig übermittelt, wird die Gebühr 17002 oder 17003 nur einmal erhoben. Sind beide Gebührentatbestände erfüllt, wird die höhere Gebühr erhoben.	
17004	Erteilung 1. eines Zeugnisses des Grundbuchamts, 2. einer Bescheinigung aus einem Register, 3. einer beglaubigten Abschrift des Verpfändungsvertrags nach § 16 Abs. 1 Satz 3 des Pachtkreditgesetzes oder	

317

Nr.	Gebührentatbestand	Gebühr oder Satz der Gebühr nach § 34 GNotKG **– Tabelle A**
	4. einer Bescheinigung nach § 16 Abs. 2 des Pacht-kreditgesetzes	20,00 €
17005	Abschluss eines gerichtlichen Vergleichs:	
	Soweit ein Vergleich über nicht gerichtlich anhängige Gegenstände geschlossen wird	0,25
	Die Gebühr entsteht nicht im Verfahren über die Prozess- oder Verfahrenskostenhilfe. Im Verhältnis zur Gebühr für das Verfahren im Allgemeinen ist § 56 Abs. 3 GNotKG entsprechend anzuwenden.	
17006	Anordnung von Zwangsmaßnahmen durch Beschluss nach § 35 FamFG:	
	je Anordnung:	22,00 €

Nr.	Gebührentatbestand	Gebühr oder Satz der Gebühr nach § 34 GNotKG **– Tabelle B**

Hauptabschnitt 8. Vollstreckung

Vorbemerkung 1.8:

Die Vorschriften dieses Hauptabschnitts gelten für die Vollstreckung nach Buch 1 Abschnitt 8 des FamFG. Für Handlungen durch das Vollstreckungsgericht werden Gebühren nach dem GKG erhoben.

18000	Verfahren über die Erteilung einer vollstreckbaren Ausfertigung einer notariellen Urkunde, wenn der Eintritt einer Tatsache oder einer Rechtsnachfolge zu prüfen ist (§§ 726 bis 729 ZPO)	0,5
18001	Verfahren über den Antrag auf Erteilung einer weiteren vollstreckbaren Ausfertigung (§ 733 ZPO)	22,00 €
	Die Gebühr wird für jede weitere vollstreckbare Ausfertigung gesondert erhoben.	
18002	Anordnung der Vornahme einer vertretbaren Handlung durch einen Dritten	22,00 €
18003	Anordnung von Zwangs- oder Ordnungsmitteln:	
	je Anordnung	22,00 €
	Mehrere Anordnungen gelten als eine Anordnung, wenn sie dieselbe Verpflichtung betreffen. Dies gilt nicht, wenn Gegenstand der Verpflichtung die wiederholte Vornahme einer Handlung oder eine Unterlassung ist.	
18004	Verfahren zur Abnahme einer eidesstattlichen Versicherung (§ 94 FamFG)	35,00 €
	Die Gebühr entsteht mit der Anordnung des Gerichts, dass der Verpflichtete eine eidesstattliche Versicherung abzugeben hat, oder mit dem Eingang des Antrags des Berechtigten.	

Nr.	Gebührentatbestand	Gebühr oder Satz der Gebühr nach § 34 GNotKG – **Tabelle B**
	Hauptabschnitt 9. Rechtsmittel im Übrigen und Rüge wegen Verletzung des Anspruchs auf rechtliches Gehör	
	Abschnitt 1. Rechtsmittel im Übrigen	
	Unterabschnitt 1. Sonstige Beschwerden	
19110	Verfahren über die Beschwerde in den Fällen des § 129 GNotKG und des § 372 Abs. 1 FamFG	99,00 €
19111	Beendigung des gesamten Verfahrens ohne Endentscheidung:	
	Die Gebühr 19110 ermäßigt sich auf	66,00 €
	(1) Wenn die Entscheidung nicht durch Verlesen der Entscheidungsformel bekannt gegeben worden ist, ermäßigt sich die Gebühr auch im Fall der Zurücknahme der Beschwerde oder des Antrags vor Ablauf des Tages, an dem die Endentscheidung der Geschäftsstelle übermittelt wird.	
	(2) Eine Entscheidung über die Kosten steht der Ermäßigung nicht entgegen, wenn die Entscheidung einer zuvor mitgeteilten Einigung über die Kostentragung oder einer Kostenübernahmeerklärung folgt.	
19112	Verfahren über die Beschwerde gegen Entscheidungen, die sich auf Tätigkeiten des Registergerichts beziehen, für die Gebühren nach der HRegGebV zu erheben sind:	
	Die Beschwerde wird verworfen oder zurückgewiesen	3,5 der Gebühr für die Eintragung nach der HRegGebV
	Wird die Beschwerde nur wegen eines Teils der Anmeldung verworfen oder zurückgewiesen, ist für die Höhe der Gebühr die für die Eintragung nur dieses Teils der Anmeldung vorgesehene Gebühr maßgebend.	
19113	Verfahren über die in Nummer 19112 genannte Beschwerde:	
	Beendigung des gesamten Verfahrens durch Zurücknahme der Beschwerde oder des Antrags, bevor die Schrift zur Begründung der Beschwerde bei Gericht eingegangen ist	0,5 der Gebühr für die Eintragung nach der HRegGebV

Nr.	Gebührentatbestand	Gebühr oder Satz der Gebühr nach § 34 GNotKG **– Tabelle B**
19114	Verfahren über die in Nummer 19112 genannte Beschwerde: Beendigung des gesamten Verfahrens ohne Endentscheidung, wenn nicht Nummer 19113 erfüllt ist .... <small>Diese Gebühr ist auch zu erheben, wenn die Entscheidung nicht durch Verlesen der Entscheidungsformel bekannt gegeben worden ist, die Beschwerde jedoch vor Ablauf des Tages zurückgenommen wird, an dem die Endentscheidung der Geschäftsstelle übermittelt wird.</small>	1,5 der Gebühr für die Eintragung nach der HReg-GebV
19115	Verfahren über die Beschwerde nach § 335a Abs. 1 HGB: Die Beschwerde wird verworfen oder zurückgewiesen .... <small>Wird die Beschwerde nur teilweise verworfen oder zurückgewiesen, kann das Gericht die Gebühr nach billigem Ermessen auf die Hälfte ermäßigen oder bestimmen, dass eine Gebühr nicht zu erheben ist.</small>	150,00 €
19116	Verfahren über eine nicht besonders aufgeführte Beschwerde, die nicht nach anderen Vorschriften gebührenfrei ist: Die Beschwerde wird verworfen oder zurückgewiesen .... <small>Wird die Beschwerde nur teilweise verworfen oder zurückgewiesen, kann das Gericht die Gebühr nach billigem Ermessen auf die Hälfte ermäßigen oder bestimmen, dass eine Gebühr nicht zu erheben ist.</small>	66,00 €
	Unterabschnitt 2. Sonstige Rechtsbeschwerden	
19120	Verfahren über die Rechtsbeschwerde in den Fällen des § 129 GNotKG und des § 372 Abs. 1 FamFG	198,00 €
19121	Beendigung des gesamten Verfahrens durch Zurücknahme der Rechtsbeschwerde oder des Antrags, bevor die Schrift zur Begründung der Rechtsbeschwerde bei Gericht eingegangen ist: Die Gebühr 19120 ermäßigt sich auf	66,00 €
19122	Beendigung des gesamten Verfahrens durch Zurücknahme der Rechtsbeschwerde oder des Antrags vor Ablauf des Tages, an dem die Endentscheidung der Geschäftsstelle übermittelt wird, wenn nicht Nummer 19121 erfüllt ist: Die Gebühr 19120 ermäßigt sich auf	99,00 €
19123	Verfahren über die Rechtsbeschwerde gegen Entscheidungen, die sich auf Tätigkeiten des Registergerichts beziehen, für die Gebühren nach der HRegGebV zu erheben sind:	

Nr.	Gebührentatbestand	Gebühr oder Satz der Gebühr nach § 34 GNotKG **– Tabelle B**
	Die Rechtsbeschwerde wird verworfen oder zurückgewiesen .... <small>Wird die Rechtsbeschwerde nur wegen eines Teils der Anmeldung verworfen oder zurückgewiesen, bestimmt sich die Höhe der Gebühr nach der Gebühr für die Eintragung nur dieses Teils der Anmeldung.</small>	5,0 der Gebühr für die Eintragung nach der HReg-GebV
19124	Verfahren über die in Nummer 19123 genannte Rechtsbeschwerde: Beendigung des gesamten Verfahrens durch Zurücknahme der Rechtsbeschwerde oder des Antrags, bevor die Schrift zur Begründung der Beschwerde bei Gericht eingegangen ist	1,0 der Gebühr für die Eintragung nach der HReg-GebV
19125	Verfahren über die in Nummer 19123 genannte Rechtsbeschwerde: Beendigung des gesamten Verfahrens durch Zurücknahme der Rechtsbeschwerde oder des Antrags vor Ablauf des Tages, an dem die Endentscheidung der Geschäftsstelle übermittelt wird, wenn nicht Nummer 19124 erfüllt ist	2,5 der Gebühr für die Eintragung nach der HReg-GebV
19126	Verfahren über die Rechtsbeschwerde in den Fällen des § 335a Abs. 3 HGB: Die Rechtsbeschwerde wird verworfen oder zurückgewiesen .... <small>Wird die Rechtsbeschwerde nur teilweise verworfen oder zurückgewiesen, kann das Gericht die Gebühr nach billigem Ermessen auf die Hälfte ermäßigen oder bestimmen, dass eine Gebühr nicht zu erheben ist.</small>	300,00 €
19127	Verfahren über die in Nummer 19126 genannte Rechtsbeschwerde: Beendigung des gesamten Verfahrens durch Zurücknahme der Rechtsbeschwerde oder des Antrags vor Ablauf des Tages, an dem die Endentscheidung der Geschäftsstelle übermittelt wird	150,00 €
19128	Verfahren über eine nicht besonders aufgeführte Rechtsbeschwerde, die nicht nach anderen Vorschriften gebührenfrei ist:	

Nr.	Gebührentatbestand	Gebühr oder Satz der Gebühr nach § 34 GNotKG – **Tabelle B**
	Die Rechtsbeschwerde wird verworfen oder zurückgewiesen	132,00 €
	Wird die Rechtsbeschwerde nur teilweise verworfen oder zurückgewiesen, kann das Gericht die Gebühr nach billigem Ermessen auf die Hälfte ermäßigen oder bestimmen, dass eine Gebühr nicht zu erheben ist.	
19129	Verfahren über die in Nummer 19128 genannte Rechtsbeschwerde:	
	Beendigung des gesamten Verfahrens durch Zurücknahme der Rechtsbeschwerde oder des Antrags vor Ablauf des Tages, an dem die Endentscheidung der Geschäftsstelle übermittelt wird	66,00 €

Unterabschnitt 3. Zulassung der Sprungrechtsbeschwerde in sonstigen Fällen

19130	Verfahren über die Zulassung der Sprungrechtsbeschwerde in den nicht besonders aufgeführten Fällen:	
	Der Antrag wird abgelehnt	66,00 €

Abschnitt 2. Rüge wegen Verletzung des Anspruchs auf rechtliches Gehör

19200	Verfahren über die Rüge wegen Verletzung des Anspruchs auf rechtliches Gehör:	
	Die Rüge wird in vollem Umfang verworfen oder zurückgewiesen	66,00 €

Teil 2. Notargebühren

Nr.	Gebührentatbestand	Gebühr oder Satz der Gebühr nach § 34 GNotKG **– Tabelle B**

Vorbemerkung 2:

(1) In den Fällen, in denen es für die Gebührenberechnung maßgeblich ist, dass ein bestimmter Notar eine Tätigkeit vorgenommen hat, steht diesem Notar der Aktenverwahrer gemäß § 51 BNotO, der Notariatsverwalter gemäß § 56 BNotO oder ein anderer Notar, mit dem der Notar am Ort seines Amtssitzes zur gemeinsamen Berufsausübung verbunden ist oder mit dem er dort gemeinsame Geschäftsräume unterhält, gleich.

(2) Bundes- oder landesrechtliche Vorschriften, die Gebühren- oder Auslagenbefreiung gewähren, sind nicht auf den Notar anzuwenden. Außer in den Fällen der Kostenerstattung zwischen den Trägern der Sozialhilfe gilt die in § 64 Abs. 2 Satz 3 Nr. 2 SGB X bestimmte Gebührenfreiheit auch für den Notar.

(3) Beurkundungen nach § 67 Abs. 1 BeurkG und die Bezifferung dynamisierter Unterhaltstitel zur Zwangsvollstreckung im Ausland sind gebührenfrei.

Hauptabschnitt 1. Beurkundungsverfahren

Vorbemerkung 2.1:

(1) Die Gebühr für das Beurkundungsverfahren entsteht für die Vorbereitung und Durchführung der Beurkundung in Form einer Niederschrift (§§ 8 *[ab 1.8.2022: , 16b]* und 36 BeurkG) einschließlich der Beschaffung der Information.

(2) Durch die Gebühren dieses Hauptabschnitts werden auch abgegolten

1. die Übermittlung von Anträgen und Erklärungen an ein Gericht oder eine Behörde,
2. die Stellung von Anträgen im Namen der Beteiligten bei einem Gericht oder einer Behörde,
3. die Erledigung von Beanstandungen einschließlich des Beschwerdeverfahrens und
4. bei Änderung eines Gesellschaftsvertrags oder einer Satzung die Erteilung einer für die Anmeldung zum Handelsregister erforderlichen Bescheinigung des neuen vollständigen Wortlauts des Gesellschaftsvertrags oder der Satzung.

Abschnitt 1. Verträge, bestimmte Erklärungen sowie Beschlüsse von Organen einer Vereinigung oder Stiftung

Vorbemerkung 2.1.1:

Dieser Abschnitt ist auch anzuwenden im Verfahren zur Beurkundung der folgenden Erklärungen:

1. Antrag auf Abschluss eines Vertrags oder Annahme eines solchen Antrags oder
2. gemeinschaftliches Testament.

21100	Beurkundungsverfahren	2,0 – mindestens 120,00 €
21101	Gegenstand des Beurkundungsverfahrens ist 1. die Annahme eines Antrags auf Abschluss eines Vertrags oder 2. ein Verfügungsgeschäft und derselbe Notar hat für eine Beurkundung, die das zugrunde liegende Rechtsgeschäft betrifft, die Gebühr 21100 oder 23603 erhoben:	
	Die Gebühr 21100 beträgt .... (1) Als zugrunde liegendes Rechtsgeschäft gilt nicht eine Verfügung von Todes wegen. (2) Die Gebühr für die Beurkundung des Zuschlags in einer freiwilligen Versteigerung von Grundstücken oder grundstücksgleichen Rechten bestimmt sich nach Nummer 23603.	0,5 – mindestens 30,00 €

Nr.	Gebührentatbestand	Gebühr oder Satz der Gebühr nach § 34 GNotKG **– Tabelle B**
21102	Gegenstand des Beurkundungsverfahrens ist 1. ein Verfügungsgeschäft und das zugrunde liegende Rechtsgeschäft ist bereits beurkundet und Nummer 21101 nicht anzuwenden oder 2. die Aufhebung eines Vertrags: Die Gebühr 21100 beträgt	1,0 – mindestens 60,00 €

Abschnitt 2. Sonstige Erklärungen, Tatsachen und Vorgänge

Vorbemerkung 2.1.2:

(1) Die Gebühr für die Beurkundung eines Antrags zum Abschluss eines Vertrages und für die Beurkundung der Annahme eines solchen Antrags sowie für die Beurkundung eines gemeinschaftlichen Testaments bestimmt sich nach Abschnitt 1, die Gebühr für die Beurkundung des Zuschlags bei der freiwilligen Versteigerung von Grundstücken oder grundstücksgleichen Rechten bestimmt sich nach Nummer 23603.

(2) Die Beurkundung der in der Anmerkung zu Nummer 23603 genannten Erklärungen wird durch die Gebühr 23603 mit abgegolten, wenn die Beurkundung in der Niederschrift über die Versteigerung erfolgt.

Nr.	Gebührentatbestand	
21200	Beurkundungsverfahren .... Unerheblich ist, ob eine Erklärung von einer oder von mehreren Personen abgegeben wird.	1,0 – mindestens 60,00 €
21201	Beurkundungsgegenstand ist 1. der Widerruf einer letztwilligen Verfügung, 2. der Rücktritt von einem Erbvertrag, 3. die Anfechtung einer Verfügung von Todes wegen, 4. ein Antrag oder eine Bewilligung nach der Grundbuchordnung, der Schiffsregisterordnung oder dem Gesetz über Rechte an Luftfahrzeugen oder die Zustimmung des Eigentümers zur Löschung eines Grundpfandrechts oder eines vergleichbaren Pfandrechts, 5. eine Anmeldung zum Handelsregister oder zu einem ähnlichen Register, 6. ein Antrag an das Nachlassgericht, 7. eine Erklärung, die gegenüber dem Nachlassgericht abzugeben ist, oder 8. die Zustimmung zur Annahme als Kind: Die Gebühr 21200 beträgt .... In dem in Vorbemerkung 2.3.3 Abs. 2 genannten Fall ist das Beurkundungsverfahren für den Antrag an das Nachlassgericht durch die Gebühr 23300 für die Abnahme der eidesstattlichen Versicherung mit abgegolten; im Übrigen bleiben die Vorschriften in Hauptabschnitt 1 unberührt.	0,5 – mindestens 30,00 €

Nr.	Gebührentatbestand	Gebühr oder Satz der Gebühr nach § 34 GNotKG **– Tabelle B**

Abschnitt 3. Vorzeitige Beendigung des Beurkundungsverfahrens

Vorbemerkung 2.1.3:

(1) Ein Beurkundungsverfahren ist vorzeitig beendet, wenn vor Unterzeichnung der Niederschrift durch den Notar *[ab 1.8.2022: oder bevor der Notar die elektronische Niederschrift mit seiner qualifizierten elektronischen Signatur versehen hat]* der Beurkundungsauftrag zurückgenommen oder zurückgewiesen wird oder der Notar feststellt, dass nach seiner Überzeugung mit der beauftragten Beurkundung aus Gründen, die nicht in seiner Person liegen, nicht mehr zu rechnen ist. Wird das Verfahren länger als 6 Monate nicht mehr betrieben, ist in der Regel nicht mehr mit der Beurkundung zu rechnen.

(2) Führt der Notar nach der vorzeitigen Beendigung des Beurkundungsverfahrens demnächst auf der Grundlage der bereits erbrachten notariellen Tätigkeit ein erneutes Beurkundungsverfahren durch, wird die nach diesem Abschnitt zu erhebende Gebühr auf die Gebühr für das erneute Beurkundungsverfahren angerechnet.

(3) Der Fertigung eines Entwurfs im Sinne der nachfolgenden Vorschriften steht die Überprüfung, Änderung oder Ergänzung eines dem Notar vorgelegten Entwurfs gleich.

Nr.	Gebührentatbestand	Gebühr/Satz
21300	Vorzeitige Beendigung des Beurkundungsverfahrens 1. vor Ablauf des Tages, an dem ein vom Notar gefertigter Entwurf an einen Beteiligten durch Aufgabe zur Post versandt worden ist, 2. vor der Übermittlung eines vom Notar gefertigten Entwurfs per Telefax, vor der elektronischen Übermittlung als Datei oder vor Aushändigung oder 3. bevor der Notar mit allen Beteiligten in einem zum Zweck der Beurkundung vereinbarten Termin auf der Grundlage eines von ihm gefertigten Entwurfs verhandelt hat: Die jeweilige Gebühr für das Beurkundungsverfahren ermäßigt sich auf	20,00 €
21301	In den Fällen der Nummer 21300 hat der Notar persönlich oder schriftlich beraten: Die jeweilige Gebühr für das Beurkundungsverfahren ermäßigt sich auf eine Gebühr	in Höhe der jeweiligen Beratungsgebühr
21302	Vorzeitige Beendigung des Verfahrens nach einem der in Nummer 21300 genannten Zeitpunkte in den Fällen der Nummer 21100: Die Gebühr 21100 ermäßigt sich auf	0,5 bis 2,0 – mindestens 120,00 €
21303	Vorzeitige Beendigung des Verfahrens nach einem der in Nummer 21300 genannten Zeitpunkte in den Fällen der Nummern 21102 und 21200:	

Nr.	Gebührentatbestand	Gebühr oder Satz der Gebühr nach § 34 GNotKG **– Tabelle B**
	Die Gebühren 21102 und 21200 ermäßigen sich auf	0,3 bis 1,0 – mindestens 60,00 €
21304	Vorzeitige Beendigung des Verfahrens nach einem der in Nummer 21300 genannten Zeitpunkte in den Fällen der Nummern 21101 und 21201:	
	Die Gebühren 21101 und 21201 ermäßigen sich auf	0,3 bis 0,5 – mindestens 30,00 €

Hauptabschnitt 2. Vollzug eines Geschäfts und Betreuungstätigkeiten

Vorbemerkung 2.2:

(1) Gebühren nach diesem Hauptabschnitt entstehen nur, wenn dem Notar für seine Tätigkeit ein besonderer Auftrag erteilt worden ist; dies gilt nicht für die Gebühren 22114, 22125 und die Gebühr 22200 im Fall der Nummer 6 der Anmerkung.

(2) Entsteht für eine Tätigkeit eine Gebühr nach diesem Hauptabschnitt, fällt bei demselben Notar insoweit keine Gebühr für die Fertigung eines Entwurfs und keine Gebühr nach Nummer 25204 an.

Abschnitt 1. Vollzug

Unterabschnitt 1. Vollzug eines Geschäfts

Vorbemerkung 2.2.1.1:

(1) Die Vorschriften dieses Unterabschnitts sind anzuwenden, wenn der Notar eine Gebühr für das Beurkundungsverfahren oder für die Fertigung eines Entwurfs erhält, die das zugrunde liegende Geschäft betrifft. Die Vollzugsgebühr entsteht für die

1. Anforderung und Prüfung einer Erklärung oder Bescheinigung nach öffentlich-rechtlichen Vorschriften, mit Ausnahme der Unbedenklichkeitsbescheinigung des Finanzamts,
2. Anforderung und Prüfung einer anderen als der in Nummer 4 genannten gerichtlichen Entscheidung oder Bescheinigung, dies gilt auch für die Ermittlung des Inhalts eines ausländischen Registers,
3. Fertigung, Änderung oder Ergänzung der Liste der Gesellschafter (§ 8 Abs. 1 Nr. 3, § 40 GmbHG) oder der Liste der Personen, welche neue Geschäftsanteile übernommen haben (§ 57 Abs. 3 Nr. 2 GmbHG),
4. Anforderung und Prüfung einer Entscheidung des Familien-, Betreuungs- oder Nachlassgerichts einschließlich aller Tätigkeiten des Notars gemäß den *[bis 31.12.2022: §§ 1828 und 1829 BGB]* *[ab 1.1.2023: §§ 1855 und 1856 BGB]* im Namen der Beteiligten sowie die Erteilung einer Bescheinigung über die Wirksamkeit oder Unwirksamkeit des Rechtsgeschäfts,
5. Anforderung und Prüfung einer Vollmachtsbestätigung oder einer privatrechtlichen Zustimmungserklärung,
6. Anforderung und Prüfung einer privatrechtlichen Verzichtserklärung,
7. Anforderung und Prüfung einer Erklärung über die Ausübung oder Nichtausübung eines privatrechtlichen Vorkaufs- oder Wiederkaufsrechts,
8. Anforderung und Prüfung einer Erklärung über die Zustimmung zu einer Schuldübernahme oder einer Entlassung aus der Haftung,
9. Anforderung und Prüfung einer Erklärung oder sonstigen Urkunde zur Verfügung über ein Recht an einem Grundstück oder einem grundstücksgleichen Recht sowie zur Löschung oder Inhaltsänderung einer sonstigen Eintragung im Grundbuch oder in einem Register oder Anforderung und Prüfung einer Erklärung, inwieweit ein Grundpfandrecht eine Verbindlichkeit sichert,

Nr.	Gebührentatbestand	Gebühr oder Satz der Gebühr nach § 34 GNotKG – **Tabelle B**
	10. Anforderung und Prüfung einer Verpflichtungserklärung betreffend eine in Nummer 9 genannte Verfügung oder einer Erklärung über die Nichtausübung eines Rechts und	
	11. über die in den Nummern 1 und 2 genannten Tätigkeiten hinausgehende Tätigkeit für die Beteiligten gegenüber der Behörde, dem Gericht oder der Körperschaft oder Anstalt des öffentlichen Rechts.	
	Die Vollzugsgebühr entsteht auch, wenn die Tätigkeit vor der Beurkundung vorgenommen wird.	
	(2) Zustimmungsbeschlüsse stehen Zustimmungserklärungen gleich.	
	(3) Wird eine Vollzugstätigkeit unter Beteiligung eines ausländischen Gerichts oder einer ausländischen Behörde vorgenommen, bestimmt sich die Vollzugsgebühr nach Unterabschnitt 2.	
22110	Vollzugsgebühr	0,5
22111	Vollzugsgebühr, wenn die Gebühr für das zugrunde liegende Beurkundungsverfahren weniger als 2,0 beträgt: Die Gebühr 22110 beträgt	0,3
	Vollzugsgegenstand sind lediglich die in der Vorbemerkung 2.2.1.1 Abs. 1 Satz 2 Nr. 1 bis 3 genannten Tätigkeiten: Die Gebühren 22110 und 22111 betragen	
22112	– für jede Tätigkeit nach Vorbemerkung 2.2.1.1 Abs. 1 Satz 2 Nr. 1 und 2	höchstens 50,00 €
22113	– für jede Tätigkeit nach Vorbemerkung 2.2.1.1 Abs. 1 Satz 2 Nr. 3	höchstens 250,00 €
22114	Erzeugung von strukturierten Daten in Form der Extensible Markup Language (XML) oder in einem nach dem Stand der Technik vergleichbaren Format für eine automatisierte Weiterbearbeitung	0,2 – höchstens 125,00 €
22115	Neben der Gebühr 22114 entstehen andere Gebühren dieses Unterabschnitts: Die Gebühr 22114 beträgt:	0,1 – höchstens 125,00 €

Unterabschnitt 2. Vollzug in besonderen Fällen

Vorbemerkung 2.2.1.2:
Die Gebühren dieses Unterabschnitts entstehen, wenn der Notar
1. keine Gebühr für ein Beurkundungsverfahren oder für die Fertigung eines Entwurfs erhalten hat, die das zu vollziehende Geschäft betrifft, oder
2. eine Vollzugstätigkeit unter Beteiligung eines ausländischen Gerichts oder einer ausländischen Behörde vornimmt.

Nr.	Gebührentatbestand	Gebühr oder Satz der Gebühr nach § 34 GNotKG **– Tabelle B**
22120	Vollzugsgebühr für die in Vorbemerkung 2.2.1.1 Abs. 1 Satz 2 genannten Tätigkeiten, wenn die Gebühr für ein die Urkunde betreffendes Beurkundungsverfahren 2,0 betragen würde	1,0
22121	Vollzugsgebühr für die in Vorbemerkung 2.2.1.1 Abs. 1 Satz 2 genannten Tätigkeiten, wenn die Gebühr für ein die Urkunde betreffendes Beurkundungsverfahren weniger als 2,0 betragen würde	0,5
22122	Überprüfung, ob die Urkunde bei Gericht eingereicht werden kann	0,5
	(1) Die Gebühr entsteht nicht neben einer der Gebühren 22120 und 22121.	
	(2) Die Gebühr entsteht nicht für die Prüfung der Eintragungsfähigkeit in den Fällen des § 378 Abs. 3 FamFG und des § 15 Abs. 3 der Grundbuchordnung.	
22123	Erledigung von Beanstandungen einschließlich des Beschwerdeverfahrens	0,5
	Die Gebühr entsteht nicht neben einer der Gebühren 22120 bis 22122.	
22124	Die Tätigkeit beschränkt sich auf 1. die Übermittlung von Anträgen, Erklärungen oder Unterlagen an ein Gericht, eine Behörde oder einen Dritten oder die Stellung von Anträgen im Namen der Beteiligten, 2. die Prüfung der Eintragungsfähigkeit in den Fällen des § 378 Abs. 3 FamFG und des § 15 Abs. 3 der Grundbuchordnung	20,00 €
	(1) Die Gebühr entsteht nur, wenn nicht eine Gebühr nach den Nummern 22120 bis 22123 anfällt.	
	(2) Die Gebühr nach Nummer 2 entsteht nicht neben der Gebühr 25100 oder 25101.	
	(3) Die Gebühr entsteht auch, wenn Tätigkeiten nach Nummer 1 und nach Nummer 2 ausgeübt werden. In diesem Fall wird die Gebühr nur einmal erhoben.	
22125	Erzeugung von strukturierten Daten in Form der Extensible Markup Language (XML) oder einem nach dem Stand der Technik vergleichbaren Format für eine automatisierte Weiterbearbeitung	0,5 – höchstens 250,00 €
	(1) Die Gebühr entsteht neben anderen Gebühren dieses Unterabschnitts gesondert.	
	(2) Die Gebühr entsteht nicht neben der Gebühr 25101.	
	Abschnitt 2. Betreuungstätigkeiten	
22200	Betreuungsgebühr	0,5
	Die Betreuungsgebühr entsteht für die 1. Erteilung einer Bescheinigung über den Eintritt der Wirksamkeit von Verträgen, Erklärungen und Beschlüssen,	

Nr.	Gebührentatbestand	Gebühr oder Satz der Gebühr nach § 34 GNotKG **– Tabelle B**
	2. Prüfung und Mitteilung des Vorliegens von Fälligkeitsvoraussetzungen einer Leistung oder Teilleistung,	
	3. Beachtung einer Auflage eines an dem Beurkundungsverfahren Beteiligten im Rahmen eines Treuhandauftrags, eine Urkunde oder Auszüge einer Urkunde nur unter bestimmten Bedingungen herauszugeben, wenn die Herausgabe nicht lediglich davon abhängt, dass ein Beteiligter der Herausgabe zustimmt, oder die Erklärung der Bewilligung nach § 19 der Grundbuchordnung aufgrund einer Vollmacht, wenn diese nur unter bestimmten Bedingungen abgegeben werden soll,	
	4. Prüfung und Beachtung der Auszahlungsvoraussetzungen von verwahrtem Geld und der Ablieferungsvoraussetzungen von verwahrten Wertpapieren und Kostbarkeiten,	
	5. Anzeige oder Anmeldung einer Tatsache, insbesondere einer Abtretung oder Verpfändung, an einen nicht an dem Beurkundungsverfahren Beteiligten zur Erzielung einer Rechtsfolge, wenn sich die Tätigkeit des Notars nicht darauf beschränkt, dem nicht am Beurkundungsverfahren Beteiligten die Urkunde oder eine Kopie oder eine Ausfertigung der Urkunde zu übermitteln,	
	6. Erteilung einer Bescheinigung über Veränderungen hinsichtlich der Personen der Gesellschafter oder des Umfangs ihrer Beteiligung (§ 40 Abs. 2 GmbHG), wenn Umstände außerhalb der Urkunde zu prüfen sind, und	
	7. Entgegennahme der für den Gläubiger bestimmten Ausfertigung einer Grundpfandrechtsbestellungsurkunde zur Herbeiführung der Bindungswirkung gemäß § 873 Abs. 2 BGB.	
22201	Treuhandgebühr	0,5
	Die Treuhandgebühr entsteht für die Beachtung von Auflagen durch einen nicht unmittelbar an dem Beurkundungsverfahren Beteiligten, eine Urkunde oder Auszüge einer Urkunde nur unter bestimmten Bedingungen herauszugeben. Die Gebühr entsteht für jeden Treuhandauftrag gesondert.	

Hauptabschnitt 3. Sonstige notarielle Verfahren

Vorbemerkung 2.3:
Mit den Gebühren dieses Hauptabschnitts wird auch die Fertigung einer Niederschrift abgegolten. Nummer 23603 bleibt unberührt.

Abschnitt 1. Rückgabe eines Erbvertrags aus der notariellen Verwahrung

23100	Verfahrensgebühr	0,3
	Wenn derselbe Notar demnächst nach der Rückgabe eines Erbvertrags eine erneute Verfügung von Todes wegen desselben Erblassers beurkundet, wird die Gebühr auf die Gebühr für das Beurkundungsverfahren angerechnet. Bei einer Mehrheit von Erblassern erfolgt die Anrechnung nach Kopfteilen.	

Abschnitt 2. Verlosung, Auslosung

23200	Verfahrensgebühr	2,0
	Die Gebühr entsteht auch, wenn der Notar Prüfungstätigkeiten übernimmt.	

Nr.	Gebührentatbestand	Gebühr oder Satz der Gebühr nach § 34 GNotKG **– Tabelle B**
23201	Vorzeitige Beendigung des Verfahrens: Die Gebühr 23200 ermäßigt sich auf	0,5

Abschnitt 3. Eid, eidesstattliche Versicherung, Vernehmung von Zeugen und Sachverständigen

Vorbemerkung 2.3.3:

(1) Die Gebühren entstehen nur, wenn das in diesem Abschnitt genannte Verfahren oder Geschäft nicht Teil eines anderen Verfahrens oder Geschäfts ist.

(2) Wird mit der Niederschrift über die Abnahme der eidesstattlichen Versicherung zugleich ein Antrag an das Nachlassgericht beurkundet, wird mit der Gebühr 23300 insoweit auch das Beurkundungsverfahren abgegolten.

23300	Verfahren zur Abnahme von Eiden und eidesstatt-lichen Versicherungen	1,0
23301	Vorzeitige Beendigung des Verfahrens: Die Gebühr 23300 beträgt	0,3
23302	Vernehmung von Zeugen und Sachverständigen ...	1,0

Abschnitt 4. Wechsel- und Scheckprotest

Vorbemerkung 2.3.4:

Neben den Gebühren dieses Abschnitts werden die Gebühren 25300 und 26002 nicht erhoben.

23400	Verfahren über die Aufnahme eines Wechsel- und Scheckprotests .... Die Gebühr fällt auch dann an, wenn ohne Aufnahme des Pro-testes an den Notar gezahlt oder ihm die Zahlung nachgewiesen wird.	0,5
23401	Verfahren über die Aufnahme eines jeden Protests wegen Verweigerung der Ehrenannahme oder we-gen unterbliebener Ehrenzahlung, wenn der Wech-sel Notadressen enthält	0,3

Abschnitt 5. Vermögensverzeichnis und Siegelung

Vorbemerkung 2.3.5:

Neben den Gebühren dieses Abschnitts wird die Gebühr 26002 nicht erhoben.

23500	Verfahren über die Aufnahme eines Vermögensver-zeichnisses einschließlich der Siegelung .... Die Gebühr entsteht nicht, wenn die Aufnahme des Vermögens-verzeichnisses Teil eines beurkundeten Vertrags ist.	2,0
23501	Vorzeitige Beendigung des Verfahrens: Die Gebühr 23500 ermäßigt sich auf	0,5
23502	Mitwirkung als Urkundsperson bei der Aufnahme eines Vermögensverzeichnisses einschließlich der Siegelung	1,0
23503	Siegelung, die nicht mit den Gebühren 23500 oder 23502 abgegolten ist, und Entsiegelung	0,5

Nr.	Gebührentatbestand	Gebühr oder Satz der Gebühr nach § 34 GNotKG **– Tabelle B**

Abschnitt 6. Freiwillige Versteigerung von Grundstücken

Vorbemerkung 2.3.6:
Die Vorschriften dieses Abschnitts sind auf die freiwillige Versteigerung von Grundstücken und grundstücksgleichen Rechten durch den Notar zum Zwecke der Veräußerung oder Verpachtung anzuwenden.

23600	Verfahrensgebühr	0,5
23601	Aufnahme einer Schätzung	0,5
23602	Abhaltung eines Versteigerungstermins:	
	für jeden Termin	1,0
	Der Versteigerungstermin gilt als abgehalten, wenn zur Abgabe von Geboten aufgefordert ist.	
23603	Beurkundung des Zuschlags	1,0
	Die Beurkundung bleibt gebührenfrei, wenn sie in der Niederschrift über die Versteigerung erfolgt und wenn	
	1. der Meistbietende die Rechte aus dem Meistgebot oder der Veräußerer den Anspruch gegen den Ersteher abtritt, oder	
	2. der Meistbietende erklärt, für einen Dritten geboten zu haben, oder	
	3. ein Dritter den Erklärungen nach Nummer 2 beitritt.	
	Das Gleiche gilt, wenn nach Maßgabe der Versteigerungsbedingungen für den Anspruch gegen den Ersteher die Bürgschaft übernommen oder eine sonstige Sicherheit bestellt und dies in dem Protokoll über die Versteigerung beurkundet wird.	

Abschnitt 7. Versteigerung von beweglichen Sachen und von Rechten

23700	Verfahrensgebühr	3,0
	(1) Die Gebühr entsteht für die Versteigerung von beweglichen Sachen, von Früchten auf dem Halm oder von Holz auf dem Stamm sowie von Forderungen oder sonstigen Rechten.	
	(2) Ein Betrag in Höhe der Kosten kann aus dem Erlös vorweg entnommen werden.	
23701	Beendigung des Verfahrens vor Aufforderung zur Abgabe von Geboten:	
	Die Gebühr 23700 ermäßigt sich auf	0,5

Abschnitt 8. Vorbereitung der Zwangsvollstreckung

23800	Verfahren über die Vollstreckbarerklärung eines Anwaltsvergleichs nach § 796a ZPO	66,00 €
23801	Verfahren über die Vollstreckbarerklärung eines Schiedsspruchs mit vereinbartem Wortlaut (§ 1053 ZPO)	2,0
23802	Beendigung des gesamten Verfahrens durch Zurücknahme des Antrags:	
	Die Gebühr 23801 ermäßigt sich auf	1,0

Nr.	Gebührentatbestand	Gebühr oder Satz der Gebühr nach § 34 GNotKG **– Tabelle B**
23803	Verfahren über die Erteilung einer vollstreckbaren Ausfertigung, wenn der Eintritt einer Tatsache oder einer Rechtsnachfolge zu prüfen ist (§§ 726 bis 729 ZPO)	0,5
23804	Verfahren über den Antrag auf Erteilung einer weiteren vollstreckbaren Ausfertigung (§ 797 Abs. 2, § 733 ZPO)	22,00 €
	Die Gebühr wird für jede weitere vollstreckbare Ausfertigung gesondert erhoben.	
23805	Verfahren über die Ausstellung einer Bestätigung nach § 1079 ZPO oder über die Ausstellung einer Bescheinigung nach § 1110 ZPO	22,00 €
23806	Verfahren über einen Antrag auf Vollstreckbarerklärung einer notariellen Urkunde nach § 55 Abs. 3 AVAG, nach § 35 Abs. 3 AUG, nach § 3 Abs. 4 IntErbRVG oder nach § 4 Abs. 4 IntGüRVG	264,00 €
23807	Beendigung des gesamten Verfahrens durch Zurücknahme des Antrags: Die Gebühr 23806 ermäßigt sich auf	99,00 €
23808	Verfahren über die Ausstellung einer Bescheinigung nach § 57 AVAG, § 27 IntErbRVG oder § 27 IntGüRVG oder für die Ausstellung des Formblatts oder der Bescheinigung nach § 71 Abs. 1 AUG	17,00 €

Abschnitt 9. Teilungssachen

Vorbemerkung 2.3.9:

(1) Dieser Abschnitt gilt für Teilungssachen zur Vermittlung der Auseinandersetzung des Nachlasses und des Gesamtguts einer Gütergemeinschaft nach Beendigung der ehelichen, lebenspartnerschaftlichen oder fortgesetzten Gütergemeinschaft (§ 342 Abs. 2 Nr. 1 FamFG).

(2) Neben den Gebühren dieses Abschnitts werden gesonderte Gebühren erhoben für
1. die Aufnahme von Vermögensverzeichnissen und Schätzungen,
2. Versteigerungen und
3. das Beurkundungsverfahren, jedoch nur, wenn Gegenstand ein Vertrag ist, der mit einem Dritten zum Zweck der Auseinandersetzung geschlossen wird.

23900	Verfahrensgebühr	6,0
23901	Soweit das Verfahren vor Eintritt in die Verhandlung durch Zurücknahme oder auf andere Weise endet, ermäßigt sich die Gebühr 23900 auf	1,5
23902	Soweit der Notar das Verfahren vor Eintritt in die Verhandlung wegen Unzuständigkeit an einen anderen Notar verweist, ermäßigt sich die Gebühr 23900 auf	1,5 – höchstens 100,00 €

Nr.	Gebührentatbestand	Gebühr oder Satz der Gebühr nach § 34 GNotKG **– Tabelle B**
23903	Das Verfahren wird nach Eintritt in die Verhandlung 1. ohne Bestätigung der Auseinandersetzung abgeschlossen oder 2. wegen einer Vereinbarung der Beteiligten über die Zuständigkeit an einen anderen Notar verwiesen: Die Gebühr 23900 ermäßigt sich auf	3,0

Hauptabschnitt 4. Entwurf und Beratung

Abschnitt 1. Entwurf

Vorbemerkung 2.4.1:
(1) Gebühren nach diesem Abschnitt entstehen, wenn außerhalb eines Beurkundungsverfahrens ein Entwurf für ein bestimmtes Rechtsgeschäft oder eine bestimmte Erklärung im Auftrag eines Beteiligten gefertigt worden ist. Sie entstehen jedoch nicht in den Fällen der Vorbemerkung 2.2 Abs. 2.
(2) Beglaubigt der Notar, der den Entwurf gefertigt hat, demnächst unter dem Entwurf eine oder mehrere Unterschriften *[bis 31.7.2022: oder Handzeichen] [ab 1.8.2022: , Handzeichen oder qualifizierte elektronische Signaturen]*, entstehen für die erstmaligen Beglaubigungen, die an ein und demselben Tag erfolgen, keine Gebühren.
(3) Gebühren nach diesem Abschnitt entstehen auch, wenn der Notar keinen Entwurf gefertigt, aber einen ihm vorgelegten Entwurf überprüft, geändert oder ergänzt hat. Dies gilt nicht für die Prüfung der Eintragungsfähigkeit in den Fällen des § 378 Abs. 3 FamFG und des § 15 Abs. 3 der Grundbuchordnung.
(4) Durch die Gebühren dieses Abschnitts werden auch abgegolten
1. die Übermittlung von Anträgen und Erklärungen an ein Gericht oder eine Behörde,
2. die Stellung von Anträgen im Namen der Beteiligten bei einem Gericht oder einer Behörde und
3. die Erledigung von Beanstandungen einschließlich des Beschwerdeverfahrens.
(5) Gebühren nach diesem Abschnitt entstehen auch für die Fertigung eines Entwurfs zur beabsichtigten Verwendung für mehrere gleichartige Rechtsgeschäfte oder Erklärungen (Serienentwurf). Absatz 3 gilt entsprechend.
(6) Wenn der Notar demnächst nach Fertigung eines Entwurfs auf der Grundlage dieses Entwurfs ein Beurkundungsverfahren durchführt, wird eine Gebühr nach diesem Abschnitt auf die Gebühr für das Beurkundungsverfahren angerechnet.
(7) Der Notar ist berechtigt, dem Auftraggeber die Gebühren für die Fertigung eines Serienentwurfs bis zu einem Jahr nach Fälligkeit zu stunden.

Nr.	Gebührentatbestand	Gebühr
24100	Fertigung eines Entwurfs, wenn die Gebühr für das Beurkundungsverfahren 2,0 betragen würde	0,5 bis 2,0 – mindestens 120,00 €
24101	Fertigung eines Entwurfs, wenn die Gebühr für das Beurkundungsverfahren 1,0 betragen würde	0,3 bis 1,0 – mindestens 60,00 €
24102	Fertigung eines Entwurfs, wenn die Gebühr für das Beurkundungsverfahren 0,5 betragen würde	0,3 bis 0,5 – mindestens 30,00 €

Nr.	Gebührentatbestand	Gebühr oder Satz der Gebühr nach § 34 GNotKG **– Tabelle B**
24103	Auf der Grundlage eines von demselben Notar gefertigten Serienentwurfs finden Beurkundungsverfahren statt: Die Gebühren dieses Abschnitts ermäßigen sich jeweils um	die Gebühr für das Beurkundungsverfahren

Abschnitt 2. Beratung

Nr.	Gebührentatbestand	
24200	Beratungsgebühr	0,3 bis 1,0
	(1) Die Gebühr entsteht für eine Beratung, soweit der Beratungsgegenstand nicht Gegenstand eines anderen gebührenpflichtigen Verfahrens oder Geschäfts ist. (2) Soweit derselbe Gegenstand demnächst Gegenstand eines anderen gebührenpflichtigen Verfahrens oder Geschäfts ist, ist die Beratungsgebühr auf die Gebühr für das andere Verfahren oder Geschäft anzurechnen.	
24201	Der Beratungsgegenstand könnte auch Beurkundungsgegenstand sein und die Beurkundungsgebühr würde 1,0 betragen: Die Gebühr 24200 beträgt	0,3 bis 0,5
24202	Der Beratungsgegenstand könnte auch Beurkundungsgegenstand sein und die Beurkundungsgebühr würde weniger als 1,0 betragen: Die Gebühr 24200 beträgt	0,3
24203	Beratung bei der Vorbereitung oder Durchführung einer Hauptversammlung oder Gesellschafterversammlung	0,5 bis 2,0
	Die Gebühr entsteht, soweit der Notar die Gesellschaft über die im Rahmen eines Beurkundungsverfahrens bestehenden Amtspflichten hinaus berät.	

Hauptabschnitt 5. Sonstige Geschäfte

Abschnitt 1. Beglaubigungen und sonstige Zeugnisse (§§ 39, 39a BeurkG)

Nr.	Gebührentatbestand	
25100	Beglaubigung einer Unterschrift *[bis 31.7.2022: oder eines Handzeichens] [ab 1.8.2022: , eines Handzeichens oder einer qualifizierten elektronischen Signatur]*	0,2 – mindestens 20,00 €, höchstens 70,00 €
	(1) Die Gebühr entsteht nicht in den in Vorbemerkung 2.4.1 Abs. 2 genannten Fällen. (2) Mit der Gebühr ist die Beglaubigung mehrerer Unterschriften *[bis 31.7.2022: oder Handzeichen] [ab 1.8.2022: , Handzeichen oder qualifizierter elektronischer Signaturen]* abgegolten, wenn diese in einem einzigen Vermerk erfolgt.	

Nr.	Gebührentatbestand	Gebühr oder Satz der Gebühr nach § 34 GNotKG **– Tabelle B**
25101	*[bis 31.7.2022:]* Die Erklärung, unter der die Beglaubigung von Unterschriften oder Handzeichen erfolgt, betrifft *[ab 1.8.2022:] Die Beglaubigung erfolgt für* 1. eine Erklärung, für die nach den Staatsschuldbuchgesetzen eine öffentliche Beglaubigung vorgeschrieben ist, 2. eine Zustimmung gemäß § 27 der Grundbuchordnung sowie einen damit verbundenen Löschungsantrag gemäß § 13 der Grundbuchordnung, 3. den Nachweis der Verwaltereigenschaft gemäß § 26 Abs. 4 WEG: Die Gebühr 25100 beträgt	20,00 €
25102	Beglaubigung von Dokumenten .... (1) Neben der Gebühr wird keine Dokumentenpauschale erhoben. (2) Die Gebühr wird nicht erhoben für die Erteilung 1. beglaubigter Kopien oder Ausdrucke der vom Notar aufgenommenen oder entworfenen oder in Urschrift in seiner dauernden Verwahrung befindlichen Urkunden und 2. beglaubigter Kopien vorgelegter Vollmachten und Ausweise über die Berechtigung eines gesetzlichen Vertreters, die der vom Notar gefertigten Niederschrift beizulegen sind (§ 12 BeurkG). (3) Einer Kopie im Sinne des Absatzes 2 steht ein in ein elektronisches Dokument übertragenes Schriftstück gleich *[ab 1.8.2022: , insbesondere wenn dieses einer vom Notar gefertigten elektronischen Niederschrift beigefügt ist (§ 16d des Beurkundungsgesetzes)].*	1,00 € für jede angefangene Seite – mindestens 10,00 €
25103	Sicherstellung der Zeit, zu der eine Privaturkunde ausgestellt ist, einschließlich der über die Vorlegung ausgestellten Bescheinigung	20,00 €
25104	Erteilung von Bescheinigungen über Tatsachen oder Verhältnisse, die urkundlich nachgewiesen oder offenkundig sind, einschließlich der Identitätsfeststellung, wenn sie über die §§ 10 und 40 Abs. 4 BeurkG hinaus selbständige Bedeutung hat Die Gebühr entsteht nicht, wenn die Erteilung der Bescheinigung eine Betreuungstätigkeit nach Nummer 22200 darstellt.	1,0
	Abschnitt 2. Andere Bescheinigungen und sonstige Geschäfte	
25200	Erteilung einer Bescheinigung nach § 21 Abs. 1 BNotO	15,00 € für jedes Registerblatt, dessen Einsicht zur Erteilung erforderlich ist

Nr.	Gebührentatbestand	Gebühr oder Satz der Gebühr nach § 34 GNotKG – **Tabelle B**
25201	Rangbescheinigung (§ 122 GNotKG)	0,3
25202	Herstellung eines Teilhypotheken-, -grundschuld- oder -rentenschuldbriefs	0,3
25203	Erteilung einer Bescheinigung über das im Inland oder im Ausland geltende Recht einschließlich von Tatsachen	0,3 bis 1,0
25204	Abgabe einer Erklärung aufgrund einer Vollmacht anstelle einer in öffentlich beglaubigter Form durch die Beteiligten abzugebenden Erklärung ...... Die Gebühr entsteht nicht, wenn für die Tätigkeit eine Betreuungsgebühr anfällt.	in Höhe der für die Fertigung des Entwurfs der Erklärung zu erhebenden Gebühr
25205	Tätigkeit als zu einer Beurkundung zugezogener zweiter Notar .... (1) Daneben wird die Gebühr 26002 oder 26003 nicht erhoben. (2) Der zuziehende Notar teilt dem zugezogenen Notar die Höhe der von ihm zu erhebenden Gebühr für das Beurkundungsverfahren mit.	in Höhe von 50 % der dem beurkundenden Notar zustehenden Gebühr für das Beurkundungsverfahren
25206	Gründungsprüfung gemäß § 33 Abs. 3 des Aktiengesetzes	1,0 – mindestens 1 000,00 €
25207	Erwirkung der Apostille oder der Legalisation einschließlich der Beglaubigung durch den Präsidenten des Landgerichts	25,00 €
25208	Erwirkung der Legalisation, wenn weitere Beglaubigungen notwendig sind: Die Gebühr 25207 beträgt	50,00 €
25209	Einsicht in das Grundbuch, in öffentliche Register und Akten einschließlich der Mitteilung des Inhalts an die Beteiligten .... Die Gebühr entsteht nur, wenn die Tätigkeit nicht mit einem gebührenpflichtigen Verfahren oder Geschäft zusammenhängt.	15,00 €
	Erteilung von Abdrucken aus einem Register oder aus dem Grundbuch auf Antrag oder deren beantragte Ergänzung oder Bestätigung:	
25210	– Abdruck	10,00 €
25211	– beglaubigter Abdruck .... Neben den Gebühren 25210 und 25211 wird keine Dokumentenpauschale erhoben.	15,00 €

Nr.	Gebührentatbestand	Gebühr oder Satz der Gebühr nach § 34 GNotKG – **Tabelle B**
25212 25213	Anstelle eines Abdrucks wird in den Fällen der Nummern 25210 und 25211 die elektronische Übermittlung einer Datei beantragt: – unbeglaubigte Datei .... – beglaubigte Datei .... *Werden zwei elektronische Dateien gleichen Inhalts in unterschiedlichen Dateiformaten gleichzeitig übermittelt, wird die Gebühr 25212 oder 25213 nur einmal erhoben. Sind beide Gebührentatbestände erfüllt, wird die höhere Gebühr erhoben.*	5,00 € 10,00 €
25214	Erteilung einer Bescheinigung nach § 21 Abs. 3 BNotO	15,00 €

Abschnitt 3. Verwahrung von Geld, Wertpapieren und Kostbarkeiten

Vorbemerkung 2.5.3:
(1) Die Gebühren dieses Abschnitts entstehen neben Gebühren für Betreuungstätigkeiten gesondert.
(2) § 35 Abs. 2 GNotKG und Nummer 32013 sind nicht anzuwenden.

25300	Verwahrung von Geldbeträgen: je Auszahlung .... *Der Notar kann die Gebühr bei der Ablieferung an den Auftraggeber entnehmen.*	1,0 – soweit der Betrag 13 Mio. € übersteigt: 0,1 % des Auszahlungsbetrags
25301	Entgegennahme von Wertpapieren und Kostbarkeiten zur Verwahrung .... *Durch die Gebühr wird die Verwahrung mit abgegolten.*	1,0 – soweit der Wert 13 Mio. € übersteigt: 0,1 % des Werts

Hauptabschnitt 6. Zusatzgebühren

26000	Tätigkeiten, die auf Verlangen der Beteiligten an Sonntagen und allgemeinen Feiertagen, an Sonnabenden vor 8 und nach 13 Uhr sowie an den übrigen Werktagen außerhalb der Zeit von 8 bis 18 Uhr vorgenommen werden .... *(1) Treffen mehrere der genannten Voraussetzungen zu, so wird die Gebühr nur einmal erhoben.* *(2) Die Gebühr fällt nur an, wenn bei den einzelnen Geschäften nichts anderes bestimmt ist.*	in Höhe von 30 % der für das Verfahren oder das Geschäft zu erhebenden Gebühr – höchstens 30,00 €

Nr.	Gebührentatbestand	Gebühr oder Satz der Gebühr nach § 34 GNotKG **– Tabelle B**
26001	Abgabe der zu beurkundenden Erklärung eines Beteiligten in einer fremden Sprache ohne Hinzuziehung eines Dolmetschers sowie Beurkundung, Beglaubigung oder Bescheinigung in einer fremden Sprache oder Übersetzung einer Erklärung in eine andere Sprache .... Mit der Gebühr ist auch die Erteilung einer Bescheinigung gemäß § 50 BeurkG abgegolten.	in Höhe von 30 % der für das Beurkundungsverfahren, für eine Beglaubigung oder Bescheinigung zu erhebenden Gebühr – höchstens 5 000,00 €
26002	Die Tätigkeit wird auf Verlangen eines Beteiligten außerhalb der Geschäftsstelle des Notars vorgenommen: Zusatzgebühr für jede angefangene halbe Stunde der Abwesenheit, wenn nicht die Gebühr 26003 entsteht .... (1) Nimmt der Notar mehrere Geschäfte vor, so entsteht die Gebühr nur einmal. Sie ist auf die einzelnen Geschäfte unter Berücksichtigung der für jedes Geschäft aufgewandten Zeit angemessen zu verteilen. (2) Die Zusatzgebühr wird auch dann erhoben, wenn ein Geschäft aus einem in der Person eines Beteiligten liegenden Grund nicht vorgenommen wird. (3) Neben dieser Gebühr wird kein Tages- und Abwesenheitsgeld (Nummer 32008) erhoben.	50,00 €
26003	Die Tätigkeit wird auf Verlangen eines Beteiligten außerhalb der Geschäftsstelle des Notars vorgenommen und betrifft ausschließlich 1. die Errichtung, Aufhebung oder Änderung einer Verfügung von Todes wegen, 2. die Errichtung, den Widerruf oder die Änderung einer Vollmacht, die zur Registrierung im Zentralen Vorsorgeregister geeignet ist, 3. die Abgabe einer Erklärung gemäß *[bis 31.12. 2022: § 1897 Abs. 4 BGB] [ab 1.1.2023: § 1816 Abs. 2 BGB betreffend die Person eines Betreuers]* oder 4. eine Willensäußerung eines Beteiligten hinsichtlich seiner medizinischen Behandlung oder deren Abbruch:	

Nr.	Gebührentatbestand	Gebühr oder Satz der Gebühr nach § 34 GNotKG **– Tabelle B**
	Zusatzgebühr .... Die Gebühr entsteht für jeden Auftraggeber nur einmal. Im Übrigen gelten die Absätze 2 und 3 der Anmerkung zu Nummer 26002 entsprechend.	50,00 €

Teil 3. Auslagen

Nr.	Auslagentatbestand	Höhe

Vorbemerkung 3:

Sind Auslagen durch verschiedene Rechtssachen veranlasst, werden sie auf die Rechtssachen angemessen verteilt. Dies gilt auch, wenn die Auslagen durch Notar- und Rechtsanwaltsgeschäfte veranlasst sind.

Hauptabschnitt 1. Auslagen der Gerichte

Vorbemerkung 3.1:

(1) Auslagen, die durch eine für begründet befundene Beschwerde entstanden sind, werden nicht erhoben, soweit das Beschwerdeverfahren gebührenfrei ist; dies gilt jedoch nicht, soweit das Beschwerdegericht die Kosten dem Gegner des Beschwerdeführers auferlegt hat.

(2) In Betreuungssachen werden von dem Betroffenen Auslagen nur unter den in Vorbemerkung 1.1 Abs. 1 genannten Voraussetzungen erhoben. Satz 1 gilt nicht für die Auslagen 31015.

Nr.	Auslagentatbestand	Höhe
31000	Pauschale für die Herstellung und Überlassung von Dokumenten:	
	1. Ausfertigungen, Kopien und Ausdrucke bis zur Größe von DIN A 3, die	
	a) auf Antrag angefertigt oder auf Antrag per Telefax übermittelt worden sind oder	
	b) angefertigt worden sind, weil zu den Akten gegebene Urkunden, von denen eine Kopie zurückbehalten werden muss, zurückgefordert werden; in diesem Fall wird die bei den Akten zurückbehaltene Kopie gebührenfrei beglaubigt:	
	für die ersten 50 Seiten je Seite	0,50 €
	für jede weitere Seite	0,15 €
	für die ersten 50 Seiten in Farbe je Seite	1,00 €
	für jede weitere Seite in Farbe	0,30 €
	2. Entgelte für die Herstellung und Überlassung der in Nummer 1 genannten Kopien oder Ausdrucke in einer Größe von mehr als DIN A3	in voller Höhe
	oder pauschal je Seite	3,00 €
	oder pauschal je Seite in Farbe	6,00 €
	3. Überlassung von elektronisch gespeicherten Dateien oder deren Bereitstellung zum Abruf anstelle der in den Nummern 1 und 2 genannten Ausfertigungen, Kopien und Ausdrucke:	
	je Datei	1,50 €
	für die in einem Arbeitsgang überlassenen, bereitgestellten oder in einem Arbeitsgang auf denselben Datenträger übertragenen Dokumente insgesamt höchstens	5,00 €

(1) Die Höhe der Dokumentenpauschale nach Nummer 1 ist in gerichtlichen Verfahren in jedem Rechtszug, bei Dauerbetreuungen und -pflegschaften in jedem Kalenderjahr und für jeden

Nr.	Auslagentatbestand	Höhe
	Kostenschuldner nach § 26 Abs. 1 GNotKG gesondert zu berechnen. Gesamtschuldner gelten als ein Schuldner.	
	(2) Werden zum Zweck der Überlassung von elektronisch gespeicherten Dateien Dokumente zuvor auf Antrag von der Papierform in die elektronische Form übertragen, beträgt die Dokumentenpauschale nach Nummer 3 nicht weniger, als die Dokumentenpauschale im Fall der Nummer 1 für eine Schwarz-Weiß-Kopie ohne Rücksicht auf die Größe betragen würde.	
	(3) Frei von der Dokumentenpauschale sind für jeden Beteiligten und seinen bevollmächtigten Vertreter jeweils	
	1. bei Beurkundungen von Verträgen zwei Ausfertigungen, Kopien oder Ausdrucke, bei sonstigen Beurkundungen eine Ausfertigung, eine Kopie oder ein Ausdruck;	
	2. eine vollständige Ausfertigung oder Kopie oder ein vollständiger Ausdruck jeder gerichtlichen Entscheidung und jedes vor Gericht abgeschlossenen Vergleichs,	
	3. eine Ausfertigung ohne Begründung und	
	4. eine Kopie oder ein Ausdruck jeder Niederschrift über eine Sitzung.	
	(4) § 191a Abs. 1 Satz 5 GVG bleibt unberührt.	
	(5) Bei der Gewährung der Einsicht in Akten wird eine Dokumentenpauschale nur erhoben, wenn auf besonderen Antrag ein Ausdruck einer elektronischen Akte oder ein Datenträger mit dem Inhalt einer elektronischen Akte übermittelt wird.	
31001	Auslagen für Telegramme	in voller Höhe
31002	Pauschale für Zustellungen mit Zustellungsurkunde, Einschreiben gegen Rückschein oder durch Justizbedienstete nach § 168 Abs. 1 ZPO je Zustellung	3,50 €
	Neben Gebühren, die sich nach dem Geschäftswert richten, wird die Zustellungspauschale nur erhoben, soweit in einem Rechtszug mehr als 10 Zustellungen anfallen.	
31003	Pauschale für die bei der Versendung von Akten auf Antrag anfallenden Auslagen an Transport- und Verpackungskosten je Sendung	12,00 €
	Die Hin- und Rücksendung der Akten durch Gerichte gelten zusammen als eine Sendung.	
31004	Auslagen für öffentliche Bekanntmachungen	in voller Höhe
	Auslagen werden nicht erhoben für die Bekanntmachung in einem elektronischen Informations- und Kommunikationssystem, wenn das Entgelt nicht für den Einzelfall oder nicht für ein einzelnes Verfahren berechnet wird.	
31005	Nach dem JVEG zu zahlende Beträge	in voller Höhe
	(1) Die Beträge werden auch erhoben, wenn aus Gründen der Gegenseitigkeit, der Verwaltungsvereinfachung oder aus vergleichbaren Gründen keine Zahlungen zu leisten sind. Ist aufgrund des § 1 Abs. 2 Satz 2 JVEG keine Vergütung zu zahlen, ist der Betrag zu erheben, der ohne diese Vorschrift zu zahlen wäre.	
	(2) Nicht erhoben werden Beträge, die an ehrenamtliche Richter (§ 1 Abs. 1 Satz 1 Nr. 2 JVEG), an Übersetzer, die zur Erfüllung der Rechte blinder oder sehbehinderter Personen herangezogen werden (§ 191a Abs. 1 GVG), und an Kommunikationshilfen zur	

341

Nr.	Auslagentatbestand	Höhe
	Verständigung mit einer hör- oder sprachbehinderten Person (§ 186 GVG) gezahlt werden.	
31006	Bei Geschäften außerhalb der Gerichtsstelle	
	1. die den Gerichtspersonen aufgrund gesetzlicher Vorschriften gewährte Vergütung (Reisekosten, Auslagenersatz) und die Auslagen für die Bereitstellung von Räumen	in voller Höhe
	2. für den Einsatz von Dienstkraftfahrzeugen für jeden gefahrenen Kilometer	0,42 €
31007	An Rechtsanwälte zu zahlende Beträge mit Ausnahme der nach § 59 RVG auf die Staatskasse übergegangenen Ansprüche	in voller Höhe
31008	Auslagen für	
	1. die Beförderung von Personen	in voller Höhe
	2. Zahlungen an mittellose Personen für die Reise zum Ort einer Verhandlung oder Anhörung sowie für die Rückreise...................................	bis zur Höhe der nach dem JVEG an Zeugen zu zahlenden Beträge
31009	An Dritte zu zahlende Beträge für	
	1. die Beförderung von Tieren und Sachen mit Ausnahme der für Postdienstleistungen zu zahlenden Entgelte, die Verwahrung von Tieren und Sachen sowie die Fütterung von Tieren	in voller Höhe
	2. die Durchsuchung oder Untersuchung von Räumen und Sachen einschließlich der die Durchsuchung oder Untersuchung vorbereitenden Maßnahmen	in voller Höhe
31010	Kosten einer Zwangshaft	in Höhe des Haftkostenbeitrags
	Maßgebend ist die Höhe des Haftkostenbeitrags, der nach Landesrecht von einem Gefangenen zu erheben ist.	
31011	Kosten einer Ordnungshaft	in Höhe des Haftkostenbeitrags
	Maßgebend ist die Höhe des Haftkostenbeitrags, der nach Landesrecht von einem Gefangenen zu erheben ist. Diese Kosten werden nur angesetzt, wenn der Haftkostenbeitrag auch von einem Gefangenen im Strafvollzug zu erheben wäre.	
31012	Nach § 12 BGebG, dem 5. Abschnitt des Konsulargesetzes und der Besonderen Gebührenverordnung des Auswärtigen Amts nach § 22 Abs. 4 BGebG zu zahlende Beträge	in voller Höhe
31013	An deutsche Behörden für die Erfüllung von deren eigenen Aufgaben zu zahlende Gebühren sowie diejenigen Beträge, die diesen Behörden, öffentlichen Einrichtungen oder deren Bediensteten als	

Nr.	Auslagentatbestand	Höhe
	Ersatz für Auslagen der in den Nummern 31000 bis 31012 bezeichneten Art zustehen .... Die als Ersatz für Auslagen angefallenen Beträge werden auch erhoben, wenn aus Gründen der Gegenseitigkeit, der Verwaltungsvereinfachung oder aus vergleichbaren Gründen keine Zahlungen zu leisten sind.	in voller Höhe, die Auslagen begrenzt durch die Höchstsätze für die Auslagen 31000 bis 31012
31014	Beträge, die ausländischen Behörden, Einrichtungen oder Personen im Ausland zustehen, sowie Kosten des Rechtshilfeverkehrs mit dem Ausland .. Die Beträge werden auch erhoben, wenn aus Gründen der Gegenseitigkeit, der Verwaltungsvereinfachung oder aus vergleichbaren Gründen keine Zahlungen zu leisten sind.	in voller Höhe
31015	An den Verfahrenspfleger zu zahlende Beträge .... Die Beträge werden von dem Betroffenen nur nach Maßgabe des *[bis 31.12.2022: § 1836c BGB] [ab 1.1.2023: § 1880 Abs. 2 BGB]* erhoben.	in voller Höhe
31016	Pauschale für die Inanspruchnahme von Videokonferenzverbindungen: je Verfahren für jede angefangene halbe Stunde	15,00 €
31017	Umsatzsteuer auf die Kosten .... Dies gilt nicht, wenn die Umsatzsteuer nach § 19 Abs. 1 UStG unerhoben bleibt.	in voller Höhe

Hauptabschnitt 2. Auslagen der Notare

Vorbemerkung 3.2:
(1) Mit den Gebühren werden auch die allgemeinen Geschäftskosten entgolten.
(2) Eine Geschäftsreise liegt vor, wenn das Reiseziel außerhalb der Gemeinde liegt, in der sich der Amtssitz oder die Wohnung des Notars befindet.

32000	Pauschale für die Herstellung und Überlassung von Ausfertigungen, Kopien und Ausdrucken (Dokumentenpauschale) bis zur Größe von DIN A3, die auf besonderen Antrag angefertigt oder per Telefax übermittelt worden sind:	
	für die ersten 50 Seiten je Seite	0,50 €
	für jede weitere Seite	0,15 €
	für die ersten 50 Seiten in Farbe je Seite	1,00 €
	für jede weitere Seite in Farbe	0,30 €
	Dieser Auslagentatbestand gilt nicht für die Fälle der Nummer 32001 Nr. 2 und 3.	
32001	Dokumentenpauschale für Ausfertigungen, Kopien und Ausdrucke bis zur Größe von DIN A3, die 1. ohne besonderen Antrag von eigenen Niederschriften, eigenen Entwürfen und von Urkunden, auf denen der Notar eine Unterschrift beglaubigt hat, angefertigt oder per Telefax über-	

Nr.	Auslagentatbestand	Höhe
	mittelt worden sind; dies gilt nur, wenn die Dokumente nicht beim Notar verbleiben; 2. in einem Beurkundungsverfahren auf besonderen Antrag angefertigt oder per Telefax übermittelt worden sind; dies gilt nur, wenn der Antrag spätestens bei der Aufnahme der Niederschrift gestellt wird; 3. bei einem Auftrag zur Erstellung eines Entwurfs auf besonderen Antrag angefertigt oder per Telefax übermittelt worden sind; dies gilt nur, wenn der Antrag spätestens am Tag vor der Versendung des Entwurfs gestellt wird:	
	je Seite	0,15 €
	je Seite in Farbe	0,30 €
32002	Dokumentenpauschale für die Überlassung von elektronisch gespeicherten Dateien oder deren Bereitstellung zum Abruf anstelle der in den Nummern 32000 und 32001 genannten Dokumente ohne Rücksicht auf die Größe der Vorlage:	
	je Datei	1,50 €
	für die in einem Arbeitsgang überlassenen, bereitgestellten oder in einem Arbeitsgang auf denselben Datenträger übertragenen Dokumente insgesamt höchstens	5,00 €
	Werden zum Zweck der Überlassung von elektronisch gespeicherten Dateien Dokumente zuvor auf Antrag von der Papierform in die elektronische Form übertragen, beträgt die Dokumentenpauschale nicht weniger, als die Dokumentenpauschale im Fall der Nummer 32000 für eine Schwarz-Weiß-Kopie betragen würde.	
32003	Entgelte für die Herstellung von Kopien oder Ausdrucken der in den Nummern 32000 und 32001 genannten Art in einer Größe von mehr als DIN A3	in voller Höhe
	oder pauschal je Seite	3,00 €
	oder pauschal je Seite in Farbe	6,00 €
32004	Entgelte für Post- und Telekommunikationsdienstleistungen	in voller Höhe
	(1) Für die durch die Geltendmachung der Kosten entstehenden Entgelte kann kein Ersatz verlangt werden. (2) Für Zustellungen mit Zustellungsurkunde und für Einschreiben gegen Rückschein ist der in Nummer 31002 bestimmte Betrag anzusetzen.	
32005	Pauschale für Entgelte für Post- und Telekommunikationsdienstleistungen .... Die Pauschale kann in jedem notariellen Verfahren und bei sonstigen notariellen Geschäften anstelle der tatsächlichen Auslagen nach Nummer 32004 gefordert werden. Ein notarielles Geschäft und der sich hieran anschließende Vollzug sowie sich hieran an-	20 % der Gebühren – höchstens 20,00 €

Nr.	Auslagentatbestand	Höhe
	schließende Betreuungstätigkeiten gelten insoweit zusammen als ein Geschäft.	
32006	Fahrtkosten für eine Geschäftsreise bei Benutzung eines eigenen Kraftfahrzeugs für jeden gefahrenen Kilometer .... Mit den Fahrtkosten sind die Anschaffungs-, Unterhaltungs- und Betriebskosten sowie die Abnutzung des Kraftfahrzeugs abgegolten.	0,42 €
32007	Fahrtkosten für eine Geschäftsreise bei Benutzung eines anderen Verkehrsmittels, soweit sie angemessen sind	in voller Höhe
32008	Tage- und Abwesenheitsgeld bei einer Geschäftsreise	
	1. von nicht mehr als 4 Stunden	30,00 €
	2. von mehr als 4 bis 8 Stunden	50,00 €
	3. von mehr als 8 Stunden	80,00 €
	Das Tage- und Abwesenheitsgeld wird nicht neben der Gebühr 26002 oder 26003 erhoben.	
32009	Sonstige Auslagen anlässlich einer Geschäftsreise, soweit sie angemessen sind	in voller Höhe
32010	An Dolmetscher, Übersetzer und Urkundszeugen zu zahlende Vergütungen sowie Kosten eines zugezogenen zweiten Notars	in voller Höhe
32011	Nach dem JVKostG für den Abruf von Daten im automatisierten Abrufverfahren zu zahlende Beträge	in voller Höhe
32012	Im Einzelfall gezahlte Prämie für eine Haftpflichtversicherung für Vermögensschäden, wenn die Versicherung auf schriftliches Verlangen eines Beteiligten abgeschlossen wird	in voller Höhe
32013	Im Einzelfall gezahlte Prämie für die Haftpflichtversicherung für Vermögensschäden, soweit die Prämie auf Haftungsbeträge von mehr als 60 Mio. € entfällt und wenn nicht Nummer 32012 erfüllt ist .... Soweit sich aus der Rechnung des Versicherers nichts anderes ergibt, ist von der Gesamtprämie der Betrag zu erstatten, der sich aus dem Verhältnis der 60 Mio. € übersteigenden Versicherungssumme zu der Gesamtversicherungssumme ergibt.	in voller Höhe
32014	Umsatzsteuer auf die Kosten .... Dies gilt nicht, wenn die Umsatzsteuer nach § 19 Abs. 1 UStG unerhoben bleibt.	in voller Höhe
32015	Sonstige Aufwendungen .... Sonstige Aufwendungen sind solche, die der Notar aufgrund eines ausdrücklichen Auftrags und für Rechnung eines Beteiligten erbringt. Solche Aufwendungen sind insbesondere verauslagte Gerichtskosten und Gebühren in Angelegenheiten des Zentralen	in voller Höhe

Nr.	Auslagentatbestand	Höhe
32016	Vorsorge- oder Testamentsregisters *[ab 1.1.2022: sowie des Elektronischen Urkundenarchivs]*. *[Nr. 32016 ab 1.8.2022:]* *Pauschale für die Inanspruchnahme des Videokommunikationssystems der Bundesnotarkammer (§ 78p BNotO):* *1. für die Beglaubigung einer qualifizierten elektronischen Signatur* .... *2. für das Beurkundungsverfahren* .... *Erfolgt die Beglaubigung mehrerer qualifizierter elektronischer Signaturen in einem einzigen Vermerk, entsteht die Pauschale nur einmal.*	8,00 € 25,00 €

Anlage 2[1]
(zu § 34 Absatz 3)

Geschäftswert bis ... €	Gebühr **Tabelle A** ... €	Gebühr **Tabelle B** ... €
500	38,00	15,00
1 000	58,00	19,00
1 500	78,00	23,00
2 000	98,00	27,00
3 000	119,00	33,00
4 000	140,00	39,00
5 000	161,00	45,00
6 000	182,00	51,00
7 000	203,00	57,00
8 000	224,00	63,00
9 000	245,00	69,00
10 000	266,00	75,00
13 000	295,00	83,00
16 000	324,00	91,00
19 000	353,00	99,00
22 000	382,00	107,00
25 000	411,00	115,00
30 000	449,00	125,00
35 000	487,00	135,00
40 000	525,00	145,00
45 000	563,00	155,00
50 000	601,00	165,00
65 000	733,00	192,00

[1] Anl. 2 neu gef. mWv 1.1.2021 durch G v. 21.12.2020 (BGBl. I S. 3229).

Geschäftswert bis ... €	Gebühr **Tabelle A** ... €	Gebühr **Tabelle B** ... €
80 000	865,00	219,00
95 000	997,00	246,00
110 000	1 129,00	273,00
125 000	1 261,00	300,00
140 000	1 393,00	327,00
155 000	1 525,00	354,00
170 000	1 657,00	381,00
185 000	1 789,00	408,00
200 000	1 921,00	435,00
230 000	2 119,00	485,00
260 000	2 317,00	535,00
290 000	2 515,00	585,00
320 000	2 713,00	635,00
350 000	2 911,00	685,00
380 000	3 109,00	735,00
410 000	3 307,00	785,00
440 000	3 505,00	835,00
470 000	3 703,00	885,00
500 000	3 901,00	935,00
550 000	4 099,00	1 015,00
600 000	4 297,00	1 095,00
650 000	4 495,00	1 175,00
700 000	4 693,00	1 255,00
750 000	4 891,00	1 335,00
800 000	5 089,00	1 415,00
850 000	5 287,00	1 495,00
900 000	5 485,00	1 575,00
950 000	5 683,00	1 655,00
1 000 000	5 881,00	1 735,00
1 050 000	6 079,00	1 815,00
1 100 000	6 277,00	1 895,00
1 150 000	6 475,00	1 975,00
1 200 000	6 673,00	2 055,00
1 250 000	6 871,00	2 135,00
1 300 000	7 069,00	2 215,00
1 350 000	7 267,00	2 295,00
1 400 000	7 465,00	2 375,00
1 450 000	7 663,00	2 455,00
1 500 000	7 861,00	2 535,00

Geschäftswert bis … €	Gebühr **Tabelle A** … €	Gebühr **Tabelle B** … €
1 550 000	8 059,00	2 615,00
1 600 000	8 257,00	2 695,00
1 650 000	8 455,00	2 775,00
1 700 000	8 653,00	2 855,00
1 750 000	8 851,00	2 935,00
1 800 000	9 049,00	3 015,00
1 850 000	9 247,00	3 095,00
1 900 000	9 445,00	3 175,00
1 950 000	9 643,00	3 255,00
2 000 000	9 841,00	3 335,00
2 050 000	10 039,00	3 415,00
2 100 000	10 237,00	3 495,00
2 150 000	10 435,00	3 575,00
2 200 000	10 633,00	3 655,00
2 250 000	10 831,00	3 735,00
2 300 000	11 029,00	3 815,00
2 350 000	11 227,00	3 895,00
2 400 000	11 425,00	3 975,00
2 450 000	11 623,00	4 055,00
2 500 000	11 821,00	4 135,00
2 550 000	12 019,00	4 215,00
2 600 000	12 217,00	4 295,00
2 650 000	12 415,00	4 375,00
2 700 000	12 613,00	4 455,00
2 750 000	12 811,00	4 535,00
2 800 000	13 009,00	4 615,00
2 850 000	13 207,00	4 695,00
2 900 000	13 405,00	4 775,00
2 950 000	13 603,00	4 855,00
3 000 000	13 801,00	4 935,00

5. Gesetz über die Vergütung von Sachverständigen, Dolmetscherinnen, Dolmetschern, Übersetzerinnen und Übersetzern sowie die Entschädigung von ehrenamtlichen Richterinnen, ehrenamtlichen Richtern, Zeuginnen, Zeugen und Dritten (Justizvergütungs- und -entschädigungsgesetz – JVEG)[1]

Vom 5. Mai 2004

(BGBl. I S. 718, 776)

FNA 367-3

geänd. durch Art. 16 AnhörungsrügenG v. 9.12.2004 (BGBl. I S. 3220), Art. 14 Abs. 5 JustizkommunikationsG v. 22.3.2005 (BGBl. I S. 837), Art. 5 G zur Einführung von Kapitalanleger-Musterverfahren v. 16.8.2005 (BGBl. I S. 2437, geänd. durch G v. 22.12.2006, BGBl. I S. 3416), Art. 19 Zweites JustizmodernisierungsG v. 22.12.2006 (BGBl. I S. 3416), Art. 18 Abs. 4 G zur Neuregelung des Rechtsberatungsrechts v. 12.12.2007 (BGBl. I S. 2840), Art. 47 Abs. 5 FGG-ReformG v. 17.12. 2008 (BGBl. I S. 2586), Art. 1 TK-Entschädigungs-NeuordnungsG v. 29.4.2009 (BGBl. I S. 994), Art. 7 Abs. 3 G zur Modernisierung von Verfahren im anwaltl. u. notariellen BerufsR, zur Errichtung einer Schlichtungsstelle der Rechtsanwaltschaft sowie zur Änd. sonst. Vorschr. v. 30.7.2009 (BGBl. I S. 2449), Art. 5 G zur Reform des KapMuG und zur Änd. anderer Vorschriften v. 19.10.2012 (BGBl. I S. 2182), Art. 13 G zur Einführung einer Rechtsbehelfsbelehrung im Zivilprozess und zur Änd. anderer Vorschr. v. 5.12.2012 (BGBl. I S. 2418), Art. 7 G zur Modernisierung des notariellen Berufsrechts und zur Änd. weiterer Vorschriften v. 25.6.2021 (BGBl. I S. 2154)

geänd. durch Art. 16 AnhörungsrügenG v. 9.12.2004 (BGBl. I S. 3220), Art. 14 Abs. 5 JustizkommunikationsG v. 22.3.2005 (BGBl. I S. 837), Art. 5 G zur Einführung von Kapitalanleger-Musterverfahren v. 16.8.2005 (BGBl. I S. 2437, geänd. durch G v. 22.12.2006, BGBl. I S. 3416), Art. 19 Zweites JustizmodernisierungsG v. 22.12.2006 (BGBl. I S. 3416), Art. 18 Abs. 4 G zur Neuregelung des Rechtsberatungsrechts v. 12.12.2007 (BGBl. I S. 2840), Art. 47 Abs. 5 FGG-ReformG v. 17.12. 2008 (BGBl. I S. 2586), Art. 1 TK-Entschädigungs-NeuordnungsG v. 29.4.2009 (BGBl. I S. 994), Art. 7 Abs. 3 G zur Modernisierung von Verfahren im anwaltl. u. notariellen BerufsR, zur Errichtung einer Schlichtungsstelle der Rechtsanwaltschaft sowie zur Änd. sonst. Vorschr. v. 30.7.2009 (BGBl. I S. 2449), Art. 5 G zur Reform des KapMuG und zur Änd. anderer Vorschriften v. 19.10.2012 (BGBl. I S. 2182), Art. 13 G zur Einführung einer Rechtsbehelfsbelehrung im Zivilprozess und zur Änd. anderer Vorschr. v. 5.12.2012 (BGBl. I S. 2418), Art. 7 KostenrechtsmodernisierungsG v. 23.7.2013 (BGBl. I S. 2586), Art. 4 G zur Einführung einer Speicherpflicht und einer Höchstspeicherfrist für Verkehrsdaten v. 10.12.2015 (BGBl. I S. 2218), Art. 5 Abs. 2 G zur Änd. des Sachverständigenrechts und zur weiteren Änd. des FamFG sowie zur Änd. des SGG, der VwGO, der FGO und des GKG v. 11.10.2016 (BGBl. I S. 2222), Art. 6 Kostenrechtsänderungs 2021 v. 21.12. 2020 (BGBl. I S. 3229), Art. 15 Abs. 15 G zur Reform des Vormundschafts- und Betreuungsrechts v. 4.5.2021 (BGBl. I S. 882), Art. 18 TelekommunikationsmodernisierungsG v. 23.6.2021 (BGBl. I S. 1858) und Art. 17 G zur Modernisierung des notariellen Berufsrechts und zur Änd. weiterer Vorschriften v. 25.6.2021 (BGBl. I S. 2154)

---

[1] Verkündet als Art. 2 KostenrechtsmodernisierungsG v. 5.5.2004 (BGBl. I S. 718); Inkrafttreten gem. Art. 8 Satz 1 dieses G am 1.7.2004.

[2] Inhaltsübersicht geänd. mWv 1.1.2005 durch G v. 9.12.2004 (BGBl. I S. 3220); mWv 1.4.2005 durch G v. 22.3.2005 (BGBl. I S. 837); mWv 1.1.2014 durch G v. 5.12.2012 (BGBl. I S. 2418); mWv 1.8.2013 durch G v. 23.7.2013 (BGBl. I S. 2586); mWv 18.12.2015 durch G v. 10.12.2015 (BGBl. I S. 2218); mWv 1.1.2021 durch G v. 21.12.2020 (BGBl. I S. 3229).

Abschnitt 1. Allgemeine Vorschriften

§ 1[1] Geltungsbereich und Anspruchsberechtigte. (1) [1] Dieses Gesetz regelt

1. die Vergütung der Sachverständigen, Dolmetscherinnen, Dolmetscher, Übersetzerinnen und Übersetzer, die von dem Gericht, der Staatsanwaltschaft, der Finanzbehörde in den Fällen, in denen diese das Ermittlungsverfahren selbstständig durchführt, der Verwaltungsbehörde im Verfahren nach dem Gesetz über Ordnungswidrigkeiten oder dem Gerichtsvollzieher herangezogen werden;

2. die Entschädigung der ehrenamtlichen Richterinnen und Richter bei den ordentlichen Gerichten und den Gerichten für Arbeitssachen sowie bei den Gerichten der Verwaltungs-, der Finanz- und der Sozialgerichtsbarkeit mit Ausnahme der ehrenamtlichen Richterinnen und Richter in Handelssachen, in berufsgerichtlichen Verfahren oder bei Dienstgerichten sowie

3. die Entschädigung der Zeuginnen, Zeugen und Dritten (§ 23), die von den in Nummer 1 genannten Stellen herangezogen werden.

[2] Eine Vergütung oder Entschädigung wird nur nach diesem Gesetz gewährt. [3] Der Anspruch auf Vergütung nach Satz 1 Nr. 1 steht demjenigen zu, der beauftragt worden ist; dies gilt auch, wenn der Mitarbeiter einer Unternehmung die Leistung erbringt, der Auftrag jedoch der Unternehmung erteilt worden ist.

(2) [1] Dieses Gesetz gilt auch, wenn Behörden oder sonstige öffentliche Stellen von den in Absatz 1 Satz 1 Nr. 1 genannten Stellen zu Sachverständigenleistungen herangezogen werden. [2] Für Angehörige einer Behörde oder einer sonstigen öffentlichen Stelle, die weder Ehrenbeamte noch ehrenamtlich tätig

---

[1] § 1 Abs. 5 angef. mWv 1.8.2013 durch G v. 23.7.2013 (BGBl. I S. 2586).

sind, gilt dieses Gesetz nicht, wenn sie ein Gutachten in Erfüllung ihrer Dienstaufgaben erstatten, vertreten oder erläutern.

(3) ¹Einer Heranziehung durch die Staatsanwaltschaft oder durch die Finanzbehörde in den Fällen des Absatzes 1 Satz 1 Nr. 1 steht eine Heranziehung durch die Polizei oder eine andere Strafverfolgungsbehörde im Auftrag oder mit vorheriger Billigung der Staatsanwaltschaft oder der Finanzbehörde gleich. ²Satz 1 gilt im Verfahren der Verwaltungsbehörde nach dem Gesetz über Ordnungswidrigkeiten entsprechend.

(4) Die Vertrauenspersonen in den Ausschüssen zur Wahl der Schöffen und die Vertrauensleute in den Ausschüssen zur Wahl der ehrenamtlichen Richter bei den Gerichten der Verwaltungs- und der Finanzgerichtsbarkeit werden wie ehrenamtliche Richter entschädigt.

(5) Die Vorschriften dieses Gesetzes über die gerichtliche Festsetzung und die Beschwerde gehen den Regelungen der für das zugrunde liegende Verfahren geltenden Verfahrensvorschriften vor.

§ 2¹⁾ Geltendmachung und Erlöschen des Anspruchs, Verjährung.

(1) ¹Der Anspruch auf Vergütung oder Entschädigung erlischt, wenn er nicht binnen drei Monaten bei der Stelle, die den Berechtigten herangezogen oder beauftragt hat, geltend gemacht wird; hierüber und über den Beginn der Frist ist der Berechtigte zu belehren. ²Die Frist beginnt

1. im Fall der schriftlichen Begutachtung oder der Anfertigung einer Übersetzung mit Eingang des Gutachtens oder der Übersetzung bei der Stelle, die den Berechtigten beauftragt hat,

2. im Fall der Vernehmung als Sachverständiger oder Zeuge oder der Zuziehung als Dolmetscher mit Beendigung der Vernehmung oder Zuziehung,

3. bei vorzeitiger Beendigung der Heranziehung oder des Auftrags in den Fällen der Nummern 1 und 2 mit der Bekanntgabe der Erledigung an den Berechtigten,

4. in den Fällen des § 23 mit Beendigung der Maßnahme und

5. im Fall der Dienstleistung als ehrenamtlicher Richter oder Mitglied eines Ausschusses im Sinne des § 1 Abs. 4 mit Beendigung der Amtsperiode, jedoch nicht vor dem Ende der Amtstätigkeit.

³Wird der Berechtigte in den Fällen des Satzes 2 Nummer 1 und 2 in demselben Verfahren, im gerichtlichen Verfahren in demselben Rechtszug, mehrfach herangezogen, ist für den Beginn aller Fristen die letzte Heranziehung maßgebend. ⁴Die Frist kann auf begründeten Antrag von der in Satz 1 genannten Stelle verlängert werden; lehnt sie eine Verlängerung ab, hat sie den Antrag unverzüglich dem nach § 4 Abs. 1 für die Festsetzung der Vergütung oder Entschädigung zuständigen Gericht vorzulegen, das durch unanfechtbaren Beschluss entscheidet. ⁵Weist das Gericht den Antrag zurück, erlischt der Anspruch, wenn die Frist nach Satz 1 abgelaufen und der Anspruch nicht binnen zwei Wochen ab Bekanntgabe der Entscheidung bei der in Satz 1 genannten Stelle geltend gemacht worden ist. ⁶Wurde dem Berechtigten ein

---

¹⁾ § 2 Abs. 1 Satz 1 geänd., Satz 2 Nr. 3 eingef., bish. Nr. 3, 4 werden Nr. 4, 5, neue Nr. 5 geänd., Satz 3 eingef., bish. Sätze 3, 4 werden Sätze 4, 5, Abs. 2 Satz 2 eingef., bish. Sätze 2–6 werden Sätze 3–7 mWv 1.8.2013 durch G v. 23.7.2013 (BGBl. I S. 2586); Abs. 1 Satz 6 angef., Abs. 3 Satz 1 geänd. mWv 1.1.2021 durch G v. 21.12.2020 (BGBl. I S. 3229).

Vorschuss nach § 3 bewilligt, so erlischt der Anspruch auf Vergütung oder Entschädigung nur insoweit, als er über den bewilligten Vorschuss hinausgeht.

(2) ¹War der Berechtigte ohne sein Verschulden an der Einhaltung einer Frist nach Absatz 1 gehindert, gewährt ihm das Gericht auf Antrag Wiedereinsetzung in den vorigen Stand, wenn er innerhalb von zwei Wochen nach Beseitigung des Hindernisses den Anspruch beziffert und die Tatsachen glaubhaft macht, welche die Wiedereinsetzung begründen. ²Ein Fehlen des Verschuldens wird vermutet, wenn eine Belehrung nach Absatz 1 Satz 1 unterblieben oder fehlerhaft ist. ³Nach Ablauf eines Jahres, von dem Ende der versäumten Frist an gerechnet, kann die Wiedereinsetzung nicht mehr beantragt werden. ⁴Gegen die Ablehnung der Wiedereinsetzung findet die Beschwerde statt. ⁵Sie ist nur zulässig, wenn sie innerhalb von zwei Wochen eingelegt wird. ⁶Die Frist beginnt mit der Zustellung der Entscheidung. ⁷§ 4 Abs. 4 Satz 1 bis 3 und Abs. 6 bis 8 ist entsprechend anzuwenden.

(3) ¹Der Anspruch auf Vergütung oder Entschädigung verjährt in drei Jahren nach Ablauf des Kalenderjahrs, in dem der nach Absatz 1 Satz 2 maßgebliche Zeitpunkt eingetreten ist. ²Auf die Verjährung sind die Vorschriften des Bürgerlichen Gesetzbuchs anzuwenden. ³Durch den Antrag auf gerichtliche Festsetzung (§ 4) wird die Verjährung wie durch Klageerhebung gehemmt. ⁴Die Verjährung wird nicht von Amts wegen berücksichtigt.

(4) ¹Der Anspruch auf Erstattung zu viel gezahlter Vergütung oder Entschädigung verjährt in drei Jahren nach Ablauf des Kalenderjahrs, in dem die Zahlung erfolgt ist. ²§ 5 Abs. 3 des Gerichtskostengesetzes¹⁾ gilt entsprechend.

§ 3²⁾ Vorschuss. Auf Antrag ist ein angemessener Vorschuss zu bewilligen, wenn dem Berechtigten erhebliche Fahrtkosten oder sonstige Aufwendungen entstanden sind oder voraussichtlich entstehen werden oder wenn die zu erwartende Vergütung für bereits erbrachte Teilleistungen einen Betrag von 1 000 Euro übersteigt.

§ 4³⁾ Gerichtliche Festsetzung und Beschwerde. (1) ¹Die Festsetzung der Vergütung, der Entschädigung oder des Vorschusses erfolgt durch gerichtlichen Beschluss, wenn der Berechtigte oder die Staatskasse die gerichtliche Festsetzung beantragt oder das Gericht sie für angemessen hält. ²Eine Festsetzung der Vergütung ist in der Regel insbesondere dann als angemessen anzusehen, wenn ein Wegfall oder eine Beschränkung des Vergütungsanspruchs nach § 8a Absatz 1 oder 2 Satz 1 in Betracht kommt. ³Zuständig ist

1. das Gericht, von dem der Berechtigte herangezogen worden ist, bei dem er als ehrenamtlicher Richter mitgewirkt hat oder bei dem der Ausschuss im Sinne des § 1 Abs. 4 gebildet ist;

2. das Gericht, bei dem die Staatsanwaltschaft besteht, wenn die Heranziehung durch die Staatsanwaltschaft oder in deren Auftrag oder mit deren vorheriger Billigung durch die Polizei oder eine andere Strafverfolgungsbehörde erfolgt ist, nach Erhebung der öffentlichen Klage jedoch das für die Durchführung des Verfahrens zuständige Gericht;

---

¹⁾ Nr. 2.
²⁾ § 3 geänd. mWv 1.1.2021 durch G v. 21.12.2020 (BGBl. I S. 3229).
³⁾ § 4 Abs. 6 Satz 2 eingef., bish. Satz 2 wird Satz 3 mWv 1.7.2008 durch G v. 12. 12. 2007 (BGBl. I S. 2840); Abs. 6 Satz 1 neu gef. mWv 5.8.2009 durch G v. 30.7.2009 (BGBl. I S. 2449); Abs. 1 Satz 2 eingef., bish. Satz 2 wird Satz 3 mWv 1.1.2021 durch G v. 21.12.2020 (BGBl. I S. 3229).

3. das Landgericht, bei dem die Staatsanwaltschaft besteht, die für das Ermitt-lungsverfahren zuständig wäre, wenn die Heranziehung in den Fällen des § 1 Abs. 1 Satz 1 Nr. 1 durch die Finanzbehörde oder in deren Auftrag oder mit deren vorheriger Billigung durch die Polizei oder eine andere Strafverfol-gungsbehörde erfolgt ist, nach Erhebung der öffentlichen Klage jedoch das für die Durchführung des Verfahrens zuständige Gericht;

4. das Amtsgericht, in dessen Bezirk der Gerichtsvollzieher seinen Amtssitz hat, wenn die Heranziehung durch den Gerichtsvollzieher erfolgt ist, abweichend davon im Verfahren der Zwangsvollstreckung das Vollstreckungsgericht.

(2) [1] Ist die Heranziehung durch die Verwaltungsbehörde im Bußgeldverfah-ren erfolgt, werden die zu gewährende Vergütung oder Entschädigung und der Vorschuss durch gerichtlichen Beschluss festgesetzt, wenn der Berechtigte ge-richtliche Entscheidung gegen die Festsetzung durch die Verwaltungsbehörde beantragt. [2] Für das Verfahren gilt § 62 des Gesetzes über Ordnungswidrig-keiten.

(3) Gegen den Beschluss nach Absatz 1 können der Berechtige und die Staatskasse Beschwerde einlegen, wenn der Wert des Beschwerdegegenstands 200 Euro übersteigt oder wenn sie das Gericht, das die angefochtene Ent-scheidung erlassen hat, wegen der grundsätzlichen Bedeutung der zur Ent-scheidung stehenden Frage in dem Beschluss zulässt.

(4) [1] Soweit das Gericht die Beschwerde für zulässig und begründet hält, hat es ihr abzuhelfen; im Übrigen ist die Beschwerde unverzüglich dem Beschwer-degericht vorzulegen. [2] Beschwerdegericht ist das nächsthöhere Gericht. [3] Eine Beschwerde an einen obersten Gerichtshof des Bundes findet nicht statt. [4] Das Beschwerdegericht ist an die Zulassung der Beschwerde gebunden; die Nicht-zulassung ist unanfechtbar.

(5) [1] Die weitere Beschwerde ist nur zulässig, wenn das Landgericht als Beschwerdegericht entschieden und sie wegen der grundsätzlichen Bedeutung der zur Entscheidung stehenden Frage in dem Beschluss zugelassen hat. [2] Sie kann nur darauf gestützt werden, dass die Entscheidung auf einer Verletzung des Rechts beruht; die §§ 546 und 547 der Zivilprozessordnung gelten ent-sprechend. [3] Über die weitere Beschwerde entscheidet das Oberlandesgericht. [4] Absatz 4 Satz 1 und 4 gilt entsprechend.

(6) [1] Anträge und Erklärungen können ohne Mitwirkung eines Bevollmäch-tigten schriftlich eingereicht oder zu Protokoll der Geschäftsstelle abgegeben werden; § 129a der Zivilprozessordnung gilt entsprechend. [2] Für die Bevoll-mächtigung gelten die Regelungen der für das zugrunde liegende Verfahren geltenden Verfahrensordnung entsprechend. [3] Die Beschwerde ist bei dem Ge-richt einzulegen, dessen Entscheidung angefochten wird.

(7) [1] Das Gericht entscheidet über den Antrag durch eines seiner Mitglieder als Einzelrichter; dies gilt auch für die Beschwerde, wenn die angefochtene Entscheidung von einem Einzelrichter oder einem Rechtspfleger erlassen wur-de. [2] Der Einzelrichter überträgt das Verfahren der Kammer oder dem Senat, wenn die Sache besondere Schwierigkeiten tatsächlicher oder rechtlicher Art aufweist oder die Rechtssache grundsätzliche Bedeutung hat. [3] Das Gericht entscheidet jedoch immer ohne Mitwirkung ehrenamtlicher Richter. [4] Auf eine erfolgte oder unterlassene Übertragung kann ein Rechtsmittel nicht gestützt werden.

(8) [1] Die Verfahren sind gebührenfrei. [2] Kosten werden nicht erstattet.

(9) Die Beschlüsse nach den Absätzen 1, 2, 4 und 5 wirken nicht zu Lasten des Kostenschuldners.

§ 4a[1]) **Abhilfe bei Verletzung des Anspruchs auf rechtliches Gehör.**
(1) Auf die Rüge eines durch die Entscheidung nach diesem Gesetz beschwerten Beteiligten ist das Verfahren fortzuführen, wenn

1. ein Rechtsmittel oder ein anderer Rechtsbehelf gegen die Entscheidung nicht gegeben ist und
2. das Gericht den Anspruch dieses Beteiligten auf rechtliches Gehör in entscheidungserheblicher Weise verletzt hat.

(2) [1]Die Rüge ist innerhalb von zwei Wochen nach Kenntnis von der Verletzung des rechtlichen Gehörs zu erheben; der Zeitpunkt der Kenntniserlangung ist glaubhaft zu machen. [2]Nach Ablauf eines Jahres seit Bekanntmachung der angegriffenen Entscheidung kann die Rüge nicht mehr erhoben werden. [3]Formlos mitgeteilte Entscheidungen gelten mit dem dritten Tage nach Aufgabe zur Post als bekannt gemacht. [4]Die Rüge ist bei dem Gericht zu erheben, dessen Entscheidung angegriffen wird; § 4 Abs. 6 Satz 1 und 2 gilt entsprechend. [5]Die Rüge muss die angegriffene Entscheidung bezeichnen und das Vorliegen der in Absatz 1 Nr. 2 genannten Voraussetzungen darlegen.

(3) Den übrigen Beteiligten ist, soweit erforderlich, Gelegenheit zur Stellungnahme zu geben.

(4) [1]Das Gericht hat von Amts wegen zu prüfen, ob die Rüge an sich statthaft und ob sie in der gesetzlichen Form und Frist erhoben ist. [2]Mangelt es an einem dieser Erfordernisse, so ist die Rüge als unzulässig zu verwerfen. [3]Ist die Rüge unbegründet, weist das Gericht sie zurück. [4]Die Entscheidung ergeht durch unanfechtbaren Beschluss. [5]Der Beschluss soll kurz begründet werden.

(5) Ist die Rüge begründet, so hilft ihr das Gericht ab, indem es das Verfahren fortführt, soweit dies aufgrund der Rüge geboten ist.

(6) Kosten werden nicht erstattet.

§ 4b[2]) **Elektronische Akte, elektronisches Dokument.** In Verfahren nach diesem Gesetz sind die verfahrensrechtlichen Vorschriften über die elektronische Akte und über das elektronische Dokument anzuwenden, die für das Verfahren gelten, in dem der Anspruchsberechtigte herangezogen worden ist.

§ 4c[3]) **Rechtsbehelfsbelehrung.** Jede anfechtbare Entscheidung hat eine Belehrung über den statthaften Rechtsbehelf sowie über die Stelle, bei der dieser Rechtsbehelf einzulegen ist, über deren Sitz und über die einzuhaltende Form zu enthalten.

Abschnitt 2. Gemeinsame Vorschriften

§ 5[4]) **Fahrtkostenersatz.** (1) Bei Benutzung von öffentlichen, regelmäßig verkehrenden Beförderungsmitteln werden die tatsächlich entstandenen Aus-

---

[1]) § 4a eingef. mWv 1.1.2005 durch G v. 9.12.2004 (BGBl. I S. 3220); Abs. 2 Satz 4 geänd. mWv 1.7.2008 durch G v. 12.12.2007 (BGBl. I S. 2840).
[2]) § 4b neu gef. mWv 1.8.2013 durch G v. 23.7.2013 (BGBl. I S. 2586).
[3]) § 4c angef. mWv 1.1.2014 durch G v. 5.12.2012 (BGBl. I S. 2418).
[4]) § 5 Abs. 2 Satz 1 Nr. 1 und 2 geänd. mWv 1.1.2021 durch G v. 21.12.2020 (BGBl. I S. 3229).

lagen bis zur Höhe der entsprechenden Kosten für die Benutzung der ersten Wagenklasse der Bahn einschließlich der Auslagen für Platzreservierung und Beförderung des notwendigen Gepäcks ersetzt.

(2) [1]Bei Benutzung eines eigenen oder unentgeltlich zur Nutzung überlassenen Kraftfahrzeugs werden

1. dem Zeugen oder dem Dritten (§ 23) zur Abgeltung der Betriebskosten sowie zur Abgeltung der Abnutzung des Kraftfahrzeugs 0,35 Euro,

2. den in § 1 Abs. 1 Satz 1 Nr. 1 und 2 genannten Anspruchsberechtigten zur Abgeltung der Anschaffungs-, Unterhaltungs- und Betriebskosten sowie zur Abgeltung der Abnutzung des Kraftfahrzeugs 0,42 Euro

für jeden gefahrenen Kilometer ersetzt zuzüglich der durch die Benutzung des Kraftfahrzeugs aus Anlass der Reise regelmäßig anfallenden baren Auslagen, insbesondere der Parkentgelte. [2]Bei der Benutzung durch mehrere Personen kann die Pauschale nur einmal geltend gemacht werden. [3]Bei der Benutzung eines Kraftfahrzeugs, das nicht zu den Fahrzeugen nach Absatz 1 oder Satz 1 zählt, werden die tatsächlich entstandenen Auslagen bis zur Höhe der in Satz 1 genannten Fahrtkosten ersetzt; zusätzlich werden die durch die Benutzung des Kraftfahrzeugs aus Anlass der Reise angefallenen regelmäßigen baren Auslagen, insbesondere die Parkentgelte, ersetzt, soweit sie der Berechtigte zu tragen hat.

(3) Höhere als die in Absatz 1 oder Absatz 2 bezeichneten Fahrtkosten werden ersetzt, soweit dadurch Mehrbeträge an Vergütung oder Entschädigung erspart werden oder höhere Fahrtkosten wegen besonderer Umstände notwendig sind.

(4) Für Reisen während der Terminsdauer werden die Fahrtkosten nur insoweit ersetzt, als dadurch Mehrbeträge an Vergütung oder Entschädigung erspart werden, die beim Verbleiben an der Terminsstelle gewährt werden müssten.

(5) Wird die Reise zum Ort des Termins von einem anderen als dem in der Ladung oder Terminsmitteilung bezeichneten oder der zuständigen Stelle unverzüglich angezeigten Ort angetreten oder wird zu einem anderen als zu diesem Ort zurückgefahren, werden Mehrkosten nach billigem Ermessen nur dann ersetzt, wenn der Berechtigte zu diesen Fahrten durch besondere Umstände genötigt war.

§ 6[1]) **Entschädigung für Aufwand.** (1) Wer innerhalb der Gemeinde, in der der Termin stattfindet, weder wohnt noch berufstätig ist, erhält für die Zeit, während der er aus Anlass der Wahrnehmung des Termins von seiner Wohnung und seinem Tätigkeitsmittelpunkt abwesend sein muss, ein Tagegeld, dessen Höhe sich nach der Verpflegungspauschale zur Abgeltung tatsächlich entstandener, beruflich veranlasster Mehraufwendungen im Inland nach dem Einkommensteuergesetz bemisst.

(2) Ist eine auswärtige Übernachtung notwendig, wird ein Übernachtungsgeld nach den Bestimmungen des Bundesreisekostengesetzes gewährt.

---

[1]) § 6 Abs. 1 geänd. mWv 18.12.2015 durch G v. 10.12.2015 (BGBl. I S. 2218).

§ 7[1]) **Ersatz für sonstige Aufwendungen.** (1) [1]Auch die in den §§ 5, 6 und 12 nicht besonders genannten baren Auslagen werden ersetzt, soweit sie notwendig sind. [2]Dies gilt insbesondere für die Kosten notwendiger Vertretungen und notwendiger Begleitpersonen.

(2) [1]Für die Anfertigung von Kopien und Ausdrucken werden ersetzt

1. bis zu einer Größe von DIN A3 0,50 Euro je Seite für die ersten 50 Seiten und 0,15 Euro für jede weitere Seite,

2. in einer Größe von mehr als DIN A3 3 Euro je Seite und

3. für Farbkopien und -ausdrucke bis zu einer Größe von DIN A3 1 Euro je Seite für die ersten 50 Seiten und 0,30 Euro für jede weitere Seite, in einer Größe von mehr als DIN A3 6 Euro je Seite.

[2]Der erhöhte Aufwendungsersatz wird jeweils für die ersten 50 Seiten nach Satz 1 Nummer 1 und 3 gewährt. [3]Die Höhe der Pauschalen ist in derselben Angelegenheit einheitlich zu berechnen. [4]Die Pauschale wird nur für Kopien und Ausdrucke aus Behörden- und Gerichtsakten gewährt, soweit deren Herstellung zur sachgemäßen Vorbereitung oder Bearbeitung der Angelegenheit geboten war, sowie für Kopien und zusätzliche Ausdrucke, die nach Aufforderung durch die heranziehende Stelle angefertigt worden sind. [5]Werden Kopien oder Ausdrucke in einer Größe von mehr als DIN A3 gegen Entgelt von einem Dritten angefertigt, kann der Berechtigte anstelle der Pauschale die baren Auslagen ersetzt verlangen.

(3) [1]Für die Überlassung von elektronisch gespeicherten Dateien anstelle der in Absatz 2 genannten Kopien und Ausdrucke werden 1,50 Euro je Datei ersetzt. [2]Für die in einem Arbeitsgang überlassenen oder in einem Arbeitsgang auf denselben Datenträger übertragenen Dokumente werden höchstens 5 Euro ersetzt.

Abschnitt 3. Vergütung von Sachverständigen, Dolmetschern und Übersetzern

§ 8 Grundsatz der Vergütung. (1) Sachverständige, Dolmetscher und Übersetzer erhalten als Vergütung

1. ein Honorar für ihre Leistungen (§§ 9 bis 11),

2. Fahrtkostenersatz (§ 5),

3. Entschädigung für Aufwand (§ 6) sowie

4. Ersatz für sonstige und für besondere Aufwendungen (§§ 7 und 12).

(2) [1]Soweit das Honorar nach Stundensätzen zu bemessen ist, wird es für jede Stunde der erforderlichen Zeit einschließlich notwendiger Reise- und Wartezeiten gewährt. [2]Die letzte bereits begonnene Stunde wird voll gerechnet, wenn sie zu mehr als 30 Minuten für die Erbringung der Leistung erforderlich war; anderenfalls beträgt das Honorar die Hälfte des sich für eine volle Stunde ergebenden Betrags.

---

[1]) § 7 Abs. 3 geänd. mWv 1.4.2005 durch G v. 22.3.2005 (BGBl. I S. 837); Abs. 2 neu gef., Abs. 3 Satz 1 geänd., Satz 2 angef. mWv 1.8.2013 durch G v. 23.7.2013 (BGBl. I S. 2586); Abs. 2 Satz 1 Nr. 3 neu gef., Satz 2 eingef., bish. Sätze 2–4 werden Sätze 3–5 mWv 1.1.2021 durch G v. 21.12.2020 (BGBl. I S. 3229).

(3) Soweit vergütungspflichtige Leistungen oder Aufwendungen auf die gleichzeitige Erledigung mehrerer Angelegenheiten entfallen, ist die Vergütung nach der Anzahl der Angelegenheiten aufzuteilen.

(4) Den Sachverständigen, Dolmetschern und Übersetzern, die ihren gewöhnlichen Aufenthalt im Ausland haben, kann unter Berücksichtigung ihrer persönlichen Verhältnisse, insbesondere ihres regelmäßigen Erwerbseinkommens, nach billigem Ermessen eine höhere als die in Absatz 1 bestimmte Vergütung gewährt werden.

§ 8a[1] **Wegfall oder Beschränkung des Vergütungsanspruchs.** (1) Der Anspruch auf Vergütung entfällt, wenn der Berechtigte es unterlässt, der heranziehenden Stelle unverzüglich solche Umstände anzuzeigen, die zu seiner Ablehnung durch einen Beteiligten berechtigen, es sei denn, er hat die Unterlassung nicht zu vertreten.

(2) [1]Der Berechtigte erhält eine Vergütung nur insoweit, als seine Leistung bestimmungsgemäß verwertbar ist, wenn er

1. gegen die Verpflichtung aus § 407a Absatz 1 bis 4 Satz 1 der Zivilprozessordnung verstoßen hat, es sei denn, er hat den Verstoß nicht zu vertreten;

2. eine mangelhafte Leistung erbracht hat und er die Mängel nicht in einer von der heranziehenden Stelle gesetzten angemessenen Frist beseitigt; die Einräumung einer Frist zur Mängelbeseitigung ist entbehrlich, wenn die Leistung grundlegende Mängel aufweist oder wenn offensichtlich ist, dass eine Mängelbeseitigung nicht erfolgen kann;

3. im Rahmen der Leistungserbringung grob fahrlässig oder vorsätzlich Gründe geschaffen hat, die einen Beteiligten zur Ablehnung wegen der Besorgnis der Befangenheit berechtigen; oder

4. trotz Festsetzung eines weiteren Ordnungsgeldes seine Leistung nicht vollständig erbracht hat.

[2]Soweit das Gericht die Leistung berücksichtigt, gilt sie als verwertbar. [3]Für die Mängelbeseitigung nach Satz 1 Nummer 2 wird eine Vergütung nicht gewährt.

(3) Steht die geltend gemachte Vergütung erheblich außer Verhältnis zum Wert des Streitgegenstands und hat der Berechtigte nicht rechtzeitig nach § 407a Absatz 4 Satz 2 der Zivilprozessordnung auf diesen Umstand hingewiesen, bestimmt das Gericht nach Anhörung der Beteiligten nach billigem Ermessen eine Vergütung, die in einem angemessenen Verhältnis zum Wert des Streitgegenstands steht.

(4) Übersteigt die Vergütung den angeforderten Auslagenvorschuss erheblich und hat der Berechtigte nicht rechtzeitig nach § 407a Absatz 4 Satz 2 der Zivilprozessordnung auf diesen Umstand hingewiesen, erhält er die Vergütung nur in Höhe des Auslagenvorschusses.

(5) Die Absätze 3 und 4 sind nicht anzuwenden, wenn der Berechtigte die Verletzung der ihm obliegenden Hinweispflicht nicht zu vertreten hat.

---

[1] § 8a eingef. mWv 1.8.2013 durch G v. 23.7.2013 (BGBl. I S. 2586); Abs. 2 Satz 1 Nr. 1, Abs. 3 und 4 geänd. mWv 15.10.2016 durch G v. 11.10.2016 (BGBl. I S. 2222); Abs. 2 Satz 1 Nr. 2 geänd., Satz 3 angef. mWv 1.1.2021 durch G v. 21.12.2020 (BGBl. I S. 3229).

§ 9[1]**) Honorare für Sachverständige und für Dolmetscher.** (1) [1]Das Honorar des Sachverständigen bemisst sich nach der Anlage 1. [2]Die Zuordnung der Leistung zu einem Sachgebiet bestimmt sich nach der Entscheidung über die Heranziehung des Sachverständigen.

(2) [1]Ist die Leistung auf einem Sachgebiet zu erbringen, das nicht in der Anlage 1 aufgeführt ist, so ist sie unter Berücksichtigung der allgemein für Leistungen dieser Art außergerichtlich und außerbehördlich vereinbarten Stundensätze nach billigem Ermessen mit einem Stundensatz zu vergüten, der den höchsten Stundensatz nach der Anlage 1 jedoch nicht übersteigen darf. [2]Ist die Leistung auf mehreren Sachgebieten zu erbringen oder betrifft ein medizinisches oder psychologisches Gutachten mehrere Gegenstände und sind diesen Sachgebieten oder Gegenständen verschiedene Stundensätze zugeordnet, so bemisst sich das Honorar für die gesamte erforderliche Zeit einheitlich nach dem höchsten dieser Stundensätze. [3]Würde die Bemessung des Honorars nach Satz 2 mit Rücksicht auf den Schwerpunkt der Leistung zu einem unbilligen Ergebnis führen, so ist der Stundensatz nach billigem Ermessen zu bestimmen.

(3) [1]Für die Festsetzung des Stundensatzes nach Absatz 2 gilt § 4 entsprechend mit der Maßgabe, dass die Beschwerde gegen die Festsetzung auch dann zulässig ist, wenn der Wert des Beschwerdegegenstands 200 Euro nicht übersteigt. [2]Die Beschwerde ist nur zulässig, solange der Anspruch auf Vergütung noch nicht geltend gemacht worden ist.

(4) [1]Das Honorar des Sachverständigen für die Prüfung, ob ein Grund für die Eröffnung eines Insolvenzverfahrens vorliegt und welche Aussichten für eine Fortführung des Unternehmens des Schuldners bestehen, beträgt 120 Euro je Stunde. [2]Ist der Sachverständige zugleich der vorläufige Insolvenzverwalter oder der vorläufige Sachwalter, so beträgt sein Honorar 95 Euro je Stunde.

(5) [1]Das Honorar des Dolmetschers beträgt für jede Stunde 85 Euro. [2]Der Dolmetscher erhält im Fall der Aufhebung eines Termins, zu dem er geladen war, eine Ausfallentschädigung, wenn

1. die Aufhebung nicht durch einen in seiner Person liegenden Grund veranlasst war,

2. ihm die Aufhebung erst am Terminstag oder an einem der beiden vorhergehenden Tage mitgeteilt worden ist und

3. er versichert, in welcher Höhe er durch die Terminsaufhebung einen Einkommensverlust erlitten hat.

[3]Die Ausfallentschädigung wird bis zu einem Betrag gewährt, der dem Honorar für zwei Stunden entspricht.

(6) [1]Erbringt der Sachverständige oder der Dolmetscher seine Leistung zwischen 23 und 6 Uhr oder an Sonn- oder Feiertagen, so erhöht sich das Honorar um 20 Prozent, wenn die heranziehende Stelle feststellt, dass es notwendig ist, die Leistung zu dieser Zeit zu erbringen. [2]§ 8 Absatz 2 Satz 2 gilt sinngemäß.

§ 10[2]**) Honorar für besondere Leistungen.** (1) [1]Soweit ein Sachverständiger oder ein sachverständiger Zeuge Leistungen erbringt, die in der Anlage 2 bezeichnet sind, bemisst sich das Honorar oder die Entschädigung nach dieser

---

[1] § 9 neu gef. mWv 1.1.2021 durch G v. 21.12.2020 (BGBl. I S. 3229).
[2] § 10 Abs. 2 Satz 2 geänd. mWv 1.8.2013 durch G v. 23.7.2013 (BGBl. I S. 2586); Abs. 1 Satz 2 angef., Abs. 3 geänd. mWv 1.1.2021 durch G v. 21.12.2020 (BGBl. I S. 3229).

Anlage. [2] § 9 Absatz 6 gilt mit der Maßgabe, dass sich das Honorar des Sachverständigen oder die Entschädigung des sachverständigen Zeugen um 20 Prozent erhöht, wenn die Leistung zu mindestens 80 Prozent zwischen 23 und 6 Uhr oder an Sonn- oder Feiertagen erbracht wird.

(2) [1] Für Leistungen der in Abschnitt O des Gebührenverzeichnisses für ärztliche Leistungen (Anlage zur Gebührenordnung für Ärzte) bezeichneten Art bemisst sich das Honorar in entsprechender Anwendung dieses Gebührenverzeichnisses nach dem 1,3fachen Gebührensatz. [2] § 4 Absatz 2 Satz 1, Absatz 2a Satz 1, Absatz 3 und 4 Satz 1 und § 10 der Gebührenordnung für Ärzte gelten entsprechend; im Übrigen bleiben die §§ 7 und 12 unberührt.

(3) Soweit für die Erbringung einer Leistung nach Absatz 1 oder Absatz 2 zusätzliche Zeit erforderlich ist, beträgt das Honorar für jede Stunde der zusätzlichen Zeit 80 Euro.

§ 11[1] **Honorar für Übersetzer.** (1) [1] Das Honorar für eine Übersetzung beträgt 1,80 Euro für jeweils angefangene 55 Anschläge des schriftlichen Textes, wenn der Text dem Übersetzer in editierbarer elektronischer Form zur Verfügung gestellt wird (Grundhonorar). [2] Andernfalls beträgt das Honorar 1,95 Euro für jeweils angefangene 55 Anschläge (erhöhtes Honorar). [3] Ist die Übersetzung wegen der besonderen Umstände des Einzelfalls besonders erschwert, insbesondere wegen der häufigen Verwendung von Fachausdrücken, der schweren Lesbarkeit des Textes, einer besonderen Eilbedürftigkeit oder weil es sich um eine in der Bundesrepublik Deutschland selten vorkommende Fremdsprache handelt, so beträgt das Grundhonorar 1,95 Euro und das erhöhte Honorar 2,10 Euro.

(2) [1] Maßgebend für die Anzahl der Anschläge ist der Text in der Zielsprache. [2] Werden jedoch nur in der Ausgangssprache lateinische Schriftzeichen verwendet, ist die Anzahl der Anschläge des Textes in der Ausgangssprache maßgebend. [3] Wäre eine Zählung der Anschläge mit unverhältnismäßigem Aufwand verbunden, so wird deren Anzahl unter Berücksichtigung der durchschnittlichen Anzahl der Anschläge je Zeile nach der Anzahl der Zeilen bestimmt.

(3) [1] Sind mehrere Texte zu übersetzen, ist die Höhe des Honorars für jeden Text gesondert zu bestimmen. [2] Für eine oder für mehrere Übersetzungen aufgrund desselben Auftrags beträgt das Honorar mindestens 20 Euro.

(4) Der Übersetzer erhält ein Honorar wie ein Dolmetscher, wenn

1. die Leistung des Übersetzers in der Überprüfung von Schriftstücken oder von Telekommunikationsaufzeichnungen auf bestimmte Inhalte besteht, ohne dass er insoweit eine schriftliche Übersetzung anfertigen muss, oder

2. die Leistung des Übersetzers darin besteht, aus einer Telekommunikationsaufzeichnung ein Wortprotokoll anzufertigen.

§ 12[2] **Ersatz für besondere Aufwendungen.** (1) [1] Soweit in diesem Gesetz nichts anderes bestimmt ist, sind mit der Vergütung nach den §§ 9 bis 11 auch die üblichen Gemeinkosten sowie der mit der Erstattung des Gutachtens oder

---

[1] § 11 neu gef. mWv 1.1.2021 durch G v. 21.12.2020 (BGBl. I S. 3229).
[2] § 12 Abs. 1 Satz 2 Nr. 2 neu gef. mWv 1.8.2013 durch G v. 23.7.2013 (BGBl. I S. 2586); Abs. 1 Satz 2 Nr. 3 neu gef., Nr. 4 geänd. und Nr. 5 angef. mWv 1.1.2021 durch G v. 21.12.2020 (BGBl. I S. 3229).

der Übersetzung üblicherweise verbunden Aufwand abgegolten. ²Es werden jedoch gesondert ersetzt

1. die für die Vorbereitung und Erstattung des Gutachtens oder der Übersetzung aufgewendeten notwendigen besonderen Kosten, einschließlich der insoweit notwendigen Aufwendungen für Hilfskräfte, sowie die für eine Untersuchung verbrauchten Stoffe und Werkzeuge;

2. für jedes zur Vorbereitung und Erstattung des Gutachtens erforderliche Foto 2 Euro und, wenn die Fotos nicht Teil des schriftlichen Gutachtens sind (§ 7 Absatz 2), 0,50 Euro für den zweiten und jeden weiteren Abzug oder Ausdruck eines Fotos;

3. für die Erstellung des schriftlichen Gutachtens je angefangene 1 000 Anschläge 0,90 Euro, in Angelegenheiten, in denen der Sachverständige ein Honorar nach der Anlage 1 Teil 2 oder der Anlage 2 erhält, 1,50 Euro; ist die Zahl der Anschläge nicht bekannt, ist diese zu schätzen;

4. die auf die Vergütung entfallende Umsatzsteuer, sofern diese nicht nach § 19 Abs. 1 des Umsatzsteuergesetzes unerhoben bleibt;

5. die Aufwendungen für Post- und Telekommunikationsdienstleistungen; Sachverständige und Übersetzer können anstelle der tatsächlichen Aufwendungen eine Pauschale in Höhe von 20 Prozent des Honorars fordern, höchstens jedoch 15 Euro.

(2) Ein auf die Hilfskräfte (Absatz 1 Satz 2 Nr. 1) entfallender Teil der Gemeinkosten wird durch einen Zuschlag von 15 Prozent auf den Betrag abgegolten, der als notwendige Aufwendung für die Hilfskräfte zu ersetzen ist, es sei denn, die Hinzuziehung der Hilfskräfte hat keine oder nur unwesentlich erhöhte Gemeinkosten veranlasst.

§ 13[1] Besondere Vergütung. (1) ¹Haben sich die Parteien oder Beteiligten dem Gericht gegenüber mit einer bestimmten oder einer von der gesetzlichen Regelung abweichenden Vergütung einverstanden erklärt, wird der Sachverständige, Dolmetscher oder Übersetzer unter Gewährung dieser Vergütung erst herangezogen, wenn ein ausreichender Betrag für die gesamte Vergütung an die Staatskasse gezahlt ist. ²Hat in einem Verfahren nach dem Gesetz über Ordnungswidrigkeiten die Verfolgungsbehörde eine entsprechende Erklärung abgegeben, bedarf es auch dann keiner Vorschusszahlung, wenn die Verfolgungsbehörde nicht von der Zahlung der Kosten befreit ist. ³In einem Verfahren, in dem Gerichtskosten in keinem Fall erhoben werden, genügt es, wenn ein die Mehrkosten deckender Betrag gezahlt worden ist, für den die Parteien oder Beteiligten nach Absatz 6 haften.

(2) ¹Die Erklärung nur einer Partei oder eines Beteiligten oder die Erklärung der Strafverfolgungsbehörde oder der Verfolgungsbehörde genügt, soweit sie sich auf den Stundensatz nach § 9 oder bei schriftlichen Übersetzungen auf ein

---

[1] § 13 Abs. 3 angef. mWv 1.11.2005 durch G v. 16.8.2005 (BGBl. I S. 2437, geänd. durch G v. 22.12.2006, BGBl. I S. 3416); Abs. 2 neu gef., Abs. 3 und 4 eingef., bish. Abs. 3 wird Abs. 5 und Satz 3 eingef., bish. Sätze 3–5 werden Sätze 4–6, Abs. 6 und 7 angef. mWv 31.12.2006 durch G v. 22.12.2006 (BGBl. I S. 3416); Abs. 3 Sätze 1 und 2 sowie Abs. 4 Satz 1 geänd. mWv 1.9.2009 durch G v. 17.12.2008 (BGBl. I S. 2586); Abs. 5 Sätze 2, 4 und 5 geänd. mWv 1.11.2012 durch G v. 19.10. 2012 (BGBl. I S. 2182); Abs. 1 neu gef., Abs. 2 Sätze 1 und 2 geänd., Abs. 3 Satz 4 angef., Abs. 4 Satz 2 geänd., Abs. 6 neu gef., Abs. 7 aufgeh. mWv 1.8.2013 durch G v. 23.7.2013 (BGBl. I S. 2586); Abs. 2 Satz 2 und Abs. 3 Satz 4 geänd. mWv 1.1.2021 durch G v. 21.12.2020 (BGBl. I S. 3229).

Honorar für jeweils angefangene 55 Anschläge nach § 11 bezieht und das Gericht zustimmt. [2]Die Zustimmung soll nur erteilt werden, wenn das Doppelte des nach § 9 oder § 11 zulässigen Honorars nicht überschritten wird. [3]Vor der Zustimmung hat das Gericht die andere Partei oder die anderen Beteiligten zu hören. [4]Die Zustimmung und die Ablehnung der Zustimmung sind unanfechtbar.

(3) [1]Derjenige, dem Prozess- oder Verfahrenskostenhilfe bewilligt worden ist, kann eine Erklärung nach Absatz 1 nur abgeben, die sich auf den Stundensatz nach § 9 oder das schriftliche Übersetzungen auf ein Honorar für jeweils angefangene 55 Anschläge nach § 11 bezieht. [2]Wäre er ohne Rücksicht auf die Prozess- oder Verfahrenskostenhilfe zur vorschussweisen Zahlung der Vergütung verpflichtet, hat er einen ausreichenden Betrag für das gegenüber der gesetzlichen Regelung oder der vereinbarten Vergütung (§ 14) zu erwartende zusätzliche Honorar an die Staatskasse zu zahlen; § 122 Abs. 1 Nr. 1 Buchstabe a der Zivilprozessordnung ist insoweit nicht anzuwenden. [3]Der Betrag wird durch unanfechtbaren Beschluss festgesetzt. [4]Zugleich bestimmt das Gericht, welchem Stundensatz die Leistung des Sachverständigen ohne Berücksichtigung der Erklärungen der Parteien oder Beteiligten zuzuordnen oder mit welchem Betrag für 55 Anschläge in diesem Fall eine Übersetzung zu honorieren wäre.

(4) [1]Ist eine Vereinbarung nach den Absätzen 1 und 3 zur zweckentsprechenden Rechtsverfolgung notwendig und ist derjenige, dem Prozess- oder Verfahrenskostenhilfe bewilligt worden ist, zur Zahlung des nach Absatz 3 Satz 2 erforderlichen Betrags außerstande, bedarf es der Zahlung nicht, wenn das Gericht seiner Erklärung zustimmt. [2]Die Zustimmung soll nur erteilt werden, wenn das Doppelte des nach § 9 oder § 11 zulässigen Honorars nicht überschritten wird. [3]Die Zustimmung und die Ablehnung der Zustimmung sind unanfechtbar.

(5) [1]Im Musterverfahren nach dem Kapitalanleger-Musterverfahrensgesetz ist die Vergütung unabhängig davon zu gewähren, ob ein ausreichender Betrag an die Staatskasse gezahlt ist. [2]Im Fall des Absatzes 2 genügt die Erklärung eines Beteiligten des Musterverfahrens. [3]Die Absätze 3 und 4 sind nicht anzuwenden. [4]Die Anhörung der übrigen Beteiligten des Musterverfahrens kann dadurch ersetzt werden, dass die Vergütungshöhe, für die die Zustimmung des Gerichts erteilt werden soll, öffentlich bekannt gemacht wird. [5]Die öffentliche Bekanntmachung wird durch Eintragung in das Klageregister nach § 4 des Kapitalanleger-Musterverfahrensgesetzes bewirkt. [6]Zwischen der öffentlichen Bekanntmachung und der Entscheidung über die Zustimmung müssen mindestens vier Wochen liegen.

(6) [1]Schuldet nach den kostenrechtlichen Vorschriften keine Partei oder kein Beteiligter die Vergütung, haften die Parteien oder Beteiligten, die eine Erklärung nach Absatz 1 oder Absatz 3 abgegeben haben, für die hierdurch entstandenen Mehrkosten als Gesamtschuldner, im Innenverhältnis nach Kopfteilen. [2]Für die Strafverfolgungs- oder Verfolgungsbehörde haftet diejenige Körperschaft, der die Behörde angehört, wenn die Körperschaft nicht von der Zahlung der Kosten befreit ist. [3]Der auf eine Partei oder einen Beteiligten entfallende Anteil bleibt unberücksichtigt, wenn das Gericht der Erklärung nach Absatz 4 zugestimmt hat. [4]Der Sachverständige, Dolmetscher oder Übersetzer hat eine Berechnung der gesetzlichen Vergütung einzureichen.

§ 14[1] **Vereinbarung der Vergütung.** Mit Sachverständigen, Dolmetschern und Übersetzern, die häufiger herangezogen werden, kann die oberste Landesbehörde, für die Gerichte und Behörden des Bundes die oberste Bundesbehörde, oder eine von diesen bestimmte Stelle eine Vereinbarung über die zu gewährende Vergütung treffen, deren Höhe die nach diesem Gesetz vorgesehene Vergütung nicht überschreiten darf.

Abschnitt 4. Entschädigung von ehrenamtlichen Richtern

§ 15[2] **Grundsatz der Entschädigung.** (1) Ehrenamtliche Richter erhalten als Entschädigung

1. Fahrtkostenersatz (§ 5),
2. Entschädigung für Aufwand (§ 6),
3. Ersatz für sonstige Aufwendungen (§ 7),
4. Entschädigung für Zeitversäumnis (§ 16),
5. Entschädigung für Nachteile bei der Haushaltsführung (§ 17) sowie
6. Entschädigung für Verdienstausfall (§ 18).

(2) ¹Sofern die Entschädigung nach Stunden bemessen ist, wird sie für die gesamte Dauer der Heranziehung gewährt. ²Dazu zählen auch notwendige Reise- und Wartezeiten sowie die Zeit, während der der ehrenamtliche Richter infolge der Heranziehung seiner beruflichen Tätigkeit nicht nachgehen konnte. ³Eine Entschädigung wird für nicht mehr als zehn Stunden je Tag gewährt. ⁴Die letzte begonnene Stunde wird voll gerechnet.

(3) Die Entschädigung wird auch gewährt,

1. wenn ehrenamtliche Richter von der zuständigen staatlichen Stelle zu Einführungs- und Fortbildungstagungen herangezogen werden,
2. wenn ehrenamtliche Richter bei den Gerichten der Arbeits- und der Sozialgerichtsbarkeit in dieser Eigenschaft an der Wahl von gesetzlich für sie vorgesehenen Ausschüssen oder an den Sitzungen solcher Ausschüsse teilnehmen (§§ 29, 38 des Arbeitsgerichtsgesetzes, §§ 23, 35 Abs. 1, § 47 des Sozialgerichtsgesetzes).

§ 16[3] **Entschädigung für Zeitversäumnis.** Die Entschädigung für Zeitversäumnis beträgt 7 Euro je Stunde.

§ 17[4] **Entschädigung für Nachteile bei der Haushaltsführung.** ¹Ehrenamtliche Richter, die einen eigenen Haushalt für mehrere Personen führen, erhalten neben der Entschädigung nach § 16 eine zusätzliche Entschädigung für Nachteile bei der Haushaltsführung von 17 Euro je Stunde, wenn sie nicht erwerbstätig sind oder wenn sie teilzeitbeschäftigt sind und außerhalb ihrer vereinbarten regelmäßigen täglichen Arbeitszeit herangezogen werden. ²Ehrenamtliche Richter, die ein Erwerbsersatzeinkommen beziehen, stehen er-

---

[1] § 14 geänd. mWv 1.4.2005 durch G v. 22.3.2005 (BGBl. I S. 837).
[2] § 15 Abs. 2 neu gef. mWv 1.1.2021 durch G v. 21.12.2020 (BGBl. I S. 3229).
[3] § 16 geänd. mWv 1.8.2013 durch G v. 23.7.2013 (BGBl. I S. 2586); geänd. mWv 1.1.2021 durch G v. 21.12.2020 (BGBl. I S. 3229).
[4] § 17 Satz 1 geänd., Satz 2 eingef., bish. Sätze 2 und 3 werden Sätze 3 und 4 mWv 1.8.2013 durch G v. 23.7.2013 (BGBl. I S. 2586); Satz 1 geänd. mWv 1.1.2021 durch G v. 21.12.2020 (BGBl. I S. 3229).

werbstätigen ehrenamtlichen Richtern gleich. [3] Die Entschädigung von Teilzeitbeschäftigten wird für höchstens zehn Stunden je Tag gewährt abzüglich der Zahl an Stunden, die der vereinbarten regelmäßigen täglichen Arbeitszeit entspricht. [4] Die Entschädigung wird nicht gewährt, soweit Kosten einer notwendigen Vertretung erstattet werden.

§ 18[1) Entschädigung für Verdienstausfall. [1] Für den Verdienstausfall wird neben der Entschädigung nach § 16 eine zusätzliche Entschädigung gewährt, die sich nach dem regelmäßigen Bruttoverdienst einschließlich der vom Arbeitgeber zu tragenden Sozialversicherungsbeiträge richtet, jedoch höchstens 29 Euro je Stunde beträgt. [2] Die Entschädigung beträgt bis zu 55 Euro je Stunde für ehrenamtliche Richter, die in demselben Verfahren an mehr als 20 Tagen herangezogen oder innerhalb eines Zeitraums von 30 Tagen an mindestens sechs Tagen ihrer regelmäßigen Erwerbstätigkeit entzogen werden. [3] Sie beträgt bis zu 73 Euro je Stunde für ehrenamtliche Richter, die in demselben Verfahren an mehr als 50 Tagen herangezogen werden.

Abschnitt 5. Entschädigung von Zeugen und Dritten

§ 19[2) Grundsatz der Entschädigung. (1) [1] Zeugen erhalten als Entschädigung

1. Fahrtkostenersatz (§ 5),
2. Entschädigung für Aufwand (§ 6),
3. Ersatz für sonstige Aufwendungen (§ 7),
4. Entschädigung für Zeitversäumnis (§ 20),
5. Entschädigung für Nachteile bei der Haushaltsführung (§ 21) sowie
6. Entschädigung für Verdienstausfall (§ 22).

[2] Dies gilt auch bei schriftlicher Beantwortung der Beweisfrage.

(2) [1] Sofern die Entschädigung nach Stunden bemessen ist, wird sie für die gesamte Dauer der Heranziehung gewährt. [2] Dazu zählen auch notwendige Reise- und Wartezeiten sowie die Zeit, während der der Zeuge infolge der Heranziehung seiner beruflichen Tätigkeit nicht nachgehen konnte. [3] Die Entschädigung wird für nicht mehr als zehn Stunden je Tag gewährt. [4] Die letzte bereits begonnene Stunde wird voll gerechnet, wenn insgesamt mehr als 30 Minuten auf die Heranziehung entfallen; andernfalls beträgt die Entschädigung die Hälfte des sich für die volle Stunde ergebenden Betrages.

(3) Soweit die Entschädigung durch die gleichzeitige Heranziehung in verschiedenen Angelegenheiten veranlasst ist, ist sie auf diese Angelegenheiten nach dem Verhältnis der Entschädigungen zu verteilen, die bei gesonderter Heranziehung begründet wären.

(4) Den Zeugen, die ihren gewöhnlichen Aufenthalt im Ausland haben, kann unter Berücksichtigung ihrer persönlichen Verhältnisse, insbesondere ihres regelmäßigen Erwerbseinkommens, nach billigem Ermessen eine höhere als die in Absatz 1 Satz 1 bestimmte Entschädigung gewährt werden.

[1) § 18 Sätze 1–3 geänd. mWv 1.8.2013 durch G v. 23.7.2013 (BGBl. I S. 2586); Sätze 1–3 geänd. mWv 1.1.2021 durch G v. 21.12.2020 (BGBl. I S. 3229).
[2) § 19 Abs. 2 neu gef., Abs. 4 geänd. mWv 1.1.2021 durch G v. 21.12.2020 (BGBl. I S. 3229).

§ 20[1] Entschädigung für Zeitversäumnis. Die Entschädigung für Zeitversäumnis beträgt 4 Euro je Stunde, soweit weder für einen Verdienstausfall noch für Nachteile bei der Haushaltsführung eine Entschädigung zu gewähren ist, es sei denn, dem Zeugen ist durch seine Heranziehung ersichtlich kein Nachteil entstanden.

§ 21[2] Entschädigung für Nachteile bei der Haushaltsführung. [1]Zeugen, die einen eigenen Haushalt für mehrere Personen führen, erhalten eine Entschädigung für Nachteile bei der Haushaltsführung von 17 Euro je Stunde, wenn sie nicht erwerbstätig sind oder wenn sie teilzeitbeschäftigt sind und außerhalb ihrer vereinbarten regelmäßigen täglichen Arbeitszeit herangezogen werden. [2]Zeugen, die ein Erwerbsersatzeinkommen beziehen, stehen erwerbstätigen Zeugen gleich. [3]Die Entschädigung von Teilzeitbeschäftigten wird für höchstens zehn Stunden je Tag gewährt abzüglich der Zahl an Stunden, die der vereinbarten regelmäßigen täglichen Arbeitszeit entspricht. [4]Die Entschädigung wird nicht gewährt, soweit Kosten einer notwendigen Vertretung erstattet werden.

§ 22[1] Entschädigung für Verdienstausfall. [1]Zeugen, denen ein Verdienstausfall entsteht, erhalten eine Entschädigung, die sich nach dem regelmäßigen Bruttoverdienst einschließlich der vom Arbeitgeber zu tragenden Sozialversicherungsbeiträge richtet und für jede Stunde höchstens 25 Euro beträgt. [2]Gefangene, die keinen Verdienstausfall aus einem privatrechtlichen Arbeitsverhältnis haben, erhalten Ersatz in Höhe der entgangenen Zuwendung der Vollzugsbehörde.

§ 23[3] Entschädigung Dritter. (1) Soweit von denjenigen, die Telekommunikationsdienste erbringen oder daran mitwirken (Telekommunikationsunternehmen), Anordnungen zur Überwachung der Telekommunikation umgesetzt oder Auskünfte erteilt werden, für die in der Anlage 3 zu diesem Gesetz besondere Entschädigungen bestimmt sind, bemisst sich die Entschädigung ausschließlich nach dieser Anlage.

(2) [1]Dritte, die aufgrund einer gerichtlichen Anordnung nach § 142 Abs. 1 Satz 1 oder § 144 Abs. 1 der Zivilprozessordnung Urkunden, sonstige Unterlagen oder andere Gegenstände vorlegen oder deren Inaugenscheinnahme dulden, sowie Dritte, die aufgrund eines Beweiszwecken dienenden Ersuchens der Strafverfolgungs- oder Verfolgungsbehörde

1. Gegenstände herausgeben (§ 95 Abs. 1, § 98a der Strafprozessordnung) oder die Pflicht zur Herausgabe entsprechend einer Anheimgabe der Strafverfolgungs- oder Verfolgungsbehörde abwenden oder

2. in anderen als den in Absatz 1 genannten Fällen Auskunft erteilen,

werden wie Zeugen entschädigt. [2]Bedient sich der Dritte eines Arbeitnehmers oder einer anderen Person, werden ihm die Aufwendungen dafür (§ 7) im

---

[1] §§ 20 und 22 Satz 1 geänd. mWv 1.8.2013 durch G v. 23.7.2013 (BGBl. I S. 2586) und mWv 1.1.2021 durch G v. 21.12.2020 (BGBl. I S. 3229).
[2] § 21 Satz 1 geänd., Satz 2 eingef., bish. Sätze 2, 3 werden Sätze 3, 4 mWv 1.8.2013 durch G v. 23.7.2013 (BGBl. I S. 2586); Satz 1 geänd. mWv 1.1.2021 durch G v. 21.12.2020 (BGBl. I S. 3229).
[3] § 23 neu gef. mWv 1.7.2009 durch G v. 29.4.2009 (BGBl. I S. 994); Abs. 2 Satz 1 einl. Satzteil und Nr. 1 geänd. mWv 18.12.2015 durch G v. 10.12.2015 (BGBl. I S. 2218); Abs. 2 Satz 3 angef. mWv 1.1.2021 durch G v. 21.12.2020 (BGBl. I S. 3229).

Rahmen des § 22 ersetzt; § 19 Abs. 2 und 3 gilt entsprechend. [3] Die Sätze 1 und 2 gelten auch in den Fällen der Ermittlung von Amts wegen nach § 26 des Gesetzes über das Verfahren in Familiensachen und in den Angelegenheiten der freiwilligen Gerichtsbarkeit, sofern der Dritte nicht kraft einer gesetzlichen Regelung zur Herausgabe oder Auskunftserteilung verpflichtet ist.

(3) [1] Die notwendige Benutzung einer eigenen Datenverarbeitungsanlage für Zwecke der Rasterfahndung wird entschädigt, wenn die Investitionssumme für die im Einzelfall benutzte Hard- und Software zusammen mehr als 10 000 Euro beträgt. [2] Die Entschädigung beträgt

1. bei einer Investitionssumme von mehr als 10 000 bis 25 000 Euro für jede Stunde der Benutzung 5 Euro; die gesamte Benutzungsdauer ist auf volle Stunden aufzurunden;

2. bei sonstigen Datenverarbeitungsanlagen

   a) neben der Entschädigung nach Absatz 2 für jede Stunde der Benutzung der Anlage bei der Entwicklung eines für den Einzelfall erforderlichen, besonderen Anwendungsprogramms 10 Euro und

   b) für die übrige Dauer der Benutzung einschließlich des hierbei erforderlichen Personalaufwands ein Zehnmillionstel der Investitionssumme je Sekunde für die Zeit, in der die Zentraleinheit belegt ist (CPU-Sekunde), höchstens 0,30 Euro je CPU-Sekunde.

[3] Die Investitionssumme und die verbrauchte CPU-Zeit sind glaubhaft zu machen.

(4) Der eigenen elektronischen Datenverarbeitungsanlage steht eine fremde gleich, wenn die durch die Auskunftserteilung entstandenen direkt zurechenbaren Kosten (§ 7) nicht sicher feststellbar sind.

Abschnitt 6. Schlussvorschriften

§ 24 Übergangsvorschrift. [1] Die Vergütung und die Entschädigung sind nach bisherigem Recht zu berechnen, wenn der Auftrag an den Sachverständigen, Dolmetscher oder Übersetzer vor dem Inkrafttreten einer Gesetzesänderung erteilt oder der Berechtigte vor diesem Zeitpunkt herangezogen worden ist. [2] Dies gilt auch, wenn Vorschriften geändert werden, auf die dieses Gesetz verweist.

§ 25 Übergangsvorschrift aus Anlass des Inkrafttretens dieses Gesetzes. [1] Das Gesetz über die Entschädigung der ehrenamtlichen Richter in der Fassung der Bekanntmachung vom 1. Oktober 1969 (BGBl. I S. 1753), zuletzt geändert durch Artikel 1 Abs. 4 des Gesetzes vom 22. Februar 2002 (BGBl. I S. 981), und das Gesetz über die Entschädigung von Zeugen und Sachverständigen in der Fassung der Bekanntmachung vom 1. Oktober 1969 (BGBl. I S. 1756), zuletzt geändert durch Artikel 1 Abs. 5 des Gesetzes vom 22. Februar 2002 (BGBl. I S. 981), sowie Verweisungen auf diese Gesetze sind weiter anzuwenden, wenn der Auftrag an den Sachverständigen, Dolmetscher oder Übersetzer vor dem 1. Juli 2004 erteilt oder der Berechtigte vor diesem Zeitpunkt herangezogen worden ist. [2] Satz 1 gilt für Heranziehungen vor dem 1. Juli 2004 auch dann, wenn der Berechtigte in derselben Rechtssache auch nach dem 1. Juli 2004 herangezogen worden ist.

Anlage 1[1)]
(zu § 9 Absatz 1 Satz 1)

Teil 1

Nr.	Sachgebietsbezeichnung	Stunden-satz (Euro)
1	Abfallstoffe einschließlich Altfahrzeuge und -geräte	115
2	Akustik, Lärmschutz	95
3	Altlasten und Bodenschutz	85
4	*Bauwesen – soweit nicht Sachgebiet 14 – einschließlich technische Gebäudeausrüstung*	
4.1	Planung	105
4.2	handwerklich-technische Ausführung	95
4.3	Schadensfeststellung und -ursachenermittlung	105
4.4	Bauprodukte	105
4.5	Bauvertragswesen, Baubetrieb und Abrechnung von Bauleistungen	105
4.6	Geotechnik, Erd- und Grundbau	100
5	Berufskunde, Tätigkeitsanalyse und Expositionsermittlung	105
6	*Betriebswirtschaft*	
6.1	Unternehmensbewertung, Betriebsunterbrechungs- und -verlagerungsschäden	135
6.2	Besteuerung	110
6.3	Rechnungswesen	105
6.4	Honorarabrechnungen von Steuerberatern	105
7	Bewertung von Immobilien und Rechten an Immobilien	115
8	Brandursachenermittlung	110
9	Briefmarken, Medaillen und Münzen	95
10	Einbauküchen	90
11	*Elektronik, Elektro- und Informationstechnologie*	
11.1	Elektronik (insbesondere Mess-, Steuerungs- und Regelungselektronik)	120
11.2	Elektrotechnische Anlagen und Geräte	115
11.3	Kommunikations- und Informationstechnik	115
11.4	Informatik	125
11.5	Datenermittlung und -aufbereitung	125
12	Emissionen und Immissionen	95
13	Fahrzeugbau	100
14	Garten- und Landschaftsbau einschließlich Sportanlagenbau	90
15	Gesundheitshandwerke	85

[1)] Anl. 1 neu gef. mWv 1.1.2021 durch G v. 21.12.2020 (BGBl. I S. 3229); geänd. **mWv 1.1.2023** durch G v. 4.5.2021 (BGBl. I S. 882); mWv 3.7.2021 durch G v. 25.6.2021 (BGBl. I S. 2154).

Nr.	Sachgebietsbezeichnung	Stunden-satz (Euro)
16	Grafisches Gewerbe	115
17	Handschriften- und Dokumentenuntersuchung	105
18	Hausrat	110
19	Honorarabrechnungen von Architekten, Ingenieuren und Stadtplanern	145
20	Kältetechnik	120
21	*Kraftfahrzeuge*	
21.1	Kraftfahrzeugschäden und -bewertung	120
21.2	Kfz-Elektronik	95
22	Kunst und Antiquitäten	85
23	Lebensmittelchemie und -technologie	135
24	*Maschinen und Anlagen*	
24.1	Photovoltaikanlagen	110
24.2	Windkraftanlagen	120
24.3	Solarthermieanlagen	110
24.4	Maschinen und Anlagen im Übrigen	130
25	Medizintechnik und Medizinprodukte	105
26	Mieten und Pachten	115
27	Möbel und Inneneinrichtung	90
28	Musikinstrumente	80
29	Schiffe und Wassersportfahrzeuge	95
30	Schmuck, Juwelen, Perlen, Gold- und Silberwaren	85
31	Schweiß- und Fügetechnik	95
32	Spedition, Transport, Lagerwirtschaft und Ladungssicherung	90
33	Sprengtechnik	90
34	Textilien, Leder und Pelze	70
35	Tiere – Bewertung, Haltung, Tierschutz und Zucht	85
36	*Ursachenermittlung und Rekonstruktion von Unfällen*	
36.1	bei Luftfahrzeugen	100
36.2	bei sonstigen Fahrzeugen	155
36.3	bei Arbeitsunfällen	125
36.4	im Freizeit- und Sportbereich	95
37	Verkehrsregelungs- und Verkehrsüberwachungstechnik	135
38	*Vermessungs- und Katasterwesen*	
38.1	Vermessungstechnik	80
38.2	Vermessungs- und Katasterwesen im Übrigen	100
39	Waffen und Munition	85

Teil 2

Hono-rargrup-pe	Gegenstand medizinischer oder psychologischer Gutachten	Stun-densatz (Euro)
M 1	Einfache gutachtliche Beurteilungen ohne Kausalitätsfeststellungen, insbesondere 1. in Gebührenrechtsfragen, 2. zur Verlängerung einer Betreuung oder zur Überprüfung eines angeordneten Einwilligungsvorbehalts nach *[bis 31.12.2022: § 1903] [ab 1.1.2023: § 1825]* des Bürgerlichen Gesetzbuchs, 3. zur Minderung der Erwerbsfähigkeit nach einer Monoverletzung.	80
M 2	Beschreibende (Ist-Zustands-)Begutachtung nach standardisiertem Schema ohne Erörterung spezieller Kausalzusammenhänge mit einfacher medizinischer Verlaufsprognose und mit durchschnittlichem Schwierigkeitsgrad, insbesondere Gutachten 1. in Verfahren nach dem Neunten Buch Sozialgesetzbuch, 2. zur Erwerbsminderung oder Berufsunfähigkeit in Verfahren nach dem Sechsten Buch Sozialgesetzbuch, 3. zu rechtsmedizinischen und toxikologischen Fragestellungen im Zusammenhang mit der Feststellung einer Beeinträchtigung der Fahrtüchtigkeit durch Alkohol, Drogen, Medikamente oder Krankheiten, 4. zu spurenkundlichen oder rechtsmedizinischen Fragestellungen mit Befunderhebungen (z.B. bei Verletzungen und anderen Unfallfolgen), 5. zu einfachen Fragestellungen zur Schuldfähigkeit ohne besondere Schwierigkeiten der Persönlichkeitsdiagnostik, 6. zur Einrichtung oder Aufhebung einer Betreuung oder zur Anordnung oder Aufhebung eines Einwilligungsvorbehalts nach *[bis 31.12.2022: § 1903][ab 1.1.2023: § 1825]* des Bürgerlichen Gesetzbuchs, 7. zu Unterhaltsstreitigkeiten aufgrund einer Erwerbsminderung oder Berufsunfähigkeit, 8. zu neurologisch-psychologischen Fragestellungen in Verfahren nach der Fahrerlaubnis-Verordnung, 9. zur Haft-, Verhandlungs- oder Vernehmungsfähigkeit.	90
M 3	Gutachten mit hohem Schwierigkeitsgrad (Begutachtungen spezieller Kausalzusammenhänge und/oder differenzialdiagnostischer Probleme und/oder Beurteilung der Prognose und/oder Beurteilung strittiger Kausalitätsfragen), insbesondere Gutachten 1. zum Kausalzusammenhang bei problematischen Verletzungsfolgen, 2. zu ärztlichen Behandlungsfehlern, 3. in Verfahren nach dem sozialen Entschädigungsrecht, 4. zur Schuldfähigkeit bei Schwierigkeiten der Persönlichkeitsdiagnostik,	120

Hono-rargrup-pe	Gegenstand medizinischer oder psychologischer Gutachten	Stun-densatz (Euro)
	5. in Verfahren zur Anordnung einer Maßregel der Besserung und Sicherung (in Verfahren zur Entziehung der Fahrerlaubnis zu neurologisch/psychologischen Fragestellungen),	
	6. zur Kriminalprognose,	
	7. zur Glaubhaftigkeit oder Aussagetüchtigkeit,	
	8. zur Widerstandsfähigkeit,	
	9. in Verfahren nach den §§ 3, 10, 17 und 105 des Jugendgerichtsgesetzes,	
	10. in Unterbringungsverfahren,	
	11. zur Fortdauer der Unterbringung im Maßregelvollzug über zehn Jahre hinaus,	
	12. zur Anordnung der Sicherungsverwahrung oder zur Prognose von Untergebrachten in der Sicherungsverwahrung,	
	13. in Verfahren nach den *[bis 31.12.2022:* §§ 1904 und 1905*] [ab 1.1.2023:* §§ *1829 und 1830]* des Bürgerlichen Gesetzbuchs,	
	14. in Verfahren nach dem Transplantationsgesetz,	
	15. in Verfahren zur Regelung von Sorge- oder Umgangsrechten,	
	16. zu Fragestellungen der Hilfe zur Erziehung,	
	17. zur Geschäfts-, Testier- oder Prozessfähigkeit,	
	18. in Aufenthalts- oder Asylangelegenheiten,	
	19. zur persönlichen Eignung nach § 6 des Waffengesetzes,	
	20. zur Anerkennung von Berufskrankheiten, Arbeitsunfällen, zu den daraus folgenden Gesundheitsschäden und zur Minderung der Erwerbsfähigkeit nach dem Siebten Buch Sozialgesetzbuch,	
	21. zu rechtsmedizinischen, toxikologischen oder spurenkundlichen Fragestellungen im Zusammenhang mit einer abschließenden Todesursachenklärung, mit ärztlichen Behandlungsfehlern oder mit einer Beurteilung der Schuldfähigkeit,	
	22. in Verfahren nach dem Transsexuellengesetz.	

Anlage 2[1)]
(zu § 10 Abs. 1 Satz 1)

Nr.	Bezeichnung der Leistung	Honorar

Abschnitt 1. Leichenschau und Obduktion

Vorbemerkung 1:

(1) Das Honorar in den Fällen der Nummern 100 und 102 bis 107 umfasst den zur Niederschrift gegebenen Bericht. In den Fällen der Nummern 102 bis 107 umfasst das Honorar auch das vorläufige Gutachten. Das Honorar nach den Nummern 102 bis 107 erhält jeder Obduzent gesondert.

(2) Aufwendungen für die Nutzung fremder Kühlzellen, Sektionssäle oder sonstiger Einrichtungen werden bis zu einem Betrag von 300 € gesondert erstattet, wenn die Nutzung wegen der großen Entfernung zwischen dem Fundort der Leiche und dem rechtsmedizinischen Institut geboten ist.

(3) Eine bildgebende Diagnostik, die über das klassische Röntgen hinausgeht, wird in den Fällen der Nummern 100 und 102 bis 107 gesondert vergütet, wenn sie von der heranziehenden Stelle besonders angeordnet wurde und Säuglinge, Arbeits- oder Verkehrsunfallopfer, Fälle von Behandlungsfehlervorwürfen oder Verstorbene nach äußerer Gewalteinwirkung betrifft.

Nr.	Bezeichnung der Leistung	Honorar
100	Besichtigung einer Leiche, von Teilen einer Leiche, eines Embryos oder eines Fetus oder Mitwirkung an einer richterlichen Leichenschau	70,00 €
	für mehrere Leistungen bei derselben Gelegenheit jedoch höchstens	170,00 €
101	Fertigung eines Berichts, der schriftlich zu erstatten oder nachträglich zur Niederschrift zu geben ist	35,00 €
	für mehrere Leistungen bei derselben Gelegenheit jedoch höchstens	120,00 €
102	Obduktion	460,00 €
103	Obduktion unter besonders ungünstigen äußeren Bedingungen:	
	Das Honorar 102 beträgt	600,00 €
104	Obduktion unter anderen besonders ungünstigen Bedingungen (Zustand der Leiche etc.):	
	Das Honorar 102 beträgt	800,00 €
105	Obduktion mit zusätzlicher Präparation (Eröffnung der Rücken-, Gesäß- und Extremitätenweichteile):	
	Das Honorar 102 erhöht sich um	140,00 €
106	Sektion von Teilen einer Leiche oder Öffnung eines Embryos oder nicht lebensfähigen Fetus	120,00 €
107	Sektion oder Öffnung unter besonders ungünstigen Bedingungen:	
	Das Honorar 106 beträgt	170,00 €

Abschnitt 2. Befund

Nr.	Bezeichnung der Leistung	Honorar
200	Ausstellung eines Befundscheins oder Erteilung einer schriftlichen Auskunft ohne nähere gutachtliche Äußerung	25,00 €

[1)] Anl. 2 neu gef. mWv 1.1.2021 durch G v. 21.12.2020 (BGBl. I S. 3229).

Nr.	Bezeichnung der Leistung	Honorar
201	Die Leistung der in Nummer 200 genannten Art ist außergewöhnlich umfangreich: Das Honorar 200 beträgt	bis zu 55,00 €
202	Ausstellung eines Zeugnisses über einen ärztlichen Befund mit von der heranziehenden Stelle geforderter kurzer gutachtlicher Äußerung oder eines Formbogengutachtens, wenn sich die Fragen auf Vorgeschichte, Angaben und Befund beschränken und nur ein kurzes Gutachten erfordern	45,00 €
203	Die Leistung der in Nummer 202 genannten Art ist außergewöhnlich umfangreich: Das Honorar 202 beträgt	bis zu 90,00 €

Abschnitt 3. Untersuchungen, Blutentnahme, Entnahme von Proben für die genetische Analyse

300	Untersuchung eines Lebensmittels, Bedarfsgegenstands, Arzneimittels, von Luft, Gasen, Böden, Klärschlämmen, Wässern oder Abwässern oder dergleichen und eine kurze schriftliche gutachtliche Äußerung: Das Honorar beträgt für jede Einzelbestimmung je Probe	5,00 bis 70,00 €
301	Die Leistung der in Nummer 300 genannten Art ist außergewöhnlich umfangreich oder schwierig: Das Honorar 300 beträgt	bis zu 1 000,00 €
302	Mikroskopische, physikalische, chemische, toxikologische, bakteriologische, serologische Untersuchung, wenn das Untersuchungsmaterial von Menschen oder Tieren stammt, soweit nicht in den Nummern 309 bis 317 oder 403 bis 411 geregelt: Das Honorar beträgt je Organ oder Körperflüssigkeit .... <small>Das Honorar umfasst das verbrauchte Material, soweit es sich um geringwertige Stoffe handelt, und eine kurze gutachtliche Äußerung.</small>	5,00 bis 70,00 €
303	Die Leistung der in Nummer 302 genannten Art ist außergewöhnlich umfangreich oder schwierig: Das Honorar 302 beträgt	bis zu 1 000,00 €
304	Elektrophysiologische Untersuchung eines Menschen .... <small>Das Honorar umfasst eine gutachtliche Äußerung und den mit der Untersuchung verbundenen Aufwand.</small>	20,00 bis 160,00 €
305	Raster-elektronische Untersuchung eines Menschen oder einer Leiche, auch mit Analysenzusatz ... <small>Das Honorar umfasst eine kurze gutachtliche Äußerung und den mit der Untersuchung verbundenen Aufwand.</small>	20,00 bis 430,00 €

Nr.	Bezeichnung der Leistung	Honorar
306	Blutentnahme oder Entnahme einer Probe für die genetische Analyse	10,00 €
	Das Honorar umfasst eine Niederschrift über die Feststellung der Identität.	
307	Herstellung einer Probe für die genetische Analyse und ihre Überprüfung auf Geeignetheit (z.B. DNA-Menge, humane Herkunft, Ausmaß der Degradation)	bis zu 250,00 €
	Das Honorar umfasst das verbrauchte Material, soweit es sich um geringwertige Stoffe handelt, und eine kurze gutachtliche Äußerung.	
308	Entnahme einer Probe für die genetische Analyse von einem Asservat einschließlich Dokumentation: je Probe	30,00 €
309	Untersuchung von autosomalen STR-Systemen, bis 16 Systeme: je Probe	140,00 €
310	Untersuchung von autosomalen STR-Systemen, mehr als 16 Systeme: je Probe	200,00 €
311	Untersuchung von autosomalen STR-Systemen, mehr als 30 Systeme: je Probe	260,00 €
312	Untersuchung von X-STRs, bis 12 Systeme: je Probe	140,00 €
313	Untersuchung von X-STRs, mehr als 12 Systeme: je Probe	200,00 €
314	Untersuchung von Y-STRs, bis 17 Systeme: je Probe	140,00 €
315	Untersuchung von Y-STRs, mehr als 17 Systeme: je Probe	200,00 €
316	Untersuchung von Y-STRs, mehr als 27 Systeme: je Probe	260,00 €
317	Untersuchung weiterer DNA-Marker, z.B. mtDNA, SNPs, Indels, DNA-Methylierung, sonstige komplexe genetische Merkmalsysteme: je Probe	bis zu 300,00 €
318	Biostatistische Berechnungen: je Spur	30,00 €

Abschnitt 4. Abstammungsgutachten

Vorbemerkung 4:
(1) Das Honorar umfasst die gesamte Tätigkeit des Sachverständigen einschließlich aller Aufwendungen mit Ausnahme der Umsatzsteuer und mit Ausnahme der Auslagen für Probenentnahmen durch vom Sachverständigen beauftragte Personen, soweit nichts anderes bestimmt ist. Das Honorar umfasst ferner den Aufwand für die Anfertigung des schriftlichen Gutachtens und von drei Überstücken.

Nr.	Bezeichnung der Leistung	Honorar
	(2) Das Honorar für Leistungen der in Abschnitt M III 13 des Gebührenverzeichnisses für ärztliche Leistungen (Anlage zur GOÄ) bezeichneten Art bemisst sich in entsprechender Anwendung dieses Gebührenverzeichnisses nach dem 1,15fachen Gebührensatz. § 4 Abs. 2 Satz 1, Abs. 2a Satz 1, Abs. 3 und 4 Satz 1 und § 10 GOÄ gelten entsprechend.	
400	Erstellung eines Gutachtens .... Das Honorar umfasst 1. die administrative Abwicklung, insbesondere die Organisation der Probenentnahmen, und 2. das schriftliche Gutachten, erforderlichenfalls mit biostatistischer Auswertung.	170,00 €
401	Biostatistische Berechnungen, wenn der mögliche Vater für die Untersuchung nicht zur Verfügung steht und andere mit ihm verwandte Personen an seiner Stelle in die Begutachtung einbezogen werden (Defizienzfall) oder bei Fragestellungen zur Voll- und Halbgeschwisterschaft: je Person .... Beauftragt der Sachverständige eine andere Person mit der biostatistischen Berechnung, werden ihm abweichend von Vorbemerkung 4 Abs. 1 Satz 1 die hierfür anfallenden Auslagen ersetzt.	30,00 €
402	Entnahme einer Probe für die genetische Analyse einschließlich der Niederschrift sowie der qualifizierten Aufklärung nach dem Gendiagnostikgesetz	30,00 €
403	Untersuchung von autosomalen STR-Systemen, bis 16 Systeme: je Probe	140,00 €
404	Untersuchung von autosomalen STR-Systemen, mehr als 16 Systeme: je Probe	200,00 €
405	Untersuchung von autosomalen STR-Systemen, mehr als 30 Systeme: je Probe	260,00 €
406	Untersuchung von X-STRs, bis 12 Systeme: je Probe	140,00 €
407	Untersuchung von X-STRs, mehr als 12 Systeme: je Probe	200,00 €
408	Untersuchung von Y-STRs, bis 17 Systeme: je Probe	140,00 €
409	Untersuchung von Y-STRs, mehr als 17 Systeme: je Probe	200,00 €
410	Untersuchung von Y-STRs, mehr als 27 Systeme: je Probe	260,00 €
411	Untersuchung weiterer DNA-Marker, z.B. mtDNA, SNPs, Indels, DNA-Methylierung, sonstige komplexe genetische Merkmalsysteme: je Probe	bis zu 300,00 €

Nr.	Bezeichnung der Leistung	Honorar
412	Herstellung einer Probe für die genetische Analyse aus anderem Untersuchungsmaterial als Blut oder Mundschleimhautabstrichen einschließlich Durchführung des Tests auf Eignung und Dokumentation: je Person	bis zu 140,00 €

Anlage 3[1])
(zu § 23 Abs. 1)

Nr.	Tätigkeit	Höhe
	Allgemeine Vorbemerkung: (1) Die Entschädigung nach dieser Anlage schließt alle mit der Erledigung des Ersuchens der Strafverfolgungsbehörde verbundenen Tätigkeiten des Telekommunikationsunternehmens sowie etwa anfallende sonstige Aufwendungen (§ 7 JVEG) ein. (2) Für Leistungen, die die Strafverfolgungsbehörden über eine zentrale Kontaktstelle des Generalbundesanwalts, des Bundeskriminalamtes, der Bundespolizei oder des Zollkriminalamtes oder über entsprechende für ein Bundesland oder für mehrere Bundesländer zuständige Kontaktstellen anfordern und abrechnen, ermäßigen sich die Entschädigungsbeträge nach den Nummern 100, 101, 300 bis 321 und 400 bis 402 um 20 Prozent, wenn bei der Anforderung darauf hingewiesen worden ist, dass es sich bei der anfordernden Stelle um eine zentrale Kontaktstelle handelt.	

Abschnitt 1. Überwachung der Telekommunikation

Vorbemerkung 1:
(1) Die Vorschriften dieses Abschnitts gelten für die Heranziehung im Zusammenhang mit Funktionsprüfungen der Aufzeichnungs- und Auswertungseinrichtungen der berechtigten Stellen entsprechend.
(2) Leitungskosten werden nur entschädigt, wenn die betreffende Leitung innerhalb des Überwachungszeitraums mindestens einmal zur Übermittlung überwachter Telekommunikation an die Strafverfolgungsbehörde genutzt worden ist.
(3) Für die Überwachung eines Voice-over-IP-Anschlusses oder eines Zugangs zu einem elektronischen Postfach richtet sich die Entschädigung für die Leitungskosten nach den Nummern 102 bis 104. Dies gilt auch für die Überwachung eines Mobilfunkanschlusses, es sei denn, dass auch die Überwachung des über diesen Anschluss abgewickelten Datenverkehrs angeordnet worden ist und für die Übermittlung von Daten Leitungen mit Übertragungsgeschwindigkeiten von mehr als 144 kbit/s genutzt werden müssen und auch genutzt worden sind. In diesem Fall richtet sich die Entschädigung einheitlich nach den Nummern 111 bis 113.

Nr.	Tätigkeit	Höhe
100	Umsetzung einer Anordnung zur Überwachung der Telekommunikation, unabhängig von der Zahl der dem Anschluss zugeordneten Kennungen: je Anschluss .... Mit der Entschädigung ist auch der Aufwand für die Abschaltung der Maßnahme entgolten.	100,00 €
101	Verlängerung einer Maßnahme zur Überwachung der Telekommunikation oder Umschaltung einer solchen Maßnahme auf Veranlassung der Strafverfolgungsbehörde auf einen anderen Anschluss dieser Stelle	35,00 €

[1]) Anl. 3 angef. mWv 1.7.2009 durch G v. 29.4.2009 (BGBl. I S. 994); geänd. mWv 1.8.2013 durch G v. 23.7.2013 (BGBl. I S. 2586); mWv 18.12.2015 durch G v. 10.12.2015 (BGBl. I S. 2218); mWv 1.12.2021 durch G v. 23.6.2021 (BGBl. I S. 1858).

Nr.	Tätigkeit	Höhe
	Leitungskosten für die Übermittlung der zu überwachenden Telekommunikation:	
	für jeden überwachten Anschluss,	
102	– wenn die Überwachungsmaßnahme nicht länger als eine Woche dauert	24,00 €
103	– wenn die Überwachungsmaßnahme länger als eine Woche, jedoch nicht länger als zwei Wochen dauert	42,00 €
104	– wenn die Überwachungsmaßnahme länger als zwei Wochen dauert:	
	je angefangenen Monat	75,00 €
	Der überwachte Anschluss ist ein ISDN-Basisanschluss:	
105	– Die Entschädigung nach Nummer 102 beträgt	40,00 €
106	– Die Entschädigung nach Nummer 103 beträgt	70,00 €
107	– Die Entschädigung nach Nummer 104 beträgt	125,00 €
	Der überwachte Anschluss ist ein ISDN-Primärmultiplexanschluss:	
108	– Die Entschädigung nach Nummer 102 beträgt	490,00 €
109	– Die Entschädigung nach Nummer 103 beträgt	855,00 €
110	– Die Entschädigung nach Nummer 104 beträgt	1 525,00 €
	Der überwachte Anschluss ist ein digitaler Teilnehmeranschluss mit einer Übertragungsgeschwindigkeit von mehr als 144 kbit/s, aber kein ISDN-Primärmultiplexanschluss:	
111	– Die Entschädigung nach Nummer 102 beträgt	65,00 €
112	– Die Entschädigung nach Nummer 103 beträgt	110,00 €
113	– Die Entschädigung nach Nummer 104 beträgt	200,00 €
	Abschnitt 2. Auskünfte über Bestandsdaten	
200	Auskunft über Bestandsdaten nach § 3 Nr. 6 TKG, sofern	
	1. die Auskunft nicht über das automatisierte Auskunftsverfahren nach § 173 TKG erteilt werden kann und die Unmöglichkeit der Auskunftserteilung auf diesem Wege nicht vom Unternehmen zu vertreten ist und	
	2. für die Erteilung der Auskunft nicht auf Verkehrsdaten zurückgegriffen werden muss:	
	je angefragten Kundendatensatz	18,00 €
201	Auskunft über Bestandsdaten, zu deren Erteilung auf Verkehrsdaten zurückgegriffen werden muss:	
	für bis zu 10 in demselben Verfahren gleichzeitig angefragte Kennungen, die der Auskunftserteilung zugrunde liegen	35,00 €

Nr.	Tätigkeit	Höhe
	Bei mehr als 10 angefragten Kennungen wird die Pauschale für jeweils bis zu 10 weitere Kennungen erneut gewährt. Kennung ist auch eine IP-Adresse.	
202	Es muss auf Verkehrsdaten nach § 176 Abs. 2 bis 4 TKG zurückgegriffen werden:	
	Die Pauschale 201 beträgt	40,00 €
	Abschnitt 3. Auskünfte über Verkehrsdaten	
300	Auskunft über gespeicherte Verkehrsdaten:	
	für jede Kennung, die der Auskunftserteilung zugrunde liegt	30,00 €
	Die Mitteilung der die Kennung betreffenden Standortdaten ist mit abgegolten.	
301	Für die Auskunft muss auf Verkehrsdaten nach § 176 Abs. 2 bis 4 TKG zurückgegriffen werden:	
	Die Pauschale 300 beträgt	35,00 €
302	Die Auskunft wird im Fall der Nummer 300 aufgrund eines einheitlichen Ersuchens auch oder ausschließlich für künftig anfallende Verkehrsdaten zu bestimmten Zeitpunkten erteilt:	
	für die zweite und jede weitere in dem Ersuchen verlangte Teilauskunft	10,00 €
303	Auskunft über gespeicherte Verkehrsdaten zu Verbindungen, die zu einer bestimmten Zieladresse hergestellt wurden, durch Suche in allen Datensätzen der abgehenden Verbindungen eines Betreibers (Zielwahlsuche):	
	je Zieladresse	90,00 €
	Die Mitteilung der Standortdaten der Zieladresse ist mit abgegolten.	
304	Für die Auskunft muss auf Verkehrsdaten nach § 176 Abs. 2 bis 4 TKG zurückgegriffen werden:	
	Die Pauschale 303 beträgt	110,00 €
305	Die Auskunft wird im Fall der Nummer 303 aufgrund eines einheitlichen Ersuchens auch oder ausschließlich für künftig anfallende Verkehrsdaten zu bestimmten Zeitpunkten erteilt:	
	für die zweite und jede weitere in dem Ersuchen verlangte Teilauskunft	70,00 €
306	Auskunft über gespeicherte Verkehrsdaten für eine von der Strafverfolgungsbehörde benannte Funkzelle (Funkzellenabfrage)	30,00 €
307	Für die Auskunft muss auf Verkehrsdaten nach § 176 Abs. 2 bis 4 TKG zurückgegriffen werden:	
	Die Pauschale 306 beträgt	35,00 €
308	Auskunft über gespeicherte Verkehrsdaten für mehr als eine von der Strafverfolgungsbehörde benannte Funkzelle:	

Nr.	Tätigkeit	Höhe
309	Die Pauschale 306 erhöht sich für jede weitere Funkzelle um	4,00 €
	Auskunft über gespeicherte Verkehrsdaten für mehr als eine von der Strafverfolgungsbehörde benannte Funkzelle und für die Auskunft muss auf Verkehrsdaten nach § 176 Abs. 2 bis 4 TKG zurückgegriffen werden:	
310	Die Pauschale 306 erhöht sich für jede weitere Funkzelle um	5,00 €
	Auskunft über gespeicherte Verkehrsdaten in Fällen, in denen lediglich Ort und Zeitraum bekannt sind:	
311	Die Abfrage erfolgt für einen bestimmten, durch eine Adresse bezeichneten Standort	60,00 €
	Für die Auskunft muss auf Verkehrsdaten nach § 176 Abs. 2 bis 4 TKG zurückgegriffen werden:	
312	Die Pauschale 310 beträgt	70,00 €
	Die Auskunft erfolgt für eine Fläche:	
	− Die Entfernung der am weitesten voneinander entfernten Punkte beträgt nicht mehr als 10 Kilometer:	
313	Die Pauschale 310 beträgt	190,00 €
	− Die Entfernung der am weitesten voneinander entfernten Punkte beträgt mehr als 10, aber nicht mehr als 25 Kilometer:	
314	Die Pauschale 310 beträgt	490,00 €
	− Die Entfernung der am weitesten voneinander entfernten Punkte beträgt mehr als 25, aber nicht mehr als 45 Kilometer:	
	Die Pauschale 310 beträgt	930,00 €
	Liegen die am weitesten voneinander entfernten Punkte mehr als 45 Kilometer auseinander, ist für den darüber hinausgehenden Abstand die Entschädigung nach den Nummern 312 bis 314 gesondert zu berechnen.	
315	Die Auskunft erfolgt für eine Fläche und es muss auf Verkehrsdaten nach § 176 Abs. 2 bis 4 TKG zurückgegriffen werden:	
	− Die Entfernung der am weitesten voneinander entfernten Punkte beträgt nicht mehr als 10 Kilometer:	
316	Die Pauschale 310 beträgt	230,00 €
	− Die Entfernung der am weitesten voneinander entfernten Punkte beträgt mehr als 10, aber nicht mehr als 25 Kilometer:	
	Die Pauschale 310 beträgt	590,00 €

Nr.	Tätigkeit	Höhe
317	– Die Entfernung der am weitesten voneinander entfernten Punkte beträgt mehr als 25, aber nicht mehr als 45 Kilometer: Die Pauschale 310 beträgt	1 120,00 €
	Liegen die am weitesten voneinander entfernten Punkte mehr als 45 Kilometer auseinander, ist für den darüber hinausgehenden Abstand die Entschädigung nach den Nummern 315 bis 317 gesondert zu berechnen.	
318	Die Auskunft erfolgt für eine bestimmte Wegstrecke: Die Pauschale 310 beträgt für jeweils angefangene 10 Kilometer Länge	110,00 €
319	Die Auskunft erfolgt für eine bestimmte Wegstrecke und es muss auf Verkehrsdaten nach § 176 Abs. 2 bis 4 TKG zurückgegriffen werden: Die Pauschale 310 beträgt für jeweils angefangene 10 Kilometer Länge	130,00 €
320	Umsetzung einer Anordnung zur Übermittlung künftig anfallender Verkehrsdaten in Echtzeit: je Anschluss	100,00 €
	Mit der Entschädigung ist auch der Aufwand für die Abschaltung der Übermittlung und die Mitteilung der den Anschluss betreffenden Standortdaten entgolten.	
321	Verlängerung der Maßnahme im Fall der Nummer 320	35,00 €
	Leitungskosten für die Übermittlung der Verkehrsdaten in den Fällen der Nummern 320 bis 321:	
322	– wenn die angeordnete Übermittlung nicht länger als eine Woche dauert	8,00 €
323	– wenn die angeordnete Übermittlung länger als eine Woche, aber nicht länger als zwei Wochen dauert	14,00 €
324	– wenn die angeordnete Übermittlung länger als zwei Wochen dauert: je angefangenen Monat	25,00 €
325	Übermittlung der Verkehrsdaten auf einem Datenträger	10,00 €
	Abschnitt 4. Sonstige Auskünfte	
400	Auskunft über den letzten dem Netz bekannten Standort eines Mobiltelefons (Standortabfrage)	90,00 €
401	Im Fall der Nummer 400 muss auf Verkehrsdaten nach § 176 Abs. 2 bis 4 TKG zurückgegriffen werden: Die Pauschale 400 beträgt	110,00 €
402	Auskunft über die Struktur von Funkzellen: je Funkzelle	35,00 €

Anhang:
Gebührentabellen

Erstellt von Rechtsanwalt Norbert Schneider, Neunkirchen

I.   Gebühren nach § 13 Abs. 1 RVG[1]

II. Gebühren nach § 49 RVG

III. Gebühren nach § 34 GKG[2] und § 28 FamGKG[3]

IV. Gebühren nach § 34 GNotKG[4] (Tabellen A und B)

---

[1] Nr. 1.
[2] Nr. 2.
[3] Nr. 3.
[4] Nr. 4.

I. Gebühren nach § 13 RVG[1]

Wert bis	Faktor										
	0,3	0,5	0,75	0,8	1,0	1,2	1,3	1,5	1,6	2,3	2,5
500	15,00[2]	24,50	36,75	39,20	49,00	58,80	63,70	73,50	78,40	112,70	122,50
1 000	26,40	44,00	66,00	70,40	88,00	105,60	114,40	132,00	140,80	202,40	220,00
1 500	38,10	63,50	95,25	101,60	127,00	152,40	165,10	190,50	203,20	292,10	317,50
2 000	49,80	83,00	124,50	132,80	166,00	199,20	215,80	249,00	265,60	381,80	415,00
3 000	66,60	111,00	166,50	177,60	222,00	266,40	288,60	333,00	355,20	510,60	555,00
4 000	83,40	139,00	208,50	222,40	278,00	333,60	361,40	417,00	444,80	639,40	695,00
5 000	100,20	167,00	250,50	267,20	334,00	400,80	434,20	501,00	534,40	768,20	835,00
6 000	117,00	195,00	292,50	312,00	390,00	468,00	507,00	585,00	624,00	897,00	975,00
7 000	133,80	223,00	334,50	356,80	446,00	535,20	579,80	669,00	713,60	1 025,80	1 115,00
8 000	150,60	251,00	376,50	401,60	502,00	602,40	652,60	753,00	803,20	1 154,60	1 255,00
9 000	167,40	279,00	418,50	446,40	558,00	669,60	725,40	837,00	892,80	1 283,40	1 395,00
10 000	184,20	307,00	460,50	491,20	614,00	736,80	798,20	921,00	982,40	1 412,20	1 535,00
13 000	199,80	333,00	499,50	532,80	666,00	799,20	865,80	999,00	1 065,60	1 531,80	1 665,00
16 000	215,40	359,00	538,50	574,40	718,00	861,60	933,40	1 077,00	1 148,80	1 651,40	1 795,00
19 000	231,00	385,00	577,50	616,00	770,00	924,00	1 001,00	1 155,00	1 232,00	1 771,00	1 925,00
22 000	246,60	411,00	616,50	657,60	822,00	986,40	1 068,60	1 233,00	1 315,20	1 890,60	2 055,00
25 000	262,20	437,00	655,50	699,20	874,00	1 048,80	1 136,20	1 311,00	1 398,40	2 010,20	2 185,00
30 000	286,50	477,50	716,25	764,00	955,00	1 146,00	1 241,50	1 432,50	1 528,00	2 196,50	2 387,50
35 000	310,80	518,00	777,00	828,80	1 036,00	1 243,20	1 346,80	1 554,00	1 657,60	2 382,80	2 590,00
40 000	335,10	558,50	837,75	893,60	1 117,00	1 340,40	1 452,10	1 675,50	1 787,20	2 569,10	2 792,50
45 000	359,40	599,00	898,50	958,40	1 198,00	1 437,60	1 557,40	1 797,00	1 916,80	2 755,40	2 995,00
50 000	383,70	639,50	959,25	1 023,20	1 279,00	1 534,80	1 662,70	1 918,50	2 046,40	2 941,70	3 197,50
65 000	411,90	686,50	1 029,75	1 098,40	1 373,00	1 647,60	1 784,90	2 059,50	2 196,80	3 157,90	3 432,50
80 000	440,10	733,50	1 100,25	1 173,60	1 467,00	1 760,40	1 907,10	2 200,50	2 347,20	3 374,10	3 667,50
95 000	468,30	780,50	1 170,75	1 248,80	1 561,00	1 873,20	2 029,30	2 341,50	2 497,60	3 590,30	3 902,50
110 000	496,50	827,50	1 241,25	1 324,00	1 655,00	1 986,00	2 151,50	2 482,50	2 648,00	3 806,50	4 137,50
125 000	524,70	874,50	1 311,75	1 399,20	1 749,00	2 098,80	2 273,70	2 623,50	2 798,40	4 022,70	4 372,50

[1] Nr. **1**.
[2] Mindestbetrag nach § 13 Abs. 2 RVG.

Gebührentabellen

Wert bis	0,3	0,5	0,75	0,8	1,0	1,2	1,3	1,5	1,6	2,3	2,5
							Faktor				
140 000	552,90	921,50	1 382,25	1 474,40	1 843,00	2 211,60	2 395,90	2 764,50	2 948,80	4 238,90	4 607,50
155 000	581,10	968,50	1 452,75	1 549,60	1 937,00	2 324,40	2 518,10	2 905,50	3 099,20	4 455,10	4 842,50
170 000	609,30	1 015,50	1 523,25	1 624,80	2 031,00	2 437,20	2 640,30	3 046,50	3 249,60	4 671,30	5 077,50
185 000	637,50	1 062,50	1 593,75	1 700,00	2 125,00	2 550,00	2 762,50	3 187,50	3 400,00	4 887,50	5 312,50
200 000	665,70	1 109,50	1 664,25	1 775,20	2 219,00	2 662,80	2 884,70	3 328,50	3 550,40	5 103,70	5 547,50
230 000	705,30	1 175,50	1 763,25	1 880,80	2 351,00	2 821,20	3 056,30	3 526,50	3 761,60	5 407,30	5 877,50
260 000	744,90	1 241,50	1 862,25	1 986,40	2 483,00	2 979,60	3 227,90	3 724,50	3 972,80	5 710,90	6 207,50
290 000	784,50	1 307,50	1 961,25	2 092,00	2 615,00	3 138,00	3 399,50	3 922,50	4 184,00	6 014,50	6 537,50
320 000	824,10	1 373,50	2 060,25	2 197,60	2 747,00	3 296,40	3 571,10	4 120,50	4 395,20	6 318,10	6 867,50
350 000	863,70	1 439,50	2 159,25	2 303,20	2 879,00	3 454,80	3 742,70	4 318,50	4 606,40	6 621,70	7 197,50
380 000	903,30	1 505,50	2 258,25	2 408,80	3 011,00	3 613,20	3 914,30	4 516,50	4 817,60	6 925,30	7 527,50
410 000	942,90	1 571,50	2 357,25	2 514,40	3 143,00	3 771,60	4 085,90	4 714,50	5 028,80	7 228,90	7 857,50
440 000	982,50	1 637,50	2 456,25	2 620,00	3 275,00	3 930,00	4 257,50	4 912,50	5 240,00	7 532,50	8 187,50
470 000	1 022,10	1 703,50	2 555,25	2 725,60	3 407,00	4 088,40	4 429,10	5 110,50	5 451,20	7 836,10	8 517,50
500 000	1 061,70	1 769,50	2 654,25	2 831,20	3 539,00	4 246,80	4 600,70	5 308,50	5 662,40	8 139,70	8 847,50
550 000	1 111,20	1 852,00	2 778,00	2 963,20	3 704,00	4 444,80	4 815,20	5 556,00	5 926,40	8 519,20	9 260,00
600 000	1 160,70	1 934,50	2 901,75	3 095,20	3 869,00	4 642,80	5 029,70	5 803,50	6 190,40	8 898,70	9 672,50
650 000	1 210,20	2 017,00	3 025,50	3 227,20	4 034,00	4 840,80	5 244,20	6 051,00	6 454,40	9 278,20	10 085,00
700 000	1 259,70	2 099,50	3 149,25	3 359,20	4 199,00	5 038,80	5 458,70	6 298,50	6 718,40	9 657,70	10 497,50
750 000	1 309,20	2 182,00	3 273,00	3 491,20	4 364,00	5 236,80	5 673,20	6 546,00	6 982,40	10 037,20	10 910,00
800 000	1 358,70	2 264,50	3 396,75	3 623,20	4 529,00	5 434,80	5 887,70	6 793,50	7 246,40	10 416,70	11 322,50
850 000	1 408,20	2 347,00	3 520,50	3 755,20	4 694,00	5 632,80	6 102,20	7 041,00	7 510,40	10 796,20	11 735,00
900 000	1 457,70	2 429,50	3 644,25	3 887,20	4 859,00	5 830,80	6 316,70	7 288,50	7 774,40	11 175,70	12 147,50
950 000	1 507,20	2 512,00	3 768,00	4 019,20	5 024,00	6 028,80	6 531,20	7 536,00	8 038,40	11 555,20	12 560,00
1 000 000	1 556,70	2 594,50	3 891,75	4 151,20	5 189,00	6 226,80	6 745,70	7 783,50	8 302,40	11 934,70	12 972,50
1 050 000	1 606,20	2 677,00	4 015,50	4 283,20	5 354,00	6 424,80	6 960,20	8 031,00	8 566,40	12 314,20	13 385,00
1 100 000	1 655,70	2 759,50	4 139,25	4 415,20	5 519,00	6 622,80	7 174,70	8 278,50	8 830,40	12 693,70	13 797,50
1 150 000	1 705,20	2 842,00	4 263,00	4 547,20	5 684,00	6 820,80	7 389,20	8 526,00	9 094,40	13 073,20	14 210,00
1 200 000	1 754,70	2 924,50	4 386,75	4 679,20	5 849,00	7 016,80	7 603,70	8 773,50	9 358,40	13 452,70	14 622,50
1 250 000	1 804,20	3 007,00	4 510,50	4 811,20	6 014,00	7 216,80	7 818,20	9 021,00	9 622,40	13 832,20	15 035,00
1 300 000	1 853,70	3 089,50	4 634,25	4 943,20	6 179,00	7 414,80	8 032,70	9 268,50	9 886,40	14 211,70	15 447,50

Wert bis	Faktor										
	0,3	0,5	0,75	0,8	1,0	1,2	1,3	1,5	1,6	2,3	2,5
1 350 000	1 903,20	3 172,00	4 758,00	5 075,20	6 344,00	7 612,80	8 247,20	9 516,00	10 150,40	14 591,20	15 860,00
1 400 000	1 952,70	3 254,50	4 881,75	5 207,20	6 509,00	7 810,80	8 461,70	9 763,50	10 414,40	14 970,70	16 272,50
1 450 000	2 002,20	3 337,00	5 005,50	5 339,20	6 674,00	8 008,80	8 676,20	10 011,00	10 678,40	15 350,20	16 685,00
1 500 000	2 051,70	3 419,50	5 129,25	5 471,20	6 839,00	8 206,80	8 890,70	10 258,50	10 942,40	15 729,70	17 097,50
1 550 000	2 101,20	3 502,00	5 253,00	5 603,20	7 004,00	8 404,80	9 105,20	10 506,00	11 206,40	16 109,20	17 510,00
1 600 000	2 150,70	3 584,50	5 376,75	5 735,20	7 169,00	8 602,80	9 319,70	10 753,50	11 470,40	16 488,70	17 922,50
1 650 000	2 200,20	3 667,00	5 500,50	5 867,20	7 334,00	8 800,80	9 534,20	11 001,00	11 734,40	16 868,20	18 335,00
1 700 000	2 249,70	3 749,50	5 624,25	5 999,20	7 499,00	8 998,80	9 748,70	11 248,50	11 998,40	17 247,70	18 747,50
1 750 000	2 299,20	3 832,00	5 748,00	6 131,20	7 664,00	9 196,80	9 963,20	11 496,00	12 262,40	17 627,20	19 160,00
1 800 000	2 348,70	3 914,50	5 871,75	6 263,20	7 829,00	9 394,80	10 177,70	11 743,50	12 526,40	18 006,70	19 572,50
1 850 000	2 398,20	3 997,00	5 995,50	6 395,20	7 994,00	9 592,80	10 392,20	11 991,00	12 790,40	18 386,20	19 985,00
1 900 000	2 447,70	4 079,50	6 119,25	6 527,20	8 159,00	9 790,80	10 606,70	12 238,50	13 054,40	18 765,70	20 397,50
1 950 000	2 497,20	4 162,00	6 243,00	6 659,20	8 324,00	9 988,80	10 821,20	12 486,00	13 318,40	19 145,20	20 810,00
2 000 000	2 546,70	4 244,50	6 366,75	6 791,20	8 489,00	10 186,80	11 035,70	12 733,50	13 582,40	19 524,70	21 222,50
2 050 000	2 596,20	4 327,00	6 490,50	6 923,20	8 654,00	10 384,80	11 250,20	12 981,00	13 846,40	19 904,20	21 635,00
2 100 000	2 645,70	4 409,50	6 614,25	7 055,20	8 819,00	10 582,80	11 464,70	13 228,50	14 110,40	20 283,70	22 047,50
2 150 000	2 695,20	4 492,00	6 738,00	7 187,20	8 984,00	10 780,80	11 679,20	13 476,00	14 374,40	20 663,20	22 460,00
2 200 000	2 744,70	4 574,50	6 861,75	7 319,20	9 149,00	10 978,80	11 893,70	13 723,50	14 638,40	21 042,70	22 872,50
2 250 000	2 794,20	4 657,00	6 985,50	7 451,20	9 314,00	11 176,80	12 108,20	13 971,00	14 902,40	21 422,20	23 285,00
2 300 000	2 843,70	4 739,50	7 109,25	7 583,20	9 479,00	11 374,80	12 322,70	14 218,50	15 166,40	21 801,70	23 697,50
2 350 000	2 893,20	4 822,00	7 233,00	7 715,20	9 644,00	11 572,80	12 537,20	14 466,00	15 430,40	22 181,20	24 110,00
2 400 000	2 942,70	4 904,50	7 356,75	7 847,20	9 809,00	11 770,80	12 751,70	14 713,50	15 694,40	22 560,70	24 522,50
2 450 000	2 992,20	4 987,00	7 480,50	7 979,20	9 974,00	11 968,80	12 966,20	14 961,00	15 958,40	22 940,20	24 935,00
2 500 000	3 041,70	5 069,50	7 604,25	8 111,20	10 139,00	12 166,80	13 180,70	15 208,50	16 222,40	23 319,70	25 347,50
2 550 000	3 091,20	5 152,00	7 728,00	8 243,20	10 304,00	12 364,80	13 395,20	15 456,00	16 486,40	23 699,20	25 760,00
2 600 000	3 140,70	5 234,50	7 851,75	8 375,20	10 469,00	12 562,80	13 609,70	15 703,50	16 750,40	24 078,70	26 172,50
2 650 000	3 190,20	5 317,00	7 975,50	8 507,20	10 634,00	12 760,80	13 824,20	15 951,00	17 014,40	24 458,20	26 585,00
2 700 000	3 239,70	5 399,50	8 099,25	8 639,20	10 799,00	12 958,80	14 038,70	16 198,50	17 278,40	24 837,70	26 997,50
2 750 000	3 289,20	5 482,00	8 223,00	8 771,20	10 964,00	13 156,80	14 253,20	16 446,00	17 542,40	25 217,20	27 410,00
2 800 000	3 338,70	5 564,50	8 346,75	8 903,20	11 129,00	13 354,80	14 467,70	16 693,50	17 806,40	25 596,70	27 822,50
2 850 000	3 388,20	5 647,00	8 470,50	9 035,20	11 294,00	13 552,80	14 682,20	16 941,00	18 070,40	25 976,20	28 235,00

Wert bis	Faktor										
	0,3	0,5	0,75	0,8	1,0	1,2	1,3	1,5	1,6	2,3	2,5
2 900 000	3 437,70	5 729,50	8 594,25	9 167,20	11 459,00	13 750,80	14 896,70	17 188,50	18 334,40	26 355,70	28 647,50
2 950 000	3 487,20	5 812,00	8 718,00	9 299,20	11 624,00	13 948,80	15 111,20	17 436,00	18 598,40	26 735,20	29 060,00
3 000 000	3 536,70	5 894,50	8 841,75	9 431,20	11 789,00	14 146,80	15 325,70	17 683,50	18 862,40	27 114,70	29 472,50
3 050 000	3 586,20	5 977,00	8 965,50	9 563,20	11 954,00	14 344,80	15 540,20	17 931,00	19 126,40	27 494,20	29 885,00
3 100 000	3 635,70	6 059,50	9 089,25	9 695,20	12 119,00	14 542,80	15 754,70	18 178,50	19 390,40	27 873,70	30 297,50
3 150 000	3 685,20	6 142,00	9 213,00	9 827,20	12 284,00	14 740,80	15 969,20	18 426,00	19 654,40	28 253,20	30 710,00
3 200 000	3 734,70	6 224,50	9 336,75	9 959,20	12 449,00	14 938,80	16 183,70	18 673,50	19 918,40	28 632,70	31 122,50
3 250 000	3 784,20	6 307,00	9 460,50	10 091,20	12 614,00	15 136,80	16 398,20	18 921,00	20 182,40	29 012,20	31 535,00
3 300 000	3 833,70	6 389,50	9 584,25	10 223,20	12 779,00	15 334,80	16 612,70	19 168,50	20 446,40	29 391,70	31 947,50
3 350 000	3 883,20	6 472,00	9 708,00	10 355,20	12 944,00	15 532,80	16 827,20	19 416,00	20 710,40	29 771,20	32 360,00
3 400 000	3 932,70	6 554,50	9 831,75	10 487,20	13 109,00	15 730,80	17 041,70	19 663,50	20 974,40	30 150,70	32 772,50
3 450 000	3 982,20	6 637,00	9 955,50	10 619,20	13 274,00	15 928,80	17 256,20	19 911,00	21 238,40	30 530,20	33 185,00
3 500 000	4 031,70	6 719,50	10 079,25	10 751,20	13 439,00	16 126,80	17 470,70	20 158,50	21 502,40	30 909,70	33 597,50
3 550 000	4 081,20	6 802,00	10 203,00	10 883,20	13 604,00	16 324,80	17 685,20	20 406,00	21 766,40	31 289,20	34 010,00
3 600 000	4 130,70	6 884,50	10 326,75	11 015,20	13 769,00	16 522,80	17 899,70	20 653,50	22 030,40	31 668,70	34 422,50
3 650 000	4 180,20	6 967,00	10 450,50	11 147,20	13 934,00	16 720,80	18 114,20	20 901,00	22 294,40	32 048,20	34 835,00
3 700 000	4 229,70	7 049,50	10 574,25	11 279,20	14 099,00	16 918,80	18 328,70	21 148,50	22 558,40	32 427,70	35 247,50
3 750 000	4 279,20	7 132,00	10 698,00	11 411,20	14 264,00	17 116,80	18 543,20	21 396,00	22 822,40	32 807,20	35 660,00
3 800 000	4 328,70	7 214,50	10 821,75	11 543,20	14 429,00	17 314,80	18 757,70	21 643,50	23 086,40	33 186,70	36 072,50
3 850 000	4 378,20	7 297,00	10 945,50	11 675,20	14 594,00	17 512,80	18 972,20	21 891,00	23 350,40	33 566,20	36 485,00
3 900 000	4 427,70	7 379,50	11 069,25	11 807,20	14 759,00	17 710,80	19 186,70	22 138,50	23 614,40	33 945,70	36 897,50
3 950 000	4 477,20	7 462,00	11 193,00	11 939,20	14 924,00	17 908,80	19 401,20	22 386,00	23 878,40	34 325,20	37 310,00
4 000 000	4 526,70	7 544,50	11 316,75	12 071,20	15 089,00	18 106,80	19 615,70	22 633,50	24 142,40	34 704,70	37 722,50
4 050 000	4 576,20	7 627,00	11 440,50	12 203,20	15 254,00	18 304,80	19 830,20	22 881,00	24 406,40	35 084,20	38 135,00
4 100 000	4 625,70	7 709,50	11 564,25	12 335,20	15 419,00	18 502,80	20 044,70	23 128,50	24 670,40	35 463,70	38 547,50
4 150 000	4 675,20	7 792,00	11 688,00	12 467,20	15 584,00	18 700,80	20 259,20	23 376,00	24 934,40	35 843,20	38 960,00
4 200 000	4 724,70	7 874,50	11 811,75	12 599,20	15 749,00	18 898,80	20 473,70	23 623,50	25 198,40	36 222,70	39 372,50
4 250 000	4 774,20	7 957,00	11 935,50	12 731,20	15 914,00	19 096,80	20 688,20	23 871,00	25 462,40	36 602,20	39 785,00
4 300 000	4 823,70	8 039,50	12 059,25	12 863,20	16 079,00	19 294,80	20 902,70	24 118,50	25 726,40	36 981,70	40 197,50
4 350 000	4 873,20	8 122,00	12 183,00	12 995,20	16 244,00	19 492,80	21 117,20	24 366,00	25 990,40	37 361,20	40 610,00
4 400 000	4 922,70	8 204,50	12 306,75	13 127,20	16 409,00	19 690,80	21 331,70	24 613,50	26 254,40	37 740,70	41 022,50

Wert bis	Faktor										
	0,3	0,5	0,75	0,8	1,0	1,2	1,3	1,5	1,6	2,3	2,5
4 450 000	4 972,20	8 287,00	12 430,50	13 259,20	16 574,00	19 888,80	21 546,20	24 861,00	26 518,40	38 120,20	41 435,00
4 500 000	5 021,70	8 369,50	12 554,25	13 391,20	16 739,00	20 086,80	21 760,70	25 108,50	26 782,40	38 499,70	41 847,50
4 550 000	5 071,20	8 452,00	12 678,00	13 523,20	16 904,00	20 284,80	21 975,20	25 356,00	27 046,40	38 879,20	42 260,00
4 600 000	5 120,70	8 534,50	12 801,75	13 655,20	17 069,00	20 482,80	22 189,70	25 603,50	27 310,40	39 258,70	42 672,50
4 650 000	5 170,20	8 617,00	12 925,50	13 787,20	17 234,00	20 680,80	22 404,20	25 851,00	27 574,40	39 638,20	43 085,00
4 700 000	5 219,70	8 699,50	13 049,25	13 919,20	17 399,00	20 878,80	22 618,70	26 098,50	27 838,40	40 017,70	43 497,50
4 750 000	5 269,20	8 782,00	13 173,00	14 051,20	17 564,00	21 076,80	22 833,20	26 346,00	28 102,40	40 397,20	43 910,00
4 800 000	5 318,70	8 864,50	13 296,75	14 183,20	17 729,00	21 274,80	23 047,70	26 593,50	28 366,40	40 776,70	44 322,50
4 850 000	5 368,20	8 947,00	13 420,50	14 315,20	17 894,00	21 472,80	23 262,20	26 841,00	28 630,40	41 156,20	44 735,00
4 900 000	5 417,70	9 029,50	13 544,25	14 447,20	18 059,00	21 670,80	23 476,70	27 088,50	28 894,40	41 535,70	45 147,50
4 950 000	5 467,20	9 112,00	13 668,00	14 579,20	18 224,00	21 868,80	23 691,20	27 336,00	29 158,40	41 915,20	45 560,00
5 000 000	5 516,70	9 194,50	13 791,75	14 711,20	18 389,00	22 066,80	23 905,70	27 583,50	29 422,40	42 294,70	45 972,50

Berechnungsmethoden bei höheren Gegenstandswerten

Bei Werten über 5 Mio. Euro ist zur Ermittlung einer 1,0-Gebühr wie folgt zu verfahren:

(1) Der Gegenstandwert ist zunächst auf volle 50 000,00 Euro aufzurunden.

(2) Sodann ist der aufgerundete Betrag mit dem Faktor 0,0033 (oder 0,33 %) zu multiplizieren.

(3) Hiernach ist dem gefundenen Produkt ein Betrag in Höhe von 1 889,00 Euro hinzuzurechnen.

(4) Zur Ermittlung abweichender Gebührensätze ist das zuvor gefundene Ergebnis mit dem jeweiligen Gebührensatz zu multiplizieren.

Beispiel 1:

1,0-Gebühr bei einem Gegenstandswert von 6 632 842,60 Euro:
(1) Aufrundung:
      6 650 000,00 Euro
(2) Multiplikation mit Faktor:
      6 650 000,00 Euro x 0,0033 = 21 450,00 Euro
(3) Addition mit Ergänzungswert:
      21 450,00 Euro + 1 889,00 Euro = 23 339,00 Euro

Beispiel 2:

1,2-Terminsgebühr bei einem Gegenstandswert von 18 601 860,00 Euro:
(1) Aufrundung:
      18 650 000,00 Euro
(2) Multiplikation mit Faktor:
      18 650 000,00 Euro x 0,33 % = 61 545,00 Euro
(3) Addition mit Ergänzungswert:
      61 545,00 Euro + 1 889,00 Euro = 63 434,00 Euro
(4) Multiplikation mit Gebührensatz:
      63 434,00 Euro x 1,2 = 76 120,80 Euro

Gebührentabellen

II. Gebühren nach § 49 RVG[1]

Wert bis					Faktor					
	0,3	0,5	0,8	1,0	1,2	1,3	1,5	1,6	2,3	2,6
500	15,00[2]	24,50	39,20	49,00	58,80	63,70	73,50	78,40	112,70	122,50
1 000	26,40	44,00	70,40	88,00	105,60	114,40	132,00	140,80	202,40	220,00
1 500	38,10	63,50	101,60	127,00	152,40	165,10	190,50	203,20	292,10	317,50
2 000	49,80	83,00	132,80	166,00	199,20	215,80	249,00	265,60	381,80	415,00
3 000	66,60	111,00	177,60	222,00	266,40	288,60	333,00	355,20	510,60	555,00
4 000	83,40	139,00	222,40	278,00	333,60	361,40	417,00	444,80	639,40	695,00
5 000	85,20	142,00	227,20	284,00	340,80	369,20	426,00	454,40	653,20	710,00
6 000	88,50	147,50	236,00	295,00	354,00	383,50	442,50	472,00	678,50	737,50
7 000	91,80	153,00	244,80	306,00	367,20	397,80	459,00	489,60	703,80	765,00
8 000	95,10	158,50	253,60	317,00	380,40	412,10	475,50	507,20	729,10	792,50
9 000	98,40	164,00	262,40	328,00	393,60	426,40	492,00	524,80	754,40	820,00
10 000	101,70	169,50	271,20	339,00	406,80	440,70	508,50	542,40	779,70	847,50
13 000	106,20	177,00	283,20	354,00	424,80	460,20	531,00	566,40	814,20	885,00
16 000	110,70	184,50	295,20	369,00	442,80	479,70	553,50	590,40	848,70	922,50
19 000	115,20	192,00	307,20	384,00	460,80	499,20	576,00	614,40	883,20	960,00
22 000	119,70	199,50	319,20	399,00	478,80	518,70	598,50	638,40	917,70	997,50
25 000	124,20	207,00	331,20	414,00	496,80	538,20	621,00	662,40	952,20	1 035,00
30 000	135,90	226,50	362,40	453,00	543,60	588,90	679,50	724,80	1 041,90	1 132,50
35 000	147,60	246,00	393,60	492,00	590,40	639,60	738,00	787,20	1 131,60	1 230,00
40 000	159,30	265,50	424,80	531,00	637,20	690,30	796,50	849,60	1 221,30	1 327,50
45 000	171,00	285,00	456,00	570,00	684,00	741,00	855,00	912,00	1 311,00	1 425,00
50 000	182,70	304,50	487,20	609,00	730,80	791,70	913,50	974,40	1 400,70	1 522,50
darüber hinaus	197,70	329,50	527,20	659,00	790,80	856,70	988,50	1 054,40	1 515,70	1 647,50

[1] Nr. 1.
[2] Mindestbetrag nach § 13 Abs. 2 RVG.

Gebührentabellen

III. Gebühren nach § 34 GKG[1]) und § 28 FamGKG[2])

Wert bis	Faktor							
	0,25	0,5	1,0	1,5	2,0	3,0	4,0	5,0
500	15,00[3])	17,00[4])	38,00	57,00	76,00	114,00	152,00	190,00
1 000	15,00[3])	29,00[5])	58,00	87,00	116,00	174,00	232,00	290,00
1 500	19,50	39,00	78,00	117,00	156,00	234,00	312,00	390,00
2 000	24,50	49,00	98,00	147,00	196,00	294,00	392,00	490,00
3 000	29,75	59,50	119,00	178,50	238,00	357,00	476,00	595,00
4 000	35,00	70,00	140,00	210,00	280,00	420,00	560,00	700,00
5 000	40,25	80,50	161,00	241,50	322,00	483,00	644,00	805,00
6 000	45,50	91,00	182,00	273,00	364,00	546,00	728,00	910,00
7 000	50,75	101,50	203,00	304,50	406,00	609,00	812,00	1 015,00
8 000	56,00	112,00	224,00	336,00	448,00	672,00	896,00	1 120,00
9 000	61,25	122,50	245,00	367,50	490,00	735,00	980,00	1 225,00
10 000	66,50	133,00	266,00	399,00	532,00	798,00	1 064,00	1 330,00
13 000	73,75	147,50	295,00	442,50	590,00	885,00	1 180,00	1 475,00
16 000	81,00	162,00	324,00	486,00	648,00	972,00	1 296,00	1 620,00
19 000	88,25	176,50	353,00	529,50	706,00	1 059,00	1 412,00	1 765,00
22 000	95,50	191,00	382,00	573,00	764,00	1 146,00	1 528,00	1 910,00
25 000	102,75	205,50	411,00	616,50	822,00	1 233,00	1 644,00	2 055,00
30 000	112,25	224,50	449,00	673,50	898,00	1 347,00	1 796,00	2 245,00
35 000	121,75	243,50	487,00	730,50	974,00	1 461,00	1 948,00	2 435,00
40 000	131,25	262,50	525,00	787,50	1 050,00	1 575,00	2 100,00	2 625,00
45 000	140,75	281,50	563,00	844,50	1 126,00	1 689,00	2 252,00	2 815,00
50 000	150,25	300,50	601,00	901,50	1 202,00	1 803,00	2 404,00	3 005,00
65 000	183,25	366,50	733,00	1 099,50	1 466,00	2 199,00	2 932,00	3 665,00
80 000	216,25	432,50	865,00	1 297,50	1 730,00	2 595,00	3 460,00	4 325,00
95 000	249,25	498,50	997,00	1 495,50	1 994,00	2 991,00	3 988,00	4 985,00

[1]) Nr. 2.
[2]) Nr. 3.
[3]) Mindestbetrag nach § 34 Abs. 2 GKG/§ 28 Abs. 2 FamGKG
[4]) Mindestbetrag im zivilrechtlichen Mahnverfahren 36 € (Nr. 1100 GKG-KV), im arbeitsgerichtlichen Mahnverfahren 29 € (Nr. 8100 GKG-KV)
[5]) Mindestbetrag im Mahnverfahren: 36 € (Nr. 1100 GKG-KV)

Gebührentabellen

Wert bis	Faktor							
	0,25	0,5	1,0	1,5	2,0	3,0	4,0	5,0
110 000	282,25	564,50	1 129,00	1 693,50	2 258,00	3 387,00	4 516,00	5 645,00
125 000	315,25	630,50	1 261,00	1 891,50	2 522,00	3 783,00	5 044,00	6 305,00
140 000	348,25	696,50	1 393,00	2 089,50	2 786,00	4 179,00	5 572,00	6 965,00
155 000	381,25	762,50	1 525,00	2 287,50	3 050,00	4 575,00	6 100,00	7 625,00
170 000	414,25	828,50	1 657,00	2 485,50	3 314,00	4 971,00	6 628,00	8 285,00
185 000	447,25	894,50	1 789,00	2 683,50	3 578,00	5 367,00	7 156,00	8 945,00
200 000	480,25	960,50	1 921,00	2 881,50	3 842,00	5 763,00	7 684,00	9 605,00
230 000	529,75	1 059,50	2 119,00	3 178,50	4 238,00	6 357,00	8 476,00	10 595,00
260 000	579,25	1 158,50	2 317,00	3 475,50	4 634,00	6 951,00	9 268,00	11 585,00
290 000	628,75	1 257,50	2 515,00	3 772,50	5 030,00	7 545,00	10 060,00	12 575,00
320 000	678,25	1 356,50	2 713,00	4 069,50	5 426,00	8 139,00	10 852,00	13 565,00
350 000	727,75	1 455,50	2 911,00	4 366,50	5 822,00	8 733,00	11 644,00	14 555,00
380 000	777,25	1 554,50	3 109,00	4 663,50	6 218,00	9 327,00	12 436,00	15 545,00
410 000	826,75	1 653,50	3 307,00	4 960,50	6 614,00	9 921,00	13 228,00	16 535,00
440 000	876,25	1 752,50	3 505,00	5 257,50	7 010,00	10 515,00	14 020,00	17 525,00
470 000	925,75	1 851,50	3 703,00	5 554,50	7 406,00	11 109,00	14 812,00	18 515,00
500 000	975,25	1 950,50	3 901,00	5 851,50	7 802,00	11 703,00	15 604,00	19 505,00
550 000	1 024,75	2 049,50	4 099,00	6 148,50	8 198,00	12 297,00	16 396,00	20 495,00
600 000	1 074,25	2 148,50	4 297,00	6 445,50	8 594,00	12 891,00	17 188,00	21 485,00
650 000	1 123,75	2 247,50	4 495,00	6 742,50	8 990,00	13 485,00	17 980,00	22 475,00
700 000	1 173,25	2 346,50	4 693,00	7 039,50	9 386,00	14 079,00	18 772,00	23 465,00
750 000	1 222,75	2 445,50	4 891,00	7 336,50	9 782,00	14 673,00	19 564,00	24 455,00
800 000	1 272,25	2 544,50	5 089,00	7 633,50	10 178,00	15 267,00	20 356,00	25 445,00
850 000	1 321,75	2 643,50	5 287,00	7 930,50	10 574,00	15 861,00	21 148,00	26 435,00
900 000	1 371,25	2 742,50	5 485,00	8 227,50	10 970,00	16 455,00	21 940,00	27 425,00
950 000	1 420,75	2 841,50	5 683,00	8 524,50	11 366,00	17 049,00	22 732,00	28 415,00
1 000 000	1 470,25	2 940,50	5 881,00	8 821,50	11 762,00	17 643,00	23 524,00	29 405,00
1 050 000	1 519,75	3 039,50	6 079,00	9 118,50	12 158,00	18 237,00	24 316,00	30 395,00
1 100 000	1 569,25	3 138,50	6 277,00	9 415,50	12 554,00	18 831,00	25 108,00	31 385,00
1 150 000	1 618,75	3 237,50	6 475,00	9 712,50	12 950,00	19 425,00	25 900,00	32 375,00
1 200 000	1 668,25	3 336,50	6 673,00	10 009,50	13 346,00	20 019,00	26 692,00	33 365,00

Wert bis	Faktor							
	0,25	0,5	1,0	1,5	2,0	3,0	4,0	5,0
1 250 000	1 717,75	3 435,50	6 871,00	10 306,50	13 742,00	20 613,00	27 484,00	34 355,00
1 300 000	1 767,25	3 534,50	7 069,00	10 603,50	14 138,00	21 207,00	28 276,00	35 345,00
1 350 000	1 816,75	3 633,50	7 267,00	10 900,50	14 534,00	21 801,00	29 068,00	36 335,00
1 400 000	1 866,25	3 732,50	7 465,00	11 197,50	14 930,00	22 395,00	29 860,00	37 325,00
1 450 000	1 915,75	3 831,50	7 663,00	11 494,50	15 326,00	22 989,00	30 652,00	38 315,00
1 500 000	1 965,25	3 930,50	7 861,00	11 791,50	15 722,00	23 583,00	31 444,00	39 305,00
1 550 000	2 014,75	4 029,50	8 059,00	12 088,50	16 118,00	24 177,00	32 236,00	40 295,00
1 600 000	2 064,25	4 128,50	8 257,00	12 385,50	16 514,00	24 771,00	33 028,00	41 285,00
1 650 000	2 113,75	4 227,50	8 455,00	12 682,50	16 910,00	25 365,00	33 820,00	42 275,00
1 700 000	2 163,25	4 326,50	8 653,00	12 979,50	17 306,00	25 959,00	34 612,00	43 265,00
1 750 000	2 212,75	4 425,50	8 851,00	13 276,50	17 702,00	26 553,00	35 404,00	44 255,00
1 800 000	2 262,25	4 524,50	9 049,00	13 573,50	18 098,00	27 147,00	36 196,00	45 245,00
1 850 000	2 311,75	4 623,50	9 247,00	13 870,50	18 494,00	27 741,00	36 988,00	46 235,00
1 900 000	2 361,25	4 722,50	9 445,00	14 167,50	18 890,00	28 335,00	37 780,00	47 225,00
1 950 000	2 410,75	4 821,50	9 643,00	14 464,50	19 286,00	28 929,00	38 572,00	48 215,00
2 000 000	2 460,25	4 920,50	9 841,00	14 761,50	19 682,00	29 523,00	39 364,00	49 205,00
2 050 000	2 509,75	5 019,50	10 039,00	15 058,50	20 078,00	30 117,00	40 156,00	50 195,00
2 100 000	2 559,25	5 118,50	10 237,00	15 355,50	20 474,00	30 711,00	40 948,00	51 185,00
2 150 000	2 608,75	5 217,50	10 435,00	15 652,50	20 870,00	31 305,00	41 740,00	52 175,00
2 200 000	2 658,25	5 316,50	10 633,00	15 949,50	21 266,00	31 899,00	42 532,00	53 165,00
2 250 000	2 707,75	5 415,50	10 831,00	16 246,50	21 662,00	32 493,00	43 324,00	54 155,00
2 300 000	2 757,25	5 514,50	11 029,00	16 543,50	22 058,00	33 087,00	44 116,00	55 145,00
2 350 000	2 806,75	5 613,50	11 227,00	16 840,50	22 454,00	33 681,00	44 908,00	56 135,00
2 400 000	2 856,25	5 712,50	11 425,00	17 137,50	22 850,00	34 275,00	45 700,00	57 125,00
2 450 000	2 905,75	5 811,50	11 623,00	17 434,50	23 246,00	34 869,00	46 492,00	58 115,00
2 500 000	2 955,25	5 910,50	11 821,00	17 731,50	23 642,00	35 463,00	47 284,00	59 105,00
2 550 000	3 004,75	6 009,50	12 019,00	18 028,50	24 038,00	36 057,00	48 076,00	60 095,00
2 600 000	3 054,25	6 108,50	12 217,00	18 325,50	24 434,00	36 651,00	48 868,00	61 085,00
2 650 000	3 103,75	6 207,50	12 415,00	18 622,50	24 830,00	37 245,00	49 660,00	62 075,00
2 700 000	3 153,25	6 306,50	12 613,00	18 919,50	25 226,00	37 839,00	50 452,00	63 065,00
2 750 000	3 202,75	6 405,50	12 811,00	19 216,50	25 622,00	38 433,00	51 244,00	64 055,00

Wert bis	Faktor								
	0,25	0,5	1,0	1,5	2,0	3,0	4,0	5,0
2 800 000	3 252,25	6 504,50	13 009,00	19 513,50	26 018,00	39 027,00	52 036,00	65 045,00
2 850 000	3 301,75	6 603,50	13 207,00	19 810,50	26 414,00	39 621,00	52 828,00	66 035,00
2 900 000	3 351,25	6 702,50	13 405,00	20 107,50	26 810,00	40 215,00	53 620,00	67 025,00
2 950 000	3 400,75	6 801,50	13 603,00	20 404,50	27 206,00	40 809,00	54 412,00	68 015,00
3 000 000	3 450,25	6 900,50	13 801,00	20 701,50	27 602,00	41 403,00	55 204,00	69 005,00

Gebührentabellen

Berechnungsmethoden bei höheren Gegenstandswerten

Bei Werten über 3 Mio. Euro ist zur Ermittlung einer 1,0-Gebühr wie folgt zu verfahren:

(1) Der Gegenstandwert ist zunächst auf volle 50 000,00 Euro aufzurunden.

(2) Sodann ist der aufgerundete Betrag mit dem Faktor 0,00396 (oder 0,396 %) zu multiplizieren.

(3) Hiernach ist dem gefundenen Produkt ein Betrag in Höhe von 1 921,00 Euro hinzuzurechnen.

(4) Zur Ermittlung abweichender Gebührensätze ist das zuvor gefundene Ergebnis mit dem jeweiligen Gebührensatz zu multiplizieren.

Beispiel 1:

1,0-Gebühr bei einem Gegenstandswert von 6 632 842,60 Euro:

(1) Aufrundung:
  6 650 000,00 Euro

(2) Multiplikation mit Faktor:
  6 650 000,00 Euro x 0,00396 = 26 334,00 Euro

(3) Addition mit Ergänzungswert:
  26 334,00 Euro + 1 921,00 Euro = 28 255,00 Euro

Beispiel 2:

3,0-Gebühr bei einem Gegenstandswert von 18 601 860,00 Euro:

(1) Aufrundung:
  18 650 000,00 Euro

(2) Multiplikation mit Faktor:
  18 650 000,00 Euro x 0,396 % = 73 854,00 Euro

(3) Addition mit Ergänzungswert:
  73 854,00 Euro + 1 921,00 Euro = 75 775,00 Euro

(4) Multiplikation mit Gebührensatz:
  75 775,00 Euro x 3,0 = 227 325,00 Euro

IV. Gebühren nach § 34 GNotKG[1] (Tabellen A und B)
Tabelle A

Wert bis	Faktor							
	0,25	0,3	0,5	1,0	1,5	2,0	3,0	4,0
500	15,00[2]	15,00[2]	19,00	38,00	57,00	76,00	114,00	190,00
1 000	15,00[2]	17,40	29,00	58,00	87,00	116,00	174,00	290,00
1 500	19,50	23,40	39,00	78,00	117,00	156,00	234,00	390,00
2 000	24,50	29,40	49,00	98,00	147,00	196,00	294,00	490,00
3 000	29,75	35,70	59,50	119,00	178,50	238,00	357,00	595,00
4 000	35,00	42,00	70,00	140,00	210,00	280,00	420,00	700,00
5 000	40,25	48,30	80,50	161,00	241,50	322,00	483,00	805,00
6 000	45,50	54,60	91,00	182,00	273,00	364,00	546,00	910,00
7 000	50,75	60,90	101,50	203,00	304,50	406,00	609,00	1 015,00
8 000	56,00	67,20	112,00	224,00	336,00	448,00	672,00	1 120,00
9 000	61,25	73,50	122,50	245,00	367,50	490,00	735,00	1 225,00
10 000	66,50	79,80	133,00	266,00	399,00	532,00	798,00	1 330,00
13 000	73,75	88,50	147,50	295,00	442,50	590,00	885,00	1 475,00
16 000	81,00	97,20	162,00	324,00	486,00	648,00	972,00	1 620,00
19 000	88,25	105,90	176,50	353,00	529,50	706,00	1 059,00	1 765,00
22 000	95,50	114,60	191,00	382,00	573,00	764,00	1 146,00	1 910,00
25 000	102,75	123,30	205,50	411,00	616,50	822,00	1 233,00	2 055,00
30 000	112,25	134,70	224,50	449,00	673,50	898,00	1 347,00	2 245,00
35 000	121,75	146,10	243,50	487,00	730,50	974,00	1 461,00	2 435,00
40 000	131,25	157,50	262,50	525,00	787,50	1 050,00	1 575,00	2 625,00
45 000	140,75	168,90	281,50	563,00	844,50	1 126,00	1 689,00	2 815,00
50 000	150,25	180,30	300,50	601,00	901,50	1 202,00	1 803,00	3 005,00
65 000	183,25	219,90	366,50	733,00	1 099,50	1 466,00	2 199,00	3 665,00
80 000	216,25	259,50	432,50	865,00	1 297,50	1 730,00	2 595,00	4 325,00
95 000	249,25	299,10	498,50	997,00	1 495,50	1 994,00	2 991,00	4 985,00
110 000	282,25	338,70	564,50	1 129,00	1 693,50	2 258,00	3 387,00	5 645,00

[1] Nr. 4.
[2] Mindestbetrag nach § 34 Abs. 2 GNotKG

Gebührentabellen

Wert bis	0,25	0,3	0,5	Faktor 1,0	1,5	2,0	3,0	4,0
125 000	315,25	378,30	630,50	1 261,00	1 891,50	2 522,00	3 783,00	6 305,00
140 000	348,25	417,90	696,50	1 393,00	2 089,50	2 786,00	4 179,00	6 965,00
155 000	381,25	457,50	762,50	1 525,00	2 287,50	3 050,00	4 575,00	7 625,00
170 000	414,25	497,10	828,50	1 657,00	2 485,50	3 314,00	4 971,00	8 285,00
185 000	447,25	536,70	894,50	1 789,00	2 683,50	3 578,00	5 367,00	8 945,00
200 000	480,25	576,30	960,50	1 921,00	2 881,50	3 842,00	5 763,00	9 605,00
230 000	529,75	635,70	1 059,50	2 119,00	3 178,50	4 238,00	6 357,00	10 595,00
260 000	579,25	695,10	1 158,50	2 317,00	3 475,50	4 634,00	6 951,00	11 585,00
290 000	628,75	754,50	1 257,50	2 515,00	3 772,50	5 030,00	7 545,00	12 575,00
320 000	678,25	813,90	1 356,50	2 713,00	4 069,50	5 426,00	8 139,00	13 565,00
350 000	727,75	873,30	1 455,50	2 911,00	4 366,50	5 822,00	8 733,00	14 555,00
380 000	777,25	932,70	1 554,50	3 109,00	4 663,50	6 218,00	9 327,00	15 545,00
410 000	826,75	992,10	1 653,50	3 307,00	4 960,50	6 614,00	9 921,00	16 535,00
440 000	876,25	1 051,50	1 752,50	3 505,00	5 257,50	7 010,00	10 515,00	17 525,00
470 000	925,75	1 110,90	1 851,50	3 703,00	5 554,50	7 406,00	11 109,00	18 515,00
500 000	975,25	1 170,30	1 950,50	3 901,00	5 851,50	7 802,00	11 703,00	19 505,00
550 000	1 024,75	1 229,70	2 049,50	4 099,00	6 148,50	8 198,00	12 297,00	20 495,00
600 000	1 074,25	1 289,10	2 148,50	4 297,00	6 445,50	8 594,00	12 891,00	21 485,00
650 000	1 123,75	1 348,50	2 247,50	4 495,00	6 742,50	8 990,00	13 485,00	22 475,00
700 000	1 173,25	1 407,90	2 346,50	4 693,00	7 039,50	9 386,00	14 079,00	23 465,00
750 000	1 222,75	1 467,30	2 445,50	4 891,00	7 336,50	9 782,00	14 673,00	24 455,00
800 000	1 272,25	1 526,70	2 544,50	5 089,00	7 633,50	10 178,00	15 267,00	25 445,00
850 000	1 321,75	1 586,10	2 643,50	5 287,00	7 930,50	10 574,00	15 861,00	26 435,00
900 000	1 371,25	1 645,50	2 742,50	5 485,00	8 227,50	10 970,00	16 455,00	27 425,00
950 000	1 420,75	1 704,90	2 841,50	5 683,00	8 524,50	11 366,00	17 049,00	28 415,00
1 000 000	1 470,25	1 764,30	2 940,50	5 881,00	8 821,50	11 762,00	17 643,00	29 405,00
1 050 000	1 519,75	1 823,70	3 039,50	6 079,00	9 118,50	12 158,00	18 237,00	30 395,00
1 100 000	1 569,25	1 883,10	3 138,50	6 277,00	9 415,50	12 554,00	18 831,00	31 385,00
1 150 000	1 618,75	1 942,50	3 237,50	6 475,00	9 712,50	12 950,00	19 425,00	32 375,00
1 200 000	1 668,25	2 001,90	3 336,50	6 673,00	10 009,50	13 346,00	20 019,00	33 365,00
1 250 000	1 717,75	2 061,30	3 435,50	6 871,00	10 306,50	13 742,00	20 613,00	34 355,00

Wert bis	Faktor							
	0,25	0,3	0,5	1,0	1,5	2,0	3,0	4,0
1 300 000	1 767,25	2 120,70	3 534,50	7 069,00	10 603,50	14 138,00	21 207,00	35 345,00
1 350 000	1 816,75	2 180,10	3 633,50	7 267,00	10 900,50	14 534,00	21 801,00	36 335,00
1 400 000	1 866,25	2 239,50	3 732,50	7 465,00	11 197,50	14 930,00	22 395,00	37 325,00
1 450 000	1 915,75	2 298,90	3 831,50	7 663,00	11 494,50	15 326,00	22 989,00	38 315,00
1 500 000	1 965,25	2 358,30	3 930,50	7 861,00	11 791,50	15 722,00	23 583,00	39 305,00
1 550 000	2 014,75	2 417,70	4 029,50	8 059,00	12 088,50	16 118,00	24 177,00	40 295,00
1 600 000	2 064,25	2 477,10	4 128,50	8 257,00	12 385,50	16 514,00	24 771,00	41 285,00
1 650 000	2 113,75	2 536,50	4 227,50	8 455,00	12 682,50	16 910,00	25 365,00	42 275,00
1 700 000	2 163,25	2 595,90	4 326,50	8 653,00	12 979,50	17 306,00	25 959,00	43 265,00
1 750 000	2 212,75	2 655,30	4 425,50	8 851,00	13 276,50	17 702,00	26 553,00	44 255,00
1 800 000	2 262,25	2 714,70	4 524,50	9 049,00	13 573,50	18 098,00	27 147,00	45 245,00
1 850 000	2 311,75	2 774,10	4 623,50	9 247,00	13 870,50	18 494,00	27 741,00	46 235,00
1 900 000	2 361,25	2 833,50	4 722,50	9 445,00	14 167,50	18 890,00	28 335,00	47 225,00
1 950 000	2 410,75	2 892,90	4 821,50	9 643,00	14 464,50	19 286,00	28 929,00	48 215,00
2 000 000	2 460,25	2 952,30	4 920,50	9 841,00	14 761,50	19 682,00	29 523,00	49 205,00
2 050 000	2 509,75	3 011,70	5 019,50	10 039,00	15 058,50	20 078,00	30 117,00	50 195,00
2 100 000	2 559,25	3 071,10	5 118,50	10 237,00	15 355,50	20 474,00	30 711,00	51 185,00
2 150 000	2 608,75	3 130,50	5 217,50	10 435,00	15 652,50	20 870,00	31 305,00	52 175,00
2 200 000	2 658,25	3 189,90	5 316,50	10 633,00	15 949,50	21 266,00	31 899,00	53 165,00
2 250 000	2 707,75	3 249,30	5 415,50	10 831,00	16 246,50	21 662,00	32 493,00	54 155,00
2 300 000	2 757,25	3 308,70	5 514,50	11 029,00	16 543,50	22 058,00	33 087,00	55 145,00
2 350 000	2 806,75	3 368,10	5 613,50	11 227,00	16 840,50	22 454,00	33 681,00	56 135,00
2 400 000	2 856,25	3 427,50	5 712,50	11 425,00	17 137,50	22 850,00	34 275,00	57 125,00
2 450 000	2 905,75	3 486,90	5 811,50	11 623,00	17 434,50	23 246,00	34 869,00	58 115,00
2 500 000	2 955,25	3 546,30	5 910,50	11 821,00	17 731,50	23 642,00	35 463,00	59 105,00
2 550 000	3 004,75	3 605,70	6 009,50	12 019,00	18 028,50	24 038,00	36 057,00	60 095,00
2 600 000	3 054,25	3 665,10	6 108,50	12 217,00	18 325,50	24 434,00	36 651,00	61 085,00
2 650 000	3 103,75	3 724,50	6 207,50	12 415,00	18 622,50	24 830,00	37 245,00	62 075,00
2 700 000	3 153,25	3 783,90	6 306,50	12 613,00	18 919,50	25 226,00	37 839,00	63 065,00
2 750 000	3 202,75	3 843,30	6 405,50	12 811,00	19 216,50	25 622,00	38 433,00	64 055,00
2 800 000	3 252,25	3 902,70	6 504,50	13 009,00	19 513,50	26 018,00	39 027,00	65 045,00

Gebührentabellen

Wert bis					Faktor				
	0,25	0,3	0,5	1,0	1,5	2,0	3,0	4,0
2 850 000	3 301,75	3 962,10	6 603,50	13 207,00	19 810,50	26 414,00	39 621,00	66 035,00
2 900 000	3 351,25	4 021,50	6 702,50	13 405,00	20 107,50	26 810,00	40 215,00	67 025,00
2 950 000	3 400,75	4 080,90	6 801,50	13 603,00	20 404,50	27 206,00	40 809,00	68 015,00
3 000 000	3 450,25	4 140,30	6 900,50	13 801,00	20 701,50	27 602,00	41 403,00	69 005,00
3 050 000	3 499,75	4 199,70	6 999,50	13 999,00	20 998,50	27 998,00	41 997,00	69 995,00
3 100 000	3 549,25	4 259,10	7 098,50	14 197,00	21 295,50	28 394,00	42 591,00	70 985,00
3 150 000	3 598,75	4 318,50	7 197,50	14 395,00	21 592,50	28 790,00	43 185,00	71 975,00
3 200 000	3 648,25	4 377,90	7 296,50	14 593,00	21 889,50	29 186,00	43 779,00	72 965,00
3 250 000	3 697,75	4 437,30	7 395,50	14 791,00	22 186,50	29 582,00	44 373,00	73 955,00
3 300 000	3 747,25	4 496,70	7 494,50	14 989,00	22 483,50	29 978,00	44 967,00	74 945,00
3 350 000	3 796,75	4 556,10	7 593,50	15 187,00	22 780,50	30 374,00	45 561,00	75 935,00
3 400 000	3 846,25	4 615,50	7 692,50	15 385,00	23 077,50	30 770,00	46 155,00	76 925,00
3 450 000	3 895,75	4 674,90	7 791,50	15 583,00	23 374,50	31 166,00	46 749,00	77 915,00
3 500 000	3 945,25	4 734,30	7 890,50	15 781,00	23 671,50	31 562,00	47 343,00	78 905,00
3 550 000	3 994,75	4 793,70	7 989,50	15 979,00	23 968,50	31 958,00	47 937,00	79 895,00
3 600 000	4 044,25	4 853,10	8 088,50	16 177,00	24 265,50	32 354,00	48 531,00	80 885,00
3 650 000	4 093,75	4 912,50	8 187,50	16 375,00	24 562,50	32 750,00	49 125,00	81 875,00
3 700 000	4 143,25	4 971,90	8 286,50	16 573,00	24 859,50	33 146,00	49 719,00	82 865,00
3 750 000	4 192,75	5 031,30	8 385,50	16 771,00	25 156,50	33 542,00	50 313,00	83 855,00
3 800 000	4 242,25	5 090,70	8 484,50	16 969,00	25 453,50	33 938,00	50 907,00	84 845,00
3 850 000	4 291,75	5 150,10	8 583,50	17 167,00	25 750,50	34 334,00	51 501,00	85 835,00
3 900 000	4 341,25	5 209,50	8 682,50	17 365,00	26 047,50	34 730,00	52 095,00	86 825,00
3 950 000	4 390,75	5 268,90	8 781,50	17 563,00	26 344,50	35 126,00	52 689,00	87 815,00
4 000 000	4 440,25	8 781,50	8 880,50	17 761,00	26 641,50	35 522,00	53 283,00	88 805,00
4 050 000	4 489,75	8 880,50	8 979,50	17 959,00	26 938,50	35 918,00	53 877,00	89 795,00
4 100 000	4 539,25	8 979,50	9 078,50	18 157,00	27 235,50	36 314,00	54 471,00	90 785,00
4 150 000	4 588,75	9 078,50	9 177,50	18 355,00	27 532,50	36 710,00	55 065,00	91 775,00
4 200 000	4 638,25	9 177,50	9 276,50	18 553,00	27 829,50	37 106,00	55 659,00	92 765,00
4 250 000	4 687,75	9 276,50	9 375,50	18 751,00	28 126,50	37 502,00	56 253,00	93 755,00
4 300 000	4 737,25	9 375,50	9 474,50	18 949,00	28 423,50	37 898,00	56 847,00	94 745,00
4 350 000	4 786,75	9 474,50	9 573,50	19 147,00	28 720,50	38 294,00	57 441,00	95 735,00

Wert bis	0,25	0,3	0,5	Faktor 1,0	1,5	2,0	3,0	4,0
4 400 000	4 836,25	9 573,50	9 672,50	19 345,00	29 017,50	38 690,00	58 035,00	96 725,00
4 450 000	4 885,75	9 672,50	9 771,50	19 543,00	29 314,50	39 086,00	58 629,00	97 715,00
4 500 000	4 935,25	9 771,50	9 870,50	19 741,00	29 611,50	39 482,00	59 223,00	98 705,00
4 550 000	4 984,75	9 870,50	9 969,50	19 939,00	29 908,50	39 878,00	59 817,00	99 695,00
4 600 000	5 034,25	9 969,50	10 068,50	20 137,00	30 205,50	40 274,00	60 411,00	100 685,00
4 650 000	5 083,75	10 068,50	10 167,50	20 335,00	30 502,50	40 670,00	61 005,00	101 675,00
4 700 000	5 133,25	10 167,50	10 266,50	20 533,00	30 799,50	41 066,00	61 599,00	102 665,00
4 750 000	5 182,75	10 266,50	10 365,50	20 731,00	31 096,50	41 462,00	62 193,00	103 655,00
4 800 000	5 232,25	10 365,50	10 464,50	20 929,00	31 393,50	41 858,00	62 787,00	104 645,00
4 850 000	5 281,75	10 464,50	10 563,50	21 127,00	31 690,50	42 254,00	63 381,00	105 635,00
4 900 000	5 331,25	10 563,50	10 662,50	21 325,00	31 987,50	42 650,00	63 975,00	106 625,00
4 950 000	5 380,75	10 662,50	10 761,50	21 523,00	32 284,50	43 046,00	64 569,00	107 615,00
5 000 000	5 430,25	10 761,50	10 860,50	21 721,00	32 581,50	43 442,00	65 163,00	108 605,00

Gebührentabellen

Tabelle B

Wert bis	Faktor									
	0,1	0,2	0,3	0,5	0,6	1,0	1,3	1,5	2,0	3,5
500	15,00	15,00	15,00	15,00	15,00	15,00	19,50	22,50	30,00	52,50
1 000	15,00	15,00	15,00	15,00	15,00	19,00	24,70	28,50	38,00	66,50
1 500	15,00	15,00	15,00	15,00	15,00	23,00	29,90	34,50	46,00	80,50
2 000	15,00	15,00	15,00	15,00	16,20	27,00	35,10	40,50	54,00	94,50
3 000	15,00	15,00	15,00	16,50	19,80	33,00	42,90	49,50	66,00	115,50
4 000	15,00	15,00	15,00	19,50	23,40	39,00	50,70	58,50	78,00	136,50
5 000	15,00	15,00	15,00	22,50	27,00	45,00	58,50	67,50	90,00	157,50
6 000	15,00	15,00	15,30	25,50	30,60	51,00	66,30	76,50	102,00	178,50
7 000	15,00	15,00	17,10	28,50	34,20	57,00	74,10	85,50	114,00	199,50
8 000	15,00	15,00	18,90	31,50	37,80	63,00	81,90	94,50	126,00	220,50
9 000	15,00	15,00	20,70	34,50	41,40	69,00	89,70	103,50	138,00	241,50
10 000	15,00	15,00	22,50	37,50	45,00	75,00	97,50	112,50	150,00	262,50
13 000	15,00	16,60	24,90	41,50	49,80	83,00	107,90	124,50	166,00	290,50
16 000	15,00	18,20	27,30	45,50	54,60	91,00	118,30	136,50	182,00	318,50
19 000	15,00	19,80	29,70	49,50	59,40	99,00	128,70	148,50	198,00	346,50
22 000	15,00	21,40	32,10	53,50	64,20	107,00	139,10	160,50	214,00	374,50
25 000	15,00	23,00	34,50	57,50	69,00	115,00	149,50	172,50	230,00	402,50
30 000	15,00	25,00	37,50	62,50	75,00	125,00	162,50	187,50	250,00	437,50
35 000	15,00	27,00	40,50	67,50	81,00	135,00	175,50	202,50	270,00	472,50
40 000	14,50	29,00	43,50	72,50	87,00	145,00	188,50	217,50	290,00	507,50
45 000	15,50	31,00	46,50	77,50	93,00	155,00	201,50	232,50	310,00	542,50
50 000	16,50	33,00	49,50	82,50	99,00	165,00	214,50	247,50	330,00	577,50
65 000	19,20	38,40	57,60	96,00	115,20	192,00	249,60	288,00	384,00	672,00
80 000	21,90	43,80	65,70	109,50	131,40	219,00	284,70	328,50	438,00	766,50
95 000	24,60	49,20	73,80	123,00	147,60	246,00	319,80	369,00	492,00	861,00
110 000	27,30	54,60	81,90	136,50	163,80	273,00	354,90	409,50	546,00	955,50
125 000	30,00	60,00	90,00	150,00	180,00	300,00	390,00	450,00	600,00	1 050,00
140 000	32,70	65,40	98,10	163,50	196,20	327,00	425,10	490,50	654,00	1 144,50
155 000	35,40	70,80	106,20	177,00	212,40	354,00	460,20	531,00	708,00	1 239,00
170 000	38,10	76,20	114,30	190,50	228,60	381,00	495,30	571,50	762,00	1 333,50

Gebühren nach § 34 GNotKG

Wert bis	0,1	0,2	0,3	0,5	0,6	1,0	1,3	1,5	2,0	3,5
					Faktor					
185 000	40,80	81,60	122,40	204,00	244,80	408,00	530,40	612,00	816,00	1 428,00
200 000	43,50	87,00	130,50	217,50	250,00	435,00	565,50	652,50	870,00	1 522,50
230 000	48,50	97,00	145,50	242,50	250,00	485,00	630,50	727,50	970,00	1 697,50
260 000	53,50	107,00	160,50	267,50	250,00	535,00	695,50	802,50	1 070,00	1 872,50
290 000	58,50	117,00	175,50	292,50	250,00	585,00	760,50	877,50	1 170,00	2 047,50
320 000	63,50	127,00	190,50	317,50	250,00	635,00	825,50	952,50	1 270,00	2 222,50
350 000	68,50	137,00	205,50	342,50	250,00	685,00	890,50	1 027,50	1 370,00	2 397,50
380 000	73,50	147,00	220,50	367,50	250,00	735,00	955,50	1 102,50	1 470,00	2 572,50
410 000	78,50	157,00	235,50	392,50	250,00	785,00	1 020,50	1 177,50	1 570,00	2 747,50
440 000	83,50	167,00	250,50	417,50	250,00	835,00	1 085,50	1 252,50	1 670,00	2 922,50
470 000	88,50	177,00	265,50	442,50	250,00	885,00	1 150,50	1 327,50	1 770,00	3 097,50
500 000	93,50	187,00	280,50	467,50	250,00	935,00	1 215,50	1 402,50	1 870,00	3 272,50
550 000	101,50	203,00	304,50	507,50	250,00	1 015,00	1 319,50	1 522,50	2 030,00	3 552,50
600 000	109,50	219,00	328,50	547,50	250,00	1 095,00	1 423,50	1 642,50	2 190,00	3 832,50
650 000	117,50	235,00	352,50	587,50	250,00	1 175,00	1 527,50	1 762,50	2 350,00	4 112,50
700 000	125,50	251,00	376,50	627,50	250,00	1 255,00	1 631,50	1 882,50	2 510,00	4 392,50
750 000	133,50	267,00	400,50	667,50	250,00	1 335,00	1 735,50	2 002,50	2 670,00	4 672,50
800 000	141,50	283,00	424,50	707,50	250,00	1 415,00	1 839,50	2 122,50	2 830,00	4 952,50
850 000	149,50	299,00	448,50	747,50	250,00	1 495,00	1 943,50	2 242,50	2 990,00	5 232,50
900 000	157,50	315,00	472,50	787,50	250,00	1 575,00	2 047,50	2 362,50	3 150,00	5 512,50
950 000	165,50	331,00	496,50	827,50	250,00	1 655,00	2 151,50	2 482,50	3 310,00	5 792,50
1 000 000	173,50	347,00	520,50	867,50	250,00	1 735,00	2 255,50	2 602,50	3 470,00	6 072,50
1 050 000	181,50	363,00	544,50	907,50	250,00	1 815,00	2 359,50	2 722,50	3 630,00	6 352,50
1 100 000	189,50	379,00	568,50	947,50	250,00	1 895,00	2 463,50	2 842,50	3 790,00	6 632,50
1 150 000	197,50	395,00	592,50	987,50	250,00	1 975,00	2 567,50	2 962,50	3 950,00	6 912,50
1 200 000	205,50	411,00	616,50	1 027,50	250,00	2 055,00	2 671,50	3 082,50	4 110,00	7 192,50
1 250 000	213,50	427,00	640,50	1 067,50	250,00	2 135,00	2 775,50	3 202,50	4 270,00	7 472,50
1 300 000	221,50	443,00	664,50	1 107,50	250,00	2 215,00	2 879,50	3 322,50	4 430,00	7 752,50
1 350 000	229,50	459,00	688,50	1 147,50	250,00	2 295,00	2 983,50	3 442,50	4 590,00	8 032,50
1 400 000	237,50	475,00	712,50	1 187,50	250,00	2 375,00	3 087,50	3 562,50	4 750,00	8 312,50
1 450 000	245,50	491,00	736,50	1 227,50	250,00	2 455,00	3 191,50	3 682,50	4 910,00	8 592,50

Gebührentabellen

Wert bis	Faktor											
	0,1	0,2	0,3	0,5	0,6	1,0	1,3	1,5	2,0	3,5
1 500 000	253,50	507,00	760,50	1 267,50	250,00	2 535,00	3 295,50	3 802,50	5 070,00	8 872,50
1 550 000	261,50	523,00	784,50	1 307,50	250,00	2 615,00	3 399,50	3 922,50	5 230,00	9 152,50
1 600 000	269,50	539,00	808,50	1 347,50	250,00	2 695,00	3 503,50	4 042,50	5 390,00	9 432,50
1 650 000	277,50	555,00	832,50	1 387,50	250,00	2 775,00	3 607,50	4 162,50	5 550,00	9 712,50
1 700 000	285,50	571,00	856,50	1 427,50	250,00	2 855,00	3 711,50	4 282,50	5 710,00	9 992,50
1 750 000	293,50	587,00	880,50	1 467,50	250,00	2 935,00	3 815,50	4 402,50	5 870,00	10 272,50
1 800 000	301,50	603,00	904,50	1 507,50	250,00	3 015,00	3 919,50	4 522,50	6 030,00	10 552,50
1 850 000	309,50	619,00	928,50	1 547,50	250,00	3 095,00	4 023,50	4 642,50	6 190,00	10 832,50
1 900 000	317,50	635,00	952,50	1 587,50	250,00	3 175,00	4 127,50	4 762,50	6 350,00	11 112,50
1 950 000	325,50	651,00	976,50	1 627,50	250,00	3 255,00	4 231,50	4 882,50	6 510,00	11 392,50
2 000 000	333,50	667,00	1 000,50	1 667,50	250,00	3 335,00	4 335,50	5 002,50	6 670,00	11 672,50
2 050 000	341,50	683,00	1 024,50	1 707,50	250,00	3 415,00	4 439,50	5 122,50	6 830,00	11 952,50
2 100 000	349,50	699,00	1 048,50	1 747,50	250,00	3 495,00	4 543,50	5 242,50	6 990,00	12 232,50
2 150 000	357,50	715,00	1 072,50	1 787,50	250,00	3 575,00	4 647,50	5 362,50	7 150,00	12 512,50
2 200 000	365,50	731,00	1 096,50	1 827,50	250,00	3 655,00	4 751,50	5 482,50	7 310,00	12 792,50
2 250 000	373,50	747,00	1 120,50	1 867,50	250,00	3 735,00	4 855,50	5 602,50	7 470,00	13 072,50
2 300 000	381,50	763,00	1 144,50	1 907,50	250,00	3 815,00	4 959,50	5 722,50	7 630,00	13 352,50
2 350 000	389,50	779,00	1 168,50	1 947,50	250,00	3 895,00	5 063,50	5 842,50	7 790,00	13 632,50
2 400 000	397,50	795,00	1 192,50	1 987,50	250,00	3 975,00	5 167,50	5 962,50	7 950,00	13 912,50
2 450 000	405,50	811,00	1 216,50	2 027,50	250,00	4 055,00	5 271,50	6 082,50	8 110,00	14 192,50
2 500 000	413,50	827,00	1 240,50	2 067,50	250,00	4 135,00	5 375,50	6 202,50	8 270,00	14 472,50
2 550 000	421,50	843,00	1 264,50	2 107,50	250,00	4 215,00	5 479,50	6 322,50	8 430,00	14 752,50
2 600 000	429,50	859,00	1 288,50	2 147,50	250,00	4 295,00	5 583,50	6 442,50	8 590,00	15 032,50
2 650 000	437,50	875,00	1 312,50	2 187,50	250,00	4 375,00	5 687,50	6 562,50	8 750,00	15 312,50
2 700 000	445,50	891,00	1 336,50	2 227,50	250,00	4 455,00	5 791,50	6 682,50	8 910,00	15 592,50
2 750 000	453,50	907,00	1 360,50	2 267,50	250,00	4 535,00	5 895,50	6 802,50	9 070,00	15 872,50
2 800 000	461,50	923,00	1 384,50	2 307,50	250,00	4 615,00	5 999,50	6 922,50	9 230,00	16 152,50
2 850 000	469,50	939,00	1 408,50	2 347,50	250,00	4 695,00	6 103,50	7 042,50	9 390,00	16 432,50
2 900 000	477,50	955,00	1 432,50	2 387,50	250,00	4 775,00	6 207,50	7 162,50	9 550,00	16 712,50
2 950 000	485,50	971,00	1 456,50	2 427,50	250,00	4 855,00	6 311,50	7 282,50	9 710,00	16 992,50
3 000 000	493,50	987,00	1 480,50	2 467,50	250,00	4 935,00	6 415,50	7 402,50	9 870,00	17 272,50

Wert bis	Faktor										
	0,1	0,2	0,3	0,5	0,6	1,0	1,3	1,5	2,0	3,5
3 050 000	501,50	1 003,00	1 504,50	2 507,50	250,00	5 015,00	6 519,50	7 522,50	10 030,00	17 552,50
3 100 000	509,50	1 019,00	1 528,50	2 547,50	250,00	5 095,00	6 623,50	7 642,50	10 190,00	17 832,50
3 150 000	517,50	1 035,00	1 552,50	2 587,50	250,00	5 175,00	6 727,50	7 762,50	10 350,00	18 112,50
3 200 000	525,50	1 051,00	1 576,50	2 627,50	250,00	5 255,00	6 831,50	7 882,50	10 510,00	18 392,50
3 250 000	533,50	1 067,00	1 600,50	2 667,50	250,00	5 335,00	6 935,50	8 002,50	10 670,00	18 672,50
3 300 000	541,50	1 083,00	1 624,50	2 707,50	250,00	5 415,00	7 039,50	8 122,50	10 830,00	18 952,50
3 350 000	549,50	1 099,00	1 648,50	2 747,50	250,00	5 495,00	7 143,50	8 242,50	10 990,00	19 232,50
3 400 000	557,50	1 115,00	1 672,50	2 787,50	250,00	5 575,00	7 247,50	8 362,50	11 150,00	19 512,50
3 450 000	565,50	1 131,00	1 696,50	2 827,50	250,00	5 655,00	7 351,50	8 482,50	11 310,00	19 792,50
3 500 000	573,50	1 147,00	1 720,50	2 867,50	250,00	5 735,00	7 455,50	8 602,50	11 470,00	20 072,50
3 550 000	581,50	1 163,00	1 744,50	2 907,50	250,00	5 815,00	7 559,50	8 722,50	11 630,00	20 352,50
3 600 000	589,50	1 179,00	1 768,50	2 947,50	250,00	5 895,00	7 663,50	8 842,50	11 790,00	20 632,50
3 650 000	597,50	1 195,00	1 792,50	2 987,50	250,00	5 975,00	7 767,50	8 962,50	11 950,00	20 912,50
3 700 000	605,50	1 211,00	1 816,50	3 027,50	250,00	6 055,00	7 871,50	9 082,50	12 110,00	21 192,50
3 750 000	613,50	1 227,00	1 840,50	3 067,50	250,00	6 135,00	7 975,50	9 202,50	12 270,00	21 472,50
3 800 000	621,50	1 243,00	1 864,50	3 107,50	250,00	6 215,00	8 079,50	9 322,50	12 430,00	21 752,50
3 850 000	629,50	1 259,00	1 888,50	3 147,50	250,00	6 295,00	8 183,50	9 442,50	12 590,00	22 032,50
3 900 000	637,50	1 275,00	1 912,50	3 187,50	250,00	6 375,00	8 287,50	9 562,50	12 750,00	22 312,50
3 950 000	645,50	1 291,00	1 936,50	3 227,50	250,00	6 455,00	8 391,50	9 682,50	12 910,00	22 592,50
4 000 000	653,50	1 307,00	1 960,50	3 267,50	250,00	6 535,00	8 495,50	9 802,50	13 070,00	22 872,50
4 050 000	661,50	1 323,00	1 984,50	3 307,50	250,00	6 615,00	8 599,50	9 922,50	13 230,00	23 152,50
4 100 000	669,50	1 339,00	2 008,50	3 347,50	250,00	6 695,00	8 703,50	10 042,50	13 390,00	23 432,50
4 150 000	677,50	1 355,00	2 032,50	3 387,50	250,00	6 775,00	8 807,50	10 162,50	13 550,00	23 712,50
4 200 000	685,50	1 371,00	2 056,50	3 427,50	250,00	6 855,00	8 911,50	10 282,50	13 710,00	23 992,50
4 250 000	693,50	1 387,00	2 080,50	3 467,50	250,00	6 935,00	9 015,50	10 402,50	13 870,00	24 272,50
4 300 000	701,50	1 403,00	2 104,50	3 507,50	250,00	7 015,00	9 119,50	10 522,50	14 030,00	24 552,50
4 350 000	709,50	1 419,00	2 128,50	3 547,50	250,00	7 095,00	9 223,50	10 642,50	14 190,00	24 832,50
4 400 000	717,50	1 435,00	2 152,50	3 587,50	250,00	7 175,00	9 327,50	10 762,50	14 350,00	25 112,50
4 450 000	725,50	1 451,00	2 176,50	3 627,50	250,00	7 255,00	9 431,50	10 882,50	14 510,00	25 392,50
4 500 000	733,50	1 467,00	2 200,50	3 667,50	250,00	7 335,00	9 535,50	11 002,50	14 670,00	25 672,50
4 550 000	741,50	1 483,00	2 224,50	3 707,50	250,00	7 415,00	9 639,50	11 122,50	14 830,00	25 952,50

Gebührentabellen

Wert bis	Faktor									
	0,1	0,2	0,3	0,5	0,6	1,0	1,3	1,5	2,0	3,5
4 600 000	749,50	1 499,00	2 248,50	3 747,50	250,00	7 495,00	9 743,50	11 242,50	14 990,00	26 232,50
4 650 000	757,50	1 515,00	2 272,50	3 787,50	250,00	7 575,00	9 847,50	11 362,50	15 150,00	26 512,50
4 700 000	765,50	1 531,00	2 296,50	3 827,50	250,00	7 655,00	9 951,50	11 482,50	15 310,00	26 792,50
4 750 000	773,50	1 547,00	2 320,50	3 867,50	250,00	7 735,00	10 055,50	11 602,50	15 470,00	27 072,50
4 800 000	781,50	1 563,00	2 344,50	3 907,50	250,00	7 815,00	10 159,50	11 722,50	15 630,00	27 352,50
4 850 000	789,50	1 579,00	2 368,50	3 947,50	250,00	7 895,00	10 263,50	11 842,50	15 790,00	27 632,50
4 900 000	797,50	1 595,00	2 392,50	3 987,50	250,00	7 975,00	10 367,50	11 962,50	15 950,00	27 912,50
4 950 000	805,50	1 611,00	2 416,50	4 027,50	250,00	8 055,00	10 471,50	12 082,50	16 110,00	28 192,50
5 000 000	813,50	1 627,00	2 440,50	4 067,50	250,00	8 135,00	10 575,50	12 202,50	16 270,00	28 472,50

Sachverzeichnis

Die fetten Zahlen bezeichnen die laufende Nummer des Gesetzes in der Textsammlung, die übrigen Zahlen die Paragraphen oder Gebührennummern der jeweiligen Anlage.

Sachverzeichnis

Sachverzeichnis

Sachverzeichnis

Sachverzeichnis

Sachverzeichnis

Sachverzeichnis

Sachverzeichnis

Sachverzeichnis

Sachverzeichnis

Sachverzeichnis

414

Sachverzeichnis

415